中国风景名胜区

National Parks of China

（第二版）

王早生　王志方
朱家骥　张红梅　主编

中国建筑工业出版社

图书在版编目（CIP）数据

中国风景名胜区/王早生等主编.—2版.—北京：中国建筑工业出版社，2009
ISBN 978-7-112-11343-9

Ⅰ.中... Ⅱ.王... Ⅲ.①风景区—简介—中国
②名胜古迹—简介—中国 Ⅳ.K928.7

中国版本图书馆CIP数据核字（2009）第170269号

责任编辑：王 磊 郑淮兵
责任设计：崔兰萍
责任校对：赵 颖 刘 钰

中国风景名胜区
National Parks of China
（第二版）

王早生 王志方
朱家骥 张红梅 主编

*

中国建筑工业出版社出版、发行（北京西郊百万庄）
各地新华书店、建筑书店经销
北京千辰公司制版
北京中科印刷有限公司印刷

*

开本：880×1230毫米 1/16 印张：26 字数：832千字
2010年6月第二版 2010年6月第二次印刷
定价：**68.00**元
ISBN 978-7-112-11343-9
（18573）

版权所有 翻印必究
如有印装质量问题，可寄本社退换
（邮政编码100037）

中国风景名胜区

叶如棠（全国人大环境资源委员会副主任）题

《中国风景名胜区》编委会

顾　问　仇保兴　（住房和城乡建设部副部长）

　　　　赵宝江　（原建设部副部长、中国风景名胜区协会会长）

主　任　王早生

副主任　宾云水　王志方　朱家骥　张红梅　王志凌

委　员（排名不分先后）

赵健溶	刘丹陵	朱家庆	胡新民	马连勇	周　明
王　庆	张明华	陈　青	马　骏	申世恒	龚维永
李凯军	刘　鲲	董佩珑	俞慧珍	胡理琛	张延惠
谢志平	陈素伟	叶澄中	胡　琳	岳忠超	李逢敏
邱安吉	李由才	牛世尧	黄菊利	张　高	卫家坦
秦宝荪	赵旭光	郭方明	张发明	刘玉杰	郑　旭
陈　静	金浩然	陈鸿林	刘树林	黄超雄	范兆常
艾山·尼札木丁	张晓天				

主　编　王早生　王志方　朱家骥　张红梅

撰　稿（排名不分先后）

王志方	王早生	张红梅	朱家骥	赵健溶	王玉文
董佩珑	王书义	刘　遥	杨志民	王志凌	陈　静
王周志	王玉林	徐研敏	杨位标	张忠刚	林志成
彭友堂	朱建山	瞿剑辉	朱和华	蒙秋玲	黄水生
黄志辉	周锡瑞	桂春芳	李　翔	黄华善	黄树康
江文松	王勇毅	郭　薇	李　艰	邹鸿光	陈素伟
杨国定	陈胜法	张　仲	李学纯	李　力	韩建明
何德龙	张春花	钟意坤	丁晓群	杨清汀	苑　彪
刘　峰	朱文宝	张　斌	刘健威	李贤春	黄　静
南　楠					

摄　影　王早生　朱家骥　陈晓川　张红梅　李　亮　花文胜

《中国风景名胜区》(第二版)序

王早生

《中国风景名胜区》于2006年出版。这是收集全国风景名胜区数量最为齐全的书籍之一。全国各地近百名在景区一线工作的人士提供了翔实的第一手资料，是集体智慧的结晶和成果，极可贵，也可信。因此，问世4年来，受到业界专业人士的肯定和广大读者的喜爱，也就不足为奇了。

然而，第一版《中国风景名胜区》亦有一憾。时常有朋友坦诚相告：如果在原书翔实的文字资料基础上，附上一些风景名胜区的典型图片，图文并茂，当更形象。听闻此言，是为有理。吾辈不敢自诩从善如流，但确实动了修订之念，因而与同事共同着手修编《中国风景名胜区》(第二版)。

与第一版相比，《中国风景名胜区》(第二版)有以下特点：第一，增加了约500幅典型景观图片，更为生动形象，有助于读者的感性认知；第二，补充了大量文字材料，权威性和完整性更为增强；第三，收集了作者有关风景名胜区管理方面的文章，希望对人们有所参考；第四，介绍了美国国家公园概况和经验，借鉴他山之石，开阔思路眼界。

一番苦心，别无他意。唯愿神州美景永世长存，炎黄子孙与世人共享。能否如愿，尚待读者明鉴。

二〇一〇年六月于北京

青山行不尽　绿水流更长（第一版）序

王早生

　　泱泱中华，浩浩神州，幅员辽阔，山河壮丽，历史悠久，文化灿烂，具有极其丰富的自然资源和人文资源，足以令炎黄后世骄傲，令异域人士瞩目。仅据此，《中国风景名胜区》可以自豪地宣称，本书是精华之籍，经典之作。古人云："四时有不谢之花，八节有长青之草"，无论日出日落，河东河西，世事更替，时势变迁，我想，乐山乐水之士总是大有人在，本书自然就拥有广大的忠实读者，不负编著者一片苦心，更不负大自然造化之恩典和华夏文明之结晶。

　　顺应全球环境保护之潮流，乘着改革开放强劲之东风，中央和地方人民政府已经审定公布了177处国家级风景名胜区。此外，不应该忽略的是：台湾地区有5处国家公园，面积约3200平方公里，占台湾岛面积的8%。香港地区有21处郊野公园，面积408平方公里，占香港土地面积的40%。郊野公园也好、国家公园也好、风景名胜区也好，只是称谓不同，中国风景名胜区英文名称即为"National Park of China"，翻译过来就是"中国国家公园"，国际上大多数国家都设有国家公园，可谓殊途同归也。

　　世界自然与自然资源保护联盟（IUCN）对国家公园定义为："国家公园是具有相对大面积的区域，包括当地一种或几种生态系统。动植物代表种类、地理位置、栖息地具有特殊科学教育意义，并包括可观赏的自然景观"。联合国教科文组织（UNESCO）《世界自然和文化遗产保护公约》对"文化遗产"定义为："古迹、建筑群、遗址"。对"自然遗产"定义为："从审美科学角度看，具有突出的普遍价值的由物质和生物结构或这类结构群组成的自然景观；从科学或保护角度看，具有突出的普遍价值的地质和地文结构以及明确划为受到威胁的动植物生境区；从科学、保存或自然美角度看，具有突出的普遍价值的天然名胜或明确划分的自然区域。"《中国大百科全书》对国家公园定义为："一国政府对某些在天然状态下具有独特代表性的自然环境区划出一定范围而建立的公园，属国家所有并由国家直接管辖，旨在保护自然生态系统和自然地貌的原始状态，同时又作为科学研究、科学普及教育和供公众旅游娱乐、了解和欣赏大自然神奇景观的场所"。

　　具体而言，什么样的地方可以确定并建立国家公园呢？世界自然与自然资源保护联盟（IUCN）有以下标准：①面积不小于10平方公里的范围内，具有优美景观的特殊生态或特殊地形，有国家代表性，且未经人类开采、聚居或开发建设的地区。②为长期保护自然原野景观、原生动植物、特殊生态体系而设置保护区的地区。③由国家最高权力机构采取步骤，限制开发工业区、商业区及聚居之地区，并禁止伐林、采矿、设电厂、农耕、放牧、狩猎等行为，同时有效维护生态、自然景观的地区。④维护现有的自然状态，仅允许游客在特殊情况下进入一定范围，以作为现代及未来科学、教育、游憩、启智资源的地区。

　　结合我国实际情况，参考国外定义和标准，中国把风景名胜区定义为：具有观赏、科学或文化价值，风景名胜资源集中，环境优美，自然生态良好，具有一定规模，经国家和地方人民政府审定命名，可供人们游览、休息和进行科学文化教育活动的区域。

　　中华人民共和国建设部发布的《中国风景名胜区形势与展望绿皮书》确定风景名胜区的功能和作用为：①保护生态、生物多样性与环境。②发展旅游事业，丰富文化生活。③开展科学研究和文化教育。④通过合理开发，发挥经济效益和社会效益。国家制订的指导风景名胜区工作的基本方针是："严格保护，统一管理，合理开发，永续利用"。

　　1870年，美国的一个探险队发现了黄石地区奇异的间歇喷泉和壮丽的自然景观，按当时的法律，他们可以将其据为己有。当这支由19人组成的探险队讨论如何瓜分这块仙境时，一位来自蒙大拿州的律师康尼勒斯·赫奇士先生提出，放弃私利，将这个地区交给国家保护起来。表决结果是18人赞成，1人反对。1872年3月1日，美国国会通过法案，规定黄石地区"自此在美国法律下予以保存，不得开垦、占据或买卖，为了人民的福祉与享受，划定为公众公园"。这就是国家公园的由来。自从这世界上第一个国家公园建立以来，100多年来，全球已有124个国家建立了2600多个国家公园，其总面积约占地球陆地面积的2.6%。国家公园事业已经成为全人类普遍认同的文明社会的公益事业，蓬勃发达，方兴未艾，具有强大的甚至是永恒的生命力。

中国建立的国家级—省级—市县级三级风景名胜区体系虽然时间不长，只有二十几年时间，与美国等发达国家几十年甚至百多年的历史无法相比，在法律、体制、管理、科学考察与研究、资源保护和利用，乃至思想、观念方面，都不同程度地存在差距。但是，作为一个拥有数千年文明史的国家，我国风景名胜资源类型之丰富、价值之宝贵，毫无疑问属于世界之前列。"牛皮不是吹的"，联合国教科文组织已将中国的30多项自然与文化遗产列入世界遗产名录，其中就有举世闻名的黄山、泰山、武陵源、九寨沟、黄龙、长城、承德避暑山庄—外八庙、武当山古建筑群、峨眉山—乐山大佛、庐山、丽江古城、苏州园林等等，而且还有继续发展的趋势。这就有力地说明，中国风景名胜区昂首挺胸，步入世界自然资源与文化资源殿堂，占有重要的一席之地。

根据学术方面的研究，中国浩瀚的风景名胜区可以分为以下类型：

（1）山岳类型。这一类型的风景名胜区占主体，数量最多，面积最大。如著名的五岳：泰山、华山、恒山、嵩山、衡山，安徽黄山、江西庐山、四川峨眉山、福建武夷山、浙江雁荡山等。

（2）湖泊类型。如江苏太湖、杭州西湖、武汉东湖、岳阳洞庭湖、黑龙江镜泊湖、天山天池等。

（3）河川类型。如长江三峡、浙江的富春江—新安江、云南的三江并流（澜沧江、怒江、金沙江）、辽宁鸭绿江等。

（4）瀑布类型。如黄果树大瀑布、黄河壶口瀑布等。

（5）海岛、海滨类型。如浙江普陀山、嵊泗列岛、青岛海滨—崂山、厦门鼓浪屿—万石山、大连海滨—旅顺口、金石滩等。

（6）森林类型。如西双版纳、蜀南竹海等。

（7）岩溶类型。如桂林漓江、云南石林、贵州织金洞、辽宁本溪水洞、浙江金华双龙洞等。

（8）火山类型。如黑龙江五大连池、云南腾冲火山等。

（9）人文风景类型。如八达岭—十三陵、麦积山、承德避暑山庄—外八庙等。

当然，前述分类不是绝对的，有不少风景名胜区属于综合类型，可划归于不同的类型当中。

为何中国风景名胜资源如此丰富呢？这是基于两个方面的因素：一是中华民族前辈为我们留下了无以计数的宝贵遗产，如古建筑、古遗址、古战场等。一是大自然的厚爱，造就了神州大地独特的山川地貌。西高东低，北寒南热，起伏不定，变幻多端，正可谓："引无数英雄竞折腰"。

自古以来，中华民族就有崇尚自然山水的优良传统。这也难怪，山地面积占国土面积的2/3，真正的平原只有10%左右。我国地势从西到东呈"三级跳"式阶梯状分布。最高一级是青藏高原，又称"世界屋脊"，平均海拔在4000米；第二级阶梯由青藏高原外缘至大兴安岭、太行山、巫山、雪峰山之间，平均海拔在1000米以上；其余地区则属于第三级台地，海拔在1000米以下。

远古的人们受认识水平所限，把山川作为自然崇拜的对象，从"禹封九山"算起，名山发展的历史已有四千多年了。《礼记·祭法》记载："山林川谷丘陵，能出云，为风雨，见怪物，皆曰神"。《尚书·尧典》记述远古帝王："望于山川，遍于群神"。至于那些高耸入云、人迹难至之险峻大山，则更以为是通天之处，仙居神府。比如，对于莽莽昆仑，《山海经》云："昆仑之山，地首也"。春秋战国时期，全国各地已形成一套祭祀礼仪，《山海经》记载的451座山、26个山区，都有不同形式和规模的祭祀活动。

封，是祭天；禅，是祭地。封禅，是古代帝王祭祀天地的最高礼仪活动。因此，五座"峻极于天"的山岳，被视为天的五个方位之代表。关于五岳的最早记载，见《尔雅·释山》："泰山为东岳，华山为西岳，衡山为南岳，恒山为北岳，嵩山为中岳"。《周礼·职方氏》记载当时天下九州各有镇山："东南曰扬州，其山镇曰会稽"。"正南曰荆州，其山镇曰衡山"。"河南曰豫州，其山镇曰华山"。"正东曰青州，其山镇曰沂山"。"河东曰兖州，其山镇曰岱山"。"正西曰雍州，其山镇曰岳山"。"东北曰幽州，其山镇曰医巫闾"。"河内曰冀州，其山镇曰霍山"。"正北曰并州，其山镇曰恒山"。后为与五岳相对应，取五方主山为五镇，即东镇青州沂山，西镇雍州岳山，中镇冀州霍山，南镇扬州会稽山，北镇幽州医巫闾山。

除了山神崇拜以外，在思想活跃、学术氛围浓郁的春秋战国时代，孔子曰："仁者乐山，智者乐水"，把对自然山水的认识上升到理性的哲学高度，引起人们的共鸣。自此，后人更进一步诠释演绎。《韩诗外传》解释说："夫山者，万物之所瞻仰也，草木生焉，万物植焉，飞鸟集焉，走兽休焉，吐生万物而不私焉。出云导风，从乎天地之间。天地以成，国家以宁。此仁者所以乐于山也。""夫水者，缘理而行，不遗小间，似有智者；动而下之，似有礼者；蹈深不疑，似有勇者；漳汸而清，似知命者；历险致远，卒成不毁，似有德者。天地以成，群物以生，国家以宁，万事以平，品物以正，此智者所以乐水也。"这些注解表明了当时士大夫阶层对山水的初步的科学和美学见解，极其难能可贵。

孔子的思想对后世有很大影响。"穷天人之际，通古今之变"的司马迁为作《史记》，实地考察，遍游了祖国的大好河山。他"二十而南游江、淮，上会稽，探禹穴，窥九嶷，浮于沅、湘，北涉汶、泗，讲业齐、鲁之都，观孔子之遗风，乡射邹、峄，厄困鄱、薛、彭城，过梁、楚以归"。以后，司马迁又随从汉武帝巡行四方，封禅泰山，祭祀天柱，是历史上第一个进行长时间远距离科学文化考察性质旅行的人。值得一提的是，他虽是随从帝王出巡，但并不信鬼神，他游览五岳，考察会稽山、碣石山、九嶷山、庐山、崆峒山、龙门山以及江、淮、河、汉、沅、湘等名山大川的目的与前人有很大不同。司马迁遨游名山大川、寻访历史遗迹、探古察今的旅游活动，具有更为积极的科学意义。

北魏郦道元，考察了全国大小125条河流，写出了不朽巨著《水经注》，如此专业的地理著作，在世界上享有崇高地位。到明朝，徐霞客更是成就显赫。他从青年时代开始，经过了34年的游历考察，留下了千古流传的《徐霞客游记》。徐霞客怀着对华夏大地的深厚感情，以认真探索的科学态度，描绘了如锦似绣的大好河山，记载了古代地貌、水文、地质、生物等方面的情况。清代杨名时在为该书所写的序言中说："其所自记游迹，计日按程，凿凿有稽，文词繁委，要为道所亲历，不失质实详密之体；而形容物态，摹绘情景，时复雅丽自赏，足移人情"。不仅具有文学价值，也有很高的科学价值，为后人所称道。

风景名胜区的优美风光，给数不尽的文学家、艺术家以创作启迪，激发灵感。可以断言，没有庐山飞瀑，李白也写不出"飞流直下三千尺，疑是银河落九天"的千古绝句；没有杭州西湖天堂般美景，杨万里也难以写出"毕竟西湖六月中，风光不与四时同。接天莲叶无穷碧，映日荷花别样红"的名诗。祖国大好河山，不知孕育培养了多少文人墨客。具体而言，风景名胜与文学艺术之间有着密不可分的不解之缘。在魏晋之前，自然景物只是抒情诗文的附庸，而到了南北朝时期，情形发生急剧变化，以风景名胜作为主要描写对象的山水诗文蓬勃发展。名山胜水，为文人们提供了取之不尽、用之不竭的素材。一时之间，诗里写山水，画里绘山水，辞赋、书信乃至于学术著作也描绘山水。在这种"老庄告退，而山水方滋"的情况下，以描写旅途的山川景物、名胜古迹作为主要对象的各类游记便应运而生。读万卷书，行万里路，成为一种生活和创作时尚，并一直影响至今。除了前面提到的几位历史人物以外，陶渊明、柳宗元、苏东坡、王安石、陆游、袁宏道、袁枚、沈括、龚自珍等，都从风景名胜中吸取营养、饱餐秀色，留下了许多不朽之作。至于画家，则更是师法自然，才有所发展。

"自古名山僧占多"，"天下山林多道士"，形象生动地说明了宗教与风景名胜区的依存关系。目前，五台山、峨眉山、普陀山、九华山四个佛教名山都是国家级风景名胜区。道教里的十大洞天、三十六小洞天、七十二福地，大多是风景名胜区，如列于十大洞天之首的王屋山就是国家级风景名胜区。剔除宗教当中的迷信成分，分析一下道观寺院为何选址于风景名胜区，还有不少科学合理的成分呢。最主要的原因是，风景名胜区远离喧嚣闹市，贴近自然，野趣无穷，山青水秀，环境优良，是修身养性、研究学问的好去处，难怪受到宗教界人士的青睐。

"一方水土养一方人"，神州大地的锦绣河山养育了中华民族，众多的风景名胜区就像是镶嵌在神州大地上的一颗颗璀璨明珠。无论从风景名胜资源的价值、规模看，还是从其品位、类型看，中国的风景名胜区均堪称世界一流。对风景名胜区的初步认识，先人们亦积累了不少有益的东西。遗憾的是，由于历史的原因，人类社会进入资本主义社会以来，西方各国经济迅速发展，文化教育水平提高很快，对环境、对风景名胜、对自身生存的家园有了更新的认识，而我们，正是在这一阶段落伍了。以至于到了今天，我们还不得不一而再、再而三地阐述一些基本的观点和理念。

风景名胜区的意义和作用何在？我们认为，风景名胜区是国家社会公益事业，与国际上建立国家公园一样，我国建立风景名胜区，是要为国家保留一批珍贵的风景名胜资源（包括生物资源），同时科学地建设管理，合理地开发利用。如果说，自然保护区主要是为保护动植物物种与自然生态而建立的，那么，风景名胜区则主要是为保护自然景物与人文景物而建立的。换言之，国家建立的风景名胜区是一种特殊的保护区，即自然与人文资源保护区。从这个意义上看，中国的风景名胜区事业从其发展之日起就与国际上的国家公园事业接上轨，令人欣慰。

保护风景名胜资源不受损害，是大有益于人民的，将这些资源保护好，传下去，不仅有益于当代，而且将荫及子孙；不仅有利国家，而且有国际意义。因为我国的风景名胜资源不仅是中华民族的宝贵财富，也是人类文明的重要组成部分，是全世界人民的共同财富。因此，风景名胜区事业是一项有益社会，造福子孙，功在当代，利在千秋的社会公益事业。

工业化的进步，创造了物质文明。社会生产力的发展，使人们改造大自然的能力大为增强，这固然是一件好事，但与此同时，人们对大自然的破坏与日俱增。森林消失，物种灭绝，沙漠扩展，水土流失，气候变暖，生态失衡，旱涝频发，这一系列现象和趋势令人忧心忡忡。从这个意义上说，风景名胜区事业的兴起和壮大，不失为人类拯救家园、保护自我的明智之举，"亡羊补牢，犹未晚也"。

风景名胜区壮丽的山河和灿烂的历史文化遗产，是文学艺术创作的重要源泉，自古以来不知孕育了多少文学艺术家，产生了多少不朽之作。今天，更成为丰富人民文化生活，增长知识，提高文化素养和美的鉴赏力，陶冶高尚道德、情操和理想的熔炉。风景名胜区丰富的地质地貌，繁多的动植物物种，变化莫测的水文、气象等等，可以给人们以科学的启迪，不仅是专业人员探索不尽的宝藏，而且是对群众特别是青少年进行科普教育的生动教材，是提高中华民族科学文化水平的大自然课堂。

风景名胜区雄伟、优美的景观，作为观察一个国家国土风貌的重要窗口，可以在一定程度上反映一个民族、一个国家经济文化发展的水平，成为探测一个地区兴旺发达、文明进步程度的尺度和标志。风景名胜区是供人们游览、休息，进行有益于身心健康的各种活动的场所。安静优美的自然环境，清新的空气，灿烂的阳光，能使人精神愉快，解除工作的疲劳，增进健康。这种休闲活动是现代人们生活所不可缺少的组成部分，也是一个和谐的、发达的、高效的、进步的社会的必备条件。

风景名胜区是一个进行爱国主义教育的大课堂。祖国的山河，先辈的业绩，历史的遗存，文艺的创作，风俗与民情等等，都是维系民族团结，凝聚海内外炎黄子孙，激发民族自豪感，进行创造性劳动的生动教材。同时，风景名胜区对外开放，可以向世界展示我国的自然和文化风貌，增进各国人民的友谊交往。

保护风景名胜资源，建设风景名胜区，发展风景名胜区事业，是摆在我们面前的历史重任，任重而道远。让我们勇敢地迎接挑战，让我们的子孙后代在欣赏风景名胜时，能够对我们这代人有这样的评价：他们还真有一点长远眼光，并且为后人做了点好事。

以上杂谈，写在前面，代序。

二〇〇五年九月九日于建设部

目 录

《中国风景名胜区》(第二版)序 ······ 王早生
青山行不尽　绿水流更长(第一版)序 ······ 王早生

北京市

八达岭—十三陵风景名胜区 ······ 1
石花洞风景名胜区 ······ 3

天津市

盘山风景名胜区 ······ 4

河北省

承德避暑山庄—外八庙风景名胜区 ······ 7
秦皇岛北戴河风景名胜区 ······ 11
野三坡风景名胜区 ······ 13
苍岩山风景名胜区 ······ 13
嶂石岩风景名胜区 ······ 14
西柏坡—天桂山风景名胜区 ······ 15
崆山白云洞风景名胜区 ······ 16
凉城风景名胜区 ······ 17

山西省

五台山风景名胜区 ······ 18
恒山风景名胜区 ······ 19
黄河壶口瀑布风景名胜区 ······ 20
北武当山风景名胜区 ······ 21
五老峰风景名胜区 ······ 22
晋祠—天龙山风景名胜区 ······ 23

内蒙古自治区

扎兰屯风景名胜区 ······ 26

辽宁省

鞍山千山风景名胜区 ······ 28
鸭绿江风景名胜区 ······ 29
金石滩风景名胜区 ······ 31

兴城海滨风景名胜区	32
大连海滨—旅顺口风景名胜区	32
凤凰山风景名胜区	33
本溪水洞风景名胜区	34
青山沟风景名胜区	35
医巫闾山风景名胜区	37

吉林省

松花湖风景名胜区	39
"八大部"—净月潭风景名胜区	40
仙景台风景名胜区	41
防川风景名胜区	42
满天星风景名胜区	42
八道江风景名胜区	42

黑龙江省

镜泊湖风景名胜区	44
五大连池风景名胜区	46
太阳岛风景名胜区	47
明月岛风景名胜区	48
柳树岛风景名胜区	49
依兰—丹清河风景名胜区	49
二龙山风景名胜区	50
兴凯湖风景名胜区	50
龙凤山风景名胜区	51
延寿山庄风景名胜区	51
哈达河风景名胜区	52
卧牛湖风景名胜区	52
吉兴河风景名胜区	53
莲花湖风景名胜区	53
桃山风景名胜区	54
四丰山风景名胜区	54

江苏省

太湖风景名胜区	55
南京钟山风景名胜区	60
云台山风景名胜区	62
蜀岗瘦西湖风景名胜区	63
三山风景名胜区	67
云龙风景名胜区	68

浙江省

| 杭州西湖风景名胜区 | 69 |

富春江—新安江风景名胜区 ······ 73
雁荡山风景名胜区 ······ 76
普陀山风景名胜区 ······ 78
天台山风景名胜区 ······ 80
嵊泗列岛风景名胜区 ······ 81
楠溪江风景名胜区 ······ 82
莫干山风景名胜区 ······ 83
雪窦山风景名胜区 ······ 84
双龙风景名胜区 ······ 86
仙都风景名胜区 ······ 86
方岩风景名胜区 ······ 88
江郎山风景名胜区 ······ 88
仙居风景名胜区 ······ 89
浣江—五泄风景名胜区 ······ 90
百丈漈—飞云湖风景名胜区 ······ 91
方山—长屿硐天风景名胜区 ······ 92
天姥山风景名胜区 ······ 93
仙华山风景名胜区 ······ 94
天荒坪风景名胜区 ······ 94

安徽省

黄山风景名胜区 ······ 96
九华山风景名胜区 ······ 99
天柱山风景名胜区 ······ 100
琅琊山风景名胜区 ······ 102
齐云山风景名胜区 ······ 103
巢湖风景名胜区 ······ 104
采石矶风景名胜区 ······ 105
花山谜窟—渐江风景名胜区 ······ 105
花亭湖风景名胜区 ······ 106
太极洞风景名胜区 ······ 106
浮山风景名胜区 ······ 107

福建省

武夷山风景名胜区 ······ 108
清源山风景名胜区 ······ 110
鼓浪屿—万石山风景名胜区 ······ 113
太姥山风景名胜区 ······ 114
桃源洞—鳞隐石林风景名胜区 ······ 115
金湖风景名胜区 ······ 117
鸳鸯溪风景名胜区 ······ 117
海坛风景名胜区 ······ 118
冠豸山风景名胜区 ······ 119

鼓山风景名胜区 ... 120
玉华洞风景名胜区 ... 120
十八重溪风景名胜区 ... 121
青云山风景名胜区 ... 121
佛子山风景名胜区 ... 122
宝山风景名胜区 ... 123
福安白云山风景名胜区 ... 124

江西省

庐山风景名胜区 ... 125
井冈山风景名胜区 ... 126
三清山风景名胜区 ... 128
龙虎山风景名胜区 ... 130
梅岭—滕王阁风景名胜区 ... 133
仙女湖风景名胜区 ... 134
龟峰风景名胜区 ... 135
高岭—瑶里风景名胜区 ... 136
武功山风景名胜区 ... 136
云居山—柘林湖风景名胜区 ... 137
灵山风景名胜区 ... 137
东江源—三百山风景名胜区 ... 138
南崖—清水岩风景名胜区 ... 140
罗汉岩风景名胜区 ... 141
玉壶山风景名胜区 ... 142
洪源风景名胜区 ... 142

山东省

泰山风景名胜区 ... 143
青岛崂山风景名胜区 ... 147
青岛崂山风景名胜区海滨景区 ... 148
青岛崂山风景名胜区琅琊台景区 ... 149
胶东半岛海滨风景名胜区 ... 151
胶东半岛海滨风景名胜区刘公岛景区 ... 153
博山风景名胜区 ... 155
青州风景名胜区 ... 156
水泊梁山风景名胜区 ... 158
大泽山风景名胜区 ... 159
峄山风景名胜区 ... 160
千佛山风景名胜区 ... 162
龙洞风景名胜区 ... 163
老龙湾风景名胜区 ... 164
石门坊风景名胜区 ... 165
艾山风景名胜区 ... 165

河南省

鸡公山风景名胜区 …… 166
洛阳龙门风景名胜区 …… 167
嵩山风景名胜区 …… 169
王屋山—云台山风景名胜区 …… 171
林虑山风景名胜区 …… 173
石人山风景名胜区 …… 174
青天河风景名胜区 …… 175
神农山风景名胜区 …… 175
桐柏山—淮源风景名胜区 …… 176
郑州黄河风景名胜区 …… 178
百泉风景名胜区 …… 179
亚武山—函谷关风景名胜区 …… 179

湖北省

东湖风景名胜区 …… 181
武当山风景名胜区 …… 183
长江三峡风景名胜区 …… 184
大洪山风景名胜区 …… 189
隆中风景名胜区 …… 190
九宫山风景名胜区 …… 191
陆水风景名胜区 …… 193
清江风景名胜区 …… 194

湖南省

衡山风景名胜区 …… 196
武陵源风景名胜区 …… 197
岳阳楼—洞庭湖风景名胜区 …… 199
韶山风景名胜区 …… 202
岳麓山风景名胜区 …… 204
桃花源风景名胜区 …… 205
猛洞河风景名胜区 …… 205
崀山风景名胜区 …… 206
紫鹊界梯田—梅山龙宫风景名胜区 …… 208
德夯风景名胜区 …… 209
苏仙岭—万华岩风景名胜区 …… 209
南山风景名胜区 …… 210
万佛山—侗寨风景名胜区 …… 211
虎形山—花瑶风景名胜区 …… 211
东江湖风景名胜区 …… 211
钟坡风景名胜区 …… 213
八景洞风景名胜区 …… 214

鼓山风景名胜区	120
玉华洞风景名胜区	120
十八重溪风景名胜区	121
青云山风景名胜区	121
佛子山风景名胜区	122
宝山风景名胜区	123
福安白云山风景名胜区	124

江西省

庐山风景名胜区	125
井冈山风景名胜区	126
三清山风景名胜区	128
龙虎山风景名胜区	130
梅岭—滕王阁风景名胜区	133
仙女湖风景名胜区	134
龟峰风景名胜区	135
高岭—瑶里风景名胜区	136
武功山风景名胜区	136
云居山—柘林湖风景名胜区	137
灵山风景名胜区	137
东江源—三百山风景名胜区	138
南崖—清水岩风景名胜区	140
罗汉岩风景名胜区	141
玉壶山风景名胜区	142
洪源风景名胜区	142

山东省

泰山风景名胜区	143
青岛崂山风景名胜区	147
青岛崂山风景名胜区海滨景区	148
青岛崂山风景名胜区琅琊台景区	149
胶东半岛海滨风景名胜区	151
胶东半岛海滨风景名胜区刘公岛景区	153
博山风景名胜区	155
青州风景名胜区	156
水泊梁山风景名胜区	158
大泽山风景名胜区	159
峄山风景名胜区	160
千佛山风景名胜区	162
龙洞风景名胜区	163
老龙湾风景名胜区	164
石门坊风景名胜区	165
艾山风景名胜区	165

河南省

景区	页码
鸡公山风景名胜区	166
洛阳龙门风景名胜区	167
嵩山风景名胜区	169
王屋山—云台山风景名胜区	171
林虑山风景名胜区	173
石人山风景名胜区	174
青天河风景名胜区	175
神农山风景名胜区	175
桐柏山—淮源风景名胜区	176
郑州黄河风景名胜区	178
百泉风景名胜区	179
亚武山—函谷关风景名胜区	179

湖北省

景区	页码
东湖风景名胜区	181
武当山风景名胜区	183
长江三峡风景名胜区	184
大洪山风景名胜区	189
隆中风景名胜区	190
九宫山风景名胜区	191
陆水风景名胜区	193
清江风景名胜区	194

湖南省

景区	页码
衡山风景名胜区	196
武陵源风景名胜区	197
岳阳楼—洞庭湖风景名胜区	199
韶山风景名胜区	202
岳麓山风景名胜区	204
桃花源风景名胜区	205
猛洞河风景名胜区	205
崀山风景名胜区	206
紫鹊界梯田—梅山龙宫风景名胜区	208
德夯风景名胜区	209
苏仙岭—万华岩风景名胜区	209
南山风景名胜区	210
万佛山—侗寨风景名胜区	211
虎形山—花瑶风景名胜区	211
东江湖风景名胜区	211
钟坡风景名胜区	213
八景洞风景名胜区	214

炎帝陵风景名胜区 ··· 214

广东省

肇庆星湖风景名胜区 ··· 215
西樵山风景名胜区 ··· 216
丹霞山风景名胜区 ··· 217
白云山风景名胜区 ··· 218
惠州西湖风景名胜区 ··· 219
罗浮山风景名胜区 ··· 220
湖光岩风景名胜区 ··· 222
梧桐山风景名胜区 ··· 222

广西壮族自治区

桂林漓江风景名胜区 ··· 223
桂平西山风景名胜区 ··· 225
花山风景名胜区 ··· 227
金秀大瑶山风景名胜区 ··· 229
红水河七百弄风景名胜区 ··· 230
龙潭—都乐风景名胜区 ··· 231
龙岩风景名胜区 ··· 232
谢鲁山庄风景名胜区 ··· 232
青秀山风景名胜区 ··· 233
勾漏洞风景名胜区 ··· 234
资江—八角寨风景名胜区 ··· 234

海南省

三亚海滨风景名胜区 ··· 235
东山岭风景名胜区 ··· 236

重庆市

长江三峡风景名胜区 ··· 237
重庆缙云山风景名胜区 ··· 237
金佛山风景名胜区 ··· 238
四面山风景名胜区 ··· 239
天坑地缝风景名胜区 ··· 241
芙蓉江风景名胜区 ··· 241
长寿湖风景名胜区 ··· 243
黑石山—滚子坪风景名胜区 ··· 243
碑槽山溶洞群风景名胜区 ··· 244
青溪沟风景名胜区 ··· 245
骆崃山风景名胜区 ··· 246
青龙瀑风景名胜区 ··· 246
百里竹海风景名胜区 ··· 247

红池坝风景名胜区 …… 248
温泉风景名胜区 …… 249
凤凰山风景名胜区 …… 250
大巴山神田风景名胜区 …… 250
崩溪河风景名胜区 …… 251
青龙峡风景名胜区 …… 251

四川省

峨眉山风景名胜区 …… 253
乐山大佛 …… 255
黄龙寺—九寨沟风景名胜区 …… 257
黄龙风景名胜区 …… 257
九寨沟风景名胜区 …… 259
青城山—都江堰风景名胜区 …… 262
剑门蜀道风景名胜区 …… 265
贡嘎山风景名胜区 …… 267
蜀南竹海风景名胜区 …… 269
西岭雪山风景名胜区 …… 270
四姑娘山风景名胜区 …… 272
石海洞乡风景名胜区 …… 274
光雾山—诺水河风景名胜区 …… 275
龙门山风景名胜区 …… 276
白龙湖风景名胜区 …… 278
邛海—螺髻山风景名胜区 …… 278
天台山风景名胜区 …… 278
中岩风景名胜区 …… 279
朝阳湖风景名胜区 …… 280
卡龙风景名胜区 …… 280
蒙山—碧峰峡风景名胜区 …… 281
佛宝风景名胜区 …… 282
二滩风景名胜区 …… 283

贵州省

黄果树风景名胜区 …… 284
织金洞风景名胜区 …… 287
潕阳河风景名胜区 …… 288
红枫湖风景名胜区 …… 289
龙宫风景名胜区 …… 291
荔波樟江风景名胜区 …… 292
赤水风景名胜区 …… 294
马岭河峡谷风景名胜区 …… 295
黎平侗乡风景名胜区 …… 297
九龙洞风景名胜区 …… 298

九洞天风景名胜区	299
都匀斗篷山—剑江风景名胜区	300
紫云格凸河穿洞风景名胜区	300
平塘风景名胜区	301
榕江苗山侗水风景名胜区	302
石阡温泉群风景名胜区	303
沿河乌江山峡风景名胜区	303
瓮安江界河风景名胜区	305
遵义娄山关风景名胜区	305
梵净山太平河风景名胜区	307
百里杜鹃风景名胜区	308
花溪风景名胜区	309

云南省

路南石林风景名胜区	311
大理风景名胜区	313
西双版纳风景名胜区	314
三江并流风景名胜区	316
昆明滇池风景名胜区	317
丽江玉龙雪山风景名胜区	318
腾冲地热火山风景名胜区	320
瑞丽江—大盈江风景名胜区	321
九乡风景名胜区	323
建水风景名胜区	324
阿庐风景名胜区	326
普者黑风景名胜区	326
珠江源风景名胜区	327
大黑山风景名胜区	328
楚雄紫溪山—禄丰恐龙山风景名胜区	328
武定狮子山风景名胜区	329
沧源佤山风景名胜区	329
景东漫湾—哀牢山风景名胜区	330
多依河—鲁布革风景名胜区	330

西藏自治区

雅砻河风景名胜区	332
纳木措—念青唐古拉山风景名胜区	333
唐古拉山—怒江源风景名胜区	334

陕西省

华山风景名胜区	335
临潼骊山风景名胜区	337
宝鸡天台山风景名胜区	339

黄帝陵风景名胜区 ·················· 339
　　合阳洽川风景名胜区 ················ 340
　　凤翔东湖风景名胜区 ················ 340
　　龙门—司马迁祠风景名胜区 ··········· 341
　　楼观台—太白山风景名胜区 ··········· 342
　　药王山风景名胜区 ·················· 343

甘肃省

　　麦积山风景名胜区 ·················· 344
　　崆峒山风景名胜区 ·················· 346
　　鸣沙山—月牙泉风景名胜区 ··········· 348

宁夏回族自治区

　　西夏王陵风景名胜区 ················ 351
　　泾河源风景名胜区 ·················· 353
　　沙湖风景名胜区 ···················· 353

青海省

　　青海湖风景名胜区 ·················· 355

新疆维吾尔自治区

　　天山天池风景名胜区 ················ 357
　　赛里木湖风景名胜区 ················ 358
　　库木塔格沙漠风景名胜区 ············ 359
　　博斯腾湖风景名胜区 ················ 360
　　南山风景名胜区 ···················· 360
　　怪石峪风景名胜区 ·················· 362

附录一：中国风景名胜区事业发展历程大事记 ·············· 363
附录二：工作研究 ···················· 365
　　必须加强风景名胜区开发建设管理 ···· 365
　　保护遗产　刻不容缓 ················ 369
　　慎称"天下第一" ··················· 370
　　当代建筑学的职责与文化遗产保护 ···· 371
　　当代霞客—谢凝高 ·················· 372
　　美国国家公园管理局局长罗伯特·斯坦顿的致信 ·············· 373
　　美国佛罗里达州州长杰布·布什的致信 ·············· 374
　　人民的骄傲　美国的贡献——美国国家公园考察 ·············· 375
　　国家公园的价值何在？ ·············· 381
　　美国国家公园志愿者 ················ 383
　　中美国家公园在线访谈录 ············ 387
附录三：国家级风景名胜区名单 ········ 389
《中国风景名胜区》再版后记 ··········· 395
主编自述 ···························· 396

北 京 市

八达岭—十三陵风景名胜区

八达岭—十三陵风景名胜区是国家重点风景名胜区，位于北京市北部，它由相连的八达岭和十三陵两组风景名胜组成。

八达岭位于北京西北延庆县和昌平区，是燕山余脉军都山的主峰，海拔1015米。明代在此设关隘，作为居庸关的外口。这里山峦重叠，形势险要，长城依山而筑，居高临下，工程浩大，气势雄伟，素有"居庸之险不在关而在八达岭"之说。

八达岭关城 始建于明弘治十八年（1505年），是北京通往西北方向的咽喉，现京张公路经此。关城呈四方形，东西各开一门。西门为外门，上刻"北门锁钥"；东门为内门，上刻"居庸外镇"，长城即从"北门锁钥"城楼两侧延伸出去。

八达岭长城 依山势而筑，气势磅礴，雄伟壮观，是万里长城中的精华。这段长城城墙的墙基全用千余公斤重的花岗岩条石砌成，上砌砖墙及马道，平均高6~7米，宽4~5米，马道可容5匹马并排驰骋。城墙外侧每隔一定距离筑垛口，供瞭望和射敌用。城墙每隔三五百米设敌楼一座，敌楼骑墙而筑，高出城墙之上，一般分有上下层，上层有望孔和射眼，下层住守城兵和存放兵器。

关沟 位于八达岭之南，昌平区境内，是一条长近20公里的峡谷。关沟两侧山高峰陡，形势险要，峰峦叠翠，松柏成林，十分深沉幽静。登高远眺，犹如碧波翠浪，这就是著名的旧燕京八景之一的"居庸叠翠"。居庸关扼沟中，沟的南口即现南口镇，北口即八达岭关城。人们曾把这里的山水胜迹和传说附会成"关沟七十二景"，著名的有居庸关附近的"穆桂英点将台"、"仙枕石"，三堡附近的"弹琴峡"、"乌龟石"，八达岭附近的"天险"、"望京石"、"青龙倒吸水"等。

居庸关 筑在关沟内，跨在山谷之间，扼守住狭长的通道，形势险要，有"一夫当关，万夫莫开"之势，历为兵家必争之地。

云台 在居庸关城中心，始建于元代，构筑奇妙，雕刻精致，上有用6种文字书写的《陀罗尼经咒》和《造塔功德记》。

十三陵在北京城西北昌平区，燕山天寿山山麓，是明代的13个皇帝的陵墓，即长陵（明成祖陵）、献陵（明仁宗陵）、景陵（明宣宗陵）、裕陵（明英宗陵）、茂陵（明宪宗陵）、泰陵（明孝宗陵）、康陵（明武宗陵）、永陵（明世宗陵）、昭陵（明穆宗陵）、定陵（明神宗陵）、庆陵（明光宗陵）、德陵（明熹宗陵）、思陵（明思宗陵）。各陵建筑布局和规制均基本相同，平面均呈长方形，有陵门、碑亭、明楼、宝城等建筑。十三陵中以长陵的地面建筑和定陵地宫最胜。

十三陵背环高山，面向平川，陵区入口左右的龙山和虎山，像是两位守门的武士。进了山口，迎面是一座5间6柱11楼的石牌坊，这是我国现存最大、最早的石牌坊。这就是陵区的正门。从这里到北面长陵的中轴线上，有一条长7公里的神道。神道两边整齐地排列着18对石兽和石人。

长陵 在天寿山主峰之下，是明成祖朱棣和皇后徐氏的陵墓。长陵是十三陵的主陵，也是十三陵中历史最早和规模最大的一座，共有三进建筑，宏伟壮观，尤其是享殿为目前仅存的楠木结构的宏伟大殿。

定陵 位于长陵西边大峪山下，是明神宗朱翊钧和他的两个皇后的陵墓。定陵墓穴已经于1956年发掘成功，现地宫已开放。地宫总面积1195平方米，由前、中、后、左、右五座宽敞的殿堂连接组成，全部是石结构。后殿是地宫主体。定陵出土文物多达3000余件，陈列在地上的展览室里。

十三陵水库 在十三陵东南，1958年建成。以老一辈革命领袖和首都数百万干部群众参加义务劳动修建而闻名。大坝东端有纪念碑。

石花洞风景名胜区

　　石花洞风景名胜区是国家重点风景名胜区，位于北京市房山区，是西山南段中的北方岩溶洞穴群，共有洞穴36个，其中大、中型的有石花洞、孔水洞、银狐洞、清风洞、双鹿洞、鸡毛洞、张良洞、老道洞、观音洞等十余个，面积66平方公里。

　　石花洞位于北京市房山区南车营村，距北京城区50公里，地处大石河畔，群山之中，洞外景色与洞内奇观相得益彰，是目前北方规模最大、美学价值最高的溶洞风景区之一。石花洞从明代圆广法师于正统十一年（1446年）发现以来，已有500多年的开发史。

　　石花洞分上下7层，上部5层洞穴长5000多米，六、七层为地下暗河及充水河道，长达2万米，化学沉积丰厚。目前已开放的为一、二、三层，游路长1650米，上下高差42～78米，划分为14个景区：曲径通幽、蓬莱仙境、洞天福地、灵霄天界、神州胜景、龙宫宝殿、天国御园、芳林仙境、银旗洞府、石花走廊、戏台大厅、深谷花丛、南北大走廊和长廊大厅，有上百个景点。洞内有国内最大的石幔竖琴、石钟乳、巨型石盾、银色透明的石旗、1800多吨石花和大量月奶石莲花，非常珍贵。洞内还有我国首次发现的记录2840年前至今温湿变化和景物沉积速度的石笋透光微层与年际纹层。这些构成了洞中的十二大奇观：洞天三塔、瑶池石莲、黄河瀑泻、五彩石旗、石幔竖琴、珍珠金塔、奇异石盾、彩光壁—金银坡、仙人桥—斜柱、南海五指—灵山仙境、清水潭—海螺壁、云盆珍珠—火树银花。

　　银狐洞位于北京市房山区佛子庄乡下英水村，距北京城区70公里。银狐洞目前已探明部分有5000多米长，面积30000多平方米，洞体粗犷深长，洞洞交错，如同迷宫。洞中景色奇丽，特别是洞中一处大型晶体，高约2米，全身布满针刺，如冰雕玉琢而成的银色狐狸，形神兼备，蔚为奇观，银狐洞因此而得名。洞下有地下河，四季均可行船。河水泉源为麦饭石矿泉水。

　　风景区内人文资源有万佛堂、娘娘塔、铁瓦寺、龙神庙等，还有唐代的铸龙和石刻。

天津市

盘山风景名胜区

盘山风景名胜区是国家重点风景名胜区，位于天津市蓟县，面积106平方公里。

盘山为燕山山脉的余脉，原名徐无山，又称四正山。东汉末年，无终（今蓟县一带）人田畴，为避乌桓的骚扰和董卓之乱，率领宗族人等隐居此山中。建安十二年（207年）曹操率军北伐乌桓，田畴建功，却不受"表封亭侯，食邑五百"，仍于徐无山隐居。为纪念田畴，后人将徐无山改称田盘山，为"田畴居此"之意，后省称"盘山"。

盘山山势雄伟险峻，层峦秀丽多姿，云海松涛气势恢宏，水石清奇，景色幽绝，又素有"京东第一山"之称。古人曾赞其曰"山秀石多怪，林深路转奇，三盘无限意，幽绝少人知。""万株松影千峰石，一度经过半世思。"盘山不仅自然风光迷人，并有众多的名胜古迹，曾被列为中国十五大名胜之一，又以"东五台山"之美誉著称佛界，1990年以其"三盘暮雨"成为"津门十景"的佼佼者，是当今中国北方著名的旅游胜地。

盘山位于京、津、唐、承四角交汇地带，距蓟县城12公里，西距北京90公里，南距天津市区120公里，东距唐山90公里，北距承德180公里，均有公路、铁路直达，交通极为方便。

盘山开发始于汉，后经唐、宋、元、明、清诸代相继建设，先后建有72座佛寺，13座玲珑宝塔，迄今已有近1500年的历史。唐代为盘山的盛建时期，清代乾隆年间为盘山景观发展的鼎盛时期，在山麓曾建有可与承德避暑山庄媲美的皇家园林——静寄山庄。清康熙皇帝曾到过盘山9次；乾皇帝曾28次来游，并慨叹道："早知有盘山，何必下江南！"一千多年以前，唐太宗李世民东征高丽回来，曾经带兵在盘山驻扎，写下了脍炙人口的诗句："翠野驻戎轩，卢龙转征旆。遥山丽如绮，长流萦似带。海气百重楼，崖松千丈盖。兹焉可游赏，何必襄城外。"高度赞美了盘山的景色，可谓千年之隔异曲同工。

盘山景观以"五峰八石"、"三盘之胜"而奇特称绝。主峰名挂月峰，海拔864米，为盘山之巅，峰巅之上有唐朝延和年间（712年）智源禅师所建定光佛舍利塔。峰下有云罩寺，寺前一峰耸翠，形如伞盖，名紫盖峰；后有自来峰，突兀险峻；东有九华峰，状如莲花；西有舞剑峰，山顶一平如砥。五峰中主峰居中挺立，四峰环耸南北西东，所以盘山原有"四正山"之称。盘山"八石"系指悬空石、摇动石、晾甲石、将军石、夹木石、蛤蟆石、蟒石、天井石。其实，盘山群峰攒簇，怪石嶙峋，"八石余多怪石，五峰外有奇峰。"

盘山有"山多高水多高"之说，故水源丰盛，树木繁茂，形成"三盘之胜"。所谓"三盘"，是指山的上、中、下三部，分别称上盘、中盘和下盘。三盘之胜，即：上盘松胜，蟠曲翳天；中盘石胜，千奇百怪；下盘水胜，涓流不息。古人吟赋盘山，留有"五峰争捧日，八石各生云"、"泉声三里五里，松影千层万层，红杏山山迎客，白云寺寺寻僧"的名句。

抗日战争时期，盘山地区是冀东革命根据地之一。日军实行残酷的"三光"政策，盘山许多佛寺都毁于战火。但盘山层峦叠翠的清秀风光依然令人钟情。新中国成立后，特别是改革开放以来，这座大自然赐予人类不可多得的宝贵资源，才得以有效的保护、开发和利用。现已恢复了入胜、天成、万松、云罩四大景区，修建了盘山烈士陵园、盘山石趣园和盘山客索道以及道路和接待服务设施。

盘山景点林林总总，遍布全山，故难以一"线"贯通。除个别景点、景区外，可采用"A"字形的旅游路线。分别称为西线、东线（纵向），两线在峰顶——挂月峰相接，再以中线（横向）联系。无论东线西线，均可上下，并各有特色。东线景色水秀山明，开阔畅朗；西线景色山重水复，曲径通幽。综观盘山景观藏景于里，引人入胜，而非露景于表，一览无余。因此，游览盘山，东西两线都有如观赏戏剧般从序曲到高潮、到尾声之妙，且余意不尽。

游览盘山，至山脚下，首先到达盘山烈士陵园，然后经过石趣园前行，便来到了盘山"A"字形旅游线的西线。西线从盘山山门而入，一路经过入胜、天成寺、万松寺、桃园古洞景区，到达挂月峰。

从西线进山，首先映入眼帘的是山门前耸立的红柱、琉璃瓦顶的错彩镂金牌楼。牌楼上横书"京东

第一山",背面横书"层峦叠翠"。

过水木清华的"莲花池",穿山门,"入胜"刻石正在迎候。跨石桥,便是"四正门径"。溪谷中巨大的元宝石上,呈现"此地有崇山峻岭怪石奇松"11个大字。眼前,仙人桥畔的迎客松,向游人挥手相招。

再前行,便到了盘山下盘区的第一寺——天成寺。走进乾隆皇帝常来盘山的下榻处江山一览阁凭窗回眺,方知:"山林葱茏入佳境,空谷低回溪流声"。江山秀丽,真乃一幅天成图画。

登上翠屏峰,在宿云亭上凭栏远眺,天风云鹤,令人心悦神驰。小憩过后,可沿峭壁的石阶参谒抗日战争时的革命遗迹——包森洞、洪涛洞,再奔万松寺。路上,为眺望"鹰松"最佳处,并可遥望李靖舞剑台。

告别万松寺去桃园洞景区,路经盘谷寺遗址。如是春游,风和日丽当赏满山遍野盛开的山杏花,领略"杏花万树开,映日光皎洁。东风过岭来,满地飘白雪"的古诗意境。随之到智朴和尚墓一观,并一览崖下石景,探桃园古洞,看摩天石、将军台。

继续攀登,便可见"一峰身出万松巅,脚底诸峰气藐然",直达"去天尺五"的挂月峰,只见"巍峨云罩峰头塔,半天楼阁树荫浓。"再俯瞰山下,"一览众山小",方觉风光无限。

如果您想减少登山之劳顿,又想饱览盘山之风光,可从"A"字形旅游线的起点入胜景区乘索道,由入胜直达万松寺,既可往返,也可沿景点步行返回,又可以从万松寺步行去挂月峰。

西线是游览盘山的导游路线,也是当年皇帝来盘山的必游之路,清乾隆皇帝来盘山的次数最多。这里留下了不少关于清代东阁大学士刘墉和礼部尚书、协办大学士纪昀等伴随乾隆皇帝游盘山的奇闻趣事,令人游兴倍增。

倘从东线上山,可见静寄山庄遗址处建起的盘山烈士陵园。到片石沟,沟旁崖壁上,有"千尺雪"、"贞观遗踪"题刻。远望可见摩崖刻石"萝屏"二字。沿沟而上,过盘山水库下的响涧,奔上方寺。寺虽不存,遗址居高临下,周围古木森森,峭石累累,清幽奇绝。过"大方广",仰望"悬空石",一览"喝断石"、"天门开"、"白猿洞",取道香路登挂月峰。

从东路走中线,由片石"响涧"过水库大坝,上西山坡,过说法台,忽觉"山重水复疑无路",而实际上却有对峙峰涧"一线天"。穿过"一线天",面前豁然开朗"柳暗花明又一村",便到了古中盘,左山崖有乾隆题刻多处。此处可见用巨大的花岗岩条石叠筑的30余米高的两道大坝联成的平台,蔚然壮观,这便是正法禅院的遗址。由此前行至山腰,回头望,正是观赏"松影"绝佳处。而后前往盘谷寺、万松寺。由万松寺即可经天成寺下山,并可取道直上盘剑台或登主峰。

盘山"步步有景,景景有典"。如果在天气晴朗之日游盘山,定会使游者如愿以偿,但倘若不巧遇上云笼雾锁以至细雨霏霏之时,是观赏"津门十景"之一"三盘暮雨"的大好时机。盘山的"云海松涛"更蔚为壮观,但不是每次来盘山都能见到的,如能巧遇,乃是游览者的一大幸事。

河北省

承德避暑山庄—外八庙风景名胜区

承德避暑山庄—外八庙风景名胜区是一处列入世界文化遗产名录的国家重点风景名胜区，被评为全国十大风景名胜之一，位于河北省承德市。

承德在北京以东256公里处，位于华北平原与蒙古高原过渡带的一个断陷山间盆地中。蜿蜒在承德市区东部的武烈河由于沿途汇纳默沁泉、汤泉、热河泉等温泉注入，故又称热河，在下营子附近汇入滦河。历史上是热河省的省会。

承德冬无奇寒，夏无酷暑，相对湿度小，显得更加清凉。康熙二十年（1681年）为抗击沙俄南侵，巩固北疆，使皇室后裔保持骑射传统，康熙皇帝置"习武绥远"为目的的木兰围场。康熙四十年（1701年），在此修建热河离宫即避暑山庄。离宫成了清帝避暑消夏、行围狩猎、比武操练、处理政务、接见来使的大本营。

承德在清代康熙、乾隆、嘉庆年间，作为仅次于北京的第二个政治中心，融汇了我国多民族的历史、文化、艺术和建筑，成为一座著名的历史文化名城。特别是在山庄内，林木繁多，湖面开阔，格外清凉无暑，为我国北方内陆景色佳丽的避暑胜地。避暑山庄为康熙命名，别称热河行宫或离宫，占地564万平方米，宫墙周长10公里，是我国现存最大的皇家园林。避暑山庄用集锦式布局方法，巧妙地因山理水，凿湖开渠，造林筑堤，集我国南北造园艺术之精华。所谓"山庄咫尺间，直作万里观"，就是因为它汇集镇江金山寺，苏州寒山寺、沧浪亭，杭州六和塔、一片云，南京报恩寺，宁波天一阁，嘉兴烟雨楼，泰山碧霞元君祠等建筑之长，并加以创新，兼有"北雄南秀"的特色。

避暑山庄分为宫殿区与苑景区。苑景又可细分为湖泊、平原、山峦三景区。当年康熙、乾隆各题三十六景，合称避暑山庄七十二景。

宫殿区 为清帝行宫，由正宫、松鹤斋、万壑松风、东宫组成。

正宫包括澹泊敬诚殿、四知书屋、烟波致爽殿、云山胜地几组建筑。它以北方民居形式为主，古朴淡雅，布局力求对称、严谨，遵循封闭式的宫廷体制，给人错落层叠，闭而不塞，严谨和谐之感。

澹泊敬诚殿为避暑山庄的正殿，殿前有内外午门、朝房、乐亭，后有四知书屋和寝宫等建筑，内午门上悬挂有康熙所书"避暑山庄"匾额，大殿全部用楠木建成，内悬挂康熙所书"澹泊敬诚"匾额。

四知书屋在澹泊敬诚殿后，是一座五间大殿，庭园清幽，是皇帝处理政务召见大臣的地方。

烟波致爽殿为皇帝的寝宫，康熙称此处"四周秀丽，十里平湖，致有爽气"，为康熙三十六景的第一景。

松鹤斋在澹泊敬诚殿东侧，为乾隆当年为其母所建，由门殿、松鹤斋、绥成殿、十七间房、乐寿堂、畅远楼等建筑组成，为乾隆三十六景的第三景。

万壑松风在松鹤斋以北，是宫殿区最早的建筑，是康熙皇帝当年召见文武百官和批阅奏章之处，由万壑松风殿、鉴始斋、静佳室、颐和书房和蓬阆咸映等建筑组成。建筑具有南方园林特色，周围有许多古松，又是眺望湖山佳处，风景极美。

湖区 面积58公顷，其中水面26公顷，总称为塞湖。现存澄湖、上湖、下湖、镜湖、如意湖、银湖、长湖，西湖、半月湖已不存。湖心有月色江声、如意洲和环碧等岛，以长堤桥梁相连，造成曲折、深远、含蓄的意境。湖区的亭、榭、楼、阁，博采江南园林长处，但又匠心独具，形成多样风格，造成层次多变的胜景。主要景点有水心榭、文园、清舒山馆、月色江声、如意洲等。

水心榭建于下湖和银湖之间，水上建桥，桥上建3座亭榭，四望空阔，为康熙三十六景的第八景。月色江声在水心榭以北，为湖中一椭圆形岛屿，建筑布局类似北方的四合院，临湖门殿上有康熙所书"月色江声"匾额。

如意洲在月色江声岛北，也是湖中岛屿，形如如意，面积3.5万平方米，是避暑山庄最大的岛屿。洲上有无暑清凉殿（门殿）、观莲所、金莲映日、水芳岩秀、沧浪屿、一片云等建筑，布局精巧灵活，景点众多，避暑山庄七十二景中有十二景在洲上。

平原区 在湖区北部到西北山麓，占地64公顷，以万树园、永佑寺和文津阁为主体。

万树园在平原区东北部，面积870亩，芳草萋萋，苍松巨槐，被乾隆视作"蒙古草原"，在此举行"大蒙古包宴"盛典，欢宴各兄弟民族领袖和外国使节。

永佑寺原是平原区的最大一组建筑，惜多已毁。永佑寺塔高66米，是山庄胜景。

文津阁在平原区西部，仿宁波天一阁建成，原用于珍藏《古今图书集成》和《四库全书》。

山峦区 面积约占山庄总面积的五分之四。自南而北有榛子峪、梨树峪、松树峪和松云峡。这里山峦起伏，峡谷深邃，原有景点40多处，以锤峰落照亭、南山积雪亭、北枕双峰亭和四面云山亭最著名，此四亭均位于山庄的制高点上，四隅环立，遥遥相对，互为对景。

在武烈河东岸和狮子沟北沿，分布着12座喇嘛庙，大都朝向避暑山庄，构成一幅众星捧月的势态，建于康熙五十二年（1713年）到乾隆四十五年（1780年），象征着蒙、新、青、藏边疆少数民族对清中央政府的拥戴，也是民族团结、国家统一的标志。当年其中八座庙有朝廷派驻喇嘛，故俗称"外八庙"。十二座庙中溥善寺、广缘寺、广安寺、罗汉堂已不存。现存有八处。

外八庙融汇了汉、蒙古、藏等民族的建筑形式，具有高度的艺术价值，是我国历史文化遗产中的瑰宝。

溥仁寺 建于康熙五十二年（1713年），是外八庙中建成最早、康熙时期现存惟一的寺庙。建筑布局是汉族寺庙传统的"伽蓝七堂"式，占地32000平方米。寺内建筑物沿南北中轴线对称排列。主殿"慈云普荫"，正中供三世佛及两大弟子像，东西两侧供奉十八罗汉，这些罗汉像神态各异，栩栩如生。后正殿名"宝相长新"，供九尊无量寿佛。

普宁寺 始建于乾隆二十年（1755年），面积23000平方米，殿阁轩昂，规模宏大。主体建筑是重檐歇山顶式绿色琉璃瓦的大雄宝殿。后部有庄重巍峨的"大乘之阁"，内藏高达22.28米、腰围15米、总重110吨的特大型木雕大佛，传说是一棵巨大的榆树雕刻而成，是世界上最高大的木质佛像，造型匀称，面部富有表情，外以金箔装饰。寺内林木参天，景色清丽。

普佑寺 建于乾隆二十五年（1760年），该寺建筑属汉族式样，但布局特殊，佛像新异，是外八庙中别具一格的庙宇。普佑寺在1964年因雷击起火，只保留了东西两组配殿，双殿内供奉178尊罗汉。

安远庙 俗称伊犁庙。建于乾隆二十九年（1764年），仿新疆伊犁固尔扎庙修建，以使迁居热河的达什达瓦部人能举行宗教活动。每年乾隆皇帝夏季在此接待蒙古王公贵族朝觐和瞻礼。庙占地26000平方米，平面布局具有方整严合的风格，寺内分三进院落。第三进院落由70间廊房围成，是藏传佛教寺庙中常见的建筑布局。主殿普度殿分三层，殿内四壁绘有佛国源流壁画，线条流畅，造型生动。

普乐寺 俗称圆顶子。建于乾隆三十一年（1766年），占地24000平方米。在清政府平定了准噶尔部和"回部"叛乱后，各少数民族首领每年按时到避暑山庄朝见乾隆。为了表示对西北各民族宗教信仰的尊重，乾隆决定兴建此庙。寺庙山门朝西，前半部有钟鼓楼、天王殿、宗印殿等。宗印殿是一座巨大的坛城，建在用石条砌筑的高台上，共分三层。旭光阁建在阁城的第三层平台上，仿北京天坛祈年殿而建，阁内圆形石须弥座上建有国内最大的曼陀罗，内供胜乐王佛双身铜像。旭光阁内顶部饰有精美的大型团龙戏

珠藻井，雕工细腻，具有很高的艺术价值。

普陀宗乘之庙 始建于乾隆三十二年（1767年），是乾隆为自己和皇太后祝寿并接待少数民族王公贵族，仿拉萨布达拉宫而建。庙占地22万平方米，是外八庙中规模最大而又最壮观的一座。全庙有40多座建筑，依山势变化布置，主次分明，高低错落有致，是汉藏建筑风格相结合的典范。庙的前半部是汉族样式，后半部是主体建筑大红台，颇具藏式特点。大红台位于山巅，通高43米，直插云霄，雄伟壮观。大红台中部是主殿万法归一殿，殿顶覆盖鱼鳞状镏金铜瓦。大红台东部御座楼内，有大型歌舞《普陀之光》供游客观赏。

殊像寺 建于乾隆三十九年（1774年），仿山西五台山同名寺庙而建，具有自己的独特风格。主殿会乘殿坐落在两层高的高坛上，殿内置木质金漆三大士像，文殊菩萨居中，骑坐青狮之上，两手皆持莲花。佛像历经二百余年仍保存完好。会乘殿后有一座体量庞大、格调自然的假山。

须弥福寿之庙 建于乾隆四十五年（1780年），供来避暑山庄为乾隆祝七十大寿的后藏政教首领六世班禅讲经、居住之用，占地37900平方米。庙建在一个缓坡之上，因山就势，依照日喀则札什伦布寺的形制修建，而布局用中轴线和对称排列的汉族建筑形式。主体建筑大红台由三层群楼围成回字形，红台中心是主殿妙高庄严殿，全部覆以鱼鳞状镏金铜瓦，上饰八条镏金铜龙，栩栩如生。庙的后部建有琉璃万寿塔，塔高7层，塔身呈八角形，结构秀美，色调古雅。这个建筑群是外八庙中汉藏混合式建筑的典范。

分布于群山之中的奇峰怪石与山庄建筑相互映衬，使人文美景与自然秀色融成一体。其中著名的有磬锤峰、双塔山、罗汉山、鸡冠山、蛤蟆石、僧冠峰等。

磬锤峰 在承德市区武烈河东岸，山上一巨大的石峰形如倒放的洗衣棒锤。棒锤高达38米，亭亭玉立，奇丽挺拔。

双塔山 在承德市西滦河岸边，高30余米，为一峰分裂成两座并立山峰，上大下小，显得格外险峻挺拔。更神奇的是，峰顶上原有辽代方形小塔，现遗迹尚存。

罗汉山 在磬锤峰南，一峰突起，如一座罗汉背山面水袒腹端坐。"罗汉"旁边有一形态生动的小"罗汉"峰；"罗汉"南面两座山峰相连如两个罗汉扶肩谈笑；靠东边的一座山峰则似一罗汉身披袈裟面西而立。这些山峰各具姿态，犹如艺术家的雕塑作品。

秦皇岛北戴河风景名胜区

秦皇岛北戴河风景名胜区是国家重点风景名胜区，位于河北省秦皇岛市，由北戴河、山海关、长城和孟姜女庙等组成。北戴河位于市中心西南15公里处，背靠联峰山，面临渤海，有长达13公里的滩平沙细的沙滩，是优良的海水浴场。这里沙细、坡缓、水净、潮平，海岸广阔，林木苍翠，适宜游泳、海水浴、日光浴、空气浴。有各具特色的海滨浴场28个，中海滩水深清澈，西海滩水浅平和，平水桥和刘庄热闹非凡。海滨风景秀美，有鹰角石、莲峰山等24景点，是我国著名的海滨风景名胜区。北戴河夏季凉爽宜人，是我国最重要的避暑胜地，有当代中国的"夏都"之称。

联峰山 又名莲蓬山。在北戴河海滨中部，前临大海，群峰连绵，故得名。分为东、西联峰山。海拔130米。山中崖前，松林如海，林木中掩映着幢幢楼阁别墅；山前沙滩金黄，大海碧蓝，风景如画。山上有桃源洞、仙人洞、对语石、韦驮石等胜景。

莲花石公园 在东联峰山山麓。公园内有大片松林，各种奇形怪状的山石遍布，其中一石状如莲花，故名。

观音寺 在联峰山东北，原名广华寺，寺内遍植罗汉松，有明代铸钟和传有300年树龄的龙爪槐，幽雅清静。

鸽子窝公园 位于北戴河海滨东北部，内有最著名的胜景鹰角石。鹰角石是海滨一座突兀而起的孤峰，峭壁临海，形如雄鹰，故名鹰角石。过去石缝中多栖息鸽子，故又名鸽子窝。高峰上建一亭，名鹰角亭。登亭远眺，海阔天空，浮想联翩，心旷神怡。毛泽东1954年在此写下了《浪淘沙》一词。现亭南建有毛泽东雕像和诗碑。岩崖旁建有望海长廊。

老虎石 在北戴河海岸中部，为大海中一片连绵起伏的礁石，在潮落时露出水面，远望如老虎在海中沐浴。

山海关 始建于明初,是一组由关城、东罗城、西罗城、南翼城、北翼城和威远、宁海两哨城共七个城堡组成的古代城防建筑群,结构严谨。山海关是万里长城的重要关口。这段长城南起老龙头,经山海关关城、角山长城、三道关长城至九门口,全长近24公里。山海关耸立在燕山、渤海之间,形势极为险要,是内地通向东北的咽喉,也是华北和东北的分界处,历代为兵家必争之地,素有"两京锁钥无双地,万里长城第一关"和"天下第一关"之称。关城高14米,厚7米,砖石包砌,高大坚实。城周长4公里,东西南北原各有一门,现仅存东门。

"天下第一关"是山海关关城的东门,坐西向东,西为关内,东为关外。关口为长方形城台,中为巨大的砖砌拱门,南北连接长城。城楼悬"天下第一关"匾额,每字高1.6米,浑厚有力,相传是王羲之所书,实为明代进士、著名书法家萧显手书。

老龙头 位于山海关南5公里渤海之滨高地上,明洪武十四年(1381年)大将军徐达修筑长城时将东部起点选在此处,故称之为万里长城之首。万里长城这条"巨龙"自西往东蜿蜒至此,"龙头"直伸海中。老龙头由入海石城、靖虏台、南海口关、澄海楼、宁海城、滨海长城等建筑组成。近年又重建了龙武营、守备署、把总署、御碑亭等,成为展示明代军营将士生活和明长城陆海军事防御体系的博物馆。

澄海楼雄踞老龙头最高点,在楼一层正面悬有乾隆御书"元气混茫"横匾和"日曜月华从太始,天容海色本澄清"槛联;二层外檐下悬有"雄襟万里"巨匾,系明大学士孙承宗所题。登楼远眺,海天一色,视野极为旷阔,令人心旷神怡。一千多年来一直是观海胜地。清康熙、乾隆、嘉庆、道光等皇帝曾来此凭楼观潮,新中国成立后毛泽东、刘少奇、朱德、李先念、江泽民等都曾来此视察游览。

九门口 位于关城北15公里的河北省抚宁县与辽宁省绥中县交界处。地势险要,素有"京东首关"之称。九门口共有9个关门,其中有6个建在从互相夹峙的两山背后流出的九江河上。这段雄伟壮观的"水上长城"为长城中所仅见。

孟姜女庙 又名贞女祠,在山海关以东6公里的凤凰山上,为纪念相传秦代"万里寻夫,哭倒长城"的孟姜女而建。庙宇建于宋代,经明代万历年间重修始形成今之规模。庙宇小巧玲珑,建筑简洁质朴,青砖黛瓦红墙配以苍松翠柏,显得格外秀丽。庙内建筑包括钟楼、前殿、后殿、振衣亭等。前殿有彩塑孟姜女像。周围墙壁嵌镶卧碑,上刻有清康熙、乾隆、嘉庆、道光等帝王将相的题诗。前殿门有著名的对联:"海水朝朝朝朝朝朝朝落,浮云长长长长长长长消"。殿后有天然巨石,左边刻"望夫石"三个大字,右边刻有乾隆的御笔题诗。石间有一串小坑,传说是孟姜女望夫留下的脚印。石后有振衣亭、梳妆台、脸盆等相传为孟姜女更衣梳妆的地方。

在孟姜女庙东南4公里的海中,两块

礁石一高一低，相传低的为孟姜女坟，高的为碑。1992年又在庙北侧新辟了孟姜女苑。该苑是以"孟姜女千里寻夫"的民间故事为题材，由姜女出世、长亭送别、哭倒长城等20个场景巧妙组成的大型文化园林。

角山 距山海关城北3公里，占地面积2.6平方公里，是明长城所跨越的第一座山峰，故有万里长城第一山之称。建于明初的长城沿陡峭的角山山脊盘旋而上，依山就势，直冲云霄，十分雄伟壮观。角山风光绚丽，名胜古迹众多，最著名的景观有"瑞莲捧日"，"山寺雨晴"等。建筑在山坳松林间的栖贤古寺，素为明、清文人雅士隐居、消夏之所。

长寿山 位于山海关城东北85公里，区域面积30平方公里。四周峰峦叠翠，长城倒挂；山下溪水环绕，清澈见底；中间谷地平坦，山庄清雅。主要景点悬阳洞为花岗岩天然石洞，长117米。洞内塑有十八罗汉像，两旁石壁上有明、清两代名人所题的摩崖石刻。后洞顶有二孔，日光由此辐射下来，异常奇特，故古人有"悬阳窥天"之说。此外还有近年新辟的神医石窟、世外桃源、石门胜迹、三道关长城等景观。

野三坡风景名胜区

野三坡风景名胜区是国家重点风景名胜区，位于河北省涞水县，分为金京坨、阳明山、佛经洞、金华山、野三坡、拒马河等景区，面积共460平方公里。全区除河谷外，均为层峦叠嶂的大山，最高峰海拔1987米。风景区以层次多变的群峰和深邃难测的百里峡谷为著。

百里峡景区 以自然风景游览为主，由呈鹿角状的海棠峪、十悬峡、蝎子沟等三条幽深的峡谷组成。被誉为"太行宠儿"的百里峡全长52公里，峡谷两侧陡峭的绝壁直插云天，而最窄处不足十米，还有各种岩溶景观和各种石景，具有雄、险、奇、幽的特点。"老虎嘴"、"不见天"、"观音回首"、"龙潭映月"、"摩耳崖"、"铁头崖"等20余处自然景点，其雄、险、奇景观为华北地区罕见，也是目前发现的国内最大、最长的"一线天"峡谷，多部影视剧曾选择这里作为外景地。海棠峪中漫沟都是野生海棠，花开时节，芳香四溢，蔚为大观。

白草畔景区 因漫山遍野长满了野草而得名，这里地形地貌复杂，植物种类繁多，有十多万亩天然林地，较好地保存了原始森林的自然风貌。现为原始森林保护区。

白草畔景区有一巨大的风动石，高4.5米，直径10米，形如倒放的馒头，故名"馒头山"，狂风吹过或用力推动，均会摇摇欲坠，却绝不会真的坠下来。

拒马河景区 环境幽雅，气候凉爽，建有旅游度假村。拒马河、小西河四季不冻不竭。拒马河两岸奇峰翠峦，山石嶙峋，刀削斧劈般的峡谷和宽阔河谷相间，宛如桂林山水。河岸如意岭下，单体突起的沙丘和百步宽的沙滩与山影水色融汇一起，构成水浴、沙浴、日光浴三结合的天然浴场。现为疗养避暑游乐区。

金华山景区 现为寻奇狩猎游览区。区内林海一望无际，瀑布飞流直下，清禅寺建筑别致。

龙门峡 又名大龙门关，是内长城的一处重要关口，拒马河水从中流过，两岸绝壁千仞，惊险万分，悬崖上有明代摩崖石刻数十处，包括诗词题记等。

大龙门城堡 在拒马河南岸，是明代长城关口，关城为方形，南面以山为障，东西北用条石和青砖砌筑，十分坚固。现大部分保存完好。

因地处偏僻，野三坡还保留有古老的风俗民情，现建有民族风情苑，内有各地少数民族村寨。

苍岩山风景名胜区

苍岩山风景名胜区是国家重点风景名胜区，位于河北省井陉市南部，面积约180平方公里。

苍岩山西依太行，东瞰平原，主峰洪炉峰海拔1117米，因山岩苍翠而得名。

苍岩山地区历史悠久，地层古老，风景名胜资源丰富。苍岩山福庆寺自然风光与人文景观浑然一体，有碧涧灵潭、桥殿飞虹、虚阁藏幽、说法危台、岩关锁翠、风泉漱玉、阴崖石乳、山腰绮柏、峭壁嵌珠、尚书古碣、炉峰夕照、窍开别天、空谷鸟语等十六景，虎影仙迹、白鹤泉、观日峰、孤石古柏等七十二观，千姿百态的山景、没皮空心的白檀树、建在断岩危壁间的桥楼殿等，享有"五岳奇秀揽一山，太行群峰唯苍岩"的盛名。苍岩山还以宗教文化著称，相传隋炀帝长女南阳公主在此出家修行，现保留不少名殿古刹。景区内还有北魏至清代的千佛洞石窟寺，柿庄宋、金时代墓群壁画，杨庄古长城以及外围景点娘子关和韩信背水一战的白石岭古战场等古代文化遗址。苍岩山从山脚沿石涧入山，只见群山起伏，危崖峭壁，怪石嶙峋，古柏横空，白檀茂密，树根裸露，盘抱巨石，奇姿异态，不可名状。山麓古木之间，掩映着处处殿阁楼台。

福庆寺 原名兴善寺，相传建于隋代，隋炀帝长女南阳公主在此出家为尼。寺前有石磴道三百六十余级，如登天梯。寺内建筑宏伟，有桥楼殿、南阳公主祠、天王殿、苍山书院、万仙堂、峰回轩、藏经楼等建筑。这些建筑依山就势，布局巧妙，禅房古刹，碑碣夹道，山林寺殿，交相辉映，步步引人入胜。尤其是在两峰对峙的峭壁上，横跨山涧，南北飞架三孔石桥，其中两座上建天王殿、桥楼殿。

桥楼殿 福庆寺的主体建筑，在三座石桥的中间一座上，桥长15米，宽9米，殿为两层楼阁式建筑，殿面宽5间，进深3间，四面出廊，重檐歇山。整座大殿雕梁画栋，金碧辉煌，气势宏伟。殿门悬"殿前无灯凭月照，山门不锁待云封"金字对联。从山下仰望青天，隙仅一线，古人赞叹它"千丈虹桥望入微，天光云彩共楼飞"。

南阳公主祠 在桥楼殿的东北方，建在峭壁之上，内有南阳公主的塑像和清代彩绘壁画，后有相传为南阳公主寝宫的山洞。

娘子关 在河北、山西两省交界处，原名苇泽关，相传唐太宗之妹平阳公主曾统领娘子军在此驻防，故得名。现存有明代建筑的关城及两翼长城，附近有娘子关瀑布。

嶂石岩风景名胜区

嶂石岩风景名胜区是国家重点风景名胜区，位于河北省赞皇县，距石家庄市100公里，面积约120平方公里，包括黄庵垴、纸糊套、虎谷寨、赞皇山、九女峰、乳泉寺、冻凌背、圆通寺等景区，100余个景点。嶂石岩从元代开始开发，前人称赞它"丹峰翠壁相辉映，纵有王维画不如"。

嶂石岩以雄伟奇特壮观的山岳地貌为主，最高峰黄庵垴海拔1774米，山岳主体为三级陡崖，每级100～200米，如斧劈刀削，壮伟雄险。其间分布着九女峰、仙人峰、宝剑峰等柱状奇峰怪石，集中地体现了太行山岳的风格与气魄。

嶂石岩水体以秀美神奇飘逸见长。河、溪、潭、湖、泉、瀑皆有。整个风景区槐河贯穿其中，沿河有钓鱼台、黑龙潭、小龙潭等景点。沟谷中有半月湖、藏龙湖、大立石、苏家台等人工湖，碧波荡漾。更为

难得的是，位于华北的这处风景区内泉水众多，各具特色：野湖泉、槐泉破崖而出；仙人泉似串串珍珠从地下冒出；奇特的乳泉的乳汁涓涓淌滴，常年不绝。瀑布景观也不凡：阎王鼻子三叠瀑在长100多米、宽7米的石英岩涧飞流直泻，似龙奔蛟驰。玉瀑落湖系一小瀑，自30余米高的崖顶跌落碧潭。"云崖撒珠"、"晴天飞雨"又各有千秋。

嶂石岩除自然风光震撼人心以外，还有人文古迹。槐泉寺、圆通寺是两处古寺遗址。有宋代摹刻的周穆王"吉日癸巳"碑。元代浮雕千佛碑有1014尊小佛。悬崖的观音壁画，水墨丹青依稀可见。

嶂石岩四季皆有景观，各有宜人之处。春日，山桃花、山杜鹃漫坡开放；盛夏，到处飞瀑流泉，气候宜人，是避暑疗养胜地；金秋，枫叶、黄栌如丹似火；隆冬，冰柱、冰崖蔚为壮观。

黄庵垴 又称嶂石岩、仙岩。它是嶂石岩的主山，是一座三级台阶的悬崖，分为顶栈、二栈和三栈，拔地而起，壁立万仞，突兀峭拔，气势雄伟。有剑劈石、迎宾榆、西天一柱、彩屏、圆通寺（乳奶寺）崖画、摩崖石刻、石乳龙泉、观音阁、幽径、静谷、拱南石、小天梯、小帘等胜迹，四壁皆景。崖体宛如灰黄色的巨大石墙，其间长满原始次生丛林，杜鹃花开和深秋黄栌树红时，万山红遍。清晨日出，丹峰红霞，交相辉映，如同"万丈红绫"，无比壮丽。

纸糊套 又称槐泉峪。在嶂石岩山北面数公里处。这里地形奇险，三面陡壁，东面开豁，呈圈椅状，最高处海拔1690米，明末清初曾有农民义军屯驻，称枳固套。后来官府反其义更名为纸糊套。这里有哨石、槐泉寺、石佛殿、千佛碑、大王台、鹰嘴崖、鱼石画壁、回音崖、云崖撒珠、槐泉等景观。其中回音崖最为闻名遐迩。恢宏雄伟的天然巨型回音壁由一天然弧形崖壁构成，弧长310米，高120米，弧度250度，直径90余米，站在崖上一端呼喊，回音此起彼伏，不绝于耳，被专家认定为回音壁的"中国之最"。

冻凌背 又称冻凌玉柱。因此地冬季有一条瀑布冻成冰柱，垂于崖壁，长约30~40米，周10余米，玲珑别透，故此得名。在纸糊套北面。这里山势陡峭奇丽，在幽静的深谷中，巨石如座座高楼矗立，飞瀑碧潭相映，鸟语泉声相闻，有神龟探海、重门锁翠、神猴受难、白瀑落湖、宇宙峰、洗劫梯、云中舞厅、鸳鸯厅、矗湘子石屋等景点。

九女峰 在纸糊套的正对面，由11个石笋组成，状如千姿百态的仙女。

西柏坡—天桂山风景名胜区

西柏坡—天桂山风景名胜区是国家重点风景名胜区。位于河北省平山县，包括西柏坡革命纪念地、天桂山、驼梁山、中山国故都四个景区和温泉度假疗养中心，总面积300平方公里。风景名胜区内文物古迹众多，山川荟萃，景色秀美。闻名世界的革命圣地西柏坡、中山国都城遗址系国家重点文物保护单位，石佛堂、庙宇、摩崖石刻等省级、县级文物保护单位200余处。天桂山被誉为北方桂林，峰奇、林密、洞幽、泉多、庙宇林立，融自然与人文景观于一体。

西柏坡 位于平山县太行山东麓，柏坡岭下，原是一个普通的小山村。1948年5月至1949年3月，中共中央曾驻于此，是党中央和毛泽东等革命领袖进入北京、解放全中国的最后一个农村指挥所。毛泽东和中共中央在此指挥了辽沈、平津、淮海三大战役，召开了具有历史意义的中共七届二中全会。原址在修建岗南水库时已淹没，现址是从原址迁移复原的。现有毛泽东同志旧居、七届二中全会会址、中央作战室等革命遗迹，并建有西柏坡纪念馆。西柏坡风景秀丽，柏坡岭高约800米，起伏连绵，林木茂盛，水库水面浩渺，湖岸村落点点，湖光山色，相映成趣。

天桂山 在平山县城西南的太行山区，面积22平方公里，主峰海拔1054米。这里大面积的石灰岩、白云岩，被水溶蚀成桂林一样的岩溶地貌，山势峻秀，奇峰林立，怪石众多，泉水淙淙，具有"雄、险、奇、秀"的特色，素有"北方桂林"的美誉。

中国风景名胜区

天桂山山北坡为百丈深崖，南坡中段两端突出中间低下如座椅状，东西各有一峰。东峰名朝阳峰，有宝塔石、母子石、鸳鸯石等怪石。西峰名望海峰，两侧有众多的景点。西峰南崖有三眼洞，进洞需攀栈梯而上，惊险绝伦，《白毛女》即在此拍外景，故现改名为"白毛仙姑洞"。著名的石洞还有藏风洞、肝花洞、媳妇洞等。天桂山有三泉一井，即槐树泉、青龙泉、金蝉泉和珍珠井。珍珠井是山上主要水源，有游人盗取井中珍珠化为石柱的神奇传说。

明末，宦官林清德在天桂山出家，将崇祯皇帝的行宫改建为青龙观，隐居修炼，历代多有扩建，有"太行武当"之称。青龙观因势而建，殿宇多依悬崖峭壁，宏伟庄严，从山下到山门，有千余阶石梯，主体建筑有真武殿、苍岩殿和大光明殿。

驼梁山 属深山密林区，海拔2281米，山顶平坦。由于位置偏僻，人口稀少，山体、泉源、植被很少受到人为破坏，基本保持原始状态。五万亩的原始次生林莽莽苍苍，植被覆盖率90%以上。山深气爽，浓荫蔽日，夏季平均气温只有19℃。加之瀑布随处垂挂，涌泉深潭，比比皆是，是一处体验生态旅游妙趣消夏避暑度假的胜地。

平山温塘 国家重点温泉之一，位于平山县温塘村温塘河东，方圆百余亩。温塘水温最高达69℃，含30多种微量元素，沐浴疗养价值极高。温塘开发历史悠久，相传始凿于汉武帝时，距今已有2000多年历史。现已建成疗养胜地。

中山国遗址 位于平山县城以北15公里，总面积35平方公里。据考证为2300多年前战国时期中山国都城所在地。其出土文物，如十五连盏铜灯、错金银虎噬鹿铜器座、铜器皿文方壶、帐篷构件、铜板兆域图等均为古中山国所特有，其他地区绝无仅有，堪称稀世珍宝。现存有宫殿区、居民区、陶器场、冶炼场、古城墙、中山王墓等文物遗迹十多处。附近还有古佛堂、万寿寺、众高僧墓塔群等历史名胜古迹。

崆山白云洞风景名胜区

崆山白云洞风景名胜区是国家重点风景名胜区。位于河北省临城县，北距石家庄市86公里，包括白云洞景区、天台山景区、歧山湖景区、原始森林景区、小天池景区和人文古迹景区，面积250平方公里，集洞、山、水、原始次生林及文物景观于一体。

白云洞于1988年始被村民开山采石所发现，当地政府随即采取了封洞保护措施，较好地保持了洞穴的原始面貌，具有很高的旅游和科研价值。洞内景物瑰丽奇特，其丰度、密度、变化度均较罕见，其中

12米长的"石帷幔"、1.2米长的"空心吸管"、"阴阳柱"及"卷曲石"、"洞穴太湖石"比比皆是，被誉为"岩溶博物馆"。

白云洞目前已开放的部分景观丰富而集中，分为四个大厅：人间洞厅长30米，以擎天玉柱、小西湖、万家灯火等大中型景点为主；天堂洞厅如天宫神话世界，有五百罗汉、天女散花、灵霄宝殿、瑶池等景观；地府洞厅以嶙峋怪石为主，有阎王、判官等造型景物；龙宫洞厅景物不大，却很丰富，有龙女仙阁、龙子纱帐、龙宫宝灯等景观，犹如东海龙宫。

白云山顶出露的成群古石笋尤为罕见和奇怪，半径1.6米，呈同心圆状结构，方解石晶体放射状发育，基群高出地面34厘米。与石笋基群共生的还有洞壁流石、石葡萄、钙化结晶孔等，均清晰可见。在山顶发现古石笋基在我国尚属首次，对于研究全球气候变化，华北地区、太行山地区岩溶地貌和洞穴的发育过程具有重要的科研价值。

天台山位于白云洞以西，相距约8公里，是典型的嶂石岩地貌，崖陡顶平，挺拔秀丽，惊险奇特，明清以来均是游览胜地。周围有八处寺庙遗迹。

小天池位于城西深山处，峰石崖壁、林木灌草、溪泉瀑潭组成一处世外仙境。森林覆盖率达70%，500公顷原始油松林堪称太行山油松林之首。由于山高林茂，人迹罕至，动植物资源丰富，野猪、山豹、草鹿、狼、野兔等时有出没，生灵繁衍。此外还有汉代练兵场遗迹和古山寨遗址。

歧山湖湖面上万亩，湖光山色，鱼跃鸟飞，风物宜人。

临城文物古迹众多，有以宋代古塔、明代角亭和驰名中外的唐代邢瓷窑为代表的人文风景资源30多处，古朴美丽。其中宋代古塔在县城东北，名普利寺塔，高33米，外壁砖雕1000多尊佛像；明代角亭位于城西，名息波亭，和护城石堤相连，呈八角形，镌刻有古人诗名14条；唐代邢瓷窑在临城县中南部，南北长16公里，东西宽4公里，有很高的科研价值；紧挨白云洞有汉武帝封侯城柏畅城遗址，近年出土了许多文物。

凉城风景名胜区

凉城风景名胜区位于河北省涞源县，面积320平方公里。自然景观以"白石峰林"、"拒马源头"、"空中草原"为代表，人文景观以全国重点文物保护单位"阁院寺"、省文物保护单位"兴文塔"为代表。

凉城风景名胜区地处太行山、恒山、燕山交汇处，是一山间盆地。盆地腹部，是拒马河的发源地。这里杨柳林中，群泉涌溢，溪流密布，总涌量1.4立方米/秒。四周群山拱翠，风景秀丽。

白石山为主体景区，系白色大理石山体，故名。最高峰海拔2096米，峰林挺拔，绝壁万仞，相对高差较大，夏季可登山一览云海和日出的壮丽景色。山谷飞瀑流泉众多，山上有林面积2.8万亩，动植物种类繁多。山腰有保存较完好、颇具特色的古长城。

凉城风景名胜区的山草甸面积达24平方公里，独具特色，被称为"空中草原"。夏季凉爽宜人，是消夏避暑的好地方。

阁院寺位于涞源县城内，又名阁院禅林寺，俗称大寺，始建于东汉，唐代重建，辽代修缮扩建，现存建筑文殊殿仍保留辽代建筑的特点，寺内口径1.35米的大铁钟为辽代天庆四年（1114年）铸造。现还有天王殿、藏经阁等建筑，古松两株。

兴文塔亦位于涞源县城，始建于唐代，现存建筑为辽代所建。塔高25米，为八角五层楼阁式实心砖塔，塔身镶有唐代和明代题刻。塔西侧有泰山宫，建于明清，现存山门、钟楼等建筑。

山西省

五台山风景名胜区

五台山风景名胜区是国家重点风景名胜区，位于山西省五台县东北部，是一处以我国佛教四大名山之一著称的风景名胜区，2009年被联合国教科文组织列入世界文化遗产名录。

五台山，五台与台下相对高差为500～1000米，气候垂直变化明显，山高气爽，又有"清凉山"之称，是一处引人入胜的避暑胜地。五台山五峰耸立，翠接蓝天，各峰之顶平坦宽阔，"如垒土之台"，故称为"五台"山。中台海拔2894米。北台叶斗峰，为五台最高峰，海拔3058米。西台海拔2773米，又名挂月峰。东台海拔2795米，顶若鳌脊，名叫望海峰。南台锦绣峰海拔2485米。五台山以中台翠岩峰为中心，形成了独特的山岳风景地貌景观。中、北、西、东四台虽然各居其位，但基本上是自东北向西南起伏相连的一列山峰，而南台则是孤悬一隅的独立峰峦。

在佛教华严宗的主要经典《华严经》上有这样一段记载："东北方，有菩萨住处，名清凉山，彼现有菩萨名文殊师利。"中国佛教徒认为这个清凉山就是山西五台山。作为文殊菩萨道场，经过长期发展，五台山梵宇琳宫遍布上下，逐步形成了一个风格迥异、独一无二的佛教名山，在这里既有青衣僧的青庙，又有黄衣喇嘛的黄庙，青衣僧中主要是汉族，也有少数蒙古族沙门。黄衣喇嘛则各族均有。

台怀镇位于群山环抱的台怀盆地。这一带青山翠壑，百溪合流，松涛阵阵，水声潺潺，即使在骄阳似火的炎夏，也凉爽异常，是名不虚传的"清凉胜境"。这里是五台山的游览和食宿中心。

塔院寺 跨进"清凉胜境"牌楼就踏上了台怀镇寺庙集群区的第一个大型建筑群——塔院寺的大门。拾阶而上，只见一座高60余米、周围80余米，状如藻瓶，拔地而起的砖砌白塔昂然挺立在寺院中心。它在塔基周围四座六角彩绘亭阁的陪衬下，显得雄伟华丽，气势不凡，很久以来人们便把它看成是五台山的标志。

显通寺 在台怀镇北侧，寺院历史悠久，始建于东汉永平年间，是五台山历史最古老的寺庙。面积8万平方米，各类建筑400余间，规模宏大，是五台山寺庙中规模最大的一座。顺中轴线依次排列着各具特色的七重殿宇，砖砌无木结构的无量殿，以它明七暗三的独特风格，展现了我国古代建筑工匠的高超技艺。在无量殿前还有一座铜殿，殿中央台上有金身文殊铜像一尊。

罗睺室 在台怀镇，为五台山主要喇嘛庙之一，与塔院寺隔路相对。初建于唐代，明代重建，清代曾多次修饰，规模宏大，保存完好。雄踞殿门的一对石狮雕工精巧，姿态雄伟，相传为唐代遗物。

碧山寺 在五台山北台山麓，又名普救寺、广济茅蓬。寺内天王、毗卢、戒台三殿相传创建于北魏，建筑古朴典雅。毗卢殿中供奉有一尊一米高的缅甸玉佛。寺庙因广济四方游访僧人的庙风使该寺被尊称为"十方常住"，广济茅蓬之名即缘于此。

南山寺 在五台山台怀镇南杨柏峪村，始建于元代，明代重修，清代增修合并为一体。整座寺院依山建筑，七层殿宇层层高起，十余处院落错列巧布，石桥石级，清泉流水，亭台殿阁和碧树红花点缀其间，既是环境清幽的琳宫古刹，更似雍容华丽的花园别墅。由于寺内有寺，院里套院，因而有"曲径南山"之雅称。南山寺的墙上和栏杆上布满了琳琅满目的石刻浮雕，堪称艺术杰作，为五台山雕刻艺术之最。

龙泉寺 在五台山九龙岗上，俗名九龙岗。龙泉寺寺旁边有泉，故名。龙泉寺有一座晶莹洁白的汉白玉牌坊，从基石、抱柱、额枋、斗拱到瓦脊兽，无不精雕细刻；寺西北不远的令公塔，相传是北宋杨家将主帅杨继业的葬身之地。

南禅寺和佛光寺均位于台外，均为唐寺，以悠久的历史、独特的艺术造型著称。

南禅寺 位于五台县西南李家庄西侧。有山门、龙王殿、菩萨殿和大佛殿等主要建筑。大佛殿为唐代遗物，龙王殿为明代建筑。寺有四周刻花纹的砖砌大佛坛。坛上布满唐代彩塑，其形体、衣饰、手法与敦煌唐代塑像如出一辙。主像释迦佛祖十七尊塑像，造型之精巧，手法之纯熟，堪称唐塑佳作。

佛光寺 位于五台县东北，离县城约32公里，始建于北魏，现存祖师塔即北魏遗物。寺建于海拔约1320米的佛光山半山坡上，寺内120多间各类建筑适应地形，处理成三级平台，逐级上升，高低错落，主从有致。最高的第三层平台上，有唐代大中十一年（857年）建筑的东大殿。此殿位置最高，俯瞰全寺，雄伟庄严，极有气派，是我国现存唐代木构建筑中的代表作，与南禅寺大殿并称为五台山的国宝性文物。

五台山是抗日战争和解放战争时期晋察冀边区政府所在地，现五台山金岗库村有晋察冀军区司令部旧址。在松岩口村有"白求恩模范病室"。

恒山风景名胜区

恒山风景名胜区是国家重点风景名胜区，位于山西省浑源县城南，北距大同62公里。

恒山是一座以岩高谷深、道路险阻、地居要隘、兵家必争而著称的名山，是我国五岳中的北岳。恒山主峰天峰岭，又名玄岳峰，位于山西浑源县城南，海拔2017米，它与西面的翠屏山夹谷对峙，浑水中流，气势雄伟。

悬空寺 位于浑源县城南，整座建筑悬挂在石门峪口古栈道对面的翠屏峰悬崖峭壁上，面对北岳主峰，背倚千仞绝壁，上载危岩，下临深谷，楼阁玲珑壮丽，结构惊险奇巧。当地民谣则唱道："悬空寺，半天高，三根马尾空中吊"。全寺由四十间殿宇楼阁组成，巧妙地依岩就势分成了三组鼎足而立的建筑群。悬空寺的整座建筑是在悬崖上凿石为基、凌空构筑的。当年的建筑大师先在石壁上横向凿洞，打入一排木柱作地基，然后铺石为面，起墙造屋，构筑高楼，设计极为精妙。

悬空寺里有分别以铜、铁、石、泥、木各种材料铸造雕塑的78尊神像，"释迦"泥塑具有唐代风格，为悬空寺诸泥塑之珍品；铁铸的韦驮则具有明代风格，工艺精细，为寺中铜铁铸像之佳作。

据有关史籍记载，悬空寺建于北魏后期，古时候唐峪河山洪为害，人们以为是金龙作祟，于是在金龙峡之畔，建起了这座宝刹，企图借此镇住金龙。

悬空寺前，巍峨壮丽的恒山雄姿和碧波荡漾的平湖水色相映交辉。

步云路 从停旨岭通向玄岳峰顶的山路，长约十里，苍松翠柏掩映着各式各样的庙观楼阁，奇花异草簇拥着传说纷纭的怪石幽洞，前人形容它"蜿蜒百折，鸟道千盘"。

虎风口 山势陡峭，山风扑面而来，故名。在这风口上生长的古松也别具风格，千姿百态。

果老岭 在虎风口北不远，在一块很大的青石上，有许多暗红色的纵沟和深约寸余的小坑，很像放大的人的足迹和毛驴蹄印。传说这就是家喻户晓的八仙之一的张果老在恒山览胜时留下的痕迹。

舍身崖 又称夕阳岭。在果老岭东侧，是一座万仞险峰，峰上古松摩云、危崖欲倾，景色极为壮观。

飞石窟 是一个面积约200平方米的天然大石窟，东、南、西三面环壁，北面豁开如门，中为平台，如同一座宽敞的庭院。由于传说曲阳"飞来石"就是从这里飞去的，故而得名"飞石窟"。

寝宫 亦称旧殿，是北魏始建的古北岳庙，明弘治十四年（1501年）改为寝宫。整个建筑建在飞石窟东侧的石壁之下，殿三楹，依穴为壁，结构灵巧。寝宫北面有后土夫人庙。在飞石窟南侧则有一座单檐九脊二层的小亭，绿瓦红柱，亭盖如翼，这就是颇有名气的"梳妆台"。传说后土夫人在这里梳妆。

北岳庙 从飞石窟北上，一路山回路折，岩光环翠，不久就可以看到北岳庙的山门。北岳庙又称朝殿，门内是徐霞客称之为"云级插天"的103级石阶，抬头仰视石阶漫漫，朝殿巍巍，上方峭壁上一株古松凌空倒挂，石阶每级台高约60厘米、宽约25厘米，脚踏面向前倾斜约40度，其险陡难行，犹如缘壁上升。

北岳庙是恒山所有庙宇中最为宏伟壮观的一座古建筑，建于明弘治年间。它雄踞北岳主峰天峰岭的南面石壁之下，朝南坐北，巍峨庄重，规模恢弘，结构严谨。楹联"霞蔚云蒸，光芒万丈连北斗；龙蟠虎踞，千秋保障镇中原"，道出了北岳庙的气魄和建筑特色。

金鸡报晓处 出朝殿西耳门不远有一块巨大的青色岩石，以石敲击，响声如同雄鸡报晓，使人惊奇不已，被称"金鸡报晓处"。从这里再向上，山岩下有元灵宫、会仙府、碑楼等。这一带峭壁上摩崖刻石甚多。

天峰岭 朝殿西南，依山势建有龙王庙、灵官府、关帝庙、文昌庙、纯阳宫、碧霞观、十王殿等庙宇，而朝殿南面从西向东则建有马神殿、紫微宫、官亭、白虎观等殿堂。由朝殿登天峰岭有东西两条小径。东路出朝殿东耳门过三清殿遗址曲折而上，山路陡峭但路程较短。西路出朝殿西耳门，经御碑亭、玉皇阁、会仙府，路程虽倍于东路，但相对平缓易行，约2公里即抵海拔2017米的天峰岭之巅。峰顶是一片开阔地，可观日出、夕照、云海。

恒山风景名胜区还有彩陶文化、青铜器遗址、汉崞县古城遗址、内长城以及古墓葬等。

黄河壶口瀑布风景名胜区

黄河壶口瀑布风景名胜区是国家重点风景名胜区，位于山西省吉县和陕西省宜川县之间，面积约100平方公里。

黄河壶口瀑布以排山倒海的独特雄姿著称于世，气势壮观。区内还有孟门夜月、斗法龟牛等景点及明代码头、同治长城、四铭碑亭、龙门飞渡等人文景观；有唐太宗李世民带兵征战的挂甲山，宋元年间的坤柔圣母殿，其结构与造型为古建筑少见。万里黄河东流，转东向南进入著名的晋陕峡谷。到吉县龙王庙处，500余米宽的黄河洪流收成一束，从20余米高的断层石崖飞泻直下，倾入30余米宽的石槽之中，形成一道高20多米的巨大瀑柱，正常秒流量100立方米，洪期最大秒流量近1万立方米，形似壶口，因而得名，前人形容它"源出昆仑衍在流，玉关九转一壶收"。

壶口瀑布飞流湍急，咆哮嘶鸣，惊涛拍岸，水花四溅，方圆数里，风雨迷离。听之如万马奔腾，视之如巨龙鼓浪，形成"雷首雨穴"、"百丈龙槽"、"彩桥通天"等奇观。每遇晴日，经煦日斜照映出万丈彩虹，经久不息。明代陈维藩描绘它："秋风卷起千层浪，晚日迎来万丈红。"

壶口瀑布景色四季各异：夏日洪峰滔天，浊浪

排空；隆冬水冻冰封，银装素裹；春夏之交，反怒容为笑脸，条条细流似少女青丝头纱，给人以情缠意绵之感；夏秋雨季，雪浪翻卷，声震山岳，水珠喷起百丈高雾，弥漫天空，令人胆惊魄摇，心潮澎湃。

孟门夜月 孟门在壶口下游3公里处，是黄河中的一块巨石。河水到此一分为二，绕石而过，再合二为一。每当阴历月半，晚上来到孟门，可见河底明月高悬：从南往北看，明月排成两排奔涌而来；从北往南看，明月两行迎面而来合为一体，这就是著名的奇景"孟门夜月"。

挂甲山 在吉县城南，原名锦屏山，一说唐太宗赴长安时曾在山巅悬挂铠甲而得名，一说是唐代尉迟敬德出征在此挂甲而得名。山上林木苍翠，清水河依山流过，两岸杨柳依依，河上拱桥如虹，景色十分优美。山脚石崖上有众多石刻，最早的为隋开皇三年（583年）雕造。佛像共分5区，每区2～3龛，龛为火焰式，龛内多为一佛二菩萨，佛座为覆莲瓣束腰须弥状。其中卧佛一龛，右手托腮，左膝微曲，造型生动。雕造手法别具一格。

坤柔圣母庙 在吉县城东北8公里谢悉村土垣上，居高临下，四周山峦环绕，气势雄伟。始建于宋代，现存坤柔圣母殿为元代遗构。殿面宽进深各3间，单檐歇山式屋顶。殿内减柱造，4根金柱移于次间，额枋两层，分置上下，形成井字形梁架。下层设抹角梁，上层施阑额和普拍枋，前后檐及两山由爬梁承托荷载，中心由斗栱挑承着垂莲柱，结成疏朗的藻井，结构奇巧，为我国古代建筑中所少见。

北武当山风景名胜区

北武当山风景名胜区是国家重点风景名胜区，位于山西省方山县，总面积88平方公里。

北武当山又名真武山，古称龙王山，地处吕梁山脉中段，东南距离石县城40公里，西北距方山县城30公里。北武当山风景区四面临河沟低谷，中部群峰突出，雄浑壮阔。景区内历史文化遗迹较多，现有北武当山道观，有古代建筑20余处，其中明代建筑3处、明代石碑10通、明代石牌楼1座，其余为清代建筑，还有左国城遗址等历史古迹。

北武当山有72峰、36崖、24嶂，最高峰香炉峰，海拔2254米。山门前有"北武当山"和"三晋第一名山"等石刻。

石乐 上山道路已修建了700多阶，从下仰视，有若"天梯"。游人攀登，每一步都可听到抑扬顿挫的"石音"，很有节奏感。由于像琴声那样清脆，故又称"通天琴"，从而形成独特的"石乐"绝景。

天柱峰 雄奇险秀，独峰耸起，俨若天柱，四周崖壁如劈，只有一条人造"天梯"可登，海拔

1850米。因形态很像湖北武当山的金顶，故又有"金顶"之称。与湖北武当山天柱峰，同名同貌，同教同祖。

金木水火土峰　天柱峰两侧排列着四座陡峭险峻、造型奇特的岩峰，与居中的天柱峰恰好构成一个半环形的、像巨大罗汉敞胸端坐的形象，天柱峰最高，是罗汉头颅；四侧四峰分别是罗汉的两臂和两膝，其形胜可与承德的罗汉峰比美。当地人按道教涵义分别称："金、木、水、火、土"峰。土峰即天柱峰，金、木峰居左，水、火峰居右。每一峰都有几个巨大的完整的崖面，其中有的面积可达几千平方米，光滑如洗，一览无余，犹如华山南峰下的长空栈道大峭壁。分别命名为"千尺崖"、"舍身崖"、"鹰嘴崖"等。

石景　北武当山还有许多惟妙惟肖的石景，如试剑石、龟蛇斗、古猿望日、神龙接驾、圣母点化、鲁班石、仙猪石、九仙石、飞来石等。龟石重数十吨，兀立山巅，基岩仅有很小支点相托，受外力推动，可以晃动，人称风动石。

木景　北武当山有着大量的山林植被和珍贵的野生动物，森林覆盖率达95%以上。山中有大量树龄在300年以上的古松，有喜鹊松、吉祥松、难老松、接引松、回头松、龙须松、凤凰松、龙爪松、鸳鸯松、鲁班松等，其中不少长在光滑的石壁上，根部无寸土碎石，实为一绝。

北武当山的道教庙观建筑群，现有建筑多系明清或近代所建，但其根基表现了古老的历史渊源。主要建筑有：万神庙、灵官庙、黑虎庙、土地庙、九龙庙、三官庙、火神庙、龙王庙、黑龙庙、金顶大殿和太和宫等。

金殿　即真武庙大殿，位于北武当山山巅，是北武当山主体建筑，也是目前全山已开发部分的制高点和道教活动的中心。大殿面阔3间，进深2间，高耸云天，气势磅礴。

太和宫　又名行宫，建于北武当山南麓，是一组古朴多姿的清代建筑。

五老峰风景名胜区

五老峰风景名胜区是国家重点风景名胜区，位于山西省永济市，面积约200平方公里。

五老峰史称"东华山"，过去为北方道教名山。黄河滩岸有10多万亩绿色林海，自然风光独具特色。景区内还有唐代柳宗元的故事。

五老峰风景名胜区地处中条山，地质构造为沉积、变质岩类型，岩性坚硬、质地细腻、透水性差、抗蚀力强，在地壳运动、火山喷发的作用下，形成了拔地而起的险峰峻岩。五老峰的玉柱峰、新峰、莲花峰，五官峪的天柱峰，云仙阁上的宝玉台峰，均是大自然的杰作。此外，还形成不少溶岩洞谷，五官峪西涧的黄沙洞，洞深十余公里，洞内溶岩结构奇特，实为北方罕见之溶洞。

五老峰拔起于山西平原，山下平原海拔350米，最高峰宝玉台则达1994米，由于山体结构在1300米以上属于地壳二次运动石灰岩地质，含水层丰富，加之植被繁茂，所以既有涓涓溪流，又有飞瀑奇泉。北魏郦道元《水经注》载："中条山五老峰奇峰霞举，孤标秀出，罩络群峰之表，翠柏荫峰，清泉灌顶。"著名的瀑布有王官双瀑、大柏峪双瀑、徒台瀑布、西寨沟水帘洞瀑布、水峪口一线天瀑布、九峰山瀑布、黑龙潭瀑布。

随着四季变化，五老峰呈现绚丽景观：春天山花烂漫，夏日林荫清凉，秋色丹枫尽染，冬景碧松银花。清代诗人王含光赞："于乡城南五老峰，一峰一朵玉芙蓉。层城乱插樱桃树，绝顶斜参罗汉松。"

五老峰风景名胜区的四个景区——玉柱峰、月萍梁、棋盘山、南寨子，都有不少景点吸引着游客。

晋祠—天龙山风景名胜区

晋祠—天龙山风景名胜区位于山西省太原市西南，北起晋阳湖，南到牛家口，东到汾河岸，西临天龙山，总面积189平方公里。景区内有晋祠、龙山、天龙山、太山、蒙山、古晋阳城遗址、晋阳湖、晋祠公园等八个主要景区。

晋祠博物馆、龙山道教石窟系国家级文物保护单位，其中较著名的自然景观和人文景观三十多处，以圣母殿、鱼沼飞梁、献殿为代表的古建筑群，画梁雕栋，举世称绝；蒙山大佛、漫山阁大佛及天龙山佛教石窟，龙山道教石窟等历代石窟艺术，千姿百态，独具风采；宋塑侍女群像，栩栩如生，再现历史；周柏、隋槐、盘龙松、凤凰松、松抱柏、七松坪、龙山红叶、柳子沟瀑布群等自然景观独具特色。

晋祠 在太原市西南25公里悬瓮山下晋水发源处。始建于北魏，为纪念周武王次子叔虞而建。叔虞封唐，子燮因晋水更国号，后人因以命祠名。宋时毁于火，至北宋天圣年间（1023—1032年）追封唐叔

虞为汾东王,另行修建,为其母邑姜修建了规模宏大的圣母殿,增塑了邑姜像和四十多个宫廷女官侍女像,同置殿中。这些神像,个个容貌娟秀,风度典雅,宛然是宋代宫苑中人的生动写照。殿前鱼沼飞梁平面呈十字形,极为罕见。殿两侧为难老、善利二泉。难老亭为北齐天保时创建,明代重修,八角攒尖顶。晋水主要源头由此流出,常年不息,水温17℃,清澈见底。祠内贞观宝翰亭中有唐太宗撰写的御碑《晋祠之铭并序》。祠内还有著名的周柏、隋槐,周柏位于圣母殿左侧,隋槐在关帝庙内,老枝纵横,至今仍生机勃勃,与难老泉和宋塑侍女像被誉为"晋祠三绝"。

天龙山 在太原市西南郊40公里处。这里山峦起伏,遍山松柏葱郁,山头有龙玉石洞,泉水清澈,山前溪涧纵横。天龙山石窟在天龙山山腰,分布于天龙山东西两峰,共有27个石窟雕像,始建于东魏,唐代最多。这些石窟雕塑姿势优美,刀法纯熟,艺术价值很高。山腰有天龙寺遗址,寺前有古松,如苍龙盘旋,景色秀美。

龙山 在太原市西南20公里处。满山林木茂盛，每到秋天，红叶满山，万山红遍，"龙山红叶"为太原著名秋景。山顶有道教石窟，建于元初，保存完好，雕像庄重朴实，风格独特。龙山上还有建于北齐的童子寺。寺前有燃灯塔，为石砌塔，高4.12米，平面呈六角形，下部束腰基座占全塔一半高度，塔身比例适度，造型秀美。在塔身中部设有灯室，三面开门，顶部透空，燃灯烟火由门口射出，顶部排烟，历经1400多年风雨，仍保存完好，是我国目前已知的最古老的燃灯石塔。

蒙山 在太原市西南17公里处。山麓有开化寺，始建于北齐天保二年（551年），依山崖雕造佛像，高约60多米，规模宏伟，与龙山童子寺齐名。隋代建高大佛阁，改称净名寺。唐高祖和高宗曾到此，又改名开化寺。现存两座宋代佛塔。两塔为基座相连的方形塔，故名连理塔，造型俊美，巍峨壮观。

内蒙古自治区

扎兰屯风景名胜区

扎兰屯风景名胜区是国家重点风景名胜区。位于内蒙古自治区扎兰屯市。扎兰是蒙古语，为管理小屯落的官职名。

扎兰屯风景名胜区由秀水、断桥、柴河、大、小孤山和喇嘛山景区组成，总面积470平方公里。秀水、断桥景区是集山、水、林、岩为主体的自然景观，吊桥公园和秀水公园是扎兰屯最有名的风景点。柴河景区是以山险、石怪、水秀、树茂、兽奇、鸟异而著称，河床两岸悬崖峭壁，气势博大。大、小孤山景区则是绿草如茵、水网密布、曲曲弯弯。

喇嘛山是因28座形态各异的大、小山峰而得名。

扎兰屯市位于大兴安岭东南麓，位于滨洲铁路线上，往东直通黑龙江的齐齐哈尔、哈尔滨，往西直达海拉尔、满洲里，交通方便。扎兰屯风景资源十分丰富，其特点一是自然风景优美，二是消夏避暑胜地，三是民族风情淳厚，四是辽金文化灿烂。全市70%的面积为森林和天然草场所覆盖，有50多种兽类、200余种鸟类和50多种鱼类生息繁衍。这里四季分明，山青水秀，西北是大兴安岭山地，一望无际的原始森林，像浩瀚的绿色海洋环绕着山城，山上松桦茂密，山谷溪泉众多，雅鲁河和绰尔河缓缓流过，河中有许多丛林绿洲，草木茂盛，风光独特，景色宜人。春天的扎兰屯万紫千红，四周杜鹃花盛开，芍药花争艳。夏季气候凉爽宜人，清末以来为传统避暑胜地。秋来漫山林木树叶变得五彩缤纷。故一向有"内蒙古小杭州"的美称。这里蒙古、朝鲜、达斡尔、鄂伦春、鄂温克等多个少数民族的生产生活方式已成为引人注目的人文景观。

扎兰屯有深厚的辽金文化底蕴，历史悠久，古迹较多，以辽金时代文化遗存最为显著。

吊桥公园 在市区北部。园中古木参天，杨柳倒垂，亭台错落，清水碧波，吊桥横跨，颇有江南水乡的味道。闻名的吊桥，是由两条铁索腾空吊起的精致木桥，宽4米，长65米，造型别致美观。桥建于1905年。人走在上面，像上了"浪木"，晃晃悠悠，别有情趣。当人们站在桥上向北望去，朱栏黄瓦的"望湖亭"隐约可见，亭西后侧是一孔有扶手的高拱桥。从吊桥西首望，只见那水中的桥，孔中的天，恰似八月十五月儿圆。

秀水公园 位于扎兰屯北羊鼻梁山的山脚下，以风景优美著称。山的中段，石壁陡峭，远看同羊的鼻梁差不多,故得此名。青山叠翠,林木葱茏,山顶矗立着秀水亭,登亭远望,可见巍巍高山环抱着扎兰屯,各色建筑物,绿树掩映,河水如带,整齐的街道,来往的人流,山城风光,历历在目。雅鲁河流经这里,河中有无数长满林木花草的小岛,碧水回环,风采动人,可乘小船游览。1961年老舍等一批文化名人来此游览后,共同商定命名为"秀水",可谓实至名归。

柴河 柴河是绰尔河的支流,穿行于火山喷发造成的玄武岩河谷,由于河流的下切作用,两岸形成陡壁,汹涌的河水惊涛拍岸,轰鸣声在山谷回荡。柴河在绝壁与密林间奔流,时而跌宕澎湃,时而舒缓回旋,连缀起一串串的美妙风光,组成一道绚丽的风景线。卧牛泡,面积约180公顷,形状如梨,岸边古树参天,峰峦绕湖,似浓浓的绿波间托起一面明镜,倒映着澄澈碧蓝的苍穹和连绵湖边的群山,只是每当有行船划过,必会惊动一群群的水鸟,振翅促飞,搅乱了她固有的安宁,也同时带来一份生机。月牙湾,经过一番狂奔的柴河在一片较低缓的谷坡减慢了速度,汇集形成了两端狭窄中间宽阔水面,形如弯弯的月牙。月亮湖,湖面如一轮明亮的满月,人迹罕至,是犴鹿獐狍的世界。水帘洞,红花尔基河沿地势飞泻而下,形成落差6米的瀑布直冲潭底,两侧原始林木遮天蔽日,突兀怪石临水而立,水幕后有一深洞,被遮挡得严严密密,别有洞天。老虎洞、熊瞎子洞,地势险恶,阴森潮湿,形象逼真,令人恐惧,而其下缓缓流动的绰尔河,波光溢彩,浓荫倒映,温润可亲,形成极大的反差。九龙泉、一线天、虎啸岩、独秀峰诸景点,无不是形神兼备,各领风骚。

辽宁省

鞍山千山风景名胜区

鞍山千山风景名胜区是国家重点风景名胜区，位于鞍山市区以东20公里处，占地约300平方公里，交通便捷，自古就被推为辽东名胜之首。千山原名千华山，共有999座山峰，因此千山又有积翠山和千朵莲花山这两个美丽的名字。

隋唐以来，千山就是佛、道两教云集之地。从唐代开始兴建的祖越寺、龙泉寺、大安寺、香岩寺和中会寺被称为千山五大禅林。千山寺庙建筑具有"凭山建庙，山庙一体，山中有寺，寺外环山"的特色，享有"无峰不奇，无石不峭，无寺不古"的美誉。

千山风景名胜区依山势走向分北部、中部、南部和西南部四个景区。其中北部风景区交通方便，景点繁多，著名的有无量观、龙泉寺、祖越寺等，是千山风景区的游览中心。南部景区最重要的景点是仙人台，还有以雄旷著称的大安寺、两崖夹护的香岩寺等寺庙。中部景区有五龙宫、慈祥观、中会寺等道观名刹。

无量观 在千山北沟，始建于清代康熙六年（1667年），为千山道观之首。无量观主要建筑有观音殿、老君殿、三官殿等，殿阁庭院均错落有致地依山势所筑，与山石、松柏融为一体。

无量观周围有几十个景点，被称为千山一绝的"夹扁石"是被几块花岗岩石所夹的一条狭窄通道，长4米、高3米，宽不足半米，只容一人侧身而过。凡到千山一游的人，总要经此被巨石一"夹"方可通过。过了"夹扁石"，迎面一块巨岩，岩上系有一铁环，环下凿有一蹬印，游人必须手抓铁环、脚踩蹬

印，纵身一跃方可攀上，此即为"一步登天"。继续北上，就可到达"天上天"，这是由几块巨大而浑圆的巨石构成的峰顶。

龙泉寺 在千山北沟，是千山五大禅林中最大的一座佛寺。因寺内有山泉而得名。背倚峭壁，前临幽谷。始建于明代，现尚存明代所建的金刚殿等。寺周围有"松门塔影"等久负盛名的十六景。

祖越寺 在千山北沟，是千山五大禅林中最早修筑的寺庙，明代即享有盛名。现寺背摩崖上尚存明代石刻。

仙人台 在千山北沟，是千山第一高峰，海拔708米。仙人台绝顶有一石如鹅头状向北伸出，下面为一平台，三面为悬崖陡壁，似凌空拔起，仅北面有一狭窄山脊与主峰相连。登台可一览钢都雄姿和千山美景。这里也是观日出的好地方。

五佛顶 从龙泉寺西行登山6华里，可攀登千山第二高峰五佛顶。五佛顶海拔554米，峰顶有五尊石佛。

五龙宫 由5米高的围墙环绕，远远望去如同一座孤城，别具一种风格。周围有五座山峰三面包围，形如五龙戏珠，风景优美。宫前月牙井水味甘甜，俗称"五龙水"。

汤岗子温泉 在鞍山市南15公里处的沈大铁路汤岗子站旁，是东北著名的温泉，共有18泉，适宜于水疗。

鸭绿江风景名胜区

鸭绿江风景名胜区是国家重点风景名胜区，位于丹东市鸭绿江下游浑江口至江海分界处的大东港之间，江段全长210公里，面积约400平方公里，包括水丰湖、太平湾、虎山、大桥、东港等五个景区。巍巍虎山是明代长城的起点，长城遗址尚存。区内还有一万八千年前丹东人洞穴遗址、汉代西安平县遗址、万里长城遗址以及现代桥梁、水丰电站大坝、园林工程等丰富的人文景观。

丹东市原名安东，是中朝边境口岸城市，也是中国大陆海岸线的北端起点。市区位于鸭绿江下游西岸，人口近50万，与朝鲜新义州市隔江相望，可到朝鲜一游。

鸭绿江是中朝界河，碧绿的江水发源于巍巍长白山，蜿蜒南流入黄海，全长795公里。江水极少泥沙，清澈见底。江中翠岛棋布，沿岸群山叠翠，鹤鸟翱翔，景色宜人。

鸭绿江大桥 鸭绿江大桥横跨鸭绿江上，连接丹东市与朝鲜新义州市。大桥共有两座，老桥建于1911年，是12孔钢桥，以9号桥墩为轴旋转钢梁可自动开关以方便船只通过；新桥于1943年建成，长946.2米，结构精巧，宏伟壮观。当年中国人民志愿军就是从这座大桥上"雄赳赳、气昂昂"地"跨过鸭绿江"。抗美援朝战争胜利后，这里又成为志愿军回国的凯旋门。抗美援朝战争期间，美国空军对大桥进行了无数次狂轰滥炸，现在在桥上还可看到弹痕累累。老桥大多毁于朝鲜战争，在我国一侧尚有500米残桥，现在已成为丹东的"城徽"。老桥朝鲜一侧的桥已不存在。大桥下游的丹东港有一新月岛，岛上柳树繁茂、水鸟栖居，岛西有一公园。景区最南是月龙山，历史上是丹东最早的海关。

锦江山公园 在丹东市区，园内树木苍翠，百花繁茂，杜鹃花闻名。登上山巅锦江亭，举目眺望，丹东全貌和鸭绿江秀色，尽收眼底。

抗美援朝纪念馆 在丹东市锦江山西麓。占地18万平方米，建筑面积1万平方米，由纪念塔、陈列馆、全景画馆三部分组成。纪念塔矗立在秀丽的锦江山西麓，与朝鲜新义州市隔江相望，高53米，象征着1953年抗美援朝战争取得的伟大胜利，由邓小平题写塔名。陈列馆是别致精巧的三层建筑，宽敞明亮的序厅，以"抗美援朝、保家卫国"浮雕群像为背景，正中矗立着毛泽东和彭德怀的巨型塑像，12个展厅分设为"抗美援朝战争馆"、"英雄模范烈士馆"，全面展现出这场伟大战争的历史画卷。全景画馆高24米，直径44米，展出抗美援朝第二次战役中的《清川江畔围歼战》大型壁画。此外，馆区还辟有1500平方米的大型兵器陈列区，陈列参加过抗美援朝的飞机、大炮、坦克、汽车等武器装备。抗美援朝纪念馆始建于1959年。

五龙背温泉 在丹东市西北郊区。因地处五龙山之背得名。地势平坦，温泉四时喷涌，泉水无色透明，属碱性泉，主泉温度69℃，含矿物质碳酸盐、重碳酸盐及少量放射性元素等，水中硫磺气味较少。

大孤山 在东港市西大洋河河口右岸。南濒黄海，孤山镇环绕于南麓。山孤峙海滨，峭拔突兀，山有石径，可循级而上，柞树银杏，夹道成荫，野卉散花，缀山如锦。山上有上庙、下庙两群建筑，共百余间，占地5000余平方米。下庙包括天后宫、地藏寺、释迦殿、财神殿、关帝殿、文昌宫、吕祖亭；上庙包括药王殿、玉皇殿、三霄殿、圣水宫、观海亭等，皆建于清代中晚期。圣水宫峭壁出泉，虽炎夏盛暑，寒气袭人。观海亭上可一览山海风光。登观海亭眺远，全镇风光尽收眼底。海上波涛起伏，风帆出没，蔚为壮观。数十里外的獐、鹿两岛亦历历可见。

水丰湖 即水丰水库，是我国东北最大的水库，是中朝两国联合在鸭绿江上筑坝形成的人工湖，湖面浩瀚，港汊众多，岛屿星罗棋布，湖水碧绿，能见度很好。

太平湾 太平湾镇，是鸭绿江畔的不夜城，现代水电工程太平湾电站即在这里。电站坝长115米，是我国同类水电站中的长坝之一，形成景点"坝锁青龙"。太平湾江中两座山头似一对雄狮，中间有一绿色山包，远望恰似"双狮戏绣球"。对岸朝鲜清水区的白色建筑群与江山相映，格外耀眼。"古渡新村"的河口村，原是志愿军入朝的一个渡口。江中桥梁被美军炸断，"断桥残垒"是帝国主义侵略战争的见证。四周绿水萦绕，青山倒映，岛村两端的白色水上走廊，人称"玉堤伴翠"。岛东为鸭绿江，西侧是面积110多公顷的人工水库鸳鸣湖。站在湖畔山顶俯视，"古渡新村"宛如一幅精美的立体山水画。这里还是理想的避暑度假胜地。

虎山 位于丹东市东北15公里处，景区面积4平方公里，最高峰146.3米，植物多为柞树。虎山形似卧虎，昔日安东八景之一的"虎耳双峰"与对岸朝鲜八景之一的"统军亭"隔江相对。虎山地势险要，是我国历史上重要的军事要地。据考证，虎山是我国明长城东端的起点，当年山上的烽火台、山前的江沿台堡遗迹依稀可辨。这里有汉代西安平县遗址、明代九连城遗址，还有日、俄侵略我国时留下的侵略罪证。近年来出土了大量珍贵文物。

九连城是筑在土山之上的一些相连的营围遗址，明代称九联城。这里形势险要，登城可远眺鸭绿江，春来绿草成茵，一江如带，明人形容这里"九连城畔草芊绵，鸭绿江头生暮烟"。城为金婆速府路、元婆娑府巡检司的治所。现存数处城址和瞭望台。各城大小不一。第一城址平面近方形，南墙长200余米，现存高度约4米。附近出土有辽、金、元瓷片、琉璃珠及宋代钱币等。这里是明清时期中朝两国的通商要地。

江口 位于大东港附近，是鸭绿江风景区最南端的景区。这里是我国1.8万多公里海岸线的最北端。江海分界处的"江海界碑"吸引着众多中外游客流连忘返。江口附近还有丹东著名的考古旅游景点——丹东人洞穴和马家店原始村落遗址。丹东人化石和北京周口店山顶洞人化石是同期人类化石。这里不仅有考古价值，更是一处风景秀丽的游览景点。

金石滩风景名胜区

金石滩风景名胜区是国家重点风景名胜区，位于辽宁省大连市金州区满家滩镇。

金石滩风景名胜区海陆面积约110平方公里，其中陆地面积56平方公里。整个景区由山、海、滩、礁组成，中部为大海湾，东、西各是一个小半岛。

金石滩有完整多样的沉积岩，典型发育的沉积构造，丰富多彩的生物化石，是我国北方罕见的震旦系、寒武系地质景观。绵延20余公里的海岸线，浓缩了古生代距今约5~7亿年的地质历史，是一个天然地质博物馆。

金石滩有多种奇特海蚀造型地貌，蚀崖、溶沟、石牙、溶洞等形成一个天然的海滨雕塑公园，"玫瑰园"、"龙宫奇景"、"南秀园"、"鳌滩"4大景区50多处自然景色令人叫绝，大自然用层颜叠彩砌成的谜一样的高墙，恰似抽象派艺术的杰作："鲤鱼跃水"、"鹦鹉拜海"、"贝多芬头像"、"石猴观海"等栩栩如生。神力塑造的无数各具形态的飞禽走兽仿佛是一个凝固的动物世界。可供观赏游览，进行地质科研活动。

玫瑰园景区　有古代藻类化石沉积而成的岩石群，赤橙黄绿青蓝紫，七彩俱全。海滨石林，由百余块橘红色的巨大奇石组成，这些奇石奇在纹理千姿百态，如玫瑰，似菊花，像睡莲，不一而足。

龙宫奇景景区　长3.5公里，是最大的一处岩石风景区，各种奇石雄伟奇特，犹如神话中的龙宫。其中，有一块平整光滑的大岩石，长约18米，宽高各3米，被称为"龙王宝床"。另一处海蚀孔洞，高40多米，落潮时可走进去，涨潮时则可乘船游览。

南秀园景区　以鲲鹏奇景著名。它是一处由岩石天然形成的立体雕塑，形态逼真，翅膀下是苍茫的大海，富有生气。

鳌滩景区　以龟裂石名气最大。龟裂石翠绿呈黄，色彩斑驳，璀璨晶莹。

金石滩有多处海水浴场和垂钓场，为风景区增添了度假休息的丰富内容。中部大沙滩长4公里，宽约百米，坡缓沙软，水清浪平，实为优良的大型海水浴场。十几处小型海水浴场则隐于绿树丛中。大小岛屿星罗棋布，到处都是良好的垂钓场。

兴城海滨风景名胜区

兴城海滨风景名胜区是国家重点风景名胜区，位于辽宁省兴城市，面积42平方公里。景区集山海、古城、温泉于一地，分为古城、温泉、海滨、首山、菊花岛等五个景区，有50多个景点。

兴城古城 始建于明宣德三年（1428年），距今已有580年历史。原名宁远城，是明清双方反复争夺的军事要地。古城呈正方形，周长3公里，城墙高约10米。东西南北各设一城门，门上设城楼。城内十字街相交处建有青砖砌成、雄伟壮丽的鼓楼。城内有多处石坊、祠堂、亭台、庙宇等古建筑，最为壮观的是南门内街上的明代"忠贞胆智"牌坊。兴城是国内保存最完整的四座古代城池之一。影视片《三进山城》、《平原游击队》等均以兴城为外景拍摄，在国内外都有影响。

兴城温泉 在古城东南2公里处，是一处古老的天然温泉，名为汤泉，储量丰富，水质澄清，水温70℃，含有多种矿物质和微量元素，可治疗多种疾病。

兴城海滨浴场 距城区7公里。海滨浴场绵延14公里，沙细滩缓，潮稳波清，亭台楼阁掩映绿树之中。间以基岸岬角，将海滨分成兴海湾、渔港湾、家湾、老龙湾四个自然海湾，由南向北，依次展开，又以兴海湾浴场最佳，被誉为"第二北戴河"。海中三座礁石，礁石与海岸以长150多米的栈桥连接，名为三礁揽胜。

首山 位于古城东南2.5公里处，以山形像人头而得名。平地突起，海拔329米，顶上三峰并立，四周秀水环绕。山上还有古烽火台和朝阳寺古刹等。

菊花岛 古称觉华山岛，俗称大海山，位于距海岸4.5公里的大海中，南有伥山岛和阎山岛，北有磨盘山，一大三小相映成趣。菊花岛山石秀美，古树参天，风景优美。南面山岩因海蚀而形成鲶鱼嘴形状的山洞，下面有称为"九顶石"的九根石柱。菊花岛上古迹众多，有辽代大龙宫寺遗迹，明代重修的大悲阁残迹及碑记，辽代僧人饮用的八角琉璃井，内有地道可通山顶的唐王洞，明代储粮的营城子遗迹，是寻古探幽的好地方。

大连海滨—旅顺口风景名胜区

大连海滨—旅顺口风景名胜区是国家重点风景名胜区，位于辽宁省大连市，包括大连海滨与旅顺口两个景区，由海滨45公里公路连成一体，陆域岛屿面积105平方公里。

大连市位于辽东半岛最南端，东濒黄海，西临渤海，南与山东半岛隔海相望。大连海滨景区海岸线长达30余公里，水面浩瀚，碧海蓝天，岛屿、礁石婷立海面，气象万千。以水清沙软的海滨浴场和美丽的青山、峭壁、峡谷、岛屿为特色。沿海海水浴场、公园、宾馆、疗养院等星罗棋布，碧海蓝天相映，各色建筑与风景名胜相交织，显得别有风情。有老虎滩公园、星海公园、傅家庄、棒槌岛等旅游点。

星海公园 在市区西南，园内松柏常青，迎春花、樱花、月季花花坛似锦，棋乐亭、望海亭、迎潮亭、海燕亭亭亭相接。海水浴场近公里，以沙细、滩平、水清、浪缓著称，是北方著名海滨浴场。公园中有"日"、"月"、"星"三块巨石，星石还有神奇的传说。东南部小山，是望海观潮的好地方。山上有探海洞，可直接下到海边。海面上星罗棋布的礁石，这就是有名的景点"黑石礁"，如同"海上石林"，极为罕见。

老虎滩 在市区东南，依山傍海，园内峰峦起伏，雪松参天，花坛遍地，座座凉亭散落万绿丛中，雕塑在蜿蜒起伏的海边。"老虎洞"洞口有石雕雄虎，洞中可闻怒吼的海涛声。海水浴场水清见底，游鱼可数，既可游泳，还可捕捞贝类。青山、松林、大海、碧波、黑礁、雕塑、别墅、红亭，构成独特迷人的海滨风光。

棒槌岛 是距海岸1公里的海上小岛，形如一支棒槌镶嵌在碧绿的锦缎上。海滨300多米长的沙滩如同一条玉带。在棒槌岛海滨，可乘游船到附近海上及沿海岸石岸边畅游，可欣赏海岸千姿百态的悬崖峭壁和烟波浩渺的大海。

傅家庄 在市区南部。这里山、海、岛、礁俱全，环境优美，南临大海，水拍峭崖，甚为壮观。沿海是良好的天然浴场，弯弓形海滩长约500米。庄东有一月牙形海湾，隐现于密林之中。现有黄海明珠、彩虹浮水、浴场之夏、蚌池鹤影、东湖之春、金沙景观、冷水茶社、空中索道八大景点。20世纪50年代国家在此建立了疗养机构。现已形成一个占地44万平方米、设备完善的疗养胜地。

白云山 在市区南部，面积7.5平方公里，有30多个山头、14个景点。白云山莲花状地质构造地貌世所罕见。山顶和幽谷间建有亭阁、回廊、别墅等。山间峡谷地带拦溪蓄水成潭，潭内植莲。山林树木以黑松为主，还有枫树、银杏、水杉等，可进行"森林浴"。

旅顺口地形雄险壮阔，旅顺口湾湾口两山对峙，宽仅200米，湾内风平浪静，湾后山峦环抱，是理想的军港和军事要塞。旅顺口是我国历史上的海上门户，留有众多古迹，景区内有重点文物保护单位四十七处，著名的有万忠墓、中苏友谊纪念塔，还有日俄战争以及日本侵华战争的各种工事、堡垒等战争遗迹多处，是进行爱国主义教育的课堂。旅顺口外礁岛棋布，口内峰峦叠翠，自然风光绮丽多彩。

万忠墓 在旅顺口白玉山，中日甲午战争中，日军侵入旅顺口后，进行了三天三夜的大屠杀，两万多同胞被杀害，安葬于此。

中苏友谊纪念塔 在旅顺口，建于1955年，肃穆庄严，为全国重点文物保护单位。

蛇岛 在旅顺口西北25海里的大海中，又名小龙山岛，岛上蛇类众多，尤以蝮蛇最多。现已局部向国内外游客开放，允许乘船登岛观光旅游。

老铁山 在旅顺口西南，海拔460米，是辽东半岛的最南端，也是黄海与渤海的分界点。山上林木葱茏，景色秀美。每年大批候鸟迁徙时，在此歇脚，再南飞越冬，故这一带被称为鸟的"客栈"。

凤凰山风景名胜区

凤凰山风景名胜区是国家重点风景名胜区，位于辽宁省凤城市，面积121平方公里，是集雄、险、幽、奇、秀于一山，观光游乐、文化交流、度假休养为一体的山岳型风景名胜区。

凤凰山与朝鲜妙香山隔江对应，古为辽东第一名山，秦代万里长城即从附近经过，故现在又被称为"万里长城第一名山"。

凤凰山在凤城市东南2.5公里，属千山山脉的余脉。主峰攒云峰海拔836.4米。凤凰山景点集中，奥妙天成，景随时变，四季可赏，秀里蕴幽，险夷结合，趣味无穷。凤凰山山势周环绵亘，呈圈椅状，南面有一缺口。景物以山峦奇石取胜，远远望去只见异石拔地而起，进山则峰回路转，清幽佳绝，故有"自然盆景"的美誉。前人形容它"峭壁插天，攒峰竦剑"，"如立如行，若翔若舞，或欹侧而相倚，或俯仰而相抗，千态万状，愈幻愈奇"。

箭眼峰是凤凰山的最高峰，是巨石对峙形成的圆形隙洞，远处望去，如箭穿孔，因而得名。附近有"老牛背"、"百步紧"、"天下绝"和"老虎口"等景点。

朝阳洞在东山上，洞中有一水池，池不大，但池水甚深，清澈见底。沿着朝阳洞可上到东山山顶。

凤凰山古迹众多，古刹林立，与自然景观相映生辉，名胜古迹有较高的历史价值。南北朝时凤凰山筑有乌骨城，隋唐时建熊山城，城垒尚存。辽代建三阳城。山上现存古建筑以宫观庙宇为主，其中紫阳观、斗母宫、观音阁、碧霞宫和药王庙较为著名。紫阳观为进山第一座庙宇，也是凤凰山主要庙宇，始建于明代弘治初年（1488年），原为佛教寺院，后改寺建观，现存建筑群由正殿三官殿和东西配殿、钟鼓楼、山门、院墙组成。三官殿内供奉天、地、水三官，殿下有4棵年逾500的古松。斗母宫俗称"八只手"，始建于明代，清代康熙、嘉庆年间和近年多次重修，宫内供奉"圆明道母天尊"塑像。观音阁建在紫阳观西南的百米高崖上，始建于明代万历年间，后多次增建重修。药王庙建于斗母宫右侧石崖下，内奉药王孙思邈像，清代乾隆、嘉庆以来多次重建。碧霞宫又称娘娘庙，建于观音洞与斗母宫之间，始建于清代道光四年（1824年），供奉天德、天贞、天圣母等。

凤凰山还保存有明清石碑及摩崖题字多处，现存石刻40余处。最早的是明代中叶龚用卿在古城点将台上题刻的"攒石岩"三个大字，其他均为清代、民国时所刻。刻石字迹多苍劲有力，飘逸潇洒，颇具功底，很有神韵。

凤凰山山会远近闻名，会期为每年农历四月二十六日至二十八日。山会期间演出满族歌舞和各类民间文艺活动。

凤凰山遍山多树，尤其是松树、柞树和玉兰极多。到处可见数丈高的古松，亭亭如盖。这里多有放养柞树蚕的。山的高处玉兰很多，花开时节，馨香袭人。

在凤凰山和高丽山之间，有凤凰山高句丽古城——乌骨城。乌骨城规模很大，周长约15公里，城垣是利用两边山崖天然石壁加以补砌而成的，城内有高句丽墓群和多处建筑遗址。

本溪水洞风景名胜区

本溪水洞风景名胜区是国家重点风景名胜区，位于辽宁省本溪市，以本溪水洞为主体，融山、水、洞、泉、湖、古人类文化遗址于一体，由水洞、温泉寺、汤沟、关门山、铁刹山、庙后山等6个景区和观音阁、大石湖、清河城3个独立景点组成，沿太子河呈带状分布，总面积42.2平方公里。

本溪水洞 在离市区35公里的本溪县谢家崴子村，故又名谢家崴子水洞。本溪水洞是数百万年前，地壳变迁发育生成的特大喀斯特充水溶岩洞，是迄今世界上已发现的最长的地下暗河之一。洞口前临太子河，轩豁开阔，高近6米，宽约20米，气势磅礴，有可容纳千人的"迎客厅"。洞内分水、旱两洞，相背而生。以水洞为主，旱洞为辅。洞体曲折变幻，有窄有阔，扑朔迷离。进洞20米即是长达3000米的地下暗河，水流终年不竭，河道曲折蜿蜒，水面平稳，清澈见底，迂回曲折。游船往来穿梭，泛舟荡漾，情趣盎然，宛若地下银河。洞顶和岩壁钟乳石发育较好，石柱、石笋、石花、石幔等千姿百态，在彩灯映照下，犹如仙境。

水洞洞外风光也很优美。水洞前有太子河，河上辟有河滨游乐场，可开展多项游乐项目。水洞前低洼处有一人工湖，名叫印月湖，湖旁垂柳依依，湖内荷花亭亭，湖心岛上建有"怡然亭"。水洞后山名聚仙山，山陡壁峭，挺拔峻逸，植被丰富，林木扶疏。

温泉寺 始建于明代末年，原称"二官庙"，清初改称今名。前临太子河碧波，后依层峦叠嶂，景色宜人。这里温泉清澈透明，常年水温44℃，久涌不竭，日出水量400吨，对皮肤、关节炎、风湿等方面病症疗效甚佳，是东北著名的疗养胜地。

铁刹山 在本溪县南甸子车站附近，方圆数十里，有元始顶、真武顶等诸峰拱立，向有九顶之说。主峰海拔700米。铁刹山是东北道教发祥地，明崇祯三年（1630年）在此修观建庙，收徒传道，迄今香火不断。山上摩崖石刻，雄浑苍劲。山上有众多岩洞，以云光洞最有名。云光洞内有石龙、石虎、石床等惟妙惟肖的奇景，称为八宝。素有"九顶铁刹山，八宝云光洞"之说。

关门山 以一水中流，双峰对峙，形似巨门而得其名，北门、中门、南门形态各异。山傍水库，湖水碧绿，奇峰怪石，苍松翠柏，小溪瀑布，绵延数里，云遮雾罩，时隐时现，素有"黄山烟云桂林山"之称。

庙后山 在山城子乡，山南坡有两个洞穴，出土距今15～33万年前的人牙等化石，是东北地区重要的古人类文化遗址，被命名为"庙后山文化"，对研究辽东古人类分布、古代地理考证有重要价值。

汤沟 又称"地热村"，以高热泉著称，热泉从石缝中喷出，地表形成热泉群，水温达76℃，日流量800吨以上，与小溪汇流成温泉河。汤沟有当年东北抗日联军第一次西征会议会址。

青山沟风景名胜区

青山沟风景名胜区是国家重点风景名胜区，位于辽宁省宽甸县，由辽宁省最大瀑布飞瀑涧和雅河口、外湖、内湖、树木园、虎塘沟、大冰沟、凌霄峰八个景区组成，总面积为127.4平方公里，是以自然山水景观为主要特色的北方山岳、平湖型风景名胜区。

青山沟自然环境优越，景色幽雅、空气清新，集瀑、潭、瀑间浅滩、峡湖、峭壁、四季林相变化于一体。

青山沟不仅有秀美的自然景观，而且有动人的人文景观，当年东北抗日联军总司令杨靖宇将军率领的东北抗日联军就曾在这一带开展斗争，留下了抗联指挥部遗址，将军岭上的土战壕、忠魂洞、藏英洞，此外还有云海观遗址、佛家道家碑林、清福寺、关帝庙等佛道踪迹。

飞瀑涧 又称青山飞瀑，在距青山镇18公里崴水河上。飞瀑从高达32米的绝壁断层上飞流直下，如

玉带银练，直坠潭底，在潭中激起的浪花，形成千万朵盛开的白莲。站在百米远的仙女潭边，不仅巨声如雷，而且水珠袭来，寒气逼人。

飞瀑潭水流过石滩，回转而下，在一百多米处被一块叫"镇水石"的巨石挡住，水分两侧流下，形成一处深潭。潭碧如染，潭边怪石嶙峋，苔藓遍布，清幽肃穆，这就是有名的"仙女潭"。仙女潭的下边是"靖宇泉"，泉边高山耸立，林青树茂。这里有杨靖宇将军临时指挥部遗址，树丛中的"石屋"记录着当年抗联战士的艰辛与困苦。再下是通天门，这是一处2米宽，百余米高的山峡谷口。穿越通天门，便是将军岭。将军岭上有抗联战士修筑的防御工事遗迹。将军岭下有天然石猴，猴身长2米有余，挤眉弄眼，一副俏皮相，石猴与飞瀑遥遥相对，人称"石猴观瀑"。

碧波潭在距青山飞瀑1公里处，潭水盈盈。潭上一石，因溪流终年冲击，中间形成一个3米宽的洞穴，人称"水穿石"。溪水便自洞穿出，注入潭中。

青山湖　包括里湖与外湖，总面积2.2万亩，长达86华里。湖面开阔平静，湖水清澈碧绿，湖中游鱼相戏，湖上野鸭成群，湖岸青山叠翠，蓝天白云映入湖中，形成一幅壮美的画卷。

青山湖码头是一处天然的小港湾，壁立如削的石崖上有傅杰写的"青山湖"三个秀丽大字，遍布丁香，另一边则是伸入湖中的一座长长的半岛，这就是游湖第一景丁香崖。

钓鱼台距丁香崖约3里许，在一片平坦的原野与湖岸之间，出现一座座矮的石崖，奇形怪状，错落有致，石上多生怪松古树。在这一带湖上可望见白云峰。白云峰高耸入云，轻云薄雾终日缠绵于峰峦之间。

白云峰脚下湖南岸出现一片开阔地，山势低矮，农舍依山取势而建，山坡田地如绣，一派山村田园景色，使人豁然开朗，如入桃花园。这里有一株乌蓝色的古松挺立在湖边，与周围的绿树完全不同，高26余米，三人合抱粗细，干如紫铜，枝柯交织，叶密遮天，据记载是一株死而复活的千年古松，人称"松神"，过去四季香火不断。对岸是绵延几里的青铜壁，石形结构如山水画法的斧劈皴，倒映湖中，十分壮美。

大峡谷是湖的支岔，深邃幽静，溪水淙淙，高峰林立，原始林中百年以上古树丛生，遮天蔽日，树下多生古蕨类植物。

仙人谷是青山湖的核心区，是奇景无尽的山谷，从湖上可以望见景区最高峰凌霄峰和壮观的八仙台。在谷口处是新建的欧式建筑中国画家村。仙人谷景点众多，著名的有"柳石恋"、"母子鹿石"、"五龙泉"、"鹿鸣泉"、"飞云瀑"、云海观遗址和道士墓等，其中飞云瀑瀑布从峰顶飞扬而下，在山间回响，最为壮观。

参王峰在湖边山坡上的茂林中，形如方桂，高达百米，突兀挺拔，顶上古树林立，传说峰顶有棵大人参，因此称之为参王峰。

虎塘沟景区　最富清幽和山野妙趣。这里的每两道山梁之间都奔涌着泉源，一年四季都是湿漉漉的。在植被覆盖率达98%以上的山谷里，四野里静悄悄的，惟闻风过林梢的萧萧，溪水流淌的淙淙和鸟雀惊飞的啾啾，真可谓"蝉噪林愈静，鸟鸣山更幽"。谷底，一道道泉水绕过嶙峋怪石，欢跳着拾级而下，层层叠叠，状若"水梯"。跳泉随处涌现，让人目不暇接。抬头仰望，周围是峭壁摩天，人居其下，有直坠深渊之感。沿着溪流畔弯弯曲曲小路向深谷密林处行进，身旁是粗藤盘旋着古树，山崖披满着苔藓，好一派原始风貌。"黑熊望月"，巨石拦住去路，形如黑熊，仔细端详，它正引颈屈身期待明月东升，憨态可掬。"响溪"水落击石，宛如琴瑟不绝在幽谷弹奏。转过山岩，涓涓溪流从60多米高的耸天石壁上悠然飘下，如串串珠帘般晶莹，这便是"虎啸瀑"。向北望，"九曲天水"恰似银河落九天，泉水跌来荡去，恣意迂回，洋洋洒洒，曲折有趣。接受了这九天来水的沐浴，绕过后，赫然眼前的是国内少见的由整块伟岸的巨石构筑成的天然崖壁。铁索高悬在陡壁之上，人们几乎是贴在石崖上笔直地爬行，不敢向下探视或稍有分神，脚下是幽幽的深渊，令人头晕目眩。攀上巨壁"虎背崖"，山梁宽不过丈余，最窄处不足一尺，幸得数株老松苍然挺立，枝繁叶茂，攀扶着树枝，游人才得以战战兢兢地通过这险中之险。幽深莫测的"虎穴"，人迹罕至的"虎王顶"，隐在暮霭里的"虎尾崖"，遥相呼应，气势雄浑。登高处一览众山小，峰峦绵延，云雾浩渺，峭壁怪石，奇松异卉满目皆是，野生的各色蘑菇似繁星随意点缀在潮湿的丛林、草坡之间，别有一番情趣。

医巫闾山风景名胜区

医巫闾山风景名胜区是国家重点风景名胜区，位于辽宁省北宁市，规划面积80平方公里，有望海山、龙岗、大阁、玉泉寺、大朝阳、玉泉湖、吐云寺、千家寨、灵山寺、大芦花、龙宝峪、青岩寺、北镇庙、古城等景区。

医巫闾山古称于微山、无虑山、广宁大山，简称闾山，山势自东北向西南走向，绵亘45公里，面积为630平方公里。著名山峰有50余座，平均海拔600米以上，主峰望海山海拔866.6米。

医巫闾山是历史名山，舜封全国12大名山之一，又是全国"五岳五镇"10大名山之一，被誉为东北三大名山（医巫闾山、千山、长白山）之首。战国时的著名诗人屈原曾歌赞过闾山，表达他朝思暮想远游这座北方历史名山的愿望。辽、金、元、清等朝代也都有封号。辽代视闾山为发祥地。元代封闾山为王。清代乾隆皇帝四来北镇三登闾山，题诗吟咏，刻石立碑。嘉庆、道光两帝也都到过观音阁。历代视之为灵山圣地，修建了许多寺院亭阁、碑刻石刻、陵墓、古城、古塔、石坊等古建筑，有蔚为大观的辽代四帝及众多王侯的陵墓群，有六七十方雕刻精美、形制高大的元碑、明碑和清代康熙至光绪时御制碑，分别收藏在闾山和它的山神庙——北镇庙里，与山体、峰峦、峭石、林海、果园等自然景观浑然一体。历史上医巫闾山以寺院为中心形成了十多个相连的游览区，每个游览区都占据着一个或数个有名的山峰和古刹，又都有碑刻记载着它周围的山峦形势和庙宇的历史，还有许多美妙动人的神话传说。每个游览区都以各自的特点标新立异，而又和谐地联结成一幅山水画卷。

大阁 是大观音阁的简称，以大阁为主的景区包括二十多个景点。这里有明清两代建筑的寺庙群，有近百件摩崖碑刻，点缀在庙堂、山谷和悬崖之间。辽、元、明、清四代帝王和历史名人的纪念堂、亭及陵墓有十几座。自然景观有星罗棋布的飞瀑泉池、奇松怪石和幽洞深谷。

医巫闾山山门为近年新建，匠心独具，造型诡异，四个板块巧构而成，虚实部分为辽代建筑之剪影。八幅壁雕表达了从虞舜到明清数千年间医巫闾山的历史变化。

元相耶律楚材读书堂为近年重建，气魄宏大，格调高古，为园林建筑艺术精品。耶律楚材（1190—1244年）字晋卿，辽东丹王耶律倍八世孙，三岁而孤，母杨氏在闾山老祖峰前的山坳里修筑读书堂，教子读书。耶律楚材后为元太祖成吉思汗中书令，元代立国，典章制度多由其奠定，功高德厚，清廉克己，垂青史册，是闾山哺育出的一代英才。

大石棚是辽太子耶律倍学道隐居之地，又称隐谷。檐似山石，倾斜覆盖，可容上千人。每当雨季，棚檐水丝如帘，形成石棚飞瀑。

玉泉寺景区 东与观音阁景区相接，西与大朝阳自然保护区毗邻，南有大阁水库，北有望海高峰。玉泉寺始建于辽，元、明、清、民国多次重修。重建的玉泉寺仿古建筑群，有大殿、配殿、长廊、圆亭，还有重檐玉皇阁亭。玉泉寺景区山幽林郁，群峰环抱，翠柏簇拥，山石块垒，为医巫闾山第一清幽空灵胜地。

龙岗子景区 以田园风光和辽墓景观著名。这里峰峦拥抱，梨果飘香，泉水清流。这里的辽墓群已发现两座：辽魏王耶律宗政（1002—1062年）墓及鲁王耶律宗允（1004—1064年）墓。墓似穹隆，青砖券砌，高10米，宽约8米，另有墓道、壁画。墓志篆书，刻有十二生肖，四角雕有牡丹花，间以缠枝花纹带。数方墓志保存完好，是研究辽代社会生活，尤其是上层人物活动情况极珍贵的历史资料。

北镇庙 在医巫闾山山麓，始建于金代，为历代祭祀医巫闾山的神庙，元、明、清历代均有重修扩建。庙依山而建，坐北朝南，南北长约240米，东西宽约109米，气势宏伟，前后共有五重大殿。主殿为歇山式大殿，面阔五间，进深三间，有许多彩绘和壁画。庙内有钟鼓楼和4座石碑亭，尚有历代石碑几十方。庙前立有国内罕见的喜、怒、哀、乐四只生动逼真的石狮。庙东边建有众多的皇帝行宫。

闾山山麓的北镇古城即今北宁市区，有明代的石坊、辽代的双塔和古楼。这些人文景观有很高的历史价值和美学价值，闪烁着闾山先民智慧的光辉，记载着闾山从虞舜到明清数千年的文明史。

吉 林 省

松花湖风景名胜区

松花湖风景名胜区是国家重点风景名胜区，位于吉林省吉林市，分为十个景区，面积约700平方公里。

松花湖风景名胜区以松花湖为主体，湖区内水面辽阔，植被繁茂，气候宜人。冬季沿江十里长堤上的冰雪树挂景观，为国内罕见，是本风景一大特色。区内冰雪资源独具优势，青山雪场景区是我国高山滑雪运动基地。松花湖内有48种鱼类和其他水族生物，茫茫林海栖息生长着约140种野生动物和160种野生经济植物。还有"西团山文化"、原始公社遗址等历史古迹。

江城树挂 树挂又名雾凇，是指冬天树木上凝结的霜花。这本来是北方地区冬天常见的景色，但吉林市沿着松花江岸上的树挂却格外诱人。树挂是吉林市冬季冰雪旅游资源的精华和特色。

在千里冰封、万里雪飘的隆冬季节，松花江畔十里长堤上苍松垂柳披霜挂雪，琼花怒放晶莹夺目，真好比"春风一夜，千树梨花"。耀眼的冰花如粉蝶飞落、飞絮旋舞，有的如蒲草的蒲棒，有的如傲雪的腊梅，在细长柳条上的霜花，又像一条条银链。最美的要算结在松针上的霜花，那一簇簇银白色的针形叶子，又细又长，略微弯曲，宛如一朵朵怒放的银菊。在蜿蜒如带的碧绿江水衬托下，又好似水晶之宫、琉璃世界。难怪有人把吉林雾凇与桂林山水、长江三峡、云南石林一起誉为我国四大自然奇景。

吉林市雾凇多属于晶状雾凇，具有出现次数多、持续时间长、厚度大等特点。一般从傍晚开始出现，待到翌日午后才逐渐脱落，其厚度可达40~50毫米。其原因是吉林一带的松花江隆冬时不封冻，有大量的水蒸气所致。这段松花江之所以不冻，是因为其上游不远有松花湖，从丰满电站排出的水水温较高。

龙潭 高句丽城西北角有龙潭，山也因此得名。潭池四周以石砌筑，长五十余米，阔二十余米。寒潭澄碧。估计，此潭应是古城中的贮水池。古城西南角的南天门下有人工砌筑的圆形石洞，径约10米，深3米，可能是当年储存物资的地窖。

松花湖 在吉林市东南24公里的松花江上游，为丰满水电站截流大坝拦截江水形成的人工湖。

松花湖是一山谷水库。水面沿原自然河道峡谷曲折延伸，湖面最长处200公里，最宽处10余公里，水域面积480多平方公里，最深处70米，蓄水量110多亿立方米。

丰满水电站拦河坝高91米，长1000多米，建于1937年，1943年第一台机组发电。建国后进行了大力修复和改建，使电站焕发了青春，发电能力为五十余万千瓦，是建国初期我国最大的水电站。

松花湖湖平如镜，湖水清澈，从丰满电站乘船北上，两岸奇峰连云，湖上白帆点点，岚影波光。自大坝乘船航行25公里，有湖心岛，称五虎岛。岛上林木葱茏，筑有供游人休憩和就餐的馆所，并辟有游泳、钓鱼和划船等地。

骆驼峰、北天门、五虎山、卧龙潭、石龙壁等景区湖光山色秀美壮丽，适合开展水上、冰上、山上多种游览观光、休憩活动。

松花湖滑雪场 著名的城区滑雪场。雪场面积为350公顷，两条3000米长、50米宽的高山雪道和一条5公里长的越野雪道顺山形蜿蜒而下。环载人行索道，只需18分钟就可把人从山脚送到海拔近1000米的山顶。

"八大部"—净月潭风景名胜区

"八大部"—净月潭风景名胜区是国家重点风景名胜区,位于当年作过伪满洲帝国首都"新京"的吉林省长春市,由伪满洲帝国傀儡皇帝宫殿、伪国务院及其下属"八大部"等历史建筑与山清水秀的净月潭自然风光组合而成,面积151平方公里。这里也是一种类型的历史纪念地,通过实物使人们了解中国这段灾难历史,从中得到教益。

伪满皇宫 位于城区东北部,现吉林省博物馆,面积约12万平方米。辛亥革命后,清朝末代皇帝爱新觉罗·溥仪被迫退位,1932年3月在日本侵略者操纵下,他来此出任伪满洲国执政府执政,长春被改为"新京",是伪"满洲国"的"首都"。1934年3月1日伪满洲国改名为满洲帝国,溥仪粉墨登场就任"皇帝",将这里作为临时皇宫,这里遂称"帝宫"(又称宫内府)。现吉林省博物馆即原伪满的"皇宫",仍保存有当年的主要建筑内廷、外廷和御花园。外廷主要有勤民楼、怀远楼、嘉乐殿;内廷主要有缉熙楼、同德殿,还有御花园、书画库、跑马场等附属建筑。"帝宫"由二层宫殿式楼房及砖瓦平房群组成,上铺金黄色的琉璃瓦。楼房内部结构和设置、图案等,风格上中西混杂,又以日本式为主,整个"帝宫"给人以不伦不类之感。

帝宫正门为"莱薰门",西侧大门为"保康门",四周筑有围墙。帝宫分"外廷"及"内廷"两大部分。外廷是溥仪日常办公、处理政务和会见使节的场所。内廷则是溥仪及后妃亲属日常生活起居的场所。

外廷的建筑群,由"勤民楼"、"怀远楼"、"嘉乐殿"及宫内府、承宣室、祭礼府等组成,兴运门外还有御用汽车库、跑马场、近卫军营房等。

勤民楼是帝宫中的核心建筑,溥仪根据清朝"敬天法祖,勤政爱民"的祖训,以"勤民"命名他的办公楼。勤民殿,是举行重大仪式的场所,溥仪就在此举行了"登基"仪式。二楼的健行斋是溥仪处理政务,批阅奏折、诏书的地方。

内廷分东、西两处院落,各成一局,建筑华丽、幽静,各有花园,内有小桥流水,玲珑假山,遍种四时花草,红绿掩映,别有一番风光。

内廷西院有缉熙楼和西花园。缉熙楼是溥仪及皇后婉容、祥贵人谭玉玲的内宫,为二层宫殿式楼房,底层东侧及二楼东侧为婉容所用,底层西侧为谭玉玲卧室,溥仪卧室在二楼西侧,楼内陈设富丽堂皇。园内有大假山、高尔夫球场、绿意轩等。缉熙楼周围有御膳房、御茶房、御医室等。

内廷东院是同德殿和御花园。同德殿是一座二层宫殿式楼房,上铺金黄琉璃瓦,内部设置较洋化,是福贵人李玉琴的内宫。同德殿内有一电影厅,溥仪及其后妃等常在此观看电影。据说,每逢看电影,皇后、贵人进场时,所有灯光必须熄灭;电影放映完毕,也不准开灯,其他人必须先摸黑退场,最后她们才离开,其目的是防止别人窥看皇后、贵人的"玉容"。

溥仪的正式皇宫只完成了地下部分,地上部分为20世纪50年代所建,现为长春地质大学地质宫。

"八大部" 新民大街上有伪满八个"部"的办公大楼,建筑独具一格,通称"八大部"。这"八大部"即伪满国务院及治安部、司法部、经济部、交通部(以上现均为白求恩医科大学使用)、兴农部(现东北师范大学附中使用)、文教部(现东北师范大学附小使用)、外交部(现吉林省社会科学院使用)。

净月潭 净月潭位于市区东南,分为潭北山色、潭南林海、月潭水光和潭东村舍四个景区,水景为主,山林衬托,植被丰富,有大片森林、山花、药用植物,森林中有脊椎动物82种,鸟类60多种,成为长春最富有特色的森林旅游点。山村中有金代古墓两处。

净月潭有430公顷水面,是1935年开掘的人工湖泊,东西长7公里,南北宽1公里。由于没有污染源,加上大面积水源涵养林的作用,潭水清澈碧透,具有较高的游览和观赏价值,是游泳、垂钓、划船、冬泳、滑冰、风帆活动等极好场所,一年四季均可利用。还有7000公顷人工林海。人工林营造于1936年,时间早、面积大、树种繁多,形成具有北国特色的森林景观,春可踏青、夏可避暑、秋赏红叶、冬观雪景,一年四季各得其所。

仙景台风景名胜区

仙景台风景名胜区是国家重点风景名胜区,位于吉林省延边朝鲜族自治州和龙市,与朝鲜隔江相望,总面积120平方公里,共有16座峰群,200多处秀美景观,是奇峰、奇松、奇岩、奇花的世界。主要景点有一线天、夹扁石、神仙洞、盘龙松、金达莱谷等,各具特色。

仙景台地势高峻,起伏较大。拔地而起的峰群海拔都在800米以上,由玄武岩和花岗岩构成。著名的奇峰有高丽峰、金龟峰,在石海丛林中悬崖并立,蔚为壮观。

景区奇松、奇岩、奇谷、奇花众多。奇松有长寿松、护仙松、盘龙松、弓龙松、卧树抱石、卧龙松等。自然风化的奇洞洞外有洞,洞上有台,台上有洞,形态怪异,洞体开阔,洞内光滑,其内可容数人或数十人不等。

高丽峰由直径28米的半弧圆形巨石构成,拔地而起,四周峭壁跌落,是观望中朝界河图们江山水风光和云海奇观的观光台。

位于高丽峰顶东南侧的金达莱谷,由峰顶30多米长的大盘石经天然切割而成。峡谷接通上山台阶,谷深9米,40度坡,长30米,宽只通单人,是直通山顶的通道。谷内的金达莱花群在花开时节,人如潮,花如海,娇艳如火,彩霞映天。

沿图们江两岸中朝边境146公里的风景线一侧是火山喷发后的地貌,一侧是深切谷地。由于本地区在新生代曾发生多期火山喷发,熔岩冷凝形成了凹凸状、彩柱状、熔流状堆积体和玄武岩洞穴等地貌造型。其中高达30多米的玄武岩喷发形成的立柱状30多处,形态各异,色泽鲜艳,气势壮观。深切谷地是经过图们江江水逐年切割而形成深30多米的阶梯状谷地,水流清澈、湍急。

源头地势渐渐抬升,深入长白山山麓的原始茂密的针叶林。经年不息的清泉从地下涌现,常年保持一定水位,草茂林密,水清见底,空气清新。中朝界碑赫然醒目。距源头不远处的圆池,如一轮满月,倒映着茫茫苍苍的原始森林。

仙景台风景名胜区在渤海国时期佛教盛行，文王大钦茂崇拜佛教，曾在景区建七星岩僧堂。尚存众多遗址。

防川风景名胜区

防川风景名胜区是国家重点风景名胜区，位于吉林省延边朝鲜族自治州珲春市东南50公里的中、俄、朝三国交界处，总面积135平方公里。海拔一般在5～450米之间。景区为山区，地势起伏，濒江临海，依山傍水。主要地貌类型有山地、丘陵、山谷和凹陷盆地、水面。境内河流交错，有图们江、圈河以及大小泡藻十余处。景区属中温带海洋性季风气候。内有红松、云杉、冷杉、赤松、落叶松等植物98科，1098种，森林面积93平方公里，森林覆盖率达67%。有东北虎、野猪、马鹿等野生动物70余种。有望海阁、土字碑、圈河古墓群、苏日张鼓峰战役遗址、莲花湖公园、沙丘公园、图们江码头等众多自然人文景观。莲花湖景区湖水面积30多公顷，图们江红莲历史悠久，野鸭、海鸟、丹顶鹤、白鹭嬉戏其间。沙丘公园在一片葱茏的草木之中，有一块面积达119万平方米的沙丘，平均海拔30米，为"绿洲中的沙漠"。沙丘下面一泓湖水，水深17米，有一狭长半岛深入湖中。其中望海阁素有"一眼望三国，犬吠闻三疆"的美誉。景区为单纯的少数民族聚集地，民俗风情独特。

满天星风景名胜区

满天星风景名胜区位于吉林省延边朝鲜族自治州汪清县，长白山系的东北部，总面积273平方公里，这里靠近珲春口岸，交通十分方便。

满天星风景名胜区主体是湖区。湖区长18公里，湖面最宽处2.5公里，两峰峡谷最短处约0.5公里，水深18～21米，最深处约42米，湖面约32.3平方公里，湖水正常高水位为海拔165米，总库容1亿立方米。满天星风景名胜区湖山相映，自然景观多姿多彩，主要景点有漫天星、天星峡、天星崖、龟龙岛、富岩洞、犀角峰、牡丹峰。满天星风景名胜区历史遗迹有渤海国时期的满台古城遗址、满族女真人居住区遗址、百草沟原始文化遗址、仲坪墓葬遗址、古代炼铁厂遗址。现代有原吉林省委书记董长荣同志牺牲的纪念地、金日成同志的抗日会议遗址等革命先烈纪念地。

八道江风景名胜区

八道江风景名胜区位于吉林省白山市，有冰洞、龙山湖、青山湖、镜月湖、老道洞等景区。除集中体现了长白山区峰峦翠谷特色外，各个景区也各具特色。龙山湖水域辽阔，异国风情；长白山迷宫溶洞众多，钟乳石秀；夏日冰洞堪称奇观；青山湖、镜月湖、老道洞各具特色。人文景观丰富多彩，源远流长。

八道江是中朝界江鸭绿江中游的重要支流，流经白山市域，向南注入鸭绿江。

长白山是东北东南部最大的山脉，跨白山市和延边朝鲜族自治州。长白山是一座充满着梦幻般神秘色彩的名山，以壮美的峰谷景色、茂密的原始森林、丰富的珍稀物产"长白三宝"、动人的传说故事，吸引着越来越多的海内外游人。长白山素有"自然博物馆"之美誉，是联合国确定的国际生物圈保护区。这里的植物景观大致按从温带到寒带四个带分布。海拔1000米以下的平缓玄武岩台地域为针阔混交林景观带。这一带气候温和，森林茂密，花草繁盛，各种植物杂居其中，颇有亚热带森林的景象。海拔1000～1800米之间为针叶林景观，森林中生长着高大挺拔的红松、云杉、冷杉。在海拔1800～2000米之间为岳桦林景观带。2000米以上为苔原带。

冰洞在密林深处，阵阵凉气扑面而来，幽深的洞府赫然眼前。一团团的白雾从洞中升腾开来，寒气袭人。洞内洞外的气温差别很大，至少相差35℃以上。洞里很暗，几乎没有什么光线，架设在冰层上的栈道，有的地方明显是结了冰的，很滑，约行走了百余步，来到大厅，只感到寒气逼人，借助矿灯的光线举目望之，是一个冰雕玉琢的世界。冰体宽厚晶莹，物象群生，形神似画。各种各样的造型栩栩如生，交相辉映，好一幅寒凝大地发春华的美妙图画。一洞之隔，历经寒暑。此处上无渗水淌漏，下无水流经过，巨大的冰体从何而来，又因何故与外界气候成逆反的变化？其原因还有待进一步考证。

景区内草地资源十分丰富，种类达600余种。出得洞来，转过一道山梁，只见舒缓的坡地上铺摊着望不到尽头的五花草地，密密杂杂地生长。不知名的花点缀其间，火红的热烈，淡粉的温馨，紫色的神秘，纯白的高洁，美不胜收。

龙山湖景区位于中朝两国边境线上的鸭绿江中游云峰库区。乘船游览，岸边奇峰林立，树木葱茏，风光秀丽，移步换景。龙虎迎宾区，是湖区的门户，形神并茂的"二龙揽月"、"龙虎三峡"、"龙凤呈祥"引人入胜，是开展游泳、垂钓、冰雪运动的天然基地。仙人洞府区，谷幽林静，形态逼真的"神女峰"临江伫立，似乎诉说着埋藏在心底的思念。仰观群山，俯瞰碧水，令人心旷神怡。江心岛区，湖面开阔，视野深远，可眺望朝鲜境内慈城河，沿岸村屯乡野风貌一览无余，可领略异国风俗，体会田园野趣。此处上山可狩猎，下湖可戏水，并随时可与朝鲜的客、商、渔船相逢，进行水上贸易。云峰大坝区，是中朝两国在界江上合资兴建的一座大型堤坝引水道混合式水利枢纽。明净的湖水、巍峨的大坝与苍翠的青山、深邃的蓝天融为一体。五花山景区，奇花异草，树木茂密，百鸟争鸣。

黑龙江省

镜泊湖风景名胜区

镜泊湖风景名胜区是国家重点风景名胜区。位于黑龙江省东南部,牡丹江市西南110公里处。总面积1200平方公里。

镜泊湖是4800年前,火山爆发,熔岩堵塞牡丹江河道而形成的一个狭长的熔岩堰塞湖泊。因湖泊位于牡丹江上游,水流量较小,再加上两侧多为高耸的山体,平时水面风量较少,湖面经常平稳如镜,从而得名"镜泊湖"。镜泊湖全长45公里,最窄处在湖的北部,宽约400米,最宽处在湖南老鸹砬子一带,宽约6000米,湖

面面积90平方公里。湖水自南向北逐渐加深,鹿苑岛一带水深达70米,全湖平均水深40米,总蓄水量16亿立方米,人们利用水位高差在这里先后建立了地上、地下各一处发电厂,总装机容量96万千瓦,年发电2亿度至4亿度。湖中盛产湖鲫、红尾等50余种鱼类。

镜泊湖处于群山环抱之中,山重水复,林密花艳。在风景区范围内,有8.5万公顷的森林,其中原始森林近万公顷,森林覆盖率达58.6%。森林之中生长着上千种植物,其中木本植物近百种,尤以瀑布区生长着的大果榆,大大的榆钱,厚厚的叶片,成了这里的一大特色。草本植物更是大量地分布于风景区每个角落,不仅使风景区到处绿茵萋萋,而且千姿百态,五颜六色的花朵相继开放,使风景区的自然景观变化多端。到了秋季,叶色更是丰富多彩,卫矛的鲜红,白桦的亮黄,松杉的浓绿,栎楸的赭褐,再加上多姿多彩的秋花、秋果使这里满山遍野色彩斑斓,景色美不胜收。群众赋予"五花山"之美誉。

这里本是东北虎的栖息之处,曾被省政府定为东北虎重点保护区,但由于林业生产活动的发展,已有多年难见虎影了。但山中的野鹿、黑熊、野猪、山羊、野鸭、山鸡、飞龙、鸳鸯等野生动物,倒是时而可见。

镜泊湖不仅物产资源丰富,其自然景色也相当迷人。在平静的湖水和葱茏的群山之中还蕴藏着丰富的自然景观。著名的白石砬子、大孤山、小孤山、城墙砬子、珍珠门、道士山、老鸹砬子、镜泊瀑布胜景等自然形成的景观,统称"镜泊八大景"。除了上述八大景以外,尚有雄险奇特的"大山口森林",深邃幽深的"熔岩隧道",幽雅宁静的"小北湖"和唐代古城遗址"渤海国上京龙泉府"。

白石砬子 位于湖北转弯处,有一处高耸的石壁探入水中,与周围绿荫覆盖的山体相比特别突出。据讲,当年游人较少的年代,这里栖息着大量的鸟类,大量的鸟粪沾满石壁,远看一片雪白,故名"白石砬子",后因湖周的不断开发,鸟类已不复存在,其白色也就不那么明显,然而,作为一片探入水中的石

壁，在湖区还算绝无仅有，行至壁下才会觉出它的秀美和宏伟。

大孤山　自白石砬子转头向南，面对湖中一景，即"大孤山"。这是一个面积约1公顷，高出水面60余米的大岛屿，岛上树木葱茏，与周围山水融为一体，环岛一周，会使人感到无比的清凉、雅致，每到春天，岛上杏花、杜鹃争相开放，又使岛屿变成了"花山"。

小孤山　由大孤山向南十几里，有一个不足百米长的小岛，独居湖中，枯水时节，岛下沙滩外露，使整个小岛犹如一顶大沿草帽扣于百里长湖之上，这就是"小孤山"。岛上地形起伏，峭崖临水，岛虽不大，植物种类却很丰富，苍劲的古松、秀美的白桦，众多的开花灌木和草本地被，把小岛装扮得如同置于平湖上的"盆景"。

城墙砬子　绕过小孤山向西可见高耸入云的石崖，石崖顶部隐约可见人工砌筑过的部分崖壁，这就是省级文物保护单位的"城墙砬子山城遗址"，虽然遗址遗物几乎荡然无存，若能登临崖顶，即可领悟当年建设山城位置的险要，此景俗称"城墙砬子"。后修筑登山阶梯，改称"湖洲城"。湖洲城向南接近岸边有两个紧邻的小岛宛若荷叶上滑动的两颗露珠，丰水季节两岛之间可以行船，俗称"珍珠门"。

道士山　在湖洲城崖顶向南远望，可见条条山脊探入湖中，犹如一条条巨龙共同奔向一个岛屿，形成"九龙戏珠"之势，这个岛屿就是"道士山"。岛上有建筑废墟一处，相传这是清代咸丰年间建造的一座道教庙宇"三清观"，后因战乱而毁，岛上林木茂密，郁郁葱葱。

老鸹砬子　通过道士山，湖面豁然开朗，开始进入镜泊湖最宽阔的区域，在宽敞湖面的近东侧岸边有小岛叫"老鸹砬子"，据说当年此地尚无人烟之时，这里是乌鸦（俗称"老鸹"）栖居之处而得名，恰好这个岛屿形似大鸟，山石发暗，再加上绿树覆盖，在宽敞明亮的湖面上，远远望去真像一只浮在水面的黑色乌鸦。

镜泊胜景　在镜泊湖下游出水口处，因与下游牡丹江有10余米的高差，遂形成瀑布，平时瀑布幅宽40米左右，每到雨季汛期，瀑面可宽达数百米，瀑水下泄如浮云堆雪，白雾弥漫，似银河倒泻，白练悬空，气势磅礴，声震数里。1983年邓小平同志来此休假，看过此景，欣然留下"镜泊胜景"的墨迹，目前已镌刻于瀑布景边。近年来，一些勇敢者来此跳水嬉戏，有如鲤鱼跃龙门，为风景区更增添了活力。

火山口森林 数万年前喷发过的火山口,连绵一起的计有10座。沿火山口边缘山脊拾级而上,到达制高点齐天亭,向下俯视口底近百米深,四周陡峭的石壁上长满的苍天大树,在脚下却如蒿草一般,十分壮观,俗称"地下森林"。

熔岩隧道 是火山喷发过程中熔岩流过的通道,因外部冷凝,内部流动,熔岩断流而形成的熔岩洞。洞长几十米到数百米,宽5~30米,高1~10米不等。洞顶布满火成熔岩钟乳,洞壁下方是具须弥座状熔岩,洞内尚有因熔岩流动遇障碍物而形成的各种景观。这里尚有一处因洞顶塌陷而形成的"熔岩桥",誉为奇观。

小北湖 位于火山口森林东面,也是一座熔岩堰塞湖,只是规模较小,湖长仅6~7公里,宽仅数百米,但其环境比起镜泊湖更显幽雅恬静,尤其在湖面东南部天然生长着大片的莲花等水生植物,使这里的景色更加优越。

渤海国上京龙泉府遗址 是唐代册封郡王之一渤海国的首府。公元755年渤海国迁都镜泊湖边建上京龙泉府,926年被契丹族灭亡。现存有宫城遗址、八宝琉璃井、石灯幢等珍贵文物。

五大连池风景名胜区

五大连池风景名胜区是国家重点风景名胜区,位于黑龙江省松嫩平原的北端,小兴安岭的西麓,总面积748平方公里,连同外围保护地带面积为1060平方公里,由于270多年前的一次火山喷发,熔岩流阻断了白龙河的水流,汇集而形成串珠状的5个彼此相连的堰塞湖,故名五大连池。

五大连池是著名的低温矿泉疗养区,集旅游观光、度假疗养、科学研究和资源开发为一体;素有"天然火山博物馆"和"火山公园"之称。

五大连池旅游资源丰富,景观可分为地上地下两部分。地上部分主要由新老两期火山形成的原始火山地质地貌和14座拔地而起的火山锥组成;地下部分主要由冰洞、风洞、水洞、旱洞和火山口森林等构成。

五大连池规划有五大景区,两大奇观,已开发出两大景区,百余处景点。

火山博物馆景区 由1719—1721年间喷发的黑龙山和火烧山组成,五大连池齐全典型的地质地貌绝大部分集中在这里,景色壮美,风格独特。

黑龙山是一座休眠火山,阳面是黑红相映的火山砾,寸草不生;阴面怪石嶙峋,巨崖悬空,桦林翠柏葱郁,火山口呈漏斗状,深达136米,陡峭森严,危崖耸立,令人目眩。拾级而上,或山谷沟壑,或桦林幽静,一路可饱览"地下森林"、"龙腾谷"等火山风光,直至山顶,登高望远,视野可达百余里,脚下火山景色又别有一番风采。

火烧山一带的喷气锥和喷气碟在国内外都极为罕见,是火山地质研究中不可多见的实物。火山爆发时,在地动山摇和震耳欲聋声中,天地间一片火海,喷射而出的气体挟着灼热的熔岩直冲云霄,落地后便形成了今天人们看到的火山砾和火山弹系列景观。与此同时熔岩流从火山口溢流而出,势如大江,汹涌澎湃,势不可挡,形成了80平方公里范围的石龙地带,岩石形态,千奇百怪,像花朵,似野兽,其中的石

熊、石猿、石牛栩栩如生，有的如同飞流直下的瀑布，有的则像蠢蠢欲动的大爬虫，形态逼真。苍茫无垠的石海，澎湃汹涌，波谷浪尖全部定格在空中，场面壮观，气势恢宏。

药泉山景区 位于城区中心地带，其间分布着药泉湖中心园、益身园、长寿园、药泉山公园和温泉自然游览区。

三池水上游览区 三池是五大连池中最大的一个池子，21.5平方公里的水面烟波浩渺，泛舟其上，湖光山色，令人心旷神怡。"群山倒影"是最有名的一景，冬季这里还可观"三池冰断"。

龙门石寨景区 石怪、树奇、水幽，巨石仿佛天外飞来，或平如桌面，或圆如球体，或高如悬崖，排列如石寨状，故有此名。外围地带大面积生长着常绿地被树种"爬地柏"，与石寨相映成趣，美不胜收。

五池水上活动区 是进行跳水、游泳和冬季滑冰等体育活动的良好场所。

两大奇观为"冰洞"和"天池"。

焦得布山下有一处冰洞群，里面宽敞凉爽，曲径通幽，长年温度都在零下7度左右。白龙洞掩映在密林深处，外面绿树酷暑，里面冰雪严寒，冬夏只有一步之遥。

火山爆发还给这里留下了珍贵的矿泉水资源。五大连池矿泉水为铁硅质重碳酸镁钙型低温冷矿泉水，具有储量丰富、再生能力强、低温矿化度高、矿物质与人体需要相适应、能饮能浴、无毒无害的特点。

每年阴历五月的"饮水节"是这里最盛大的民间节日，方圆数百里的人们纷纷涌到这里抢喝"零点"水，并举行隆重的庆祝活动。据传喝到"零点水"的人，可以祛病强身，一年之中大吉大利。

太阳岛风景名胜区

太阳岛风景名胜区是国家级风景名胜区，位于黑龙江省哈尔滨市松花江北岸，与哈尔滨市区隔水相望。风景区分东、中、西三区，东西长约十公里，南北宽约四公里，总面积88平方公里，规划面积38平方公里，保护区面积50平方公里，并以湿地风光、欧陆风情、冰雪艺术、北方民俗为特色，是集休闲、观光、娱乐、科普教育、度假等功能于一体的风景名胜区和目前国内最大的城市沿江生态区。

太阳岛风景区是以广阔的草原和平缓坡地上的灌木林带及河流纵横，水量充沛的水域为主要资源的江漫滩湿地草原型风景名胜区，江天万顷，白沙碧水，草木茂盛。四季的季象变化十分明显，春季山花烂漫，夏季绿柳如烟，秋季金叶复径，冬季玉树银花。太阳岛上还散布着由20世纪20年代外国侨民避暑度假时留下的欧式建筑，精致典雅，掩映在树木、花丛之间。

太阳岛上最主要的景区是太阳岛公园，主景面积1515平方米，采用现代园林造景手法，建成长廊、连廊、方阁三个部分，并有相互贯通的5个湖。景观大道两侧由1400株柳树和20余万株水腊与偃伏莱木构成了占地60000平方米的绿化带，12个情韵各异、美轮美奂的园林小品巧妙地融入其中；长7.5米，厚2米，高4.3米，重150吨的天然奇石——太阳石，巍然耸立在太阳岛上；高6米，占地60平方米的大型立体花坛金座龙；占地2.8公顷的花卉园是东三省最具规模的花卉基地，共栽植39个品种，12种色调的20余万株花卉；占地5000平方米的冰雪艺术馆，内有冰景100余件。面积10000平方米的荷花湖，荷花方舒，菡萏初绽。

太阳湖面积58000平方米，红头鹅、灰雁、野鸭等数百只野生禽鸟在湖中畅游、嬉戏；太阳山占地3000平方米，高30米，凭栏远眺，山下景色尽收眼底，山光湖色，相互辉映，浑然一体。避雨长廊面积320平方米，建筑以白色为基调，欧式风格中透着庄严、淡雅之气；鹿苑（儿童乐园）占地面积12369平方，设施都是纯木制结构，古色古香，半散养着已经驯化的驯鹿，充满了人与自然和谐相处的乐趣。丁香园占地1.2公顷，栽有12个品种上千株丁香。另外还有生态特色鲜明的湿地植物观赏（原野风光区）、红柳林、白桦林、松林、野果（疏林草地）、樟松人工林、丁香山、塔头沼泽地和环岛水系所构成的生态自然观赏区。

新潟友谊园占地面积4.2公顷，以日式庭院风格为基调，主要借助自然景物造园。园内景观有日式建筑的中日友好纪念馆，馆内展厅、水屋、茶室、和室、地铺榻榻米都极具日本风格。另有仿日本白山公园的木制异形桥——曲桥、日本海的缩影——葫芦池，池中有石龟浮卧，草坪中矗立着友好纪念碑，新潟市的象征——万代桥，人工溪流贯穿全园；假山小亭、园林小品、洗手钵、井户、石灯点缀其中。具有清新幽雅的格调、浓郁的异国人文风情。

太阳岛不仅是夏季旅游避暑的胜地，更是冬季冰雪旅游的乐园。每年在冰封雪飘的隆冬时节，这里银装素裹，玉树琼枝，冰雪游乐活动如：打雪橇、抽冰尜、乘冰帆、堆雪人、坐马拉爬犁等十分丰富。太阳岛国际雪雕艺术博览会是目前国内开发最早、规模最大的以雪为主题的冬季主题游乐园，已举办22届，国际雪雕比赛也曾在这里举办过。一座座造型各异的雪塑制品，给岛上的冬季增添了无限生机。

丰富的自然植被，众多的野生动物，广袤的自然湿地，怡人的清新空气，异域风情的文化景观正构成太阳岛独具魅力的生态、自然和文化特色。

沿江风景线 南侧沿江长堤上悬挑式的花池、草地、垂柳、云杉、榆树墙，形成不同层次的绿带；堤下西侧有赵朴初手书的"太阳岛"志石；在风景线的东端有一座百米长的锦江长廊；西端有金河水榭，结构新颖，厅内四幅大型陶瓷壁画，别开生面，独具特色。

太阳岛公园 夏季树木葱茏，百花盛开，草地开阔，并有"立阁云天"、"清泉飞瀑"、"荷香鱼跃"、"太阳山"、"太阳湖"、"亭桥映柳"等美丽的湖光山色。

哈尔滨·新潟友谊园 典型的日本式庭园，为纪念中国哈尔滨和日本新潟两市缔结友好城市十周年而建，总面积3.7公顷，以主景建筑纪念馆为中心，溪流水景横贯全园，源泉自山顶涌出，蜿蜒而下注入葫芦池；中部山丘以自然石撰刻中日友好纪念碑；园门、山亭、曲桥、万代桥、活动卵石路、洗手钵、井户、石灯等设施都充分表现了质朴自然的日本园林风格；园内树木葱茏，突出了日本园林种植特点，再现了日本庭院春花烂漫，夏日淡雅，红叶迎秋，松柏长青，碧草如茵的园林景观。

东北虎林园 是目前世界上最大的东北虎野生动物园。园内放养了30只成年猛虎，游人可观赏和领略到东北虎捕食训练的过程，既了解虎的习性，又能意识到自然界物种的生存法则。

雪雕 每年冬季在太阳岛风景区举办的雪雕游园会，凭借空气清新、污染少、雪质白的优势，已经成为哈尔滨雪节的重要活动内容之一。雪雕游园会的成功举办，改变了北方风景区"冬闲"的局面，活跃了冬季旅游活动项目。

建筑风格 太阳岛风景区别墅建筑独具特色，多以俄罗斯建筑为基调，有许多巴洛克式、哥特式建筑，大多数为20世纪二三十年代德国和白俄侨民所建。1989年落成的哈尔滨·新潟友谊园内的建筑，是典型的日本传统建筑。这些风格各异的建筑物为太阳岛增添了迷人的色彩，也体现了哈尔滨的城市特色。

明月岛风景名胜区

明月岛风景名胜区位于黑龙江省齐齐哈尔市区西北部，距市区7公里。

明月岛是被嫩江之水环抱的一个江心岛，全岛面积766公顷。

明月岛有1925年建设的玉皇殿、福寿阁、如意阁、望江亭等建筑，还有芳草亭、六角观月亭、八角拂云亭、明月岛牌坊、火车站、月宫餐厅、旅游餐厅、迎宾楼、明月山庄等新建的建筑。这些建筑富丽雄伟，雕梁画栋，飞檐翘角，金碧辉煌，给人以古朴静雅之感，构成了一幅旖旎的画卷。

明月岛地理环境得天独厚，一年四季景色各异，碧水蓝天，疏林芳草，古寺沙峦，鸟语花香。岛上的动物有山鸡、喜鹊、猫头鹰、啄木鸟、野兔、狐狸、草蛇等；野生植物有山丁子树、山里红树、桑树、榆树、柳树、槐树等。百年以上古树10余株，还有300多种野生植物和20多种中草药。

柳树岛风景名胜区

柳树岛风景名胜区位于黑龙江省佳木斯市北部，是松花江中下游的一个江心岛，东西长5.6公里，南北宽2.7公里，岸边总长14公里，全岛面积10.57平方公里。柳树岛风景名胜区与佳木斯市区隔江相望。

柳树岛原有植被多为草原植被，因其南部有一大片自然生长的灌木柳丛而得名柳树岛。因其地理位置、自然环境以及功能作用等都与太阳岛、明月岛极其相似，又因三岛已结为姊妹岛，故而又称"辰星岛"。

柳树岛1982年开始开发建设，植树造林，目前，岛上森林面积已达30多公顷。大面积的疏林草地为游人提供了众多的静谧活动空间。

柳树岛风景名胜区划分为"森林活动"、"田园风光"、"草原风光"、"娱乐活动"、"游泳"和"古炮台度假村"等六个区。

岛上风光以自然景观为主，人文景观也多朴实无华，"古炮台度假村"是根据地方志记载：清朝中叶，清兵曾在柳树岛抗击沙俄侵略军，被称为"不沉之舟"而建的。除了建设一座具有三门古炮的炮台以再现当年情景外，其余度假村设施、用房均采用了中式或俄式民间建筑形式，游人在这里游览度假可以体味到一股浓浓的乡土味。

乘船游江又是别样感受：超出1公里宽的江面，使人心胸开阔，南望城市高楼大厦鳞次栉比；东望岛边电塔如林，线为琴弦；向西远眺公路、铁路两座大桥，犹如两条彩虹飞架南北，一派欣欣向荣，令久居城市的人们倍感新鲜、敞亮和欢欣。

柳树岛人文景观设施不多，给人以返璞归真的体验。

依兰—丹清河风景名胜区

依兰—丹清河风景名胜区位于黑龙江省中部，佳木斯市西南70公里的依兰县，隶属哈尔滨市管辖。风景区总面积460平方公里，是以丹清河自然风景区为主体，兼有丰富的远古文物和近代遗迹等人文景观的省级风景名胜区。

风景区以依兰县城为中心，沿流经县城的四条河道成放射状分布。主要景点30多个，大致可分为江南、江北两部分。江南以众多的文物古迹为主："五国头城遗址"，据说北宋徽、钦二帝被金国俘虏后，"坐井观天"的故事就发生在这里；"靖边营炮台"是清朝抗俄入侵的重要遗迹；金代古城"土城子遗址"城垣、古树历历在目；还有金国和清朝的发祥地"斡朵里"，新石器时代墓葬"倭肯河哈达洞穴"等等。而江北则以自然景观为主，如大平原当中孤身拔起的山峰——烟囱山（景称"补天遗柱"）；傲立于悬崖顶端的"一棵松"（景称"铁岭青松"）；卵石散布河道，击起朵朵浪花的"满天星"（景称"星石听涛"）；青山秀水密林幽谷的丹清河（景称"空谷幽泉"）；秀美连绵犹如画卷的"九女神峰"；山石裸露、矗立向上的聚仙峰（景称"人仙醉月"）；居高临下，阴晴莫测，可以一览依兰全貌的"卧虎岩、月洞门"（景称"卧虎背月"），以及"一线天"、"老虎嘴"、"鹰嘴石"等诸多自然景观。这里还有当年作为抗日联军后方基地留下的许多革命遗迹："第六陆军医院"、"抗联井"、"日月同光"（抗联烈士墓）以及为保卫后方医院而在极为险要地点设立的"第一哨位"、"第二哨位"等等。

依兰—丹清河风景名胜区地处小兴安岭、完达山和老爷岭三座山脉的顶端，松花江、牡丹江、倭肯河、巴兰河四水交汇之处，地形多变，河流纵横，气温适宜，雨水充沛，山林茂密，植物丰富。计有木本植物110多种，草本植物上千种，从春到秋各色山花不断开放。江北自然景区森林覆盖率达72.4%，茂密的山林莽原衍生着许多野生动物，尤其这里的蝴蝶很多，时常聚集于公路边嬉水，一旦车辆通过，成千上万的蝴蝶繁飞起来，构成一幅壮丽的"山花烂漫、彩蝶纷飞"图。

二龙山风景名胜区

二龙山风景名胜区位于哈尔滨东54公里处，景区面积25平方公里，其中水面1100公顷。二龙山因景区内大龙山、小龙山由东北向西南相并而卧，龙头探入水中，直对湖中珍珠岛，形成"二龙戏珠"之势而得名。

二龙山风景名胜区的全貌，是群山环绕着一湾平湖，水秀山青。白石主峰位于二龙湖的南面，它是群山之首，登上白石峰，湖光山色尽收眼底，明镜般的二龙湖将沿湖的座座青山倒映水中。大龙山、小龙山红石嶙峋，探入水面，大珍珠岛、小珍珠岛如出水芙蓉，亭亭玉立于碧水之中，山岛形成的"二龙戏珠"景观栩栩如生。望龙山、飞龙山林木繁茂，碧草芳菲，灵龙山、叠翠山层峦叠嶂，郁郁葱葱。密林深处生长着上千种植物，栖息着野鹿、豹子、山鸡、野兔等十几种飞禽走兽。沿着10公里的环湖路或荡舟湖上，可以欣赏到"长龙卧波"、"白楼承旭"、"松涛春晓"、"翠峰清音"、"宝岛飞虹"、"湖面飞鱼"、"龙山朝晖"、"龙湖渔火"等丽景奇观。

二龙山风景名胜区相继建设了山间亭阁、二龙壁浮雕、过水桥、桥上桥、荷花池、坝下公园等景观。

为了适应人们日益提高的旅游档次的需求，二龙山风景名胜区从1992年起又走上了引资开发旅游业之路，先后利用国外资金，建立了花园别墅、水上乐园、游乐场等设施。

兴凯湖风景名胜区

兴凯湖风景名胜区位于黑龙江省东部密山市东南60公里处，总面积2800平方公里，其中水面1200平方公里。一处以兴凯湖水面及其周围沙岗自然景观特征，兼有许多重要人文景观的风景名胜区。

兴凯湖是中俄界湖，由大小两个湖面组成，小兴凯湖全部在我国境内，大兴凯湖我国占四分之一，但我国境内的水域面积也达1200平方公里。东西两岸相距达到70公里，湖上烟波浩渺，水天一色，湖边细沙清白，堆积成岗，岗上植物茂密，郁闭成林，林中时有禽兽出没。

兴凯湖边的陆地多为沙岗，然而植物种类仍很丰富，尤其兴凯湖松为这里独有。动物资源也很丰富，仅鸟类就有180多种（迁徙鸟150种、留鸟30种），其中游禽、涉禽50种，常有丹顶鹤、大天鹅光临湖区繁衍后代，湖边、水塘上还常有大量银鸥飞翔、鸣叫。浩瀚的湖水中生长着属于13科的57种鱼类，其中大白鱼是我国四大珍贵淡水鱼之一。

兴凯湖风景名胜区规划成十大景区。

档壁镇景区 位于大兴凯湖西岸，最南端即为中、俄边界，设有雄伟壮观的"国门"。

莲花景区 是一片芦苇荡，仲夏季节有大面积的莲花开放，这里还常有丹顶鹤、鸳鸯等珍禽栖息。

新开流景区 是以新开流新石器时期文化遗址为中心的景区。这里最引人注目的要算古代打鱼设施——"鱼道"。

湖岗景区 是指大小兴凯湖之间全长90公里，平均宽150米，相对高度约10米的一条沙岗。这里植物种类丰富，兴凯湖特有的兴凯湖松就生长在这里，有的树龄已逾百年。

兴凯湖风景名胜区还有一些人文景观。位于湖岗上的"泄洪闸"，全闸宽96.4米，分成十孔、每孔净宽8米，闸上是一座7米宽的双曲拱交通桥，汛期到来，小兴凯湖水向大兴凯湖宣泄，咆哮如雷，场面异常壮观。1300米长的高架水泥渡槽十分雄伟，"王震将军率师开发北大荒纪念碑"。

龙凤山风景名胜区

龙凤山风景名胜区位于长白山脉张广才岭西麓，位于黑龙江省五常市东南部50公里处，距哈尔滨市170公里，风景区总面积114平方公里。

龙凤山风景名胜区是在始建于1958年的国家大型水利工程——龙凤山水库基础上建起的。916米长的拦洪大坝，东连龙山，西接凤山，截断氓牛河，形成长15公里，平均宽3公里，面积达45平方公里的浩瀚水面。年来水量7.9亿立方米，库容蓄水量2.77亿立方米，利用水利建有小型发电厂，装机容量3200千瓦，年发电1300万度。这是一处集旅游、防洪、灌溉、养鱼、发电等综合功能于一体的风景名胜区。

龙凤山风景名胜区水域辽阔、烟波浩渺。两岸山峦叠翠，林木葱郁，东山生长着具有古朴气息的百年柞树，点缀着红崖湾的雄姿；西山翠绿的林带飘浮着鲜花散发的幽香。凤冠峰似一只凤凰屹立于湖泊之中，蔚为壮观。对岸山峦叠嶂，港湾迂回，山体伸入水中，直向凤冠峰，形成"九龙朝凤"之势。

龙凤山春华秋实，夏绿冬白，季象变化多端，景色五彩斑斓，构成了美丽神奇的自然景观。山中有草、木本植物500余种，狐狸、獾、狍、飞龙、山鸡等珍禽野兽出没繁衍于林中。

龙凤山风景名胜区划分为六区十二景。"六区"是前湖景区、凤凰山景区、朝凤度假区、红崖湾景区、卧龙山景区和商饮服务区。"十二景"是：红崖碧水、群英相会、驼峰双亭、极乐山庄、凤冠远眺、长堤绿柳、凤雏亭、九龙朝凤、公里长堤、卧龙衔水、神龟镇和藏龙洞。

延寿山庄风景名胜区

延寿山庄风景名胜区位于延寿县南部16公里处，是以新城水库逐步发展建设成的省级风景名胜区，风景区可供游览面积99平方公里。

延寿山庄风景名胜区设13个功能分区，其特点是：自然景观极其丰富，群山连绵，山峦起伏，石峰高耸入云，形状奇特，古树众多，千姿百态。

三峰山 由三个山峰、四个漫岗组成，山体形状富于变化，远看青山苍翠、森林茂密；近看古树千姿百态，富有生机和情趣。其中，"伴侣树"是两株树干距地面2米处开始缠绕生长在一起，到6米高处主干分开单独生长，实为珍奇古树；还有"五子树"，主干上并列生长5个枝干，如同孪生五兄弟；还有"卧龙初醒"是两株椴树树姿极其奇特，其树干并排横卧于地表，而在主干9.8米处，突然昂首90度抬起，向上生长 10 余米，如同两条睡龙刚刚醒来。

鹰喙碧水 位于湖区，陡峭挺拔的石峰，宛如尖利的鹰嘴，耸立在湖畔，碧绿的湖水映衬着雄峰。

悬崖秘洞 洞穴位于高耸入云的悬崖山，洞穴地势险要，是延寿地区历代地方兵家活动要地，有很多神异传说。

同湖异水 在公园区中部有个鸳鸯湖，湖的西半部碧蓝的湖水清澈透底，东侧则是淡黄的湖水，十分奥妙。

哈达河风景名胜区

哈达河风景名胜区位于黑龙江省东部鸡东县北部，鸡西市东北部。地处乌苏里江流域穆棱河一级支流哈达河中上游，总面积 38 平方公里，其中水面 10.4 平方公里，库容 0.89 亿立方米。这是一处以水库为主体，集灌溉、养殖、旅游于一体的风景名胜区。

哈达河风景名胜区生态环境得天独厚，这里生长着红松、云杉、五角枫、白桦、核桃楸等针、阔叶乔木 30 余种，山杏、暴马丁香、兴安杜鹃、野玫瑰等亚乔、花灌木 50 余种，草本植物千余种；全区群山连绵，山上覆盖着茂密的森林，林中有狐狸、麝鼠、山兔、狍子、黑熊等兽类十几种。还有野鸡、布谷鸟、啄木鸟、野鸭、江鸥等禽类 20 种。

哈达河风景名胜区划分为卧驼峰、石崖湾、群峰山、平台山、阴阳鱼山和湖区、服务区、外围保护区等八个功能区，有 10 个景观独特的风景点：卧驼双亭、石崖红韵、悦龙远眺、平台聆涛、卉香苑、碧水银涛、蛟龙镇水、平湖垂钓、极乐山庄、禾香村。"卧驼双亭"位于卧驼峰景区，卧驼峰像两头骆驼头尾相接跪卧在平原上，在该山的半腰上建一座双亭。"石崖红韵"景点，位于石崖峰上的迎水面，峰上的兴安杜鹃和山杏，每当春季风和日丽时盛开，漫山红遍，映衬着陡峭的石崖。"悦龙远眺"景点，位于阴阳鱼山，三面环水，一面靠山，山体峻拔而秀丽，沿山坡拾级而上，登上"悦龙台"，远眺湖光山色，心旷神怡。"平湖垂钓"，在湖边垂钓者，专心致志于"碧波平湖，端坐垂钓"。每当夜幕来临时，星光闪闪，夜雾覆盖着水面，借助星光，依稀可见垂钓者端坐于碧水银涛之边，好似神仙。

风景名胜区有 6000 平方米的水上乐园以小径松木杆建造的十多处景点园林小品，巧妙地镶嵌在湖湾、山峦、溪旁，使天然美与人工美融为一体。

卧牛湖风景名胜区

卧牛湖风景名胜区，位于黑河市西北，一处由大额尼河和小额尼河汇流而成的卧牛湖，再经汇洪渠流入黑龙江的，江、湖兼具的风景名胜区。

卧牛湖风景区游览面积 50 平方公里，水库（卧牛湖）周围有 20 多座群山环绕，夏季山青水秀，绿树成荫，碧水鱼跃，鸟语花香；冬季银装素裹，冰封千里，实属典型的北国风光。

风景区内的动植物比较丰富，有柞树、白桦、落叶松和杜鹃、暴马丁香、野蔷薇等针阔叶树木及花灌木百余种，有人参、猴头等等几十种山珍产品，还有多种草本山野花，遍布于崇山峻岭之中；有黑熊、野猪、狍子、狐狸、雪兔等几十种动物；有野鸡、飞龙、野鸭、啄木鸟、猫头鹰等 20 余种飞禽生存于密林草丛之中，形成了得天独厚的自然景观。

风景区内设有江畔、卧牛岛、青峰山、兵营遗址、牧童岛、七星泉、湖区等 10 个功能分区和"虎啸断崖"、"青峰塔影"、"江天壁崖"、"异国远眺"、"牛卧长堤"、"黑龙腾飞"、"民俗情韵"、"兵营遗址"等 16 大景观。

吉兴河风景名胜区

吉兴河风景名胜区位于黑龙江省东南部勃利县,总面积16.7平方公里,是以吉兴河水库为主体兼顾灌溉和旅游的风景名胜区。

吉兴河水库是一座库容1360万立方米的中型水库,水库周围山脉连绵,悬羊峰顶有状似佛的巨石,山峰怪石林立。吉兴森林属原始森林,自然风貌完好。山峦叠翠,云雾缭绕,辽阔的水面清澈平静,景色宜人。景点有:文香苑、日观亭和晚照亭、九曲桥和醉芳亭;九龙壁;小楼亭和静澜亭、吉兴阁、翠屏轩、卧洪渠、耸壁涵等。全区制高点的白云山顶建有"日观亭"。大坝一端建设的"吉兴阁",高出坝下地面数十米,犹如仙山玉阁矗立于天边。登上吉兴阁,依山探水,凌空欲飞,由阁上下望,山水云全在一镜中,令人心旷神怡。到了冬季湖面封冻,山林素裹,万籁俱寂,鸦雀无声。此时若登上吉兴阁却可听到阵阵闷声闷气的轰鸣,如咆哮的雄狮,似觅食的猛虎,实属"奇闻"。据说这声音是湖水下水流发出的共鸣。坝下"龙湖公园"景点丰富,浓荫密布,很受游人喜爱。

风景区还利用得天独厚的自然条件建立了果园、鹿场。

莲花湖风景名胜区

莲花湖风景名胜区位于黑龙江省东南部,海林市域东北部,长白山余脉、张广才岭东麓、牡丹江流域的中下游。风景区总面积1900平方公里。

莲花湖是莲花电站截流牡丹江形成的大型水库,1997年9月开始蓄水,长99.9公里,水面133平方公里,蓄水44亿立方米。森林、湖泊、岛屿和峰崖石壁交相辉映。库内有3条峡谷,4大景区,5处湖湾,7座岛屿和30多个主要景点。莲花湖处于群山环抱之中,环境幽雅,景色秀丽,山石嶙峋,古今遗迹众多。有大锅盔山、叠翠岭、望天岭、庵门、苍鹭岛等自然景观以及群力岩画、清烽火台等人文景观。其中,"鹰嘴峰"前似雄鹰踞高远眺,侧如巨驼缓缓前行,山间巨石层叠交错,形成"巨石长廊"、"一点天"、"折曲洞"等极富游趣的景点。另外,还有"迎门石林"、"情侣石"、"石碑石"、"神女峰"、"猴石"、"佛手石"等等山石景观。

风景区位于张广才岭主脉的东麓,自然植被丰富,野生动物繁多,尤其位于中北部的"鹭岛"成了苍鹭的"行宫",每年夏季都有大量的苍鹭光临,栖居繁衍。

莲花湖风景名胜区还具有一定的文化资源。位于风景区东部的"群力岩画"属商周文化遗迹,十分难得。另外景区有古城遗迹、古寺庙、古墓葬,乾隆亲赐贞节碑等古迹。

莲花湖风景名胜区有革命遗迹杨子荣烈士牺牲地,和与文学作品《智取威虎山》相关的"威虎厅"、"老道庙"、"夹皮沟"等等。

莲花湖风景名胜区建有猫科动物饲养场,养育着一大批濒危珍贵动物东北虎。

桃山风景名胜区

桃山风景名胜区位于黑龙江省中部铁力市,总面积700平方公里,是一处以狩猎为主,同时开展观鸟、钓鱼、登山、滑雪、漂流等多种旅游活动的山林型风景名胜区。

桃山风景区地处小兴安岭西坡南部低山丘陵地带,松嫩平原东部边缘。这里山林茂密,植物种类丰富,达1500多种,森林中栖息着多种野生动物,有黑熊、野猪、马鹿、狍子、野兔、飞龙(榛鸡)等。1984年经国务院批准,在这里建起了我国第一个对外开放的天然野生动物狩猎场。

桃山风景名胜区自然景观丰富:"悬羊峰"山石突兀,山林茂密,山路崎岖,景色奇特,峰下沿路有鹰嘴岩、石塔青松、相思山等山石景观。"桃山古洞"是一处清代以前人工凿成的深近20米的弯曲洞穴,洞口居高临下,遥望百里。目前,洞前山坡开辟成滑雪场,洞口成了滑雪道的起点,滑雪场还建有滑雪用输送索道直通洞口。"石长人工林"是徒步旅游、观鸟的好去处。"八仙湖"、"桃源湖"都是人工建成的小型水库,设置许多小型景点和游船等。这些景点虽为人造,但处于自然的山林环境中,仍然可以感受到大自然的气息。"桃山自然保护区"保护的很大一片原始森林,在林中沿石砌台阶拾级而上,到达顶端,登上瞭望塔可俯视林海。林下建有狩猎一号营房,那两层原木建筑别具特色,俗称木克楞,房外配设桦木围栅,集中点缀花卉,使密林深处融入了浓浓的生活气息。

四丰山风景名胜区

四丰山风景名胜区位于黑龙江省佳木斯市南郊,这是一处以四丰山水库为中心的市郊山水型风景名胜区。风景区总面积4.73平方公里,其中仅水面就有260公顷,占总面积的一半以上。

1957年建水库以后,连年进行绿化建设,当年栽植的樟子松,目前已郁闭成林。湖面宽阔,群山环抱,湿地景观,成为佳木斯市居民度假消闲的良好场所。

四丰山风景名胜区有一个独特的景观,那就是水库漏斗状溢水口。每当洪水季节,位于悬崖下的漏斗状溢水口,四周洪水集聚中心而下,声震四方,游人于溢水口四周凭栏而望,那如雷贯耳的声音,那万马奔腾的气势,立时感到大自然的伟大和自己的渺小。国际主义战士绿川英子墓坐落在景区东山上;坝后有一处天然清泉,水质优良;景点还有壁塑十二生肖、大佛塑像、碧水桥、敬香亭等。

风景区距市区仅6公里,每天都有公共汽车直通风景区。风景区设有疗养院、宾馆、综合服务楼、小型游乐场、餐厅、舞厅、游艺厅以及游船、钓鱼台等旅游服务设施。

江苏省

太湖风景名胜区

太湖风景名胜区是国家重点风景名胜区，位于江苏省苏州、无锡、宜兴、锡山五市境内，总面积2806平方公里，其中水面占80%。全区划分为13个景区，86个景点。

锦绣太湖，面积为2425平方公里，在我国五大淡水湖中，面积虽然排行第三，但它景色之秀美，胜迹之富集，物产之丰饶，周围名城之繁多，却都是五湖之冠。太湖地跨苏、浙两省，古称震泽、具区、笠泽，号称三万六千顷，湖中有岛48个，北部和东部散布着著名的无锡惠山、马迹山，吴县市的灵岩山、天平山、洞庭东、西山等，湖水平均深度1.5米。

太湖是吴越文化的发源地，素有"包孕吴越"之誉，遗存大批文物古迹，如春秋时的阖闾城、越城遗址、隋代大运河、唐代宝带桥、宋代紫金庵、元代天池石屋、明代杨湾一条街以及大量名寺古刹、古典园林等。还有关于吴王夫差、越王勾践、孙子、范蠡、西施、项羽、范仲淹等历史人物传说和遗址。

无锡太湖景区，以鼋头渚为中心，三山前拱，梅园、蠡园映带左右，是一处融湖光、山色、园林、寺观为一体，景色兼具雄阔与秀逸之美的著名旅游胜地。

鼋头渚 为太湖第一佳境。主要景观有鼋渚春涛、充山隐秀、鹿顶迎晖、万浪卷雪、三山映碧、湖山真意等。鼋头渚园林，以天然风景为主，人工修饰为辅。园林布局，依山傍水，别具一格，是观赏太湖风光比较理想的地方。园内还有江南兰苑。伸入湖中的鼋头部分前后都是荷池。沿湖堤遍植绿杨，中间架以曲桥，过桥有湖心亭，水中盛植荷花，名为"湖山春深"。鼋头顶端耸立着一座灯塔。从灯塔沿湖边道路东行，便可见鼋头渚石碑。在一块貌似鳌鱼头的茅山砂岩大石块上，正面刻着"鼋头渚"，反面镌凿着"鼋渚春涛"。迎面有一八角形的涵虚亭，湖边惊涛拍岸，奇石错列，陡壁如屏，形成粗犷豪放的天然美景。沿湖峭壁上，镌刻着"包孕吴越"和"横云"两组醒目的大字。

附近的半山上，有一座仿宋明的古式建筑，叫澄澜堂。山南坡有劲松楼、陶朱阁、广福寺。寺附近林疏竹密，颇有"深山藏古寺"之雅。

鹿顶山高96米，高踞于临湖诸山之上，在山顶上建有模仿武汉黄鹤楼的舒天阁，有"小黄鹤楼"之誉，登顶远眺太湖，七十二峰尽收眼底。凡游鼋头渚，不论朝晴夕阴，皆宜登阁一望，看茫茫太湖三万六千顷奔来眼底，太湖风光一览无余，使人意畅情酣，胸怀顿开。

从鼋头渚向西眺望，可以看到不远处有几个小岛，若沉若浮于太湖碧波之中，它就是无锡市郊的湖上公园——三山。

三山，古时又称乌龟山、笔架山等，它由东鸭、西鸭和大矶小矶等岛屿组成，总面积180亩，景色极美。三山以孤见奇，以小取胜。置身其间，似有飘渺海上之感。从鼋头渚可乘定时小轮船达三山。

锡惠公园　在无锡南郊，园内有名寺惠山寺、天下第二泉、龙光寺塔等。天下第二泉在二泉亭附近，有三处泉池，入门处是泉的下池，凿于宋代，池壁有明代弘治十四年（1501年）杨理雕刻的龙头。泉水从上面流下，由龙口吐入下池。上面是漪澜堂，建于宋代。堂前有南海观音石，堂后就是二泉亭，亭内有二池，上池八角形，水质最好；中池方形，水是从若冰洞流入的。据传二泉最早是唐代宗大历十四年（779年）无锡县令敬澄叫人开凿的。泉水出自志留纪茅山砂岩的裂隙，当它从砂岩裂隙间渗流出地面时，已经经过过滤，因此十分清澄。经唐代"茶神"陆羽评定为"天下第二泉"，从此名闻遐迩。瞎子阿炳的故事和"二泉映月"优美的旋律深深地打动每个游人。

惠山寺　为开山于1500年前的南朝古寺。倚山而建，渐进渐高，殿宇宏敞。寺内有唐代听松石床，唐宋的石刻经幢，宋代的金莲池，明代的古银杏、竹炉山房及清代的起云楼等众多历史遗存，是访古寻幽的极好去处。

寄畅园　惠山东麓的寄畅园，为江南名园。园林虽小，但布置极为精致。寄畅园主要名胜有九狮台、八音涧、锦汇漪、七星桥、知鱼槛、郁盘亭等。尤其是八音涧，流水在曲折起伏的山涧内发出各种动听的声响，加上山岩的回响共鸣作用，仿佛有各种乐器在合奏，十分奇妙。

蠡园　在无锡南郊鼋头渚公园的东北邻，始建于1927年，为江南久负盛名的园林之一。蠡园面山临水，占尽自然形胜；布局上则匠心独运，深得步移景换之妙。蠡湖附丽有范蠡与西施的故事，相传春秋末期，范蠡助越王勾践"卧薪尝胆"、雪耻复国后，不恋官爵，携西施出走，曾泛舟至无锡五里湖上，于是后人改五里湖为蠡湖，这一故事常令游人于晴红烟绿之中浮想联翩。主要景观有春秋阁、四季亭、千步长廊等。中心部位是曲径假山，西部以渔庄为主体，东部为长廊、湖心亭和迎春塔等。渔庄是从一些"田"字形的渔池布置起来的，东南西面临湖，是一个多水的园林。蠡园中的假山，摹拟云层的变幻而建造，都以"云"字题名，有"云窝"、"云脚"、"穿云"、"朵云"、"盘云"、"归云"、"留云"等，堆砌精巧，曲折多变，忽明忽暗，如入迷宫。

马迹山　又名马山，位于无锡西南，是太湖中第二大岛，面积34平方公里。整座岛重峦叠嶂，气势雄伟，战国时吴王夫差曾击败越王勾践于此，南宋时曾在此抗击金兵。岛上泉清谷幽，果园遍布。在此品果赏景，别有一番情趣。景区内还设有富丽堂皇的亭台楼阁，布局依山就势，顺其自然。

拙政园　位于苏州城区东北隅，占地约72亩，始建于明代正德四年（1509年），当时辞官回乡的御史王献臣将自己的园林题作"拙政"，"拙政"取自晋文学家潘岳的《闲居赋》，"灌园鬻蔬，以供朝夕之膳，是亦拙者之为政也"。拙政园以水景著称，园中水面差不多要占到全园面积的五分之三，其中尤以中部的水景格外迷人。拙政园围绕"久在樊笼里，复得返自然"这一主题，水乡之情，山林之趣，兼而有之,具有"回归自然"的意境和简朴开朗、淡雅天真的自然风格。拙政园和留园与北京颐和园、承德避暑山庄合称为"全国四大名园",是苏州园林之首。

主要厅堂远香堂位于园的中部,是一座四面厅,四边均可赏景。远香堂东南隅有云墙,墙内是园中园枇杷园。它的南边是嘉实亭,亭后白墙上开一空窗,正好框住亭后的石笋翠竹。园西,玲珑馆的南边是一座纯以太湖石堆叠的假山。枇杷园向东联系着听雨轩、海棠春坞等庭院,形成拙政园中部东南角层层相套的庭院深深的景色。在嘉实亭东有听雨轩,由此循廊折向北游,又有一独立的小院,题作"海棠春坞"。

梧竹幽居造型特殊,可通过此亭的两道圆环看池中山水,有著名对联:"爽借清风明借月,动观流水静观山",匾额是"月到风来"。梧竹幽居折西,有曲桥可通池中二岛。东岛较小,然而高耸陡峭,山顶设一六角形的待霜亭,亭旁种橘数株,周围翠竹绿树四合,西、东、南则与雪香云蔚亭、绿漪亭及绣绮亭隔水互为对景。西岛较大,山势较为平缓。西岛之巅,雪香云蔚亭翼然而立。

见山楼位于荷风四面亭西北池中,三面环水,登楼赏景,层次特别分明。

在远香堂西南有小沧浪,水阁三间架于池上,是我国园林中很罕见的别院水庭景色。

西部的主要厅堂是一座鸳鸯厅,南馆宜冬居,前有小院,栽植多株名贵的山茶花,山茶又别名曼陀罗花,所以南厅题作"十八曼陀罗花馆";北馆临大池宜夏居,依窗小憩,可观看荷花池中驯养的鸳鸯戏水,额匾就题作卅六鸳鸯馆。厅堂的四角门外各加建了一间耳房,此厅的平面形式成为我国古建筑中的惟一孤例。

留园 创建于明代,初名涵碧山庄,重建于清代,为全国四大名园之一,占地50余亩,规模宏大,以建筑结构精巧见长,是我国明、清时期封建官僚宅第园林的代表作。全园分中、东、西、北四景区。中部以山水见长,山环水抱,明媚清幽。东部为庭院建筑,楼、堂、馆、轩、斋、廊、阁,一应俱全,布局紧凑冠云、瑞云、岫云为著名的"留园三峰",其中冠云峰相传为宋代花石纲遗物。西部为自然景色,北部是田园风格。四区以曲廊相连,一步一景,连绵1000多米,成为我国园林艺术的大观园。

网师园 地处苏州古城东南隅阔家头巷,被誉为苏州园林之"小园极致",堪称中国园林以少胜多的典范。1982年被国务院列为全国重点文物保护单位。1997年12月被联合国教科文组织列入《世界文化遗产名录》。

网师园的造园历史可追溯至八百年前。南宋淳熙初年,吏部侍郎史正志于此建万卷堂,名其花圃为渔隐,植牡丹五百株。清乾隆年间,光禄寺少卿宋宗元在万卷堂故址,营造别业,为奉母养亲之所,始名网师园,内有十二景。乾隆末,园为瞿远春购得,增建亭宇,叠石种树,由于瞿远春的巧为运思,使网师园"地只数亩,而有纡回不尽之致;居虽近廛,而有云水相忘之乐。"至今网师园尚总体保持着瞿氏当年造园的结构与风格。同治年间,园归李鸿裔,因与宋代名园沧浪亭相近,李氏自称"苏邻",更园名为"苏邻小筑"。1917年,张作霖购此园,改名为"逸园"。1940年,园为文物鉴赏家何亚农买下,并对此进行全面整修,悉从旧规,并复网师旧名。1950年

何氏后人将园献给人民政府。1958年，网师园再经整修后对游人开放。

网师园是古代苏州世家宅园相连布局的典型，东宅西园，有序结合。即以池水为中心，由东部住宅区、南部宴乐区、中部环池区、西部内园殿春簃和北部书房区等五部分组成。全园布局外形整齐均衡，内部又因景划区，境界各异。园中部山水景物区，突出以水为中心的主题。水面聚而不分，池西北石板曲桥，低矮贴水，东南引静桥微微拱露。环池一周叠筑黄石假山高下参差，曲折多变，使池面有水广波延和源头不尽之意。园内建筑以造型秀丽，精致小巧见长，尤其是池周的亭阁，有小、低、透的特点，内部家具装饰也精美别致。

网师园意谓"渔父钓叟之园"，园内的山水布置和景点题名蕴含着浓郁的隐逸气息。全园面积仅8亩多，做到了感觉宽绰而不显局促，主题突出，布局紧凑，小巧玲珑，清秀典雅，成功地运用比例陪称关系和对比手法，获得较好的艺术效果，是苏州中型古典园林的代表作品。

西园 园中有五百罗汉堂，五百尊金身罗汉，造型逼真，神态各异，令人叫绝。堂中有两尊特别的和尚立像，一是济公和尚，面孔表情，半面哭，半面笑，正面看是一副尴尬样，还有一尊是个疯僧，一手拿一根实心的吹火棒，一手拿一把扫帚。

狮子林 始建于1350年（元代），为苏州名园之一。以玲珑剔透的假山取胜，外望峰峦起伏，气势磅礴；入洞幽深曲折，处处空灵。许多山石形若狮子，百姿千态，狮子林由此得名。该园布局东南多山、西北多水，为探奇寻趣的佳境。相传清代乾隆皇帝游罢此园，颇感有趣，曾挥毫题过"真趣"二字。

沧浪亭 是我国现存最早的一座名园，北宋诗人苏舜钦筑亭于此，取名为沧浪亭，素以古朴、简洁著称，它巧借园外优美水景与园内山景自然结合，给人以疏朗、开敞、富有山林野趣之感。园内还有500名贤石刻像等。

环秀山庄 始建于唐代，几经变迁，现存为清代乾隆年间重建园林。环秀山庄以假山著名，清代叠山名家戈裕良在园内所叠的假山，至今保持完整。它在一亩左右的有限空间内，用假山叠石造成有险峰、溪谷、危径、裂罅、洞穴的天然浑成的山水佳境，以小见大，成为我国叠石假山的代表之作。

灵岩山 在苏州市木渎镇，海拔182米，以岩石的灵巧而得名。它的山岗外形，犹如卧扑的巨象，别名象山之名就是由此而来。在苍松环抱的山顶上，矗立着千年古刹灵岩寺，寺中有巍峨古朴的灵岩塔和朱壁飞檐的钟楼。灵岩寺是吴王夫差特为越国送来的美女西施修建的馆娃宫遗址，有许多吴王与西施的传说和古迹。山上有石龟、石鼓、灵芝石等奇石。山西南麓有韩世忠与梁红玉合葬墓。

天平山 在苏州市木渎镇，海拔221米，以石、泉、枫并称三绝。山麓有年逾四百岁的百余株合抱的参天古枫，每逢秋天，在灿烂的秋阳照耀下，层林尽染，称"万丈红霞"。半山有白云泉，因唐代诗人白居易"天平山上白云泉，云本无心水自闲"的诗句而得名。据《苏州府志》记载，它是"吴中第一水"。石壁撑空，下临深渊，石罅中又别有一泉，注出如线，就叫"一线泉"。白云泉西行数十步，见两崖对立如门，这就是俗称的龙门。峭壁上摩崖大书"一线天"三个大字。由此上山，一路都是奇峰怪石，有"飞来峰"、"头陀崖"、"五丈石"、"卧龙峰"等奇形怪石。山西面有"笔架峰"，峰后斑斓的花岗石，环形异状，如屏如插，挺秀奇伟，极为壮观，故人们给它起了"万笏朝天"的形象名字。

邓尉山 在苏州市光福镇。邓尉山的山坞里，梅林如海。每当早春时节，寒威犹存，梅花却冒着风霜而开，展现出冷艳姿色，繁花似雪，暗香浮动，飘逸数里，所谓"香雪三十里"，梅花似海，故名"香雪海"。

宝带桥 在苏州市长桥乡，苏州城东南3公里处，始建于唐代元和年间（806—820年），全长达316.8米，筑有53孔，在我国现存古桥梁中，为孔数最多，长度最长的多孔石桥，宛如飘动在绿色波浪中的一根玉带。每当中秋月明之夜，那宝带的53孔桥孔中，孔孔都映有一轮圆圆的明月。桥下的碧波中，月影相映，月光浮动，蔚为奇观。

石湖 在苏州西南6公里处，长4.5公里，宽2公里，周长10公里，是太湖的一个内湾。湖畔秀丽的上方山连绵起伏，七级八面的隋代古塔楞伽塔高耸山巅，湖四周田园风光如画，山水美景瑰丽无比。当皓月初现天际之时，在石湖的千年古桥行春桥的九环洞下，月影倒映，状如串珠，形成"串月"奇观。

越城遗址又名越王城，在苏州西南郊石湖东岸，为春秋时越王伐吴时为临时屯兵而筑的土城。现存遗址呈不规则的椭圆形，东西长径约100米，南北短径约80米，曾出土大量春秋时文物。

西洞庭山 在苏州西南30余公里的太湖中，属苏州市西山镇。岛屿周长50多公里，面积90平方公里，是太湖第一大岛。岛上有石公山、归云洞、夕光洞、一线天等名胜和来鹤楼、断山亭等古建筑。主峰缥缈峰，海拔336米。登山远眺，满眼风光，湖面风帆点点，绿色的橘林中飘浮缕缕炊烟，形成"村屋晚烟"一景。峰下有"村屋古洞"，俗称"龙洞"，又名"左神幽虚之天道书洞"，被道家誉为"天下第九洞天"，是一个石灰岩溶洞。洞旁石壁上刻有"村屋洞天"等题词。洞内曲折幽深，最宽处可容数百人，钟乳石各具形态，变幻无穷。石公山三面环水，山上怪石秀奇。山上奇崖怪石，或玲珑剔透，或峰峙突兀，千姿百态，令人目不暇接。著名的太湖石即产于此。

洞庭东山 俗称东山，又名莫厘山，位于苏州西南40公里的太湖东内端，属苏州市东山镇。原为太湖中一小岛，后渐与东岸连成一片，成为半岛。东山主峰莫厘峰海拔293米，是观赏太湖湖光山色的最佳地点之一。东山三面环水，漫山花果，有江南"花果山"之称。东山名胜古迹众多，其中紫金庵的十八罗汉，雕塑艺术极为高明。东山镇的雕花大楼，是一座私家宅院，建于20世纪初，分前后两楼，门楼、门窗、栏杆分别刻有松鹤延年、太公八十遇文王、子仪庆寿、凤穿牡丹、和合二仙、二十四孝、八仙过海、三国演义等图案，工艺精湛，是难得的建筑精品。东山还有明代古建筑及神话传说中的柳毅井等古迹，向为吴中游览胜地。

善卷洞 在宜兴西南28公里的张渚镇附近，螺岩山东北麓，面积约5000平方米，游程约800米，共分三层，有上洞、中洞、下洞和水洞四部分。洞内多大型石钟乳和石笋等。入口处在中洞。整个中洞是一个天然的大石厅，雄壮而深远。两块巨石，一似大象，一如雄狮。上洞由中洞拾级而上，洞口斜披一悬石，古人起了个极富诗情画意的名字："一片飞云掩洞门"。在洞中央，还有对峙的两株五六个人才可合抱的怪石（石柱），人称"万古双梅"。下洞又名"瀑洞"。这里石钟乳形成的奇幻景物更多，有翠绿的葡萄、橙黄的佛手、白嫩的鲜藕、广东的香蕉、南京的大萝卜、振翅的白鹤等，尤其是一株遮天盖地的"通天石松"更为奇妙。下洞转身向洞穴行进，约行百米，便是水洞。水洞实际上是一条古老的暗河，常年可通小船。从水洞出口越过一座拱形小桥，在洞口西南方向不远，有一小石亭，中竖一石碑，上刻有"碧鲜庵"。碑为唐代所刻，为祝英台读书处。庵旁还有"晋祝英台琴剑之家"；西南还有"英台阁"等古迹。均为千年古物。这里蝴蝶很多。相传《梁山伯与祝英台》的故事就发生在这里。

张公洞 又名庚桑洞，位于宜兴西南20公里孟峰山中，西北距善卷洞18公里，洞中有洞，洞中套洞，七十二个大小洞穴，洞洞各异，互相贯通，奇异天成。

灵谷洞 在宜兴阳羡茶场，离张公洞只有6公里，游程370余米。

南京钟山风景名胜区

南京钟山风景名胜区是国家重点风景名胜区，位于素有"六朝古都"、"江南佳丽地，金陵帝王州"之称的江苏省南京市，以钟山和玄武湖为中心，钟山三峰相连形如巨龙，山、水、城浑然一体，雄伟壮丽，气势磅礴，与南京城西的清凉山（石头山），遥遥相对，古有"钟山龙蟠，石城虎踞"之称。地处北温带和亚热带之交，为南北植物引种过渡地带，植物品种丰富，林木繁茂。有孙中山陵墓以及孙权墓、明孝陵、灵谷寺等名胜古迹多处。

钟山又名紫金山，东西长约7公里，山势呈弧形，好像一条巨龙盘卧在古城南京之东。主峰北高峰，海拔449米；东边是第二峰，名小茅山；西边为第三峰，名天堡山，即紫金山天文台所在地，海拔250米。登临紫金之巅，举目四望，只见峰峦起伏，林海浩瀚，红墙碧瓦、楼阁亭塔隐约其间，蔚为壮观。

中山陵 是我国近代伟大的民主革命先行者孙中山先生的陵墓，位于紫金山第二峰小茅山的南麓，海拔约150米。"前临平川，后拥青嶂"，视野开阔，气势不凡。从空中往下看，中山陵恰似一座平卧在绿绒毯上的自由钟。陵墓入口处有高大的花岗石牌坊，上有中山先生手书的"博爱"两个金字。从牌坊开始上达祭堂，平面距离700米，上下高差70米。祭堂大门上方，有"天地正气"额一块。堂正中为4.6米的用晶莹洁白的大理石雕孙中山全身坐像，祭堂用大理石镶砌的壁上，刻着他手书的遗著《建国大纲》。祭堂后是墓室。墓室门有二重，皆铜制。墓室正中为圆形大理石塘，上围以栏杆，中央是长方形墓穴，下面安葬着中山先生遗体，上面放着仪态安详的大理石卧像。

明孝陵 在钟山南坡独龙阜，中山陵西边，是明代开国皇帝朱元璋的陵墓。出中山门，沿去中山陵的大道至四方城，路南大金门，是明孝陵的正门。神道从下马坊起包括神烈山碑、大金门、四方城到石刻止。石刻由石柱一柱，石人四对，石狮、石麒麟、石橐驼、石象、石獬豸共十二对。孝陵主体建筑包括正门、碑亭、享殿、大石桥、方城、宝城。宝城外部用大石条建成，东西长75.26米，南北宽30.94米。城中间前为方城，中通圆拱形隧道。宝城后为宝顶，为一约400米直径的圆形土丘，上植松柏，下为朱元璋和马皇后墓穴。

梅花山 原名孙陵岗，因山上广植梅花，故名梅花山。这里是三国东吴开国皇帝孙权的陵墓，位于明孝陵的南端，为明孝陵月牙形"神道"所环抱。

中山植物园 在钟山南麓、明孝陵西南侧，建于1903年，为我国最早的植物园。面积186万平方米，植物2000多种，其中有不少珍贵的树木和奇花异草。

灵谷寺 在中山陵东边。前身是开善寺，唐代称宝公院，北宋称太平兴国禅寺，明初太祖朱元璋为建明孝陵将寺及塔迁此，并改名灵谷寺。寺内有无梁殿，又称无量殿，长50余米，宽30余米，从基到顶，全部砖砌，不用1寸木材，结构坚固，气势宏伟，是我国砖石建筑之杰作。无梁殿后面是松风阁，阁西石塔名宝公塔，塔的正面是"三绝碑"，碑上刻有梁代著名高僧宝志和尚（宝公）的像。雕像是唐代名画家吴道子所画，像赞为大诗人李白所题，字为书法家颜真卿所书，故称"三绝"。松风阁后面为灵谷塔，塔中心有转梯直上顶层，游人可以攀登。灵谷寺松木参天，古称"灵谷深松"，为"金陵四十八景"之一，风景优美。

紫金山天文台 建于1934年，是我国天文台中历史最长的一座。台上还陈列着天球仪、浑仪、简仪、圭表等国内现存最古的天文仪器。

玄武湖 位于南京城北，周长15公里，面积约5平方公里，有环洲、樱洲、梁洲、翠洲和菱洲等五个小岛，分别构成环洲烟柳、樱洲花海、梁洲秋菊、翠洲云树等景观。

环洲形如张开的双臂，从南北两面伸入湖中。环洲沿湖的林荫大道旁，柳丝飘拂，如烟云舒卷，形成"环洲烟柳"的美丽景致。洲上有一堆玲珑剔透的假石山，俗称"观音石"、"童子石"。稍北有小山突起，是全湖最高的地方，从山顶可眺望全湖景色。这里相传是东晋郭璞墓地。

樱洲被环洲环抱于怀中，有水相隔。大地回春时节，樱花缀满枝头，如火喷霞，遂得"樱洲花海"

的赞誉。樱洲有一个长达1里多的幽静曲折的长廊。

从环洲经芳桥便可到达梁洲。这是玄武湖的精华所在。明代曾将这里作为贮存全国户籍税赋档案的地方，称为黄册库。雕梁画栋的览胜楼最早是南朝宋孝武帝刘骏观看水军用的，现存的楼是清代同治年间重建的。秋天菊展时组成一幅"梁洲秋菊"的瑰丽图画。

梁洲东面为翠洲，有翠桥相连，最为僻静。亭亭如盖的雪松，形如宝塔的桧柏，青翠欲滴的淡竹，互相掩映，构成了"翠洲云树"的清雅特色。出翠洲门，有一个万人游泳池。

菱洲位于玄武湖的中心，西边与环洲相接，洲上有动物园。

云台山风景名胜区

云台山风景名胜区是国家重点风景名胜区，位于江苏省连云港市，面积约180平方公里，包括花果山、孔望山、宿城、海滨四大景区。云台山位于连云港市近郊，是一条逶迤30余公里的山岭。云台山系由前云台山、中云台山、后云台山、东西连岛等大小山岭和岛屿组成。前云台山的玉女峰，海拔625.3米，是江苏的最高峰。云台山山岳地层经长期的海水侵蚀冲刷和频繁的地质变化，形成有千姿百态的海浪石、海蚀洞及壮丽的石海胜景。景区内大小山头134座，峻峰深涧，奇岩坦坡。风景区植被覆盖率达80%以上。诗人李白有诗："明月不归沉碧海，白云愁色满苍梧。"这里的"苍梧"就是云台山。

花果山 在前云台山，是一处富有浪漫主义神话色彩的神山。在《西游记》中，它是猴王孙悟空的老家，现山上有众多与此相关的景点。《西游记》作者吴承恩是苏北淮安县人，距云台山不远，他把此山写进自己的小说，并命名为"花果山"是完全正常的。

花果山海拔四百余米，处于前云台山群山环抱中，气候温和湿润，适于各种树木生长。山中盛产各色果品：樱桃、杏子、桃、梨、苹果、枣、柿子、栗子、银杏等，从初夏到深秋时时都有鲜果成熟。正如《西游记》中所描写的，"四季好花常开，八节鲜果不断"，特别是这里有一种叫冬桃的桃树，农历九月才开始成熟。再加上花果山上奇峰怪石和岩洞众多，有传说是孙悟空捉妖的72洞，奇洞异石，不可名状，最著名的有娲遗石、猴石、八戒石和水帘洞等。

"南天门"是花果山的大门，它是一座用山石雕砌而成的宏大牌楼，颇似《西游记》中描写的天宫中南天门的样子。过南天门，在远处山崖上有"花果山"三个大字。

在通往花果山区要道口的猴嘴山头，有一块半身似猴的石头，名叫猴石，像是花果山的看门猴。山上还有一八戒石，俨然是头戴僧帽，敛耳于腮，双眼眯缝，正在鼾呼的猪八戒。

花果山腰团圆宫东侧有著名的水帘洞，洞内深奥，洞前泉水纷挂如帘，洞口石壁上刻有"水帘洞"三字，这就是《西游记》中水帘洞的原型。水帘洞内，仍然泉水潺潺，似串串的珍珠滴落在圆圆的水潭里。水帘洞洞门石壁上的"灵泉"、"水帘洞"、"高山流水"、"神泉普润"和临摹的清代道光皇帝手书"印心石屋"等著名题勒，仍历历在目。门前长着一株株四季常青的奇花异木、名竹异草。

花果山顶，有一块7米高的大石，中开一缝，缝下紧接着是一块直径1米多的椭圆形石块，恰巧又完全悬空地夹在下面两块石头之间，很像从大石里迸出来又夹在下面似的。石块上镌"娲遗石"三字，传说此石是女娲补天时遗留下来的。吴承恩描绘孙悟空出世的段落，就是取材这块奇石的。

历史上花果山庙宇众多，香火极盛，三元宫是花果山重要建筑之一。它创建于唐，后经多次重修，建筑雄伟壮丽。建筑群包括三元宫、团圆宫、玉皇宫三殿，修筑在一条中轴线上，从下至上高差130米。三元宫左右还建有东西对称的飞楼，庭院内有两株植于唐代的古银杏树，虽历千载，仍果实累累。

阿育王塔位于山下大村水库旁，是苏北最早，也是最高的古塔，建于宋天圣元年（1023年），现仍兀然而立。它九级八面，高约40米。从塔心到塔身均为砖砌，第八层外壁有走廊，可拾级而上。登塔可以眺望花果山和近处大村水库。

在阿育王塔东南约一公里处，可以看到在山坳里一条飞瀑，是入花果山前又一个风景点，飞泉附近有郁林观，现只剩旧址。观东岩壁上有石刻题记十二条，被称为"东海云台第一胜境"。其中唐隶《郁林观东崖壁记》、宋篆《祖无择三言诗勒》二石刻，字体结构严谨，有较高的艺术价值。

宿城 在后云台山南，是一座古城遗迹。相传唐太宗李世民曾带兵到此，一宿筑成此城，故此得名。宿城四面群山环抱，中间幽谷深邃，下有水库，山谷间激流飞瀑，奇松异石，有"世外桃源"的意境，有船山飞瀑、石门、石屋、卧龙松等景点。

船山半山腰有滴水崖，崖上有潭，潭水漫出，飞泻直下，十分壮观，形成著名的船山飞瀑。

石门在保驾山上，门两边山石高达10米，宽仅2米，登山可一览宿城全景。

水库西半山腰有巨石，称为金刚岩，岩顶有一天然石屋，屋内石壁上有很多石刻。

卧龙松相传为唐代所植，粗约1.2米，遍身鳞甲，在地伏卧约7米后再如苍龙矫天直上，高约15米，形势独特。

孔望山 在连云港市区（新浦）南郊，山不高，山上有古城遗址。遗址两侧，山岩峭壁处保存有距今两千多年的汉代石窟寺摩崖雕画群。这是一幅东西长约15米，高近10米的巨型岩画。画面内容有欢宴场面、舞蹈、杂技表演等，反映了汉代现实生活一个个动人的画面。此外还有不少佛教故事，如涅槃图、舍身噬虎图以及立佛像、坐佛像、供养人等。整个摩崖雕画采用了汉代常见的"拟浮雕"雕刻手法，以平面浮雕为主，类似国画中的"白描"，也有一部分是弧面浮雕，很像一幅幅半立体的剧照，充分显示出汉代石雕艺术的高超水平。雕画前有一石雕大象，略大于真象，长鼻巨牙，卷尾粗足。象上有一象奴，手执钩鞭，脚戴镣铐，古书"象石"二字。雕画东有一天然石洞，称为"龙洞"，又名"归云洞"，洞东为唐代的龙兴寺遗址。龙洞内外，镌有宋、元、明、清各代题记二十四处，犹如一个小型的书法展览。

海滨景区 位于连云港，东临东海，东西连岛横卧，景观宏阔舒朗。

蜀岗瘦西湖风景名胜区

蜀岗瘦西湖风景名胜区是国家重点风景名胜区，位于江苏省扬州市西北部，由古城遗址、蜀岗名胜、瘦西湖自然风光和古典园林群等组成，面积6.35平方公里。

瘦西湖公园 扬州古城之西,有一个狭长的湖泊,南起虹桥,北抵蜀岗,这就是闻名遐迩的瘦西湖公园。它兼收北方之雄浑,南方之秀丽。湖水面积9.7公顷。自隋唐以来,特别是清代中叶,修建创造了"巧夺天工"的湖山胜境,建筑物依山临水,园外有园,景外有景。湖区利用桥、岛、堤、岸的划分,使狭长湖面形成层次分明、曲折多变的山水园林景观,形成了"两堤花柳全依水,一路楼台直到山"的风景名胜区。其中名胜古迹,历代名人题咏随处可见。清代乾隆时诗人汪沆描绘它:"垂杨不断接残芜,雁齿红桥俨画图。也是销金一锅子,故应唤作瘦西湖。"

虹桥旧称红桥,清初诗人"扬州八怪"之一的汪士慎有诗吟咏:"红桥飞跨水当中,一字栏杆九曲红。日午画船桥下过,衣香人影太匆匆。"站在桥顶,纵目向北眺望,湖身开阔,波平如镜,水天交碧。

虹桥西端向北,进公园大门,便踏上"长堤春柳"了。堤有数百米长,西侧为花木、高丘,东面临湖,岸边垂柳飘拂。走完长堤,到了乾隆时的名园"桃花坞"故址,今名徐园。满目桃花喷霞,另有一番风情。夏天迎面荷池中盛开的莲花娇艳欲滴。池的东侧与湖水相通,上架石梁,并点缀着参差的山石;西侧用卵石铺径,贴墙翠竹森森,摇曳生姿;南侧为园中正厅听鹂馆。馆前有两只大铁镬,据传为南北朝萧梁时的镇水遗物,镬中种有荷花,古镬新花相映成趣。听鹂馆之西的"春草池塘吟榭"散放着多种具有扬州特色的花木山石盆景,榭西有疏峰馆,馆前怪石突兀。

离开"桃花坞",跨过北面束在湖身的红栏桥,便是小金山。小金山原名长春岭,四周环水,处于瘦西湖的中心地带。这里的建筑别具匠心,有湖上草堂、琴室、月观、小桂花厅等胜景。山顶可俯瞰湖景。

小金山最西头,有短堤伸入湖中,上建有方亭,俗称钓鱼台。这座方亭临湖的南、西、北三面皆有圆洞门,各嵌一景。

五亭桥建于乾隆二十二年(1757年),是一座很别致的拱形石桥。在十多丈长、二三丈宽的桥身上,矗立着五座亭子,中间一亭最高,南北各二亭互相对称,拱出主亭。亭顶琉璃黄瓦青脊,金碧交辉;飞檐下画栋雕梁;周围石栏的柱端皆作狮形,雕凿精巧。桥下纵横有十五个洞,中间一洞最大,其他参差相似,都可以通船。据说皓月东升时,洞洞都能看到月亮,倒映在湖面上则是金波荡漾,众月争辉。五亭桥旁有莲性寺,寺内有仿北京北海西藏式的喇嘛白塔一座。

再往西便到新建的二十四桥景区,是根据杜牧诗"青山隐隐水迢迢,秋尽江南草未凋;二十四桥明月夜,玉人何处教吹箫"诗意重建的。

大明寺 在扬州市西北的蜀岗中峰,创建于南北朝大明年间,现寺内建筑系

清代同治年间所建。现有山门殿、大雄宝殿、平远楼、鉴真纪念堂、谷林堂、欧阳祠、西园等建筑。大明寺院内，古柏森森，绿竹猗猗，花草满园。大雄宝殿内泥塑群佛是扬州清代工匠的艺术杰作，姿态各别，栩栩如生。鉴真纪念堂系仿唐建筑，参照鉴真当年建造在日本奈良的唐招提寺的金堂，由梁思成设计，是一座具有中国唐代寺院建筑风格的砖木结构的建筑物，于1973年建成，内供鉴真大师塑像。纪念堂分碑亭和正殿等部分。

大明寺西侧，便是著名的平山堂，系北宋庆历年间（1041—1048年）欧阳修所建。站在堂前，极目远眺，见江南群山似都拜伏堂下，拱揖栏前。

苏东坡为了纪念他的老师欧阳修，在平山堂后建堂，从自己的"深谷下窈窕，高林合扶疏"的诗句中集取二字，命名为"谷林"堂。谷林堂后面，有欧阳祠，又称六一祠，是后人为纪念欧阳修而造的。祠内有欧阳修石刻像。石像胡须，"远看白胡子，近看黑胡子"，很为有趣。大明寺西端的西花园，别具一格。西花园还有著名的"天下第五泉"。

古城遗址 位于风景区北部，为春秋战国吴王夫差筑的邗城、汉吴王濞筑的广陵城、十里长街的唐城以及后周的周小城、宋宝祐城遗址，城区遗址保存较好。

何园 始称"寄啸山庄"，建于清代光绪九年（1883年）。由园主何氏购吴氏"片石山房"（又名双槐园）旧址，取陶令"倚南窗以寄傲"、"登东皋以舒啸"之意境筑成。何园是一座大型住宅园林，屋宇轩昂，山盘水环，结构严谨，疏密有度，雍容华贵，悠然雅致。

"片石山房"在园东南端，相传为明末清初大画家石涛和尚所设计，该处占地不广，却丘壑宛然，现存假山主峰、明楠木大厅、水池、水榭等遗迹。

中部为住宅院落，前进为清楠木大厅，气势雄伟；中后两进皆为两层楼房，清水磨砖墙壁，楠木百叶门窗，工艺精细。

北部为后花园，分东西两苑。东苑建有二厅：一为"四面厅"卷角飞檐；一为"牡丹厅"，因其东歇山嵌有凤凰牡丹砖雕，故名。二厅东北首有假山贴墙而筑，因山势而立"问亭"，衔连山道，逶迤西行。西苑以水池居其中，四面设景。池东建有"水心亭"，

南北各有曲桥、石梁通其上。池北有楼七楹，中三楹突起，东西各二楹稍敛，形似蝴蝶，故名"蝴蝶厅"；其内装饰典雅，四壁刻名家字画于其上。池南垒有湖石山峰，拔池而起，峰峦峻奇。山南有"赏月楼"独占小院一隅。

何园尤以复道行空，回廊曲折而著称，复道凌空而架，回廊贯通全园。

个园 清代嘉庆年间盐商黄应泰所筑，竹叶形如"个"字，"个"又是"竹"字的一半，以"个"名园充分表达了园主人对竹的癖好。园内以四季假山叠石著称于世。相传叠石出自石涛之手，以石取胜。

四季假山叠石的春景在园入口处，两侧遍植翠竹，竹林中的石笋比拟着雨后春笋，新篁又象征着春日山林。夏山下洞上台，形姿多变，状若天上云朵。山前为一泓清水，池中植荷点点，取"映日荷花别样红"诗意以突出"夏"的主题。秋山是一座黄石大假山，主面向西，夕阳西下时红霞映照，在悬崖石隙中又有松柏傲立，其苍绿的枝叶与褐黄色的山石恰成对比，宛如一幅秋山图景。山巅有亭，人立其中可俯瞰全园，是以重九登高来渲染秋的主题。冬山是宣石堆起的小型倚壁假山，一色皆白，犹如积雪未消。宣石山的东侧界墙上有规律的排列了24个圆洞，组成一幅别具一格的漏窗图景。每当阵风吹过，这些洞口犹如笛箫上的音孔，会发出不同的声响，像是冬天西北风呼啸，以声来辅助主题意境。通过那几排透风漏月的圆洞，又可看到春景的翠竹、石笋，象征"冬去春来"。

小盘谷 约建于清代，布局紧凑，有扬州园林小中见大的特点，有九狮山（假山）、起伏若游龙的花墙、水阁等。为我国著名古典小园林之一。

三山风景名胜区

三山风景名胜区是国家重点风景名胜区，位于江苏省镇江市，长江南岸，规划总面积54.84平方公里，其中核心面积16.96平方公里，水面22.41平方公里，滩涂15.47平方公里。主体由金山、焦山、北固山三个独立景域构成，并含云台山、古城公园、象山及北湖等过渡景域。山青水秀、风景如画，众多的名胜古迹、园林景点与秀丽多姿的山水交相辉映，丰富的自然资源、极佳的植物景观和独特的建筑艺术。

金山以绮丽著名，山上江天大禅寺依山而建，殿堂楼台层层相接，远望只见寺庙不见山，素有"金山寺裹山"的说法，家喻户晓的"白娘子水漫金山寺"神话故事即缘于此。有芙蓉楼、塔影湖、百花洲、镜天园等景点，景区内陆水相连，泉、湖、洲、园、寺等相得益彰，呈现出一幅"楼台两岸水相连，江北江南镜里天"的诗情画意。

焦山位于长江中，山水天成，古朴幽雅，山中碑林石刻，属于国家重点文物保护单位，内涵丰富，被誉为"书法之山"，其中的摩崖石刻《鹤铭》享誉海内外；焦山定慧寺是江南著名古刹之一。焦山因寺庙楼阁等建筑均藏于山林深处，又有"焦山山裹寺"之说。

北固山以险峻著称，因三国故事而名扬千古，主峰滨临大江，山势险固，甘露寺高踞峰巅，形成"寺冠山"特色，这里的亭台楼阁、山石涧道，无不与三国时期孙刘联姻等历史传说有关，成为游人寻访三国遗迹的向往之地。

云龙风景名胜区

云龙风景名胜区位于江苏省徐州市区南部。有40余座山头，6平方公里水面，一万多亩风景山林。由淮海战役烈士纪念塔、云龙湖等六个景区组成，总面积90余平方公里。

徐州位于江苏、山东、河南、安徽四省交界处，在陇海和京沪两大铁路交会点上，地理位置非常重要，交通很方便。徐州春秋宋国时叫彭城邑，秦末项羽建都于此。三国时始称徐州。徐州三面环山，古有黄河天险，易守难攻，地势优越，水陆交通发达，历来都是兵家必争之地。从夏代至今，在这里发生的大规模战争在二百起以上。1948年冬举世闻名的淮海战役，就是以徐州为中心展开的。淮海战役烈士纪念塔在徐州市南郊凤凰山东麓，为纪念淮海战役中牺牲的革命烈士而建。纪念馆内收藏革命文物15000余件。

云龙山在市区南郊，共分九节（九个山头），长约3公里，头北尾南，如同一条巨龙伏卧，故名九节龙。中部峰峦起伏，最高点海拔135米。历史上因刻有大石佛，故又名石佛山。云龙山有北魏时期的大石佛、北宋放鹤亭、东坡石床等名胜。

云龙山一、二、三节山上都有不少名胜古迹，以最靠近市区的北端第一节山为最胜。明、清两代在山上建筑了一些亭台庙宇，红墙碧瓦与满山苍翠相映成趣。山顶平坦，四周围以石栏杆，有放鹤亭、招鹤亭、饮鹤泉和碑廊等胜迹。山东面有兴化寺，西面有大士岩院、东坡石床、摩崖石刻古迹等。山北麓有乾隆行宫。

兴化寺 在云龙山东面，以寺内大石佛著名。大石佛为北魏所造，依山就势，在山崖巨石上雕成，高约10米。明代依山崖加盖大殿以覆盖大佛。大石佛两侧崖壁上有众多的造像和石刻。

放鹤亭 在云龙山顶，宋代文人张天骥所建。张养有两鹤，每天在此放鹤招鹤。张的好友苏东坡为张作《放鹤亭记》，因此名声大噪。此亭后曾经历多次改建。

云龙湖 在云龙山之西，三面环山，重岩叠峰，峰影嵯峨；湖面烟波浩渺，一碧万顷。柳堤中分湖面，趣意盎然。这里已建成亚洲最大的淡水鱼水族馆。东畔有汉画像石艺术馆，陈列了汉画像石珍品500余块，环湖有金山塔、十里杏花村、果树盆艺园、拉梨山汉墓等景点。杏花村在大堤东端，是一个傍山近水的村庄，苏东坡"一色杏花三十里"诗句描绘的就是这里。

云龙风景名胜区还有西楚霸王戏马台、土山汉墓。墓中出土银缕玉衣，镏金兽形砚等。国家文物保护单位楚王陵、鱼山汉墓和汉兵俑也在此，还有楚汉时期的九里山古战场遗迹。

浙江省

杭州西湖风景名胜区

杭州西湖风景名胜区是国家重点风景名胜区，总面积60多平方公里，有风景名胜50多处。有一湖（西湖）、二峰（南、北高峰）、三泉（虎跑、龙井、玉泉）、四寺（灵隐、净慈、圣因、昭庆）、五山（宝石、孤山、玉皇、吴山、凤凰）、六园（湖滨、柳浪闻莺、花港观鱼、太子湾、曲院风荷、中山等公园）、七洞（石屋、水乐、烟霞、紫云、金鼓、黄龙、灵山）、八卦田、九溪十八涧。

西湖因位于杭州城西而得名，历史上有"武林水"、"钱塘湖"、"西子湖"等美称。西湖南北长3.3公里，东西宽2.8公里，全湖周围约15公里。面积包括湖中洲岛为6平方公里，其中水面为5.66平方公里。湖的西北、西南和东南三面环山，东北开阔的平原为杭州市区，锦带似的苏堤和白堤，把西湖划分为：外湖（主体湖），湖中有孤山、小瀛洲（即三潭印月）、湖心亭、阮公墩四个孤岛；小瀛洲上又有内湖，形成了湖中有湖。白堤、孤山以北，西泠桥以东称北里湖。玉带桥以北，面临岳王庙的湖面，称岳湖。濒临花港观鱼南侧的，为小南湖。苏堤以西的湖面称西里湖。

西湖三面环山，一面临城，湖中孤山峙立，苏堤、白堤如锦带纵横其间，小瀛洲、湖心亭、阮公墩三岛鼎立波中，湖面清似明镜，风光明媚秀丽。宋代苏东坡有诗："水光潋滟晴方好，山色空濛雨亦奇；若把西湖比西子，淡妆浓抹总相宜。"从此，"西子湖"三字就闻名中外，成了西湖著名的雅号。

沿湖四周山峦逶迤，洞壑清泉，繁花似锦，茂林修竹。西湖群山外圈有北高峰、天竺山、五云山等，山峦挺秀，山势高峻，山谷间，溪谷纵横，流水清冽；内圈有飞来峰、南高峰、凤凰山、玉皇山，洞壑棋布，景色幽奇。环湖一带花园相连，绿草成茵，名胜密布。山山水水，春夏秋冬各具特色；晴晴好好，风雨雪雾皆成胜景，"西湖双十景"各富韵味，美不胜收。

湖滨公园 位于杭州城与西湖之间，由六块大小不等的园地组成，按横马路分段为第一、第二至第六公园，犹如一条绿色的长廊，既是泛舟游湖的出发点，也是纵目眺望西湖山光水色的最佳处：远处西湖群山，葱茏起伏，层峦叠翠；中间西湖景致，恬静幽雅，风光如画，湖中湖心亭、阮公墩和三潭印月三座绿岛，如仙山琼阁，鼎立湖心，点点游船缓移，空中水鸟翻飞；而最绝妙的还是近处的西湖水。晴天，西湖盈盈绿水，微波荡漾，碧波千顷，水光潋滟。雨天，薄霭微云，湖面跳珠，烟波浩渺。晨曦初启或夕阳西下时，一湖碧水则是金光闪耀，银星点点。

湖心亭 位于西湖中间的一个小岛上。现亭子是1953年重建的，是西湖最大的亭子，实际上是一座宫殿式的楼阁，外观两层，四周一色落地长窗，采光良好，视野开阔。"倚栏四面空明里，一面城根三面

山",正是这被誉为"湖心平眺"景观的佳处。

阮公墩　在湖心亭西北面,是一处"绿树花丛藏竹舍"、"小洲林中有人家"的幽雅庭院,清新自然,有"忆芸亭"、"环碧小筑"、"云水居"等建筑,组成环碧山庄。"阮墩环碧"是西湖新十景之一。

三潭印月　原名"小瀛洲",是湖中的一座小岛,三潭印月只是它的一处景观。初建于清代雍正五年(1727年),现存"开网亭"、"亭亭亭"、"我心相印亭"、"九狮石"、九曲桥。全岛105亩的面积

中,水面占百分之六十,形成"岛中有湖,湖中有岛"的迷人景观。岛上曲桥假山,迂回多趣;亭台楼阁,千姿百态。漫步九曲桥上,"开网亭"和"亭亭亭"两座桥亭,一东一西,一高一低;一在桥上,一在桥侧;一呈长方形,一为三角形,把桥下的游鱼、荷花、睡莲,把宁静清澈的水面和假山叠石全都点活了。

中心绿洲和环形的外堤,遍栽月季、蔷薇、紫丁香、白玉兰、海棠等几十种花卉。九曲桥下铺盖着翡翠似的荷叶,"竹径通幽"粉墙内摇曳的丛丛翠竹,秋天丹桂飘香,蕊菊娇艳,冬日,猩红的山茶花破雪而出,数株寒梅点缀其间。

这里最迷人的景观是月夜伫望三塔。走到岛的尽端,过"三潭印月"碑亭,南面湖上矗立着的三个石塔,亭亭玉立,似在盈盈绿水中向人招手。石塔高2米,塔基是扁圆石座,塔身呈球形,饰着浮雕图案,环绕着五个小圆孔,塔顶作葫芦形。皓月中天时,月光、灯光、湖光,交相辉映,月影、塔影、云影,融成一片。

断桥　本名"宝佑桥",又名"段家桥",后因孤山路到此截断,又叫它"断桥"。断桥瑞雪乍晴之时,桥的阴面积雪未融,桥的阳面雪已化尽,乍一看就像桥与堤隔断,"断桥残雪"的意境就呈现眼底。"白娘子与许仙断桥相会"的爱情悲剧故事,给断桥增添了浪漫主义色彩。

白堤　东起断桥,经锦带桥而止于平湖秋月,全长一公里,是一条由少年宫广场通向孤山的长堤。唐代叫白沙堤,宋代叫孤山路。白居易筑堤疏井,有德于民,杭州人民把白沙堤改名叫"白堤",作为永远的纪念物。宛如彩带的白堤,飘逸于西湖碧水之上。春暖花开,嫣红的桃花与袅袅的柳丝亭亭交辉。盛夏季节,里西湖的"满湖荷花载舟行",是一幅优美的抒情画。仲秋月夜,眺望平湖秋月的迷人夜景,仿佛置身于仙山琼阁。寒冬腊月,观赏玉琢银镂的湖山风貌,残雪酿春,娇娆动人。白居易有诗称赞它:"孤山寺北贾亭西,水面初平云脚低。几处早莺争暖树,谁家新燕啄春泥。乱花渐欲迷人眼,浅草才能没马蹄。最爱湖东行不足,绿杨阴里白沙堤。"

苏堤　南起南屏山麓,北边止于栖霞岭下,全长2.8公里。苏堤共有4600多株花木,72000平方米的草坪。"苏堤春晓"是十景之首。春天的苏堤,风吹柳丝婀娜起舞,如青烟,如绿雾,舒卷飘忽,间隔在柳树间的红白碧桃,喷红吐翠,灼灼闹春。雨天的苏堤,万树绿柳在风雨中飘渺隐现,三面群山经春雨梳洗,分外青葱翠

绿，长堤六桥弥漫于薄霭微云之间，犹如一幅极妙的"六桥烟柳"水墨图。连接长堤的六座拱桥，座座是眺景佳地，人行桥上，眼望四周，有步移景换之趣。站在南端第一桥为映波桥，可近观花港公园。第二桥是锁澜桥，可眺望湖中景色。第三桥叫望山桥，是观看葱郁叠翠西湖山色的好地方。第四桥称压堤桥，桥畔建有一座花木扶疏的"苏堤春晓"碑亭。第五桥名东浦桥，东面可隔湖相望楼阁参差的孤山，桥西一座上有朱亭下可分水的玉带晴虹桥，是今日西湖建有桥亭的惟一桥梁。第六桥曰跨虹桥，夏日雨后初晴，常有一道彩虹，从蓝空直垂桥面，桥下荷香阵阵。

柳浪闻莺 在湖的东南岸，离市区最近。全园分为"友谊园"、"闻莺园"、"聚景园"、"南园"四个部分，西湖最佳的春柳都荟集到这里，总数有五百多株。信步走去，处处是柳引游人入画屏的意境，有"醉柳"、"浣纱柳"、"狮柳"。柳树是这里的重点树木，樱花是她新的意境。配以碧桃、海棠、玉兰、绣球、月季等春季花卉，形成了以欣赏春景为主的风光。"友谊园"以樱花簇拥的"日中不再战"纪念碑为中心。

花港观鱼 在湖的西南角，以"花"、"港"、"鱼"为特色，有宽阔开朗的大草坪，明快清丽的红鱼池，景色绚丽的牡丹园，幽雅宁静的新花港，富有"花家山下流花港，花着鱼身鱼嘬花"的诗情画意。公园主景牡丹亭是个占地15亩的"园中园"，布局得精心巧妙，紧凑有致。从牡丹亭下来，来到山回路转的松林湾后面，只见一湾绿水，横架玉桥，这就是新中国成立后新辟的"花港"。今日花港，无论春夏秋冬，都有鲜花盛开。

雷峰塔 西湖历史名塔，已倒塌。当年雷峰塔苍老突兀，老态龙钟，夕阳西下时，塔影横斜，一片寂静，"雷峰夕照"被列为西湖十景之一。在《白蛇传》故事中，白娘子被法海和尚压在此塔下，非塔倒不能出世。2002年，杭州市政府经过3年的努力，终于在原址上重建了雷峰塔。新塔采用全钢架结构，瓦、脊、斗栱、栏柱等均为铜制构件，并设四台观光电梯。

净慈寺 在南屏山北麓，唐宋时寺内有大铜钟，明初重铸，据说重达二万斤，洪亮的钟声，远播山谷。每当晚钟乍起，由近及远，绕耳不息，"南屏晚钟"的景观就因此而来，被列为"西湖十景"之一。寺内有竹禅和尚绘的济颠和尚（济公）像和运木井，相传当年建寺时，济公命人从运木井里捞起来一根根大木头供建寺用。

郭庄 即汾阳别墅，位于西湖卧龙桥畔，始建于清代，1988年重建，平面呈南北长条形，由静必居和一镜天开两部分组成。静必居在南，是由厅堂楼阁组成的住宅区。一镜天开在北，是郭庄的后花园。

曲院风荷 在岳庙西南。园中建有碑亭一座，乃是公园的主景。这块汉白

玉石碑的正面，是清代康熙皇帝亲笔御题的"曲院风荷"四个大字。荷花池中，分别栽植了红莲、粉莲、白莲、花瓣重叠的"重台"等品种，池与池之间架起了古朴的小桥，围绕荷池建有"迎薰阁"、"红绡翠盖廊"、"波香亭"等款式多样、风格各异的楼亭，还有湛碧楼、仲夏梦园、密林度假村等。现在"曲院风荷"是西湖最大的公园之一。

孤山 横绝湖中，湖水环带，显得孤峰突兀，又名孤屿；北宋诗人林和靖隐居于此时，曾遍植梅花，故又称梅屿。孤山是西湖文物、胜迹荟萃之地，范围约20公顷。山南麓有文澜阁、中山公园、浙江图书馆、浙江博物馆，以及"西湖天下景"的园林建筑；山北麓临湖有放鹤亭；东南濒湖处有西湖十景之一的"平湖秋月"，山巅有西泠印社。文物胜迹点缀于绿荫丛中，与青山碧水交相辉映。站在湖滨公园凭栏远眺，孤山仿佛是一件大自然的水石盆景。

放鹤亭山上山下以至西泠桥之东园地内，片栽和点栽着各色梅花。这里栽梅历史久，又有林和靖脍炙人口的咏梅诗："众芳摇落独暄妍，占尽风情向小园。疏影横斜水清浅，暗香浮动月黄昏"。寒冬初春到孤山"踏雪寻梅"，是一种美的享受。

平湖秋月 在皓月当空的秋夜，晴空万里，湖天一碧，平湖秋月平台前的湖面，就像镜子那样明净，高空的明月，清晰地倒映湖中，置身其间，仿佛天上仙境，自然会引起人们美丽的遐思。前人有诗道："万顷湖平长似镜，四时月好最宜秋"。恰到好处地写出了秋夜的景色。

岳飞庙 在葛岭西面的栖霞岭下、西泠桥的北侧。始建于南宋嘉定十四年（1221年），以后屡建屡毁。1979年进行了重修。重修后的庙门是按清代建筑格式整修的。正殿中央威武的岳飞坐像，高4.54米。旁边的"精忠柏亭"里，陈列着八段柏树化石。过门入内，便是通向岳飞墓的庭院。南北二厢是碑廊，陈列着125块碑石。岳飞墓古朴的墓阙，是这次整修中按南宋建筑风格设计重建的。墓道两旁的石翁仲、石马、石羊、石虎，都是明代的遗物。墓碑上刻着"宋岳鄂王墓"，左边是岳飞长子岳云墓，两座墓顶再现了当年"鄂王墓上草离离"的情景。墓前的望柱上，刻着一副对联："正邪自古同冰炭；毁誉于今判伪真。"，墓门上刻有对联："青山有幸埋忠骨；白铁无辜铸佞臣。"墓墙两旁铁栅栏内，有陷害岳飞的秦桧等四位奸臣的罪恶形象，反剪双手，赤身跪地。

玉泉 在杭州植物园内，是一个长约13米宽约10米的泉池，清泉从池底涌出，晶莹如玉。池内有很多的五色大鱼，玉泉鱼跃是西湖著名胜景。

灵隐寺 在西湖西面群山之中，初建于东晋咸和元年（326年），是中国著名寺庙。灵隐寺有独特的造园艺术，其特点可以归结为一个"隐"字。灵隐寺处在群峰环抱的狭谷中。从窄狭中见幽深，精心布局，巧妙安排，以北高峰作为靠山，飞来峰为前屏，周围林木掩映，加上一泓清泉流贯寺前，使得"灵山、灵峰、灵水、灵鹫、灵隐"浑然天成。主要建筑有天王殿、大雄宝殿、东西回廊和西厢房、联灯阁、大悲阁等。大殿为单层多檐，以高取胜，高达33.6米，飞檐翼角高高翘起，使庞大的屋顶轻盈活泼。

飞来峰 又名灵鹫峰，在灵隐寺对面，高200米，遍布绿树、青峰、冷石，玲珑磊奇，向有"东南第一山"之称。此山与周围群峰景色大异，相传是天竺国灵鹫山小岭飞来此地，故名。峰下有一泓清溪，沿山脚流下，峰和寺宇间还有冷泉一池。峰的山腰，石刻遍布，由小径穿连。峰顶大树盘根错节，多象形的怪石。那艺术精湛的石刻造像和长在石缝中的奇树古藤，给山峰增添了神秘的色彩。山峰之内的洞壑，长的像回廊，短的如幽室，高的若厅堂，矮的似地窖，曲畅连贯，玲珑别透。这些洞壑保存了

从五代到宋、元时代的石刻造像三百三十八尊，是全国元代造像最多最集中的地方。

1992年在灵隐建立了中华石窟集萃园，荟萃了云冈、大足、龙门、乐山大佛等地的一批精华之作。

宝石山 在西湖北，多怪石。站在山顶，可一览西湖秀色。宝俶塔在宝石山上，高45米，塔基塔身细小，秀丽挺拔。

黄龙洞 在杭州以西，现为仿古园，入园如入宋代社会。周围群峰环抱，茂林修竹，非常清雅。

虎跑泉 在杭州西南，泉名来自一个"虎移泉眼"的神话传说。虎跑泉是一个两尺见方的泉眼，清澈明净的泉水，从山岩石罅间汩汩涌出，流入四周环以石栏，池中叠置树石的方池。"西湖之泉，以虎跑为最。西湖之茶，以龙井为佳"，故有龙井虎跑"双绝"之称。据说古代有人品尝了虎跑泉后，便把杭州虎跑泉誉为"天下第三泉"。

龙井 在西湖西南群山丛中，是一圆形泉池，周围古木参天，名胜古迹很多。附近是我国著名的龙井茶的产地，以狮峰龙井最好。

玉皇山 与虎跑遥遥相对，高242米，是左眺钱江，右望西湖，俯瞰杭州全城的佳地。环绕玉皇山两圈半的盘山公路把山脚的林海亭，山腰的慈云宫、紫来洞，山顶的福星观、望湖楼等风景名胜连成一线。游客可在湖滨乘玉皇山旅游专车盘旋上山，倘若游人要漫步欣赏山林景色，旧日登山的步道仍保留整修一新，穿"墨岫琼英"拾级而上。前山，林木苍翠，修竹茂密；后山，山路崎岖，曲折蜿蜒。颇具山林野趣。紫来洞外，是一个假山精巧、樱花烂漫的小花园。在此向东俯瞰，山下有一块田地，整齐的八只角，由八条田陌把田分成八丘。在八丘田当中，有一个圆圆的土墩，半阴半阳，颇像太极。这就是玉皇山的著名古迹九宫八卦田。

六和塔 位于钱塘江边月轮山上，建造于北宋开宝三年（970年），当时是用以作镇压江潮的浮屠。现在整座塔身基本保持南宋时的样子，古朴巍峨，雄伟壮观。黛瓦红身的六和塔，也是我国砖木结构建筑物中的珍贵遗产之一。塔高59.89米，占地1.3亩。塔的平面作八角形，塔芯是砖砌体，外观为13层，并在飞檐翘角上挂有104只大铁铃。由于各檐中间只见斗栱，不露塔身，檐的宽度逐层缩小，因此塔的轮廓十分和谐美观。塔内每两层为一级，盘旋而上，至第七级就到了顶层。登上六和塔，凭江远眺，浩瀚的钱塘江，百舸争流，奔腾向东。钱江大桥如长虹卧波，十分雄伟壮观。

富春江—新安江风景名胜区

富春江—新安江风景名胜区是国家重点风景名胜区，位于浙江省钱塘江上游，下起富阳，上至淳安，通称"两江一湖"。钱塘江上段称新安江，新安江以下为富春江。新安江和富春江沿岸山色青翠秀丽，江水清澈见底，山光水色秀绝人寰，奇异景观似带衔珠，更有众多具有浓厚地方特色的村落和集镇点染。建国以后兴建的新安江水库又为新安江增加一个新的风景点，岛屿密布，称为千岛湖。沿江有鹳山、桐君山、瑶琳洞、赋溪、姥山、龙山等景区，还有严子陵钓台、方腊洞、灵栖洞等名胜。其山峦之青，江河之秀，湖岛之美，崖壁之险，溶洞之奇，石林之怪，寺庙之异，乡宅之古，莫不令人叹为观止，流连忘返。古有双塔凌云、七里扬帆等严陵八景。

鹳山 又名观山，在富阳市区的富春江畔，高42米，临江突起，挺拔秀丽。春江第一楼建于山上，可一览春江秀色。为纪念郁达夫兄弟，山上建有由双郁亭、血衣冢和松筠别墅组成的双烈园。此外还有览胜亭、待月桥、澄江亭等。

桐君山 位于桐庐县城富春江对岸，正当分水江与富春江汇合处，二水交流，一峰突起，山虽不高，约60米，却显得挺拔峻峭，有"峨眉一角"之称。桐君山上竹木茂密，万绿丛中有殿宇、楼台、白塔多处建筑，向为富春江畔著名景点。

七里泷 亦名七里滩，是富春江从梅城双塔以下至严子陵钓台间23公里水路。旧时峡谷中水如箭发，逆水行舟，皆赖风力，有"有风七里，无风七十里"之说，七里泷因而得名。这一带是富春江风景最美的地方，两岸奇峰夹峙，江中碧水奔流，中流击棹，帆飞若驰，是严陵八景中的"七里扬帆"，古代不少文人常来此吟诗作画。元代画家黄公望《富春江居图》一直保留到今天，为稀世珍品。1968年建富春江水电站大坝于泷口，山峡出平湖，一水中流，漫江碧透，净如白练；两岸山峰夹峙，翠岗重叠，绝壁削立，危石欲坠，争奇斗秀。山青青，水悠悠，细雨孤帆，如入画中，令人心旷神怡，今有"小三峡"之称。富春江小三峡由一关三峡组成。一关是指乌石关，三峡为乌石峡、子胥峡、葫芦峡。

乌石关是乌龙山在富春江畔形成的关隘，古代为兵家重地，《水浒传》中宋江与方腊水师大战的乌龙岭即此关。乌石峡在乌石关以下，两山夹峙，江流弯曲，有灵石寺、陵山顶等景点。子胥峡因春秋时伍子胥曾在此渡江得名，群山环抱，江面开阔，满目青翠，有子胥渡、子胥村、龙门坎、狮子峰等景点。葫芦峡因有葫芦瀑而得名，有子陵钓台等著名景点。葫芦瀑在七里泷东岸，瀑高近百米，宽一米半，水从悬崖上泻下，先注入崖间葫芦状石窟，再从底部冲出，十分奇特，瀑水注入深潭，潭下又有大小不等的小瀑二十余处，首尾相接，气势磅礴。

子陵钓台 在七里泷下游，相传是东汉严子陵隐居垂钓的地方。严子陵少年时与东汉开国皇帝刘秀同学，刘称帝后，请严出仕，不从，隐居于此垂钓。钓台有东西二台，隔江相对，各高数十米，临江背山的东台地势平坦，原有一亭。西台有石亭，系南宋谢翱所建。谢与民族英雄文天祥共同抗金，交谊甚厚。文死后，谢登台北祭文天祥，写《登西台恸哭记》文。

瑶琳洞 位于桐庐县城西北23公里处，以"雄、深、奇、丽"的特色闻名于世。瑶琳洞的第一洞厅以"仙女集会"为全洞厅画面，景点有"琼楼玉宇"、"广寒舞台"、"玉屏阁"、"珍宝宫"、"灵芝仙山"、"仙乐厅"、"紫竹林"。第二洞厅地形崎岖，峡谷幽深，卧石林立，仿佛进入苍苍雪山，高山险壑。该洞亦称"聚狮厅"，有46只石狮。第三洞厅规模宏大、壮观，是瑶琳洞中最大的洞厅，厅内石笋漫天遍野，层层叠叠，"瑶琳玉花"、"瑶琳玉峰"，构成"三十三重天"、"五十三参"的万佛图案和天庭宫阙。第四洞厅为"水道厅"，地下河在厅内沿着主洞道缓缓流动。第五洞厅亦为地下河段，地下河时伏时露。第六洞厅以管道式洞道为主。

白沙大桥 在新安江大坝下行5公里处，建德市驻地新安江镇东面，有横跨新安江的白沙大桥。桥长362米，造型美观，桥栏有264只石狮子，姿态生动。桥头有迎客亭，内竖桥碑，亭柱对联："姿若虹霓，为河山增秀色；固如磐石，与岁月竞久长。"

梅城 古称严州，位于新安江与兰江汇合处，背倚乌龙山，面临新安江，城有五门，登山鸟瞰，状如梅花五瓣。城内有仿古一条街、六合古井、

明桂清柯等景点。梅城东北有北峰塔，正南有南峰塔，二塔隔江对峙，均为七级，有五级可登。登塔眺望，新安江自西而东，兰江自南而北，二水呈"丁"字相交，景色很美。"双塔凌云"为严州八景之一。

新安江水电站　在建德市，拦截新安江而成，是我国自行设计、自行施工，并用自己的设备装备起来的第一座大型水电站。拦河大坝从西南向东北延伸，全长462米，高105米，坝顶有九个涵孔。大坝两端有过坝设备。水电站建在水库大坝内部，装九台机组，总装机容量65万千瓦。

千岛湖　即新安江水库，系1959年新安江水电站大坝建成蓄水而形成的大型人工湖，长约150公里，最宽处10余公里，湖面积580平方公里，为西湖的108倍；蓄水量178亿立方米，是3184个西湖容量之和。烟波浩渺，碧水清澈，湖光山色俱佳。"西子三千个，群山已失高"，千岛湖中错落着绿宝石般的大小岛屿千余个，岛屿各具特色。湖四周有灵霄洞、方腊洞、仙姑洞、白马洞等石灰岩溶洞。湖水清澈晶莹，四周群山叠翠，风景名胜众多，以山青、水秀、洞奇、石怪而引人入胜。湖上放舟，可欣赏湖上风光。

龙山位于千岛湖的中心，面积0.45平方公里，因形似苍龙而得名。岛上林木青翠，四面碧水环抱，锦帆片片，风景秀丽。淳安原有"海瑞祠"，被淹后已重建于龙山。

羡山是一座花果山，岛上栽培有名贵花木、水果。岛上奇岩突崛，溶洞贯穿，有"龙潭"、"虎穴"等景。

蜜山岛面积0.36平方公里，山巅西侧有蜜山泉，水质甘洌，四季不竭，曾被誉为东南第一泉。相传"一个和尚挑水吃，两个和尚抬水吃，三个和尚没水吃"的故事就发生在这岛上。西南山腰有三个和尚坐化坟。

龙羊山面积0.2平方公里，因岛上野桂遍地，又称桂花岛。岩石嶙峋多姿，有犀牛啸天、清波印月、石门通天、望湖台、通江洞等景观，全岛犹如一个大盆景。

蛇岛原名五龙岛，岛上有四个蛇池。蛇池内有水池、喷泉、土丘、灌木丛、洞穴、冬眠室。

鹿岛原名清心岛，四周碧波拍岸，绿树成荫，来自东北的梅花鹿在此安家落户，游人可用鲜嫩的叶子喂食温顺的鹿群。

猴岛原名云蒙列岛，在大小不等的六个岛上放养了200余只猴子，游人登岛以食品喂猴、逗猴，享受一番难得的猴趣。

千岛湖周围石景很多，首推赋溪石林和长岭石柱。千岛湖还有方腊洞和陈硕真起义遗址。

雁荡山风景名胜区

雁荡山风景名胜区是国家重点风景名胜区，位于浙江省乐清市，面积400多平方公里，分为灵峰、灵岩、大龙湫、雁湖、三折瀑、显胜门、仙桥、羊角洞八个景区。

雁荡山胜迹三百余处，以奇峰、名瀑、巨嶂、异洞、深谷闻名天下，号称"山水奇秀"。雁荡奇秀是因构成山体的流纹岩断裂发育，经风化作用而形成的奇特地貌。主峰百岗尖海拔1150米。灵峰、灵岩和大龙湫合称"二灵一龙"，被称为雁荡三绝，是全山风景中心。

雁荡山东南部的雁荡山镇（响岭头）是雁荡山管理局所在地，旅游的食宿交通中心，也是游览的起点。以此为中心，风景集中。特产有雁荡山"五珍"：雁茗（茶）、观音竹、香鱼、山乐官（八音鸟）、金星草。

灵峰 在雁荡山镇以北1.5公里处，峰高270余米，为雁荡山诸峰最有名者。它与右边的倚天峰紧紧相依，称为合掌峰。夜幕下合掌峰极像左男右女的一对夫妻，故又称夫妻峰，两山之间有号称雁山第一大洞的观音洞，高约百米，宽深仅三四十米。洞内倚石建屋，有十层楼房，第八层内岩壁嵌有一长仅一指的形如观音的石头，称为一指观音。又因可见阳光从石缝中洒下，得名一线天。在第十层上供奉观音，西厢有十罗汉。洞顶有山泉。

灵峰寺在灵峰脚下，始建于宋，几经兴废，可在此食宿，观赏夜景。

灵峰周围诸峰在晴朗夜晚可随游人位置不同而在天幕上呈现出不同的造型：合掌峰可化为一对丰满的乳房、苍鹰和紧紧相依的夫妻。双笋峰变成老妪，只是羞转着脸，背对夫妻峰，远处金鸡峰变成偷看的牧童，还有望月的犀牛已在静卧。民谣形容它们是："牛眠灵峰静，夫妻月下恋，牧童偷偷看，婆婆羞转脸。"

三折瀑在雁荡山镇西南，同一水流历经三处悬崖倾泻而成，分上、中、下三级，以中级最佳。

铁城嶂在雁荡山镇西南，是雁荡十四嶂中最壮观的。嶂是指连续展开的悬崖峭壁，如同巨大的石墙。铁城嶂下面是净名坑。

灵峰古洞是一处山中迷宫，洞内石径曲折，景象万千，洞口有看不足亭。

灵岩 在雁荡山镇西南，以灵岩寺为中心，包括附近小龙湫、天柱峰、南天门、龙鼻洞、莲花洞等。

灵岩寺为雁荡十八古刹之一，也是历经兴废，现有建筑为清代所建。一向以山水灵秀名闻雁荡。寺周围风景佳绝，随处可观赏胜景奇观。

灵岩寺右天柱峰一柱擎天，寺左展旗峰横阔如自西向东展开的大旗，两峰对峙高260米，相距200米，中间即为南天门，现在有山民在两峰间作凌空飞渡表演，惊险绝伦。

从灵岩向西穿过马鞍岭隧道可抵大龙湫。

卧龙谷幽谷巧设电梯，直上山顶，然后横渡栈道直达小龙湫背。沿途纵览俯瞰，峰峦争秀，怪石竞奇，美不胜收。山腰辟有一池，水碧如玉，池中有游船数只。

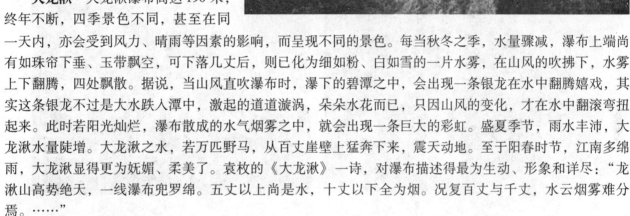

大龙湫 大龙湫瀑布高达190米，终年不断，四季景色不同，甚至在同一天内，亦会受到风力、晴雨等因素的影响，而呈现不同的景色。每当秋冬之季，水量骤减，瀑布上端尚有如珠帘下垂、玉带飘空，可下落几丈后，则已化为细如粉、白如雪的一片水雾，在山风的吹拂下，水雾上下翻腾，四处飘散。据说，当山风直吹瀑布时，瀑下的碧潭之中，会出现一条银龙在水中翻腾嬉戏，其实这条银龙不过是大水跌入潭中，激起的道道漩涡，朵朵水花而已，只因山风的变化，才在水中翻滚弯扭起来。此时若阳光灿烂，瀑布散成的水气烟雾之中，就会出现一条巨大的彩虹。盛夏季节，雨水丰沛，大龙湫水量陡增。大龙湫之水，若万匹野马，从百丈崖壁上猛奔下来，震天动地。至于阳春时节，江南多绵雨，大龙湫显得更为妩媚、柔美了。袁枚的《大龙湫》一诗，对瀑布描述得最为生动、形象和详尽："龙湫山高势绝天，一线瀑布兜罗绵。五丈以上尚是水，十丈以下全为烟。况复百丈与千丈，水云烟雾难分焉。……"

一帆峰从大龙湫远望，如同一片云帆，故称为一帆峰，高260多米。它以峰形善变著名：在谷口看去，此峰如人躬着身躯；前行一段路后，此峰分为两叉，形如剪刀，名为剪刀峰；再前行看去，此峰如同啄木鸟；再前行看去，此峰变成一支桅杆，称为桅杆峰或小天柱；在大龙湫南边山脚远望，如同卷旗，又名卷旗峰。

筋竹涧在大龙湫东南，涧长6公里，以水景著称。涧中多潭，号称十八潭，著名的有菊英潭、峡门潭、湫玉潭等，尤其是五个小潭相连的连环潭最奇。

能仁寺在大龙湫西南，是雁荡山最大的寺庙。寺中有宋代所制的万斤大铁镬。寺左侧有燕尾瀑。

雁湖 雁湖冈是雁荡第二高峰，高1046米，其顶原有湖，秋雁归来宿于芦荡中，雁荡山由此得名，现以在此观十余公里外的东海日出为乐事。周围有西石梁大瀑、梯云瀑、梅雨瀑等胜景。

显胜门 在雁荡山北麓，较远。门实为一高两百多米的峡谷，极为险峻，号称"天下第一门"，门南有路可达礼佛坛，坛侧有石佛洞，洞中有三个人形造像宛似唐僧、孙悟空和沙僧，四周清幽奇险。

普陀山风景名胜区

普陀山风景名胜区是国家重点风景名胜区，位于浙江省舟山市普陀区，舟山群岛东部由普陀山、洛伽山、豁沙山、朱家尖东部组成，总面积42平方公里。

普陀山历史悠久，创于唐宋，盛于明清，富有浓厚的佛教特色，是中国四大佛教名山之一，素有"海天佛国"、"蓬莱仙境"之称。著名寺院有普济、法雨、慧济三禅寺以及大乘、梅福、紫竹林等庵堂。历年香火兴旺，游人不断。香会期间，各寺院香烟缭绕，烛火辉煌，拜佛念经，通宵达旦，国内外朝山进香和旅游者络绎不绝。观音菩萨为普陀山主供佛，号正法明如来。传说观音悲智双圆，从悲称观世音，从智叫观自在。因善于说教，普度众生，且形象清净庄严，在民间有很大影响。

普陀山四面环海，群岛罗列，碧海蓝天，风景奇特。全山峰峦郁翠，奇洞怪石，古木参天，繁花似锦。梵宫玉宇，时隐时现；晨钟暮鼓，此起彼伏。踏浪海浴，可以领略洛伽渔火和乡韵野趣。观东海日出，有得"海"独厚之优，无与伦比之美。

普济寺 又称前寺，是三大寺主刹。始建于北宋元丰三年（1080年），占地14000平方米，有殿阁堂楼二百余间。规模雄伟，庄严巍峨。寺前海印池，亦称"莲花池"。"莲池夜月"为普陀十二景之一。

不肯去观音院 据历代山志记载，后梁贞明二年（916年），日僧慧锷从五台山奉观音像回国，船经普陀洋面受阻，以为菩萨不愿东去，便靠岸留下佛像，由张姓居民供奉，称为"不肯去观音院"，是为普陀开山供佛之始。

法雨寺 又名后寺，开创于明万历八年（1580年），至清康熙三十八年（1699年）赐"天花法雨"匾额而得名。全寺殿堂楼阁二百余间，背山起势，殿殿升高。外观金碧辉煌，殿内宏制巧构，廊回栏绕，建筑精致。

慧济寺 在佛顶山上，掩映在丛林之中。建于清乾隆五十八年（1793年），与普济、法雨鼎峙，并称"普陀三大寺"。景色绮丽，碧海环绕，游客到此，如临仙境。

九龙壁 在法雨寺天王殿对面。宽12米，高6米，青石浮雕砌成。

观音洞 洞穴自然形成，洞内能环游。顶覆巨石，上有鹦鹉石。石缝中长有大樟木一株，荫天蔽日，蔚为大观。洞外有一庵院，供奉观音。

心字石 相传为观音传说心经遗迹，位于西天门下裸露的山岩上。字宽约7米，周广近50米，整字可容百人站立，实为罕见。

多宝塔 又名太子塔，屹立在普济寺东南，建于元代。塔五层，呈方形，高32米。全部用太湖石砌成。

磐陀石 两石相垒，险若欲坠。上可容二十余人环眺山海。

梵音洞 在青鼓垒东端。洞两侧峭壁百米，海潮惊拍有声，如龙虎吼啸，佛教称作"梵音"。洞腰建观佛阁，传说从窗口向洞口凝视良久，有时可见观音幻形。

百步沙海滨浴场 全长300米，海滩广阔平缓，沙质细腻洁净。

潮音洞 在紫竹林前，"潮音洞"三字系康熙御笔。洞内深邃莫测，海潮撞击，浪花飞溅而出，飘沫现彩虹，散而复现，蔚为奇观。

望海亭 在千步沙北端，为六角形太湖石亭。登亭远望，海阔天空，山岛隐现，景色壮丽。亭中有名人题刻。

桃花岛 位于普陀山以南海中，和金庸笔下的东海桃花岛同名同景。

洛伽山 位于普陀山以东的莲花洋中，面积0.34平方公里，有庵堂，风景秀丽。

朱家尖 位于舟山东南海中，面积72平方公里，以海山自然风景秀丽著称。主峰青山高379米，云雾缭绕形成"青山雾霭"奇观。在岛的东南部，排列着以天然岬角分开的东沙、南沙、千沙、里沙、青沙五处沙滩，连绵480米，称为"十里金沙"，沙滩全部为黑松林环绕。东部樟湾两岸，有长约500米的乌石塘奇观。岛北面白山景区，花岗岩千姿百态，"春池"、"秋潭"碧水澄澈。

天台山风景名胜区

天台山风景名胜区是国家重点风景名胜区，位于浙江省天台县，面积105平方公里。

天台山属仙霞岭支脉，主峰华顶山海拔1110米。区内悬崖峭壁，峰峦连绵，植被繁茂，溪瀑奔泻，山川秀美，岩壑奇丽，有"南国天台山水奇"之称。主要景点有国清寺、隋塔、智者塔院、唐一行禅师塔等古迹和石梁飞瀑、华顶秀色、赤城栖霞、铜壶滴漏、琼台夜月、云锦杜鹃等自然景点。天台山植物种类繁多，有黄山松、金钱松、竹柏、银杏、厚朴、红楠等。

天台山开发于东晋，赤城山洞为道教十大洞天之一。隋智凯大师建寺创佛教"天台宗"，现有国清、高明、方广等古寺庙，其中国清寺景区范围内有唐一行墓、宋报恩塔、历代摩崖、碑刻及佛像等珍贵文物。天台宗是我国佛教的主要流派，它的影响远及国外。唐贞元二十年（804年）日本法师来寺从天台宗十祖习教规，次年回国创立了日本佛教天台宗。该宗教徒尊国清寺为祖庭。

国清寺　在天台县城北3.5公里天台山麓，是我国佛教天台宗的发祥地。隋代开皇十八年（598年）晋王杨广承智者大师遗意建立，距今已有1300年历史。历代多次整修，现存建筑系清代重建，1973年又作全面整修。现有殿宇十四座，房屋六百多间，其中有四殿（弥勒殿、雨花殿、大雄宝殿、观音殿），四堂（安养堂、妙法堂、客堂、斋堂），五楼（钟楼、鼓楼、方丈楼、迎塔楼、藏经楼），三亭（梅亭、碑亭、清心亭），一室（文物室），是我国保存较完好的名刹，寺内外还有鱼乐园、晋代大书法家王羲之手迹独笔"鹅"字碑、千年隋梅和高59.3米的空心隋塔、唐代天文学家一行禅师墓以及纪念唐代高僧寒山、拾得、丰干三位的寒拾亭、丰干桥、"一行到此水西流"纪念碑等诸多古迹。寺前七塔迎宾，双涧洄澜；寺的四周五峰环峙，层林染翠，景色清幽秀丽。

智者塔院　又称佛陇真觉寺，寺内置有天台宗创始人智者大师的肉身塔，塔高7米，第一层有智者大师坐像，全用青石雕成，镂刻精细。殿内有天台宗17位祖师的画像。寺门外有碑亭，内有唐碑一座。

石梁飞瀑　在天台山方广寺，两山之间、飞瀑之上，石梁横空突兀，长约2丈，宽仅1尺，巧夺天工；而飞瀑穿梁飞挂，落差近40米，瀑宽10余米，素练千寻，声震若雷，故有"冰雪三千丈，风雷十二时"之誉。

铜壶滴漏 在石梁飞瀑东约3公里处，是一处奇特的飞瀑。因地层下陷天然形成一个腹大口小的洞，洞口向上，四壁光滑，颜色青绿，形如铜壶。洞水注入壶内，再从壶嘴处喷出飞流而下，冲入碧潭之中，形如古代用于计时的铜壶滴漏，故名。

赤城山 因岩呈赤色，形如城堡而得名，海拔339米，近县城拔地而起，气象万千，山上岩石屏列如城，望之如霞，成天台八景之"赤城栖霞"景。山上有岩洞十八处，以紫云洞、玉京洞为最大，洞内结屋，楼梯盘桓。山顶有南北朝时所建的赤城塔，1947年重建，四面七层。

华顶山 海拔1110米，为天台山主峰，山上青松似海，云雾变幻无穷，瞬息千姿百态，故有"华顶秀色"和"华顶归云"之称。离山顶拜经台不远处，有唐代"诗仙"李白的太白读书屋。山上多长小乔木状植物云锦杜鹃，花开如锦，为江浙一带稀有的植被奇观。

桃源春晓 在西天台山，山中有桃源洞，洞口有两座石峰，名为双女峰，相传这里即是东汉刘晨、阮肇入山采药遇到两位仙女与之成亲处。附近两山之中一条小溪，传为刘阮二人与仙女惆怅分别之处，故名惆怅溪。为天台八景之一。

嵊泗列岛风景名胜区

嵊泗列岛风景名胜区是国家重点风景名胜区，位于浙江省嵊泗县，与上海隔海相对。

嵊泗列岛在舟山群岛北部，由钱塘江与长江入海口会合处的数以百计岛屿群构成，气候宜人，具有滩多、礁美、石奇的特色。景观较集中的有泗礁、黄龙、枸杞、嵊山、花鸟等岛。嵊泗列岛沙细滩阔，坡度平缓。泗礁有"海上仙山"之称，以壮美海光山色为特色。基湖和南长涂沙滩滩平沙净，为国内不可多得的海滨浴场。嵊山东崖、黄龙岛元宝石等众多奇石怪礁耐人观赏，妙趣横生。岛上有"山海奇观"、"瀚海风情"、"群贤毕至"、"海宇澄清"等明清以来摩崖石刻多处。花鸟岛有建于1870年的远东第一大灯塔，与渔港景色、渔村风貌等组成了特有的景观。碧海奇礁、金沙渔火，景色迷人。

嵊山东崖、黄龙岛等地以众多的奇石怪礁而著称。有一处别名童岛的海礁群，远远望去，宛若几个在海边弄潮的儿童。还有一组以我国名山"五岳"命名的海礁，分别称泰礁、衡礁、华礁、恒礁和嵩礁。泗礁岛东北有两座礁石，一座叫"老鼠山"，一座叫"花轿礁"，远远望去，形态酷似其名。还有座"篷礁"，礁石耸立在海上宛如一挂篷帆。此外，还有望郎礁、圣姑礁、将军帽等众多的岛礁。

嵊泗夏季凉爽，海产品丰富，适于避暑度假。除岛内自然景观观赏旅游外，还可进行海上运动、寻觅渔乡风情、品尝海味海鲜、海中垂钓、野营探奇等具有海岛特色的专题旅游。

泗礁沙滩 在泗礁县城菜园镇东南，被虎头山岗分隔为基湖和南长涂沙滩两部分，一南一北，故又称为"姐妹沙"。基湖沙滩绵亘2200米，宽达300米，面积约60万平方米，南长涂沙滩面积约50万平方米。沙滩非常平缓，沙质细腻，海水清洁，沙滩干净，是理想海水浴场。沙滩前有花轿礁、望郎礁等石景，滩后则是连绵的黑松林，从海滨沙丘公路一直绵延到山顶，风光秀美。白色的浪花、蓝色的大海、绿色的松林、金色的阳光、蔚蓝的天空，构成一幅艳丽动人的图画。

山海奇观 在枸杞岛上，一块高9米、宽近8米的巨石上，镌刻着明代总兵侯继高题写的"山海奇观"四个大字。在此远眺，海天一色，景观壮阔。岛上还有驻兵的遗址，新建有小西天等景点。

小洋岛 人称"海上小雁荡"，岛上怪石磊磊，石壁巍巍，奇峰秀石，姿态各异，令人目不暇接。岛上满是奇石，各种造型奇特而逼真的石景，仿佛是"海洋动物园"一般。而嵊山岛和枸杞岛犹如一对鸳鸯，相互依偎于万顷碧波中。

花鸟岛 嵊泗最北面的一个海岛，山势峻峭，风光秀丽。岛上有"云雾"、"猿猴"、"老虎"三古洞，素有"东海花果山"之称。岛上有花鸟岛灯塔，始建于清同治九年（1870年），1916年重修，现为亚洲第二、远东第一大灯塔。塔高19米，上白下黑。聚光灯每秒旋转1次，射程达22海里，雾天的汽雾喇叭声达10余海里，当地人称之为"老黄牛叫"。

楠溪江风景名胜区

楠溪江风景名胜区是国家重点风景名胜区，位于浙江省永嘉县，分为楠溪江、大若岩、石桅岩等7个各具特色的景区。

楠溪江风景名胜区以瓯江下游最大的支流楠溪江为主体，由楠溪江水系和奇特的火山岩地貌构成，得天独厚的自然景观与历史悠久、内涵丰富的人文景观相融合的山水田园风光，具有水秀、岩奇、瀑多、村古的特点。古代山水大师谢灵运任永嘉太守时赞咏楠溪江："叠叠云岗烟树榭，湾湾流水夕阳中。"

楠溪江，发源于浙江省括苍山，因

古时江畔盛产楠木而得名，全长150公里。楠溪江江道弯曲多变，河床阶梯起伏，自古就有"三十六湾七十二滩"之说，碧水深潭与浅滩相同，形成了自己独有的风貌。江面宽且浅，可筏游里程达100多公里。江流弯曲迂回，顺流而下，时而擦石而过，时而漂临深潭；水急处激浪奔涌，水缓处平静如镜，水底卵石色彩斑斓。两岸山峦绵延不绝，远山含墨，近坡浮翠，万木竞秀。一曲一弯，常常以为是到了尽头，转了一个弯又是水路大开，真是"山重水复疑无路，柳暗花明又一村。"楠溪江两岸山色青翠，处处奇峰怪石，流泉飞瀑，既可登山揽胜，又可泛舟观光，山迎水接，美不胜收。江岸山石嶙峋，有的探头侧身，有的顶天立地、古树参差其间。它们有着十分形象的名称，如"芙蓉三冠"、"将军马蹄崖"、"狮子岩"、"石柱峰"、"凤凰山"、"仙人足迹"、"太平岩"等等，形态逼真。

游楠溪江最美的是乘坐竹排看楠溪江两岸的滩林。夹岸2000公顷滩林如同天然园林，蓊郁幽深，这里有毛竹、杨柳、马尾松、乌桕林、枫树……它们犹如一道天然的绿色屏障，掩盖了村落田园上的一些荒杂景观。秋季，两岸沙滩层林尽染，芦苇摇曳，野花缤纷。

风景区内常年不涸的瀑布有50多个。著名的有北坑三折瀑、五星连环瀑、石门九折瀑、藤溪十瀑串十潭、虎穴百丈瀑等。

楠溪江风景区的人文景观十分丰富，有许多宋、元、明、清的建筑，另外还有古窑址、古桥梁、古牌楼、古墓群、古战场等遗迹。

石桅岩 三面环水，一面倚山，孤峰挺拔，直刺蓝天，高达300多米，宛如巨舸大桅，蔚为壮观，有"浙南天柱"之称。加上此地森林茂密，陡峭崖壁，且时有猴群出没，实为得天独厚的寻幽探胜之处。

大若岩 天柱、卓笔、犀角、石碑、宝冠、展旗、莲花、石笋、横琴、仙掌、香炉、童子共12峰，奇峰拔地而起，高入云表，错落有致地环列在一座半圆形的山上，十分壮观，且形态各异，有的像童子，有的像横琴，有的似石笋，有的赛莲花，或似犀牛望月，或似柱石擎天，或似大旗初展，或似仙掌刺天，峰峰相挤，参差错落，集雄伟灵秀于一体。

陶公洞 是道教第十二福地。洞高60米，宽70米，深80米。相传南朝齐梁时期"山中宰相"陶弘景曾隐居此洞，后人为了纪念他，取名陶公洞。洞内终年香烟缭绕，洞府景色变幻离奇。

百丈瀑 又名虎穴百丈瀑。瀑高124米，仅次于大龙湫瀑布，号称"浙江第二瀑"。百丈瀑崖面内凹，三面陡立，形势雄壮且幽秀。瀑布自高崖飘然落下，洋洋洒洒，舞姿优美。瀑下水潭，深不见底，瀑布跌处，白流翻滚。瀑声似吼，如雷贯耳。四季雨水多寡不一，瀑布之水，亦时大时小，其形态亦呈各样：或者万马奔腾，银河倒泻，江海翻落，气势恢宏，或者素练悬挂，秀媚飘扬，犹似含羞少女，清丽无比。

石门瀑 在2公里长的溪流中，数次跌水，形成9条形态各异、大小不同的瀑布，因处狭窄山高水急石多之地，林木葱茏，杂草丛生，奇峰点缀，异石危立，更添无穷野趣。

莫干山风景名胜区

莫干山风景名胜区为国家重点风景名胜区，位于浙江省德清县，距杭州市仅60公里，是浙西天目山的余脉，因传说当年干将、莫邪在此炼剑而得名。

莫干山以"清凉世界"著称，与北戴河、庐山、鸡公山并称为我国的四大避暑胜地。盛夏季节，比杭州等地低7~8℃。

莫干山的山势缓平，遍地绿树成荫，到处是翠竹修篁的海洋，是我国最大的毛竹产区。莫干山管理局的一侧，还有两片特别珍贵的竹林，一处称"黄金嵌碧玉"，金黄色竹身嵌翠绿条纹；另一处称"碧玉嵌黄金"，则是在翠绿色的竹竿中夹着一条条黄色的条纹。竹子制作的各种精美的手工艺品，逗人喜爱。

荫山街 地处莫干山的中心，海拔600余米，地势平坦，街旁楼房别墅都掩映在竹荫树丛之间，是山中的小城镇。这里有清代光绪年间以来陆续修建的百余幢避暑别墅建筑，造型别致，富有异国情趣。从荫山街出发，有好几条逶迤曲折、起伏交叉的竹径可以通往各个旅游景点。

与荫山街毗邻的山谷，是莫干山上风景最佳之处。沿石级下行，先过横跨淙淙溪水的荫山桥，不远就是荫山洞。走进洞中，凉意袭人。洞外有路通达华厅，这是一幢二层建筑。顺山谷而下数百步，到达飞虹桥，在此可见有"周吴莫邪干将磨剑处"大石，两股溪水汇流于此，冲出桥下，猛然跌落二三丈，形成瀑布，注入剑池之中，随后又凌空而下注入剑潭，高10余丈，剑潭以下再形成一股短瀑，顺山谷而下。剑池飞瀑成为莫干山中第一胜景。瀑布附近还有观瀑桥、观瀑亭，可以从不同的角度观赏这婀娜多姿的三叠飞瀑。

芦花荡 从荫山街往南有一芦花荡公园，中间有一圆形的池塘，种植芦苇，泉水特别清洌，两侧有亭子遥遥相对，周围竹林树木繁茂，盛夏时节仍清凉宜人，是消夏胜地。

塔山 位于荫山街西部，是莫干山主峰。塔山高718.9米，山巅平坦，可一览全山，远望太湖，也是观日出的好地方。

怪石角 在塔山西侧。这一带均是造型奇特的乱石堆叠，下方建有石亭，山风吹来，松涛阵阵，故名松涛亭。从怪石角还可北望石门卡，只见两块巨岩壁立，如同石门。

雪窦山风景名胜区

雪窦山风景名胜区是国家重点风景名胜区，位于浙江省奉化市西部，由溪口镇、雪窦山、亭下湖三个景区组成，蒋母墓道、丰镐房、毛氏碑坟、御书亭、观瀑池、仰止桥、文昌阁、武岭公园、雪窦寺等50多个景点，总面积85平方公里。

雪窦山风景名胜区既有奇峰、幽谷、清泉、飞瀑的自然景观，又有历史名人的众多遗迹，还有"应梦名山"的神奇传说。相传北宋仁宗皇帝做了一个梦，游历到一处非常美丽的地方，醒来后命人依他的梦境画图，然后派人到全国各地画名山像进行对照，结果雪窦山最符合他的梦境。他高兴之余，便对雪窦山寺庙给了很多的赏赐，幽僻小山从此得名。南宋迁都临安（今杭州）以后，理宗赵昀想起他祖先的梦，亲书了"应梦名山"四个字。这块"御笔"石碑，至今保存完好，赫然立于雪窦山麓。

雪窦山 在溪口镇西，向以其清幽雄奇著称于世，主要有飞瀑如雪的千丈岩，峰峦挺拔的妙高台，石笋林立的三隐潭，还有徐凫岩、飞雪亭、御书亭、仰止桥、雪窦寺等景点。

雪窦寺在雪窦山，相传始建于

晋代，盛于唐宋，有"四面青山，山山朝古刹；环列翠峰，峰峰叩弥勒"之说，号称"天下禅宗十刹"之一。雪窦寺屡废屡兴，最后一次重建是20世纪80年代。大雄宝殿，巍峨庄重，气势雄伟。寺前有两株古银杏树。位于雪窦寺左侧的原中国旅行社，张学良将军曾被软禁在这里，如今已修葺一新，张学良手植的两棵楠木树，高大挺拔。

雪窦寺前，是著名的千丈岩瀑布，从崖顶至深潭，高达180多米，水流汇集，奔腾直下，至半壁与巨石相撞，飞珠溅玉。每当春夏，大雨滂沱，飞瀑直下，声响如雷；秋冬少雨，瀑布如珠帘下垂，轻盈娇媚。观瀑的好去处，要数飞雪亭。亭建在瀑布右侧山巅，凌空突兀。历代文豪王安石、曾巩等文人雅士，曾到此探胜题咏。

妙高台又称妙高峰、天柱峰，在雪窦山上，峰顶有平台，海拔约700米，三面临空，有蒋介石所建别墅。

三隐潭在妙高台、隐潭山之间的峡谷中，是由一条涧水形成的三层瀑布，分上隐潭、中隐潭和下隐潭，各具特色。北宋诗人梅尧臣曾来此游览并赋《三层瀑》诗。

溪口镇 在奉化市西北，因地处奉化江剡溪之口而得名，已有七百多年的历史。镇沿剡溪北岸延伸，长街临水，群山环抱，史迹众多，风景优美。

溪口是蒋介石、蒋经国、蒋纬国父子的故乡，丰镐房在溪口镇上，为蒋氏故居。蒋经国生母之墓也在溪口镇，前列蒋经国因纪念其母亲被日寇飞机炸死而手书的"以血洗血"石碑。

文昌阁建于清代，后蒋介石建为别墅和藏书楼，蒋宋曾在此下榻。

镇西北的上白岩鱼鳞岙，建有"蒋母墓道"，有孙中山先生祭蒋母坟、蒋母事略、蒋介石哭母坟等碑刻，蒋母墓前是孙中山先生亲题的墓碑。

此外还有耸立在武岭脊上的武岭门，幽静雅致的乐亭，碧潭观鱼的憩水桥，花木葱茏的武岭学校。

亭下湖　在溪口镇西，是1983年在剡溪上建筑水坝而成的一个人工湖，湖面面积5.9平方公里，蓄水量相当于7个杭州西湖。湖上碧波浩淼，周围群山环抱，奇峰幽谷，飞瀑流泉，景点罗列。崇山峻岭将湖面分割成形态各异大小不一的水域，和巍巍雪窦山组成湖山一体的幽雅的湖川景观。

双龙风景名胜区

双龙风景名胜区是国家重点风景名胜区，位于浙江省金华市，包括溶洞、鹿田和大盘三个景区。

北山在金华北郊15公里处，是金华山和赤松山诸山的合称，海拔1308米，风景区在500～800米之间，面积约2.5平方公里，以其幽、险、奇著称。金华山又名长山、常山，是道教的三十六洞天，内有"小舟穿岩洞，琳琅景物多"的双龙洞，有"一瀑垂空下，洞中冰雪飞"的冰壶洞，形成了山水妙合，林洞掩映的天然奇观，叶圣陶游览后留下了著名的游记，被编入学生课本广为传诵。这里还有晋代黄初平（黄大仙）登真羽化叱石成羊的遗迹，在东南亚有广泛影响。

双龙洞　海拔520米，由内洞、外洞和耳洞组成，洞口轩朗，两侧分悬的钟乳石酷似龙头，故名。外洞宽敞，面积1200平方米，像个大会堂，可容千人驻足。常年气温约为15.2℃左右，冬暖夏凉。内外洞有巨大屏石相隔，仅通水道，长10余米，宽3米多，高不及半米，此隘口称"蛤蟆嘴"，欲观赏内洞，唯有平卧小舟，仰面擦崖逆水而入。屏石底面仅7～10厘米，稍一抬头，就有碰破鼻额之险，妙趣横生，堪称游览方式之一绝，亦具有"水石奇观"之美誉。内洞面积两倍于外洞，洞内景观景物独具一格，景多变幻。

冰壶洞　在双龙洞上行200米处，为一崩陷洞穴，洞口朝天，肚大腹深，从洞口至洞底垂直距离约80米，进洞"如入壶中"，故名。沿磴道向下进入洞中，只见洞中高悬飞瀑，终年不竭，落差约20米。水流从洞顶倒挂的钟乳石后缘倾泻而出，如蛟龙奔腾向前，瀑声轰隆，震耳欲聋，瀑水落地，无潭承接，水花四溅，形如细雨，寒气袭人。

朝真洞　在双龙洞以北约1公里处。传说该洞是古代石真道人炼丹栖居之地。在北山三洞中，此洞最高，洞内曲折起伏，峭壁巨峡，甚为壮观，有花瓶洞、螺丝洞、一线天等众多景点。

金华观　又叫黄大仙观、赤松观、赤松宫，始建于唐，1990年重建。观右侧有很多白色石头，形如群羊，相传这是黄大仙（黄初平）叱石羊的地方。现有山门、钟楼、爽轩、大殿等建筑。大殿内有黄大仙像。

黄大仙，名初平，东汉时人，本为牧羊人，受仙人赤松子点化，从义乌赤岸丹溪至金华山石室修炼，蒙授"叱石成羊"之术。四十年后，其兄黄初起又在高道的引导下找到黄初平，一起修炼，终于双双成仙。黄初平不忘恩师，取号赤松子。传说黄大仙成仙后化身为老人在民间广行善事，因此自宋代起历代均有加封。在香港等地，黄大仙有广泛的影响和众多的信徒。

鹿田　鹿田湖为筑坝拦水而成的人工湖，湖岸曲折，周围林木茂盛，环境清幽，风景宜人。还有鹿田书院等古迹。

八咏楼　在金华市区，面临婺江，始建于南齐隆昌元年（494年），因沈约登楼咏长歌八篇而得名，众多文人曾登楼览胜，为江南名楼，经整修已重现出当年的风采。

侍王府　侍王是太平天国后期重要将领李世贤，于1861年建造，是太平天国在浙江的指挥中心。其建筑规模之大，保存原貌之好，艺术品之多（保留的壁画就有68幅，彩绘260余方），是国内保存最完整的太平天国遗址，为研究太平天国提供了大量的史实。

仙都风景名胜区

仙都风景名胜区是国家重点风景名胜区，位于浙江省缙云县，包括鼎湖峰、小赤壁、姑妇岩、倪翁洞、芙蓉峡、马鞍山、石门、黄龙、小仙都、大洋湖、岩门、狮子岩等12个景区，300多个景点，面积116平方公里，均分布于好溪两岸。好溪是瓯江上游的一条支流，流经括苍山区，水流湍急，险滩众多，山峦起伏，仙都一带，奇山怪石处处，危崖异洞众多，山水奇秀。

2000多年来，一直传说仙都是黄帝轩辕氏炼丹升天之处，在缙云堂原址修建的黄帝祠宇是纪念黄帝飞升的建筑物。1996年又在原址重建。

仙都在缙云城东约10公里处，古称缙云山。唐代天宝七年（748年），因传这里"有彩云仙乐之异"，改为今名。道家以此为第二十九洞天。仙都历史悠久，文物古迹众多。仙都从唐代以来，游人留下100多处摩崖题记，其中唐代摩崖2处，宋代摩崖42处，占仙都摩崖总数三分之一强。另有明代摩崖23处，清代7处、民国14处以及一些年代不详者。题记内容多数为游人题诗、题名及游记等，其中不乏名人之作，如宋代苏舜元、赵汴、杨杰等人的作品，书体包括行、楷、草、隶、篆书，具有较高的艺术水平和历史价值。其中唐代乾元年间李阳冰的篆书"倪翁洞"石刻最为珍贵；宋理学家朱熹讲学的独峰书院为文人聚会之所。

姑妇岩 在缙云火车站附近，又名婆媳岩，两块巨石宛如两位妇女。民间传说这是一婆一媳，媳妇不孝顺，百般虐待婆婆，逼得婆婆欲跳水自尽，这时天公震怒，差雷神将媳妇的头劈掉，化成了现在的石景。

鼎湖峰 又称玉柱峰、玉笋峰，俗称石笋，为一巨大的石柱，靠山临水，状如春笋，拔地而起，高168米，是世界上最高的石笋之一。特别奇妙的是，石柱顶上不但林木苍翠，还有一个小湖，面积约有一间普通卧室大小，常年积水，碧如深潭。相传，此湖多生莲花，为黄帝轩辕氏炼丹升天处，留下丹鼎形成了这个湖，故称为鼎湖。南宋王十朋赞誉它："皇都归客入仙都，厌看西湖看鼎湖。"

仙水洞 在仙都鼎湖峰旁，相传是唐道士周景复修炼之所。洞中有清泉，终年不竭。此洞以宋代以来的20余处摩崖题记著名，其中有赵汴、苏舜元、孙沔、马寻等题名刻石。

小赤壁 在仙都山，练溪南岸，形如屏风，石色斑驳，白里透赤，故名。此地空气湿润，每逢雨后初晴，半壁居雾，经久不散，且飞瀑轰鸣，珠玉飞溅，形成"赤壁留云"景观。壁间横嵌一天然石廊，长70多米，俗称龙耕路，有东汉光武帝刘秀逃难至此蛟龙耕道得以脱险的神奇传说。龙耕路中段，有修筑于明隆庆年间（1567—1572年）的丹室。

步虚山 在仙都山，和鼎湖峰枋比而立，相传唐时道士周景复、刘处静在此修炼成仙，故名，为道教第二十九洞天。山上有"玉笋"、"笔架"、"牧童"诸峰和天桥，山下有唐代玉虚宫遗址。步虚山顶，平敞如坛，登顶可近观鼎湖峰顶，松柏苍劲古朴，远眺九曲练溪，澄江如练，阡陌交通，山村炊烟，宁静淡泊。

倪翁洞 由大小3个洞组成，因相传古时有姓倪的老者隐居在此而得名。洞口刻有唐李阳冰所写"倪翁洞"。洞内外和山下半壁池、君子石等处刻有宋以来题记50余处。洞前好溪蜿蜒流过，近旁还有问渔亭、五老峰、仙女照镜诸景。

独峰书院 在仙都好山之下，离缙云县城东10公里。南宋理学大师朱熹曾于庆元三年在此讲学，作诗一首："出岫孤云意自闲，不妨王事若连环。解鞍盘礴忘归去，碧涧修筠似故山。"据县志记载：南宋嘉定年间（1208—1224年）创礼殿为讲肆之所，明洪武年间（1368—1398年）废，现存独峰书院建筑，为清同治年间所建。院内有朱子祠、魁星楼等建筑，青砖白墙，与周围环境十分和谐。

芙蓉峡　与上章村隔好溪相对，涉水过溪即到峡口。峡因多芙蓉而得名。芙蓉峡长约百米，幽深狭长，抬头只见一线天光，故人称"通天弄"。

马鞍山　在仙都风景区北端，海拔千余米，山上有火山口遗迹，周围遍布火山岩，千奇百怪。主峰朝天峰，形如朝冠，高耸入云。山顶可观日出、云雾。

方岩风景名胜区

方岩风景名胜区是国家重点风景名胜区，位于浙江省永康市，由方岩山、五峰、灵岩、石鼓寮、灵山湖、刘英烈士陵园、五指岩、状元湖等八个景区组成，总面积76平方公里。

方岩山险、石怪、瀑奇、水秀，是典型的丹霞地貌。方岩山似城堡方山，飞天栈桥一夫当关，万夫莫开。五峰有岩壁洞府、飞瀑流泉。人文景观丰富，有祭祀被毛泽东称为"为官一任，造福一方"的宋代名臣胡则的胡公殿，有五峰书院、学易斋、丽泽祠，三贤堂为南宋陈亮、朱熹、吕东莱讲学著书之地，还有抗战时期省政府办公遗址和周恩来手植梧桐等。另外，方岩传统庙会别具特色。

方岩山　在永康市东23公里处，为一平地拔起的石质台地，海拔400米，四面均为悬崖绝壁，唯南面有路可上。从山脚至半山腰，建有70多步险绝的石磴，称为百步峻。在百步峻顶端建有步云亭，亭宽3.3米，进深3.5米，内有众多精美的雕刻和壁画。步云亭以上为飞桥，系凿岩架石建成的栈道，直至天门。天门以内即方岩顶，平坦开阔，面积达数百亩，建有广福寺、广慈寺、屏风阁、听泉楼等古建筑，尤其是始建于唐代的广福寺，建筑宏伟壮观。

五峰　又名寿山坑，为五座山峰环抱而成的山间坑谷，面积约有百亩，山溪淙淙，林木森森。固厚峰下，有一天然大洞，洞中依山筑楼，有五峰书院、丽泽祠、易学斋等建筑。自南宋朱熹以来，众多的名人曾在此讲学著书，留下许多胜迹。抗战时浙江省政府曾迁来此处办公。

刘英墓　在方岩程氏宗祠西南，1942年中共浙江省委书记刘英牺牲后葬在此处，1982年重修。

江郎山风景名胜区

江郎山风景名胜区是国家重点风景名胜区，位于浙江省江山市，地当浙、闽、赣要冲，面积67平方公里，分为江郎山、仙霞岭、峡里湖、老虎山四个风景区，150余个景点组成，以丹霞奇观、雄关古道为主要特色。主要景点有三石峰、洞岩钟鼓、郎峰仙道、石大门、仙居寺剑瀑、浮盖山、景星山、峡里湖、笔头峰、海螺峰等。

江郎山又名三片石，在江山市市区东南25公里处，高824米。主景区由三石峰、十八曲、塔山、中鼻峰和仙居寺等五部分组成。相传曾有江氏三兄弟登山化为巨石，故名。山顶三片巨石高350米，自北向南呈"川"字形排列，依次为：郎峰、亚峰、灵峰，

如巨笋拔地而起，色丹夺目，被誉为丹霞第一奇峰。峰间弄峡，长295米，高350米，宽仅3.5~4米，为全国最大的"一线天"之一。山上另有哈蟆石、兀鹰石、姐妹石、鸡埘弄、会仙岩等景观，多以形取名。

仙霞岭山高谷深，连绵百里，地势险要，为浙江、福建间屏障，历代兵家必争之地。唐末黄巢起义军转战至此，曾开山修道，古道遗址尚存，有目前惟一保存完整的黄巢起义遗址。

仙霞关在江山市保安镇西南，跨仙霞古道之上，现存关门四道，为入闽咽喉，向有"东南锁钥"之称。历代人文荟萃，陆游、杨万里、朱熹、袁枚、郁达夫等曾登临观光，颂诗撰文。明代徐霞客曾三次游历此地，留下游记。

景区名胜古迹众多，有饮誉东南的江郎书院，入闽咽喉的仙霞关，黄巢义军开辟的仙霞书院、仙霞古道，保留完整的廿八都明清古建筑，保持原始生产方式的宋代古瓷村，以及摩崖题刻、古塔碑林。

仙居风景名胜区

仙居风景名胜区是国家重点风景名胜区，位于浙江省仙居县，面积187平方公里，由西罨、景星、十三都、公盂、淡竹五个景区组成，景点139处。

仙居风景名胜区自然景观集"奇、险、清、幽"于一体，汇"峰、瀑、溪、林"于一地。典型的亚热带常绿阔叶林，自然度较高，地貌基本完好。具有特殊历史文化价值的古遗址、摩崖、传统民居、民间传说，使仙居更披上一层神秘色彩。

西罨寺为宋代古寺，北宋年间雪崖禅师所建，寺宇高耸，香火鼎盛。寺前翠柏茂密，清静幽深。现已倒塌成为荒台地。

双峦架日又称"剑门关"，海拔450米的山坡上有石柱、螺狮两峰，相距100米，绝壁相对高差200米。太阳初升时，光线从两峰之间射入幽深的西罨寺，并映照在两面石峰上，形象鲜明。

西罨寺坑两岸灌丛斜生，翠木林立，怪石穿空，水道曲折蜿蜒。坑内气候凉爽，河床中巨石累累，上游多有蝾螈栖息。

鸡冠岩海拔703米，同一岩体移步换形，有"金鸡报晓"、"神笔画天"、"仙翁观瀑"、"天马行空"等不同形态。

过天桥崖壁高差160米，宽400米。为流纹岩垂直节理形成下坡上崖的地貌。崖壁内岩性不同，形成一条狭长斜向凹槽，如通天栈道。

仙人首也叫"将军岩"，高十几米，面部轮廓清晰分明，嘴唇开合自然呈欲诉状。

百丈瀑位于一凹入半圆形绝壁处，枯水时似天女散花，缥缈不定。山腰小洞前自岩隙下跌，落差80米，下为黑龙潭。

浣江—五泄风景名胜区

浣江—五泄风景名胜区是国家重点风景名胜区，位于浙江省西施故里——诸暨市，总面积108平方公里，由五泄、西施故里、斗岩、汤江岩、浣江、越山六个景区、150余处景点组成。

五泄由五级飞瀑组成，另有西龙潭、毛龙潭和我国佛教曹洞宗的发祥地之一五泄禅寺。西施故里有苎萝山、蠡山、浣纱石等古迹和重建的西施殿。斗岩景区有在然大佛和狮子岩等景观，还有我国早期革命者张秋人烈士墓。汤江岩有上百处岩石洞穴景观。越山相传是越王勾践屯兵之地。浣江贯南北，田园风光。

五泄从唐代以来，就是江南的山水名胜，素有"小雁荡"之称。五泄风光以山水称奇，可谓"一山藏一山，一水叠一水"。东西两溪之间群峰起伏，争奇竞秀，松柏叠翠，四季常青，晨雾飘缈，绚丽多姿，鸟语花香，美不胜收。《水经注》称五泄是"夹溪造云壁立，凡有五泄"、"水势高激，声震林外，上泄悬百余丈，望若云垂"。唐、宋、元、明、清各朝文人学士、画家都有记载五泄风光的诗文，或称五泄山水之秀，或言五泄风景之奇。

五泄风光四季如画。春天杜鹃漫山遍野，夏天到处葱绿苍翠，秋天霜叶如丹，入冬则腊梅傲霜斗雪。真是一年四季，季季有绝妙胜景。

五泄瀑布在五泄山中，共分五级，级级相连，奔流而下，景色各异。第一泄高仅5米，但位置最高，从悬崖飞下，银光闪闪，下有两处深潭，称为大脚桶潭和小脚桶潭。第二泄高7.1米，宽5米，分两支流下，右支窄而水流集中，左支宽水流分散，瀑下深潭三面岩壁陡立。第三泄高17.8米，姿态多变，上段较窄，瀑面很陡，下段较宽，瀑布散成许许多多的大小湍流，最后汇成一处，跌入黑龙井中。第四泄高达19.7米，上段很窄，水流很急，下段较宽，急撞一突起的岩障，瀑水迸流飞射，蔚为壮观，明代文学家王思任形容它"声怒、势怒、色怒"，十分贴切。瀑布下面水潭较大，而且潭边长有很多高大树木。第五泄最为壮美，高达31.2米，如同一条玉龙，从天飞降，直泻东龙潭，卷起无数水花。明代文学家袁宏道形容它"撼山震谷，喷雪直下"。

五泄禅院是一个古老的寺院。它是唐朝元和三年（808年）灵默禅师所建，名谓"三学禅院"，唐天祐三年（906年）改为"应乾禅院"，后又改名为五泄寺。抗日战争时期，五泄寺被日军炸毁，至今遗址尚存。寺院前的银杏要数人合围，它是五泄古老文明的象征。寺院内明代书画家陈洪绶亲笔题写的"三摩地"门额，至今完好无损；另外，还有刘墉题写的"双龙湫室"匾额以及现代书画家的字画等，真是琳琅满目。这些墨宝与院内参天古木一起，成为五泄的珍贵文物。

百丈漈—飞云湖风景名胜区

百丈漈—飞云湖风景名胜区是国家重点风景名胜区，位于浙江省文成县，分百丈漈、飞云湖两大部分，由百丈漈、峡谷景廊、刘基故里、天顶湖、铜岭山峡等18个景区组成，主要景点523个，总面积500余平方公里。

风景区以瀑雄、水秀、石奇、谷幽、洞怪、潭多、峰绝、林茂以及人文景观独特而著称。百丈漈为"V"形深壑巨涧，涧长1200米，落差353米，形成三折瀑布，称头漈、二漈、三漈，高度合计300余米。头漈从207米高的千仞绝壁上直泻而下，状如银河垂地，在阳光照射下，七色虹桥腾空飞架，四周群山、峰林拔地而起，直插天际；二漈高85米，分上下二折，中有一条高2.7米、深8米、长50余米的岩廊，廊中观瀑瀑流如帘；三漈高12米，漈口宽达80余米。除百丈漈处，峡谷景廊、宋阳九峰、铜峡山峡中的曲瀑、含羞瀑、龙瀑、凹瀑、百折瀑、石林飞瀑三潭三瀑等形态各异的特色瀑布，形成瀑布之乡。百丈漈以其207米的绝对高差，横空出世，号称"天下第一瀑"；下有浅潭，面积达2亩左右，东迎石塔、南依林海、居中石滩、奇岩峙立。谷中碧潭、奇岩、秀滩目不暇接，令人拍案叫绝；石羊林海，绿浪滚滚，芊芊莽莽；飞云湖，烟波浩淼，白鹭翻飞；随着珊溪水利工程的建成而高峡出平湖，景区由猴王峡、铜岭山峡、岩门、汇溪、珊溪等部分组成，湖边树木葱茏，修竹绵绵，古村落散布其间，民风淳朴。天顶湖，有大小岛屿10余个，四周赤砂遍地，山花烂漫，雄踞山顶，水天一色。

景区内人文景观资源丰富，尤以明代开国元勋刘伯温的史迹为最，有诚意伯庙、诚意伯墓、刘基故居遗址等名胜古迹，其中诚意伯庙和墓为省级文物保护单位。

刘基故里在南田，有刘基庙、忠节祠、刘氏故宅、古城、辞岭亭、观稼亭、文昌阁等古迹。刘基（1311—1375年），字伯温，青田南田（今属文成）人，辅佐明太祖朱元璋得天下，明初任御史中丞兼太史令，封诚意伯，为明朝开国元勋，死后谥文成。附近山上有仙佁岩、石蓉洞、三叠岩等风景点。刘基墓在文成县南田乡西北夏山，墓前立有"明开国太师刘文成之墓"石碑一方。刘氏故宅在文成县南田乡新宅村，坐北朝南，背倚华盖山，占地约3000平方米，始建于明天顺三年（1459年），现存主要建筑有头门、仪门、正厅和"王佐"、"帝师"两座木牌坊。

方山—长屿硐天风景名胜区

方山—长屿硐天风景名胜区是国家重点风景名胜区，位于浙江温岭市境内，总面积26平方公里，由八仙岩、双门硐、崇国寺和野山四大景区组成。景区以古火山岩石山貌为基础，以绝壁千仞的方山火山岩台地景观和千百年来人工开采形成的硐天石文化为特色，以危崖绝壁、奇峰深谷、飞瀑溪涧、硐天风光为景观特征。

景区系北雁荡山余脉，山峦海拔在150米左右，属低山丘陵。方山是典型的火山平台，四面绝壁千仞，气势磅礴，被誉为"空中仙台"。长屿因峰峦蜿蜒起伏，犹如海上一座狭长的岛屿而得名。

八仙岩、双门硐 八仙岩景区位于凤凰山东侧，因山巅岩壁上有八块酷似八仙聚会的山岩而名。以八仙岩寺为中心，连接着石梁篆、石梁古洞、凌霄硐宫等景点。景区以硐群为主，是自南北朝以来人工开采石板取出后，留下的28个硐群，1314个形态各异的硐窟，迄今已有1500多年的历史。因依势取石，留下的石硐风景或如古钟、或如覆锅、或如桶壁、或如巨兽，千姿百态。其硐有的孤立，有的串连，有的环生相叠，有的几硐并峙，深幽曲折，雄伟险奇。硐内凝灰岩削壁成廊，天窗顶空，石架悬桥，层叠有致，变幻莫测，宛若岩石的迷宫。千姿百态的石壁长廊，完整地记录了古代采石历史和石文化的传承，富涵古今石文化精髓。位于观夕洞景区的岩洞音乐厅，不用电声设备就具有立体声效果，可用作音乐演奏。

崇国寺、野山 融合人文景观和自然景色于一体，崇国寺始建于东晋咸和年间（约公元326年），距今已有1680多年的历史。还有建于唐（618—907年）的兴教寺和道教胜地道源洞、双门洞等多个景点。为数众多的石洞嵌于山中，形成千姿百态的长廊，呈现出雄、巧、险、奇、幽特色，峭壁、巨岩、飞瀑、流泉、碧潭、幽谷、茂林、寺观、摩崖、石桥、山径、村落各具特色，引人入胜。

天姥山风景名胜区

天姥山风景名胜区是国家级风景名胜区，位于浙江省新昌县，新昌和天台交界的岗陇高地上，北起会墅岭，南至关岭，分为大佛寺、穿岩十九峰、沃洲湖三大景区构成，景点169个，其中自然景点107个，人文景点62个，面积143.13多平方公里。区内丹霞地貌、凝灰岩与玄武岩造型地貌共生，景观独特，保存有千年石窟造像、白垩纪硅化木地质遗迹，是以佛教文化、唐诗文化、茶道文化为特色，融人文景观与自然山水于一体的山岳风景名胜区。

大佛寺位于新昌县城区，由大佛寺景区、十里潜溪景区两部分组成。大佛寺创建于东晋永和初，距今已有1600多年。寺内群山环抱，山崖壁立，奇岩突兀。其中大佛开凿于南朝齐梁年间，高大巍峨，神态逼真；与之毗邻的千佛院，有1075尊小石佛，有"越国敦煌"之称。

穿岩十九峰距县城约20公里。分为十九峰景区、千丈幽谷景区、台头山景区、倒脱靴景区、韩妃江景区五个部分。融峰、谷、洞、溪、瀑为一体，山脉绵亘，台地高峻，深谷险壑，叠瀑飞泉，江流蜿蜒，是典型的丹霞地貌和国内最大的丹霞群之一。

沃洲湖在新昌县东南，分为沃州湖景区、刘门山景区、天姥山景区、三十六渡景区、东峁山景区五部分。

天姥山山势巍峨，"天台四万八千丈，对此欲倒东南倾"。会墅岭，扼天姥山北道口，岭上台地，气候高爽，炎夏无暑气。过会墅岭行五公里，是天姥主峰拨云尖，因山顶常萦绕白云而得名。北有芭蕉、班竹两大山遥遥相对，南有王会、万年、牛牯诸山蜿蜒俯伏，西南有莲花峰。群山环绕，层峦叠嶂，天姥主峰独秀其间。

天姥山是风景文化名山，晋前人迹罕至，至南朝著名旅游家谢灵运到此地游历始有名，唐李白、杜甫等追慕名贤来到此地，更是留下了《梦游天姥吟留别》和《壮游》等千古绝唱，遂使天姥山成为人们无限向往的神厅仙境，此后历代名人频频涉足天姥，留下诗文更多。

景区名寺众多，东山寺位于天姥山麓，原存有珍贵的谢灵运裸身肖像画，成化《新昌县志》载："裸体而行，须长及地，足着木屐，手执一卷，惟一布巾蔽前耳。"后寺庙被废画像也不复存在。天姥寺位于在莲花峰下，建于后周广顺元年，寺前旧有"太白梦游外"石碑。太平庵位于会墅岭，建于元。相传朱元璋击败方国珍后路经此地，经高僧劝告，整肃军纪，民得无忧，因以"太平"名庵。寺旁多竹，明文学家王季重记："竹俱汲桶大，碧骨雨寒，而毛叶离葹，不啻云凤之尾。"

景区古驿道风貌依稀，位于桃源乡班竹村，会墅岭及儒岙镇冷水坑村。班竹村口旧驿道上，有石拱桥一座司马悔桥，高约 10 米，宽 3 米，长 8 米，为清代重修。桥东原有司马庙，官吏至此要落马下轿，名落马桥。万马渡位于在万年山麓的报国乡雪家坑村，河滩上巨石遍布，长 3 公里，宽数十米，气势磅礴。摩崖石刻有明万历间吴献辰书"万马渡"三大字。

刘门山位于县东南 15 公里桃源乡境内，居沃洲、天姥间，群峰攒簇，烟霭迷离，因刘、阮遇仙故事而名声大噪，历代名士多为此留下华章，尤以元曲大家马致远杂剧《刘阮上天台》"前度刘郎"最为有名。刘门山麓，有桃树坞、刘门坞，存有阮公坛、迎仙阁、刘阮庙等古迹遗址，山下有惆怅溪，亦名桃源江。山有古时采药小径，曲径盘桓长 4 公里，旁有仙人洞，深 10 米，高 8 米，藤蔓覆盖，难以通行。

景区自然景观壮美，历史文化深厚，具有较高的游览观赏价值。

仙华山风景名胜区

仙华山风景名胜区位于浙江省浦江县，由仙华、宝掌幽谷、左溪、郑义门—玄鹿四个景区、120 个景点组成，面积 55 平方公里。

仙华山在浦江县城北 5 公里，俗名仙姑山，高约 500 米，拔地而起，奇形伟观，峰林密集，在 1 平方公里内高于 600 米的石峰 21 座。浦阳江水如白龙蜿蜒，盘绕于前。主峰少女峰，山势如五笔朝天，芝掌浮空，相传轩辕黄帝幼女修真得道于此，故名。前人称此山为"天地间秀绝之区"。

仙华山西面西安山，又名西庵，群峦峭石，南北山腰相峙处，甘泉一缕，飞瀑悬空，名为龙门。麓坪旧有山村，元明之际宋濂到仙华山当道士，在此结庐修道。

宝掌幽谷为隋唐中印度高僧宝掌禅师行尽支那四百州后栖禅挂锡地。

左溪山是玄朗大师的修观灵山。

郑义门为"中国古代家族文化"的典范，在浦江县郑宅镇。郑氏自宋至元逐渐形成了一个聚族而居的江南大族。郑氏以"孝义"治家，九世同堂，号称"郑氏义门"。自宋迄明，三朝旌表，明太祖赐封"江南第一家"，至今郑氏《家规》、《家仪》齐全。现存郑氏义门祠堂，初建于元代，清康熙二十八年（1689 年）扩建成现存规模。嘉庆三年（1798 年）重建。祠内存元相脱脱题"白侯溪"碑，明万历"六侯锡祭之碑"，明崇祯"宋文宪公祠碑记"及清代碑刻多方。镇内有孝感泉、建文井，"一门尚义九世同居"碑亭，都是宣传孝义忠君的胜迹。

天荒坪风景名胜区

天荒坪风景名胜区位于浙江省安吉县，由竹海、灵峰、天荒坪等三个景区、100 余处景点组成，总面积 65 平方公里。

安吉县是中国的著名竹乡，竹海浩瀚，绵延600余平方公里，四季萃郁，自然景观特色十分鲜明。天荒坪风景名胜区包括了其中竹海景观最为典型、同时兼有其他多种类型风景名胜资源的区域。该景区以大系峡谷为主体，两岸高山对峙，翠岩环耸；谷底大系奔流，顽石遍布。满山是浩瀚的竹海森林，林间是潺潺的溪涧，雨后群瀑纷飞，冬来冰凌晶莹。山顶有旷坪百顷，亚洲最大的抽水蓄能电站的上水库就建在这里。区内竹种繁多，有龟甲、佛肚、斑竹、紫竹、方竹、黄金嵌碧玉等珍贵品种，周长达70厘米以上的"毛竹王"数不胜数，区内的竹种园和中国竹子博物馆，收集了我国十一个省市的二百余个竹子品种，是开展竹类研究、教学和提供竹种的理想基地。区内出产的"白茶"，是一种珍贵的稀有茶种。另外有五女泉、瀑布谷、仙人天桥、溶洞群、仙首岩等珍贵的自然景观和新四军苏浙军区司令部、千年古刹灵峰寺、龙庆庵等人文景观。

灵峰寺在灵峰山，始建于五代后梁开平元年（907年），历代多次毁坏、重建。现存建筑有山门、藏经楼、厢房等，还有重建灵峰寺碑、明道人智旭碑、范公云碑、灵峰百福寺碑记等多块碑刻。寺前古树参天，后山竹木茂盛，环境清幽。

安徽省

黄山风景名胜区

　　黄山风景名胜区位于安徽省黄山市,是第一批国家重点风景名胜区,被联合国教科文组织列为世界自然文化遗产。

　　黄山位于黄山市北部,方圆250公里,以奇松、怪石、云海、温泉四绝著名,有"五岳归来不看山,黄山归来不看岳"之称。

　　黄山的奇石往往离不开苍劲虬曲的黄山松,许多著名的景点就是由怪石与奇松共同组合奇景。造型优美、各逞其态的黄山松,构成了"丹崖翠壑千丈画"的黄山美景,其中最出类拔萃的是十大名松:玉屏楼东文殊洞顶的迎客松已成为友谊的象征,玉屏楼下莲花沟旁的蒲团松,鳌鱼峰下高一米多的凤凰松,天都峰顶的探海松,狮子林前的麒麟松,散花精舍东面的黑虎松,始信峰下的连理松、龙爪松,始信峰上的接引松和石笋矼的卧龙松。

　　黄山"四绝"中以云海最为瑰丽神奇,具有神秘的动态美。观赏云海的地点应随云的顶层高度而异。当云顶高度在1600米以下时,以玉屏楼观南海,清凉台观北海,白鹅岭观东海,排云亭观西海,平天矼观天海为最佳;若云顶高度介于1600~1800米之间时,就需要登上黄山三大主峰,才可以纵览五大云海这磅礴奇观。位于狮子峰脚,海拔1700米的清凉台是黄山后山观云海的最佳处,也是看日出的理想场所。由于云海的衬托,黄山日出景观显得别具一格。

　　黄山大体上以平天矼为界分为前山和后山两大部分。矼南通称前山,包括天海和前海;矼北概属后山,包括后海、西海及东海北部。

　　前山雄伟险峻,突兀峥嵘,海拔1000米以上的高峰群集于此,拥有著名的三大主峰,即第一高峰莲花峰、峰顶平坦的光明顶和奇险难登的天都峰,是风景区的精华所在。后山的旅游路线以北海宾馆为中心,西到排云亭、飞来石和西海诸峰,东抵始信峰和石笋矼,向北则达松谷庵和芙蓉岭,以清凉幽静、深潭碧池的特色,构成了别具风韵的后山风光。

黄山温泉区　位于黄山南麓,目前是黄山旅游的接待中心,这里别墅成群,楼阁遍布。紫云峰下的桃花溪水声淙淙,溪上的名泉桥车水马龙。这里可以浴汤池、听流泉、观飞瀑。

　　黄山温泉古称汤泉,它以神秘的神话传说和特异的医疗功能而誉满神州。流传最广影响最大的传说就是黄帝在这里浸浴七天,全身皱皮脱落随水流去,然后乘龙升天的故事。黄山温泉能帮助旅游者涤污去尘、消除疲劳,对某些疾病具有一定疗效。黄山宾馆温泉主要含碳酸氢成分，属重碳酸盐泉。矿化度低，属于淡温泉。平均水温42℃，水质优纯，无色无臭，清澈甘醇，可饮可浴。

与汤泉同样引人入胜的还有温泉风景区的旖旎风光与飞瀑流泉。在温泉宾馆左侧不远的山路上，还有一座六方翘角、顶覆琉璃的观瀑亭，它是专门为观赏黄山三大名瀑之一的"百丈瀑"而兴建起来的。

百丈瀑在清潭、紫云两峰间，飞泉倾泻，势如银河天降。人字瀑在温泉疗养院后的紫石、朱砂两峰之间，背后是天都峰，故又称"天都瀑布"、"飞雨泉"，瀑布分左右两支飞泻而下，远望恰如一个巨大的人字。

猴谷 在黄山南大门东南，车行5公里即到。这猴谷是黄山12群短尾猴中一群的栖息地。黄山短尾猴是举世闻名的灵长类濒危珍稀动物，是猴家族中体形最大、尾巴最短的一种。它与人类的血缘关系较近。这个猴群平时在周围的群山中游戏，每天四次投食时自动全部回归，此时游人才可欣赏到这个猴群社会。

天都峰 为黄山三大主峰中最险峻者。要沿着坡度70°以上、窄仅容身、宽不盈足的由1564级台阶构成的"天梯"拾级而上，并非易事，令人有"难于上青天"之感。攀登途中立有一道刻有"天上玉屏"的石屏风。在云飞雾绕之中朝北望去，只见邻近耕云峰上两块长石横架山顶，像两个犁尖在耕云犁雾。再远观右前方的石笋矼，已经变成了"羊子过江"、"仙人飘海"等一系列奇景。过"天上玉屏"，又有一巨石横架山梁，石上白云浮腾，石下茫茫一片，人称天桥。前面悬崖上有一古松引体伸向前海，犹如苍龙探海，故称探海松。从"天桥"南端越过"之"字形的石阶，便爬上了天都峰上最惊险的"鲫鱼背"，这是一段长约十余米、宽仅一米，两侧凌空、下临深渊的石质刃脊，前人所谓"天都欲上路难通"，指的就是这一段。过鲫鱼背还要穿过三个石洞才能抵天都峰顶，过第一个石洞时，回首返顾，只见洞顶有三个形似石桃的圆石，传说是孙悟空从天上扔下仙桃变成的"仙桃石"，实际上是花岗岩经过球状风化的产物。第二个洞较大，可容百余人，向称石室，室外有块石头像醉仙斜卧洞外，取名"仙人把洞门"。穿过三个石洞，便到达海拔1810米的天都峰顶。峰顶一面高约数十米的石壁上刻有"登峰造极"四个大字。站在顶平如掌的天都峰巅，无限风光，顿使人们心旷神怡。现从半山寺有一条全长2公里，绕过鲫鱼背的登山新道，沿途风光依旧而登顶难度减轻。

一线天 从天都峰顶下来，顺磴道往文殊院方向北上，经小心坡、蒲团石、渡仙桥诸景点可达沿垂直裂隙风化而成的"一线天"奇境。这是一条狭长的石巷，高达30余米的两侧石壁紧紧夹峙，壁下有80余级高低不平的石阶

铺砌其中,最宽处两米,窄处只有半米,仅容一人通行。仰望长空,蓝天一线,因而得名"一线天"。其规模之巨大、景色之奇特为国内所罕见。过一线天,回头一望,眼前出现了三座参差不齐、直立如笋的石柱,石上奇松挺立,白云萦回其间,石尖微露,有如海上仙山,故名蓬莱三岛。

玉屏楼 又叫文殊院。站在玉屏楼前文殊台上可以饱览两峰秀色:左看天都,近乎垂直的金字塔形,右看莲花,整个山体就像一朵"突兀撑青穹"的盛开芙蓉。玉屏楼地处黄山三大主峰的中心,这里几乎集黄山奇景之大成,徐霞客把这里称为"黄山绝胜处"。迎客松在玉屏楼,树围130厘米,高10多米,树冠约90平方米,平伸"双臂",似在热情洋溢地欢迎远道而来的嘉宾。

莲花峰 海拔1873米,是安徽省第一高峰,融雄伟俏丽于一体,是当之无愧的"菡萏金芙蓉"。峰顶为一个中心低凹四周隆起的石槽,名曰石船,实际上是一个瞭望台,登台远眺,群峰俯首。

由莲花峰返回莲花岭往北行,攀越百余级石磴的"百步云梯",经过"老僧入定"奇石,穿过惟妙惟肖的鳌鱼洞,就进入位居"四海"之中的"天海"。

光明顶 在离天海不远处,海拔1841米,为黄山第二高峰。峰顶曾多次出现与峨眉"宝光"类似的"佛光"现象,因而被命名为光明顶。光明顶地势高旷,所以是看日出、观云海的极佳处所。

光明顶西去,过平天矼,就看到了变幻莫测的西海群峰。每当云雾萦绕,层层叠叠的峰峦时隐时现,酷像浩瀚海洋中的无数岛屿。较著名的山峰有双笋峰、石床峰、尖刀峰和飞来峰等。

排云亭 在西海群峰的北侧,亭前有铁索石栏,西临深壑,形势险峻。坐在亭上可以观赏西海的排云叠浪景色,故有排云亭之称。排云亭前面有深直的峡谷,峡谷西侧苍松青翠,绝壁摩天,谷地中间群峰参差,怪石嶙峋。视野所及可以观赏到仙人晒靴、天女散花、武松打虎、仙人踩高跷和猫头鹰、天犬、牌坊峰、手指峰等一系列名神形绝的石景奇观。

西海步仙桥 在排云亭看到的西海,现已开发为一个新景区,从天海直下西海,共有六个观景台,十处泉水,五十一个景点,全长10余华里,5000多级台阶,山、水、松、石、桥、路,步移景换,美不胜收。重要景点有壁桂松、人间天上、天鸡下蛋、镇海威灵、金丝待哺、悟空跳板、琼瑶仙境、仙人双洞、步仙桥、一步桥、佛光普照、龙蛇道、童子戏鸭等。

北海宾馆 由排云亭向东可抵北海宾馆。这里海拔1700余米,夏季极为凉爽。登楼倚窗可以尽情观赏峰峦怪石、花卉奇松、云海日出和晚霞夕照等天然美景。

宾馆对面是雄伟的狮子峰,狮首有丹霞峰,腰上有清凉台,狮尾有曙光亭。南坡有一古庙称狮林精舍或狮子林。附近森林茂密,古树参天,有麒麟、宝塔等奇松和蒲团、凤凰等古柏,向有"没到狮子峰,不见黄山踪"的盛誉。

北海宾馆右侧有一圆形平台,台前是被誉为"风景橱窗"的散花坞。每当春夏之际,这里繁花似锦,艳丽绝伦。散花坞实际上是个宽谷,谷中峰峦参差,著名的梦笔生花、笔架峰、骆驼石、飞来石和上升峰等错列其间。

北海宾馆为中心的地区,东起始信峰,西至排云亭,南抵飞来石,是全山巧石最集中、造型最奇特的一个石景荟萃区。最著名的是"梦笔生花"。在观景台上可以看见松海中耸立着一座独立的石柱,下部直如笔杆，上端酷似笔尖，笔杆与笔尖之间夹一石缝，"笔尖"的顶端还长出一株奇异的古松，这就是石笔所生的"花"。"梦笔生花"一词出典于"李太白少时，梦所用之笔头上生花，后天才赡逸，名闻天下"。在笔峰的对面，俨然是一个惟妙惟肖的笔架，故而得名"笔架峰"。其他如"骆驼石"、"飞来石"、"姜太公钓鱼"、"猪八戒吃西瓜"、"猴子望太平"（猴子观海）和尖顶圆锥形的上升峰等都是后山较有名气的造型石景。

北海宾馆东方的石笋矼，号称黄山第一奇观。矼上一根根石柱参差林立，如同雨后春笋，称为"十八罗汉朝南海"。

清凉台 位于狮子峰脚，海拔1700米，是黄山后山观云海的最佳处，也是看日出的理想场所。

始信峰 峰顶被一道巨大的垂直裂隙一分为二，两侧陡壁高约一百多米，间距3米左右，一座称为仙人桥或称渡仙桥的小桥横跨其上。桥畔石隙间一株古松独"臂"长伸，好像在接引游人过桥，这就是历史上著名的接引松。过仙人桥再上即至始信峰顶，这是一个弯曲的平台，台上奇松巧石，充满诗情画意。在始信峰顶凭栏环顾，只见对面的上升、石笋二峰前面有一排怪石，它们与奇松搭伴，构成了令人遐想的奇景异观。远眺仙人峰和后山诸峰，更是峰峦重叠、奇石竞巧，松云掩映、层次分明。特别是隔溪相望的石笋矼，石柱林立，形同竹笋，千姿百态，如人似仙，呈现出独树一帜的石林奇观。每当黎明破晓，旭日东升，朝霞遍染群峰，烟云弥漫深壑，远方峰峦微露，胜似蓬莱仙境。"岂有此理，说也不信；真正绝妙，到此方知"的对联，生动说明了始信峰得名的由来。正由于黄山"三奇"毕聚于此，天然奇景概览无遗，因此始信峰几乎成为黄山的一个缩影。

松谷庵 始建于宋代，明代重修，位于一个比较开阔的山间谷地之中，背倚叠嶂峰，面临松谷溪，庵前翠竹如海，诸潭环布，景色清幽。自北海宾馆到松谷庵约10公里的路程中，沿途茂林修竹，植被繁盛。

五龙潭和翡翠池 在后山松谷溪旁，星罗棋布着六个著名的池潭，由山洪长年冲蚀形成。依其水色、深浅的差别分别称作赤龙潭、青龙潭、乌龙潭、白龙潭和老龙潭，合称"五龙潭"。另有一个面积较大的潭以水深形美而得名"翡翠池"。这六个各具风姿的池潭中，以乌龙潭、翡翠池和老龙潭的景色尤为佳丽。

九龙瀑 位于云谷寺和苦竹溪之间，在香炉、罗汉两峰间的悬崖上九折而下，一折一潭，九瀑九潭，九龙潭即由此得名。每逢大雨之后，瀑水从天而降，流而复折，折而复聚，每折"百余尺"，悬于千仞绝壁之上，宛如九条白龙腾空飞舞，气势雄伟，姿态美妙，被誉为黄山三大名瀑之冠。

九华山风景名胜区

九华山风景名胜区是国家重点风景名胜区，位于安徽省青阳县。

九华山素有九十九峰之称，主峰十王峰高1342米，从铜陵以南的江中遥望，山形犹如莲花，李白形容它"天河挂绿水，秀出九芙蓉"。九华山历史悠久，富有浓厚的佛教特色，是中国四大佛教名山之一，故有"莲花佛国"之称。

五溪 五溪桥是九华山的北大门。它以独特的山光水影，构成了著名的九华十景之一——五溪山色。由五溪桥经二圣殿过永丰桥到碧桃崖，可以看到著名的碧桃瀑布。碧桃崖高200米，瀑大而长，是九华山第一大瀑布。

舒姑泉 从碧桃崖东行，经枕月峰到翠盖峰下，有一泉三潭，相传为舒姑化鲤之处，故称"舒姑泉"。舒姑泉实际上也是一条瀑布，两块凸出的巨岩使瀑布分为三级，每级都有较大的落差，由于瀑布不断地冲击谷底，终于形成了三个晶莹碧透的深潭，这就是地质学上所称的"壶穴"，自上而下分别称为上雪潭、下雪潭和璎珞潭。

甘露寺 半山腰的定心石旁，巍然屹立着一座依山而建的高大寺庙——甘露寺。在甘露寺东边不远的倚山临涧之处有一个观池台，登台东望，只见一条瀑布从峭立的山峰之间飞往涧底，这就是著名的龙池飞瀑。

九华街 是号称"佛国仙城"的九华山庙宇寺庵的萃集之区。二十余座寺庙分布在2.5平方公里的盆地之中。围绕化城寺，九华盆地中寺庙林立，古迹遍布，其著名的有：祇园寺、旃檀林、龙庵、立庵、钟楼、百岁宫、百岁宫下院、太白书院、长生庵、天池庵、净土庵、华天寺、聚龙寺、双溪精舍、金沙泉、东崖云舫等20余处。其中祇园寺、百岁宫、东崖寺是与山前甘露寺并称为九华山四大丛林的大型寺庙建筑群。

化城寺 位居盆地中心，始建于唐代肃宗至德二年（757年），781年正式辟为地藏道场，香火特盛，鼎盛时期全寺僧人达三四千人，相传农历七月三十日为地藏诞辰日，每年这一天广场上挤满了朝山拜佛的香客，人山人海热闹异常。

祇园寺 位于化城寺东面的东崖西麓。规模为全山寺院之冠。全寺有前殿、中殿和大雄宝殿（后殿）三进，前殿轴线与中后殿轴线成45度交角，呈不对称的平面布局。在大雄宝殿中，莲花台上端坐着三尊贴金大佛。均高达六七米，大佛背后为巨型海岛彩绘壁雕，殿后僧房众多，布局灵巧合理，因地制宜。

百岁宫 又名万年禅寺，建在东崖之巅的摩空岭上。寺依山而建，殿宇巍峨，上下五层楼阁曲折相通，整座建筑群是利用天然岩石与土木建筑相结合的一个杰出范例。东壁以悬崖为基，在山顶上盖起九十九间半殿宇和僧房。明万历年间，河北宛平僧海玉（号无瑕禅师）圆寂后装金的肉身至今仍完好地端坐在该寺肉身殿的莲台之上，长期暴露于空气中达350余年而安然无恙。

中闵园 从九华盆地往东南拾级而上，登上回香阁岭，路旁有一棵高达25米、树径只有15厘米的细长劲松，它"左臂"长伸，是九华山的"迎客松"。过岭徐徐而下，便进入了地形比较开阔的中闵园谷地。遍谷秀竹摇曳，构成九华胜景之一的"闵园竹海"，在松林竹海之间点缀着华严洞、海会寺、潮音静舍、香山茅蓬、九华莲社等20余座民居式尼庵和农舆。可以到九华莲社路旁领略遐迩闻名的"凤凰松"的神采风姿。

天台顶 登天台顶是九华山游山高潮的顶峰。从中闵园向上登山可上海拔1320米的天台正顶。峰顶有始建于明代的地藏禅林，寺入口处有万级陡峭石阶像天梯一样直泻而下，寺左边是一个长100米，宽2～3米的山脊叫青龙背。天台峰顶有面积20平方米的平台，台上有捧日亭。亭呈六角形，前立铁鼎，有铁栏环护，这里是观九华全景、看云海日出的最佳处所。天台峰最高处名云峡，两岩壁立如门，上窄下宽，故名"一线天"。

天柱山风景名胜区

天柱山风景名胜区是国家重点风景名胜区，位于安徽省潜山、岳西两县，面积83平方公里，划为梅城、野寨、玉镜、马祖、良药、东关、飞来、主峰等8个景区。

天柱山是霍山山脉主峰，因山有天柱峰，突出云霄，耸拔千仞，如柱倚天，故得名"天柱山"，还曾有潜山、皖山、皖公山、万岁山等名称。汉武帝曾登临天柱山，封为南岳。天柱山经过几千万年的风化侵蚀，花岗岩岩体被雕塑成奇形怪状，使天柱山具有"峰无不奇、石无不怪、洞无不杳、泉无不吼"的绮丽山岳风光。境内有名奇峰四十二，无名奇峰八十四，还有十八岭、二十三洞、十六岩、十七崖、七关、八池、三川、二溪、四十八寨以及许多名胜古迹，以雄、奇、灵、秀的自然景色吸引着古今游人，被誉为江淮名山。

天柱山地处亚热带、气候温湿，动植物种类丰富。珍贵树种有香果树、银杏、三尖杉，特别是成片的珍珠黄杨与云锦杜鹃，伴生于海拔1000米地带，形成高山特殊景观。珍贵中药材有石斛、灵芝、天麻、白术、茯苓等；云雾茶在唐宋时已负盛名。野生动物有豹、野猪、山羊、斑狗、獐、花面狸、琴鸟、四声杜鹃、娃娃鱼等。

野寨景区 位于天柱山南麓，前临清澈的潜水和洁净的河滨沙滩，后为绿荫婆娑的千年古刹三祖寺，旁有北宋诗人黄山谷读书处的"涪翁台"和石牛古洞。石牛古洞的清泉旁，有如牛大石，横溪而卧，石上有两个蹄印，相传北宋诗人、书法家黄庭坚（山谷）曾在此石读书。这里环境幽静，自古就有"靡靡谷"、"滚滚泉"、"天下奇观"、"人间乐园"之称。自唐代长庆以后至今约1200年来，在古牛石洞的夹溪石壁上，游士的铭刻代代无间，故今日诗词满壁，几无隙石。目前完好无损的尚有300余处，小字盈寸，大字三尺见方，行、楷、隶、篆、草各体齐全，刚劲雄浑、逸秀、圆润，各见其长，如同一条书法艺术长廊，蔚为壮观。

马祖、良药景区 在马祖庵一带，附近有马祖洞、雪崖瀑、激水瀑、猪头石、霹雳石、良药坪、炼丹台、莲花洞等胜景。这里视野开阔，遥望天柱诸峰，高插云表，如出水芙蓉置于云海之中，时隐时现。近处的天书、降丹、天蛙三峰成鼎立之势，峰形各异；天蛙峰顶覆盖一石，形似蛙状，仰头张口作跃鸣之姿，十分逼真。香子峰上的猪头石，像是张口拱食西瓜，人们把此巧景称为"猪八戒吃西瓜"。还有那霹雳石，色苍润，形浑圆，嵯峨巨大，一线中开，宽尺许，上下匀齐，如切瓜果，俗称雷打石。

东关景区 有天柱奇观"天柱晴雪"，还有许多奇峰、怪石、奇松。站在青龙涧山峦之间南望，只见翠绿古松之上有"白雪皑皑"的山峰，而且千年不化，四季可见。特别是在骄阳照射下，那晶莹玉洁的山峰光彩夺目，月夜观赏，犹如天空琼瑶，清辉袭人。原来山峰上是石英砂体白而发亮，在阳光的照射下闪闪发光，看上去就像"雪山"一样美妙。这里的天狮峰，为天柱山的第三高峰，形如猛狮，峰顶巨石似狮口伸出的舌头，形态逼真，引人入胜，此外还有迎真、鼓锤等奇峰。天柱奇松有迎客松、姊妹松等。松石相趣，美不胜收。

飞来、主峰景区 这两个景区紧紧相连，是天柱山胜景精华所在。这里群峰竞秀，怪石嵯峨，高山平湖，洞谷深幽。有五指、莲花、御珠、飞来、天柱等23座海拔1000米以上高峰；有炼丹湖、神秘谷等胜景；有似人似动物的怪石和千姿百态的奇松。

炼丹湖海拔1100米，面积20000多平方米，是一座大型高山人工湖。它像一颗明珠镶嵌在群山之间，给天柱山增添了璀璨的光彩和诱人的魅力。大坝高18米，长百米，下游是百丈峡谷，终年湖水喷泻而下，组成一幅巨大飞瀑水帘，珠玉四溅，奇特瑰丽。

神秘谷位于飞来峰与天池峰之间，这是海拔1100米，深500多米，全长450米的峡谷，由各种形状的自然岩石堆垒而成。入洞顿觉寒风飕飕，凉气袭人，左拐右旋如入迷宫，匍匐前行，偶见一线阳光，灿如金蛇。扶石而上，即是天桥，过天桥而下又是一洞，入洞20米，一边是石滑如刀，一边是流水潺潺，恰似龙宫世界。千回百折，又见大洞套小洞，洞洞景色不一，幽深莫测。

飞来峰险峻挺拔，气势宏伟，为天柱山第二高峰。峰顶有巨石，浑圆如盖，形如石冠，盖在飞来峰顶上，故称"飞来石"。登上天池峰顶，有顶天立地之感，只见这里莽莽苍苍、云遮雾绕的远近奇峰，好似进入飘然仙境。天池峰顶峭石陡壁，忽开两岩，中间架着高悬云天的两道约五尺多长的石桥叫渡仙桥，又名试心桥，桥下，千丈绝壑，万寻深渊。渡桥时，有兴者往来疾步，心旷神怡，胆怯的左顾右盼，寸步难移，试心桥便由此得名。峰顶上有水池两口，一方一圆，方者五尺，传为仙女浴池，小者不到一尺，传为天女脸盆，池水清澈见底，终年不干。穿过渡仙桥，峰顶对面就是天柱峰。

天柱峰又名朝阳峰、司命峰，因峰顶如层塔，直如笋尖，故俗称"笋子尖"。天柱峰海拔1488米，凌空耸立，一柱擎天，直插云霄，气势磅礴，雄奇天下，有摩崖石刻"孤立擎霄"、"中天一柱"八个大字横书其上，"顶天立地"四个大字直书其下。

琅琊山风景名胜区

琅琊山风景名胜区是国家重点风景名胜区，位于安徽省滁州市，包括琅琊山、城西湖、姑山湖、三古等四大景区，面积115平方公里。

琅琊山主要山峰有摩陀岭、凤凰山、大丰山、小丰山等，以茂林、幽洞、碧湖、流泉为主要景观特色。琅琊山人文景观丰富，有始建于唐代的琅琊寺。醉翁亭为我国四大名亭之一，它和丰乐亭都因镌有欧阳修文、苏东坡字而著名。三古景区（古关隘、古驿道、古战场）、卜家墩古遗址留下了大量的古迹和文物。此外著名碑碣有唐代吴道子画观音像，唐代李幼卿等摩崖石刻，元代数百处摩崖石刻等。区内动植物种类繁多，乔木树种有327种。

琅琊山在滁州市区西南5公里处，古称摩陀岭，西晋伐吴时琅琊王司马伷曾经驻兵于此，因而得名。最高峰317米。山中有唐建琅琊寺、宋建醉翁亭等古建筑群，唐、宋以来摩崖、碑刻数百处，以及酿泉、归云洞、雪鸿洞、石上松、无梁殿、南天门诸胜迹。琳宫梵宇，隐伏山际，茂林深树，景色清幽，古有

"蓬莱之后无别山"称誉,为历史上有名的风景区。唐代韦应物,宋代欧阳修、曾巩、苏轼,明代宋濂等名家,均有诗文纪其胜。

醉翁亭 在琅琊山中。北宋庆历六年(1046年)欧阳修任滁州知州时,山僧智仙建亭于酿泉旁,以为游息之所,欧阳修登亭饮酒,"饮少辄醉",故名醉翁亭,自号"醉翁",并撰脍炙人口的《醉翁亭记》以记其事。亭屡经废兴。布局严谨小巧,曲折幽深,富有诗情画意。亭周围有二贤堂、冯公祠、古梅亭、怡亭、意在亭、九曲流觞、醒园等胜迹。醉翁亭中壁上有苏东坡手书《醉翁亭记》全文,笔法遒劲有力,豪气奔放。亭前有酿泉,泉眼旁用石块砌成方池,水池1米见方,池深0.67米。酿泉水温终年保持在17~18℃。泉旁是长流不息的山溪。

醉翁亭一带的建筑,布局紧凑别致,亭台小巧独特,面积不到1000平方米,却有九处互不雷同的景致。醉翁亭、宝宋斋、冯公祠、古梅亭、影香亭、怡亭、意在亭、古梅台、览余台,风格各异,人称"醉翁九景",显示了古代劳动人民高超的建筑艺术。

琅琊寺 依山傍林,建筑雄伟,月洞形山门上书"琅琊胜景"四个大字。寺内最大的建筑是大雄宝殿和藏经楼。大雄宝殿高14米,雕梁画栋,殿内塑有如来佛、观世音、十八罗汉,个个栩栩如生。藏经楼建在寺院的最高处,相传唐玄奘从印度取经回来,曾将一部贝叶经藏于此处。寺院大部分是民国初年重修的,除了部分明代建筑外,还有唐碑、宋刻,具有较高的历史文物价值。

寺院东有松、竹、梅三友亭和濯缨泉,泉池约两米见方,3米多深,泉壁上刻有"濯缨"二字,是明代嘉靖年间郑大同所制。"濯缨",原意为洗涤系帽子的丝带,后用以表示避世隐居或清高自守之意。濯缨泉水晶莹澄澈,甘甜可口,常年喷涌不绝。

藏经楼后半山腰有雪鸿洞,洞口危石为门,危石上有两株古朴多姿的榆树。洞的正面有一个大"佛"字,另有两块石刻,一块为"丙子面壁处",另一块有3米多高,上刻"南无释迦牟尼",字大如斗,相传为宋太祖赵匡胤所写。洞内四壁及顶部皆为巨石,奇险嶙峋,深奥莫测。雪鸿洞上面不远处便是归云洞。山洞"石峦离立,如斧削刀截。巨石横门,欹危如坠。朝雾暮云,迷离缥缈,故名'归云'。"此间一向为游人必到之处,历代有许多骚人墨客赋诗题赞。

齐云山风景名胜区

齐云山风景名胜区是国家重点风景名胜区,在安徽省休宁县城西15公里处,面积110平方公里。

齐云山海拔1000多米,因"齐云一石插天,直入霄汉,直可与云齐也"而得名。山体东西延伸,西为岐山(又名石桥岩),东为白岳岭(又名白岳山),统称齐云山。主要风景点在东部一带。

齐云山石壁峭立,群峰罗列,有三十六奇峰,七十二怪崖,山体是由紫红色砂岩构成,色彩斑斓,峰崖形态与北面黄山迥然不同;洞涧无数,风景优美。齐云山气候温和,植物资源十分丰富,有各种木本植物560种,还有多种珍稀动物。

齐云山自唐代元和四年(809年)在山中建石门寺以来,山中佛道建筑日多,两教艺术各放异彩。明嘉靖皇帝还曾钦

敕在山中造宫阙，赐匾额。现存有历代道教绘画、雕刻佛像、碑刻数以千计。清乾隆帝巡游江南时，称赞齐云山为"天下无双胜境，江南第一名山"。

从横江登封桥开始游齐云山。过桥先见到入门石牌坊，到望仙亭。一天门是一象鼻状峭崖，形状奇特，也称象门。过了一天门就算进了齐云山。进一天门，可望见对面崖壁上"天开神象"四个摩崖大字，岩下有清池，称碧莲池，崖上有飞泉下泻，称珍珠帘。崖壁上石刻无数，书法流派美不胜收。过二天门和三天门后即到月华街和太素宫。

月华街 位于齐云山中，为山中旅游集散地和主要风景区。街道中心有一弯月形水池，名叫月华池。月华街上街道、宫观、道院、民居融合一体，最著名的是太素宫。

太素宫 为明嘉靖皇帝敕建的宫阙，有御制"齐云山玄天太素宫碑"。这组建筑背倚齐云岩、玉屏峰，钟、鼓二峰分列左右。宫前香炉峰拔地而起，虽不很高，却四无依靠。原顶上有铁檐亭。太素宫原二进，正殿五间重檐绿瓦，富丽辉煌。现虽毁，留下的柱基残垣依然让人想到当年的容貌。宫西有舍身崖。宫对面峭崖间隐洞如壶，倚山有岩洞小屋，称"小壶天"。其入口大门亦呈壶形。小壶天上覆悬崖，称"退思岩"。室内有石桌石几，凿石引泉入室，顺石几流淌，称"一线泉"。在此间品茶小憩，有飘飘欲仙之感。退思岩上又有一组道观建筑，布局上下错落，极富变化。

紫霄岩 由退思岩再西行，到紫霄岩。紫霄岩下为玉虚宫。紫霄岩形势极险，"壁立五百余仞，势欲压。过之者足未涉而气已夺。"崖壁上有"紫霄岩"三字石刻。崖前有一石，肖骆驼，称紫驼峰。

岩下玉虚宫为明正德年间所建，上有飞泉下注。宫有三门，前有石牌坊。著名的唐寅碑立于宫侧。唐寅为明代著名书画家，他亲自为齐云山撰书碑文，名叫《紫霄宫玄帝碑铭》，在书法艺术上有较高价值。现在，玉虚宫基本上坍圮，唐寅碑还完好地保存着。

紫云洞又称西天门，有五老峰、三姑峰等山峰。过此还有一系列景点，一直到石桥岩。石桥岩即岐山，唐元和年间所建的石门寺在此。附近还有斓锦岩、天泉岩、天泉书院等名胜。

方腊寨 从西天门西南行可到方腊寨。寨系一山洞，洞内有石桌石椅，相传北宋方腊起义军曾驻军于此。洞右上角有一小洞，可容二三人，传为方腊住所。出寨可到方腊洞。

巢湖风景名胜区

巢湖风景名胜区是国家重点风景名胜区，位于安徽省巢湖地区内，由巢湖东半湖及湖滨地区和太湖山组成，总面积1072.5平方公里。

巢湖位于安徽省中部，地处江淮丘陵，面积820平方公里，是我国著名的五大淡水湖之一。巢湖湖面开阔，波平浪静，水天一色，壮阔雄浑。湖四周群山秀雅，湖中小岛错落，又显得妩媚秀丽。湖中水产资源丰富，有著名的银鱼、金甲红毛大螃蟹。

半汤温泉位于汤山山麓，二泉一冷一热，合流一处，故名。泉水终年不断，常年水温60～80℃。泉水清澈，无色透明，含有30多种微量元素，对多种疾病有良好效果。从秦汉以来，半汤温泉就为人们利用，现已建成著名的疗养胜地。

姥山仙岛位于巢湖湖中心，岛上有三山九峰，最高处海拔104米，总面积1300余亩。从远处望去，如同一位老态龙钟的妇人，传说是"巢湖陷落"中救民的焦婆婆，故名。姥山山势险峻，苍松翠竹，景色秀丽。姥山山顶有姥山塔。姥山塔明末初建，清末完成，造型优美，可登塔一览巢湖风光。

银屏山位于巢湖南岸，连绵起伏，海拔高508米，山上有一巨石，色白如银，形如花瓶，故又名银瓶山。山麓有仙人洞，传说吕洞宾曾在此修炼。九狮山是九座形如狮子的山峰，环绕银山，形成"九狮抱银山"之势。

四顶山位于巢湖北岸，四峰突起，环境清幽，日出时霞光绚丽，又名朝霞山。"四顶朝霞"为古"庐阳八景"之一。

巢湖市位于巢湖东岸，历史悠久，城东北的亚父山，是楚霸王项羽的谋士范增故乡，有范增墓、亚父祠、亚父井等古迹。

采石矶风景名胜区

采石矶风景名胜区是国家重点风景名胜区，位于安徽省马鞍山市，由横江、青山、横山、濮塘四个景区组成，面积128.5平方公里。风景区自然、人文景观丰富集中，品位较高。自然景观主要有采石矶、天门山、青山、横山，由于长江与诸山完善结合，颇具气势；人文景观有太白楼、三元洞、广济寺及地藏王庙、朱然墓、李白墓、霸王祠及陋室等。李白文化在此集中。

采石矶位于安徽省马鞍山市，长江右岸。翠螺山西麓临长江处，高约50米，突兀江流，峭壁嶙峋。与岳阳的城陵矶、南京的燕子矶合称"长江三矶"。相传三国时掘得五彩石一块，故名。采石矶方圆5公里，突出江中，山高江阔，气势壮观。山上古柏苍松，绿竹森森，风景如画。在矶头绝壁上，有蛾眉亭，始建于唐代，遥望大江与两岸群山，集秀美与壮观于一身，为千古名亭。另一名亭燃犀亭则讲述了一个东晋时温峤在此点燃犀牛角照见江神的神奇故事。燃犀亭下有三元洞，系一天然石洞，供奉天、地、水三元神位，洞分两层，洞内有洞，临窗可望江天一色。翠螺山，原名牛渚山、采石山，山体俊秀，绝壁临江，江中遥望，"似翠螺浮于水面"。"西大洼"岩石裸露，崖陡谷深，草木葱茏；"蜗牛尾"有临江巨壁，如刀斧削成，壁面纹理起伏，似一幅天然山水图画。

万竹坞，生有13属一百多种奇珍异竹，结合亭、廊、榭、桥，有"圆梦园"、"梦溪联袂"等景点。

栈道，沿江栈道凌空飞架于临江的悬崖峭壁之间，南起三元洞，北至蜗牛尾，全长约800余米，依山就势，起伏蜿蜒，有铁索桥、拱桥、穿山隧洞、观景台等景点。采石矶以其雄跨长江南北之险，扼守东西嗯喉之冲而为古今重要津梁渡口和历代兵家争夺之地。东汉末年，孙策曾于此大破刘繇的牛渚营，奠定了东吴立国之基。东吴名将周瑜、陆逊都曾屯兵于此。朱元璋、常遇春三打采石矶，破陈友谅之兵…群雄纷争，战事不断。

太白楼在采石矶上，为纪念唐代大诗人李白而建，始建于唐代元和年间（806—820年），已有1100多年历史。它是一座宫殿式的三层楼阁，楼内有雕刻精美的两尊李白像。历代文人白居易、刘禹锡、沈括、梅尧臣、陆游、文天祥也曾到此游览，留下许多诗赋题咏。

花山谜窟—渐江风景名胜区

花山谜窟—渐江风景名胜区是国家重点风景名胜区，位于安徽省黄山市境内屯溪与歙县雄村新安江沿岸，以新安江为纽带，连接花山、雄村两大景区，山水呼应，面积80.6平方公里。景区集青山、绿水、田园景致、千年谜窟、奇峰怪石、摩崖石刻、石窟、庙宇、古建筑等自然景观和人文景观于一体。自然和人文景观丰富，风光秀丽。其中现以探明的石窟有36处，规模恢弘、气势壮观、玄妙奇巧、独具特色、较为罕见。花山迷窟千年石窟群，分布、造型、工艺、用途及年代等均给世人留下了不解之谜。且尚存元、明、清二十余处摩崖题刻，以程朱理学、新安画派、新安医学、徽派建筑为代表的新安文化享誉中外。景区属剥蚀－堆积丘陵地貌。花山石林海拔一般在200米以下，相对高差20～40米。石林崖石嶙峋，峭岩突兀，有的似擎天菌伞，有的如金鸡报晓，形象逼真，栩栩如生，景点20余处。新安江环流而过，山水相连，互相辉映。为亚热带湿润季风气候。气候条件较为优越，土壤种类较多，生物种类多样：有乔、灌木树种28科、900余种，含刺木麻、榉树、银杏等保护树种；有野生动物200余种，包括数十种国家一、二级保护动物。

花亭湖风景名胜区

花亭湖风景名胜区是国家重点风景名胜区，位于安徽省太湖县境内，面积254平方公里。分为龙山、花亭湖、西风洞、佛图寺、狮子山、海会寺六大景区和一个温泉疗养度假区。境内山青水秀，古迹济盛，人文荟萃，物产富饶。

景区内山奇石秀，层峦叠翠，海拔在800米以上的山峰十几座，有龙山、凤凰山、香茗山、佛图山、龙门山、天云山、望天山、四面尖、天华尖等。最为著名的是佛教圣地狮子山，薛义河、天桥河汇于山前，既有"狮子山"之名，又有"卧佛山"之誉，"山是一尊佛，佛是一座山"。西风洞，系天然石洞，因风自西洞口入，回旋而出，故名。西风禅寺周围古木山花，熠熠生辉。

花亭湖又名花凉亭水库，水阔湖清，湖区岛屿星罗棋布，港汊纵横幽深，水质清纯优良。博士岛、情人岛、琥铂岛、月亮湾、枇杷园、橘子洲、桃花岛、西天湾等掩映在青山绿水之间。湖周围山峦起伏，九龙涧瀑布、天生石塔、飞来石、禅宗卧佛等景点与湖面交相辉映。

景区人文景观底蕴深厚，禅宗文化博大精深。南朝宋武帝时（公元420年）建县，深受荆楚文化和吴越文化影响，民风淳厚，文风蔚然，人才辈出。曾有"一门四进士，十里两状元"和"四代翰林"的佳话。李白，黄庭坚，王守仁，赵文楷等名家都在这里留下了足迹或诗篇。著名景点有赵文楷墓、状元桥、朱湘故居百草林和马路河街等。公元566年前后，中国佛教禅宗的开山鼻祖慧可在狮子山葫芦石内面壁参禅，建造禅堂，重开道场，创造了中国禅宗文化，并将衣钵传于三祖。禅寺里现存有葫芦石、仰天锅、不涸泉、禅床等遗迹。景区里大小寺庙众多，以狮子山、西风禅寺、佛图寺和海会寺最为著名。其中佛图寺的天生塔，全由地质作用风化而成，成为了一座高耸的"塔楼"。

花亭湖物产富饶，湖山岛屿盛产柑橘、板栗、茶叶，湖中盛产武昌鱼、螃蟹、银鱼、鲢、鲤等鱼类，适宜于开展垂钓、野炊以及各种水上体育活动。汤湾温泉常年水温47.2℃，日出水量1200吨，含有10多种对人体有益的矿物质，具有较高的科研和医疗价值。

太极洞风景名胜区

太极洞风景名胜区是省级风景名胜区，位于安徽省广德县。风景区由太极洞和洞外山体组成，总面积为20.16平方公里。

太极洞已开放的洞深5400米，总面积14.1万平方米，分上洞、中洞、下洞、水洞和天洞，洞中套洞，洞中有山，洞中行舟，洞洞相通，迂回起伏，不知其穷，共有19个大宫厅，160余处景观。洞内景集"壮观、险峻、绚丽、神奇"于一体，令人叹为观止。各洞中的钟乳石，千姿百态，美不胜收；洞内有高山峡谷，流泉飞瀑，云封雾锁，如神仙幻境；地下河水面宽广，源远流长，清水碧波，宛如银河。

太极洞最负盛名的有"洞天十大奇观",它们是:"太上老君"形神兼备,高达丈余,悬挂于半空中;"滴水穿石"再现自然奇观;钟乳石形成的"槐阴古树"树冠达60余平方米;"仙舟覆桂"由三块船形巨石构成,首尾相连,长85米,惟妙惟肖;"双塔凌霄"如两座倾斜的古塔;高约2米的"金龙盘柱";宛如黄山缩影的"洞中黄山";太极洞最大的一个宫是万象宫,包罗万象,故称"万象揽胜";还有"太极壁画"和洞外的"壶天极目"。

太极洞有2000多年的开发历史,古名长乐洞,又称"广德埋藏"、"太极真境",自汉唐以来,就是著名的旅游胜地,宋、明两代达到鼎盛时期,许多名人在太极石壁和洞内留下了珍贵的墨宝华章,如范仲淹题写的"跫然岩"、岳飞的"剑峡石"等。明代冯梦龙称其为"天下四绝"之一,现洞口立有"天下四绝"碑。清代乾隆皇帝下江南时,也曾进此洞纳凉弈棋。

太极洞洞外景点众多,这里群山起伏,茂林修竹,山青水秀,村落点点,一派江南田园风光。在太极洞口,有始建于汉代的古庙"太上正殿",其山门前的砚池,水面广达30亩,传为范仲淹涤砚处。太极洞是南宋岳飞抗金的古战场之一,半山一块巨石上有岳飞刻石明志的"剑峡石",还有他亲自擂鼓的"擂鼓台"。

浮山风景名胜区

浮山风景名胜区位于安徽省枞阳县,由浮山和白荡湖两部分组成,面积48.7平方公里,保护范围76平方公里。

浮山风景名胜区自然景观特色明显,人文景观丰富集中,其特点是"玲珑剔透、景点集中、景观丰富、可望可及、移步换景、山势峻而不恶、险而不危"。主要景物有金谷崖景区的金谷寺、滴水洞、双瞻阁、华严寺遗址,张公崖景区的夕照楼、海岛雪浪、会圣崖及火山塞等。

浮山位于枞阳县城东北30公里处,奇峰竞秀,峭壁雄伟,林木苍翠,岩洞遍布,向有36岩、72洞、28怪石、34奇峰之说。奇峰怪石有的如玉龙伏卧,有的如鹦鹉啄食,首楞岩高耸入云,独立群峰之上,站在峰顶,可一览白荡湖水的万顷烟波。岩洞有的似石屋,有的曲折玲珑。金谷洞位于金谷岩,曲折幽深,是最大的一个岩洞。

浮山乃千年佛教圣地,文化古迹和人文景观闻名遐迩。南朝梁代已建有寺庙,宋代名僧远录来此讲佛。明代桐城居士吴讫字在此立寺,弟子达千人。历代游客、僧人留下大量摩崖石刻,今仍有385块摩崖石刻。历代均为江淮之间著名风景名胜游览地。

浮山北麓有方以智墓。方以智(1611—1671年),字密之,号曼公,桐城人,明末参加"复社"活动,明季四公子之一。明亡,于顺治七年(1650年)愤而出家,改名大智,字无可,号弘智,又号药地、浮山愚者等。博学多才,《四库全书》称其"明代罕与伦比",晚年于浮山礼佛,为华严寺住持,撰《浮山志》10卷。方以智坚决反清,在江西不屈而死,移葬于此。墓占地217平方米,依山面水,居高临下,庄重肃穆,四周松柏长青,郁郁葱葱,高雅清幽。

福建省

武夷山风景名胜区

武夷山风景名胜区是国家重点风景名胜区，位于福建省武夷山市。被联合国教科文组织列入世界遗产名录。

武夷山是福建江西两省边界的武夷山脉的一部分，又称"小武夷"，山水风光以奇秀、幽深、精巧取胜，素有"三三秀水清如玉，六六奇峰翠插天"之说。"三三水"是指萦绕群峰之间的九曲溪，"六六峰"是指溪畔姿态各异的三十六峰，小武夷的群峰高不足500米，但山形奇特俏丽，有九十九奇岩，故合称为"三三六六九九"。

九曲区 以九曲溪为主体，以玩水、观山、赏洞为特色。九曲溪源于武夷山脉东南坡三港自然保护区，从武夷宫的一曲到星村，在武夷山群峰之间急转九个弯，共长7.5公里。这一河段宽处百米，窄处仅二十几米，一个浅滩，连着一个深槽，弯弯曲曲，山回水转，水贯山行。人们在九曲溪中乘坐竹排，仿佛贴水而坐。竹排如同游鱼，无声地贴着绿莹莹的水面向前滑去，两岸群峰壁立，沿途可从各个不同的角度观赏风貌迥异的山形，山在眼前，水在脚下，洞在崖壁，变幻无穷。江面狭窄之处，仰望峰顶要躺卧竹排中，方可见其穹壁遮天的壮丽景象。两岸奇峰怪石林立，形象逼真，饶有兴味。如九曲左岸的蛤蟆石、八曲河床上的上下水龟石等。有的山峰，随山回水转而具有不同形态，如九曲看品石崖，三石分列，形如"品"字，但在八曲观其形态又变为三峰鼎立如"刀"，则称三刀峰。

九曲在星村镇，地势开阔，风光秀丽、物产富饶。

八曲在芙蓉滩上，滩高水急，溪畔有"牛角"、"石蛙"，鼓楼岩下，还有"上水狮"、"下水龟"等巧石。

七曲到六曲，峰回溪转，水声大作，微波细浪变成奔突的急流和旋涡，竹排绕礁石而过，可观赏三仰峰。

六曲的晒布崖，长600米，高150～200米，崖壁直立，宛如高大城垣，其表面为流水侵蚀、溶蚀，形成无数平行沟壑，蔚为壮观。六曲有接笋峰，在此弃舟登岸可进入被群峰深锁的"茶洞"。沿茶洞向上，越900级台阶，可到天游峰巅。

五曲深幽奇险，水流平缓，丹岩翠碧，林木环拥。隐屏峰与玉华峰相峙而立，隐屏峰下有朱熹讲学的紫阳书院，又称"武夷精舍"。

四曲有一泓碧水，称为卧龙潭。右岸大藏峰，水平洞穴发育，规模较大，古代越人船棺即置入洞穴中。

三曲溪畔小藏峰的悬崖之上，离江面100多米之处，有两具完整的悬棺，凌空架在几块木板上，这些作为支架的木板称为"虹板桥"。

二曲幽谷丹崖，群峰环抱，玉女峰临水插花，飘飘欲仙，含情顾盼。前人形容玉女峰"插花临水一奇峰，玉骨冰肌处女容"。传说大王和玉女原是天上神仙，他俩偷偷相恋。铁板鬼施展魔法将大王和玉女化作两座山峰，自己也化作一峰，叫铁板嶂，死皮赖脸地站立在大王和玉女两峰之间。

玉女峰周围点缀着奇妙玲珑的"印石"、"香梳石"等巧石。九曲溪在此汇流成潭，传说是玉女沐浴之处，取名"香潭"。在冬春季节，九曲河床浅滩水流湍急，浪花相互撞击，如当时水温明显高于气温，顿时发生水汽凝结，形成烟雾，宛如轻绫飘动，此乃九曲河床难得出现的奇景。它的出现，与当时当地的一定天气条件密切相关。

一曲畅旷豁达，可眺望大王峰、铁板嶂等奇峰全景。

武夷宫区 包括武夷宫、大王峰、幔亭峰、三姑泉等景点。以登大王峰为高潮。

大王峰高530米，垂直的陡壁四立，耸立于河谷平原之上，显得十分高大威武，山峰腰小顶大，如同一位头戴纱帽的大王。四周岩壁如削，只有沿峰南一条裂缝中的百丈危梯，才可到达峰巅。

大王峰东麓的武夷宫，是武夷山最古老的宫观，据说汉武帝在此设坛祭礼武夷君。宫内两株桂花树"宋桂"，经测定已有800余年，具有观赏价值。

一线天区 包括狮子崖、三髻峰、一线天、兰崖、虎啸崖等景点。以一线天景点最佳，并以观赏各类洞穴为其特色。

一线天又称灵崖，岩体受东西向构造影响而断开，下为三个裂隙洞穴相连，自左至右依次是灵洞、风洞和伏羲洞。人们从洞底仰视，崖顶呈现天光一线。据1996年底实测数据，一线天长约178米，最高处49米，最狭隘处0.3米，像这样规模的"一线天"，为国内罕见。崖顶裂隙与岩洞之间成为气流交换通道，风从裂隙进，循岩洞出，洞内洞外气温差别显著。洞内冬暖夏凉，夏日到此，可纳凉休息。灵崖对面的兰崖、楼阁崖岩壁上有不少刻石可鉴赏。崖下水平洞穴规模较大，很有特色。附近沟谷有四方竹分布。从一线天往东北，循山间石道可通虎啸崖下，其上名胜古迹较多。从虎啸崖北侧循岩壁攀登峰顶，惊险奇绝。登上峰顶，远眺武夷北部景色，令人心旷神怡，美不胜收。

天游区 包括茶洞、接笋峰、隐屏峰、天游峰、雪花泉、一览台等景点，是武夷风景区景点最集中的一个观赏区，也是武夷精华之一。

从九曲宾馆穿过由岩体崩解交叉堆积而形成的岩洞和云窝到茶洞。茶洞景

点实际上由接笋、隐屏、玉华和天游诸峰陡峭崖壁合围似洞,仅西侧有一开口,洞底平坦,人们仰视有"坐井观天"之感。

由茶洞至接笋峰下,从此攀登接笋峰,虽不高,但却险而有趣。登上接笋峰的仙奕亭,下看茶洞,令人胆战心惊,看九曲,异常幽深。

天游峰位居九曲之中,被誉为武夷山第一胜地,在此只见一峰高耸,众山低伏,九曲风光尽收眼底。从天游峰半山亭看接笋、隐屏、玉华诸峰,岩壁直立,危立千仞。天游附近,古树参天,翠竹丛生,胡麻涧岩壁布满历代名人刻石。一览台上的天游观,古香古色,与周围山水相互衬托辉映,构成美妙的"仙境"。

桃源洞—三仰峰区 包括桃源洞、三仰峰、品石崖、鼓楼崖等景点,是武夷风景区最高的一个观赏区。

从七曲左岸,循幽静的山间林荫小道,穿过岩洞进入桃源洞。徐霞客当年游武夷桃源洞时曾记述:"四山环绕,中有平畦曲涧,围以苍松翠竹,鸡声人语,俱在翠微中"。从桃源洞西行可攀登三仰峰。

三仰峰高754米,是武夷最高峰,由三列单斜崖组成,自西而东依次为大仰(即三仰,最高峰)、中仰(二仰)、小仰(一仰),如同巨大三级台阶,三仰昂首向东,气势雄伟。登上最高峰,居高临下,环视武夷全境,周围群峰座座翘首向东,正在参拜大王峰,其间为沟谷相嵌,而蜿蜒曲折的九曲溪则深陷其中。二仰与一仰交会处,有一深四五丈的碧霄洞,洞壁镌有明代林培所书"武夷最高处"五个大字。洞旁有一古井,传为宋代所掘。

水濂洞—流香涧区 包括水濂洞、鹰嘴崖、慧宛崖、流香涧、九龙窠等景点,是景区北部最好的一个观赏区,以泉水、巷谷为其特色。

水濂洞崖壁为一凹形坡,高差80~100米,水从崖顶下落抛洒,真是"赤壁千寻晴疑雨,明珠万颗画垂帘",实为自然界一大奇观。

流香涧谷地是一个受南北向构造控制而发育的巷谷,在流水的侵蚀、溶蚀作用下形成奇特的谷形,十分引人注目,为我国红层地貌形态所罕见。

九龙窠也是循东西向构造而发育的谷地,这里山景别具一格,著名的武夷岩茶——大红袍就生长在这里的岩壁上。

清源山风景名胜区

清源山风景名胜区是国家重点风景名胜区,位于福建省泉州市,包括清源山、九日山、灵山三个景区,西北洋、草邦水库、桃源水库三个水面,面积62平方公里。

清源山位于福建省泉州市北郊,是闽中戴云山余脉,峰峦起伏,石壁参差,望州亭巨石、罗汉峰等象形岩石遍布全山。山上水景丰富,泉、涧、潭、瀑约有135处。区内人文景观数量多且集中,唐代以来各个朝代儒、道、佛三教竞相占地造宇。现有中外驰名的开元寺、紫泽宫道观等。宋代老君造像是国内尚存的最大道教石雕造像,伊斯兰教的灵山圣墓被誉为"世界第三麦加圣地"。

泉州在晋江入海口,厦门东北,别称鲤城、刺桐城,是有两千多年历史的国家历史文化名城,历史上是中国重要对外商港。土特产有三雕(石雕、木雕

和瓷雕)、铁观音茶、龙眼、荔枝等。

清源山 亦名北山。在泉州市北郊，距城3公里。最高峰海拔490余米，耸立在晋江平原之中，故又名齐云山。为泉州的主山，有乳泉从石间流出，又名泉山。泉州之名，亦从山而得。唐宋间泉州曾改名清源军，也由此山得名。山有三峰，中峰有清源洞、蜕岩、紫泽宫诸胜，左峰有瑞像岩、碧霄岩、龟岩、赐恩岩诸胜，右峰有南台岩、弥陀岩、老君岩诸胜，旧有三十六洞天景色。山中林泉青翠，奇石嵯峨，有"闽海蓬莱第一山"之誉。山上文物及历代名人题刻甚多，明代抗倭名将俞大猷的炼胆石，即在中峰，俞手书"君恩山重"四大字摩崖石刻，保存完好。

老君岩以中国著名宋代石雕老君像著名。像为我国春秋著名思想家、道教教主老子(李老君)的坐像，高5.63米，厚6.85米，宽8.01米，席地面积55平方米，由一块天然形似老人的岩石雕成。整个雕像逼真传神，具有极高的艺术水平，被誉为"老子天下第一"。相传"摸得老君鼻，长寿一百二"，游人都以能摸到5米多高的老君像的鼻子为幸事。

赐恩岩在清源山左峰。凭岩俯视，泉州古城遗址宛如鲤鱼之形，故泉州别名鲤城。相传唐代皇帝赐此岩给刺史许稷，因名赐恩；又说南宋宰相李邴隐居于此，四次受朝廷恩赏，故又称四恩。山下古道有石阶数百级，拾级而上，便抵山寺。寺前古樟一株，枝叶如盖。寺为清代及近代建筑，列为一排。佛殿有白衣观音造像一尊，刻于北宋元祐年间(1086—1093年)，由天然岩块雕成，法相庄严。寺后巨石相连，颇为壮观。有一天然石室，上刻"高山仰止"四大字，传为唐代欧阳詹读书处。还有明清摩崖石刻多处；李贽撰"不必文章称大士，虽无钟鼓亦观音"的楹联，也在明代万历三十年(1602年)刻于寺中石柱上，今尚存。

瑞像岩也在清源山左峰。岩下山径迂回，颇有通幽之趣。岩前奇石突兀，如僧群立，称为罗汉峰。附近岩石林立，有石龟、石蟒、石城、石窗、石门诸胜，其形酷肖。因有释瑞像石雕一尊，故名瑞像岩。整尊石像乃就天然岩石依岩雕凿而成，作立像状，高4米，宽1.5米。左手下垂，掌心朝外，右手露肩作无畏手印，神情肃穆，取法于木刻的旃檀瑞像，别具一格。该像刻于北宋，

为福建省有文字可考的宋代造型艺术作品之一。明成化年间（1465—1487年）建有石室，石室纯用花岗岩筑成，别具风格。石像、石室同为岩中主要文物。

灵山 在泉州市区温陵路以北1公里处，东湖之滨，是清源山的一个支脉，以伊斯兰教的灵山圣墓著称。

中世纪后，泉州海上交通发达，伊斯兰教随阿拉伯商人从泉州等地传入中国。这些传教士选择灵山作为他们的长眠之地。现灵山有唐代传教士的圣墓，还有数百座元代以来的阿拉伯穆斯林古墓。灵山圣墓为两座并排的伊斯兰塔式

石墓，高3米，里面长眠着唐代武德年间（618—626年）来泉州传教的穆罕默德的门徒三贤、四贤。周围三面建有回廊，廊正中有元代重修的石碑，两旁有5座清代重修的石碑。圣墓前面，有一巨大的风动石，手推能晃，上有明代题词"碧玉球"。

九日山 在泉州西郊的南安市丰州镇，高98米。九日山三峰鼎立，风景明秀。西晋时在山南建有延福寺，宋代这里成为游览和航海祈风的胜地。在东西两峰对峙的摩崖之上，刻有宋代至清代的75处石刻。其中最珍贵的，是13方宋代祈风石刻。这些祈风石刻，记载了宋代泉州郡守及提举市舶官员一年两度来此祈祝"蕃舶"一帆风顺来往平安的盛况，是研究古代海上交通和中外交往的珍贵史料。

开元寺 在泉州市西街，始建于唐代，是福建最大寺庙之一，有大雄宝殿等规模宏大的建筑。东西双塔是中国最大的石塔，已成为泉州的标志。

清净寺 在泉州市涂门街，始建于北宋，是中国沿海四大伊斯兰教寺院之一，也是现存最早的具有古代阿拉伯风格的寺庙。

洛阳桥 在泉州市东北10公里处洛阳江入海口，是中国最早的海港大石桥。洛阳桥原名万安桥，北宋皇祐五年（1053年）建造，长1200米，宽5米，有46座桥墩，500个扶栏，7座石亭，9座石塔，首创"养殖牡蛎，以固桥基"之法。此地潮来直涌千寻雪，日落斜横万丈虹，风景壮观。

安平桥 始建于南宋，是中古时代世界上最长的梁式石桥，有"天下无桥长此桥"之说。安平桥俗称五里桥，横跨晋江、南安二市交界的海湾上，长2251米。首创"筏形基础"以建桥墩的技术，以条石砌筑，桥

面以巨型石板铺架。桥上建有水心亭、中亭、雨亭、楼亭等，两端建有石塔四座，桥上雕饰巧夺天工。临桥远眺，水天一色。它是泉州海运繁荣的见证。

草庵 在泉州罗山乡苏内村华表山麓，为宋代摩尼教遗址，内有世界上惟一保存完好的摩尼光佛石像。

鼓浪屿—万石山风景名胜区

鼓浪屿—万石山风景名胜区是国家重点风景名胜区，位于福建省厦门岛南部，与金门岛隔海相望，总面积230多平方公里。

相传远古的时候，这里是白鹭栖息的地方，因此厦门别称鹭岛。清初民族英雄郑成功驻师岛上，设厦门为"思明州"。

鼓浪屿 是厦门市南部一小岛，向有"海上花园"之称。岛上冈峦起伏，露天岩多呈球块状，日光岩、英雄山等巨石堆垒，势如涌出。景区内四季花开，林木苍翠，花草斑斓，建筑多依山而筑，在繁茂的林木中掩映着一幢幢色彩艳丽、造型美观的别墅洋楼，环境幽雅，景色十分优美。鼓浪屿是有名的钢琴城。该岛历史上注重以小别墅建筑为主，禁止机动车上岛，成为一处宁静的风景区。

岛上的日光岩、延平公园、菽庄公园、浴场连在一起。菽庄外的港仔后海滩，沙平浪静，是一处理想的海滨浴场。

日光岩高90米，为岛上最高峰，每当旭日初升，阳光可正射到山岩和寺宇内，故名。登临日光岩顶峰，俯临四周岛海江城自然风光。寺后怪石嵯峨，石壁上有"天风海涛"、"鼓浪洞天"等题刻。山麓有日光寺。

日光岩下建有郑成功纪念馆。明末清初，郑成功曾以厦门为基地，一举收复台湾。当年郑成功训练水师的遗址尚存。

菽庄 在鼓浪屿日光岩南，以其"藏海补山"特征、跨海四十四桥和叠石奇观，成为著名的海滨花园，向有不游菽庄不算到厦门之说。菽庄原为私人花园，建国后园主把它献给国家。菽庄分藏海园和补山园两部分。两园各分五景。前者五景是：眉寿堂、壬秋阁、真率亭、四十四桥、招凉亭；后者五景是：顽石山房、十二洞天、亦爱吾庐、听潮楼、小兰亭。另外，还有熙春亭、茆亭、伞亭等。进园门为一小庭院，右首为眉寿堂，辟为茶室。从眉寿堂出，或者过左首圆门，即是辽阔大海。所谓"藏海"之意在此。穿花廊到壬秋阁和真率亭。四十四桥从真率亭畔入海。桥长一百余米，在碧波滚滚的海上犹如一道美丽的长虹。桥上有亭数座，桥头前方有二巨石立于海上，上有"海阔天空"、"枕流"刻记。补山园中主要名胜为"十二洞天"，俗称"猴洞"，是一座人工砌筑的假山。山中有十二座人工洞室。洞间有盘旋曲折的小径。

万石岩 在厦门市东郊狮山。这里巨大孤石万千散布，奇岩怪石构成独特地质景观，万石禅寺坐落在万石丛中。岩巅有"万笏朝天"石刻。这是国内花岗岩石蛋分布集中修整最别致的一个丘陵花园，庙宇风光配以后山摩崖石刻和花岗岩风化垒石（石蛋风光），称为花岗岩公园。

自万石岩水库右侧登山,有醉仙岩。岩下曾有泉源,称"醴泉"。再上到天界寺、长啸洞。长啸洞两头贯通,风吹时如同虎啸,天界寺后峰危崖耸立,上镌"天界"二字。

狮山主峰称太平岩。太平岩前悬崖夹道,景色奇绝。其中"太平石笑"石景为四石相叠,上两石一端张开,宛如开口在笑。明题咏:"忽见石开口,不闻石有声。夜因吞月色,朝为吐云情。饮露千年饱,餐风一味清。太平真好景,长笑息兵征。"相传,"石笑"前为郑成功读书处,附近有太平岩寺。

南普陀寺 在厦门市南的五老峰下,因寺在普陀山之南,又供奉观世音菩萨,故名南普陀寺。始建于唐代,于今已有一千余年历史。寺内包括天王殿、大雄殿、大悲殿、藏经阁、钟鼓楼等建筑,均为近代重修,翘角飞檐,富丽堂皇,营造精致,为闽南佛地之一。寺附近有很多石刻题记。其中,寺后山石上镌刻的特大"佛"字,特别醒目。

南普陀寺在近代中国佛教界有颇大影响。许多华侨归来,总要到南普陀一游。另外,南普陀寺中的素斋,风味独特。

万石植物园 即厦门园林植物园,广种松杉、棕榈、茶花、杜鹃、玫瑰等园林植物,有热带、亚热带观赏树木四千余种,并建有温室、亭榭等建筑,山光水色,引人入胜。

虎溪岩 有虎岩、波月洞、一线天、白鹿洞等名胜,以自然风光取胜,配以佛殿和泥塑猛虎。

太姥山风景名胜区

太姥山风景名胜区是国家重点风景名胜区,位于福建省福鼎市南部,面积约60平方公里。

太姥山旧名才山、太母山,相传尧时有老母种兰山中,晚逢道士点化成仙,故名太母。汉武帝封太母为三十六名山之首,命东方朔授天下第一山,改母为姥成今名。

太姥山高约1000米,屹立东海之滨,裸露的花岗岩形成狭谷、峭壁、深渊等多种景观,有五十四峰、四十五石、二十四洞、十岩、九泉、三溪,特别是具有各种民间传说的造型景石三百六十余处,著名的有二佛谈经、仙人锯板、云标石、一片瓦、七星洞、一线天等风景,珍珠泉、七龙泉、九曲泉、兰溪、九鲤溪及溪口、龙庭、赤鲤三大瀑布等泉、溪、瀑布也富有特色。太姥山峰险、石奇、洞异、云浓称为四绝,素有"海山仙都"之称。

太姥山人文景观丰富,有朱熹隐居处、郑樵讲学处、明抗倭古战场及历代摩崖石刻数十处,还有国兴寺、白云寺等规模较大的寺庙。

太姥山峰峦交错,狭谷渊深,陡壁如削,向有"云横断壁千层险"之说。迎仙峰、象鼻峰、莲花峰等群山,峰峰险峻,各具神姿。峰谷之间,飞瀑凌空,瀑布或如彩虹夕照,或如白练悬珠,下面溪水澄碧,卵石游鱼历历可数。

太姥山奇石众多,如同神力雕琢的千百幅雕塑群,蔚为奇观,古人赞道:"太姥无俗石,个个是神工"。其中"夫妻岩"如夫妻相偎,喁喁低诉;"金龟爬壁"为一巨龟附壁奋力上攀,岩石上还留下它道道爪痕;"沙弥拜月"恰似一小和尚对月顶礼;"九鲤朝天"处,云海之中巨鲤在海浪里翻腾嬉戏。

太姥山岩洞多为巨石叠成,深幽曲

折。"通海洞"可通海面;"通天洞"直达峰顶;"滴水洞"终年滴水;"神仙洞"神奇难测。有的洞可观日,有的洞可望海。"一线天"洞长60米,高37米,路陡且狭,仅容一人。"七星洞"人入洞中,七枚巨石悬于头顶,宛若空中之星。

白云寺 位于太姥山巅,创建于唐代,是太姥山主要寺庙,明清两代曾被授权管辖全山寺庙。它是佛教临济宗太姥山派的祖庭。主要建筑太姥娘阁在太姥山绝顶摩霄峰上,中为护法太姥殿,两庑为僧舍,雄伟壮观,为太姥山标志性建筑,1996年重新翻建。

一片瓦 是太姥山的著名景点。它是一整块巨大的花岗岩石块,滚落在两根花岗岩柱之间,天然构成了一间高约四五米,面积约20平方米的石屋,顶上的一整块石块像一片瓦一样覆盖其上,居然达到天衣无缝的程度。山上的僧人借此建了寺庙,称为"太姥山福如洞"。

摩霄峰 高耸云端,巍峨秀拔,为太姥山主峰,是观海上日出的好地方,日出时只见"日光红涌海潮门",色彩极为壮观。

国兴寺 创建于唐代,是太姥山中规模较大的名寺,至今尚存唐代石塔、石柱和碑刻,其宏大的规模可从残存的7根大石柱中窥见一斑。这样的石柱原有360根。这座名寺前有两棵千年铁树,这两棵铁树原生长在太姥山下的秦屿古镇,后移植上山,栽种在国兴寺前。

玉湖庵 相传为宋代朱熹草堂遗址,并传说朱熹曾在璇玑洞(今观音洞)内疏注《中庸》。附近多宋、元、明摩崖石刻。

桃源洞—鳞隐石林风景名胜区

桃源洞—鳞隐石林风景名胜区是国家重点风景名胜区,位于福建省永安市,由桃源洞、鳞隐石林两组景区组成,总面积36.2平方公里。

桃源洞 在永安市北10公里的燕江畔,又可分为桃源洞、栟榈潭、百丈岩、葛里、修竹湾等景区。

桃源洞属丹霞地貌,有峰岩48座,100多处景点。区内植被覆盖率达98%,群峰竞秀,碧水丹崖,泉瀑众多,向有"世外桃源"之称。

桃源洞位于燕溪之旁,前临碧水,岩高百尺,峰壁削直,气势雄奇。岩洞绝壁上镌有"桃源洞口"四字和律诗一首,字迹劲秀。峰顶有通天亭、跨虹、风洞、凤冠亭、阆风台、望象台、象鼻岩等景点。最著名的是一线天,高约30米,全长120米,是悬崖断裂而成,岩隙狭仅一线,明旅行家徐霞客在游记中写道："曾未见若此之大而逼、远而整者。"周围有望天龟、天柱峰、射垛峰、走马岩、降仙台、步云台、仙炉峰、钟山、鼓山、百丈岩等，群峰攒列，蔚为壮观。

栟榈潭在栟榈山麓，潭水清澈，波平如镜，潭边有千姿百态的太湖石。前人称之为"小武夷"。

鳞隐石林 在永安市西北13公里的大湖乡，又名大湖石林，包括新石林、十八洞、洪云洞、石洞寒泉、翠云洞和寿春岩等6个景区，面积约1平方公里。区内石峰林立，奇洞遍布，各种形态的石芽、石柱、石峰、石笋达300多个。地上有石林，地下有溶洞，矿泉水丰富，植被良好，独具特色。石林之外有小龙伏壁、望天星、鹦鹉岩、惊人石、双龙出洞、怪面人、水压力洞、小一线天、笔架峰等景点，其中尤以观音坐莲花、夫妻接吻石景点形态逼真、惟妙惟肖。

石林里，错落参差的石峰犹如利箭穿天，蹲伏在水中的几块顽石，像鱼儿戏水。一面峭壁长200米许、高50多米，其间折褶起伏，藤萝凌悬，长壁上千万年来雨水冲刷形成的石灰华沉积物，宛若敦煌壁画。从洞穴中仰望夜空，隐约可见星光耀目，名曰"望天星"。

峭壁隐现一罅隙，一块"惊人石"悬夹两石之间，大有呼之欲坠之感。钻过危石，豁然开阔，石柱、石峰、石笋、石芽、石锥，参差林立，栩栩如生，活灵活现，有熊猫远眺、麒麟童子、朝天笏、接笋、榻椅、圣上宝座、玉兔吃草、骆驼驮物等等。壑底有一"冰室"，盛夏入内，仍觉寒气逼人。登临峰巅，可俯瞰石林全貌。

下潜卧龙潭，顺壁滑入，可闻潺潺流水声。地下河水清澈见底，水溪钙灰华沉积，犹如层层梯田。

天宝岩 以奇峰绝壁和珍稀动物为主，总面积为18.4平方公里。景区中海拔超过1000米的山峰有14座。温凉湿润是保护区气候的显著特点。这里覆盖着葱茏而茂密的森林，其覆盖率达98.8%，植物种类超过1100种，密林是各种野生动物的乐园，给人一种静极生动、绿里透凉的感觉。

走马岩 地处桃源洞景区东北部，面积为1.2平方公里，山地景色壮观，岩平如削，陡壁面立江边，若遇大雾笼罩，更有虚无飘渺之感。山岩高310米，远眺近观，景色历历在目。景区有险、幽、野的特点。

永安古城 因其城区形似燕尾故称燕城。于明代景泰三年（1452年）设立县制。抗日战争时期曾为国民党福建省临时省会达7年半之久，为当时福建省政治中心和东南文化名城之一。古城内有明清时代的城堡、南北塔、红军烈士纪念碑等文物遗迹。南北塔是古城的开县塔，其南塔高28米，石结构，挺拔壮观。距桃源洞西北10公里处的贡川镇是福建现存最完整的古镇之一，镇周古城墙至今保存完好。

金湖风景名胜区

金湖风景名胜区是国家重点风景名胜区，位于福建省泰宁县，风景区面积136.6平方公里，其中湖面约为26平方公里，有峰洞泉瀑寺等胜景189处。

金湖是丹霞地貌和浩渺湖水相结合的风景区，湖边有36岩、72峰、18洞、5泉、2瀑，形成了千姿百态的自然景观。湖岸古木参天，四季花木繁茂，优良的自然条件，为动植物繁殖生长提供良好的环境，景区内迄今仍保存着成片的原生植被。深山密林中，栖息许多珍贵的野生动物。

金湖一带历史悠久，早在汉唐时期，这里经济繁荣，人才辈出，文风蔚然，泰宁素有"汉唐古镇，两宋名城"之誉，曾出现过"一门四进士，隔河两状元，一巷九举人"之盛况。尚书第为国家文物保护单位，还有岩穴古寺庙7座、古兵寨5处，有李纲读书处、朱熹隐居处、朱德和周恩来旧居，还有独具特色的地方戏梅林戏。

金湖 是金溪新湖的简称，金溪是闽江上游富屯溪一大支流，迂回穿行闽西北万山丛中。1980年夏，金溪芦庵兴建池潭水电站，金溪水被堵截后，上游形成一个全长60余公里、湖面26平方公里的福建省最大的人工湖——金溪新湖。湖周原是千姿百态、千岩万壑的丹霞地貌，高峡出平湖后更显得钟灵毓秀。湖面浩瀚坦荡，湖中绿岛罗列，湖畔峰岩竞秀，洞壑幽深。金湖融湖光山色于一体，流泉飞瀑，山环水绕，衬以翠绿荫郁的浩浩林海，镶以久负盛名的古刹、府第、山寨等人文景观，形成"碧水丹山，人文相映，绚丽多姿，幽秀奇绝"的独具一格的风景。

十里金湖浩浩瀚瀚，湖面碧波潋滟，水天一色，湖中岛绿水也绿，湖岸林壑竞秀，丹岩千奇百怪：北岸双乳峰生机勃勃；东岸金龟入海、雄柱峰等活灵活现；南岸"妙龄女郎"仰卧湖间；西岸虎头寨幽谷迷津，湖光山色融为一体。其中，以凤栖山、醴泉岩、甘露寺、猫儿山、一线天、大赤壁、水漈瀑布为胜。

上青溪 位于泰宁县东北部，是金溪的上游，全长15公里，有99曲、88滩，60余处景点，以原始、古朴为特色。沿溪乘筏漂游，两岸壁立千仞，时宽时窄，水流清澈，时深时浅，成群的水鸟嬉戏其间。

尚书第 位于泰宁县城，是明代兵部尚书李春烨的宅第，国家文物保护单位。整个建筑群坐西朝东，主体五幢一字排开，南北长87米，东西宽52米，共有建筑120余间，占地面积4500多平方米，雕梁画栋，气势恢宏。尤其是巧妙的木结构和精美的石雕、砖刻斗栱、雀替、花舌等装饰艺术，别具特色的甬道和封火墙，令人叫绝。

鸳鸯溪风景名胜区

鸳鸯溪风景名胜区是国家重点风景名胜区，在福建省福州以北的屏南县东北部，屏南、周宁、政和三县交界处，包括鸳鸯溪、白水洋、叉溪、水竹洋和鸳鸯湖等景区，总面积79平方公里。

鸳鸯溪风景名胜区以鸳鸯、猕猴和古树名木等动植物景观为特色，融溪峰岩洞、瀑布湖泊等山水景观为一体。每年秋冬数以千计的鸳鸯来此过冬，故以此命名。有"天下第一溪"、"爱侣圣地"、"天然水上乐园"、"天然大空调"等美誉。鸳鸯溪为一条终年常流溪水，全长18公里，中生界火山岩地质，溪中流水急剧奔泻，南北落差300多米，溪流急剧下切成"V"形沟谷地貌，海拔1000米以上的山峰达数十座，最高海拔1442米，溪流宽处近200米，窄处仅1米多。峭壁断崖沿岸拱立，大部分地区为原始森林所覆盖，众多的深潭、雄瀑，参差密布，被称为十步一滩，百步一湾，千步一潭，形成了波平如镜、清幽雅静与波澜壮阔、气势恢宏的极大反差，使游客受到大自然的极大震撼和灵秀山水美的陶冶。

鸳鸯溪两岸，有较大的瀑布上百个，百米以上的飞瀑达数十个；每逢雨季，更是千山鸣泉，万壑飞瀑，蔚为壮观。由于水源十分丰富，即使遇到大旱季节，这里的瀑布仍然十分雄壮。区内的瀑布沿溪岸密布，有上百个瀑布。鸳鸯溪瀑布一年四季皆水态壮观。喇叭瀑近 20 米的落差斜跃十一叠，瀑面宽展平缓，如同一匹白练在流水线上缓缓滑动，十分壮观。鼎潭仙宴谷由两重瀑布封前锁后，谓之"鼎潭串珠"。还有色潭、洞潭等雄瀑，皆雾飘百米，水势凶猛，非同凡响。

"百丈漈水帘洞"瀑布，落差高达 150 米，瀑面宽约 20～50 米不等，周围古林秀木相映成趣，洞内却有"中华猕猴"歇息。该瀑远看似瀑布，近观如水帘，流水悬落，如同一群白衣素裙的仙女联袂而下。站在瀑前，细"雨"、凉风扑面。瀑下潭壁上的蛙石、龟石，神态生动逼真，惟妙惟肖。每当晴日清晨至近午，由于阳光的照射作用，看去瀑中飞虹绚丽多彩，十分壮观。

"白水洋"天然水上广场被称为"天下一绝"。五里水上长街，有上、中、下三个万平方米水上广场，其中最大的一处达 4 万平方米。河底岩床皆平坦光滑，布水十分均匀而且很浅，水深仅没过脚背，波光粼粼，可作天然游憩冲浪，随波逐流，顺水而下，怡然自得，还可开展水上运动。在中、下洋之间的白水弧瀑，如一架巨大的滑梯，中间有条百米长的天然冲浪踏道。冲瀑成为鸳鸯溪一大富有特色的项目。

海坛风景名胜区

海坛风景名胜区是国家重点风景名胜区，在福建省平潭县，包括石牌洋、海坛天神、东海仙境、南寨石景、坛南湾沙滩、凤凰山沙堤沙坡、三十六脚湖等景区。海坛岛是平潭县的主岛，南北长 29 公里，东西宽 19 公里，是全国第五大岛，远望如坛，故名。附近有 126 个小岛、648 座岩礁。

海坛风景名胜区以天然绝妙的海岸造型地貌和优良的海滨浴场为特色。其海岸造型地貌被称为天然海蚀地貌博物馆，漫长的岛屿海岸线遍布雄奇壮阔的象形岩礁，千姿百态，令人叹为观止，其中以双帆石、海坛天神、仙人井最为绝妙。

双帆石 位于岛西部海坛海峡中石牌洋，是离本岛 1 公里的孤岛上耸立的两块巨大的石柱。这两根石柱，一高一低，形如风帆，下面的礁石如同一只大船，整个造型非常逼真。其中高的一根石柱高约 30 余米，腰围约 40 米；低的一根石柱高约 19 米，腰围约 50 米。

海坛天神 在海坛南部塘屿的南端，为灰白色粗粒花岗岩组成，紧贴大海。"天神"长 330 米，胸膛宽 150 米；头部直径 33 米，海拔高 33 米；肚子海拔高 38 米；下身性器官为微微上翘的礁石，长达 3 米。整体比例匀称，栩栩如生。

仙人井 位于海坛东北部东海仙境，是一个海滨圆形巨井，深达 37 米，直径约 33 米，井壁为悬崖峭壁，如刀斧削成，民间传说为八仙中的铁拐李用铁拐戳穿地面形成，实际上为海蚀洞垮塌而成。在井底，有两个大洞与大海相通，潮水涌入，如万马奔腾，退潮时人可入内"坐井观天"。

海坛也有众多优良的海滨浴场，共有优质沙滩 40 处，总长约 70 余公里。其中，龙凤头沙滩长 4500 米，流水澳沙滩长 6000 米，长江澳沙滩长 5000 米，洋中澳沙滩长 3000 米，南江澳沙滩长 3500

米，苏澳沙滩长2500米。这些沙滩的条件大都极佳。这些沙滩坡度适中，沙层松软细腻，沙粒均匀、纯净；这里的沙滩以新月形为主，滩面平坦、完整、洁净；沙滩大部分朝向东南，夏季盛行东南季风，徐徐清风，可以把弄潮的游客送回岸边；不论其沙滩大小，都是前有岛屿拱卫、后面有林带环抱，二者之间还有许多起伏的沙丘、沙带，层次丰富，组合优良。目前已开发的主要是龙凤头沙滩，它距县城仅1000米，却长达4500米，宽达500米，可容纳10多万游人。

三十六脚湖 是全岛、也是福建省最大的淡水湖，湖面1.6平方公里，因湖湾多、有36个湾汊而名。湖水由岛上山泉汇集而成，与海洋仅一堤之隔。湖的另三面为山丘揽抱，湖岸依山曲折，多角多边。湖中有两小岛，大的名龙头，小的名龙尾。大岛上奇石堆垒，四周清泉喷涌；小岛上白沙出水，终年绿荆覆盖，可谓湖上一绝。东岸有巨石挺立，名风动石，高5~6米，刮大风时石能轻微晃动。这里很早就有"不看湖，枉进岛"之说。

海坛岛上奇石景观比比皆是、惟妙惟肖，如青蛙仰头、双龟拱桥、鸡窝石蛋、海猪上滩、古琶脱甲、石舢舨、单帆石、双乳石、仙桃石等，令人目不暇接。

冠豸山风景名胜区

冠豸山风景名胜区是国家重点风景名胜区，在福建省连城县，面积123平方公里，有景点百余处。冠豸山以山形状如莲花，形似豸冠（古代法官的帽子）得名。景观具有突出的丹霞地貌特征，平地兀立，外直中虚，柱石林立，气势雄旷，奇险而幽秀，和武夷山齐名，号称"北夷南冠"。最著名的有照天烛、一线天等景点。山下石门湖长达五里，山环水绕，形成山奇、水秀、谷幽、洞迷的特色。

苍玉峡 在冠豸山麓，是一处狭长的峡谷。峡内泉水淙淙，回环曲折，登山小道，风景优美。其山腰间筑有一半山亭，亭之西有一巨石，高壁端正，独留一面。巨石壁上有明代名儒黄公甫仿书法家颜鲁公字体而刻下的"冠豸"二字，字径数尺。在"冠豸"二字下，有清代乾隆时期的翰林朱阳镌刻的"上游第一观"。

桃花源 泉水从石上缓缓流下，因以前有桃花飞落水面，故称为桃花源，颇有"明月松间照，清泉石上流"的意境。

一线天 为两峰间断开所形成的峡谷，左为五老峰，右为灵芝峰，峡内抬头望天，只见天成一线，故名。内有清泉，称金字泉。泉畔左边有一深邃的岩洞，名叫石园，可容数十人。

照天烛 为一巨大石笋，拔地而起，高达数十丈，犹如一支照彻天宇的大蜡烛。周围石笋林立，形成一罕见的石笋世界。附近有莲花洞。

冠豸山文物古迹有二邱书院、东山草堂、半云亭等14处古建筑，历代摩崖石刻与题匾40多处，其中林则徐题匾"江左风流"尤为珍贵。此外，冠豸山地区属革命老根据地，有众多的革命遗迹，如毛泽东、朱德同志旧居和苏维埃政府旧址等。

鼓山风景名胜区

鼓山风景名胜区是国家重点风景名胜区，位于福建省福州市，分五大景区，即鼓山、鼓岭、鳝溪、磨溪、凤池白云洞，总面积48平方公里，是风景旅游、朝圣旅游、避暑度假和野营活动多功能的风景名胜区，自宋朝至今皆为游览胜地，也是福建"十佳"风景名胜区之一。

鼓山位于福州市东郊，闽江北岸，距市区12公里，相传山顶有一巨石形状如鼓，每当风雨之际，便发出隆隆的声音，像鼓声绵绵不绝地在山间回荡，故名鼓山。鼓山方圆数十里，主峰969米，景点众多。

鼓山地处亚热带，四季常青，名胜古迹遍布，千年古刹涌泉寺殿宇辉煌，寺内千年铁树、鸡丝木供桌及血经书为镇山三宝。全区有著名峰、峡、岩、洞260多处，久负盛名有白云峰、狮子峰、喝水岩、蟠桃林、八仙岩、忘归石、仙迹石、白云洞、灵源洞、达摩洞等。溪流、瀑布、山泉50余处，著名的有鳝溪、鼓山溪、磨溪、小磨溪，鳝溪瀑布和东山溪瀑布最为壮观。

峡谷中最为典型的有喝水岩、灵源洞，称为"谷中之谷"。景区地处亚热带，四季常绿。名木古树1600多株，摩崖题刻600多幅，其中有宋代蔡襄、李刚、赵汝愚、朱熹及现代朱德、郭沫若、罗瑞卿等人的手迹，这些自然"碑林"是国内罕见的书法艺术长廊。

涌泉寺位于白云峰山腰，以寺前罗汉泉得寺名，前身为始建于唐代建中四年（783年）的华严寺，现存建筑保持了五代建寺时的风貌。千年古刹面貌庄严，规模宏伟，工艺精巧，殿宇辉煌，素有"闽刹之冠"称誉。寺庙有25座殿堂，规模宏大，却巧妙地分布于山泉古树群峰之中，有"进山不见寺，入寺不见山"之妙，主体建筑有大雄宝殿、天王殿、法堂、钟楼、回龙阁等。寺前千佛陶塔系宋代用陶土烧制而成，具有较高的历史价值和艺术价值，是研究宋代建筑和制陶工艺的实物资料。

达摩十八景在涌泉寺西，建于清代，以达摩面壁故事命名。达摩洞深6米多，有面壁而坐的达摩像。

玉华洞风景名胜区

玉华洞风景名胜区是国家重点风景名胜区，位于福建省将乐县，包括玉华洞、银华洞、金华洞三大景区，面积45平方公里。以其独特的喀斯特地貌和原始的亚热带常绿阔叶林景观而闻名。

玉华洞位于将乐县城郊东南9公里处，天阶山下。玉华洞具有丰富的机械侵蚀、多层次洞穴通道发育和新老沉积物相重叠构成特殊景观的特色。洞内全长5公里，面积约5万平方米，由藏禾、雷公、果子、黄泥、溪源、白云六个洞厅和石泉、井泉、灵泉三股泉水组成。分布着一扇风、仙人田、硕果累累、擎天玉柱、瑶池玉女、龙宫、石瀑、万家灯火、金鸡唱晓、五更天等166个景点，其中"硕果累累"、"擎天玉柱"、"瑶池玉女"、"石瀑"等堪称奇观。"以风取胜、以水见长、以石求异、以云夺奇"是玉华洞的独有特色。洞顶2.3平方公里的天阶山秀木滴翠、怪石嶙峋，是喀斯特地貌上的绿洲。

玉华洞是一个已有1700多年游览史的古洞，宋代杨时、李纲等曾游此洞，玉华洞进出口处岩壁上仍保留不少宋以来的摩崖石刻。明代、清代都有修编《玉华洞志》。300年前徐霞客曾赞美此洞。

玉华洞是宋代著名理学家杨时的故里。杨时，号龟山，曾受业程灏、程颐兄弟门下，开创龟山学派，"程门立雪"的典故流传至今。杨时墓在将乐城南3公里处，乌石山下，松柏环绕，墓前有明代所立的墓碑。

十八重溪风景名胜区

十八重溪风景名胜区是国家重点风景名胜区，位于福建省闽侯县，面积52.2平方公里。

十八重溪在闽侯县南通乡，距福州市约20公里。这里属火山熔岩地貌，岩体在长期地壳运动和风化、剥蚀作用下，形成丰富的峰岩、峡谷、溪涧自然地貌景观，融山、水、石、洞于一体，向有春观瀑布、夏泳龙潭、秋登塔峰、冬探猕猴之说。

十八重溪长达10余公里，是一条极其洁净的季节河，因有十八条支流而得名。十八重溪浅水区是天然的游泳场，枯水季节河床干涸砾石裸露，一些伏流段只闻水声不见水流，则游人可以出入其上。十八重溪有众多的瀑布景观，有知音瀑布、乌龙吐水、龙潭、翡翠潭等飞瀑碧潭。两岸奇岩怪石众多，大帽山、文笔峰、宝塔峰、织女岩等形态各异。四重溪又称风光岩，附近的皇冠峰肃穆挺拔，峰下有一高8米的独峰斜立，像探身招呼客人的侍者，人称"侍者峰"。五重溪又称黄坑口，主要景点有石人、石马、石风帆等。石风帆是在干流河道中残留的一块巨石，高出水面5.2米。六重溪、七重溪有鸳鸯洞、流纹岩、三层岩等景点。八重溪的龙潭、知音瀑布等都很出名，水深10余米，潭中山峰倒影，风景秀美。知音瀑布是当地大小12个瀑布的代表，瀑高40多米，宽10多米，丰水时甚为壮观。八重溪与九重溪间为宽40米的溪流所隔，有竹筏过渡。十三重溪以下人迹罕至。景区东北部的大帽山，又名古灵山，海拔786.3米。晴日登顶，可一览十八重溪山水秀色。此外，宝塔峰俊秀凌空，玉女石、猴洞、天柱瀑布等也各有特色。景区有灵隐古寺、古灵洞、宋陈襄墓等古迹和老爷洞等革命遗迹。

十八重溪风景名胜区生态环境良好，动、植物资源丰富。这里有大面积天然次生地带性植被，有国家二类保护动物野生猕猴及娃娃鱼等，山上常有猴群出没，沿溪时有彩蝶纷飞，景观浑朴，野趣横生，观赏价值和科学考察价值较高。奇特的火山岩地貌，典型的季节性河流，成群的野生猕猴为该景区的三大特色。

青云山风景名胜区

青云山风景名胜区是国家重点风景名胜区，位于距永泰县城10多公里的岭路乡，因山峰平地拔起，矗立青云而得名。景区面积47平方公里，海拔在1000米以上的山峰有7座，最高海拔1130米。山高林茂，云雾飘缈，岩奇洞怪泉碧。动植物资源丰富，有珍稀植物——桫椤和羚羊、猕猴等。主要旅游景点有云天石廊、火烟瀑布、十八重溪石林、藤山草场、天池和状元洞、红军洞等。

青云山风景名胜区云天石廊在青云峰近山顶处，又称"登天廊"，因软硬岩层受风化的差异，形成一层层长条形通道。石廊共4层，累计长度约300多米，人行其中，惊而不险。藤山周围几个山头，坡度平坦，植被以高山草甸为主，号称"万亩草场"，是理想的避暑游览胜地。藤山顶部有一口古火山爆发形成的天池，呈弯椭圆形，周长约400米，面积12亩左右，丰水时平均水深1.5米。池内碧波荡漾，池旁绿草如茵，周围还有不少火山喷出物如火山弹等。在乌后村附近的乌后天池面积约6亩，也是古火山口积水成池。火烟瀑布即青龙瀑布，落差80多米，水流跌落的悬崖岩壁经淘蚀呈半圆凹槽，上小下大，如倒漏斗形。瀑布分三迭，上部水流顺峭壁滑落；中间部分越过悬崖飞泻而下，形成水帘，水珠四散，水雾弥漫；下部有一岩坎，瀑流打在上面，再沿崖壁分流滑落，最后汇入底部的青龙潭。此外，还有凤尾瀑布、珠帘瀑布、石龙瀑布和新月瀑布等，其中的石龙瀑布，水流从半山坡近乎直立的崖壁上跌落，总落差达150米左右。除青龙潭外，景区内还有龙潭、鲤鱼潭、长生潭和济生潭等。青云山风景名胜区——石廊峡谷景区：主要景观有凌空绝壁、风化石廊，号称"云天石廊"。远可观，近可行，长廊1000多米。还有飞瀑三潭、妙笔生花、镇山大钟、天门洞、灵芝岩、状元靴、金鸡相斗、音乐广场、仙君殿等景观，主峰雄伟壮阔，有雾都云海之称。

青云山风景名胜区——白马峡谷景区：总面积为16平方公里。瀑布水大雾浓。如龙龟潭瀑布、王子瀑布、下洋瀑布等。而白马瀑布高130多米，水量是青龙瀑布的10倍，白马湖面积达2000平方米，澄明如镜、清澈见底；乌龙峡、无名峡、双溪峡、王子峡、回音峡、白马峡、天门峡、平谷峡等八大峡谷各具特色；石林岩像逼真，如梦笔生花、大刀峰、鲤鱼岩、王子峰、八戒岩、白马峰、巨螺石、五马峰、龟岩、龙龟山、石臂、仙桃石、王子浴等维妙维肖。猴子成群结队，刺桫椤连点成片，是其又一特色。青云山——九天峡谷景区：水帘九叠，落差588米，壮观无比。景观独具特色，如相思岩、绵羊峰、神女峰、观音石、金猴抱桃、长城岩、三重门、悬棺、御印、御床、御帽、狮王峰、松鼠石、猿石、兔岩、维妙维肖，彩虹瀑、水帘宫、洞中潭极具特色。

佛子山风景名胜区

佛子山风景名胜区是国家级风景名胜区，位于福建省政和县城东部的外屯乡境内，总面积56平方公里。景区位于鹫峰山脉北段，佛子山与鹫峰山的结合部，处在环太平洋大陆边缘构造岩浆带中的中国东南沿海中生代火山岩带，是火山猛烈爆发的产物，地质遗迹类型多，地质环境奇特，具有典型火山岩地貌形成的奇峰怪石、峡谷瀑布、峭壁断崖、云海梯田以及中亚热带森林植被等景观，分为佛子岩景区、稠岭景区、梅子坑景区、七星峡谷景区和黄岭景区五个景区，集国家非物质文化遗产的政和四平戏以及独特地方特色的木拱廊桥、旺楼古墓、古银洞遗址等人文景观于一体，是观光游览、避暑度假、科研科普和进行民俗文化采风活动的山岳峡谷型风景名胜区。

景区具有独特神奇秀美的自然景观，尤其地质景观突兀而奇特。187米高罕见的狮峰巍峨险峻，翘首云天、形神兼备，狮峰周围有成片原始次生林，自然环境优美，峰顶是绝佳的观景台。景区的标志性地质景观——佛子岩，巧夺天工、惟妙惟肖。因其与夫妻岩的组合中极像佛家弟子而得名，周围奇峰林立，植被丰茂。与弥勒岩、望鹰岩、悬柱岩等构成一座天然山水盆景。险峭峻拔的笔架山，峰峦奇特。临坡面崖高230余米，因峰峦酷似笔架而得名。这里山峰耸立，峭壁悬崖，地貌奇特。笔架山林木茂盛，古树葱郁。除了三座主体山峰外，著名山峰、岩石、石洞等景点还有43处。众多的峡谷与溪、瀑、潭、湖景观密布景区。梅子坑百米瀑布垂高百余米，水从绝壁断崖顶冲出，犹如白链长垂、银河挂落，有崩云裂石之气，锐不可当、隆隆之声，尽显大自然之磅礴之势。下有深潭，潭水翠绿、碧波荡漾。佛子岩景区中的三级瀑布，由崖顶呈三级往山底奔涌而下。蛙岩瀑布宏伟壮观，在巨石间飞泻而下，层层叠叠，变幻多姿。七星溪贯穿佛子山风景区，集雨面积达150平方公里，河道水量极大，水流平缓、河道水深、水质清澈。沿河两岸河堤柳浪闻莺、鸟语花香、竹林片片，一幅优美的乡土田园景观。

景区内云海、雾涛气势磅礴、变幻莫测。每当旭日东升或夕阳西下，常见万顷云海涌起，澎湃翻腾；而由于地势东高西低，佛子山晚霞景观更为壮丽多彩，云彩时而水晶般晶莹、时而如烈火般燃烧，奇峰变幻不定，天地融为一体。严冬时节，狮峰景区偶有降霜和下雪，此时，海拔1千米以上的高山雪白晶莹一片，树枝倒挂冰凌，树林常形成白濛濛的"雾凇"奇景。

佛子山生物景观珍稀多样。还保留着大面积优美的原生天然林，物种资源丰富，林相景观优美。古树资源丰富，或孤植，或成林成片。树种丰富，主要有南方红豆杉、银杏、竹柏、油杉、柳杉、穗花杉、三尖杉、杉木、香樟、楠木、青冈栎、南酸枣等，许多属珍稀树种。景区内还有集中成片的高山杜鹃林、零星分布的梅花、山樱花、四照花等。独特的树石相依，狮峰、母狮峰等石笋状石峰顶部成片奇松生长于奇峰怪石之中。是集观光、探险、科普、休闲、度假于一体的风景名胜区。

宝山风景名胜区

　　宝山风景名胜区是国家级风景名胜区，位于福建顺昌县西北部，地处大干镇与元坑镇境内，属武夷山系杉岭东伸支脉，总面积87.8平方公里，由宝山、演山、七台山三个景区组成，具有文化"三宝"，天象"三绝"和自然三十六景，是以大圣文化为主要特色，集山水景观、森林植被、珍稀动植物、峡谷溪流等自然景观为一体的山岳型风景名胜区。

　　宝山景区位于风景区的中部北端俗称石宝山，主峰海拔1305米，山体巍峨险峻，植物多样性分布明显。其山形受燕山运动一至三期影响断裂发育，多奇峰、怪石、洞穴；因其海拔高地势险峻故云海环绕主峰，在春夏多雨和冬季多雾时节，每日清晨或雨过天晴之时，脚下山峦绵绵雾海潮涌，汹涌澎湃，蔚为壮观；晴朗之日，天空刚露鱼肚白之时万道霞光似万把利剑撕裂雾海，托起一轮红日喷薄而出，日出景观瑰丽壮观。在雨后次日之晨或雨过天晴之时，屡现环状彩虹其间人的影像若隐若现的"佛光"景象，此为"宝山三绝"。此外每逢冬季霜降或下雪，宝山峰顶便形成雾雪、雾凇和白茫茫雪景，在南方实属罕见。奇峰、怪石、洞穴、溪潭、瀑布密布其间，有：观日岩、棋盘石、试心石、卧牛石、滴水洞、八仙洞、龙脊、仙人磊壁、观景台等200余处。景区文化历史遗迹众多。主峰南侧的宝山寺，整座建筑分上下殿，上殿始建于公元1363年，为全国仅存的元代砂岩仿木石构古寺。古寺的殿柱、梁、檐、瓦等构件，均采用砂岩经精雕细凿构筑而成，殿内深11.5米，宽14.5米，设计合理，建筑雄伟，具有典型的唐宋时期"肥梁胖柱"的审美遗风，是全国重点文物保护单位。

　　演山景区位于风景区西部，海拔954米。因地壳运动演变成高低不等的山峦。小巧玲珑、争奇斗艳、奇峰飞瀑、峡谷幽洞，从空中俯瞰，似一件巧夺天工的盆景。景点有大小老鹰岩、大小仙乳峰、伟人峰、情人峰、七彩水晶壁、水晶洞、珍珠瀑、万年神龟、十八节峡谷等大小景点180余处，其中最具特色的景点有4处，分别是老鹰岩、七彩水晶壁、十八节峡谷和伟人峰。①老鹰岩：位于演山景区中心，三块巨石拔地千尺，似展翅雄鹰，豪情冲天，因鹰眼鹰嘴分明，神形兼具，而成为景区镇山之作。②七彩水晶壁：位于老鹰岩右侧翅膀上。因岩壁中遍布水晶矿石，在其他矿物质的作用下，整个岩壁呈现出七彩斑斓的色彩，水晶壁下水晶洞内，一朵朵水晶"花菜"鲜嫩无比，天然水晶坐佛形态逼真。③伟人峰：与老鹰岩遥相呼应，登老鹰岩顶，极目远眺宝山主峰之时，眼中闪现的是一位似曾相识的伟人，他身着中山装、头顶青松仰卧于群峰之上。④十八节峡谷：位于演山景区西北地带，是整个娄杉溪最精华之处，它斜穿整个风景区，将宝山与演山分隔，右侧峭壁千仞、宛若刀削，左侧面临深渊，踏石上登，如履薄冰，因弯弯折折延绵九弯十八节，故名。峡谷长约十华里、宽处十几米、窄处1-2米。从壑底仰望群岩似蘑菇悬空挂，摇摇欲坠、惊险万状；涧水清澈见底，不时有娃娃鱼闪现期间；谷中怪石满目，有万年神龟、河马、海豚、恐龙蛋等，仿佛置身于天然的怪石展馆；"蝶中仙子"——金斑啄凤蝶在谷中上下翻飞，奇花异草琳琅满目。演山风景区内有著名的文化古镇，其中位于演山脚下演山村内的吴氏宗祠始建于清嘉庆元年（公元1796年）。该祠为土木结构，内建筑分戏楼、回廊、后堂三部分，戏台现已拆。建筑底部均铺砌青砖；梁、柱等物件均为杉木，雕刻精美典雅，后堂现今仍供奉吴姓先贤延陵王季扎、三让王泰伯、唐司马佩公三幅祖先画像。

　　七台山景区位于县城西北部，海拔1282.8米，属新华夏系经向构造闽北隆起区，以前震旦系变质岩、西株罗系沉积砂岩居多。有唐代古庙，建筑雄伟，现存遗址，摩崖石刻较多。山中还有七台庵、台星、会仙、狮子、望月台等七处胜迹和三处名人石刻。

　　宝山风景名胜区动植物茂密，大部分峰岩覆盖原始森林，植被覆盖率约99%，植物以白垩纪已经发展起来的壳斗科、樟科、山茶科和木兰科等为主。珍稀树种有南方红豆杉、银杏、三尖杉等。宝山奇松主要分布在海拔1000米以上，尤以仙乳峰、石寨沟谷上部和宝峰山巅最集中。这里常年风大雨急，土壤瘠薄,古松树成片生长于悬崖峭壁,或伴与怪石,奇特多姿,每到霜降或下雪,常形成"冰凌雾凇"奇景;宝山杜鹃面积大、分布广,每年谷雨至立夏,盛开的杜鹃花遍布诸峰,尤以宝峰顶、十八弯道边、卧牛石、试心石、龙脊等处为最盛。著名的福建杜鹃、香槟杜鹃、弯蒴杜鹃等,尤以紫红、大红、桃红、水红品种为多,生长于石隙间立于峭崖旁,姹紫嫣红;宝山"花果岭"位于南坡半岭庵一带,是研究当地神猴文化及前西游文献又一其主要实物佐证。景区内野生动物种质资源也相当丰富,曾有华南虎、金钱豹出没记载;鸟类有黄腹角雉和白颈长尾雉。国家二级保护动物有短尾猴、白鹇、棘胸蛙等10余种。还有极其珍贵的"蝶中仙子"——金斑喙凤蝶。

宝山风景名胜区文化历史久远,遗产丰富,有"三宝"美誉。一是国家重点文物保护单位宝山禅寺,元代全木砂岩石结构殿堂建筑,属国内仅见。其附属文物南天门和大圣墓,以及山狸洞摩崖石刻文字等,是研究当地神猴文化及前西游文献不可多得的文化遗迹和实物佐证;二是古银杏群落组成的上湖村寨文化;三是全国竹子之乡、万亩毛竹林丰示范片,属农林业观光文化。以及南天门、大圣墓、干仙寮、仙字岩、古山寨城墙、七台山石刻、七台山唐庙遗址及演山吴氏宗祠等等,构成宝山丰富的文化景物具有较高的文化与科研价值。

福安白云山风景名胜区

福安白云山风景名胜区是国家级风景名胜区,位于福建省福安市西北部穆云乡和晓阳镇境内,总面积67平方公里。风景区自然地质遗迹独特,类型多样,分为白云山、九龙洞、龙亭溪峡谷、黄兰峡谷、金钟山五个景区,具有地质景观石臼、天象景观佛光以及溪流湍急、奇石林立的龙亭峡谷和黄兰峡谷奇特景观,是山水景观与浓郁民族风情的畲文化、古文化、茶文化相融合的山岳型风景名胜区。

白云山是闽东最高峰,海拔达到1450.2米左右,因白云常绕其峰而得名。白云山气候独特,除千变万化的云海奇观,在仙顶峰有时还可见"佛光"。白云山后峰西坡有始建于明正德四年的"冷水寺",后毁,1987年重建,寺前有"天池",盛产一种罕见的微型中国睡莲——午时莲,该莲十分奇特,每日午时伸出水面开花,花开时噼啪有声,花呈白色。景区南麓的溪塔种植葡萄有400多年历史,绵延4公里的"南国葡萄沟",葡萄架下具有浓郁民族风情的畲家姑娘小伙对歌,别具特色的"巫舞"表演。

九龙洞和金钟山龙亭峡谷最有名的是石臼景观。九龙洞处有一条二级瀑布,落差80来米,瀑布穿潭入石。金钟山龙亭峡谷山势险峻、悬崖峭壁众多,人迹罕至,路极难走,只有当年樵夫进山砍柴的崎岖小道可行。在景区蟾溪长达数千米的河床和峡谷间,以及九龙洞内,分布着成千上万个奇形怪状的石臼,有的石臼长年暴露在外,臼内充满雨水宛如天然浴缸,臼壁长满苔藓,无数条细细的螺旋状旋流侵蚀遗迹清晰可辨。石臼或缸状、或碗状、或盆状、或壶形、或柱状,形态类型丰富,口小腹大,特征明显,大小石臼连环相套。这些石臼群长期淹没在水底,无人知晓,后上游建起水电站蓄水,这些奇特景观才逐渐浮出水面。经专家考证,山顶上有数十条的悬冰槽,几乎每一条山涧都分布着有冰臼特征的石头,其中九龙洞中发现的单体冰臼直径约三十米、高约六十米,十分罕见,有的专家认定是古冰川作用形成的冰臼地貌。冰臼,是古冰川作用形成的重要遗迹,是古冰川曾经存在过的重要证据。但冰臼的说法目前仍有争议。

福安乡情民俗独具特色,每年农历六月初一到十五这期间,晓阳镇都要演六天戏,最后一个晚上还要从开台一直演到天光,"晓阳神戏透天光"。每年农历六月初一,附近成千上万的香客早早的上白云山上香祈愿。因白云山为闽东中部最高峰,历来都是九九重阳节登高爱好者的最佳去处。

江西省

庐山风景名胜区

庐山风景名胜区是国家重点风景名胜区，被联合国教科文组织列为世界遗产，位于江西省九江市，面积302平方公里，共有12个景区，37处景点，230个景物景观。

庐山以其雄伟的姿态，非凡的气势，融奇险秀幻的自然风光和积淀丰厚的文化遗存为一体，汇成了自然美与艺术美完美结合的典范。她以风景名山、文化名山、教育名山、宗教名山和政治名山著称于世，以神圣、神秘、神奇的色彩久负盛名，素有"匡庐奇秀"之称，是著名的旅游、疗休养、避暑胜地。

庐山历史悠久，六千年前就有人类活动。庐山的名称始见于两千多年前西汉历史学家司马迁所撰的《史记》。悠久的历史、美丽的传说为庐山披上了一层神秘的面纱，更为庐山增添了无穷魅力。1934年至1948年间蒋介石国民政府曾辟庐山为夏都。1959年至1970年中共中央曾在这里召开过三次重要会议，毛泽东等老一辈无产阶级革命家在庐山的革命实践活动，为风景秀丽和文化丰厚的庐山更添迷人色彩。

庐山地处赣、鄂、皖三省交界地区，位于长江南岸、鄱阳湖西，山体呈椭圆形，属地垒式断块山为主的山岳风景区。其自然景观和人文景观门类齐全，分为瀑泉、山石、气象（云海与佛光）、地质（第四纪冰川遗迹与溶洞）、植物、江湖（长江、鄱阳湖、候鸟区）、人文、别墅建筑八大类。

庐山奇瀑飞泉堪称一绝。李白赞为"飞流直下三千尺，疑是银河落九天"的开先瀑布，三级落差150米的三叠泉瀑布，陆羽称为"天下第一泉"的谷帘泉，以及简寂泉、石门涧、王家坡双瀑等二十多处银泉飞瀑，"千奇百态呈奇观"，或喷雪奔雷，或抛珠洒玉，或风扬轻烟，落差之大，形态之美，声响之壮，构成其突出特征，素与雁荡龙湫、黄山石笋并称"天下三奇"。

中国风景名胜区

庐山秀峰翠峦竞相争辉，98 座峰各显风姿。主峰"大汉阳峰"海拔 1474 米，登峰四望，气势壮观；"五老峰"形如五老并坐，俯视大千；"双剑峰"有若剑插云霄，斩云截雾；"铁船峰"有似钢铁艨艟，驰骋云涛雾浪。从不同的角度观赏峰峦，产生形态壮观多变的景观效果。宋代诗人苏东坡描绘的"横看成岭侧成峰，远近高低各不同"正是庐山峰峦景色的真实写照。

庐山险崖幽谷独具一格。"龙首崖"犹如苍龙昂首，凌空兀立，拔地千尺；"屏风叠"状如九叠屏风，层层堆叠，疏密得当，为岩层奇观；"锦绣谷"悬岩绝壁，苍松翠竹，繁花似锦，抬头危峰耸天，惊心动魄；俯首幽谷深邃，云飞雾腾，宛如步入"天上人间"。

庐山云海烟岚变幻莫测，瀑布云、云梯云、云海、佛光构成庐山独特气象景观。其态静如练、动如烟、轻如絮、浩如海，形成静态美、流动美、声音美、朦胧美的和谐统一。

庐山地质、地貌、植物景观特异，地质形成约八千万年，经历了第四纪冰川期，有冰斗、冰窖、U 谷、冰坡、悬谷、角峰、刀脊、冰筏、冰坎、盘谷和冰川漂砾等冰川遗迹。山上植物种类 201 科、955 属、3400 余种。森林覆盖率达 78.3%，牯岭中心森林覆盖率达 82.6%。

庐山四季景色各具特色，朝可观日出，夕可揽晚霞。夏天平均气温 22.6℃，最高气温 29℃，空气清新，环境幽静，为我国南方少有的"清凉世界"，冬天平均气温零下 4℃，白雪如絮，玉树银花，又是我国南方少有的观赏雪景的最佳处。

庐山文化遗存积淀丰厚，现有文物保护单位 53 个，其中国家级 2 个，省级 10 个，地市级 41 个。丛林古刹、书院胜地、古建遗存以及历代 500 多位文人墨客留下的 4000 余首赞颂庐山的诗词、400 多处丹青碑刻、稀世珍宝的 500 罗汉图，近代具有 25 个国家不同风格的近千栋别墅等，国家领导人为庐山题咏的诗文题字，形成了庐山特有的人文景观。

井冈山风景名胜区

井冈山风景名胜区是国家重点风景名胜区，在江西省井冈山市，包括茨坪、黄洋界、龙潭、主峰、桐木岭、笔架山、湘洲、仙口等 8 大景区，60 多个景点。

井冈山位于江西省与湖南省边界的罗霄山脉中段，景色优美，主要风景类型有峰峦、山石、瀑布、溶洞、气象、高山田园风光等。在中国革命历史上，井冈山以"中国革命的摇篮"、第一个农村革命根据地享誉中外，毛泽东、朱德等老一辈革命家在这里留下光辉的足迹，现存革命遗址 30 多处。黄洋界、桐木岭、朱砂冲、双马石、八面山

是当年井冈山根据地的屏障，也是五处主要防御工事，被称为五大哨口，工事遗迹现仍保存完好。这些革命遗址和自然景观融为一体，交相辉映。

井冈山因当年山上大小五井得名。大小五井是指大井、小井、上井、中井、下井五个小山村，它们相互毗连，又分别坐落在一个个小盆地内。因其盆地很小，四周群山环抱，颇似一井，故名。大小五井是毛泽东当年率红军首先进驻的村庄，也是红军的重要后方基地，有众多革命遗迹。

茨坪景区 茨坪镇是一座群山环抱林海覆盖的小山城。1927年10月到1929年1月，当时党的湘赣边界特委、湘赣边界工农兵政府、红四军军部等许多机关均设在茨坪。建国后，人民政府重修茨坪各革命遗址，同时，在北面山岗上建起高大雄伟的革命烈士纪念塔。井冈山革命博物馆在红四军军部旧址附近，建于1959年。博物馆为二层楼房，有陈列室七间，面积3000平方米。馆内陈列着井冈山斗争时期大量珍贵革命文物，生动介绍了井冈山斗争的历史进程。

黄洋界景区 黄洋界在茨坪西北17公里处，是江西宁冈、湖南炎陵进入井冈山必经之道。黄洋界顶峰海拔1343米，比山脚下的大陇高出1000米，居高临下，扼守山口，险峻异常，是当年井冈山五大哨口中最险的一个。当时哨口由三道工事和一个瞭望哨组成。当年这里发生多次战斗，1928年8月底，著名的黄洋界保卫战在这里发生，毛泽东写有"黄洋界上炮声隆，报道敌军宵遁"的诗词。现修有黄洋界保卫战胜利纪念碑。黄洋界也是观云海、看日出、冬季赏雪景的理想之地。

八面山哨口在茨坪西北12公里处，海拔1800多米，是五大哨口中最高的哨口。山上有两条小路，一条通大井，一条通上井，哨口就设在二路交叉点上，八面山哨口保存完好。

双马石哨口在茨坪西南9公里处，因哨口处有二巨石相叠而得名，是通往湖南炎陵的要隘，海拔1200余米，比山脚小井盆地高出400米。当年红军构筑的工事清晰可见。

桐木岭景区 桐木岭哨口，在茨坪东北12公里处，海拔1000米，与山下的罗浮高差达500余米，总哨口设在马坳的两山之间，是通往永新的要道。现在泰和到茨坪的公路通过这里。另有风雨亭、石姬、小黎坪三个分哨口。

飞龙洞在桐木岭附近山腰,洞口通道是一先倾斜、后直立的孔穴,长100多米,底部为互相连通的六个岩洞。洞内石钟乳、石笋、石柱、石花琳琅满目,奇幻多姿。

大井是五井中最大的村落,在茨坪西5公里处。当年红军被服厂设在这里。1929年1月,红军东出闽西,大井惨遭洗劫。现有毛泽东同志旧居,旧居前有毛泽东看书报坐的大石头和长青树。

龙潭景区 在五神河上不到两公里流程里,形成由五个飞瀑组成的龙潭瀑布群。这五瀑是碧玉潭瀑布、锁龙潭瀑布、珍珠潭瀑布、击鼓潭瀑布、玉女潭瀑布。其中碧玉潭瀑布最高,宛若一条银色的巨龙,从67米的高崖之上,凌空飞泻,猛坠下来,下落碧潭之中。顺潭下行,依次是涓帘飞垂的锁龙瀑、喷珠撒玉的珍珠瀑和银河浇洒的飞凤瀑等多处瀑布。条条瀑布,有大有小,有高有低,有娴静者,亦有粗犷者,姿态各异,风韵不同。在龙潭北不远的峡谷中还有一条高达80余米,气势雄壮的"间息瀑",有节奏地泻入三面环合的幽谷深潭之中。再下还有水帘瀑,人可以靠近瀑壁走过,水帘在行人之外。水帘瀑下有"红军洞",当年红军伤员曾住过这里,至今遗迹依稀可辨。

小井在黄洋界山下,红军时期是红军医院驻地。1929年红军撤出,医院一百多名重伤员来不及转移,被敌人杀害。建国后建烈士墓。

笔架山景区 位于茨坪以南,以"十里杜鹃林"著名。

笔架山由绵延17座山峰组成,形如笔架,故名,主峰海拔1357米。这里遍山集生着的杜鹃林带,长达十余里,有近30种杜鹃花,以猴头杜鹃最有名,形成举世罕见的杜鹃花林奇观。其中一株杜鹃王冠幅达十七八米。杜鹃花期长,每年4月中旬至5月底为盛花期。

朱砂冲哨口在茨坪南15公里处,是通往遂川要道。哨口一带一侧峭壁耸立,一侧下临深谷。当年红军曾在这里设有两道防线,驻军把守。

主峰景区 五指峰距茨坪6公里,海拔1586米,井冈山主峰,为因五座山峰高低并列如五指而得名。我国发行的100元人民币背面就是以五指峰为图案的。

井冈山水库大坝位于井冈山主峰山麓,坝高92米,在国内目前同类型坝中为最高一坝,故有"上有天下第一山,下有全国第一坝"之称。

三清山风景名胜区

三清山风景名胜区是国家重点风景名胜区,被联合国教科文组织列入世界遗产名录,在江西省玉山县和德兴市,包括西华台、三清宫、玉京峰、三洞口、梯云岭、玉灵观、石鼓岭等七个景区,总面积2299平方公里,中心景区71平方公里。

三清山处于怀玉山脉腹部,山体南北长12.2公里,东西宽6.3公里,平面呈荷叶形,山势东、南、西三面陡峻,北面平缓,景区特色为东险西奇、北秀南绝。主峰玉京峰,海拔1816米。

三清山历史悠久,是道教名山。其玉京、玉虚、玉华三主峰因酷似道学境界中的玉清、上清、太清三神而得名。晋代医药学家、道教理论家葛洪在此凿井炼丹,是三清山的开山鼻祖。唐代信州太守王鉴爱其山水之胜,隐居其间。宋代王鉴十世孙王霖始创三清道观。明代王霖后裔王祐即其旧基再建三清宫,供奉三清(玉清元始天尊、上清灵宝天尊、太清道德天尊),远近虔诚信徒道众朝山者络绎不绝,成为洞天福地,素称"江南第一仙峰"。

三清山风景拥有众多的奇峰怪石、古松珍卉、彩瀑神光、古代建筑和大片原始森林。有名可数的奇山秀峰四十多座,特别是横空出世、昂首云天、净高128米的"巨蟒出山",端坐云间、身高86米的"司春女神",凝神静听、惟妙惟肖的"观音赏曲"峰,号称"三大绝景"。

三清山共有植物157科、500属、1088种,森林覆盖率达80%以上,仅杜鹃花就有18种之多,除黄山松、天女花、银杏、红花油茶等已属珍稀外,1978年首次在这里发现的华东黄杉成片达千亩以上,其分布之广,数量之多,堪称为最,誉为"天然植物园"。良好的自然环境,栖息了各种飞禽走兽300余种,并有金钱豹、娃娃鱼等珍稀动物。

三清山为古信江之源,泉、瀑、溪、池众多。著名的有泸泉、丹井、禹门泉、玄泉、应元泉五大泉,瀑布以玉帘、杨清、庆云、八祭龙潭、玉女潭最著称,三清福地有净衣、清华、涵星三口天然大池。

三清山文物古迹众多,现存道观、牌坊、古墓、台塔、石桥、山门等古建筑50多处,石雕石刻250多处,成为其景观资源的宝贵组成。厚重的文化内蕴,引来古今名臣学者,慕名登览,代不乏人,王安石、苏轼、朱熹都在此留下了脍炙人口的诗篇。

三清山修筑了梯云岭至玉京峰的栈道,46公里长的景区游步道将全山七个景区联成一体,修建观景亭、台等二十多处。

三清宫景区 三清宫景区,历时1600多年,人文景观荟萃,且多集中在三清福地,是三清山道教古建筑的中心。景区范围上到"九天应元府",下至"风门"。

三清福地,是古冰川活动形成的一块天然山顶盆地,海拔1530米。"高凌云汉江南第一仙峰,清绝尘嚣天下无比福地"的华表经数百年风雨而屹立,形象地描述了其厚重的文化内蕴。三清宫就建筑在这里，周围占地面积2300平方米，距今530多年，殿、塔、墓、台等古建筑拱卫四周。较为完整的有：龙虎殿、风雷塔、天门华表牌坊、詹碧云藏竹之所、飞仙台、众妙千步门、冲虚百步门、西华台等大小建筑50多处，均用花岗岩或镶嵌而成，或于砌叠成，它们依"先天八卦图"设计布局，造型不一，结构奇特，辅以匾额，楹联题字装饰点缀，经千百年沧桑而面目依旧，神采不改。另有200余处石雕石刻，巧夺天工，雷神石雕栩栩如生。三清宫景区文物构思精巧，风格自成一派，被专家们誉为"露天道教博物馆"，为今人研究道教文化的古建筑史提供了特有的素材和理想的场所。

登临三清宫景区，可览天然"风门"，四面生门；"天水一池"，明澈似镜；玄关隘口，"入道门径"，步云桥出入云端，登汉路陡峭如梯，杨清桥下飞瀑激扬，逍遥路上迤逦平缓，浮云桥身在云海，如临九天，峭壁之处有东西南北中天门，镌字五处等胜景。

置身三清福地，可领略晨钟暮鼓，松林月夜之境和云雾雪雨、神光蜃景之奇，风雷石塔融于晚霞日出之画，更添了天、地、人三才的妙用之趣，堪为"人间仙境"。

梯云岭景区 海拔1557米，景区范围广阔，景点众多，分布在从响波桥、外双溪，经梯云岩、南天门、玉皇顶、玉台到游仙谷一带，紧靠玉京峰脚下。三清山"十绝景"即有五个在梯云岭景区，除"巨蟒出山"、"司春女神"、"观音赏曲"三大绝景，另有稽首清虚的"道人拜月"和硕大无比的"蟒蛇露尾"。因势象形的景点景物有：金驼翘首、琼台仙苑、万笏朝天、狐狸戏鸡、三龙出海、城堡之光等。

梯云岭景区一年四季云雾迷漫，飘游于峰壑之间。七里清溪随峰峭壁蜿蜒而下，四至六月间，连片数百亩的杜鹃林竞相怒放，姹紫嫣红，天女花于山间林际颔首相迎，梯云秀色、南天门奇观尤为引人入胜。

龙虎山风景名胜区

龙虎山风景名胜区是国家重点风景名胜区，位于江西省鹰潭市，北至浙赣铁路，南至天台山，东至玉里峰，西至狮子岩，面积约为200平方公里，共分应天山、上清宫、龙虎山、仙水岩、马祖岩、洪五湖六大景区以及天台山、仙人山、闲闲墓、狮子岩四个独立景点，此外还有圭峰、云台山、鬼谷洞三个境外独立景点。

龙虎山位于鹰潭市南郊20公里处，原名云锦山，因第一代天师张道陵在这里肇基炼九天神丹，"丹成而龙虎见，山因以名"。因此龙虎山是中国道教最早发源地，被称为中国道教第一山，有"神仙所都"、"人间福地"之誉。自东汉中叶第一代天师张道陵在这里肇基炼丹至民国末年止，承袭63代，历经1990余年，是我国一姓嗣教时间最长的道派，在中国百姓中具有广泛的影响，素有北孔（孔夫子）南张（张天师）之称。

历时 2600 多年的春秋战国崖墓群，是龙虎山的又一奇观，它分布广、数量多、位置险要、文物丰富。仙水岩陡峭的石壁上，满布大小洞穴，里面棺椁无数，被称为"神奇的崖墓博物馆"。

龙虎山是我国最典型的丹霞地貌风景，景区有九十九峰、二十四岩、一百零八处自然和人文景观、二十多处神井丹池和流泉飞瀑，芦溪河风光绮丽，宛若仙境。

龙虎山 为龙虎山风景名胜区的中心，古迹甚多。左为虎山、右为龙山，虎踞龙盘，气势雄伟。第一代天师在山下炼丹，传有青龙白虎围绕于丹鼎之上以护丹炉。峰巅有飞升台，峰下有炼丹岩、濯鼎池等名胜，周围景观有望仙峰、观音壁、雄狮回首、张家山、薛家寨、骆驼峰等。

正一观位于龙虎山主峰下，为汉代以来江南道教徒聚会之中心。观前为七星池，观后有水帘洞。现恢复从祀殿、元坛殿、正殿、玉皇楼、丹房等。

上清宫 我国规模最大、历史最悠久的上清宫，始建于汉、完善于唐，为历代天师祀奉太上老君和朝会之所。兴盛时曾建有九十一座道宫，八十一座道观、五十座道院、二十四殿，被誉为"神灵所都，百神受职之所"而名扬海内外，宫内伏魔殿中的镇妖井，就是施耐庵生花妙笔下梁山 108 将的出处。现存遗址为明清建筑，有福地门、东隐院、钟鼓楼、下马亭、明石刻及残基断柱等，历史上的上清宫建筑规模宏大，是中国建筑史上的一大奇观。

天师府 至今保存完好的天师府，为历代天师居住场所，占地 3 万平方米，是一座王府式的道教建筑群，号称南国第一家，现尚存古建筑 6000 余平方米，全部雕花镂刻，朱红细漆，古色古香，一派仙气，被历史上许多皇帝赐号"宰相家"、"大真人府"，历来被尊奉为道教祖庭。

天师府在建筑布局和风格上，运用了我国传统的府第规格，又结合了封建衙署的功能需要，还糅进了道教祭祀宴会的实用要求，其历史价值和艺术价值较高，现已修复一新，为全国重点宫观。

上清古镇 始建于唐武德八年（625 年），原名沂洋镇，古街长三华里，青石路面，两边多为店铺，

上、下两层，依芦溪河岸而建，在河中，可欣赏到别具一格的吊脚楼。镇东一里许有东岳宫，为道教李天师纪念封神演义中的东岳大帝黄飞虎而建，东边有保存较完好的上清天主教堂，为清时英国传教士所建，中间为明清时代古建筑群，现有府第（留侯第）10座，特色民居18幢，建筑多取材于大青石板、青砖和松、樟木，所有接头无一铁钉，虽历经数百年仍完好无损，西边有长庆坊、上清桥等古迹。

芦溪河 源于福建省光泽县，在景区流长约三十公里，乘竹筏漂游，两岸奇峰怪石，翠竹簇拥，宛若仙境，宋文学家晁朴之写下了"行尽江南最远山，却寻千越上溪滩"等名句。

仙水岩 分仙岩、水岩，历史上许多文人墨客都曾游览于此，崖壁上有明代宰相夏言的题刻"玉壁凌空"及无名氏镂刻"半天仙迹"。顾况、曾巩、王安石、文天祥等都留下了赞美的诗句。现已恢复飞云阁、七层楼、古栈道、仙姑庵等。

仙岩也称"仙人城"，有兜率宫、清水池、仙水池等遗址，为历代天师吟诗作画的场所，须穿过三道古三门，沿584级台阶拾级而上。古诗云："千尺云崖上，仙城白莲开，徘徊凌绝顶，好景胜蓬莱。"

许家村为古村寨，华东三大无蚊村之一，传为许真君后裔，三面环山，一面临溪，村民出入均摆渡，有许村月渡等景。

仙水岩景点最为集中，有惟妙惟肖的文豪峰，有仙女梳妆的仙梳石，有含风不动的莲花石，有堪称绝景的仙女岩，有深不可测的孽龙洞，有情意缠绵的僧尼峰等。

崖墓群 历时二千六百多年的春秋战国崖墓群，被称为"世界崖墓一绝"。墓中发掘的古代纺织机、丝织器和十三弦琴等200余件文物，为研究古越族史及中国的纺织史、乐器史等提供了珍贵的资料。1989年，由美国加州大学和上海同济大学、江西省文博系统共同组成科研组，运用仿古代原始器械，将悬棺吊装入岩洞，初步揭开了这一千古之谜。1995年8月，龙虎山崖墓被确定为国家文物保护单位。

马祖岩 景区西北的马祖岩，又名金龙峰，为唐代佛教高僧马道一讲佛的地方，马道一是禅宗的主要传人，禅宗的沩仰宗和临济宗，即发源于马道一。山坡凿有石阶，过山门入，有两座大小相等的岩石洞，可容千人，原为佛教禅寺。现有五四水库环绕，风光奇特。岩前金枪峰，临河平地兀立，四壁陡峭如切；岩北的香炉峰，平顶圆体，形似香炉，山腰岩洞幽深，山下有香炉峰水库；岩西的保驾峰，形似一天鹅匍匐于地，峰间洞穴累累，其间的"盐仓仓"、"米仓仓"传说神奇。

洪五湖 包括洪湖、五湖两大水库，相距不到六华里，水面共一万一千亩，有白塔渠经马祖岩和仙水岩、芦溪河各景点相通。水库四周，地势平坦，遍布松、杉、橘、茶等，是著名候鸟区，计有白鹤、大雁、野鸭等十多种珍贵鸟类。这里设有中科院南方红壤试验站，是我国南方红壤改良实验基地。

应天山 山中建有象山书院。"西江三陆地,南宋一儒宗"的"百世大儒"陆九渊是我国南宋著名理学家,曾在此长期讲学,"弟子三千、道统一名",世称"象山学派",曾经是我国新儒派的正宗创始人之一。象山书院为南宋之四大书院之一,为儒家文化的重要遗址。

天师栗 俗称板栗,传说为张天师所栽,故尊为"神树",果实尊称为"天师栗"。龙虎山区遍布,尤以云锦石对岸的沙洲栗最著名。颗粒大而饱满,色棕红而光滑,肉细嫩而甘美,营养丰富,为历代贡品,是道士修身炼气的补品。

龙虎山地理位置优越,鹰潭为中国南方交通枢纽,鹰厦、皖赣、浙赣铁路及320、206国道贯穿而过,交通极为方便。

梅岭—滕王阁风景名胜区

梅岭—滕王阁风景名胜区为国家重点风景名胜区,位于江西省南昌市,面积150平方公里,景点景观有120多处。

风景区自然景观优美绝佳,人文景观神奇独特。梅岭属于大型推覆构造山体,是江南最大的飞来峰,避暑胜地;滕王阁是江南惟一皇家园林建筑范畴的宫廷式建筑,素有"西江第一楼"的美誉。"梅岭积翠"、"西山暮雨"、"滕阁秋风"是历代文人题咏的景观。幽谷、溪涧、岩石、峰峦、瀑布、湖泊、云雾、佛光构成了"雄、秀、奇、幽"的自然特色;还有众多的历史遗存,如相传中国音乐鼻祖黄帝乐臣伶伦凿井炼丹、创造音律的遗址"洪崖丹井","万寿宫"的祖庭玉隆万寿宫以及文化圣殿滕王阁,名山杰阁隔江相映。

梅岭 自古就以其奇山奇石奇涧奇水奇洞奇瀑奇树奇雾和独特的气候吸引众多文人墨客、得道高人前来题诗留墨或筑寺建观。梅岭是江西省重要的避暑胜地,也是四季可游的佳境。在梅岭之巅,朝观东方云海日出,暮瞰洪城万家灯火,春赏十里火红杜鹃,夏纳百丈仙台凉风,秋品千峰野果琼浆,冬揽万山玉树银花。

天宁古寺始建于唐朝,有僧尼居士近六十余众,是江南第一大尼姑庵,建筑多,院落深,殿堂雄伟壮观,处处流光溢彩,时时香火鼎盛。这里供奉的是地藏王菩萨。

洪崖丹井是中国最古老的景点之一,也是闻名遐迩的南昌名胜、古豫章十景之一,南昌古称洪州、洪都,都出自于此。

妙济桥是一座风水桥,这座石拱桥建于清嘉庆年间。其旁有天然绝世珍品的盆景樟,还有三株挺拔遒劲的迎客松,它们共同构成了一幅独特画面。

皇姑墓是清朝乾隆年间裘曰修及其夫人裘皇姑合葬墓。传说因裘皇姑似乾隆已死之妹,被太后认作干女。

太平银杏相传为太平观道人于南朝梁大通二年(528年)手植,树高近30米,胸围7.5米,是我国特大银杏之一。

仙石洞府是花岗岩体由地质变化及水力、重力等诸多因素共同作用而构成。洞外蛤蟆望月,海豚戏水,企鹅漫游等象形石栩栩如生,洞内洞洞相连,洞生玉竹、洞悬小瀑等景观奇异无比,与一般石灰岩洞穴不同。

脚鱼潭瀑布深藏于深山峡谷之中,两崖对峙,翠竹蔽日,涧水潺潺,击石成吟。宽达四五米的瀑布从20多米高的断崖飞流直下,声震数里,大有山雨来群峰动之感。瀑布处常有彩虹出现。

洗药湖又名洗脚坞,为西山主峰,海拔841米,夏季气温比南昌低8~10℃,凉爽恬静,适宜避暑消夏。

狮子峰整个山峰势若蹲狮。每将降雨,泉从壁出,远望像狮子流涎。全山由巨岩组成,形成石壁阁

（葫芦洞、蝴蝶洞）等许多岩洞。在洞内自认渺小，至顶峰又顿觉伟大，是寻奇探险的好去处。

滕王阁　在南昌城北赣江与抚河故道交汇处，沿江大道中段，距东面唐代阁址100多米，背城临江，滨临南浦，面对西山，与八一大桥遥遥相望并与南昌港紧相毗连。

滕王阁是江南三大名楼之一，最开始由盛唐帝子李元婴所创构，年代久远。王勃在此写下的脍炙人口的序文《滕王阁序》，使之名垂青史。《滕王阁序》是骈体文中最优秀的名篇。它描绘了南昌形胜，表达了作者遭际、怀才不遇的感慨以及希望有所作为的心情。它在滕王阁及周围自然形胜的阔大的文化空间里，寄托了人类最深远最宽广的理想与追求。"落霞与孤鹜齐飞，秋水共长天一色"已成为千古名句。

历史上滕王阁多次被重修，20世纪80年代又重新修建。新修的滕王阁，是仿宋式建筑。从空中俯瞰，滕王阁建筑好像一只平展双翅、正欲凌波西飞的巨大鲲鹏。整座主阁色彩纷呈，在蓝天绿水之间，给人一种极为富丽堂皇的感觉。滕王阁的装饰更显得秀逸与清致。进入第一层正厅，迎面是大型汉白玉浮雕《时来风送滕王阁》，取材于王勃马当山借神风赴滕王阁作序的神话传说。第五层，与第一、三层类似，回廊四绕。正厅内有《百蝶百花图》，另有苏轼书《滕王阁序》铜碑。这一层是登临滕王阁纵目远眺的最佳层次。第六层为最高一层，游人登临至此，江天一览，梅岭山色，洪都美景，尽收眼底。

仙女湖风景名胜区

仙女湖风景名胜区为国家重点风景名胜区，位于江西省新余市，面积179平方公里，其中湖面50平方公里，分为舞龙湖、状元峡、钤阳湖三个景区。

1600多年前，东晋文学家干宝所撰《搜神记》卷14第354条《毛衣女》中记载："豫章（按今南昌）新喻（按今新余）县男子，见田中有六七女皆衣毛衣，不知是鸟，匍匐往，得其一女所解毛衣，取藏之。即往就诸鸟，诸鸟各飞去，一鸟独不得去，男子娶以为妇，生三女……"民间文学家认为这是见诸文学关于"仙女下凡"的最早记载。

仙女湖山岛湖汊众多，空间开合有致，尺度宜人，山水缠绵相依，生态植被良好，旅游资源丰富。湖面波光泛彩，四周群山拱卫，山水缠绵相依。湖水水色独特、水态多变、景幻无穷。湖中百余个形态各异的岛屿星罗棋布，犹如颗颗水上碧螺。湖周茂林修竹、苍松翠柏、响泉流瀑、茅舍村寨、飞禽走兽，天然成趣。仙女湖辽阔的清波碧浪，蕴藏着丰富的渔业资源。

舞龙湖景区位于东部，港湾纵横，岛屿闪烁，青山滴翠。每当春季来临，数以万计的翩翩白鹭憩息嬉戏在这水岛山林之间，堪称江南奇观。

状元峡景区在中部，水流湍急，蜿蜒如带，斗折蛇行，可谓"两岸对峙倚霄汉，昂首只见一线天。"人称"小三峡"。

钤阳湖景区在西部，平湖无垠，烟波浩淼，渔帆点点，令人心旷神怡。

龙王岛是一个孤岛，在舞龙湖景区，海拔190米，因山顶上有一座历史悠久的龙王庙而得名。沿着2500余级石阶拾级而上，攀到山顶的邃怀亭，极目四望，只见山峦重叠、山水缠绵、烟波浩淼。

洪阳古洞是一座喀斯特溶洞。蜿蜒的洞体全长450米，洞室总面积8500平方米。洞中石钟乳遍布上下，错落有致，扑朔迷离，千姿百态，美不胜收，冬暖夏凉，气温宜人。

黛山秀水之间，名胜古迹荟萃。有江西第一状元唐代文学家卢肇的读书台和他题名作序的阅城君庙（又名昌山庙），有明朝权相严嵩幼年读书遇狐仙时的洪阳古洞（也名严嵩洞）和他捐资修建的万年桥及其著书立说的钤山堂；有明朝大科学家宋应星撰写科学巨著《天工开物》的所在地——分宜古县城；有宋朝修建的赣西名刹——龙王庙。另外，还有严嵩故里、东汉古陶窑、铃岗八景、北山庙、肖公庙、太子庙等遗址，有毛泽东、彭德怀、王首道、王震、萧克等一大批无产阶级革命家战斗过的遗址。

此处，毛衣女雕塑、会仙台、闻仙塔、蛇岛、猴岛及各式亭、台、楼、阁、廊、庙等20多个景点，仙女湖也成为山林观光、洞穴探奇、古建筑鉴赏、古遗址揭秘游览胜地。

龟峰风景名胜区

龟峰风景名胜区系国家重点风景名胜区，位于江西省弋阳县城区西南部，总面积97平方公里。地质构造同属武夷山山系，是典型的丹霞地貌，山体高度在海拔70~440米之间，峰石不仅以象形而惟妙惟肖，更以峰林聚生而取胜于同类丹霞。

龟峰自古以"三十六峰八大景"著称，自然风光和人文景观交相辉映，景观特色鲜明。景区内山峦陡峭、峰岩秀逸、怪石嶙峋、岩洞幽奇、云海层层、雾涛翻滚、草木葱茏、四季花香。三十六峰，峰峰奇特；八大景观，景景壮观。

龟形丹山 核心景区拥有峰峦106座，奇石无数，尤以"龟"形为最，素有"无山不龟，无石不龟"之谓。奇峰、奇石处处，美不胜收。主景区圭峰，亦称龟峰，山石以龟形为主，形象逼真，全仗天成，有"丹霞标本"的美誉。

洞穴佛龛 碧水丹册，奇洞成群，天造地设的奇景。其中最为著名的是"中华第一佛洞"南岩、禅宗古寺双岩和"飞来禹迹"龙门岩，古代洞穴文明遗迹随处可见。南岩窟（南岩寺），始建于晋，重建于唐，鼎盛于宋及元、明、清历代，依穴为寺，凿岩成佛，距今1500年历史，成为南禅宗主要发源地之一，保存良好。

佛、道、儒三教交融 人文景观和自然风光交融，景区内建有古代南方四大名刹之一的瑞相寺，保留有道教重要遗址葛仙以及象征儒学昌盛的叠山书院。同时，商周窑坞文化遗址、摩崖石刻、摩尼洞天、瑞相寺等灿烂的古代文化交相辉映。

志士仁人千古流传 叠山书院折射出铁脊忠魂谢叠山的爱国丹心，方志敏纪念馆和赣东北革命根据地苏维埃时期的革命旧址展示红土地的无上光荣与骄傲，千古名曲弋阳腔唱不尽弋阳奇人的千古风流。

景区内植被和生态环境十分优越，拥有三大瀑布、四大湖泊，还有千年古樟、千年古桂、大豹蛱蝶、玉带凤蝶等珍稀动植物资源。

高岭—瑶里风景名胜区

高岭—瑶里风景名胜区是国家重点风景名胜区,位于瓷都景德镇境内,景区面积 298 平方公里,以瓷土文化和保存完好的明清古村落闻名。

高岭是世界"高岭土"的命名地和陶瓷圣地,现遗存古矿坑 127 条、古窑址 67 座、水碓 149 乘、古作坊 600 处、古码头 100 个。瑶里古名"窑里",远在唐朝中叶,瑶里就有陶瓷手工业作坊,故得名。瑶里青山绿水茂林兼具,古镇老村和古窑古矿集中。数百栋明清建筑依山傍水,徽饶古道麻石铺成,明清商业街飞檐翘角,古老的亭桥已有 700 多年历史。还有保留完好的新四军瑶里改编旧址和陈毅旧居。

瑶里分为瑶里古镇、汪湖自然风光、绕南古陶瓷游览区等三大景区。

瑶里古镇群山碧绿、溪流清澈、古村闲适、民风淳朴,有古建筑近三百栋。主要景点有狮岗胜揽、程氏宗祠、大夫第、进士第、明清古街、陈毅旧居、瑶河、新四军驻址、瑶里改编动员大会会场等。古镇坐落在瑶河两岸,河走西东、人居南北,山上森林密布,河畔古树林立,河水倒映着保存完好的临河建筑马头墙、飞檐翘角。明清商业街,古门洞、古窗棂、古货台一字排开,地面上一块块青石板上还留有一条条深深陷下去的独轮车印。古镇中的程氏宗祠最为壮观,狮岗胜揽尤为精细。在纵横交错、狭窄幽深的小巷里,一幢幢相互依靠的古民宅,原本是一条直线向下的墙角,却怕撞到人和搬运东西不便,每幢都在 2 米以下被"倒了角",透视出邻里之间和睦相处、相互礼让和淳朴的民情民风。

景区具有较高的森林覆盖率,保存有国家一二级珍稀植物南方红豆杉、银杏、鹅掌楸等和国家一、二级保护动物金钱豹、黑鹿、娃娃鱼、狗熊等。东端的五股尖主峰海拔 1618 米,是赣东北最高峰。汪湖景区有南山瀑布、原始森林、天河谷、徽州古道、高际山瀑布、梅岭峡谷、古樟树群、红军桥等景点。传说早在 700 多年前,瑶里人为了保护好森林,就立下了"伐树杀头"的禁约。乃至今日,还是全境封山、全镇禁鱼。

绕南古陶瓷游览区有古窑址、古矿坑、水碓、古作坊、古码头、掏洗坑、水车等。集中展示了瓷都景德镇的主要发祥地和几千年的点火烧窑史,用瑶里高岭土烧制出来的陶瓷,曾改写了一部制陶史。

武功山风景名胜区

武功山风景名胜区是国家重点风景名胜区,位于赣西边境,主要景区景点处在萍乡市芦溪县境内,地处湘赣边界的罗霄山脉北段,主峰金顶的白鹤峰,海拔 1918.3 米,为江西省境内第一高峰。

景区是以高山草甸、古祭坛群、禅宗祖庭、山水胜境为主要特色的大型山岳型风景名胜区,规划面积 163.4 平方公里,自然人文景观近 200 余处,分为金顶、灵芝峰、发云界、九龙山四大景区。兼具峰、洞、瀑、石、云、松、寺等山色风光。

景区内有 10 万亩的高山草甸,分布于海拔 1600 多米的高山之巅。峰顶神秘的古祭坛群距今已有 1700 多年的历史。以及气势恢宏的高山瀑布群、云海日出、穿云石笋,奇特的怪石古松、峰林地貌和保存完好的原始森林等景观。

武功山有着深厚的历史文化底蕴。悠久的道教、佛教文化源远流长,历代前来登山游赏、吟诗作赋的文人名士络绎不绝。明代大旅行家徐霞客登临后吟出了"千峰嵯峨碧玉簪,五岭堪比武功山"的千古绝句。

武功山有着丰富的动植物资源。各类动植物达 2000 多种,属国家保护的珍稀动植物就有中华小鲵、华南虎、短尾猴、水鹿、台湾松、红豆杉、中华伯乐树等,世界罕见的巨型活体灵芝也生长在这里。

景区气候温和,年平均气温 14~16℃,夏季最高温度为 23℃,是良好的避暑胜地。

云居山—柘林湖风景名胜区

云居山—柘林湖风景名胜区是国家重点风景名胜区，位于江西省永修县，面积236.5平方公里，由莲花城、百花谷、青石湖、泉祠坳等景区组成。

云居山是我国著名的佛教场所，山上的真如禅寺是佛教禅宗曹洞宗发祥地。景区内人文景观还有瑶田寺、圆通寺、祗树堂、云门寺、上方庵，以及保存完好的近百座古墓塔、多处摩岩石刻和唐代铜佛、康熙千僧锅、白玉佛等文物。白居易等历代文人墨客在此留下诗词270余首。景区自然资源有大中型瀑布7处，石鼓、石船、龟石、鸡石等象形巨石17块，还有明月湖、九曲洞等共50多处景点。

莲花城 是云居山人文佛教景观相对集中的地方，位于云居山顶，因四周群山拥翠，中间一片平地，似一朵盛开的莲花，故名。始建于唐朝（公元808年）的千年古刹真如寺位于景区中央，是佛教曹洞宗的发祥地。千百年来，香火鼎盛，高僧辈出禅风浩然。

百花谷 全长12公里，谷深峡险，山峦迭起，百花吐艳，四季飘香，奇峰怪石，星罗棋布。

寺院古迹 虚公塔院位于赵州关外，内建虚云老和尚舍利塔。塔为全花岗岩石体建筑，分上下两层，上层为虚云舍利安放处，下层密室则为安放佛教界高僧骨灰的殿堂。真如寺后端西北处建有虚云纪念堂。碧溪桥位于赵州关内碧溪上，是宋代佛印了元禅师所建，故又名"佛印桥"。谈心石位于佛印桥的旁边，相传苏东坡为访问挚友当时任真如寺方丈禅师经常云游与此，两人总是坐在这块石头上促膝长谈，因此而得名谈心石。高僧塔林位于赵州关外，系云居山开山祖师道容禅师和祖道膺禅师等高僧的法塔林。祗树堂也称小庙，坐落于五龙潭东北约3公里处，相传真如寺的第一代高僧道容禅师先在此结庐修行，后到真如寺做主持的。

瀑潭湖泊 五龙潭，泉瀑奔泻、云雾变幻，五股大水飞流而下，跌宕冲击，将花岗岩冲成五个天然的深潭飞瀑。第一潭浑然像仙人休闲沐浴之盆，故称仙女浴盆；第五潭名为火龙涡，潭水清寒逼人，奔腾咆哮，震耳欲聋，潭下数十步，溪水冲击悬崖，形成百花谷景区内最大的瀑布，落差有80多米。明月湖，位于莲花城景区赵州关口，是云居山上最大的一个天然湖，总面积有10余亩，因其似倒挂中天的一轮明月而得名。真如寺的倒影映入湖中，红墙铁瓦，殿堂楼阁，清晰可见。青石湖，四周原始森林环绕，位于莲花城区北部，约10平方公里，海拔高度600米以上，均为缓坡或开阔的山间谷地，珍稀物种和高等植物近千种，大都保持着原始生态，具有典型亚热带丛林的生物多样性，繁茂的植被与山间谷地形成独特的小气候，凉爽舒适，景致宜人，是宝贵的森林旅游资源。

柘林湖 位于江西永修县和武宁县境内，总面积308平方公里。其中永修县辖区内72平方公里湖区，有331个岛屿。柘林湖水库拦河大坝雄伟壮观，14平方公里的开阔湖面万顷碧波。沿湖地貌各异，有千仞壁立的悬崖、傍湖而坐的村落、湖滨坦荡的田畴、直泄入湖的飞瀑、日出水量60立方米的易家河温泉。人文景观主要有明朝兵部尚书魏源墓、乾隆皇帝游江南留下的石刻等。

灵山风景名胜区

灵山风景名胜区是国家级风景名胜区，地处江西省上饶市上饶县北部，景区总面积160平方公里。地质构造复杂，地貌类型多样，是道、佛二教圣地。景区内包括石人殿、水晶山、至圣峰、天梯峰等山峰七十余座，水晶瀑布、石城瀑布、茗洋三叠等瀑布三十余处，池泉十余处。是集珍稀保护植物、壮观奇特的花岗岩地质地貌景观、独具特色的灵石梯田风光、尖石瀑布和多类型文化景观于一身，自然山水与历史文化交相辉映的风景名胜区。

景区拥有环状花岗岩峰林地貌奇观,江南罕见的造型石(倒石)地貌景观,江南最高的花岗岩瀑布,别具特色的高山灵石梯田,还有江南颇具影响的民俗文化。

石人殿景区位于灵山东北端,以石人峰为代表,包括石人峰、百谷峰、草堂峰等。石人峰是灵山北脉的主峰,海拔1090.1米。石人峰峰顶原来有三块巨石挺立霄汉,高120米,形如一个伟岸的巨人,当地称之为"石人公"。

水晶山景区位于灵山中段,白云峰分界线的南侧,以石屏峰、水晶峰和凤凰峰(灵鹫峰)为代表,包括聚讲峰、凤凰峰、登楼峰等。石屏峰海拔1289米。峰形方正、峰顶如耸立的两扇摩天石屏、中间间隔逾百米的一线天。峰巅有一方水潭,潭名龙池,有涌泉名为龙泉。龙池下有百余平方米大小的石平台,称为天台。龙池水经过石台从峭壁溢出直下,形成如练挂天的飞流。石屏峰东北相邻山峰上石柱林立,很像巨大无比的水晶晶体,故名水晶峰。水晶峰下峭壁危崖如神刀鬼斧削成,久旱将雨时,峭壁上潮涌数十处,在阳光下熠熠发光,称为雨汛壁。水晶峰北侧地势稍低出有一平台,称为迷仙坛,上有水潭,清澈见底,名为迷仙潭,水潭前平地开阔,约有500平米,四周巨石叠磊,西北面的花岗岩由于纵横节理清楚,形成许多莲花石。迷仙坛周围有三处成巨石构成的天然石门。迷仙坛北面山峰,有巨石形如玉兔,称为玉兔石。迷仙坛北向到水晶关隘之间的山岭,当地称水晶岭,奇石众多,形态万千,故称千姿百态岭。

至圣峰景区位于石屏峰以西到石佛岭,以至圣峰(东台峰)为代表,包括鼠捕峰、甑峰、华表峰等。至圣峰海拔1474米,为灵山次高峰。其形似吴道子笔下孔子,仰面锁眉,长髯飘飘,气势雄伟,有高山仰止的先师气派。至圣峰所处东台,山峰分为南北两路列开,中有长约3000余米,宽1000余米的平台,当地称为夹层灵山。从至圣峰山腰东望灵鹫峰(凤凰峰)如一只硕大神雕,鹰头、鹰目、鹰嘴皆全,两侧登楼峰、聚讲峰似神雕两翼,振翅欲飞,威猛异常。夹层灵山为至圣峰东高山上的开阔平台,灵山在此分为南北两列西区。平台上绝壁险峻、怪石林立;有大量台湾松,或卓立绝顶,或绝壁横空,或隐身石丛;泉水众多,鸟兽繁衍,景象壮观。

天梯峰景区位于石佛岭以西,以天梯峰和西台峰为代表,包括天梯峰、石佛峰、朝天龟峰等。天梯峰海拔1496米,为灵山最高峰,高耸险峻,有天然石阶,弯曲蜿蜒于烟气雾霭之中,伸向重霄。西台峰海拔1371米,峰顶平坦如台。

麒麟峰(葛仙峰)和道士仙峰景区位于以茗洋关为界的灵山西脉,麒麟峰海拔886.2米,峰顶有巨石如麒麟头,须角峥嵘,昂然西望。麒麟古庙倚岩而建,传说为晋代炼丹术士葛洪之侄设坛修炼的地方,故又称葛仙峰。

灵山瀑布山泉潭水众多,较有规模的瀑布十余处,名瀑有水晶瀑布、石城瀑布和茗洋三叠等,名泉有天心泉、灵泉和珍珠泉等,深潭有水晶潭、迷仙潭和金鸡潭等。水晶瀑布,落差超过160米,夏季降水多时,瀑布宽40余米,最大超过50米。水晶瀑布周围修竹如茵,山桃浪漫。石城瀑布位于石城寺前,寺山门两边对立两座小山峰,中间山涧顺危崖飞流直下,落差近百米,宽20余米,春夏可达40余米。茗洋湖三叠瀑布位于茗洋湖西侧山上,水流顺崖壁冲下,注入茗洋湖,由于山势起伏,形成三叠,总长约300米。

东江源—三百山风景名胜区

东江源—三百山风景名胜区是省级风景名胜区,位于江西省安远县东南部边境,东邻寻乌县,地跨濂江、凤山、镇岗、新园四乡,总面积333.3平方公里,规划为东风湖、九曲十八滩、知音泉、天印奇松、三叠瑶池、长坑桃花村、福鳌塘避暑山庄、温泉度假村等景区。

据《辞海》记载,东江,是珠江的东支,在广东省的东部,其源头出自江西省南部安远县的三百山,三百山因之成为东江的源头。又据《安远县志》记载,镇江河为距安远县城正南20公里的三百山坑水汇集而成，自东北流向西南，出境后流入定南九曲河，进入广东省龙川县汇入珠江东支东江。1962年在周恩来总理的亲切关怀下，香港同胞饮用水的水荒问题终于得到解决，东（莞）—深（圳）引水工程竣工后，东江水经提升注入深圳水库，通过输水管道源源不断地流入香港千家万户，三百山也就成为香港同胞饮用水的发源地。

三百山由300余座山头组成，三百山的森林原始而古老，而它的历史也源远流长。清代，三百三十户山民为了逃避战乱而躲在这里，茫茫林海，三百三十座山寮有如群星撒落，蔚为壮观，山民们便称此山为三百山。

三百山属中山高丘地貌，群山逶迤，重峦叠嶂，危崖奇石，峰奇石异，山内沟谷纵横，溪流密布，剑河深涧，水秀瀑雄。三百山及其附近300多平方公里山地上森林茂密，古木参天，巨藤倒挂，遮天蔽日，各种植物在其中争奇斗妍，400余种野生动物在林内生息繁衍。三百山集山势、林海、瀑布、温泉四大自然风景奇观为一体，山水林石俱美，原始、古朴、清寂，一年四季气候温凉，舒适宜人。景观、景点68个。

气势恢宏的福鳌瀑布被人们称之为"东江第一瀑"；怪石嶙峋的旱峰滩被誉为"东江第一滩"，东风湖水库青山拱翠，倒影沉碧；九曲十八滩滩潭密接，步移景换；知音泉危崖耸立；双瀑对鸣，实为天下绝景；三叠瑶池三瀑三潭，恰似人间仙境；玉兔思凡、神龟饮泉、双乳峰、双狮逐鹿、王婆牧马、将军岩、武士石、清心泉、金蟾思月……一系列峰石景观形神具备，惟妙惟肖；杜鹃闹春，红枫迎秋，百鸟争鸣，景观千姿百态，各有千秋。

福鳌塘 位于海拔870余米的一个山间盆地，面积400余亩，远离村落，四面青山楚楚，宛如世外桃源。

东江第一瀑 位于福鳌塘之北0.5公里处，瀑布落差近百米，气势恢宏。飞瀑两侧峭壁凌空，古树参天。瀑布右侧约50米处有一巨石，为天然观瀑台，石台边缘奇树横生，形成天然栏杆。

知音泉 位于福鳌塘瀑布下游约2.5公里处，密林深涧中一形如竖琴的巨大石屏横栏，石屏两侧各有一瀑布。东侧瀑布落差千余米，三坎三曲，悠然自得；西侧瀑布五叠，落差百余米，高低大小不同的两个瀑布从石屏两侧相向涌入石屏前的深潭。潭中水清见底，潭面波光涟漪，潭岸红石高低错落有致，洁净无尘，潭四周峭壁突兀，丛菁密林，藤结萝障。走近潭边，只听见双瀑齐鸣，发出万马奔腾的巨响，阵阵清风吹来沁人心脾。

三叠瑶池 位于福鳌塘东北6公里的小河近源头处，深山峡谷中连续三个瀑布各具特色，三个瀑布下各有一近圆形的深潭，潭四周宽阔，潭边石床平坦整洁，错落有致，两岸悬崖如壁，悬崖上青山直插蓝天，古树参天，古藤倒挂，置身其间，隔绝尘世，宛若置身仙境。

天印奇松 位于福鳌塘东侧岩脊上，海拔950米，山顶裸石突兀成台，台上四个方形台柱高低大小各异，颇似图章，旁边石缝中一古松倔强地生长其间，站在石台，视野开阔，层林尽染，可遍赏四周林海，观赏日出、落霞、飞雁等风光。

旱峰滩 位于距大河、小河汇合口的上游约2公里处，一潭一滩，潭中水清如镜，青山翠树，倒影如画，潭下一长30余米河滩河床宽阔；遍布大小高低形状各异的怪石，河水从石丛中流过，激起阵阵水花。被誉为"江西第一河滩景"。

虎岗温泉 位于三百山西南隅，地表水温达76℃，日流量达2150吨，属重碳酸氢钠型温泉，"江西第一杉"也在此地。

三百山下，东江岸畔，人文景观异彩纷呈，耸入云天的北宋无为塔，瓦盖长廊的清代永镇桥，钟乳倒挂的天然莲花岩……。

无为塔 位于县城北山坡上，建于宋绍圣四年（1097年），古塔六面九层，层高丈六。1957年列为省级文物保护单位，1982年修葺一新，塔身高55米，塔刹高6.5米，围栏重檐，铜铃宝顶。

永镇廊桥 位于县城西18公里的江头乡永镇村，建于清顺治九年（1652年），该桥造型别致，建筑精巧，桥长38.5米，宽4.3米，二墩三孔，8个栏梁式木层架，屋面为两坡顶双重檐，尺檐砥尾，廊内木栏杆,置板凳,供行人小憩,整座桥没有一颗铁钉。

龙泉山　位于县城东北郊,紧邻县城,占地 5000 余亩,山上林茂山幽,道教宫观,香火鼎盛,山下湖水碧波荡漾。

南崖—清水岩风景名胜区

南崖—清水岩风景名胜区位于江西省修水县,由南崖、修河峡谷、东岭石林、清水岩溶洞、仙姑湖等带状分布的景区构成,面积约 50 平方公里。

风景区以岩溶地貌为主,集山水、石林、溶洞、湖泊、人文为一体,有特色的景点上百处。

南崖　位于修水县城对岸的南崖,远在宋朝就被称为"修江第一仙山",崖东侧的云岩寺称为"修江第一禅林"。南崖山虽不高,却石崖耸立,古木参天,藤蔓垂水,亭阁翼然。崖东建于明朝的溪山自在楼,现为黄庭坚纪念馆,陈列着历史文物和数以百计的诗书碑刻。楼后的九曲回廊,朱栏古朴,依山逶迤,廊壁黄庭坚的手书碑刻《赤壁怀古》、《墨竹赋》等苍劲有力。崖上的跨浦桥、鸳鸯树、藏龙洞、薜荔崖等处景点。

修河峡谷　三十里峡谷,路依山势,山随水转,一路青山翠绿,河水明澈,荡舟观景,确有"船在水上走,人在画中游"的感觉。行至"抱子",河边那突兀高耸的巨岩,宛如一妇人怀抱婴儿伫立江边眺望,期盼远去的夫君早归,把游客带进那美好传说之中。

东岭石林　距四都镇东面不到两公里处,有一片 16 平方公里的石林,围绕石林的是千亩果园,春天繁花似锦,秋季果实累累。该景区有多处景点,尤以"千帆竞秀"、"一帆峰"、"情侣峰"壮丽,以"少女峰"、"金鸡报晓"、"金龟孵蛋"逼真。

清水岩溶洞群　在四都集镇北面两公里处,有两个巨型天然溶洞。洞深均在一公里以上。洞内支洞许多,天然钟乳石千奇百态,涓水长流,夏凉冬暖。北宋诗人黄庭坚曾于此潜心修学,文人墨客也曾在此留有许多碑刻诗文。

仙姑湖　在离集镇往西三公里处,是一大人工湖,面积 1500 亩以上,湖西仙湖岭上有仙姑下凡、仙姑洒露、笔架山、丁台山等景区;湖东仙姑寺长年香烟缭绕,游客不断;湖西烟波浩淼,群山倒映在碧蓝的湖水之中,风景如画,是一处集山水田园、石林湖光于一体的新景区。

罗汉岩风景名胜区

罗汉岩风景名胜区位于瑞金市城东偏北方向20公里处，瑞金八大景之首，曾名陈石山，山上苍松翠竹，奇石兀立，清泉溪流，气候宜人。西北紧靠陈石山水库，湖光山色，绿草如茵，倒影着罗汉岩壮丽的风光，山青水秀，风采别致。

山门前有"撑腰岩"、"蜡烛峰"、"试剑石"诸名胜，拔地而起，巍巍嶙峋，高耸入云，甚为壮观。岩前并有瀑布两道，由山巅倾泻而下，风吹水溅，似马尾飘扬，如竹竿之拨水，俗称"马尾水"、"米筛水"之美称。

罗汉岩奇观异常，危岩峻峰，深潭银瀑，绮丽别致的景色，早在明、清期间，就成了游览胜地，新中国成立后又兴修陈石水库，更增添了罗汉岩迷人的景色，山连着水，水映着山，田园、山色独具一格。山顶峻峭陡险，峰峦参差，白云缭绕，峨耸蓝天，银瀑空谷，奇岩怪石，组成了一幅幅重彩山水画。

罗汉峰 是罗汉岩之主峰，海拔479米，俨如一尊身披袈裟，双手抚胸，盘腿而坐的巨型罗汉，高达三十余米。

试剑石 相传清朝农民起义英雄许敬果蒙天官赐给三件宝贝："一把弓、三支箭、一把剑"，此人力大无比，在此试剑，只见火光四起，那石峰轰然中开，形成裂开如削、石骨嶙嶙的"试剑石"。

蜡烛峰 岩体滚圆光滑，上大下小，顶峰独一束野草，极像点燃巨烛，据传只有许敬果上得去，向皇宫射了三箭。

大小寨门 系南北朝梁王和武帝（陈霸先）交戈之地，现有残垣断壁，大寨门两峭壁之间，沿阶而上有一石槽，可将石门紧闭，有"一夫当关，万夫莫开"之势，据说陈武帝靠这天险，以少胜多，复出取胜。

油罗潭 天然造就，口小肚大的石巨潭，腹内水清透明，鱼儿静静游玩，日光照射潭口，如一面大镜映到石壁，光泽熠熠耀眼，是一组水岩交融的景象。

猴子瞅井 有一圆洞直径一米左右，悬挂峭壁，上可见天，下可入潭，溪水从洞口倾入岩内似蟒如龙，顺溪道奔入"油罗潭"，金黄色的阳光，从圆孔照入潭面，胜似天灯一盏。每逢洞口无水，游客可攀上洞口瞅看。

龙潭 水源绵江，因深潭处有二石，状似龙角而得名。

一线天 两山陡峭窄小，窥天"一线"，沿着山涧夹道攀登山顶，仅能单行，非经艰难险阻才能爬出涧顶。

千丈岩 高耸雄伟，登高俯视，川河村寨尽收眼底，据说许敬果巨大的骨骼，装在坟中埋入岩内，故又称"藏精岩"。

投珠泉与马尾水 水光相映生辉，雨雾作绛青色，两瀑各具特色，一泉随风左右，如马尾飘扬，谓之"马尾水"，一泉迸投四周似珍珠筛下，谓之"投珠泉"，俗称"米筛水"。

八音涧 两瀑飘飘然泻入涧中，像天虹下饮，有时如黄河倾泻，有时如溪水缓流，音韵铿锵，又如鼓声隐隐，故称此涧为"八音涧"。

猪肝心肺石 含有碳酸钙的水滴，从洞顶的裂隙往下滴，碳酸钙淀积，逐渐形成一堆钟乳石，像倒挂着的一块鲜猪肝、心肺，光艳润泽，色彩斑斓。

晒衣岩 岩廊宽大，岩内终日湿润阴凉，岩顶丽日映照，阳光灿烂，既可避风躲雨，又是晒衣晾衫的好地方。

罗汉岩胜景繁多，神话传说也广，异岩、奇峰、怪石，历历可见，有的像虎狮卧，有的似赤身罗汉，石如刀砍斧削，庄重静肃，气势磅礴，庙宇随岩架立，蔚然壮观。

玉壶山风景名胜区

玉壶山风景名胜区是省级风景名胜区，位于江西省莲花县，面积34平方公里，中心景区面积4平方公里。

玉壶山为罗霄山脉中段，武功山余脉，素有小南岳之称，位于莲花县城东面，背靠禾山，脚濒莲江，面向莲城，主峰玉壶峰海拔500米。

玉壶山整个山群峰连数十，远看似壶，相传为齐天大圣孙悟空蟠桃宴醉酒后抛下的一只仙家玉壶幻化而成，故又称壶山。玉壶山山势雄奇峻拔，峰峦叠翠，景色秀丽，名胜繁多，既有人文景观，又有自然风光。

《太平寰宇记》、《江西通志》、《庐陵府志》、《髦史》、《龙云集》、《永新县志》、《安福县志》、《莲花厅志》等大量古籍文献对玉壶山山中胜景、仙迹、名人传说的记载，更增添了玉壶山的神秘色彩，使其闻名遐迩，吸引了更多的骚人墨客探幽揽胜。唐开元丞相姚崇，道家名士杨筠松，宋左丞相周必大、学士刘龠、元状元李祁、大禅师释天如，明传胪江玉琳、理学家刘元卿、大旅行家徐霞客，清初文学名士贺治孙等名人先后游历或隐居。山上有元阳观、法藏寺、文峰塔、焕文阁等道、佛、儒文化遗址。还有杨仙铁笔诗、古杏、姚崇读书台、洗墨池、李祁凤凰台、江玉琳、刘元卿诗碑等。

玉壶山自然风光方面，千姿百态、扑朔迷离的元阳洞和蕊珠洞两大洞天福地，势若万马腾空，象形各异的玉壶石林，悬挂于玉壶峰巅，长流不息的天外飞泉，称为玉壶山"三绝"。玉壶山背面连绵不绝古木参天的森林，碧波荡漾，湖光山色的鸬鹚湖，怪石林立，凝聚堆雪的石峰和雪花岩，也令人惊叹不已。

"若论世间奔波事，不及壶山一段春"，这是古人对玉壶山的写照，今天，玉壶的风景名胜以"奇洞、怪石、异水"独特的资源吸引各地游客。

洪源风景名胜区

洪源风景名胜区是省级风景名胜区，位于江西省乐平市，是一处以洪岩洞为主体的风景名胜区，向有洪源仙境之称。

洪岩洞位于江西省乐平市东北38公里处，是中生代形成的石灰岩溶洞，距今已有一亿多年。洞身全长1620米，洞室总面积8万平方米。洞中石钟乳遍布上下，错落有致，晶莹绚丽，美不胜收，千姿百态，鬼斧神工。出生在这里的南宋名臣洪皓（其二十八代世孙为太平天国领袖洪秀全）游后留下千古绝唱，"有此乾坤有此岩，谁知仙境在人间。"洞中有誉为神州溶洞四绝的"九天飞瀑、震天雷、仙人田、水中天"。有38米高的擎天柱和金银山、状元拜塔、云岩、五指山、丹凤朝阳、龙门、金钟宝塔、仙人献指、绣花楼。有造型奇特、仪态逼真、惟妙惟肖的：人面狮、唐僧取经、观音坐莲、倒挂金龟、诸葛看兵书、观音送子、金鸡报晓、托塔天王、南海观音、姜太公钓鱼、仙鹰、神龟、浴佛、珍珠泉、凤凰池、水晶宫、水帘洞、瑶池、西海龙宫、莲花池、万里长城等景观。

洪岩洞外人文自然资源也很丰富，古迹有古人类居住生息遗址，南宋的洪皓学堂遗址，明代的铁井飞泉。这里还有140亩美丽如画的石林，古色古香的松汉亭，引人入胜的南星岩、仙姑岩、神宝峰、狮啸峰、独秀谷、珍珠岩等。

山东省

泰山风景名胜区

　　泰山风景名胜区是国家重点风景名胜区，1987被联合国教科文组织列为世界自然文化遗产，位于山东省泰安市，总面积462平方公里，分为登天、天烛峰、桃花峪、玉泉寺、樱桃园、灵岩等六个景区。

　　泰山，古称东岳，又名岱山、岱宗。它崛起于山东省中部，绵亘于泰安、济南、莱芜市之间，主峰玉皇顶在泰安市城区北，海拔1545米。泰山，东望黄海，西襟黄河，前瞻孔孟故里，背依泉城济南，以拔地通天之势雄峙于中国东方，以五岳独尊的盛名享誉古今。自古以来，视为中华民族精神象征，华夏历史文化的缩影。

　　泰山是大自然钟神造化的产物。它孕育于25亿年前的古代造山运动，成形于1亿年前的燕山运动，3000万年前的喜马拉雅运动，逐渐形成今日之雄姿。泰山花岗岩是世界最古老的岩石之一，至今泰山北部张夏一带中上寒武纪地层剖面，仍是世界寒武纪地层中最有意义的标本。

　　泰山，历史悠久，文化灿烂。据考证，早在旧石器时代，泰山周围就有了人类活动的踪迹，新石器时代，泰山南麓的大汶口文化、北麓的龙山文化，就已在黄河中下游地区具有了相当影响。商周时期的"齐鲁文化"，影响至今。古代"受天命"而称帝的所谓"天子"，更把泰山看成是国家统一、权力的象征，从先秦时代到中国封建社会的结束，前后连续四千多年数以百计的君主、帝王或代表帝王的使臣前来朝拜祭祀泰山，给泰山冠以"天齐王，天齐仁圣帝"的封号。视"泰山安，则四海皆安"为"国泰民安"。因为帝王的封禅施礼，儒、道、佛教相继传入，泰山尽显昌盛，山上山下，庙观林立，香火鼎盛。尤其是宋代以后，以碧霞元君为代表的道教在泰山及各地得到空前发展，以至"泰山

"行宫"遍布全国各地。

泰山，钟灵毓秀，英才俊杰竞显风流。从春秋时期的孔子到建安七子之一的曹植，从李白、杜甫、苏东坡，到徐志摩、郭沫若……他们登泰山，吟山水，抒奇志，叹人生，留下了浩如烟海的诗文墨宝，成为中华民族文化宝库的重要组成部分。

泰山自然景观优美。它凌驾于齐鲁丘陵之上，主峰突兀，山势险峻，峰峦层叠，形成了"一览众山小"和"群峰拱岱"的高旷气势。泰山多松柏，更显其庄严、巍峨、葱郁；又多溪泉，故而不乏灵秀与缠绵，虚无飘渺的云雾则使它平添了几分神秘与深奥。它既有秀丽的麓区，静谧的幽区，开阔的旷区，又有虚幻的妙区，深邃的奥区；还有十大自然奇观，十大自然景观，泰山已成为中国山岳风景的典型代表。

泰山人文景观丰富。各种以塑造登天意境与儒、道、佛家风格及因景而设的寺、庙、宫、观、亭、台、坊、阁多达100多处，遍布泰山上下的峰峦溪谷，是人类珍贵的历史遗产。泰山碑刻历史久，规模大，数量多，为名山之最。从中国最早的泰山秦刻石到大字鼻祖"经石峪"；从千古之谜《无字碑》到金碧辉煌的唐宋摩崖、明清巨制，各种碑碣石刻达1830多处，被誉为天然的石刻艺术展览馆。

泰山资源丰富，森林覆盖率高达80％以上，古树名木9810株，是人类历史文明活的见证。泰山花岗石、泰山赤灵芝、何首乌、赤鳞鱼驰名中外，具有观赏和经济价值。

泰山风景名胜以主峰岱顶为中心，呈放射状分布，由六大景区组成。

登天景区 以泰安城为起点、岱顶为终结，以历代帝王登封泰山、统治阶级神道设教、百姓朝山进香为主题，以渐次叠垒、气象森严、拔地通天的泰山麓和极顶为载体，构成了长达十公里的三重空间一条轴线格局，通过三里一杆旗五里一牌坊，形成了一道步步登天、雄伟壮观的朝天序列。它包括岱庙、泰山东路、岱顶、泰山西路，环山路一带。主要景点有：

岱庙，俗称泰庙、东岳庙。位于泰安城中，是供奉泰山神和历代帝王来泰山登封告祭，举行大典的地方。据记载："秦即作畤，汉亦起宫"，至宋代宣和年间发展成为一组形制宏伟的建筑群。建筑布局以南北为纵轴线，分为东、中、西三轴。东轴前后设汉柏院、东御座、花园，汉柏院有汉武帝所植古柏五株，今仍古拙茂盛；西轴前后有唐槐院、环咏亭院、雨花道际；中轴前后建有正阳门、配天门、仁安门、天贶殿、后寝宫、厚载门。天贶殿为中国古代三大宫殿式建筑之一，殿内三面墙壁上的《泰山神启跸回銮图》，技法精湛，堪称艺术珍品。岱庙布局严谨，殿宇壮观，碑碣林立，古柏参天，城堞高筑，角楼隅起，总面积96439平方米，为全国重点文物保护单位。

岱宗坊，是古时泰山的山门，建于明代隆庆年间（1567—1572年），清代雍

正八年（1730年）重建。该坊为四柱三门式全石结构，巍峨庄严。

经石峪，又称石经峪、晒经台。此处有东南向石坪数亩，刻有南北朝时北齐人所书《金刚经》部分经文，其字径50厘米，书法苍劲遒古，丰润雄深，兼有篆、行、楷、草，被誉为"大字鼻祖"、"榜书之宗"。原有2500余字，经长年风蚀雨刷，现存1069字。

中天门，又称二天门，位于泰山东西路交会处，正是登山路程的一半。在此北望岱顶，十八盘如云中天梯，对松山虚若绿雾，南天门如神阙仙阁，隐约于白云之间。回首来路，登山盘道在绿峰翠峦之间蜿蜒，远处汶水如带。

南天门，位于泰山中轴线端，与十八盘连为一体，享有"天门云梯"之誉，是泰山雄伟的象征。该建筑分为上下两层，下为拱形门洞，上为摩空阁，造型古朴雄伟，俨然天庭门户。

碧霞祠，在岱顶天街东首，总面积3900平方米，是岱顶最大最完整的古建筑群。该祠结构严谨，布局紧凑，因山就势，拦截天街盘路，游人穿越庙内前院，方能见到泰山极顶全貌。祠分前后两院，山门内的五间正殿，上覆盖瓦、鸱吻、檐、铃均为铜铸；有瓦360垅，象征着旧历一年360天。大殿内碧霞元君铜像，明代万历年间铸就，虽年代久远，仍富丽堂皇。

玉皇顶，又称天柱峰，为泰山极顶，因建有玉皇观而得名。院内正殿三间，祀玉皇大帝。东有观日亭，可观赏旭日东升，西有望河亭，可远望黄河金带，极顶居中，围以石栏，标刻泰山的海拔高度1545米。"古登封台"和"天左一柱"等石刻肃列两旁。门外一石碑，高6米，宽1.2米，厚0.9米，形制古朴，称"无字碑"，郭沫若曾赋诗"摩抚碑无字，回思汉武年"。

黑龙潭，在泰山西路的长寿桥南。西溪从长寿桥下潺潺南行，不远处，河床突然陡峻，形成东、北、西三个绝壁，俗称百丈崖，崖下有一深潭，即黑龙潭。盛夏雨后，崖畔云雾缭绕，百丈崖上悬挂三个巨大瀑布，气势磅礴，声若惊雷，人称"云龙三现"。西溪一带，无论是艳阳高照，还是大雨如注，景色都各有千秋。

普照寺，位于泰山凌汉峰下。寺名取"佛光普照"之意，传为六朝时创建，主殿"大雄宝殿"端庄威严，内祀释迦牟尼及西天诸佛。殿前银杏双挺，势如横空翠屏；两株油松对坐，若织若棚。殿后有一六朝古松，已逾千年，今仍枝劲叶茂，风华不减。松旁为筛月亭，后有摩空阁，东西各有一院，内有奇花异石，青竹婆娑，别有情趣。著名爱国将领冯玉祥先生曾两次隐居于此，现辟为冯玉祥先生纪念馆。

王母池，唐代称为瑶池。创建年代久远。魏曹植《仙人篇》曾提到"东过王母庐"，现存多为明清建筑。王母池依山傍水，高下相间，玲珑紧凑。两进院落，前院为王母池，池西有王母泉，泉水清洌，"古者帝王升封，咸憩此水"。上方是王母殿，祀王母铜像。东有观澜亭，可仰观虎山飞瀑，俯察中溪流湍。后院正殿祀吕洞宾等七真彩塑。院内古木参天，清幽绝俗。

天烛峰景区 位于岱顶之阴，包括后石坞、九龙岗、姊妹松、大小天烛峰等名胜。此处受第四纪冰川的地质作用，青峰突兀，怪石林立，美松挂岩，泉溪争鸣，洞坞藏秀，旷远清幽，自古以奇松怪石二绝取胜，素有泰山奥区之称，是泰山自然生态保存最为完整的区域。

后石坞，此处绝壁深壑，松盖山川，山风吹来，犹如龙吟虎啸，狂涛惊澜。始建于明万历年间（1573—1619年）的元君庙背山面壑，庙后峭壁下黄花洞，传为元君修真处，洞顶有灵异泉，冬来滴水成冰，次年夏至不化，终年不竭不盈，叮咚成韵。有诗曰：洞内黄花冽清泉，六月寒冰坚玉摧。石坞松涛，盛夏冰洞并列为泰山十大自然奇观。

后石坞东为天烛峪，此处峡谷万丈，溪水飞流，深潭叠瀑，云深林茂，在谷口北侧有两根高百米不等的巨石柱，从谷底豁然拔起，直插云天，似两支欲燃的蜡烛，故名大、小天烛峰，峰端一松傲然挺立，为俊俏的天烛峰又添了几分风韵。天烛峪谷口，有近年新建四柱三门式"天烛胜境"石坊赫然矗立，古朴大方。

桃花峪景区 位于泰山西麓，由一条长达20华里的桃花溪贯穿始终，因旧时桃林满谷，孟春时节，落英缤纷，红花饰涧而得名。桃花峪美在原始，秀在自然，妙在神工。它融秀峰、林海、奇石、飞瀑、流泉、溪水于一体，近抱青翠，远收黛绿，青山蓝天相接相映，松影云涛互连互和，绿谷中霞光四射，翠峰上白云缭绕，景色旖旎、秀丽、幽雅、奇峻，有"泰山小江南"之美誉。著名的景点有"清泉石上流，彩带水中飘"的五彩石溪，翠石铺底、花斑漫布、纹路清晰、色彩生动，亦为泰山十大自然景观之一；

五峰叠翠，五座山峰依次相连，秀美万状。此外，由于桃花溪水清澈明净，甘醇滑润，桃花峪环境幽净绝尘，被列为我国五大名鱼之一的泰山赤鳞鱼，就生于斯，长于斯。

玉泉寺景区 位于泰山北麓20公里处，这里山高峪深，环境幽静。主要景点为玉泉寺，俗称佛爷寺，创建于南北朝时期，复建于1993年。寺院北依山峦，南屏翠峰，前临深峪。院内大雄宝殿飞角翘檐，高居露台，院中唐代植银杏数株，粗达两围，高及20余米，十分雄壮。玉泉在寺东，水色碧黛，大旱不涸。东西山腰处有天然足印，俗称大佛脚。寺后高坡之上有一株古松，树冠荫蔽大片山岗，被誉为"一亩松"。

樱桃园景区 位于傲徕峰之西，东临曲曲深涧，西靠绵绵横岭，北依峨峨拔山，南有宽阔石河。清代同治年间，山麓王庄鲁泮藻携其子，在此凿岩辟拓，构筑室宇，植樱桃，载竹荷，遂成旷远幽清的避暑山庄，鲁氏自题"樱桃精舍"，俗称鲁氏别墅。如今樱桃遍山，翠竹遍岗，山茶飘香，渠水环流，精舍遗址仍在，是为旅游避暑胜地。

灵岩景区 灵岩是泰山十二支脉之一，位于岱顶西北四十里处。因东晋时郎公来此讲经，《高僧传》：听者千人，石为之点头，众以告，公曰：此山灵也，为我解化。遂率众开山建寺，予名灵岩山，寺称灵岩寺。该景区包括灵岩山、录岩寺、墓塔林、红门、一线天、郎公石、明孔山等名胜。

灵岩寺，创建于东晋，北魏灭佛时，寺尽毁，后经唐宋等历代重修。寺内建有千佛殿、御书阁、辟支塔、五花殿等。千佛殿内40尊宋代罗汉彩塑，形态逼真，栩栩如生，被梁启超誉为"海内第一名塑"。千佛殿西侧辟支塔高耸入云，秀拔雄伟，置身其上，可充分体味"辟支灵塔冠层峦"的高旷气势。寺外西侧有我国第二墓塔林。灵岩寺是泰山历史最早的寺院，被唐代德宗时宰相李吉甫誉为"城中四绝"之一。明代文学家王世贞说"游泰山不游灵岩不成游也"。

青岛崂山风景名胜区

青岛崂山风景名胜区是国家重点风景名胜区，位于山东省青岛市区东部，由巨峰、登瀛、流清、太清、上清、棋盘石、仰口、花楼、北九水9个风景游览区和沙子口、王戈庄、北宅、惜福镇、夏庄五个风景区组成，规划总面积446平方公里，其中风景游览区面积161平方公里，有景点220处之多。

崂山是我国18000公里海岸线上一座海拔1000米的高山，山体主峰巨峰（俗称崂顶）海拔1132.7米。崂山山脉系燕山期花岗岩组成，为花岗岩地貌景观，山体态势是以崂顶为中心，向东北、东、东南、南、西五个方向分支放射，东部和南部峭拔险峻，西北部连绵起伏。在山海结合部，岬角、岩礁、滩湾交错分布。

崂山属暖温带海洋性季风气候，冬无严寒，夏无酷暑，温和湿润，年平均气温12.6℃，年降水量1000毫米左右。

崂山地处海隅，山陡林密，自古被称为"神仙窟宅"、"灵异之府"，是我国道教名山，盛时有"九宫八观七十二庵"之说，被誉为"道教全真天下第二丛林"，其中太清宫、上清宫、太平宫等有千年以上的历史。

远在白垩纪早期，崂山已经逐步形成，山名曾沿称劳山、牢山、不其山、大劳山、小劳山、鳌山和崂山等。"劳山"之名始见于《后汉书·逢萌传》，由来颇具传奇色彩：秦始皇统一天下，欲求长生不死之药，曾登此山，因其登攀之艰难名曰"劳山"。又因崂山形如巨鳌，又名"鳌山"，而"崂山"之名则始见于《南史》。

崂山的自然、人文景观交相辉映，其中以十二景最负盛名：明霞散绮、云洞蟠松、九水明漪、岩瀑潮音、蔚竹鸣泉、太清水月、海峤仙墩、龙潭喷雨、华楼叠石、巨峰旭照、狮岭横云、那罗延窟。这十二景分布于九个风景游览区中，凡亲临其境目睹者，无不叹为观止。

巨峰景区 特色有三，一是天象奇观。登崂顶可观巨峰三大奇观：云海奇观、彩球奇观、旭照奇观（即巨峰旭照）。二是奇峰荟萃，巨峰、比高崮、自然碑、虔女峰、五指峰等均汇集于此。登高远眺，群峰竞秀，山峦起伏，碧海接天，海波粼粼，甚为壮观。三是山林景观，巨峰至滑溜口、铁瓦殿等山路及黑风口一带，山林茂密，花木葱茏，幽静深邃，野趣横生。

登瀛景区 以登瀛梨雪景观和幽邃深奥、涧谷景色为主要特色。中春时节，大地回春，登瀛遍山梨花怒放，疑是迟降瑞雪。迷魂涧、石门涧、石屋涧、茶涧等名涧或幽深、或曲折、或空旷，风光旖旎宜人。

流清景区 以自然幽静的河谷景观、雄伟壮丽的峰岭山海景观以及流清河为中心的海岛沙滩景观著称。

太清景区 为道教圣地。从波澜起伏的海湾，穿过茂林修竹，可达崂山最负盛名的道观太清宫，有汉柏、龙头榆、耐冬—花仙"绛雪"等古树名花及修竹、红楠等，被誉为"小江南"。太清宫东有八仙墩、晒钱石、钓鱼台等礁矶奇观。胜景"太清水月"、"海峰仙墩"即在此地。

上清景区 以道教名胜和自然山水景观为主要特色。古宫上清宫、明霞洞至今保持原有规模，宫内外植物有千年银杏、百年黄杨、杜鹃等。"龙潭喷雨"、八水清溪、千年古泉圣水泉以及松涛奏鸣构成山水奇观，瀑布飞泻，气势磅礴，龙潭碧水清澈见底，泉水荡谷，水鸣山幽。登天茶顶远眺，山海共生，"南天门"巍然挺立，旭日东起时瀚海碧波荡漾、金辉闪烁。如有机遇，在这里还可观赏到"明霞散绮"的胜景。

棋盘石景区 具山海奇观和仙山胜景两大特色。自刻有"山海奇观"的巨石上行，往华严寺、鱼鼓石、那诺罗延窟奇洞到八仙石，神奇的画卷令人目不暇接。中山古树参天，泉心河谷溪水，山坳中隐藏着"云深不知处"的明道观。登上巨岩棋盘石，举目四顾，巨峰、五指峰、山海崮、南天门等崂山群峰尽收眼底，远处茫茫大海弥漫着万顷烟波。

仰口景区 岚光霭气中群峰峭拔，争奇斗异，翠竹青松掩映着"海上宫殿"太平宫，悬崖峭壁下隐蔽着奇洞怪石。仰口海滩宽阔平展，沙质优良，海水澄碧，是理想的海水浴场。这里还是观日出的好地方，在有名的狮子峰巅可欣赏动人的奇观"狮峰观日"，在峰下可观迷人的胜景"狮岭横云"。

北九水景区 以自然溪谷、山林景观为主要特色。这里奇峰怪石、悬崖幽谷、深潭激流、飞泉瀑布融为一体，形成了一处大自然的山水画廊。"九水明漪"、"岩瀑潮音"、"蔚竹鸣泉"诸胜景均汇集于此。北九水地处巨峰之阴，空气湿润，气候清凉，适于生长辽东半岛的植物，素有"小关东"之称，是全国有名的疗养、避暑之地。

华楼景区 以奇峰名石、自然山水景观和道院华楼宫景观著称。"华楼叠石"、凌烟崮、翠屏岩、玉女盆等胜景各具特色。华楼山北临崂山水库，风光绮丽宜人。明代山东巡抚赵贤所题"海上名山第一"就镌于此景区。

青岛崂山风景名胜区海滨景区

青岛海滨景区位于青岛市南前海，是国家重点风景名胜区青岛崂山风景名胜区的一个景区，它西起团岛东至青岛大学，陆地面积8.4平方公里，海域面积5平方公里，景区内绿树葱茏，繁花似锦，礁石突兀，峡角峥嵘，是游览、度假及休闲的胜地。

栈桥公园 是海滨景区的重要景点，位于青岛市南区西部、青岛湾中，与市区繁华的中山路成一直线，由海岸伸向大海，建于1892年，经1931年的改建和1985年的整修，现全长440米，宽8米，钢混结构。桥南端筑半圆形防波堤，堤内建有一座民族形式的两层八角亭，名"回澜阁"，"飞澜回阁"被誉为"青岛十景"之一。桥北岸，辟为"栈桥公园"，园内花木扶疏，青松碧草。桥西侧立有华灯，入夜如株株玉兰盛开。栈桥与周围景观浑然一体，成为青岛的象征。

小青岛公园 位于胶州湾入海口北侧的青岛湾内，因与黄岛遥遥相对，彼黄此青而得名。小青岛原是一个独立的小岛，距海岸720米，与前海栈桥隔海相望，海拔17.2米，面积为1.2公顷，绿地面积0.88公顷，绿地率73.3%，20世纪40年代初东面筑起初具规模的"防波堤"与陆地相接，有人视形如琴，又名琴岛。

1898年，德国租占青岛后，在岛上建起灯塔。现塔高15.5米，塔身白色，呈八角形，是国内外船只进出胶州湾的重要标志，每当夜幕降临之后，塔上的红灯与栈桥上的灯光在碧波上浮动，构成了一幅美丽图画，故"琴屿飘灯"被列为青岛十大景观之一，被作为青岛市的标志之一。

全岛以植黑松为主，栽樱花、碧桃、石榴、木槿、紫薇等春夏秋三季开花的观赏植物，斑驳秀丽的山岩，丛翠欲滴的树木，捧出一座白色的灯塔，如芙蓉出水，仙子凌波。

岛上还有海韵厅、神怡舫和琴岛仙女雕塑。岛南端建飘台一处，供眺望海景，或观海浪、垂钓、漫步曲径。

鲁迅公园 原名海滨公园，位于青岛市区南麓，汇泉湾畔，与小青岛公园相邻。1929年我国著名园艺家葛敬应借其抱岸环海的自然环境，依势造型，辟建而成。1950年，为纪念鲁迅先生而易名，公园全长2公里，占地面积约4公顷，是一处兼有园林美和自然美的风景区。

公园大门为琉璃瓦顶的石牌坊，气势轩昂，前眉刻有"鲁迅公园"四个金字，是集鲁迅先生的手迹。背眉是"蓬壶胜览"四字，为当代碑帖鉴赏家郑世芬1932年手书，意为鲁迅公园与神仙居住的蓬壶仙境相仿。穿过石牌坊绕花圃而过，见礁石环岸，松林覆坡，红崖嶙峋，亭榭别致。园路分主次，主路连接景区，次路连接景点，层次分明，又浑然一体。

小鱼山公园 位于鲁迅公园北麓。小鱼山，海拔60米，面积2.5公顷，绿地面积2.1公顷，绿地率84%，此山原无正名，后因靠近鱼山路而得"小鱼山"之称。此山不高却能远眺，登山俯瞰，栈桥、小青岛、鲁迅公园、海水浴场、八大关等景观尽收眼底。

主建筑"览潮阁"三层八角18米，阁内有螺旋式的楼梯，外设护栏平台，人们可沿护栏平台绕阁一周，饱览蓝天、碧海、青山、绿树、红瓦、黄墙这一青岛的独特风貌。山西坡有一挑檐式六角亭，因站在亭内可以一览碧波荡漾的汇泉湾，故取名"碧波亭"。东面是四角的"拥翠亭"，其风格和"碧波亭"相似。上述三处的匾额，是著名艺术大师吴作人先生题字。拥翠亭下是顺山势而建的飘台式三层楼宇。

汇泉广场 位于市南区文登路中段两侧，分南北两部分，占地1.3公顷。北部绿地6.5公顷，草坪4.2公顷，有大型电脑喷泉，水池面积3000平方米，水池东西两侧共设30门1.8米铸铜大炮喷头，两侧对喷距达70米远，喷高10米，池中还装有3300个喷头，水下有彩灯534盏，通过电脑控制可变化组合成上千种花样，结合音乐、电光组成五彩缤纷的景观效果。水池中心36.5米高的三角玻璃雕塑，象征一年365天，天天向前发展。广场面积两万平方米，可供群众举办露天舞会、演出等活动。

百花苑文化名人雕塑园 位于汇泉湾东北，背依青岛山，东邻中山公园。公园是国家级文化名人雕塑园，占地124.4亩，展出花卉和陆地栽培观赏树木，融建筑、山石、植物为一体。中有"文化名人雕塑园"。

青岛八大关景区 位于汇泉湾东部，是青岛的疗养区之一，也是风景优美的游览区。所谓"八大关"，是因为这里有八条马路是以八大关口命名的（现已增到十条），即：韶关路、嘉峪关路、函谷关路、正阳关路、临淮关路、宁武关路、紫荆关路、居庸关路。马路纵横交错，形成一个方圆数里的风景区。新中国成立前，这里是"特区"，为官僚资本家的别墅区。新中国成立后，人民政府对八大关进行了修缮，开辟为我国重要的疗养区之一。其特点是把公园与庭院结合在一起，马路两侧到处是郁郁葱葱的树木，四季盛开的鲜花，行道树品种各异，如韶关路全植碧桃，粉红如带，正阳关路遍种紫薇，夏天盛开，居庸关路是五角枫，秋季霜染枫红，平添美色，紫荆关路从春初到春末花开不断，被誉为"花街"。建筑形式多样，风格各异，被誉为"建筑展览馆"。

青岛崂山风景名胜区琅琊台景区

琅琊台景区是国家重点风景名胜区青岛崂山风景名胜区的一个景区，位于山东省胶南市区西南26公里处，总面积10.8平方公里。

琅琊台海拔183.4米，由人工缘琅琊山增筑，北、东、南三面濒海，西面接陆。台前斋堂岛，红瓦绿树，浪花簇拥，若翡翠漂浮海面；斋堂水道叶叶渔舟凝水，成群银鸥翔飞。台后龙湾碧波荡漾，银浪涟涟，相映成趣。台东北，于雾中遥望灵山岛，时隐时现，若有若无；隔海大珠山薄纱轻披、神秘朦胧。台西山陵起伏，村落簇簇，垄亩方方，一派田园风光。这些景色，天造地设一轴意境悠远的山水画。

琅琊台历史文化悠久。《山海经·海内东经》云："琅琊台在渤海间，琅琊之东"。《史记·秦始皇本纪》索隐释为："盖海畔有山，形如台，在琅琊，故曰琅琊台"。根据《史记·封禅书》的记载，春秋时期，齐国有八神，其中的四时主神在琅琊山。而"八神将自古而有之，或曰太公以来作之……其祀绝莫知起时。"越王勾践初筑琅琊台以盟誓。秦始皇统一中国后，分天下以为三十六郡，琅琊郡是其中之一。他曾五巡天下，三登琅琊台。公元前219年，秦始皇东游海上，望祭名山大川及八神，再筑琅琊台成现在的规模。琅琊台也是徐福两次上书秦始皇请求入海求仙药的发生地和徐福经常活动之地，琅琊台下的琅琊港是徐福率数千童男童女东渡日本的启航港，由是，琅琊台便成为中日经济文化交流的发端和中日友好的发祥地。秦二世初即帝位便登琅琊台。其后，汉武帝、汉宣帝、汉明帝亦曾多次登之。琅琊台优越的自然景观和古老的文化吸引了诸多的文人学士，他们或探访吊古，或观光览胜，或捕捉灵感，以游览琅琊台为乐。唐宋间李白、白居易、李商隐、苏轼等，明清间丁耀亢、高凤翰、颜悦道、王无意、刘翼明、李澄中等游历琅琊台后都留下了珍贵墨迹。李澄中在《艮斋笔记》中记下了琅琊出现海市蜃楼的情景："登州蓬莱阁下有海市，琅琊台下亦有之。将市，必东南风微起。久之，城郭、雉堞、楼橹具焉。有人骑马自城门出，周城数匝始灭。城上有旗，风吹之，西北向。忽飞鸟落旗杆上，与真无异"。熊霍则作《登琅琊台观日出赋》，记下了他在琅琊台独特的观日出的感受："秦东之门，天地一空。直见晓日，生于海中，赤光射浪，如沸如铄。惊涛连山，前拒后却……羲和首驭，夸父上征。眩转心目，苍黄性情。似地舆而通水府，吸天盖而害长鲸……"。

琅琊台文物古迹众多，秦砖汉瓦俯拾即是，秦始皇筑台的土层清晰可辨，现存中国历史博物馆的琅琊刻石堪称国宝；"千秋万岁"秦瓦当被定为国家一级文物；近年发现的泥质夹砂灰陶管道和金字塔形建筑，其功用有待进一步考证。景点有徐福殿、云梯、级梯御路、琅琊刻石、秦始皇遣徐福入海求仙群雕、望城楼、琅琊刻石亭、亭子兰炮台等，还树立了徐福东渡启航处和古造船遗址保护标志。

跺脚沟是争高山与琅琊台间的一条沟壑。跺脚沟底一石砌小径，两边板栗树茂密，枝条勾连，遮天蔽日，夏秋时节缘径北上，如漫步于绿色走廊；潺潺小溪奏着古韵，益发显出走廊的幽深。林木衬托中，徐福殿飞檐翘角，青砖青瓦构筑，纯正秦代风格；殿堂宏伟，古朴典雅。殿内正中，徐福手握竹简，面南端坐，目光炯炯，透着渊博、机敏和果敢。《史记》记载，徐福是秦代方士。公元前219年，秦始皇"南登琅琊，大乐之，留三月"，移民三万户琅琊台下，增筑琅琊台，镌立石刻；随后方士徐福上书，说海中有神山仙药，请求入海求之。秦始皇准奏，"遣徐福发数千童男女入海求仙人"。《史记》的这一记载与琅琊台现存的古迹文物完全吻合，并且琅琊台及其建筑物和现存于中国历史博物馆的琅琊刻石等，成为与徐福求仙活动有关的古迹文物。公元前210年，秦始皇第三次登琅琊台时，徐福再次上书，说之所以没有求到仙药，是因为大鲛鱼的阻挠，请求配备善射的武士。秦始皇答应了徐福的请求，亲自监护他"自琅琊北至荣成山"。有人研究，徐福这次出海，最终到达日本。他为日本人民带去了先进的文化和技术，使日本从绳纹文化时代迅速过渡到了弥生文化时代，徐福成为中日经济文化交流的伟大先人。徐福殿即是彰显徐福功业的纪念建筑。

从徐福殿去琅琊台顶，须攀殿后云梯。云梯是当年秦始皇登琅琊台的三条御路之一。该路斜长152米，宽2.8米，设石阶336步。云梯蜿蜒陡立，远远望去，像一条昂起首，欲冲向中天，腾云驾雾的巨龙，极为壮观。

由云梯东去约百米，即到御路。御路斜长135米，宽6.8米，中轴以黑色方砖砌就，两边各有石阶384级，中设平台4个，路侧护栏花岗岩雕饰。在御路下仰望台顶，整个御路气势恢宏，炫人眼目，体现出粗犷豪放，雄浑威力的秦代风格，是为秦始皇当年琅琊台三条御路之一的级梯御路。

琅琊刻石在台顶西侧。刻石通高4.6米，上宽0.76米，下宽1.92米，均根据古籍记载尺寸复制；

东、南、西三面环刻，分秦始皇《颂诗》和二世《诏书》两部分，计447字，由国内著名书法家熊伯齐依琅琊刻石拓片摹写。《史记》记载，公元前219年，秦始皇在琅琊台"立石刻，颂秦德，明得意"。公元前209年，秦二世东行郡县，"尽到始皇所立刻石"。《颂诗》和《诏书》都是李斯手书小篆。

台顶偏东缘，是秦始皇遣徐福入海求仙群雕，共立雕像14尊，分别是秦始皇、徐福、胡亥、李斯、赵高、2名文官、2名武官、2名武士、2名侍女和1名侍从。秦始皇统一中国后，曾五巡天下，于公元前219、218和210年三次登临琅琊台，徐福两次在琅琊台上书并获准率数千童男女从琅琊港启航，入海求仙药。该群雕再现的是徐福于公元前210年再次上书的情景。

站在群雕处向东望去，林木掩映中望越楼赫然入目。楼有2层，下层四周封闭；上四柱撑立，呈亭状。越王勾践伫立亭中，他手按宝剑，雄视大海，活现一个中原霸主。据《越绝书》，《吴越春秋》记载，越一度丧于吴。他卧薪尝胆、励志雪耻，终于在公元前472年趁吴王穷兵黩武连连出兵伐齐国中空虚之机，一举灭吴。为称霸中原，他由会稽徙都琅琊，在琅琊山筑观台，号令秦、晋、齐、楚等国郡王，对四时主神歃血盟誓，共同尊辅周室。《清州府志》云："望越楼达琅琊东顶，相传越王筑以望会稽"。今望越楼即据此修复。

自琅琊台顶前行十米，有琅琊刻石亭。亭内置著名琅琊刻石残存部分，高129厘米宽67.5厘米，厚37厘米；上刻秦二世《诏书》13行86字，秦丞相李斯书。是为中国现存最古刻石之一，又是秦刻石存字独有者。此刻石为复制品，其真品现存中国历史博物馆。宋代大文学家苏轼叹此刻石"文字之工，世亦莫及"。《诸城县志》记载，清代诸城知县毛澄曾将残存刻石筑亭覆之。

琅琊台东南里许，有"徐福东渡启航处"碑石。这里是位居中国五大古港之首的琅琊港故址。公元前5世纪末，我国第一次大规模海战——齐吴海战发生在琅琊附近海域，齐国水军由此出击，打退吴国的海上入侵。公元前210年，徐福率庞大船队由此起锚入海，东渡日本不返，使这里成为中日关系史的源头。

胶东半岛海滨风景名胜区

胶东半岛海滨风景名胜区是国家重点风景名胜区，位于山东省胶东半岛东北部，包括陆上烟台蓬莱和威海成山头两片区及海上长山岛、黑山岛、庙岛、刘公岛等岛屿。区内海湾岬角曲折多姿，地形起伏，林木繁茂，海蚀地貌如天然群雕，人文景观十分丰富。蓬莱以"海市蜃楼"驰名中外，蓬莱水城是国内保护完好的古代海军基地。水城西北丹崖山巅的蓬莱阁，面海凌空，气势雄伟，是神话"八仙过海"的地方。长岛有"海上仙岛"之称，威海刘公岛是我国著名海上重镇，北洋水师曾在此建立基地。成山头是我国东部"天涯海角"，地势险要，秦始皇曾两次登临，留有众多古迹，是历代著名的风景胜地。

成山角 在荣城市，地处山东半岛最东端，在荣城市区东面50公里处，这里为我国东部大陆的最东端，三面环海，一望无垠，是大陆东部的"天涯海角"。位于成山东南角突出部的一簇峭石便为"天尽头"。相传公元前3世纪秦始皇率将东巡，曾两次到此，并命丞相李斯在一块石碑上书刻"天尽头"三字，并立于成山之巅。后百姓因

"上官拓索，民不胜其扰"而断碑投海。现"天尽头"碑为淡红色花岗石碑，是1984年10月胡耀邦视察时题写的。

山南海中有四块天然巨石，在水中若隐若现，人称"秦人桥"，传说是秦始皇为了架桥通向日出之处而"赶"石而成的。

石岛　在荣城市南，地处山东半岛东南端，是著名的渔港。石岛三面临海，港口清幽坦阔，背靠青山，山峰雄奇峻伟，风光秀美。位于赤山的法华院，始建于唐代，是胶东地区著名寺院。槎山在石岛以西20公里处的黄海之滨，山有九顶，以洞多、石怪、景奇著称，又是道教的重要发祥地之一，被称为"胶东名山"。

蓬莱阁　在蓬莱市临海的丹崖山巅。蓬莱古称登州，位于胶东半岛最北端，倚山傍海，自古就是人们幻想中的神仙仙境。在人们神话传说中的三座海上仙山包括蓬莱，有众多的神话传说和古迹。汉武帝曾在此眺望海中的"蓬莱仙山"。在民间广泛流传的八仙过海的传说，就发生在这里。

蓬莱阁北宋开始建筑，明代扩建，清代重修。高15米，前临大海，如凌云霄，气势恢宏，素有"仙山琼阁"之称。现蓬莱阁共有蓬莱阁、吕祖殿等六个建筑单元，亭台楼阁错落有致，独具特色，成为中国名阁。《老残游记》开篇写道："…山上有个阁子，名蓬莱阁。这阁造得画栋飞云，珠帘卷雨，…西面看，城中人户烟雨万家；东面看，海上波涛峥嵘千里。"登阁遥望，海天浩淼，云烟飘拂，遥想当年这里"八仙过海"，更使人觉得一如仙境。

蓬莱的"神仙海市"自古有名。北宋著名科学家沈括在《梦溪笔谈》中曾作过这样的描述："登州海中，时有云气，如宫室台楼、城堞、人物、车马、冠盖，历历可见，谓之海市。"古人对这种因光的折射而在海面上出现的幻景认为是蜃吐气而成，故称"海市蜃楼"。这种奇景在蓬莱春夏之交的季节可以看到。当雨过天晴，海上还有云雾水气，又微微刮起东北风时，就有可能出现远处的景物被折射在海面的幻影。

蓬莱水城　筑于蓬莱阁东侧丹崖山下海面上，是我国现存较为完整的古军港之一。它以巧妙的布局、独特的结构，为建筑界、考古界、军事界所称道。水城前身为北宋时所置。明初设登州卫，改建成水城。水城以小海作主体，辅以城墙、水门、炮台、灯楼、平浪台等建筑。城墙高近12米、宽4米、周长2.2公里，城呈南北长方，有南、北城门和东、西敌楼。南门连接陆路；北门为水门，经此出海。水门外置一对互成犄角之势的炮台，控制海面。当年抗倭名将戚继光父子两代在此督办水师抗击倭寇，故此城又名"备倭城"。近年在水城清淤时，发现一艘明代古战船，是我国迄今发现的古战船中之最长者。现在蓬莱阁下建成了古战船博物馆。

太平楼约建于明初，戚继光曾在此训练水师，抗倭保国，因此而得名。太平楼位于水城东炮台南端，与蓬莱阁隔小海相呼应。这里有戚继光当年操演水师的阅兵轩、水门炮台、平浪宫、涌月亭等明清建筑。

烟台　在胶东半岛东北黄海之滨，我国重要海港城市。数千米长的芝罘半岛伸入海中。有烟台山、毓璜顶、养马岛等旅游景点。

毓璜顶是烟台市区的一座小山，山上有玉皇庙、小蓬莱牌坊等建筑，可一览市区景色和远眺大海。

烟台山在烟台市区，三面环海，礁石罗列，可观海听涛。山上绿树葱茏，有传说吕洞宾挥剑劈山成大石船的"造化奇观"等著名古迹。"造花奇观"是烟台八景之一，当地传说，古代八仙中的吕洞宾与铁拐李首先来到这里，发现有两座石山挡路，铁拐李挥起铁拐一击，石山即四分五裂，吕洞宾则挥剑朝另一座

石山劈去，剑落处如同开瓜，山的一半仍然屹立，另一半被劈倒躺卧在旁，因形似古船，后人称为"大石船"，背面刻"造化奇观"四个大字。山上绿树葱郁，山下礁石罗列，观海听涛，别具情趣。

养马岛在牟平海中，是近年开发的一处休养旅游胜地。

长岛 是位于渤海海峡中的一个岛县，正当黄渤两海交汇处，由南、北长山岛，庙岛，大、小黑山岛，砣矶岛，大、小钦岛，南、北隍城岛以及鱼鳞岛、挡浪岛等32座岛屿组成。这些岛屿从南到北长140余公里，北与辽宁省的老铁山遥遥相对，南与蓬莱隔海相望，岛陆总面积为52.7平方公里。

南长山岛是群岛中最大的岛屿。烽山，在南长山岛东南部，地势突高，海拔150多米，据说明代民族英雄戚继光曾在这里建烽火台，以防倭寇，烽山因而得名。山上有一"鸟展馆"，内展有在该岛歇脚的候鸟标本200余种。峰山最高点上塑有一只高8.3米展翅欲飞的雄鹰，它象征着长岛腾飞。距此不远有一座亭阁，可鸟瞰县城景色。

庙岛古称沙门岛，周围海阔水深，是天然的锚泊良港。岛上有宋宣和四年（1122年）建造的海神庙——"天后宫"。海神娘娘铜像金光灿灿，栩栩如生。该岛在古代是囚禁犯人的地方，"八仙过海"动人的神话故事就发生在这里。该庙几经修复，现作为长岛县航海博物馆。这里还有一景——"海上湖泊"庙岛塘，它是由十几个似翡翠、玛瑙、琥珀的岛礁相互联结、环抱而成，湖面水平如镜。

大黑山岛拔海而起，山壁如削，陡立险峻。聚仙洞就在岛东侧悬崖之下，九个"仙洞"中最大的一个是传说中八仙聚会、饮酒的地方，洞内千岩竞秀，洞顶滴水叮咚，洞底水色深蓝，划小舟入内如入仙境。

万鸟岛，原名东由岛。面积仅0.04平方公里，但该岛却有鸟类18目、46科、224种，占全国鸟类的19%。有天鹅、秃鹫、金雕等珍稀鸟类。

月牙湾位于北长山岛最北端，宛如一勾新月，倚山抱水而卧，前方一泓海水碧蓝如缎，左右两座山峦，苍翠秀丽。这里最吸引人的是撒满海滩的球石，大小不一，小如珠玑，大如圆月。

胶东半岛海滨风景名胜区刘公岛景区

刘公岛景区是胶东半岛海滨风景名胜区的一个景区，在山东省威海市。

刘公岛位于渤海湾内，距威海港2.1海里，全岛东西长4.08公里，最宽处1.5公里，最窄处0.06公里，面积3.15平方公里，最高处旗顶山海拔153.5米。

自古以来刘公岛就有"东海屏藩"之称，是海防重地，南北海上航行枢纽，海盗常在此地出没。从明代威海设卫，便屯兵岛上。清代光绪十四年（1888年），中国第一支近代海军诞生在这个岛上，它的指挥机关北洋海军提督署设在这个岛上，当年北洋海军威武雄壮，舰艇达到五万多吨位，在刘公岛和威海湾沿岸，构成了一系列海防军事设施。

1898年英国强租威海卫，刘公岛被英国强租长达42年。直到第二次世界大战太平洋战争爆发后，英国才撤离了刘公岛。新中国成立后，刘公岛一直是军事要地。

刘公岛景色幽美，物产丰富，气候宜人，素有"海上仙山"和"世外桃源"的美誉，是著名的历史文化名岛和观光旅游、消暑疗养的胜地。岛上峰岭起伏，山峦叠翠，风景秀丽，山顶是茂密的黑松林，山坡是有价值的经济林，道路两旁是宜于观赏的树木，栽植大量奇花异草，全岛绿地覆盖率在85%，从而使春夏秋的刘公岛真正成为一座遍地飞红溢绿、处处鸟语花香的"海上花园"。岛的北部海蚀崖直立陡峭，如刀削斧劈；南部平缓绵延，宜于开展各种类型的水上活动。岛上风景名胜、文物古迹众多，著名的有：

甲午战争博物馆 设在刘公岛清代北洋水师提督署内，辖属保护管理的清代海军纪念遗址达28处，目前为止该馆开放的最具特色的文物景点有：北洋水师提督署（司令部）、龙王庙与戏楼、丁汝昌寓所（提督署官邸）、黄岛炮台及兵器馆，形成了集文物古迹与海岛自然风光于一体的游览格局。馆内收藏了北洋水师和甲午战争的珍贵文物，其中海底打捞的北洋水师舰炮为世界仅存，堪称"镇馆之宝"。馆内通过历史文物、图片资料、人物蜡像、沙盘模型等形式，生动再现了当年北洋水师的强盛阵容和甲午战争的炮火硝烟，使人如临其境。

甲午海战馆 位于刘公岛石码头东200米处，占地13000平方米，是全面反映甲午海战的纪念馆。整个建筑构思奇特，采用下沉式结构，位于当年战舰沉没的地方。建筑形象犹如相互穿插、撞击的船体，悬浮于海面之上。在18米高的主体上矗立一尊高15米的北洋海军将领巨型塑像。它由序厅、北洋水师成军、颐和园水师学堂、丰岛海战、平壤之战、黄海大海战、旅顺基地陷落、血战威海、尾声厅九大部分组成，集大型雕塑、绘画、影视等综合艺术以及电光声控现代科学技术为一体，真实地再现当年北洋水师从成军到覆没的全部历史过程。

刘公庙 刘公刘母传为东汉末年皇族一支，为逃避曹魏追杀落居威海，他以刘公岛为别业。传说刘公刘母来到岛上，举起神火，镇住龙王，平波息浪，指引航船，搭救遇难船只，神迹广为流传，被尊为船神。后人在岛上建起了刘公庙，南北过往船只必到刘公庙敬拜祀奉，明代和清代光绪十四年（1888年）北洋海军均重修刘公庙，1898年英国强租威海卫后被迫迁出至北沟村。现留有一通碑刻载："神本依人，庙迁岛外"。刘公岛上的刘公庙遗址仍存。1994年再次重建，占地14亩。

北洋海军忠魂碑 位于刘公岛森林公园内，建于1988年10月，距北洋海军提督署约300米。此碑呈六棱形，高28.5米，最宽处6米，最窄处2米。碑由雪花大理石镶嵌，碑文两侧凿有浮雕。整个建筑宏伟壮观，远望此碑似万绿丛中刺向蓝天的一把宝剑，象征着中华民族反抗异邦侵略的精神武器永握在手，刺向苍天，以示信誓。

另外刘公岛上还有古炮台、水师学堂、铁码头、石码头、刘公泉、五花石、板疆石、听涛崖、贝草嘴、钓鱼台、海水浴场等引人入胜的景观。

博山风景名胜区

博山风景名胜区是国家重点风景名胜区，位于山东省淄博市博山区，由八大景区组成，总面积71平方公里。景区海拔最高点1108.3米。

博山风景名胜区融溪、瀑、泉、洞、林、峰自然特色景观和悠久的历史文化于一炉，集众多的文物古迹和丰富的物产资源于一体。八大景区以城市为依托，沿原山、鲁山两山脉约计40公里自然风景线分布。

博山古称颜神，由颜文姜以孝为神而得名。新石器时代晚期就有氏族聚居，是龙山文化的蔓延地区。横亘境内的齐长城遗址是春秋时期文化历史的见证。博山地区历史文化悠久，仁人志士层出不穷。古有清代现实主义诗人赵执信，今有县委书记的好榜样焦裕禄。现存的范仲淹读书处、赵执信故居记载着古代政治家、文学家的风姿采韵。博山还是著名的陶瓷、琉璃之乡。

凤凰山景区 凤凰山林木繁荫，占地4400亩，是一处喧嚣中藏幽静，古朴中显新意的城市山林公园。它集林泉谷壑之胜于一体，又有丰富的人文景观，比万里长城早300余年的齐长城遗址横穿景区。颜文姜祠位于凤凰山南麓，建于后周，有殿房73间，占地3700平方米，内有灵泉，是孝妇河的源头。建于明万历三十年（1602年）的碧霞元君行宫是淄博市最大的高山古代建筑群，大殿内的壁画有较高的艺术价值。永济桥西首有红门，是碧霞元君的分神庙。泰山有大顶，凤凰山俗称小顶，从中可以看到凤凰山与泰山的渊源。古时"岱北人民有香愿不能至岱者多在此酬祝"，至今香火旺盛。与红门南北相望的是玉皇宫，玉皇宫内有珍贵的古石刻——宋代修葺颜文姜祠的"四帝御押"石碣和刘支离的咒水符石碣。山上的古建筑群还有药王庙等。

自然景观首推团山，山势长展如屏，山上翠柏丹枫，郁郁葱葱，峪底有泉常年不竭，水质甘洌。团山可消暑避夏，秋季枫叶如染，秀色可餐。原址修复的齐长城雄踞山巅，如飞龙横卧，颜门关、凤凰台、藏兵洞由蜿蜒曲折的城墙相连，在长城上近可闻林海涛声，远可博览群山。史籍记载，孟姜女哭长城的故事就发生在此处，而不是在老龙头。这儿还有她的泪水汇集而成的姜女泉。姜女泉的南面是"五千年瑰宝画卷"大型岩画，此画布局于悬崖峭壁之上，气势磅礴，人物惟妙惟肖，展现了中华民族五千年的文明史。在修复的长城与遗址交接处南侧，有自然奇观石海，石海系海底升高，石灰岩溶蚀所致，其势浩瀚，如海如潮，怪石嶙峋，似像非像，观后妙趣横生。

颜灵塔是根据风景名胜区总体规划在凤凰山次高峰新建的一座城市（景区）标志性建筑物，其建筑风格体现汉唐雄风，总高55.25米，是一座融登高眺览、旅游观光为一体的多功能、现代化风景旅游建筑。在半山的淄博鸟展馆，是省内较大的鸟类标本展览馆。

在东郊荆山下，有几组建筑风格兼具北国园林雄奇和江南园林娟秀的古建筑群。有为纪念范仲淹就学荆山寺而建的范公祠。祠前范河上有"后东桥"，桥南北各有因园、怡园及赵执信纪念馆。因为博山有自流水向盆地的地形和裂隙喀斯特发育的地质条件，所以山多溶洞、地多涌泉，故博山获"山东第二泉城"之誉。珠泉"珠而不藻"，龙泉"藻而不珠"，范泉、灵泉、雪浪泉等各自都有美妙的传说故事。孝妇河上的桥被誉为"桥的博物馆"，河两岸大型马赛克壁画反映了博山悠久的历史文化和自然风貌，而澄园中的九龙壁是不可多得的艺术珍品。山城以鲜明的特色吸引着八方游客。

白石洞景区 景区古树参天，虬枝蔽日，其中不乏古树名木。400种林木各显姿态。半山崖洞下有"长寿水"供游客饮用。呈明清寺庙风格的古建筑群——禹王阁、团贺殿等隐现在绿树之中。登山顶沿山脊南行二里许，俯视而望，就是景区的另一组成部分和尚房，博山旧县志列其为博山名胜之首。自然风光和山村情趣是游览者的寻觅。金秋红叶时，本景区煞是热闹。

樵岭前景区 朝阳洞属裂隙型溶洞，原系地下长河，尚未探明总长度，已开发1500米。洞内石笋、泥石笋、石花、鹅管、卷曲石、钟乳石各具形态，仍在发育，为华北地区所罕见。洞外山势拔地而起，气势雄伟。舒同题"天界"二字镌于崖上。洞北山体断层裸露，因地质运动岩层陡起呈直立状。三叶虫化石镶嵌岩石上。王母池，十里长溪，夏时飞瀑，冬季涓流，峰回路转，步移景异。瀑布旁有巨石形若仙女，人称"王母石"，传说瑶池王母东巡泰山经此停车沐浴而得名。村西三里许一泓碧波包孕于群峰之中，此乃淋漓湖，湖光山色，柳暗花明。

五阳山景区 五阳山位于石马乡北，东西绵延4公里，向有"三台、四顶、五峰向阳"之说。直达峰巅的三叠瀑为主要景观。悬崖石缝隙间，百年树木不计其数，尚有唐柏数株。摩崖石刻书法遒劲，镌刻独具匠心。古建筑群依山傍势，各具特色。凤凰山、五凤山、雾云洞、石马水库都是景区的组成部分。石马水库水面宽广，柳堤景色迷人，还有赵执信的乡间别墅——红叶山庄。

泉河景区 该景区位于源泉镇泉河村，距博山25公里。青龙山下有二泉，名上、下龙湾。泉池内吐珠喷玉，清澈见底，水草繁茂。水温常年在15℃左右，四季川流不息，是淄河的源泉。青龙山峭壁奇岩，突兀峥嵘，亭台殿宇点缀于苍松翠柏之中。新近发现的厅堂式溶洞源泉溶洞其规模与景观可与南方溶洞媲美。二郎山、九十九顶岳阳山及岳阳山下的焦裕禄展览馆都在此景区。

鲁山景区 在城东南40公里处，鲁顶海拔1108.3米，景区面积30多平方公里，森林覆盖率达90%，有植物360种、动物270种，盛夏极端高温30.8℃。鲁山植物园已颇具规模。山顶凹处有明代重修的大雄宝殿和志公殿。风化砂岩千奇百怪，观日出、赏云海、听松涛别有天地。滴水崖瀑布、大圣峰、樱桃峰、明石崖、香炉峰、企鹅石等景点体现着鲁山的景观特色。

金牛山景区 石马水库东行2公里，便是三足鼎立的金牛山。金牛山山势雄险，古建筑点缀其间，喷云潭高深莫测。在此观景俯可见阡陌田园，仰可观连绵群山。景区的另一组成是辰巳山，又名博山，亦是博山区名称的由来。山上建有兴隆寺，山前常熟川，淄河如练，群山竞秀，村姑浣纱，白鹅戏水；万亩蔬菜制种基地万紫千红，繁花似锦，是田园风光旅游佳境。

镇门天池景区 在白石洞景区西行10公里处。沿途有以山形取胜的"小黄山"，有古齐鲁会盟地"古夹谷台"。镇门天池清水如镜，蜿蜒幽深。荡舟于此，如入画卷。谷涧溪流，连同它两侧的群山共同组成"十里画廊"风景线。

青州风景名胜区

青州风景名胜区是国家重点风景名胜区，位于山东省青州市。青州为古九州之一，有"天一第一州"

之称,系历史文化名城。景区由云门山、驼山、玲珑山、仰天山 4 个景区组成,总面积 41 平方公里。石窟艺术最富特色。云门山山顶有一贯穿南北的石洞高悬,高阔过丈。山阳摩崖间有隋唐时代的石窟 5 座,造像 272 尊。驼山以摩崖石窟为主,造像 638 尊,始琢于北周,是石刻艺术的佳作。仰天山自然环境优美,动植物种类繁多,洞穴奇异。有北宋初的文殊寺、望月亭、文昌阁。唐赛儿寨居高临下,山上有点将台、石磨、围墙等遗址。

云门山 位于青州市区南 2.5 公里,主峰海拔 421 米。山上柳林茂密,经济林、混交林分布于层峦沟壑之中。春华秋实,林茂果丰。北坡山腰望寿阁,由正阁、东西厢房和灵官殿组成。山阴石壁上镌刻一巨大的摩崖"寿"字,高 7.5 米,宽 3.5 米,仅"寿"下"寸"部即高 2.3 米,故有"人无寸高"的戏语。系明代嘉靖三十九年九月九日(1560 年),青州第二代衡王朱厚燆祝寿时而镌刻。山阳峭壁间有窟龛五座,雕像 272 尊。这些造像端庄秀丽,具有隋唐时雕塑风格,题记为隋代开皇九年(589 年)至仁寿二年(602 年)。云门洞右侧一天然洞穴,深邃莫测,名"云窟"。明代冯梦龙《醒世恒言》中"李道人独步云门"一篇,即据此传说演义而成。山顶建有天仙玉女祠、阆风亭、三元殿等建筑。山阴东侧有"万春洞",亦名"希夷石室",俗名"陈抟洞",开凿于明代嘉靖年间。洞内雕有陈抟枕书长眠的石像一尊。山上历代文人学者留下了很多摩崖石刻,元代以前的珍贵字迹 20 余处。

劈山主峰海拔 546 米,山巅有一垂直 30 余米,宽 4 米的天然劈缝。山有明、清时代名人游览时的题刻。劈山、驼山雄峙云门山东西,《齐乘》赞为"三山联翠、障城如画"。

驼山 位于青州市区南 4 公里,主峰海拔 408 米。驼山石坊端庄古朴,回柱及上方各有盘龙、双龙浮雕,下座是骆驼石雕,具有高度的艺术水平。山腰间有望佛台,向东南眺望,有一尊由自然山峦形成惟妙惟肖的横卧佛头像。这长 2500 余米的山体,恰似即将"涅槃"的佛祖。驼山主峰东南山峭壁间,有大小石窟五座,摩崖造像一处,有造像 638 尊。早的始凿于北朝后期的北周,晚的刻于盛唐。造像中同时有五世佛,为我国石窟造像罕见,是我国古代造像艺术中的珍品,是研究古代雕塑绘画艺术和佛教发展史珍贵的实物资料,这就是著名的驼山石窟像群,现为全国重点文物保护单位。昊天宫是道教盛行时的遗址,南北长 150 米,东西宽 100 米,是一组宏伟的古建筑群,有玉佛殿、七宝阁、东西配殿、戏楼等。七宝阁是石质无梁双拱阁楼式古建筑,结构奇特,古朴典雅,为我国石质建筑的珍贵标本。在昊天宫内外尚有 120 余块碑碣,这些碑刻是研究驼山历史极为珍贵的资料。

玲珑山 位于青州市西南 16 公里,主峰海拔 567 米。后山俗称"字峪",著名北魏刺史郑道昭"白驹谷"题名即刻

于此。玲珑山崖壁间，洞窟众多，石洞曲折相连，变化莫测。串心洞、通天洞、仙宝洞、观音洞各具奇趣。山顶瑶台的王母宫，为石质梁建筑，北墙嵌清康熙十一年青州府学教授魏世名的"游北峰山记"石刻。

仰天山 位于青州市西南46公里，主峰海拔834米。这里林海茫茫，动、植物种类繁多，自然环境幽美。峰峦峭壁，隐现于苍松翠柏之中。森林覆盖率较高，大部分区域为天然次生林，奇花异草丰富，林相完整，群落多样，杂生着400多种植物，漫山遍野的乔灌木混交林形成季相变化显著的景观。尤其是深秋季节，红叶灿灿，层林尽染，可谓"霜叶红於二月花"。幽静而有野趣的自然风貌被誉为天然森林公园。山上主要景点有：文殊寺，俗称仰天寺，始建于北宋；望月亭，石质结构，明代工部尚书钟羽正重建，题"望月"嵌于亭门上额；文昌阁在寺北崖壁，阁台高拔，势若凌空，飞檐如翼；佛光崖，其势险峻；崖云崮四面为绝壁，上有山寨，仅一路可通。

昭阳洞 是一天然石洞，相传因昭阳太子在此修行而得名。洞口有一方碑，刻"潭溪山昭阳洞"等字迹。南一深涧，上有自然拱石为桥，名升仙桥，长7米多，宽仅1米余，其势险绝。

唐赛儿寨 是明代永乐十八年，乡民林三之妻唐赛儿领导农民起义重修此寨而得名。山上有点将台、石磨等遗迹。

水泊梁山风景名胜区

水泊梁山风景名胜区是省级风景名胜区，位于山东省梁山县，由山寨和水泊两部分组成。

梁山，古称良山，《山东通志》云：汉文帝封第二子梁孝王尝围猎于此，死后葬于山麓，遂易名梁山。

梁山在山东省西南梁山县的平原上，由四个主峰、七个支脉组成，它西枕黄河，东屏京杭运河，北视东平湖，山水交错，湖河相连，气势磅礴。

五代以后黄河屡次溃决，水汇山足，这里形成"八百里水泊"。北宋末年宋江结天下英雄好汉，凭借水泊天险，啸聚山林，杀富济贫，"官兵数万莫敢撄其锋"，声震天下。后古典名著《水浒》一书行世，梁山遂闻名天下。

水泊梁山风景区，包括山寨和水泊两大部分。山寨位于梁山县城南一公里处，面积4.6平方公里，山势雄险，粗犷内聚。水泊位于城北30公里处，湖光山色，独领风韵。风景区文物古迹众多，山峦间当年英雄好汉的踪迹仍历历在目，有宋江寨、左军寨、右军寨、黑风口、练武场、点将台、疏财台、杏花村等景点。

忠义堂 坐落在虎头峰上，是义军首领商议军情、调兵遣将、排座次的场所。有大型唐三彩壁画《水泊英雄聚义图》和三十六天罡星彩色塑像。

断金亭 名取《易经》"二人同心，其利断金"，相传为当年林冲火并王伦处。

黑风口 号称梁山第一险关，出入宋江寨的咽喉要冲，相传黑旋风李逵在此把守，一夫当关，万夫莫开。现建有李逵塑像，其北有黑风亭。

左军寨和练武场 为当年梁山好汉习武练兵之处,上有点将台、比武场、练武场等。

石碣亭 坐落在宋江寨内,亭内有石碣一块,据水浒传描写梁山英雄大聚义时应天象从地下掘出,上有龙章凤篆蝌蚪文字,为三十六天罡七十二地煞名号。

杏花村 位于虎头峰和雪山峰两峰之间的山凹处,因杏树丛林得名,中有王林酒店。

石井甘泉 在杏花村中,为一八角琉璃井,源深泉咄,味如甘露,有"石井甘泉"之称。

莲台寺 为唐代高僧善导创建,寺内依巨石镌刻佛像于莲花之上,故名莲台石佛。

问礼堂 又名老君洞,凿山为庙,雕刻两尊立体坐像,取意孔子向老子询问周公之礼。

陈列馆 馆藏有关水浒的书画、版本、资料、文物等藏品1000余件。

大泽山风景名胜区

大泽山风景名胜区为省级风景名胜区,位于山东省平度市北部,面积324多平方公里。

大泽山,因"群山环而易出泉,以此名也。"古代亦称九青山。巍巍耸立的大泽山,大小山头2100多座,其中天柱、芝莱、御驾等较著名的山峰一百余座。古代曾使"始皇游而忘返"、"汉武过以乐留"。有主峰、林场、大姑顶、天柱山、西麓、云山、洪山、葡萄特产与民俗等景点。

主峰 大泽山主峰北峰顶海拔737米,是胶东半岛西部最高山脉,距城区35公里。其周围群峰嵯峨相抱,山腹谷幽林奇,山中泉水清纯甘洌,怪石千姿百态,像吼狮、如脱兔、似少妇理鬓等等,新近更发现一极形肖神似之依山大佛。山中有聚景亭、普贤门、大泽晴云等三十六景观;还有为古代山东半岛佛教圣地的智藏寺、日照庵等遗址;并有堪称佛家兰亭胜迹的数十首古代佛诗题刻,蔚为奇观;在郁郁葱葱的花木丛中,更散布着自南北朝以来的历代摩崖刻石550多处,真草隶篆,均极精美,洋洋洒洒,实为大观,使山之雄伟中平添一股书卷气。山中还有据传当年为鬼谷子带徒讲学的鬼谷子山、鬼谷子洞;范蠡与西施奔齐隐居的范蠡涧、西施洞;汉赤眉军据守此山遗迹等等,实为不可多得的游览凭吊胜地。北峰顶下夷上险,由日照庵向上攀登,穿石穴、钻山洞,过"吓呼吓"、"哈呼哈",走"一线天"、"八步紧"、"鹞子大翻身"、"张飞大片马"等险奇景段,方可达北峰之顶一览四周美景风光。

林场 大泽山林场位于主峰东边,系万亩山峦,森林覆盖率达97%以上,其间草木繁茂,林幽泉清,全是带有原始韵味的自然风光。

大姑顶 位于主峰南6公里处,登斯顶以观四野,北侧丘陵起伏,南侧茫茫原野,黄山、尹府诸水库镶嵌其中如宝珠明镜,附近之桃花涧、庵子庙诸景观更增添了这一带景致的幽深与神奇。

西麓 大泽山西麓有研究我国夏商历史十分重要的岳石文化遗址和春秋战国时期众多文物,且西麓诸山历来名气颇大,如其间的芝莱山因有我国古代八神主祠之一——月主祠而为"黄帝之所常游",且秦始皇、汉武帝、汉宣帝等都曾在这里祭拜月主,汉武帝更在此得过灵芝。其附近三山上原有阴主祠,因秦皇汉武的御驾亲临而名御驾山。此山钟灵奇秀,宛如一天然盆景。

天柱山 位于大泽山附近,因孤峰秀峙,如柱擎天而名。此山以诸多汉魏以来的摩崖刻石而蜚声中外。被誉为"隶楷之极"的北魏郑文公碑刻,是我国不可多得的书刻艺术瑰宝之一,是全国重点文物保护单位。

云山 系大泽山东麓余脉,因其"天将雨则云出"而名。其山谷深长,石径通幽,山谷芳草如茵,涧中泉流潺潺,山腹有云山观遗址,是道教全真派发祥地之一。相传程咬金曾据此山为王,并在山前头建一石桥曰大王桥,现仍完存,并有相关碑记。山之西南有全省闻名的尹府水库,水光山色,蔚为壮观。

洪山 在云山附近,现为国营洪山农场。这里既可品尝四时瓜果,又可凭吊唐末农民起义领袖唐赛儿抵御官兵进攻的诸多遗迹。

大泽山风景名胜区既以自然风光秀丽、文化古迹众多名闻遐迩，更以葡萄及各种花果之乡的美称而声名远播。有着数千年的栽培历史的大泽山葡萄品质极佳、风味独特，最近更被命名为"中国葡萄之乡"。大泽山民俗极为浓郁，山民热情好客，每年葡萄成熟之际都举办"葡萄节"，届时纯朴豪爽的山民以其独特的方式，载歌载舞，庆贺丰收的喜悦，宴请四方的朋友。

峄山风景名胜区

峄山风景名胜区是省级风景名胜区，位于山东省邹城市，面积6平方公里。峄山位于邹城市南约12公里处，海拔高度582.8米。峄山诗经作"驿"，取其义，作"峄"字为其名。因其："怪石万垒、络绎如丝；故名圣焉。"又名驺山、邹峄山，孟子称东山。

峄山早在春秋战国以前就著称于世，历史典籍多有记载。《书经禹贡》有"绎阳孤桐"之记；《诗经·鲁颂》有："保有凫峄"之载；《太平御览》有"峄山尤金桐树"之述。《左传》、《史记》、《汉书》、《水经注》、《通典》、《齐乘》、《永乐大典》等均有记载，是古代立志的60多座文化名山之一。

"齐鲁名山归岱峄"。古人常将峄山与泰山相提并论。"岱岳雄天下，东山亦自奇。"一曰石头奇："山如垒卵，大小亿万，以堆石为奇功"。二曰洞穴奇："其洞府岩窦崎峭，千态万状，他山之秀未必与并载"。三曰水奇：丸石绎连，"绎孔"通达，泉流叮咚，"每当东北风或西南风起，各涌泉同时涨，不知何故。"四曰石刻奇：题壁石刻，琳琅满目，涉及历朝历代，名家之多，内容之广，堪称露天之历史文化宝库，旧时"秦碑"为国之瑰宝，新刻"鳌"字，令人称奇道绝。五曰神话故事奇：女娲造峄、伏羲画八卦、玉帝嫁女、王母蟠桃等神话传说新奇优美。

峄山山中自然景观优越奇特，人文景观丰富多彩，移步异景，变幻无穷，名胜景点，数不胜数。因此，元明年间有三十六大奇观、三百名石之说；清代又有二十四景、三十六洞天、七十二庙宇和峄山百景说。同时，峄山又是铁马金戈的"兵家要地"，还是道家称为"妙光洞天"的修真之地。

峄山，自古为游览胜地。秦始皇、刘邦、曹操、唐太宗、宋太祖、元世祖、明太祖、乾隆等帝王将相先后驾临、驻跸峄山。又有老子、庄子、孔子、子思、孟子、司马迁、蔡邕、李白、杜甫、李阳冰、王安石、欧阳修、苏东坡、黄庭坚、米芾、陆游、赵明诚、赵子昂、董其昌、袁枚、郑板桥、徐霞客等历代文坛巨匠来此探奇寻幽，更有许多高人名士隐居修炼于此，并留下许多诗文墨宝，成为千古绝唱。

峄山原有八大山门，第一道山门为1986年重建，门四柱七楼式，仿古建筑，高9.9米、长14米，气势非凡。山门后方有一天然奇石，古人称"子孙石"，科学家称之海蚀岩。与一道山门相对的称"有赫坊"，古人称"临下有赫"，意思是光临到了这个地方确实名不虚传，赫赫有名。

原明故道西路揽胜 沿盘道台阶而上，逶迤曲折，共四十三盘，约4公里。沿途风光优美、石刻粲然。道旁五巧石、椒子石、八戒石、伴月石、五棱台、双妃枕等怪石，迎人耸立、奇幻非凡。过回马岭，经"风花雪月"门登南天门，在锦屏岩之上有大型摩崖，高数丈，上书"灵通泰岱"、"衍岱钟灵"、"天地钟灵"等数处大字，笔力遒劲、字体浑厚。南天门东有断机石，西有"位育群黎"门，下临深渊，上仰绝壁。

过南天门，凌霄直上，境界一新。试剑石形象无比，八卦石蔚然奇观。累累巨石之下，形成许多天然洞穴。号称峄阳三十六洞天，洞洞相连，络绎如丝，俗称"峄孔"，名洞名泉，成为峄山一大奇观。

过五朝门便到白云宫，也就是七十二庙宇之冠，原古建三百余间，现已恢复一部分。白云宫之上为五华奇峰，为峄山顶峰，杜甫《登兖州城楼》诗中有诗云："孤嶂秦碑在"，孤嶂即指此峰，峰顶有五巨石并立，形若芙蓉，故名五华峰。上刻"不风雾月"、"扦天"六字，字大如席，刚劲峭拔。五华峰周围有居龙洞、来鹤庵、纪予墓、探海石等胜迹。

隋唐故道、秦汉故道东路奇观 首先看到的景观就是"钟石"，钟石在盘龙洞，号称十景之最，钟石特点，三石夹而悬之，去地三尺，上锐下丰，千百年来，钟石令人神往，并且被古人列为二十四景之一。从盘龙洞还可以到桃花洞，能体验峄山洞洞相连之奥妙。峄阳书院在盘龙洞东侧，为峄山四大书院之一。

古人称之为"书门"立秦碑之处。始皇二十八年登临峄山，命丞相李斯撰文刻石，纪统一天下之功，是谓秦碑，秦始皇五次出巡，共立下七块记功碑，而此碑为第一块。

峄阳孤桐遗址在春秋书院西侧。据说大禹治水以后，国家升平，文明兴化，要求供献峄山桐木制琴。因为峄山桐木所制之琴，音质特别优美，弹奏起来如鹤唳凤鸣，清脆嘹亮。有大诗人李白的《琴赞》为证：峄阳孤洞，石耸天骨。根老冰泉，叶若霜月。斫为绿绮，微声粲发。秋风入松，万古奇绝。

三大书院即是春秋书院遗址。志记"大通岩"，俗称"夫子洞"，史料记载是孔子当年居住讲学的地方。书院为一天然石洞，洞前有孔子教授生徒处，"颜子石"等多处名人刻字；洞内有五大圣贤的影像和古碑数通。

过春秋书院，便是九峰台，站在此台上，可以观看九峰奇观，即：冠子峰、断虹崖、丹丸峰、大神崖、小神崖、车辋石、王母挂炼石、观海石、舍身台。

冠子峰亦叫小鲁台，为峄山之东峰，凌空崛起，披云带雾，壁立千尺，俯视广野，浩渺无际。孟子谓：孔子登东山而小鲁，此峰即由此得名。峰上阴刻的"孔子登临处"、"大观"、"壁立万仞"字迹清晰，历历入目，引人遐思。

冠子峰西侧便是断虹崖，称之为第二峰，在峰削一巨石新刻的一"鳌"字，字高15米，宽8米。在小鲁台下方为东宫大白楼遗址。在东宫还可以领略山东奇绝仙人洞的神奇，此洞为一巨石组成的一奇洞，其石面一亩八分三厘，洞内可容五百余人，冬暖夏凉，上面可以载歌载舞。洞前元碑数通，其中大家赵子昂书写两块，元碑记载了峄山的风风雨雨。

千佛山风景名胜区

千佛山风景区位于山东省济南市市区南部山区，规划面积7.2平方公里，包括千佛山、佛慧山、罗袁寺山、平顶山、羊头山、燕子山、金鸡岭七座山岭，是济南市区内最大的山岳公园。

风景区内山势雄伟，深谷幽洞，古木苍劲，泉水溪流，自然景观十分秀丽，人文景观非常丰富，有北魏的摩崖石刻，隋唐以来修建的庙宇，以及文人题刻等，是古今游览的胜地。整个风景区划分为五大景区：

千佛山景区 千佛山古称历山，主峰海拔279米，相传上古舜帝曾耕于山下，又称"舜耕山"。隋代开皇年间，随山势凿窟，镌刻佛像多尊，并建"千佛寺"，自此，"千佛山"便成正名。这里山势峻秀，树多林密，碧岩丹谷，危崖悬翠，黄花点布，草绿花香，登峰顶可揽全城风貌。位于山腰的"兴国禅寺"是唐代贞观年间重修千佛寺并改名的。寺院南侧为千佛崖，这里危崖峻峭，岩壁上有许多隋唐的石刻雕像，石壁下有龙泉洞、黔娄洞；寺院东南隅的平台上建有"对华亭"；其东侧为"历山院"，院内有"舜祠"和"鲁班祠"、"一览亭"等，人坐亭内，可观赏市北侧"鹊华秋色"、"黄河远帆"等景色。"齐烟九点坊"为清代道光二十五年（1845年）建于山腰石阶上，由此北望，市区北部的九座孤山被黄河玉带所穿绕，犹如一幅横亘古城北境的长卷画，自齐烟九点坊向下有一唐槐亭，其西侧的国槐相传唐将秦琼曾拴马于此，人称"秦琼拴马槐"。山脚下大佛旁的人防山洞被整修为"万佛洞"，内集仿敦煌莫高窟、龙门石窟、麦积山、云岗四大名窟的佛像。"樱花园"则为一新建景点，是密林之中的花境。新建索道让游人从空中一览胜景。千佛山有九九重阳节山会，自元代以来，每年九月九，各地游人到此拜佛，登高赏菊。

千佛山东麓是辛亥革命烈士陵园，翠柏环抱，环境幽静。

开元寺景区 主峰佛慧山，海拔459.9米。沿盘谷山涧曲折而上，山涧尽处，两山会合之间，有一开阔平地，三面峭壁削立，松柏四面笼罩，此地即是著名的开元寺遗址。开元寺始建于唐代开元年间，宋代景祐年间重修，原名佛慧寺，后改为开元寺，在三面峭壁之上存有隋、唐、宋、元等各代名人题刻和石刻佛像，在一巨佛之下有一山洞，水从石岩流下，即为"甘露泉"，水味清纯甘洌。由此向上，在佛慧山主峰之下，有一佛龛，上刻"大雄宝殿"四个苍劲浑厚的大字，龛内依山造有一尊佛头部像，为北宋景祐三年（1036年）所镌刻，高7.8米，宽5.35米，俗称"大佛头"，气韵生动，雄伟壮观，堪称济南冠首。龛北面还有北宋年间刻的浮雕塔，有很高的研究价值。其上为主峰，仰望山势峭拔，峰峦突起，绝顶一峰，势如插天，名曰"文笔"。

黄石崖景区 黄石崖位于主峰罗袁寺顶西侧，崖壁在此凹进，山石呈黄色，故名黄石崖。崖前有一天然石岩，叫"一步登天"台；古人随山就形，在石壁上留下佛龛19个，佛像85尊以及一些侍者、飞天，并有自北魏孝明帝到宋代宣和年间题记11处，隋代以后石刻39处。崖下有敛泉；另外，东侧有天梯和险径飞云等自然景点。

平顶山景区 平顶山翠柏如屏，山体狭长，山脊平坦，山上有乾坤洞，幽深森然；琵琶泉水叮咚，是一处游憩探幽的好去处。

金鸡岭景区 金鸡岭位于风景区南部，犹如一道绿色的屏风将市区与景区隔开，鸡鸣关以其陡峭把市区的喧闹封在风景区之外，还风景区内以自然、幽静。

龙洞风景名胜区

龙洞风景名胜区是省级风景名胜区，位于山东省济南市，面积 14 平方公里，规划为凤凰台、龙洞、佛峪、白云峰和马蹄峪等五大景区。

龙洞风景名胜区自然资源丰富，人文景观历史悠久。区内山势奇特，泉水众多，植物丰富，有 340 多种植物，100 多种鸟兽，被称为济南市的植物王国，动物的乐园。区内有自北魏以来留下的大量庙宇、石刻造像、佛塔等文物古迹，有"历下第一胜景"之誉称。

凤凰台景区 位于风景区北部，以黑色奇异为特点。景区入口两山夹峙，西侧为"老君崖"，崖下是"老君井"，相传太上老君在此取泉水炼仙丹；东侧为凤凰台，传说是凤凰栖息之地，此台高近百米，与老君崖相峙，峪深壁立，谷底有溪流穿越而过。

龙洞景区 位于风景区西北部，是人文景观和自然景观的高度结合，以古雅、幽深、旷达为特色。龙洞峪奇峰危立，峻岩横出，洞深百丈，气势雄伟壮观。有圣寿院、报恩塔、锦屏春晓、东西龙洞、三潭、天梯、三秀峰、独秀峰、藏龙洞等景点。

圣寿院是龙洞峪中最大的寺院，为唐代建筑，始为龙洞寺，后宋英宗下诏封为"圣寿院"，苏东坡书写的"敕龙洞圣寿院"六个字至今尚在。从圣寿院内可仰观鹫栖岩上的"报恩塔"（宋代所建的一座七级石塔）以及三秀峰、锦屏岩等风光。

圣寿院东西两峭壁上均有溶洞。西龙洞高出谷底 30 多米，洞深 100 余米，穿山而过，洞口石壁上有三尊 4 米高的大佛和 50 尊小佛像，是北魏和隋代所刻。洞中钟乳倒挂，石花丛生，洞中有洞，通天洞就从洞中直指山顶。东龙洞位于锦屏岩的绝壁之上，只能从山顶垂绳而入，惊险无比。两洞口形状如瓶，被称为"金瓶"、"银瓶"。其下石壁上有古代文人墨客留下的"锦屏春晓"、"壁立千仞"、"白云无尽"等题刻。

龙洞向西是以金沙泉、百龙泉、黑龙泉为源头蓄水而成的三潭景点，从三潭向东可登天梯。这里山崖陡峭，两壁相合，仅留一线天色。拾级而上，通过天梯有一环翠平台峭然而立，在此可远眺秀峰山峦，近俯瞰涧底清泉。

三潭的西南侧为藏龙涧，此涧蜿蜒崎岖，谷底窄狭幽深，两壁耸立。穿藏龙涧，登上拔山橛，可观市区东部风貌。

佛峪景区 位于龙洞景区的东南部，这里林木荟郁，山花烂漫，清泉飞瀑，古寺隐现，以自然秀气为特色。景区内有般若寺、观音堂牌坊、古塔、石刻、环翠亭、禹登台、瀑布、林汲泉等景点。

般若寺位于半山腰的悬崖之下，为隋代所建，古朴典雅，峭壁上有隋唐摩崖造像及历代名人大家的题刻；更有露华泉从佛像后流入僧厨，冬天泉水润蒸，自佛殿飘出，形成"云殿泉厨"之独特景象。

禹登台亦称钓鱼台，在般若寺东侧，四周翠柏，台上有环翠亭。西边与其隔涧相望，有山泉林汲泉，与四周寺院林木，啾啾鸟鸣构成了一幅生动的"林汲山房"图。

白云峰景区 位于龙洞景区与佛峪景区之间，以壁峻天然为特色。白云峰海拔 516.6 米，由下仰观，丛林簇拥，白云缭绕，如仙山琼阁，形成无限风光在险峰的意境。

白云峰下的南北向深谷，名曰泅峪，巨石危岩，横山倒挂，林木森森，惊险奇奥。

马蹄峪景区 位于风景名胜区东侧，地势平缓宽广，以"林茂径幽"为特色，景区有"白云庵"、"曲径通幽"、"白云泉"等景点。沟间曲径通往白云山，白云山下白云洞，洞中有石佛，佛地幽静；白云泉水在山涧聚汇成马蹄峪水库，碧水垂绦，相映成趣。

龙洞风景名胜区，春天山花烂漫，夏天林茂瀑流，秋天红叶似火，冬天雪缀翠柏，季季有景，景景如画。龙洞秋色更是以"万山红遍，层林尽染"而闻名遐迩。

老龙湾风景名胜区

老龙湾风景名胜区是省级风景名胜区，位于山东省临朐县，面积12平方公里，包括老龙湾、海浮山、冶源水库、温泉等自然景观和人文景点。

老龙湾景区在临朐县城南10公里处的冶源海浮山下，海浮山钟灵毓秀，老龙湾水烟雾霭，是一处以泉水闻名遐迩的名胜风景区。这里原为冯氏的私人园林，明清两代五百余年均属冯姓所辖。据临朐县志载：楼凡二，堂凡二，亭凡四，池凡七，桥凡十……。明代万历朝礼部尚书冯琦《游冶源记》载：湖内泉计万许，湖外泉以百计，树以百计，竹以万亿计。鱼游于湖，鸟飞且宿竹树间不可得而计……。

老龙湾，史称"薰冶湖"，《齐乘》载：薰冶水已成名迹。《水经注》载薰冶泉，《山东通志》称薰冶水。民间传说老龙湾红沙潋深不可测，直通东海水晶宫，神龙潜居其中，有求则灵，故又得俗名老龙湾了。

老龙湾系地下泉水涌出地表汇流而成，蓄为渊，泄为川。千载长流，万泉喷注，冬暖夏凉，酿露蒸雾，润山泽土，利人利物，人皆谓地久泉久、天长水长。其水面面积80余亩，水深盈丈，清澈见底。主泉有铸剑池、善息泉、珍珠泉、洪湖窟、濯马潭、放生池、聚宝泉等。

老龙湾内有一湖心亭，四面环水，有一青石板桥通往北岸，题名"清漪亭"，为冯琦修建。此亭丹柱青瓦，造型精美，当年冯琦常邀客在亭中游玩赏景。他在《游冶源记》中有"山月半吐，微云点缀，窄晦窄明。乘月渡小桥至山下，行且止。经冶官同听泉声若沸，清冷彻骨"的描述。

老龙湾常年水量为2立方米/秒，流入海子河，水温四季恒温（17～18℃），盛夏酷暑，水质清冷特异，浸人肌肤；而在数九隆冬，水面上却雾气蒸腾，古人在《临朐八大景》中留下了"冶源烟霭三冬暖"的佳句。

老龙湾东西狭长，西端雪化桥纵卧湖上。桥东为大龙湾，桥西为铸剑池，是老龙湾的主要源泉。水出石坎下，突涌若沸。传说春秋时吴越人欧冶子曾于此铸剑淬火。池西南侧磐石上，镌有"铸剑池"三斗方大字和海浮山人诗句："天丁呵护阴阳剑，鬼斧凿开混沌池。"刻石为明代嘉靖涧雪道人书。

在雪化桥南端隔水相望处，就是三面环水的"白龙行宫"故址。行宫前面有陈荣的画竹碑刻，碑高4尺，宽4尺许，镌竹数竿，枝叶劲峭，潇洒多姿。从白龙行宫东行40米处，便是善息泉。其泉水由海浮山脚卧牛石下喷涌而出，传说因郦道元（字善长）曾在泉边锁牛石上坐歇而得名。

老龙湾南岸的"江南亭"，为明代著名散曲家冯惟敏所建。冯惟敏，冶源人，号"海浮"，他晚年弃官归里，隐居于海浮山下老龙湾畔，建"即江南"亭，取"赛江南"之意。虽经历四百余年，现仍保留明代古建之原貌。他曾作"冶源大十景"桂枝香十首，盛赞这里"海上三山秀，人间万古奇"，"见说江南好，江南恐不如"的自然风光。亭内原悬有清代乾隆朝翰林院大学士于疏敏题书"碧波云潭"匾额。惜"文革"期间被毁。现为当代著名书法家武中奇重题匾额。亭前为"濯马潭"，传说战国时齐宣王的王妃钟春曾在此濯洗战马。其潭水深三米许，澄清如镜，藻萍飘浮参差，群鱼追逐嬉戏，别具情趣。潭西有小云桥、洪湖窟，四周古木千株，修竹数十亩，浓荫蔽日，夏不知暑。潭东绿竹，柳荫竞秀，苍翠欲滴。亭西、北两侧皆临深潭。若凭栏北望，碧空潭影，令人心旷神怡。

老龙湾自然风光得天独厚，地灵人杰，自冯惟敏之父冯裕始中明代正德进士，先后祖辈相继七代有九进士及第，被誉为明清著名文学世家临朐冯氏。

石门坊风景名胜区

石门坊风景名胜区地处鲁中的"旅游文化城"临朐县，分为三大景区50多个独立景点，面积4平方公里，是一处以中华古文化、古文明为特色，自然景观为主，融合了丰富人文内涵的一处文物景观型风景名胜区。

石门坊在城西10公里处纸坊乡，又称石门房，因其山势结曲南向、两峰对峙如门，故名。远在三千年前，就名闻四海，历史极为悠久。每值深秋，石门坊漫山黄栌叶染，霜打欲红；朱谷丹崖，间以翠柏点缀，望去泼红嵌黛、瑰丽如画。金秋时节，慕名前来观赏石门胜景的海内外游客络绎不绝。

登临石门，沿西路拾阶而上，迎面一座石塔立于眼前，石塔高约7米，坚固挺拔，雕刻清晰。此塔建于明宣德七年（1432年），为志善觉修和尚所建，四周丛栌环抱，如仙山楼亭托起在红云之上。

顺石径折而东行，便到崇圣寺。寺内建有文昌和逄公庙。庙里塑像栩栩如生，殿内壁画形象逼真。由万仙楼西，顺石阶而下，一座小山现于脚下。此山山顶宽阔平坦，方圆千米全为磐石覆就，俗称"石场园"。相传逄公伐杨士，曾在此点将布阵，因而又名"点将台"。台西北角，建有"点将亭"。游人于亭中可凭栏俯观山村景色：梯田层层、五谷丰茂；柿树、山楂成片，艳如红叶；篱墙掩隐，池塘泛波。

"马关勒缰弓轮息，石门远迎人信游"。这是明太室山人张远孝游石门坊所赋两句诗。从诗中可以看出，石门坊古来蹊径险路，车马难近。

石门坊西金水谷三座仿古式四合院，一座宾馆，依山而造，银墙金瓦，高脊翘角，树掩雾笼，酷似三山仙居，取名"红叶山庄"。

艾山风景名胜区

艾山风景区位于山东省胶州市南部，胶州湾的西侧，向东眺望青岛视距34公里，距胶州市区19.5公里，地处胶州南部董城乡、洋河镇、张应镇。

历史上的艾山曾是道教传播之地，全盛时期庙会人涌如潮，香客络绎不绝。

艾山风景区由东石、艾山、西石和山洲水库四个景区组成，前三区为古典园林区，山洲水库为现代园林区。艾山风景区总体规划面积为8.6平方公里，保护范围约为14平方公里，其中艾山区规划面积为2.9平方公里，主要景点有碑林、石刻、松涛亭、观海亭、祖母庙、圣母庙、王灵观、山神庙、瑶池、天泽泉、唐王庙、文昌阁。

东石区规划面积为1.4平方公里，主要景点有玉皇庙、石顶亭、石刻、康成书屋、子母石。

西石区规划面积为0.4平方公里，主要景点有破云亭、魁星阁、玉皇殿、康熙碑、钟楼、悬空庙、石刻、登山铁索链。

山洲水库规划面积为3.9平方公里，主要景点有游泳场、尚乐亭、避暑山庄、神泉、九典桥喷泉、护民庙。

1993年以来开发建设了东石景区和艾山景区，并已先后对外开放。东石景区建成了玉皇庙、康成书屋、碑刻、登山石阶、铁护栏等，建筑面积达370平方米。艾山风景区建成了圣母殿和三霄殿（合称圣母庙）、观海亭、石碑、登山台阶等，恢复旧景观5处，有明代王和石刻、圣母池、天泽泉、信义局碑、古井等。建成的艾山游览区，建筑风格独特，雕梁画栋，古朴典雅，别开生面。

河南省

鸡公山风景名胜区

　　鸡公山风景名胜区是国家重点风景名胜区，位于河南省信阳市，面积95平方公里，其中精华游览区面积27平方公里，划分为中心游览区、东沟溪瀑区、动植物观赏区和旅游服务区四片。

　　鸡公山主峰报晓峰，在群山环抱之中，突兀拔起，酷似一只引颈高啼的雄鸡，首向西北，尾伸东南，左右山沟为两爪，并以两侧灵华山和长岭为两翼，峰顶有巨石叠起像鸡冠，一石伸出如鸡嘴，石背上树草簇似羽毛。每当旭日东升，朝阳破晓而出，正好位于鸡首之上，如同镶嵌了红玛瑙般的鸡冠。峰下岩壁上留下不少名人题刻，其中"报晓峰"三个大字苍劲古朴，格外引人注目。登峰远眺，但见层峦叠嶂，尽收眼底，云海风涛，回荡足下。报晓峰也是观日出、晚霞、云海、佛光的好地方。

　　鸡公山上奇峰众多。灵华山位于报晓峰南侧，半山腰有灵华寺，也称鸡公庙，是清末所建。寺周围绿树青山，幽雅清静。寺后悬崖上有一道白练清涧飞泻。附近有小洞天一处，后临峭壁，下有石洞数个。洞内有石座供游人休憩。沿山路而上，还有鬼门关、仙人洞、罗汉堂、窥星台、仙山琼阁、云阁崖等处名胜。

　　鸡公山是一座花岗岩山体，断裂纵横，风化严重，所以形成了很多形状各异的巧石。"五怪石"形如爬行的乌龟、蹦跳的青蛙、奔跑的野猪、蹲坐的罗汉和跪拜的和尚。"磊磊石"是彼此相垒的巨型石蛋，石上有石。与报晓峰遥遥相对的"鹰蹬石"，形状如老鹰缩居崖下。还有卧牛石、月牙石、虎钳石、亭亭玉立的双立石、狼牙石等。

　　鸡公山是著名的避暑名山，山上先后建成200余幢具有美、英、法、意、德、奥地利、瑞典、西班牙、葡萄牙、日本等国式样的别墅洋楼，还有一些中外结合、风格特异的建筑，如颐楼、将军楼、烟雨楼、会景楼、姊妹楼等，使鸡公山获得"九里十三国"的别称。大小颐庐为两幢相同的别墅，顶部筑有覆钟式塔，遍施彩绘，巍峨壮观，民国早年旧军人在洋人横行华夏、霸占鸡公山时，为蔑视洋人气焰强行建筑而成，给中华民族争了气，后人誉为"志气楼"。

　　南北街为山上主要居民区，形成于清末，处地风景优美，有"天街"之誉。月湖位于南街南端，状如一勾新月，为一人工小湖。此处天然胜景与人文景观融为一体，构成一幅绚丽多彩的湖光山色图。

　　小鸡头亦称骆驼峰、母鸡头等名，在报晓峰南1公里处，峰顶海拔724米，与鸡公头南北对峙。小鸡头北部突露，荆棘丛生，山形陡峭，岭脊起伏，形似骆驼，故名。站在鸡公头顶远眺，其状如母鸡卧在绿荫石畔，游客们往往戏称它是来给公鸡作伴的。在此遥望鸡公头，鸡嘴朝北，形象逼真；俯视云雾缭绕的亭台楼阁，错落有致，犹如海市蜃楼，一派仙境。

　　东沟溪瀑观赏区位于风景区东侧，面积6.2平方公里，全长10余公里，贯穿豫鄂两省，是以探源寻幽为特色的溪泉谷瀑景观。其沟为两山夹峙，中为溪谷，瀑布飞悬，溪水潺潺。鸡公山有瀑布3群22处，东沟就占2群19处之多。"山腰石蹲尽喷泉，万斛明珠一线穿"，就是前人对东沟瀑布群的描述。

洛阳龙门风景名胜区

洛阳龙门风景名胜区是国家重点风景名胜区,位于河南省洛阳市。

龙门位于洛阳南郊,伊河自南向北流去,两岸石山对峙,形成一个天然的门阙,称为龙门,又称伊阙。这里满山翠柏,瀑布飞泉,长桥卧空,伊水碧流,风景优美。

自北魏至晚唐的四百年间,人们在这里伊河两岸的悬崖峭壁上凿窟建寺,成为我国三大石窟艺术宝库之一,也是世界闻名的石窟艺术宝库。龙门石窟规模宏大,内容丰富而精美,现存窟龛二千一百多个,佛塔四十多座,造像十万余尊。

龙门石窟始建于494年。当时的北魏王朝崇信并提倡佛教,佛教艺术也最兴盛,北魏孝文帝十八年(494年)迁都洛阳后,在伊河两岸的崖壁上开始营造石窟。后来经过东魏、北齐、西魏、北周、隋、唐等朝代的连续营建,使伊水东西两山的窟龛密如蜂窝。五代和宋代初年虽也有雕造,但为数很少。

龙门石窟的石雕,造像生动,技艺惊人,是研究我国古代雕刻艺术的珍贵实物资料,石窟中的纪年题记又为石雕凿成的年代提供了可靠证据。龙门石窟的题记、碑刻,例如"龙门二十品"、"伊阙佛龛之碑"等,字体遒劲精美,是我国书法艺术的珍品。

潜溪寺 又名斋袚堂,是龙门西山北端的第一个大洞,开凿于唐贞观十五年(641年)。洞内主佛是阿弥陀佛,姿态肃穆慈祥,身体各部比例匀称。主佛两边是阿难、迦叶二弟子和二菩萨、二天王。菩萨面部丰满,天王威武有神。

宾阳洞 在龙门西山北部、潜溪寺南,分为北、中、南三洞。

宾阳北洞,北魏时开始修建,唐初完成。中刻阿弥陀佛像,佛背光为火焰纹,纹里还带有葫芦形雕纹。两侧为罗汉及胁侍菩萨。洞口两壁刻二天王像。

宾阳中洞也称宾阳洞,是龙门石窟中开凿时间最长、用工最多的一个洞窟,北魏景明元年(500年)开凿,正光四年(523年)建成,历时24年之久。此洞也是龙门石窟中最雄伟、最富丽堂皇的一个佛洞。洞内有大佛像十一尊,主佛释迦如来面部清秀,体态平稳。洞顶雕有莲花宝盖。洞口两侧有大型浮雕,但其中构图精美、雕刻细致的"帝后礼佛图"已被盗走,只留下一片盗凿后的痕迹。洞门外有唐贞观十五年(641年)所立著名书法家褚遂良书写的"伊阙佛龛之碑"。

宾阳南洞,始凿于北魏,隋代完成。洞中刻阿弥陀佛像，面部丰润，衣纹流畅。

万佛洞 在龙门西山南部，唐代永隆元年（680年）建成。洞内南北两侧壁间刻有一万五千多个小佛，故名万佛洞。阿弥陀佛像立于八角莲花台上，姿态端正，肃穆安详。后壁雕五十四枝莲花，每枝花上坐着一个菩萨。南北两壁小佛像下面的浮雕伎乐，形象生动，姿态优美。

莲花洞 又名伊阙洞，在龙门西山南部，建于北魏孝昌三年（527年）前后。洞为长方形，洞顶平圆。上刻一朵精美的大莲花，故称为莲花洞。洞中主佛释迦牟尼像，头部已被破坏；左侧的迦叶像头部也被盗走。菩萨雕像，刻工精细，姿态优美，是北魏石雕中的佳品。南壁佛龛上还有佛经故事的浮雕。洞口左边有明代河南巡抚赵岩所题"伊阙"二字，伊阙洞名即源于此。

奉先寺 在龙门西山南部，是龙门石窟中最大的佛洞。自唐咸亨三年（672年）开凿，至上元二年（675年）完工，历时近四年。这是一个露天大佛龛，东西长41米，南北宽36米，是唐代开凿的最雄伟的洞窟。

主佛卢舍那佛，高17.4米，头高4米，耳长近2米，口鼻端正，面部丰润，微露笑容，昂胸挺腹，显得慈祥端重。惜膝下部分已崩落。其他十尊弟子、菩萨、天王、力士雕像，也都形象生动，神态各异。雕刻技术纯熟精细。据碑文记载，武则天为建造此寺曾"捐助脂粉钱二万贯"，并率朝臣参加卢舍那佛的"开光"仪式。当年曾建大房九间，因年久失修均早已塌毁，两壁上只留下一些当时建筑的痕迹。

药方洞 在龙门西山北部，奉先寺旁边。从北魏晚期开凿，直到唐代武则天时建成。历时约二百年。洞口两侧刻有治疗各种疾病的药方140多条，是研究我国古代医药学的可贵资料。洞窟也因之取名药方洞。

古阳洞 紧邻药方洞，是龙门石窟中开凿最早的一个洞窟。北魏太和十九年（495年）开凿，北齐武平六年（575年）建成。洞中石刻绝大多数为北魏时期的作品。洞内南北两壁雕刻的三层佛龛，极其精巧华丽，各龛的拱额装饰都很精美。后壁左边菩萨上部还雕造一个歇山式的屋形龛，应是北魏房屋建筑的制式。

洞内的造像题记，古朴浑厚，遒劲自然，所谓的"龙门二十品"中，古阳洞即独占十九种，为研究书法艺术提供了珍贵的资料。

石窟寺 在龙门西山南端。洞口外壁有火焰形尖拱楣额，尖拱两侧刻有精美的飞天。洞内正龛两侧刻有菩提树，转角处雕有供养人像，南北两壁下部各雕"礼佛图"一幅，是龙门石窟中仅存的完整的"礼佛图"了。

龙门西山的洞窟尚有敬善寺、魏字洞、唐字洞、火烧洞、路洞等，雕像、题记都很丰富，各有特色。

香山洞窟 位于伊水之东的香山上，窟龛开凿年代晚，数量也少，大部分是唐代开凿的，但雕刻技巧及风格，别具特色，有一定艺术价值。主要洞窟有看经寺、万佛沟、擂鼓台等。

白园 位于龙门香山琵琶峰上，是唐代著名诗人白居易的墓园。墓地周围松柏葱郁，肃

穆幽静。现建为一仿古园林，建有乐天堂、听伊亭、白亭、白池、道时书屋和荟萃当代书艺精华的诗廊。

白马寺 位于洛阳城东12公里处，建于东汉明帝永平十一年（公元68年），是佛教传入中国后由官府营造的第一座寺院，距今已1900多年的历史。被尊誉为中国佛教之"释源"和"祖庭"。寺东南有24米高的齐云塔，为金代建筑。

关林 位于洛阳市南郊，是三国蜀将关羽的墓地。墓地封土成丘，高达20余米，周围翠柏参天，围以八角红墙，墓前有八卦碑亭，亭内的石碑上刻有"汉寿亭侯关云长之墓"及关羽传记。墓前有关帝庙，现存建筑多为明清时所建，有殿宇廊庑150余间，碑刻70余方。

嵩山风景名胜区

嵩山风景名胜区是国家重点风景名胜区，位于河南省登封市。

嵩山为五岳中的中岳，全山分为少室山和太室山，各由36座山峰组成，全山号称72峰。太室山磅礴如卧，"峻极于天"，向有卧龙之称，主峰峻极峰海拔1440米。少室山森峭秀丽，"摇曳云表"，向称"九鼎莲花"，御寨山海拔1512米，为嵩山最高峰。

少林寺 在少室山北麓五乳峰下，是驰名中外的佛教禅宗祖庭和武术圣地。少林寺始建于495年，最初是印度僧跋陀的讲经说法之地。过了三十二年，另

一个印度高僧菩提达摩来这里传授以面壁苦修为特点的新禅法，从而创立了我国佛教中影响最大的宗派之一禅宗。

少林寺的山门上，高悬着一块黑底金边紫檀木大匾，匾上康熙御书写着"少林寺"三个斗大金字，字字刚劲有力。

走进山门是一条缓斜坡形的大甬道，甬道上古树参天，碑石栉比。在琳琅满目的碑林中保存不少名贵的艺术珍品，如王知敬书写的《大唐天后御制诗书碑》，宋代书法家米芾的"第一山"刻石，宋代参寥书写的《三十六峰赋》，元代赵孟頫书写的《裕公碑》，明代董其昌书写的《道公禅师碑铭》等都是极珍贵的文物。

全寺最后面有一座倚山辟基的千佛殿（又称毗卢阁），是寺内现存最高大的殿宇，自1588年创建以来始终屹立五乳峰下。千佛殿最引人注目的是东、西、北三壁连为一体的"五百罗汉朝毗卢"大型彩色壁画，画面320平方米。画师们通过山林、风云和水浪把人物群像分为上中下三层，每层又以不同的人数组成许多组群，画面上每个罗汉情态各异，

栩栩如生,线条粗犷有力,轮廓简练清晰。

在千佛殿地面上还有四排共四十八个深约20厘米的凹坑,俗称"脚窝",据说是少林寺和尚们演武练功留下的痕迹。与这些"脚窝"相印证,在东厢白衣殿的北壁和南壁分别绘有寺僧徒手对打和执械格斗的操练场面。因而白衣殿又称锤谱殿或拳谱殿。而东壁上则绘有一幅"十三和尚救唐王"的彩色壁画。它是以621年李世民兵围洛阳的历史为素材加以夸大敷衍而流传于世的。隋末唐初天下大乱,群雄割据,隋臣王世充割据洛阳自称郑王,与割据河北的夏王窦建德互为声援,对抗唐军,当李世民击败窦建德后移兵洛阳围攻王世充时,少林寺昙宗等十三和尚袭击了王世充的后营,生擒王世充的侄子王仁则,加速了王世充的投降。为此李世民特地遣使致书,予以嘉奖,从此少林寺作为唐王朝开国有功之寺而享有种种特权,寺内可以自立营盘,训练僧兵,使少林武术得到进一步发展。

在少林寺西一公里左右,有一个占地一万四千多平方米的塔林。这些自唐至清历时一千余年的二百二十多座砖石墓塔,埋葬的是少林寺历代住持僧和有地位的和尚。塔林中的墓塔,式样繁多,造型各异。

离五乳峰峰顶不远的地方,有一个石洞,洞口朝向西南,洞外有明建石坊一座,正面额题"默玄处"三字,相传禅宗初祖达摩就在此洞面壁九年修成"正果"。达摩创造出一套心意拳用以教授僧徒,这就是少林武术的起源。传说他还遗留有《易筋》和《内功图说》等武术著作,因而被奉为武术家之祖。

中岳庙 依山势起伏,自北而南营造,气势雄伟,景色壮观。庙内古柏参天,殿阁辉煌。在中岳庙前500米处,有高达3.92米的太室阙,东西对立,相距6.75米,是研究我国古代书法演变、中原汉画和汉代社会风俗习惯的重要实物。太室阙是嵩山现存三座汉阙(其余两座为少室阙和启母阙)中结构最完整、时代最古老的一座。

中岳庙内有一百余座石刻碑碣,其中刻于456年的"中岳嵩山高灵庙之碑"是嵩山地区现存最古老的石碑,这座北魏碑刻字体雄健,独具一格,是远近驰名的古代书法艺术珍品。其他如宋金"四状元碑","大金承安重修中岳庙图碑"都是研究中国古代建筑史的宝贵资料。庙内崇圣门东古神库四角,还立有高2.5~2.68米的四尊铁人。中岳庙也是古柏萃集的一个风景点,千年以上的唐柏枝繁叶盛,生机盎然。

峻极峰 我国古代多以太室山为嵩山的主山。离卢岩瀑布折向西北,开始了登山路程,过青童峰还得攀上六七公里"望望不可到,行行何屈盘"的羊肠小径,才能到达"峻极于天"的太室顶峰——峻极峰。登顶可眺黄河和嵩山全貌。

嵩阳书院 位于太室山南麓，为我国四大书院之一，其前身是484年创建的拥有僧徒数百人的嵩阳寺，隋唐时梵刹被改为道观，并一度成为帝王"巡幸"的行宫，五代之后改为书院，从此逐渐成为我国儒教在嵩山的一大据点。建筑集三教于一处，掩映在茂林修竹的万绿丛中，景物秀丽。

嵩阳书院有两株"将军柏"。相传当年汉武帝到嵩山时，看到这里的三株古柏枝粗干壮、翠盖摩天，一时高兴，就分别封之为大将军、二将军和三将军。清代初年"三将军"毁于火，其余两株至今巍然挺立，充满生机，"二将军"树干周长15米，"大将军"树干周长6米。

嵩阳书院的另一件文物瑰宝是立于院外西南隅由六块巨石组成、高达8米的巨碑"大唐嵩阳观纪圣德感应之颂"碑。精美绝伦的雕刻和炉火纯青的书法，使它成为唐碑的优秀代表作之一。

法王寺 在嵩阳书院以北，建成于公元71年，仅比洛阳白马寺晚三年，是我国最早创建的佛教寺院之一。大雄殿前的两棵银杏已有上千年历史，绿叶浓荫，树冠若盖。寺后的四座唐宋古塔造型优美，风格别具。其中法王寺塔耸立于玉柱峰山腰，高40余米，为方形密檐式砖塔。寺东双峰插天，中豁如门，从而构成了登封八大景之一的"嵩门待月"奇境，是一处脍炙人口的赏月胜景。

嵩岳寺塔 俗称北魏大塔，位于嵩山南麓，建于520年，是我国最古老的佛塔。塔平面外轮廓为正十二边形，中央塔室平面为正八边形，造型独特、工艺高超，在我国现存的数百座砖塔中是绝无仅有的一个孤例。全塔由基台、塔身、密檐和宝刹构成。一道腰檐把塔身截为两段，上段装饰富丽，雕塑精巧；下段素平有力，是全塔的坚强支柱。塔身之上是层次密集的十五层塔檐，使外廓呈现出轻快秀丽的抛物线造型。它历经了1400多年风雨剥蚀和天灾人祸而安然无恙，向有神州第一塔之称。

观星台 在登封城东南15公里处告成镇周公庙内，建于元初，由台体和石圭组成，为我国最古老的观星台。

王屋山—云台山风景名胜区

王屋山—云台山风景名胜区是国家重点风景名胜区，在河南西北部，面积110平方公里。整个风景名胜区由王屋山和云台山两部分组成。

王屋山 在河南西北部的济源市，区内群山叠翠，谷深洞幽，石径奇险，道观庙宇星罗棋布。共有奇峰35处、奇洞名泉26处、碧潭飞瀑8处、秀坪幽谷15处、洞天福地景观5处。

王屋山风景区，以攀登天坛绝顶为"主旋律"，顺次分为阳台宫、迎恩宫、紫微宫、天坛顶和王屋洞五个主要游览点，各点之间又以自然风景珠贯相连，从而构成一条错落有致、节奏鲜明、曲径通幽、浑然天成的游览线。全线约长五十里。

游览线的起点是阳台宫。宫后的天台峰状如凤首。宫前的九芝岭向南扇翅展开，形似凤尾。登高而望，还有凤膀、凤肩、凤背、凤腰、凤翅和凤心石等。站在山门前击掌，回音很像鸟叫，说是"凤凰鸣"。人们把这种奇异的地形比作"丹凤朝阳"。

阳台宫现存建筑总的布局是依山就势，自南而北，由下而上，高低错落，构图幽雅。主体建筑三清大殿和玉皇阁，

一前一后，雄踞于中轴线上。三清殿重修于金正大四年（1227年），明正德年间维修时仅换了部分石柱和平板枋，其余主要梁架、斗栱等，仍系宋、元遗物。玉皇阁为重檐楼式三层建筑，巍峨飘逸，极为壮观。阁内的八根冲天大柱高约16米，径粗两围。这两座建筑物的数十根石柱上，雕有云龙文饰，还有百鸟朝凤、喜鹊闹梅、苏武牧羊、张良进履、八仙过海、黄帝战蚩尤等各种浮雕，构图生动，刻工精美，艺术价值很高。院中古柏均在千年以上，中有七叶菩提一株，围近3米，高14米，枝叶繁茂，已有一千二百余年树龄。院中有碑数十通，著名的李白《上阳台帖》真迹，已送北京故宫博物院珍藏。

迎恩宫是古代山上道士迎接皇帝和圣旨的地方。宫北的华盖连珠峰蜿蜒而下，到此结成一小孤峰，形如垂珠，故名垂珠峰。峰西有紫微溪，东有滴水洞，汇流于前，所以此处叫做"二龙戏珠"宝地。宫周围有五座小丘环绕，说是"五官朝宫"。此宫创建年代不详，现存建筑八座，均为乾隆时重建。

登天坛顶并不是游览的最后高潮，因为天坛神山还有一个奇韵天成的"深宫后苑"——王屋洞。那才真正是仙家所说的"清虚小有之天"，杜甫曾经北寻过的"小有洞"（《忆昔行》）。天坛胜景以恢宏博大取胜，王屋洞则以深邃迷离著称。

王屋洞包括王母洞和灵山洞，离天坛顶尚有十五、六里惊险奇诡的羊肠小道。旧时香客一般都是先登天坛，然后退回坛下，西寻太乙池。太乙池在黑龙洞前，济水之源。

王屋山下有愚公村，相传"愚公移山"的故事就发生在这里，现有愚公雕像。

云台山 在河南西北部的修武县，距焦作市30多公里，古名覆釜山，后因山势险峻，峰间常有云雾缭绕而得现名。共分真庆宫、万善寺、温盘峪、子房湖、老潭沟、小寨沟、三秀峰、茱萸峰、浓秀谷、百家岩等10个景区。区内重峦叠嶂，泉瀑争流，满山遍布原始次生林。

茱萸峰为云台山主峰，海拔1304米，因山上多茱萸而得名。从山腰蹬三百级云梯即可达峰顶，登临极巅，遥望黄河如带，三秀峰、云门峰、杜鹃峰、浮丘峰等如众星捧月，遥遥环拱，奇峰秀木，蔚为壮观。当年唐代大诗人王维就是在此写下了名篇《九月九日忆山东兄弟》："独在异乡为异客，每逢佳节倍思亲。遥知兄弟登高处，遍插茱萸少一人。"峰下有一高20米的石柱，酷似一棵大灵芝，若换个角度看，则像一位婷婷玉立的少女，后人取名为三秀峰。

老潭沟、小寨沟和温盘峪均以潭瀑景观著称。老潭沟内的云台山大瀑布，落差高达300余米，极其雄伟壮观，为我国落差最大的瀑布之一。小寨沟为两山夹峙的一条长约三里的峡谷，壁间沟底，都有清泉涌淌，汇成瀑瀑山溪，随着山势跌宕起伏，形成无数潭瀑，可谓三步一泉，五步一瀑，十步一潭，幽静恬雅，澄澈如碧，被誉为"潭瀑川"，景色十分幽静秀美。温盘峪也是一条峡谷，总长约一公里，最窄处仅三、四米，峡谷呈阶梯形，山峰雄峙，流水激湍，瀑声如雷，内有首龙潭、黑龙潭、青龙潭、卧龙潭、黄龙潭、眠龙潭、子龙潭、白龙潭和苍龙潭等九个水潭，被称为九龙溪，峪顶草木相连，不着痕迹，进得谷内，恍若仙境。

百家岩在云台山中天门山下，为魏晋时期著名的"竹林七贤"的隐居地。当年"竹林七贤"在此地活动达20余年，现尚存"嵇康醉酒池"、"刘伶醒酒台"等古迹和多处唐宋以来的石刻。

云台山天然洞窟有数十个之多，出名的有十大洞天，其中药王洞相传为唐代药王孙思邈采药炼丹的地方，洞深40余米，洞内最阔处10米，洞中有孙思邈雕像及金人所立的《孙真人碑》。洞口一株两围来粗的红豆杉，已有数百年历史。

林虑山风景名胜区

林虑山风景名胜区是国家重点风景名胜区，位于河南省林州市，面积约100平方公里，共13个风景区。

林虑山在林州市区西南15公里，地势险要，奇峰林立，山势嵯峨，崖石密布，飞瀑流泉，古刹幽静。有名峰400多座，大型幽谷700多条，天然深洞5处，长城遗址1处，古塔9座，石刻造像300多尊。主要景点有王相金秋、太行山大峡谷、黄华神苑、洪谷金灯、天平北雄、柏尖奇境、龙洞天桥、白云古观、石门涌泉等。

从南北朝时期起，这里就已成为众所瞩目的旅游胜地。这里曾留下了历代帝王将相、达官贤士、文豪武侠、名流高僧、神医巧匠的足迹，也有他们美丽而神奇的传说故事。商朝第22代国王武丁，少年时被其父送往王相岩与平民奴隶生活在一起，在此结识了奴隶傅说，发现其很有才华，他即位后三年不语，方把朝臣说服，请傅说出山并拜为宰相，而武丁得傅说辅佐，实现了中国历史上的"殷道复兴"。东汉时期，朝中官宦夏馥迫于皇室之祸，隐姓埋名避难于此，现遗迹尚存。明嘉靖年间游方道人赵得秀居山不舍，依崖筑景，苦练仙丹，现仍存其师徒墓塔。

太行大峡谷起自林州市任村镇回山角，南至山西省平顺县井底村，南北长30公里，东西宽200米，最窄处60米。群山环绕，山峦重叠，奇峰突兀，台壁交错，形态万千，森林覆盖，郁郁葱葱，青山流水，悬崖栈道，景色"雄、险、奇、秀"。站在高处眺望，抬头是景，低头是景，左看是景，右看是景，景色迷人。

洪谷一带名胜甚多，有千佛洞、大缘禅师摩崖塔、《三尊真容支提龛铭》碑、洪谷寺塔等。五代著名山水画家荆浩曾隐居于此，自称"洪谷子"，就地写生，所画山水别创一派。以洪谷为中心，有崇山峻岭，曲涧怪石，云涌松涛，风景宜人。山有诸多奇峰耸立，如抱螺峰、玉女峰、凤尾峰、石屏峰、连屏峰等，峰势各异，又恰如其名。罗汉岩、香水岩、漏天岩等，以及众多的奇洞美溪，更使人流连忘返。夏秋之季，山中多有瀑布飞流，著名的有进珍帘等。秋季，则满山红叶，山楂挂满枝头。有"黄华流水颠倒颠"、"冰冰洞"等景。千佛洞在林虑山洪谷北崖山腰上。始凿于北齐武平五年（574年），洞内正面摩崖石刻一佛二弟子，佛高丈余，造型古朴，四壁小佛百余尊，并有《金刚经》刻石4方，《妙法莲花经》刻石2方，洞内北壁有北宋摩崖石刻7字，洞外左侧有北齐摩崖碑一通，洞西不远有戒猴洞，据传金代禅师马山主灵骨归葬此洞。洪谷寺建于北齐，现存洪谷寺塔。塔为七级密檐式砖塔，高15.4米，造型古朴。

林虑山还有举世闻名的"人工天河"——构筑在大山的悬崖峭壁之中的红旗渠，赵南长城遗址，以及亚洲第一、世界一流的国际滑翔基地。

石人山风景名胜区

石人山风景名胜区是国家重点风景名胜区，位于河南省平顶山市鲁山县西，地处伏牛山东段。主峰玉皇顶（蛤蟆石）海拔2153.1米。总面积268平方公里。区中的奇峰怪石、山花、红叶、飞瀑、温泉、湖面、云海、原始森林、珍禽异兽及人文景观构成了完整的风景体系。有景点240多处，60~200米高的瀑布17处，200~300米高的石柱40多处，著名景点有石人、将军石、千丈岩、姐妹峰、白牛城、王母桥、通天河、九曲瀑、鬼门关、南天门、报晓峰、昭平湖、温泉群。此外，石人山景区内还分布着原始古朴的百瀑峡民俗风情谷、千年古刹文殊寺、鲜为人知的秘洞山庄、亚洲最大的航空博览中心等景点。

石人山古称尧山、大龙山，是尧的裔孙刘累立尧祠纪念先祖的地方，为天下刘姓发源地。战国时，伟大思想家、社会活动家墨翟降世于尧山脚下，现有墨子故里遗址。

石人山众多石峰酷似人形，后史称之为石人垛、石人山。山体由花岗岩构成，由于花岗岩的节理发育，在大自然数千万年的雕塑下，使山体的脊线发生了剧烈的变化，石峰林立，绝壁层层，形成了千姿百态的花岗岩峰林景观。景区内海拔在2000米以上的山峰近百座，遥望诸峰，出于云烟之表。千丈崖大气磅礴，凤凰台壮美飘逸，姐妹峰洒脱舒展，白牛城雄浑苍郁，而冠领风景区大名的"石人"，则横空出世，俯瞰万象，令人感叹大自然鬼斧神工的瑰伟神奇。

"飞瀑挂绝壁，幽泉石上流。"石人山有众多山泉、溪流、瀑布与深潭。石人山的山泉，善于变化，富有生机。沿着溪流从深山幽谷腾跳而出，遇到悬崖绝壁，形成大大小小的瀑布，轻盈飞泻者有，磅礴潇洒者有，丈二八尺者有，高悬数十丈者也有。滴水穿石，积水成潭。黑龙潭、白龙潭、百尺潭……藏身于陡洞，隐形于山林。在众多瀑布中，白龙潭瀑布最为壮观。水从山顶直泻而下，奔腾飞流如白龙降临，激越水声似虎吼雷鸣，声传数里之外。

"霜落熊升树，林空鹿饮溪。"石人山地理条件优越，动植物资源十分丰富。景区内植物种类繁多，建群种、优势种明显，区系复杂。据初步调查，石人山仅种子植物就有1211种，加之根生植物、蕨类植物等总计达4000种以上，其中有40多种已列入国家和省级保护。景区中现有大片原始森林和稀世古杜鹃林，千年古木15万株以上。丰富的植物资源，为众多的珍禽异兽提供了良好的栖息环境，景区有陆栖脊椎动物125种以上，还有大量水生动物及非脊椎动物。走进景区，随处可见松鼠穿梭，鸟雀啁啾，猴子攀树，锦鸡起舞，如同置身天然动物园。

"阴晴雾奇变，景随四时移。"由于石人山气候湿润，加之地形作用，每年雾日较多。浓雾弥漫时，山峰时隐时现，如大海中漂荡的小舟，薄雾缭绕时，如轻纱、缕烟，悠悠往来，或呈现云海波涛滚涌，隐现荡漾。在一定的天气条件下，还会出现佛光，彩虹等气象景观，神奇缥缈，变幻无穷，宛若梦幻仙境。

在石人山脚下，沿沙河谷地一线，有上汤、中汤、下汤等五处天然温泉群。水温高达60多摄氏度，温泉含有20多种微量元素，具有很高的医疗价值。

石人山地处亚热带与暖湿带分界线上，四季风光美景别致，春天鸟语花香，绿映溪吟；秋日满山红遍，层林尽染；冬季银装素裹，林海雪原。初夏时节使人领略"人间四月芳菲尽，山寺桃花始盛开"的清新景象。盛夏，当平原大地上"赤日炎炎似火烧"，气温达35～38摄氏度，这里只有23～26摄氏度，凉爽宜人。

青天河风景名胜区

青天河风景名胜区是国家重点风景名胜区，位于河南省焦作市西北20公里处，面积达45.2平方公里，因高峡平湖，山青水秀而得名。景区由青天河、靳家岭、月山寺、石佛滩、凤凰岭、明清民居村、太行博竹苑等七大景区，308个景点组成，山水秀丽、奇泉异洞、历史悠久。

青天河景区峰峦叠嶂，参差有序，奇岩怪石，群峰竞秀，有7000多万年前形成的高180米，宽100米的青天河天然大佛，距今1500年的北魏摩崖石刻、北魏官道，还有"石鸡下蛋"、"天然长城"、"金龟望月"等种种奇观，形态各异，造型逼真。

青天河来水丰沛，三步一泉，五步一瀑，孕育了中原地区少有的高山峡谷湿地，"三姑泉"最大出水量每秒7立方米、洞径2.18米，泉水形成了长达7.5公里的大泉湖。西峡两岸青峰翠岭，原始幽静，水面一平如镜，杨柳、荆林围绕水畔，古朴小舟和暮归老牛，一片田园风光。佛耳峡，蜿蜒曲折，犬牙交错，三潭九瀑，极具动感。

红叶圣地靳家岭，是南太行山罕见的绿色长廊。景区内林海无边，植被茂密，四季如画，尤其是秋季满山红叶，更是别具特色。石佛滩杨柳依依、浮萍荇藻，是集江南水乡之情调和北方山川之雄浑于一体的"自然公园"。

景区文物古迹众多，有历史上中原三大名寺之一、"八极拳"发祥地的月山寺，唐太宗李世民为感谢孙思邈治病救命之恩下诏赐建的豫北最大的道观火炬观，三国曹操北上壶关经过的羊肠坂，以及史称"太行八陉之一"、古为兵家必争之地的著名古战场天井关。另外还有李商隐故居、北魏摩崖石刻以及历代帝王将相、文人墨客留下的大量碑碣等。

神农山风景名胜区

神农山风景名胜区是国家重点风景名胜区，位于沁阳市城区西北23公里的太行山麓，总面积为96平方公里。因炎帝神农在此播五谷、尝百草而得名。由紫金顶、云阳河、仙神河、黑龙潭、白松岭、悬谷山、临川寺、尧舜路八大景区、136个景点组成。神农山还素有"天然植物园"的美称，有珍稀植物

1912种、中草药300余种、名贵中草药近百种之多；动物216种，其中包括国家级保护动物太行猕猴。

紫金顶 神农山主峰，海拔1028米，矗立中天，气势雄浑，建有三大天门。紫金顶部为100平方米的平台，四周为悬崖峭壁，悬崖上生长着古老的白松，这里曾是炎帝神农辨百谷，尝百草，登坛祭天的圣地，也是道教创始人老子筑炉炼丹、成道仙升之所，古往今来，优美的自然风光吸引不少帝王将相、文人墨客到此游览，唐明皇李隆基、韩愈、李商隐等历代名家曾在此留下许多传世佳作。紫金顶外有一座笔直独立的山峰舍身台，峰顶平坦处有5米见方，通过一条石造小径与紫金顶连通。舍身台三面皆为悬崖，台下是几十丈高的深渊。舍身台上一块巨石"风动石"，长2米，宽0.8米，重达吨余。山风吹来，即感巨石晃动，摇摇欲坠。

云阳河与云阳寺 在临川山东2公里，左紫金顶高耸，右云阳山雄峙，景区山奇千姿，河谷清幽秀丽，云阳河两岸分布着古寨、古刹、古洞、古塔，唐宋以来一直是形胜人欢的太行大观。云阳寺包括寿圣寺、胜果寺、云阳寺、清静宫四组建筑，清静宫尚保存完好，其余3处坍塌，为一处释道合流的寺院。位于云阳河西岸台地上的小塔林，现尚保存有方形密檐式砖塔3座，塔高4~6米，仿唐代风格，分别为元、明、清三代建造。另在寿圣寺等遗址上尚保存有宋代天圣八年（1030年）的石经幢构件和碑碣8通。

仙神河景区 仙神河河口东岸有二仙庙，左悬谷，右紫金，前小库，后沐涧，水环翠拥，自然景色十分优美。始建于唐代，宋、元、明、清续修。二仙庙进深1500多米，通阔近百米，前有五重门，其后有天王、金刚像、钟鼓楼、五间重檐阁，内设多通圣谕碑石。仙神河西岸二仙庙北1公里处建有沐涧寺，位于沐涧山海拔850米的山腰，踞东、南、西三沟交口处的二级坡台上。坐北面南，唐代贞观中建造，佛道胜地，石刻题记犹多。寺通阔30米，进深百余米。四周峻拔千仞，高峙群峰，溪流洄谷，万木峥嵘。

白松岭 是云阳河和仙神河之间的分水岭，一岭九峰，云腾雾绕，海拔高度1020米，长约11.5公里，白松岭物种丰富，生长着1191种植物，其中名贵植物和中药材330种，因岭上的珍稀树种白皮松而得名更是天下一绝。15600余株白鹤松姿态万千，生长于悬崖绝岭之巅。

悬谷山 悬谷山因悬谷寺而闻名。悬谷寺形如蛟脊，龛若悬谷。所依悬崖高二十丈，悬谷深30多米。寺在悬腹中，唐代创建，跨谷起坛，依山造寺，洞阁结合，飞檐彩饰，气魄浩放。明、清续建。悬谷寺左侧，是鸣玉泉，为隋代开发，泉水四季清冽。悬谷寺前是太行门，隋代就山姿而雕凿、跨悬谷、有阶道。今存楷书"太行门"巨石于谷底，每字1平方米。太平摩崖建在悬谷山峭壁二级石台上，有三窟六龛，造像从小至9厘米，到2.5米不等，共1300多尊。千佛洞里塑造了1251尊形态各异的造像，尊尊刻名，是研究我国古代佛教门派及艺术的珍贵资料。

飞来石 位于紫虚元君大殿后，一石突兀孤立，高约三丈，中间裂一缝，上建梳妆台，修有台阶可曲绕盘上。石壁上刻有宋仁宗教书及王安图齐御香祭告题刻以及明清时期题刻多处。

清静宫 坐北朝南，依山建筑，均为石造，清代创修。进入山门，正中为三皇阁，左为王母殿，右为玉帝殿，均为双层楼阁式建筑，上为石刻仿木结构顶。各殿门口石柱上皆刻有对联，三皇阁石柱上刻欲知五帝以上事，须问盘古以下人。

伏羲寺 位于伏羲峰下，建造于元朝，内设有两个石龛，分别供奉着伏羲和女娲的石像。

桐柏山—淮源风景名胜区

桐柏山—淮源风景名胜区是国家级风景名胜区，位于豫南鄂北交界的桐柏山脉北麓中段，景区总面积266平方公里，核心区为108平方公里，内分淮源、太白顶、桃花洞、水帘洞四大各具特色的景区，区内有大小名峰数百座，山泉溪流58条，山川秀丽，层峦叠嶂，植被完好，动植物繁多；淮河文化、佛道文化、盘古文化、《西游记》文化和红色旅游文化积淀深厚。

淮源 桐柏山是千里淮河的发源地，位于主峰太白顶上云台禅寺东侧的大淮井内。淮河被华夏儿女尊为"风水河"，与黄河、长江、济水并称为我国古代的"四渎"，秦始皇26年（公元前221年），诏令祭祀名山大川，其川有二：曰淮曰济。此地始建淮祠，即淮渎庙，历代帝王的加封和修复，是我国当时建庙时间最早、规格最高、规模最大的庙宇。她以独特的淮源文化为内涵，兼有盘古文化、佛道文化、地质文化和苏区文化，引来诸多名人骚客到这里赏游咏叹，传世作品众多。以南北气候交汇区位完整的自然生态环境和原始次生植被为特色，成为自然景观和历史文化交融所在。

太白顶 是桐柏山主峰，海拔1140米，山势峻峭，景色奇秀，雄伟壮观，远近闻名。登顶远眺，北视中原，南阅楚天，万山俱下，极目千里。顶上有名刹云台禅寺，为佛教临济宗白云山系祖庭，堪称中原的布达拉宫。寺东侧有大淮井，是淮河源头；井东南30米远石壁间有张良洞，传说张良功成身退，辟谷于此；还有松月台、老虎洞、小淮井等景观。太白顶山顶四周林木遮天蔽日为桐柏山主峰，区内奇峰竞秀，层峦叠嶂，森林密布，瀑泉众多，景象万千。山势陡峭，登高远眺，北视中原，南阅楚天，千山万壑，尽收眼底。每当冷空气过境，山间的云雾或淡薄飘渺，或绵厚稳重，或雄伟壮丽，或瞬间变幻，如玉带，似瀑布；忽而云蒸雾蓊，峰顶即为云海淹没，雨丝拂面，行云如万马奔腾；忽而骄阳当空，峰顶犹如孤岛，脚下一派云海，蔚为壮观。佛教传入桐柏山则始于隋唐，昌盛于清。乾隆四十九年，华光德祖于太白顶云台禅寺创临济宗白云山系，桐柏山寺院曾达二十余处，对佛学不断研新，高僧辈出，遍及东南亚十多个国家和地区。道教源远流长，是中原道家发祥地之一，太白顶汉时曾建"保安观"、"金亭翠阙"，据传武当派鼻祖张三丰曾在此修真。

水帘洞 居挺翠峰48米高的绝壁上。洞宽10米，深5米，中有猴王石像，通天河水飞流直下，掩遮洞口，雨则汹涌奔腾，晴则游丝断珠；洞内一泉涓滴，汇于一石钵内，其水甘甜清洌，四季不涸。透过如雪飞帘，尽可远眺太阳城等山色寺景。洞下水帘寺，是中原佛教圣地，宋代元祐年间曾修葺过此寺，后历经修建，现有大雄宝殿、毗卢殿、玉佛楼、天王殿、僧房楼、功德堂、禅林院、罗汉堂、华藏图书馆等各类殿堂。梅花、松云二溪寺前交汇，呈双龙捧珠之势，终日晨钟暮鼓、佛气氤氲。寺旁还有竹林精舍、观音禅林、妙法寺、石盘寺、尚元寺等，一地多寺，寺寺相连。水帘洞西侧峻岭上有一卧佛，首南足北，仰天而卧，头枕元宝垛，脚蹬花果山，身长绵延6公里，佛的发髻及眉、眼、口、鼻清晰可辨。

桃花洞 位于太白顶西侧的大峡谷内，峡谷两侧峻峰擎天，古木森森，岩石壁立，大小七十二洞分布其上，其中西壁有一大洞，即桃花洞，传为桃花仙女居住之地。桃花洞宽丈二、高九尺，深逾七丈，深处有井叫"龙池"。东壁有"观音洞"，供有石雕观音和十八罗汉；北有"孙膑洞"，上下两层，纵深数丈，传说孙膑曾在此著书立说；南有"锣鼓洞"，在洞中击石，声如锣鼓。桃花洞前的普化寺，是中原窟寺文化代表，已有260多年的历史。峡谷底巨石磊磊，溪流叮咚，是澧水的源头，流入长江。桃花洞一溪连三潭，下有著名的"仙人摆布"景观，以及天桥寺、铁佛寺"汉蛟望淮"等景观。阳春三月，桃花洞前漫山桃花盛开，花红十里，香溢满谷，宛若朝霞。

桐柏山淮源风景名胜区饱含浓厚的苏区文化。党和国家领导人刘少奇、李先念等都曾在这里战斗和工作过。原中原军区、中共中央中原局都曾设在这里。桐柏英雄纪念地已成为青少年革命教育的重要基地。

桐柏山地貌结构复杂，由南向北，沟谷发育，切划深度较大。还是南北气候的过渡带，江淮两大水系的分界线，具有良好的过渡带森林生态系统，植物区系南北兼容，植被覆盖率达95%。这里古树名木众多，具有千年以上树龄的汉柏及银杏等古树一百多棵，尤以清泉寺现存的千年银杏树最为有名。

郑州黄河风景名胜区

郑州黄河风景名胜区是国家级风景名胜区，位于郑州市西北12公里的黄河南岸，北临黄河，南依岳山。总面积20平方公里，包括五龙峰、岳山寺、骆驼岭、汉霸二王城等七大景区，含炎黄二帝巨塑、楚河汉界、黄河第一铁路桥等108处景点。景区绿树满山，亭阁相映，登高北望，黄河水无际无涯，浩浩荡荡。由于黄河在这里冲出最后一个峡口进入平原，形成悬河，别有特色。

五龙峰景区 包括五座连绵起伏的山峰，苍松翠柏满山，仿古亭阁点缀其间。五龙峰的最高处，建有清式重檐的"极目阁"。登临此处，凭栏远眺，可领略到"黄河之水天上来，奔流到海不复回"的壮阔景象。在景区中心的山间平地上，还有一座高5米的黄河母亲塑像——"哺育"。塑像造型是一位怀抱婴儿的古代妇女，神态和蔼慈祥，气质高贵素雅，象征着黄河在中华人民心目中的母亲河形象。

岳山寺 主要景点有紫金阁、铁索桥、牡丹园、月季园、植物园等。紫金阁分三层，高33米，每逢节日，紫金阁顶的一口洪钟应和着黄河的波涛发出洪亮的声响，声闻数里。在岳山寺的悬崖峭壁之间架有一座铁索桥，桥长40米，极为险峻。

骆驼岭 主要景点是建在骆驼岭主峰上的大禹塑像，像高10米，重达150吨。塑像轮廓清晰，面部表情生动，栩栩如生，生动地再现了大禹治水时的英姿。

汉霸二王城 位于河南荥阳市东北20公里的广武山上，主要景点有：楚汉中分天下的鸿沟、城墙、张良城故垒、"战马嘶鸣"塑像、汉霸二王城纪念碑、楚军人物塑像、太公亭、对话涧等。

炎黄二帝石塑 是目前国内最雄伟的雕塑之一。它依山就势，以山为体，以82米高的整座向阳山作为像身，再在山顶塑造18米高的头像，总高达到100米。二帝坐南朝北，背依邙山，面对黄河。巨像前是一个开阔场地，周围遍植松柏，中间建筑祭坛，设置九鼎，寓意九州四方江山永固。

此外，位于景区中心的"引黄入郑"水利工程是人类征服黄河、变害为利的水利建设楷模，还有歌颂灿烂黄河文化的黄河碑林，民间工艺美术精华——砖雕馆等，都使景区成为对人们尤其是青少年进行爱国主义思想教育的重要场所。

景区既可领略浩瀚的大河风光和优美的风景名胜，又能体味黄河文化的历史渊源和鲜明的时代特色，给人以自然美的享受和爱国情的熏陶。

百泉风景名胜区

百泉风景名胜区位于河南省辉县市，包括百泉、石门、白龙洞、白云寺、十字岭五大景区，总面积187.9平方公里。

百泉风景名胜区系太行山系，三面环山，局部属喀斯特地貌，与南部平原构成山岳—平川地貌，河泉众多。风景区植被覆盖率90%，有150科近1000种植物。

百泉在辉县市区西北2.5公里苏门山南麓，因泉眼众多，故名百泉。苏门山是太行山的一道支脉，是万仙山根部向东延伸到此形成的一座山头。而太行山中的谷道水系沿着万仙山的石隙缝间向东挤压而来，到达苏门山时，从山南麓的石窦中向上仰天喷出，形成百泉湖。著名的有棚刀泉、涌金泉、喷玉泉等。百泉开凿于殷商，清乾隆十五年（1750年），为防泄水，绕岸砌石，成一长方形泉湖。湖水面积34000多平方米。湖畔遍布历代修建的亭台楼阁、寺祠院殿，保存较好的古园林建筑达90多处。百泉历代名人遗址众多，以晋人孙登隐居处啸台、宋代理学家邵雍故址安乐窝、元人耶律楚材住地梅溪以及邵雍、许衡和孙奇逢等人讲学的百泉书院最为著名。

石门与十字岭有八里沟瀑布。

白云寺院曾名白茅寺、梦觉寺，位于辉县市区西25公里处。始建于唐代，明初重修后改今名。清代屡加修葺。这里地处太行山麓，周围群山环峙，翠壁丹崖。三凤岭左右环抱。殿宇建筑依山而建，参差错落，掩映于苍松翠柏之中，多为明清建筑。寺内有闻名的五百罗汉碑，佛光普照大禅师古塔，乾隆御题"白云自在"名冠中原。寺西有金沙、银沙二泉，寺前古树参天，景色清幽。

亚武山—函谷关风景名胜区

亚武山—函谷关风景名胜区是省级风景名胜区，位于河南省灵宝市，由亚武山、函谷关、黄帝陵、娘娘山四个景区组成，总面积151.2平方公里。

亚武山　海拔2156.9米，面积约100平方公里，是河南省海拔最高，面积最大的自然保护区和风景名胜区。相传真武大帝在此出家，后转至湖北武当山得道，这里便称作亚武山。远看诸峰如凤凰展翅，故又名凤凰山。亚武山以雄、奇、险、秀、野著称，自甘泉峪入山，犹如走进幽深的天然画廊，清泉瀑溪，奇峰竞秀，巨石争峰。"迎宾石"笑迎宾客，"同心石"鼓劲添力，豆腐峰像一块豆腐堆垒而起，鸡鸣峰似一只报晓的雄鸡伸颈长鸣，四郎寨、石女峰像一对情人在含情相望，五色石相传为女娲补天所留，"仙人盆"、"仙人床"据说是供神仙洗澡和休息的地方。亚武山主峰有五峰，东峰似玉柱擎立，西峰似斧劈而成，北峰巍峨雄峻，南峰高耸云霄之上，中峰极顶之上，可俯视云海茫茫，远眺华山黄河。

亚武山植被完好，草丰林茂，是中原地区难得的天然动植物园。亚武山牡丹娇艳妩媚，传说是当年牡丹姐妹被武则天贬往洛阳时路过此山，迷恋这里而定居于此的。

函谷关　在灵宝市北坡头乡王垛村。因关在谷中，深险如函（匣子）而得名。现存关城遗址，东城墙长1800米，西城墙长1300米，南城墙长180多米，为不规

则长方形。函谷关始建于战国秦，是我国建置最早的雄关要塞之一。春秋、战国时期车战必须有道通行，作为沟通洛阳、长安的崤函古道，灵谷深险如函，东临河宽流急的弘农河，南依天然屏障的秦岭，函谷关正好在这悠长的古道咽喉之中，真正成了"一夫当关、万夫莫开"的险关，历代均为兵家必争之地。"六国合纵抗秦"、"刘邦守关拒项羽"等著名战事都在此，是研究中国古文化史和古代战争史的天然场所。现在的函谷关东楼是按照春秋、战国时期古建筑风格复建的，古朴凝重，气势雄浑。

函谷关也是道家之源的圣地，相传老子在此写《道德经》，奠定了中国道教文化的基础。老子是我国先秦时期的思想家、道家创始人，《道德经》被唐玄宗认为一可以理国，二可以保身，"道德经百家之首"，位在六经之上。"道家之源"太初宫坐北向南，现存为元代建筑，选址上"因天时，就地利"，融合了皇家的威严和道家的玄妙，有三清殿、三皇殿、函谷碑林等建筑。

荆山黄帝陵 是轩辕黄帝采铜铸鼎、骑龙升天的地方，有埋葬黄帝的衣冠冢，有展示黄帝部落的遗址15处。衣冠冢南望秦岭，北眺黄河，建有记功柱、山门、天地人三尊大鼎、铭功殿、始祖殿、驭龙阁等。

娘娘山 海拔1556.2米，面积45平方公里，景点35处，整个景区四季分明，气候宜人，为南北植物交汇区，植被保护完整，生态良好。

湖北省

东湖风景名胜区

东湖风景名胜区是国家重点风景名胜区，位于湖北省武汉市武昌东郊，面积87平方公里，分为听涛、磨山、落雁、白马、吹笛、珞洪六个景区。

景区湖面广阔、山明水秀。东湖湖面约为33平方公里，是杭州西湖的五倍多。在一个大城市中有如此大的湖面，为全国罕见。

东湖，最深处近6米，平均深度为2.46米。湖面碧波万顷，平滑如镜。湖岸曲折参差，港汊交错，素有99湾之称。湖的南面层峦叠翠，起伏隐现；湖东，丘岗绵延，丛林飞翠，是疗养佳境；湖的北部地势平坦，荻芦含碧，渔舍井然；西岸为游览中心，亭台楼阁，金碧交错，园林花圃，争芳竞艳。

东湖风景区的规划建设范围为73.244平方公里，保护范围为14.95平方公里，共88.2平方公里（含水面）为东湖风景区管理的范围。1995年9月东湖风景区总体规划经国务院同意后正式批复。规划以自

然环境结合当地名胜传说将东湖风景名胜区划分为6个景区，建凝海听涛、泽畔行吟、水天一色、碧潭观鱼、华亭双月、曲堤凌波、雁桥月影、千顷泛舟、龙舟竞渡、朱碑耸翠、楚天极目、天台晨曦、翠帷蕴谊、曲桥荷风、雪海香涛、枫都秋叶、芦洲落雁、烟波渔歌、空山幽笛、双峰夹镜、小潭春深、珞珈书香、古刹塔影、杉屏落霞等24景。目前开放的主要有听涛和磨山两大景区。

东湖公园 在东湖西北部，属听涛区。

东湖公园湖岸疏柳如烟，荷池翠盖如云，岗峦起伏，亭阁相望，湖滨平坦的草坪与广阔的湖面相连，蜿蜒多变的港汊泊着众多游艇。湖边长丘，建有听涛轩，气势开朗。四周植翠竹、苍松，风来湖上，竹喧、松涛与浪涛相唱和，十分动听，为听涛拍岸的美好所在。迎湖石砌的护坡上，嵌有苏东坡所书"松坡"二字的青石板，为此处景色更增添几分神韵。

在开阔的草坪湖岸，临湖有一建筑物名"水云乡"。登二楼远眺湖上，但见湖面辽阔，蓝天白云，行云碧水，直疑身处水云之乡。

从水云乡往南，可到寓言公园。园内有愚公移山、叶公好龙、三个和尚、狐假虎威、滥竽充数、兄弟争雁等十多处寓言雕塑。园内古樟参天，茂林修竹，几处园林小品点缀其间，景色非常优美。

南端有一长埂，直伸湖中，长埂尽头建有先月亭，取古人"近水楼台先得月"之意命名。亭四周水天茫茫，前面珞珈遥遥相对，夹路芙蓉花开，杨柳依依，风景佳绝，月入波心，万顷澄澈，是赏景玩月

的好去处。

东湖听涛区建有一系列纪念中国古代伟大诗人屈原的建筑。从水云乡往北，圆形小岛上建有行吟阁。阁高三层，阁内立红色圆柱，沿旋梯可逐层上达。阁前有屈原全身像，高3.6米，底座高3.2米。屈原像端庄凝重，清癯飘逸，作昂首视天，款款漫步之状，仿佛诗人正行吟泽畔。除行吟阁外，还有泽畔客舍、橘颂亭、沧浪亭、屈原纪念馆等。

东湖西沿有翠瓦飞檐、形若宫殿的长天楼。此外东湖公园内还有碧潭观鱼、鲁迅广场等景点。

出梨园沿湖东行依次经九女墩、湖光阁可到磨山。

九女墩 在湖的西北沿一座小山岗上，耸立着九女墩纪念碑。相传1855年前后，清军攻陷城郊，有太平军女兵9人，不为敌威所屈，在此英勇抗击，壮烈牺牲。

湖光阁 又称湖心亭。位于东湖中心狭长的芦洲上。高19米，两层八角攒尖顶，檐皆外展，卓俊俏丽。登临阁之上层，爽气扑怀，一览全湖，无限风光。有野炊设施。

磨山 磨山游览区的主要景点有磨山、朱碑亭、楚城、植物园、七十八樱花亭等。磨山是沿湖群山中的主要山脉。三面环水，六峰逶迤，长达8里，山上松林苍翠，曲径环绕，奇石峥嵘，古洞幽邃。磨山六峰，以东头的山峰最为秀丽。此峰形圆如磨，因以名山。

朱碑亭在磨山西峰，东湖沿岸最高处，周围苍松翠柏，郁郁葱葱，风景十分优美。朱碑亭采用红色水磨石的开放结构，共两层，琉璃飞檐，新颖别致。亭正面一块大匾额上，刻有郭沫若手书"朱碑亭"三个金色大字。登上楼层，可眺望东湖全景，湖港稻畦，星罗棋布，舟楫往来，帆影浮隐。亭前方一块巨大的红色大理石上，镌刻着朱德元帅题词全文，书法质朴有度，疏而不散。

楚天台在朱碑亭以西，仿照楚国的章华台建成，矗立山巅，坐南朝北，面前为东湖浩淼的湖面，从山下仰望，高入云天，气势恢宏。在楚天台南面，林木掩映中，有高大的铸铁祝融像。祝融为火神，相传为楚人的远祖，有观象授时之能。祝融像一只脚踏着太阳，一只脚踏着月亮，仰望长空，造型奇特，气韵生动。

楚城位于磨山西麓，是一组富有楚文化特色的园林建筑群。楚城大门由水陆两座城门和城墙组成，城垣、城门、城楼一应俱全，以条石砌成，气势恢宏。城内有楚市、风标、楚才园、毛泽东手书的《离骚》碑等景点。

楚才园在东湖楚城磨山西二峰北麓，是以楚国文化典故为题材建造的大型雕塑群，共有圆雕12座（组），浮雕22组，楚韵楚风纯正深厚，气势磅礴，是东湖楚文化的重要组成部分。楚才园以楚国编钟为门，门楣正中悬挂的四口大型编钟铸"惟楚有才"四字。进入园中，一座高5.75米的大型红砂岩石头像展现在眼前，他是楚国始祖祝融的后裔、楚国第一位君王鬻熊，双目炯炯，气宇轩昂，须发接地。头像右方是一座反映"熊绎守燎"的大型群体石雕，顺着青石小道前行，有一组高5米、长数十米的屏风式红砂岩石浮雕，共有22个图案，每一个图案都有一个精彩绝伦的故事，如"许行讲学"、"叔敖治水"、"南冠楚囚"、"俞伯牙与钟子期"等。一个半圆形的台子中间立着古楚天文学家甘德仰天观星的全身石雕像，像高4.5米，背后呈半圆分布的12根白色大理石圆柱，上刻有长沙子弹库出土的战国楚墓帛书中的图案和文字。"庄王出征"则是楚才园中最大的一座铜雕，楚庄王手握重剑，威风凛凛立于战车之上，前方四马飞奔，充分展现了楚庄王"飞则冲天，鸣将惊人"的英雄气势。在其背后，还立有"武王与邓曼"、"成王主盟"两组小型黑色铁像。铁像背后，还有一块红砂岩石雕，为子文、孙叔敖、黄歇、沈诸梁（叶公）等楚国四大令尹形象。

磨山一带多山，山下为东湖的众多港湾，林木苍翠，湖光山色，分外迷人，是我国难得的大城市中的处于自然状态的山野。

珞珈山 在东南南岸，巍峨横亘，岗峦林立，山光水色，交相辉映。山之上下，巨岩层现，佳木交碧，摇苍飞翠。武汉大学位于山上，建筑富丽。武汉大学校园内的樱花久负盛名。

洪山 原名东山，在武昌大东门外，是武汉三大名山之一，是著名的佛教圣地。山势巍峨，峰石秀奇，碑光塔影，林密花茂，风景异常秀美。有宝通寺、法界宫、灵济塔、兴福寺塔等建筑，华严洞、白龙泉和摩崖石刻等古迹，还有庚子革命烈士墓、施洋烈士墓、北伐军官兵公墓等革命遗迹。

宝通禅寺 在洪山南麓，南宋端平年间，由随州大洪山迁此，是武汉的四大丛林之一。灵济塔通称洪山宝塔，在宝通禅寺后。塔始建于元，七层八面，高43米，威武挺拔，势欲遏云，十里之外均能看到，故有"数峰天外洪山塔"的赞诗。塔内置台级，盘旋而上，可达顶层，凭窗眺望，四周湖光山色一览无余。

吹笛区 在东湖东部，以优美的自然风光取胜。景区内的马鞍山海拔138米，是东湖风景区内最高的山，现建为森林公园。濒湖有吹笛山。

落雁区 在东湖东北部，因大雁南来北往在此停留而得名。这里泊汊交错，空旷辽阔，环境清幽，一派大自然的景色。

白马区 在东湖北部，因白马洲而得名。此洲四面环水，沿湖丘陵起伏，景色佳丽，已辟为疗养区。

东湖林木繁盛，有树木375种，300多万株，名贵花木达10余种。其中梅花和荷花最为著名，其品种和数量均居全国首位，"中国梅花研究中心"和"中国荷花研究中心"均设于此。

梅花是武汉的市花，武汉最著名的赏梅胜地，是东湖磨山梅园，它位于磨山南麓，是中国梅花研究中心所在地，始建于1955年，总面积305亩，园区三面环水，风光秀丽。

梅园由几个各具特色的小区组成。梅园品种资源圃的梅花品种资源，根据分类系统，按不同类型，分区建圃。其规模大，品种多，布局科学化，居国际领先地位。现有品种总数200多个：真梅系直枝梅类有江梅型、宫粉型、绿萼型、玉碟型、朱砂型、黄香型、洒金型、细梅型；垂枝梅类有单粉垂枝型、双粉垂枝型、残雪垂枝型、白碧垂枝型、骨红垂枝型；龙游梅类有玉碟龙游型；杏梅系杏梅类有单杏型、丰后型、送春型；樱李梅系有美人梅型；山桃梅系山桃梅类有山桃梅型。

磨山盆景园坐落在磨山西南台的东湖之滨，占地面积46亩。园内馆榭亭廊，错落有致，园林建筑别具风格。园中绿树成荫，枫杨遮天，池杉卓立，垂柳依依，海棠多姿，月季妩媚，竹林森森，草坪如茵，美景处处，赏心悦目。园内牌楼正壁悬挂有朱德元帅于1950年将他珍藏多年的《兰谱》和兰花赠给东湖风景区时的题词"同赏清芬"。园内还有徐向前元帅为磨山盆景园对外开放时的题词"广收博采，大家共赏"刻石。园内有多种花卉品种和盆景艺术展览。全园收藏有不同品种、不同风格的艺术品2000多盆。这里还珍藏了一批梅花盆景精品，曾在历届全国梅花展览评比会中获得金奖。园内还建有兰苑、荷花池、花港观鱼区，布置有庭院、假山和其他园林小品。

东湖荷圃，即中国荷花研究中心品种资源圃，面积8000多平方米，有荷花300多种，以东湖红莲、东湖白莲为主体，向中外游客展示荷花那种"出淤泥而不染，濯清涟而不妖"的高风亮节和红裳翠盖的绰约风姿。

武当山风景名胜区

武当山风景名胜区是国家重点风景名胜区，位于湖北省丹江口市，武当山古建筑群被列入联合国世界文化遗产名录。

武当山明代称为太岳，后又称玄岳山、太和山，北临丹江口水库，南接神农架山区，号称"八百里武当"。武当山有七十二峰，主峰天柱，又名金顶，海拔1612米。

传说古时净乐国王太子真武15岁时就进武当修道，曾因意志不坚想下山归家，路见一老妇在井边磨铁杵，就问她要磨什么？老妇说："铁杵磨成针，功到自然成。"太子顿悟其道，立即返身入山修道，终于得道升天，成为道教的真武大帝。以后，武当山就成为道教名山，明代道家张三丰在武当还创立了"武当拳术"，与少林武功齐名于世。

明成祖朱棣于永乐十年（1412年）起动用30万民工，历时12年之久，在武当山大兴土木，营建了

从山麓到金顶长达 70 公里的"神道"，并建成 33 座大型建筑群，殿宇 2 万多间，建筑面积达 160 万平方米，还修成 39 座桥梁，12 座亭台，形成了"五里一庵十里宫，丹墙翠瓦望玲珑，楼台隐映金银光，林岫回环画境中"（明·洪翼圣）的宏伟景象，道观殿阁与山色风光浑然一体。在我国众多的名山之中，如此大规模地规划和建造雄伟的建筑群，真可谓绝无仅有，现还可见到不少保存完好的道观殿宇、牌坊亭阁。

玄岳门是武当山的大门，是一座高 20 米、宽 13 米的三间四柱五楼式的石牌坊，上有"治世玄岳"四字，从玄岳门到金顶的"神道"都用青石板铺成。

进玄岳门 1 公里处可到遇真宫。离此不远的玉虚宫，相传明末农民领袖李自成曾在此扎营，所以又称老营宫。

沿神道登山约 10 公里处，有一座纤巧玲珑、布局紧凑的道院，内有磨针井，殿前立有碗口粗的铁杵两根，这就是传说中真武受老妇感悟立志修道之处。

太子坡一带，景点众多，风景幽深，一些殿、宇、桥、亭等建筑都按真武修道的传说而精心设计建造。复真观的红门上有"太子坡"三个字。复真观依山势建造，有一五层高阁，被称为"一柱十二梁"，即用 1 根木柱支撑 12 根横梁。这座独特的木结构古建筑，历经几百年风雨，至今依然挺立。

过了复真观，回旋上下十八盘的千级石坎，便到剑河桥。此桥又名天津桥，为三孔高拱石桥，桥下的九渡涧是山中流泉汇合而成，两岸景点很多。过桥之后，石障夹流，沿溪涧曲折而行，可到达紫霄宫。紫霄宫是武当山上保存最完整的宫观之一，殿前有大宫门、碑亭、二宫门、崇台，数百台阶层层叠进，步步高升，显得紫霄宫如在九天云霄之上。紫霄殿深宽均为五间，殿后为父母殿，供奉真武父母。

南岩在紫霄宫之上约 2.5 公里处，是一座石殿，临绝壁而筑，凭栏俯视，深渊不可见底。这里山岭奇峭，是武当 36 岩中最美的一岩。南岩宫石殿的岩前有雕龙石柱，横出栏外 2.9 米，宽仅 30 多厘米，顶端有一香炉，称龙头香，翘首正对天柱金顶。

金顶是武当山主峰顶，东西长 7 丈，南北宽 9 丈，拔空削立，旁无依附，犹如一柱擎天。在金顶俯瞰群峰，诸峰又都微微向主峰倾斜，像是俯首朝拜主峰，形成"七十二峰朝大顶"的奇观。

金殿建在金顶上，是一座铜铸镏金重檐庑殿式仿木结构的建筑，面宽进深各三间，高 5.4 米，宽 4.4 米，深 3.15 米。殿内神像、几案、供器均为铜铸，供奉的真武以及两侧侍立的金童玉女、水火二将个个形象生动，栩栩如生。由于门窗严密，尽管山风呼啸，殿内神灯不灭。殿外台下山壁上蜿蜒一道 1500 米长的紫金城墙，是用每块重达千斤的长方形石块依山势在悬崖绝壁上垒起的，四面有城门和城楼，但东、西、北三面都面临绝壁，仅南门有上下山的路。

长江三峡风景名胜区

长江三峡风景名胜区位于重庆市和湖北省，是国家重点风景名胜区。

长江三峡为瞿塘峡、巫峡、西陵峡的总称，为著名的长江天险，它西起重庆市奉节县的白帝城，东迄湖北省宜昌市南津关，跨奉节、巫山、巴东、秭归、宜昌五市县，全长 193 公里。瞿塘峡居西、巫峡居中，西陵峡居东，整个三峡河谷地形，峡谷与宽谷相间，宽谷地段江面开阔；峡谷地段两岸群山笔立，崔嵬摩天、幽邃峻峭，宽谷、峡谷交错，江水蜿蜒逶迤，江面狭窄曲折，水流急湍，滩礁密布，险峻幽深，雄奇壮观，形成世界著名壮丽独特的大峡谷奇观。

三峡沿江著名人文景观很多。在远古时期就有人类生息繁衍。悠久的历史、古老的文化，造就和遗留下丰富的文物古迹。长江流域万州区段就有文物古迹1089处，其中古文化遗址103处，石刻石窟195处，古墓葬591处，古建筑196处，革命陵园4处。在大量文物古迹中具旅游开发价值的主要景点31处，现已开发人文景点11处。沿江著名古建筑有石宝寨、丁房阙和无名阙、双桂堂、张飞庙、白帝城、大昌古镇、文峰塔等。

瞿塘峡景区 西起奉节县白帝城，东迄巫山县大宁河口，全长33公里（其中峡谷段白帝城到巫山县大溪镇长8公里）是长江三峡第一峡，又称夔峡，是三峡中最短的峡，以雄、奇、险、峻著称。两岸崇山峻岭，高耸入云，临江一侧峭壁千仞，宛如刀削。白盐山、赤甲山对峙大江南北，气势磅礴，雄伟壮观。山高峡窄，仰视碧空，云天一线，峡西端入口处，两岸断崖壁立，高数百丈，宽不及百米，形同门户，紧锁大江，名"夔门"，

素有"夔门天下雄"之称。峡中水深流急，江面窄处不及50米，波涛汹涌，奔腾咆哮，令人惊心动魄。峡短景多是它的又一特点。峡区内有铁锁关、古栈道、风箱峡崖棺、粉壁墙——古人题咏石刻、倒吊和尚、孟良梯、凤凰饮泉、犀牛望月、黄金洞、七道门洞等著名景点。古人有"便将万管玲珑笔、难写瞿塘两岸山"之说。另外还有新石器时代大溪文化遗址，峡西口有白帝城、八阵图等著名三国遗址。

巫峡景区 巫峡西起巫山县大宁河口，东至巴东县官渡口，全长42公里。峡长谷深，沿江峰峦不断，在长江三峡中亦称大峡，自古以来巫峡西扼巴蜀，东控荆襄，素有"全川锁钥"之称。"巫山七百里，巴水三回曲"，河道迂回曲折，幽深秀丽，两岸奇峰峭壁，重峦叠嶂，似一条美不胜收的山水画廊。巫峡景区由"三台、八景、十二峰"组成。三台是"楚阳台、授书台、斩龙台"，八景是指"南陵春晓、夕阳返照、宁河晚渡、清溪渔钓、澄潭秋月、秀峰禅刹、女观贞石、朝云暮雨"。

"放舟下巫峡、心在十二峰"。十二峰是巫峡群峰的代表，十二峰是"净坛峰、集仙峰、朝云峰、起云峰、上升峰、望霞峰、翠屏峰、聚鹤峰、登龙峰、习凤峰、松峦峰、圣泉峰"。其中望霞峰即神女峰，峰形最为俏丽动人，有许多神奇美丽的传说。

此外峡区内还有陆游洞、金盔银甲峡、铁棺峡、孔明碑、楚蜀鸿沟等景点。

大宁河景区 大宁河古名昌江，又名巫溪水，北起巫溪县与城口县交界的巫溪县高楼乡新田村，流经巫溪、巫山，在巫峡口注入长江，全长202公里。大宁河两岸山奇峰峻、滩险水清，峡奇石美，小巧秀雄，状若盆景。这里还能经常见到山鹰展翅，白鹤引颈高歌，鸳鸯倘佯，猴群嬉戏的景象。千年悬棺、令人费解的古栈道孔、大昌古城等人文景观和自然景观融为一体，深受中外游人喜爱。

大宁河景区共有七个峡，特别是巫山境内的龙门峡、巴雾峡、滴翠峡统称为巫山小三峡，巫溪县境内有庙峡、剪刀峡、荆竹峡、月牙峡。

龙门峡：为"小三峡"第一峡，长3公里，峡内两山对峙，峭壁如削，天开一线，状若一门，故称"龙门"。峡中有我国最长的宁河古栈道遗迹，还有青狮守门、九龙柱、灵芝峰等胜景，逆水上行出峡口便是惊险异常的银窝滩，顺水行舟，可领略"巴水急如箭，巴船去若飞"的意境。

巴雾峡：为"小三峡"第二峡，长10公里，峡内山高谷深，钟乳密布，怪石嶙峋，主要景点有猴子捞月、马归山、龙进、虎出、回龙洞、仙桃峰、观音坐莲台、悬棺、白蛇出洞等。

滴翠峡：全长20公里，是"小三峡"中最长、最整齐、最秀丽、最幽深的峡谷，群峰竞秀，林木葱郁，两岸滴翠，鸳鸯戏水，猴群攀援，鸟语声声，饶有野趣，既有气势磅礴的大景，也有玲珑剔透的小景，主要景观有水帘洞、仙蕉林、摩崖佛像、天泉飞雨、罗家寨、绵羊崖、赤壁摩天、船棺、双鹰戏屏、飞云洞等。

庙峡：位于大宁河中游，全长22公里，峡谷绝壁陡峭，风光奇异，峡中多奇景。如"白龙过江"瀑布气势宏大奇特，"云台观"雄伟险绝，"云台仙子"飘然若仙，引人遐想。还有香水珠帘、泉瀑、群龙破壁、银水蘑菇、雄鹰展翅、罗汉观溪、白鹤细语、青蛙观天、八戒过河、乌龟爬山等景点。

白龙过江瀑布水源为地下暗河，每当夏季暴雨过后，一条巨大水龙从宁河西岸悬崖上凌空而下，高约100米，宽5~10米，跃起的水流如长虹飞跨过岸，船行其间如穿万花筒，水雾迷漫，波涌浪吼，令人惊心动魄，为世间罕见绝景。

剪刀峡：位于巫溪县城北至宁厂古镇、全长9公里。以大宁河西岸一巍然矗立的孤峰酷似剪刀而取名。峡内有九层楼、十八罗汉、双溪溶洞、仙人洞等景点。双溪溶洞景观丰富奇特，洞深2000米，现开发500米，被称为宁河上的一颗明珠。

荆竹峡：又名岩棺峡，峡长7公里。因峡内悬棺多而集中和盛产荆竹而得名。此间集有24具悬棺，此外，还有宁厂古镇，奇异山峰"和尚拜塔"，公路旁有蔡伦式土法造纸作坊，这种原始作坊国内已少见，所以颇受游人青睐。

月牙峡：为大宁河上游最后一峡，峡长约1公里，宽2~3米，两岸岩壁倾斜欲合，天光微透一线，举头仰望，天空状若新月，故名月牙峡。因谷深峡窄，又名"一线天"。初春，峡口桃李争艳，鸟语花香；盛夏，碧水流淌，凉气爽人；深秋，红叶艳丽，漫山如火；严冬，梅花盛开，溢彩流芳，更感几分诗情画意。

马渡河为大宁河支流，有上马峡、中马峡和下马峡三个峡段，因河道更狭窄，显得十分幽深，更引人神往，人称为"小小三峡"。马渡河小小三峡已开展15公里休憩型漂流项目。

巫山大庙龙骨坡古猿人遗址　占地约一亩，1986年由中国科学院古脊椎动物与古人类研究所和重庆博物馆的专家先后试掘，发现了古人类门齿和一段带犬齿的两块颌骨以及与人类化石同一层位的巨猿化石和剑齿象、双角犀等110种哺乳动物化石数百件。经考证，这批化石属早更新世早期，距今204万年。这一重大发现，揭开了人类发展奥秘，填补了我国早期人类化石空白，对于人类起源和三峡河谷发育史的研究具有极为重要的科学价值。

西陵峡景区　从秭归县的香溪口，到宜昌市的南津关，峡长120公里，其中峡谷段长42公里，是长江三峡中最长的一个峡。滩多流急，以"险"著称。

秭归是我国古代大诗人屈原的故乡。在这里，有许多关于屈原的传说。屈原死后，楚国人民为了悼念他建庙筑坟，在秭归有屈原祠、有屈原出生地香炉坪、照面井、读书洞、屈田、吟诗台、屈原濯缨处，还有屈原姐姐的捣衣石等。

香溪：汉代王昭君的故里。相传，王昭君在出塞和亲之前，曾经回家省亲，在溪流中洗脸时把珍珠掉进溪流里，因此，溪水一年四季湛蓝碧透，清澈见底，水味甚美，游鱼可数，且含有香气，所以取名香溪。

明妃村：即宝坪村，是昭君出生的地方。沿香溪上行可达。香溪两岸，橘林片片，芳草萋萋；溪流深处，秀峰重叠，云游雾绕，山光水色充满了诗情画意。在昭君故乡有关昭君的传说和遗迹很多。在宝坪附近，有昭君寨、望月楼、梳妆台、楠木井、珍珠潭、绣鞋洞、妃台山、昭君台等。

高岚：在昭君故乡，水碧山秀，花艳树奇，如入画中，奇峰妙态，美不胜收。下羊河南岸，群峰突起，千奇百怪，其中有一峰如同撑天巨柱，直插云霄，人称"天柱山"。山上劲松挺立，岩间翠柏倒悬，使山姿显得格外雄峻。还有"睡佛山"形若巨佛酣睡，"朝天吼"姿如雄狮长啸，"洞崖厅"似蓬莱仙境以及"华山峰"等。

兵书宝剑峡：又名米仓峡。在香溪口以下北岸的峭壁上，有一叠层次分明的岩石，看上去很像一堆书放在那里，这就是人们所说的"兵书"；在兵书的侧面，有一块石头，形如利剑，插入江中，即所谓"宝剑"。传说，这里是蜀相诸葛亮存放兵书和宝剑的地方。

牛肝马肺峡：在牛肝马肺峡的北岸绝壁上，有几片深棕色的岩石，形如牛肝、马肺，峡名因此而得。现在，船过这里，人们可以看到"牛肝"，完整无损，形态逼真，而"马肺"，已差了一块。据说，这是清代光绪年间，英帝国主义军舰侵入川江时，用大炮轰掉的。

三斗坪：位于庙南宽谷中段，是三峡水利枢纽工程的坝址。这里江面宽阔，江中有个小岛，叫中堡岛，坝址上下是适宜于建坝的花岗岩地质区。毛泽东《水调歌头·游泳》中的"西江石壁"就建在这里。现中堡岛已被施工夷为平地，可看到雄伟壮观的三峡工程。

黄陵庙：位于峡江南岸黄牛岩下九龙山麓中部，原名黄牛祠、黄牛庙。宋代欧阳修在做夷陵县令时改名黄陵庙，相传此庙是春秋时代为纪念神牛助禹开峡治水的功绩而兴建的。三国时由诸葛亮重修，并亲撰《黄牛庙记》，后历次修缮。现存有建于明代的山门、武侯祠和清代的禹王殿等古建筑和九龙榭、禹王殿大禹塑像。庙内的千年铁树，枝叶繁茂，几度花开。庙后一眼水泉，名叫黄牛庙泉池，传说为诸葛亮亲手开凿。山上另有一矿泉，喷涌不断。

灯影峡：在黄陵庙的前边，烟岚横黛，飞瀑流泉。峡谷不长，在南岸的马牙山上，有四块奇石，在夕阳的照射下，只要稍加想象你就会看到孙悟空瞭望开路，猪八戒牵马过山，唐三藏岸然合十，沙和尚负经兼程的逼真形象。

仙人桥：位于西陵峡江段北岸黄颡洞上端。临江一山，上合下开，天然而成，形如桥梁。

南津关：在北岸的下牢溪（又名下牢津），相传是我国历史上三国时因刘备曾镇守此津而得名，它与瞿塘峡入口处的夔门，是长江三峡首尾两端的天然门户，也是长江中上游的天然分界线。三国时期蜀将刘封曾在北岸山顶修筑城垒，故名刘封城。山顶另有一块大石台，相传是蜀将张飞镇守夷陵时督兵擂鼓之处，故又名擂鼓台。船过南津关，可见已发掘出的古军垒和张飞擂鼓像。

大溪文化遗址 位于瞿塘峡东口、长江与大溪河交汇处。经四川长江流域文物考古队和四川省博物馆多次发掘，发掘面积583平方米，清理墓葬200余座，出土文物1000多件，命名为"大溪文化"。这一发现证实早在五六千年前，就有人类在此生息繁衍，为我国新石器时代母系氏族晚期遗址。

盐井沟古生物化石遗址 1919～1926年已发掘了大量完整的古生物化石，有东方剑齿象、大熊猫、犀牛、野牛、鹿等10多种，分别陈列于英国伦敦和美国纽约自然博物馆。

宁河古栈道遗址 自大宁河龙门峡口起沿河而上，经小三峡、庙峡、巫溪县城，绕剪刀峰至月牙峡、城口县，一直延伸，东到湖北竹溪县、陕西省镇坪县，左岸岩壁上，依次排列着无数均整方正的石孔，六寸见方、孔深尺许、孔距四至六尺间、多数地段为上下两排，相距约四尺。工程之浩大，在我国古栈道遗迹中屈指可数，其来历和作用，有待考证。

石宝寨 位于忠县城东43公里的长江北岸，巨石临江，孤峰拔地，形如玉印。塔楼依山而建，楼高56米，全系木结构，始建于明代万历年间，经清代康熙、乾隆年间整修完善，距今400多年。由寨门、寨身、阁楼组成，共十二层。拾级而上直达山巅，依山取势，飞檐展翼，蔚为壮观。寨上有古刹一座，寨下有古朴集镇石宝街。石宝寨以奇异建筑闻名于世，1979年对外开放后，被国内外游人誉为"江上明珠"。

双桂堂　位于梁平县城南金带乡双桂村，距县城13公里，创建于清顺治十年（1653年）。双桂堂庙宇占地110亩，建筑物为石木结构，坐东朝西，殿宇由大山门、弥勒殿、大雄宝殿、戒堂、破山塔、大悲殿、藏经楼等组成，寺庙布局奇特、雄伟壮观。庙内有左右厢房328间，均有长廊相连，有大小佛像100余尊，假山、池沼、花园、果园、桥、栏、亭、台、石刻、浮雕，千姿百态。双桂堂内珍藏有众多文物，有清雍正皇帝钦赐响乐器——天聋、地哑、铜锣、铜鼓四种和《藏经》一部、圣旨石碑一块、《贝叶经》一部、佛经7000多册，破山《语录》12卷和行书字帖等。

双桂堂是我国著名的佛教圣地，先后法传15代、方丈68任。其中以破山、竹禅最享盛名，双桂堂高僧辈出，其弟子遍及西南川、鄂、黔、滇各省寺院，有"云贵川丛林祖庭"及"蜀中丛林之首"之誉。在东南亚也有深远影响，美国华盛顿也建有破山庙。抗日战争时期是双桂堂鼎盛时期，僧侣多达数百人，庙产千余石。

张飞庙　始建于蜀汉末年，位于长江南岸凤凰山麓，为纪念三国时期蜀汉名将张飞而建，已有1700多年历史，由一组宏伟壮丽、独具一格的古建筑群组成。主要建筑有正殿、旁殿、结义楼、助风阁、杜鹃亭、得月亭等7个古建筑，前五个是纪念张飞而建，后两个是纪念诗人杜甫在此客居两年而修。建筑面积共3000平方米，园林面积11.1万平方米，庙内塑有张飞像，珍藏有自汉唐以来的大量诗文碑刻书画及其他文物数百件，其中不少具有历史和艺术价值，素有"文章绝世"、"书法绝世"、"雕刻绝世"三绝的盛誉，号称"巴蜀一胜境"和"文藻胜地"。

白帝城　位于瞿塘峡口长江北岸，距奉节县城4公里，白帝山顶标高248米，高出水面160米，它东依夔门，西傍八阵，三面环水，踞水陆要津，扼全川咽喉，是历代兵家必争之地。白帝城始建于西汉末年，是一座历史悠久的古城。三国时刘备兵败东吴，退守白帝城，在此托孤诸葛亮，死于城内永安宫。白帝托孤的故事和李白《朝发白帝城》的诗文使它名扬天下。白帝城还是眺望"夔门天下雄"的最佳位置，历代大文豪李白、杜甫、白居易、刘禹锡、苏轼、黄庭坚、范成大、陆游等都曾旅游瞿塘，寓居于此，触景生情，留下数千首不朽诗篇，其中杜甫在此寓居两年，著诗437首，约占杜诗三分之一。故白帝城又有"诗城"之誉。现白帝城内有前殿、明良殿、工艺展览室、文物陈列馆、悬棺陈列室等，陈列历代文物1000余件，古今名家书画100余幅，石碑70余块。托孤堂塑有21位三国历史人物像，艺术地再现了1700多年前刘备托孤的历史悲剧。白帝城三面环水，一面靠山，林木葱郁，楼台亭阁点缀其间，有仙山琼阁之意境。

大昌古镇　始建于晋泰康初年，距今已有1700多年历史。位于大宁河"小三峡"上游。现存东、西、南三道城门，城内现存建筑、民宅多为明清所建。屋宇雕梁画栋，翘角飞檐，古风浓郁，1992年被定为省级文化名镇，是大宁河旅游线上的古镇旅游点。

三游洞　它位于宜昌市西北西陵峡口下牢溪入汇长江处，唐元和十四年（819年）春，著名诗人白居易由江州（今江西九江）司马赴任忠州（今四川忠县）刺史，与弟白行简及友人元稹三人曾同游此洞，各赋诗一首，并由白居易作《三游洞序》书于洞壁，三游洞由此而得名，人称"前三游"。宋代著名文学家苏洵、苏轼（东坡）、苏辙父子三人于后慕名一游，并留诗数首，人称"后三游"。相传宋代诗人陆游来游时曾取下牢溪水煎茶，并赋诗纪胜，故有陆游泉在此。洞内有所谓"天钟地鼓"。附近白马洞、龙泉洞错落相间，各具特色，形成了引人入胜的溶洞群。

葛洲坝水利枢纽工程　于1970年12月破土动工，至1989年6月全部竣工通航发电。大坝从北岸镇镜山到南岸的狮子包，全长2561米，标高70米，由发电厂、船闸、泄洪闸、冲沙闸等组成，大坝电厂共21台水轮机组，总容量为271.5万千瓦，年发电量约141亿度，是我国目前最大的水力发电站之一。大坝共有三座船闸，一号和二号船闸闸室长280米，宽34米，水深5米，可通万吨级大型船队，是目前世界上最大的船闸之一。三号船闸室长120米，宽18米，水深3.5米，可通3000吨以下客货轮。泄洪闸共27孔，与3座冲沙闸同时运行，可安全宣泄历史上已发生过的每秒11万立方米的水量。坝顶铺有铁路和公路，恰如一座大桥，通畅大江南北。坝内水位可上升约 20 米，枯水季节回水约 180 公里，可达巫峡西口；洪水季节回水约 100 公里，可达巴东。葛洲坝的兴建，改善了峡江航道，充分利用了长江水能资源。如今，宏伟的葛洲坝水利枢纽工程，犹如一颗镶嵌在西陵峡口的明珠。

三峡工程 最早设想在三峡造坝建库的是孙中山。1956 年 7 月，毛泽东到达武汉，畅游了长江，写下了石破天惊的诗句"更立西江石壁，截断巫山云雨，高峡出平湖。神女应无恙，当惊世界殊。"1985 年中央决定筹备建立三峡省，省会宜昌市，辖当时湖北的宜昌地区和宜昌市、巴东县，四川的万县和涪陵两个地区。1986 年 5 月撤销筹备组，6 月国务院责成水利电力部广泛组织各方面的专家，组成三峡工程论证专家组。1988 年 11 月领导小组第 9 次扩大会议原则通过最后一个论证报告，历时 2 年 6 个月。1992 年 4 月举行的第七届全国人民代表大会第五次会议上，通过了兴建长江三峡工程的决议。决议批准将建长江三峡工程列入国民经济和社会发展十年规划。1994 年三峡工程正式开工，1997 年顺利实现长江截流，目前正在建设之中。2009 年工程将全部竣工。

建成后的三峡水利枢纽，兼有防洪、发电和航运的巨大综合效益。它可以控制长江上游洪水对中下游平原的威胁。水库蓄水后，滩多流急的三峡河段将变成为碧波粼粼的平湖，长江航道将得到彻底改善，万吨级船队将可以从上海溯江而上，通过船闸进入深水航道——水库，直抵重庆。

建设中的三峡水利枢纽主要由拦河大坝及泄洪建筑物、水电站厂房、通航建筑物等组成。坝址为宜昌三斗坪。大坝为混凝土重力坝。正常蓄水位 175 米。泄洪坝段居河槽中部，设有 23 个 7 米×9 米的泄洪深孔，和 22 个净宽 8 米的表孔。泄洪坝段的两侧布置左右两个坝后式电站厂房，左厂房装机 14 台，右厂房装机 12 台。水轮发电机组单机容量为 70 万千瓦，水轮机转轮直径 9.5 米。年均发电量 846.8 亿千瓦时，将是世界上最大的水电站。通航建筑物布置在左岸。永久通航采用双线 5 级连续梯级船闸。枢纽的主要工程量是世界上已建和在建的水利枢纽中最大的。

大洪山风景名胜区

大洪山风景名胜区是国家重点风景名胜区，位于湖北省随州市、钟祥市和京山县，面积约 330 平方公里。景区内有成片的楠木等数十种名贵树木和漫山的兰蕙、杜鹃等数百种奇花异草。古树参天、峰峦叠翠，成为本景区主要特色。区内有上百个溶洞，海拔 850 米的"鄂中瑶池"、白龙池和落差一百余米的柳门口四叠飞瀑，为华中地区罕见。隐藏在峰峦之中的十瀑四十湖，百泉五十溪，构成了一幅旖旎壮观的山乡水泽画面，美不胜收。现有景区 11 个，景点 97 处，景物景观 3410 个。风景区内保存有

"屈家岭"、"冷坡垭"等新石器文化遗址，绿林军起义的古战场遗址，随州曾侯乙墓编钟，明嘉靖皇帝之父墓——显陵以及第二次国内革命战争旧址等大量文物古迹。

大洪山 山体呈彗星状，自西北向东南绵延 140 多公里。以随州洪山寺、洪山河及赵泉河流域为主体，东西宽 21 公里，南北长 33 公里，呈三角形分布。

大洪山海拔高度多在 500~1000 米之间，相对高度 350~900 米。主峰宝珠峰海拔 1055 米，相对高度

900米，形成一山独秀的雄姿，故有"楚北天空第一峰"之称。与宝珠峰竞相争雄的还有海拔1019米的悬钩山和海拔1051米的斋公岩。三峰鼎立，巍峨雄峙，势压群峰。

大洪山，历史上称"绿林山"。西汉末年著名的绿林起义就爆发在这里。这里曾是我国佛教的重点丛林。唐代以后陆续在山林中建寺庙26处。

曾侯乙墓 在随州市区西北2.5公里处的擂鼓墩。墓为战国早期曾国君主之墓，规模宏大，出土了大量珍贵文物。其中的一套编钟，共有640件，设计精巧，铸造华美，音域宽广，音色优美，现仍能准确演奏古今中外音乐，反映了我国古代杰出的科技水平和生产能力。

明显陵 在钟祥市区东北7.5公里处的松林山上，是明代嘉靖皇帝之父兴献王的陵墓，俗称皇陵，建于明嘉靖十九年（1540年），面积约600亩，四周围墙长达3.6公里，神道长1.3公里，规格和明十三陵相似，建筑宏伟壮观，保存完好。

屈家岭文化遗址 在京山县城西南30公里的屈家岭村，是一处新石器时期文化遗址。这里出土了大量具有浓厚的地方色彩的文物，命名此类文化为屈家岭文化。

隆中风景名胜区

隆中风景名胜区是国家重点风景名胜区，位于湖北省襄樊市，面积209平方公里，由古隆中、水镜庄、承恩寺、七里山、鹤子川等景区组成。

古隆中 位于襄阳城西13公里处，有诸葛亮故居。这里山势奇特，林木茂盛，主峰海拔306米。诸葛亮从17岁到27岁（197～207年）住在这里。著名的"三顾茅庐"、"隆中对策"都发生在这里。东晋以后历朝历代对隆中都有兴建，而且景观不断扩大，逐步形成了隆中传统十景：三顾堂、六角井、古柏亭、野云庵、小虹桥、老龙洞、半月溪、抱膝石、梁父岩、躬耕田。每一景都反映了诸葛亮青年时期的活动和刘、关、张三顾茅庐的史实，具有丰富的内涵。隆中现存碑碣石刻75块，有一块明代万历年间的石刻画像，还有大型塑像32尊、匾额对联55幅（副）、名人字画近300件。馆藏珍贵文物有东汉制造的铜鼓（俗称诸葛亮鼓）、东汉铜镜、明清制造的诸葛琴，还有传说诸葛亮亲自制造的扎马灯，三国时期的刀、矛等。

武侯祠建于明末清初，靠山兴建。祠内各大厅悬挂有董必武、郭沫若题写的对联、匾额等和名人诗画，举办有"诸葛亮生平简介"展览和襄樊出土文物陈列。陈列的文物中，有一面铜战鼓，是清同治年间在广西出土的。相传是诸葛亮七擒孟获时用过的战鼓。花纹细腻，鼓声响亮，是一件珍贵的历史文物。

三顾堂在武侯祠的右下首，据说原是一片树林，刘备三顾茅庐时曾经在这里拴过马。后人依此建筑。这是一个四合院落，院内四周的游廊里排满了历代官宦文人镌刻的石碑，陈列有岳飞手书的《出师表》。

草庐在三顾堂后面，人们传说这里是诸葛亮的故居"南阳诸葛庐"，刘备三顾茅庐的处所。在武侯祠和三顾堂前面数十米的地方有一座龙首龟座的大石碑，正面刻着"草庐"二字，背面刻着"龙卧处"三字。

六角井是三顾堂旁边的一个六角形古井。

野云庵是后人按想象建筑的一座诸葛亮的卧室，曾经被人称为"卧龙深处"。

抱膝亭是一座三层六角的亭阁，相传诸葛亮在躬耕之余，经常在这里休息。

抱膝亭下沿溪两侧是一块块平整的土地，相传是诸葛亮"躬耕南阳"时耕种过的田，故名躬耕田。

小虹桥是躬耕田旁的溪流上搭着一座石拱小桥，刘备到隆中拜访诸葛亮时曾从此桥经过。

襄阳古城 襄阳城始建于汉，后经历代维修、扩建。城墙四周略呈长方形，周长7.4公里，城内面积约2.5平方公里，城墙高8.5米，宽5～10米。墙体基本上是土夯筑，外砌城砖。襄阳护城河是我国最宽的护城河，平均宽180米，最宽处250米。宽阔的护城河加上坚固的城墙，形成了一道铜墙铁壁，自古以来享有"铁打的襄阳"的声誉。东汉以后，历朝历代州、郡、府、道、路的首府设在襄阳。现保存有城内以十字街为中心的完整的古城格局。目前城内北街传统民居基本保持原有风貌，谯楼及县学宫古建筑也保存完好，古城墙大体完整，护城河大部分河段保护较好，已建设成为以护城河为主体，以古城墙为背景的环城公园。

水镜庄 又名白马洞，位于南漳县城南，倚山临水，风光秀丽。半山腰有一天然石室名白马洞，洞深约20米，宽10米，高4米，相传为水镜先生居处。现洞外建有门楼、水镜祠等，建筑别致。

承恩寺 在谷城县东南45公里处的万铜山上，依山而建，相传始建于隋代，历代兴废不定，现存主体建筑有山门、天王殿、大雄宝殿、钟楼等，高大雄伟。寺内有明清以来石碑数通，雕刻精美。

九宫山风景名胜区

九宫山风景名胜区是国家重点风景名胜区，位于湖北省武汉以南的通山县城东南，相传后晋安王兄弟九人在山上造宫殿九座得名。核心景区由九宫山镇、森林公园和李自成陵等三部分组成。这里地处鄂赣边境，风景秀丽，气候宜人。九宫山历史悠久，人文景观丰富，明末农民起义领袖李自成殉难于此。山中有云中湖，风景佳丽，是著名避暑胜地。山上大崖头飞瀑是我国落差最大的瀑布之一，达400多米，气势极为壮观。九宫山也是自然保护区和森林公园。森林公园内树种多达84科，占全国木本植物总科的45%，有列入国家珍稀植物保护名录的银杏、香果等三四十种。各种花卉数百种，药用植物500多种。林海深处栖息着许多珍禽奇兽，有白颈长尾雉、金腰燕等36种禽兽类列为国家保护动物。

九宫山镇 位于海拔1230米处的凤凰岭上，一栋栋园林别墅掩映在绿树丛中，犹如云中湖畔的颗颗珍珠。夏季山下的武汉已成火炉，这里气候却凉爽宜人，加之景色秀丽，成为著名的避暑胜地。

云中湖是我国最具特色的高山湖泊之一，海拔1230米，旧名龙塘，因常有云雾飘于湖面，故而得名，又有吻天湖、天心湖等名。湖面百多亩，1977年建成，蓄水量百多万立方米，最深处35米，湖中有天然小岛，形成高山出平湖，平湖映群峰的美妙景区。九宫山镇即环湖而建。

云中湖水西流到龙珠山崖，凌空而下，飞流70米，山风吹散水流，形如喷雪溅玉，形成著名的"泉崖喷雪"，此崖也得名喷雪崖。相传唐代陶、姚二氏在此飞身化仙，故又名"舍身崖"。瀑布旁石壁上刻"空中飞雪"四个大字。

从云中湖畔登高百米，便是"陶姚泉洞"，洞内有泉水流两石中，回旋而溢，饮之清甜可口，是优质矿泉水。

怪松坡 几棵奇松耸立坡上，树冠向一侧倾斜，翠枝伸臂向游人招手，胜过黄山"迎客松"，因看上去带有几分腼腆，故名"含羞松"。这几棵奇松有一抱来粗，若轻轻拉动一下枝干，整棵大树就会奇迹般来回晃动，堪称一绝。此外还有老少相依的"父子松"，抱头盘膝的"姊妹松"等，也都各有风韵。

一天门 在云中湖以东一里许，为古代进山要道，西为万丈悬崖，如同天上之门，故名。下为无边无际的松林竹海，前面为茫茫云海，远处群峰如海上仙山，东北面十座长峰序列。这里是观看日出、云海的最佳去处。主要景点有天门日出、天门云海、虎伏天门、吴楚雄关、吴楚泉等景点。

樱花沟 位于自然保护区西南，是自然保护区旅游接待中心和最佳入口处，为一条长约 7 公里的峡谷，因谷中上游两边开满樱桃花而得名。沟两边山峰高约 1000 米，山间无数的飞瀑流泉，溪中布满五彩石头，林中树木苍郁繁茂，是观赏瀑布、泉流和森林景观的好地方。主要景点有鄂南龙潭、仙人簸米、金鸡岩、瀑布群等。

李自成陵 位于九宫山西麓牛迹岭小月山上，是我国唯一一座农民起义领袖的陵墓。李自成（1606～1645 年），陕西省米脂县人，明末农民起义领袖，在北京称帝建立大顺朝，失败后经过此地，被地主程九伯杀害于此，成为千古遗恨。三百年来均为石垒荒坟，建国后多次修缮。整座陵区由拴马松、激战坡和主体建筑、门楼、墓冢和陈列馆等组成。建筑依山就势，肃穆雄伟，占地二百余亩，四周群峰起伏，林木苍翠。陈列馆大厅里陈列着李自成壮烈牺牲时的实物、文字和图片。现为全国重点文物保护单位。不远处还有李自成最后一仗的李家铺古战场和相传李自成躲过清兵的皇躲洞。

陆水风景名胜区

陆水风景名胜区是国家重点风景名胜区，位于湖北省赤壁市，包括陆水湖和赤壁古战场两大部分。

陆水湖 在赤壁市区东郊，是在陆水上建筑大坝而成的人工湖，是 1958～1968 年为修建三峡而建的试验水库。水域面积 57 平方公里，500 多个岛屿，又称千岛湖。港汊纵横，如入迷宫。湖面碧波万顷，水天一色，湖水清澈，波澜不兴，开阔处烟波浩渺，狭窄处峡谷幽深。人乘船游其上，有飘然出世之感。

陆水湖周围群山环抱，青山绵延，绿水春波，千顷竹海，万亩茶园，白墙青瓦的农居点缀其间，鸡叫蝉鸣，鸟语花香，炊烟缭绕，沃野飘香，一派楚地田园风光。湖区花草及名贵中药材 200 多种。

陆水湖临湖的雪峰山有荆泉河、狮子洞、穿山洞、神龙洞。南面五洪山东麓，有十余处天然温泉和五口自流井，地表水温 62℃，日流量八千吨。

景区气候夏季凉爽，比武汉要低 7～8℃，特别是市区南郊的雪峰山，三面临湖，林木茂盛，清凉宜人，为避暑胜地。

陆水湖中的一个小岛上，建有陆水湖民俗风情园。园内可见到古朴的民居、竹笆茅屋顶、吊脚楼。园内民俗活动很多，特别是"新娘"向自己相中的"新郎"（游客）抛绣球"成亲"的表演节目，十分有趣。还有风车送水、牛拉大碾、学纺纱、纺线、织土布、打草鞋等活动。还可在岛上享用农家酒宴。

赤壁 位于赤壁市西北40公里处长江南岸，陆水入长江口附近，是三国古战场赤壁大战战场。208年，曹操率水陆军马20余万（号称83万）来到长江北岸，孙权刘备组成联军，共5万兵马，由周瑜统帅，屯驻江南赤壁，抓住曹军远来疲惫、疾病流行、不习水战等弱点，利用火攻，大败曹军。火烧战船时，江面上火光冲天，照得江岸的石头山一片通红，故名"赤壁"。赤壁之战为三国鼎立之势奠定了基础，成为我国历史上以少胜多、以弱胜强的著名战例。

古战场主要景点分布在赤壁山、南屏山、金鸾山等三座小山上，有"赤壁"摩刻、望江亭、拜风台、东风阁、凤雏庵等与三国历史或传说有关的纪念地，新修景点有周瑜雕像、赤壁大战陈列馆、射箭台、长江赤壁旅游码头，武侯宫里展示了在赤壁出土的大量古代兵器。

在赤壁面临大江的褐色峭壁上刻有"赤壁"两字，各长150厘米、宽104厘米，雄劲有力，相传是周瑜挥剑刻就，在两字下方刻有历代文人怀古诗词歌赋。

赤壁山山顶有两个对称的亭子翼江亭和望江亭。翼江亭为周瑜破曹时的哨所，望江亭是黄盖瞭望曹营后献诈降计的地方。

拜风台又名武侯宫，在南屏山上。当年诸葛亮在这里披发仗剑，设置神坛，向天借来神奇东风，从而大破曹军。武侯宫前殿挂有关于赤壁大战的各种图画，后殿里供奉着刘备、诸葛亮、关羽、张飞四人的全身塑像。

凤雏庵在金鸾山上，相传是与诸葛齐名的襄阳名士凤雏先生庞统批阅兵书的地方。现存建筑是清道光二十六年（1846年）所建，庵内塑有庞统披甲坐像。正殿右侧为图书馆。庵门前有一株千年白果树，传说诸葛亮与庞统曾在树下对弈论兵。

清江风景名胜区

清江风景名胜区位于湖北省长阳土家族自治县，包括清江、钟落武离山、天柱山、长阳人遗址等景区。

清江是长江的重要支流，发源于湖北利川齐岳山，在鄂西山区穿山越岭，在宜都注入长江。八百里清江两岸，处处绿水青山，江水清澈，故名清江。因修建隔河岩电站，在长阳境内形成一个百里长湖，湖周有多处名山古迹，风光如画。

清江是土家人聚居区，民风民俗独特，人文景观丰富，山歌、南曲和巴山舞被称为"长阳文化三件宝。"

钟落武离山 在长阳城西30公里处，北临清江，是土家族发祥地。钟落武离山海拔300米，山势陡峭，山顶由盐头岩、牛角岩、盐女岩、石神台、庙凸岩五峰组成，拔地而起，直逼清江，景色壮丽。其中牛角岩就像当年向王天子的牛角号；盐女岩如同美丽的土家少女，传说是盐水女神的化身；石神台峰顶有一供奉石神的小庙，传说人们往这里求子得子、求孙得孙；庙凸岩临空悬立，上建向王庙；山腰有赤穴，据《水经注》记载是土家先民巴人祖先的诞生地。

天柱山 在长阳城西南，海拔1445米，山峰独立，拔地耸天，有如擎天巨柱，故名天柱山。它与武当山正好处在同一经度上，一南一北，交相辉映，故又名中武当，为道教洞天福地之一。据载，山顶的道观建筑始建于唐，清代同治年间大规模兴建，有三帝宫、地母宫、皇经宫、灵官殿、伽蓝祠、玉皇亭、忠恕门等建筑群，在三峰之间砌筑有两座石桥，并开凿千多级登山石级，使天柱山成为鄂西南重要的道教活动场所。现建筑为1995年重建。现有公路直通山门，沿路峰回路转，可欣赏方山石林等景点。山体如金字塔形，由山门上山，均为新建石级，时缓时促，半山有亭。山顶处三座石峰直插云霄，只有一径可攀援铁索而上，旁有形如巨大毛笔的文笔峰。云雾起时，三峰如仙山琼阁。峰顶有一眼清洌甘醇、四季长流的清泉。从山顶俯视，群山茫茫如朝如拜，山下宫观游人如芥如末，似在天上。山上可看到西坡一峰，恰似一只巨大的绿色青蛙，正欲扑食，形神兼备。

清江小三峡 包括半峡、巴山峡和平洛峡，两岸峰峦起伏，碧水回环，溶洞众多，林木葱茏，风景独具特色。

长阳人遗址 在赵家堰下钟家湾附近，关老山南坡，距长阳县城45公里。遗址为一海拔约1300米的洞穴，洞口高约2米，阔约6米，平面呈不规则状。1956年以来先后发现人类的上颌骨和牙齿及共存的古脊椎动物等化石，距今约10余万年，定名为"长阳人"。洞穴四周山峦起伏，怪石嵯峨，村舍点点，疏林掩映，风光清雅。

百岛湖 在长阳城南隔河岩，20世纪90年代修建了大型水电站隔河岩电站，大坝拦断清江，高峡出平湖，山头变岛屿，形成了狭长幽深的百岛湖。游人至此，既可游览大坝雄姿，又可乘船一览湖光山色。湖中有猴岛、白玉湖、落雁湖、平洛湖、柏园岛等景点。

丹水漂流 在长阳城北高家堰镇，318国道线旁。丹水是清江的一条支流，漂流地段为太史桥至墨坪，长约3公里，水清、浪缓、滩多，乘坐橡皮艇自助漂流，参与性强，惊险刺激。两岸青山环抱，峰回路转，风光优美。

湖 南 省

衡山风景名胜区

衡山风景名胜区是国家重点风景名胜区，位于湖南省衡阳市南岳区，是五岳中的南岳。

衡山名胜众多，古刹遍布，风光秀丽，吸引了古今旅游者的极大兴趣。

南岳有三大奇观，首推烟云。南岳烟云有三大特点：一是浓，有时浓得一米外互不相见；二是轻，轻得像一件件羽纱挂在天际；三是流，时而似海啸奔腾，时而如细浪慢涌。因此素有南岳风光是"七分山水三分云"的说法。其二为南岳的龙池"蛙会"。其三则是南岳特有的冰雪奇景，是我国南方少有的多冰雪山地。

方广寺 在南岳镇西北。从南岳镇去方广寺今有平坦公路可行。盛夏临此，寒气袭人，为避暑胜地。方广寺始建于南朝梁天监二年（503年）。方广寺周围生长着茂密的风景林，其中如红豆杉、银雀、桫椤树、银杏等都是珍贵而稀有的树木。方广寺以它特有的深邃、幽静，赢得了"不登祝融，不足以知其高；不至方广，不足以知其深"的评语。

南岳大庙 位于南岳镇北端，庄严宏伟，华丽壮观。整座大庙共分九进，另有角楼四座，大庙正殿又称圣帝大殿。殿中原来设有岳神座位，殿前有一块大坪，正殿耸立在十七级的石阶上，石阶的正中嵌有汉白玉浮雕游龙，形象生动，雕工精美。大殿内外共有七十二根石柱，象征南岳七十二峰，为国内寺庙所罕见。整个殿顶覆盖着橙黄色的琉璃瓦，飞檐四角悬有铜镜，檐下窗棂及二十四扇门均雕刻人物故事、花木鸟兽，后墙上绘有大幅云龙丹凤，色彩斑斓，绚丽非凡。殿外为双层台基，环以白石栏杆，南岳大庙是我国现存五岳庙中总体布局最完整的一座。

从南岳镇到祝融峰 全程15公里。出南岳大庙沿登山公路迤逦北上，庙后接龙桥横跨涧水，桥旁古松树干高耸、虬枝旁垂，俨如拱手迎宾，亲切可掬。公路平坦而多曲折，玉版溪中络丝潭水银丝万条，不绝如缕。每逢大雨过后，山水急泻，景色极为壮观。跨过玉版桥，经送子殿、忠烈祠就到了登山全程之半的半山亭。此亭始建于六朝，已有千余年的历史，附近古松苍劲，山林恬静，是中途小憩的一处胜地。

过半山亭路分两支：左往磨镜台，右上南天门。磨镜台今为衡山避暑胜地，磨镜台海拔600米，地势高旷、风光绮丽，附近有七祖塔、福严寺、拜经台、金鸡林、南台寺、三生塔、观音寺等众多名胜古刹。过邺侯书院，再过铁佛寺、湘南寺和丹霞寺就到了前后山分界处的南天门。这里高大的石牌坊上"门可通天，仰视碧落星辰近；路承绝顶，俯瞰翠微峦屿低"的柱联，恰如其分地刻划出南天门的地势、景物特色与"极目楚天舒"的登高意境。

祝融峰 继续攀登，经过狮子岩、开云亭、上封寺就登上了"衡岳千仞起，祝融一峰高"的祝融峰。祝融峰海拔1290米，由于它位于湘江平原与周围低丘之间，加以烟云烘托，群峰叠衬，故而显得横空出世，终于构成了高插云霄的崇高形象。大诗人李白更为浮想联翩："衡山苍苍入紫冥，下看南极老人星。回飙吹散五峰雪，往往飞花落洞庭。"祝融峰顶有石墙铁瓦、高插云中的祝融殿。殿右巨石上刻"唯我独高"四个大字。峰西望月台，峰东则有望日台。

藏经殿 为南岳风光之冠。它位于祥光峰下的密林深处，是一座琉璃绿瓦、单檐翘角歇山顶式的古建筑。结构别致，淡朴典雅，远远望去，像是镶嵌在翠岚丛林中的一颗璀璨宝石。藏经殿气势雄伟，有云舒霞卷的苍翠奇峰，有佳木葱茏的林海碧浪，有淙淙不绝的山泉溪流，有须髯飘拂的古树蔓藤，有万紫千红的奇花异卉，有婉转清脆的百鸟争鸣。漫游其间，只见处处绿叶浓荫，群芳竞秀，蝶飞虫鸣，鸟语花香，向有"不游藏经殿，枉到南岳山"之说。藏经殿分正殿和后殿。后殿为藏经之处，正殿供奉铜质镀金佛像——毗卢遮那佛。殿东"古华居"建筑精致，布局协调，重檐挑角，古色古香。殿堂周围，有大量古树，每逢早春二月，玉兰怒放，花香满山。殿前有一片葱郁古林，不仅长有摇钱树、同根生、连理枝三种奇树，而且还生长大量的湘椴、杜英、三丫毛柄槭、云锦杜鹃等珍贵树种，比较完整地保留着亚热带高山常绿针叶和阔叶混交的原始次生林带，是林业科研和教学的理想场所。殿西的文殊岭也是一处娇黄嫩绿、姹紫嫣红的"山地花园"。

藏经殿附近的灵田、无碍林、梳妆台、钓鱼台、美容池、允春亭、祥光亭等，也都是各有千秋的名胜古迹。

水帘洞 位于南岳镇东四公里的紫盖峰下。"水帘洞之古"和"祝融峰之高"、"方广寺之深"、"藏经殿之秀"并称南岳"四绝"。

武陵源风景名胜区

武陵源风景名胜区是国家重点风景名胜区，位于湖南省张家界市，由张家界、索溪峪、天子山、杨家界等景区组成，面积360平方公里。

武陵源属峰林地貌，以未经人工雕琢的美丽山水为特色。它以神奇峻俏的砂岩峰林，奥秘莫测的深谷幽境，封闭多姿、艳丽多彩的岩溶洞窟，清澈幽静的溪涧流泉，古老幽深的原始森林，至今人迹未涉的神秘禁区，美丽动人的神话传说等等，被誉为"世上绝景"、"天下奇观"、"人间仙境"、"美的世界"、"天下第一奇山"、"立体的山水画"、"扩大了的盆景，缩小了的仙山"等等。这里峭壁绝岩，奇峰怪石，拔地而起，棱角分明，上锐下削，或上下相叠，甚至上大下小，挺拔巧饰。除造型奇特之外，还有各种美丽的颜色，有的金碧辉煌，有的紫色带绛，有的红黄相间，有的灰色透亮。几乎所有岩峰均身带五彩，争奇斗艳。岩峰之巅无土无水，却苍松葱郁，青藤悬垂。清泉、瀑布、深涧、幽溪，碧水长流，纯净明澈，浅滩、湍流、溪瀑、深潭，嵌缀在雄奇深邃之中。云烟中的武陵源，更是奇幻百出，景象万千。

武陵源又是森林的海洋，有古老而繁茂的原始森林。香榧、银杏、红豆杉、白豆杉、水杉、黄山松等古老树种，被子植物中的珍品，如珙桐、银鹊、鹅掌楸等，这里不下数十种。奇花异葩，铺满每一座山寨。有中国鸽子花、长蕊杜鹃、龙虾花、凹叶厚朴花（山荷花）等。

武陵源珍禽异兽著名的有背水鸡、嘎嘎鸡、华南竹鸡、红腹锦鸡、长尾雉等，林中益鸟有红脚领隼、白颈鸦、啄木鸟、画眉、黄鹂、相思鸟、白头翁、八哥等数十种。兽类有猕猴、水獭、岩羊、黄麂、野猪、鼯鼠、云豹、穿山甲、麝、貉、獐等等。

张家界 又名青岩山，位于武陵源风景区的西南部，面积近8000公顷，以岩称奇，奇峰林立，层出不穷，峰峰拔地，形态各异，其相对高度多在100～200米之

间，或上锐下削，或上下相仿，挺拔和巧饰并陈，秀雅和高洁同在，悬崖石峰上，生长着许多葱茏的黄山松，远望恰似精雕细刻的盆景，给人以奥秘莫测之感，有"奇奥甲天下"之称。

黄石寨又名黄狮寨。位于张家界宾馆北部4公里，是由悬岩峭壁托起的一块台地，海拔1200多米，是张家界景区最大的凌空观景台，顶部面积近20公顷。黄石寨入自东天门，出由西天门，自古只有一条崎岖小道。上顶后，沿台缘各观景台，极目远望，千峰万壑，尽收眼底，春夏秋冬，阴晴雨雪，晨昏旦夕，各尽其妙。春有百花争艳，夏有凉风卷山，秋有红叶烂漫，冬有冰凌青松。阴雨天，远近沟谷，白雾翻腾，晴空下，群峰若柱，参差交涌，星罗棋布。凌晨观日出，气势磅礴壮观。静夜赏星月，意境恬淡幽深。所以有"不到黄石寨，枉到张家界"之说。在黄石寨景区内可观看的景点有：酷似光头大腹，笑眉笑眼的"笑罗汉"、天书宝匣、猴头峰、定海神针、一口玉印、南天柱、南泉、雾海金龟、西天门、仙泉、天塔、龙头峰、手掌峰、海螺峰、金蟾伴月、天狗食月、鸳鸯泉等等。

金鞭溪从林场场部到水绕四门，十里溪水，蜿蜒曲折，随山而移，纡曲穿行在峰峦幽谷之间，迤逦延伸于鸟语花香之中。金鞭溪两岸，不仅有千姿百态的奇峰怪石，嵯峨簇列，而且林木葳蕤，如一幽邃绿宫，到处翠微撩人。两岸世所罕见的中国鸽子花、龙虾花、山荷花……争奇斗艳，漫谷溢满山鸟的鸣啭，溪水清澈透亮又色彩斑斓，如同一幅山水长画轴。金鞭岩是张家界最著名的石峰之一，三面垂直如刀削，相对高度350多米，金光闪闪，直刺云天，传说它是当年秦始皇赶山填海留下的金鞭。在金鞭岩对面，矗立着嶙峋的巨石，由东向西倾斜，斜度在10度左右，名叫"醉罗汉"。还有闺门倒映、神鹰护鞭、双石玉笋、劈山救母、紫草潭、跳鱼潭、迎宾峰、独峰孤猴、白沙泉、三楠抱石、石碑峰、千里相会、骆驼峰、张良墓、水绕四门、古战场等景点。

腰子寨位于金鞭岩饭店东北方向，西与黄石寨遥遥相对，海拔1100米。腰子寨四周皆悬崖绝壁，多数观景台如凌空附云，若抛掷一石块，简直如树叶飘飞，险绝令人不敢久留。站在峰台四顾，可见千峰耸立，那交织着蓝、黛、苍与紫红色的面面岩壁，布绕着纵横交错的节理条纹，俨然天工壁画。主要景点有天桥、老鹰嘴、万水千山、梭标岩、兔儿望月、天然壁画、镇妖七塔、马公亭等。

沙刀沟在金鞭溪中游两侧，两岸岩壁陡绝如劈，满涧古木参天，苍藤蒙络，荫翳蔽日，即便高空骄阳似火，这里也或如黄昏，或如月夜。沙刀沟北侧袁家界是一个由石灰岩为主构成的高大而又较平缓的山岳。四周多井泉、耕地。景点内有八仙山、童子拜观音、金骡洞、五女拜师、石塔斜影、天门初开、龙宫舞女、石蛙探幽、天下第一桥、天悬白练、双龟登天、醉景台、后花园等。

琵琶溪位于金鞭溪上游西岸，两岸岩峰嶙峋，林木丰茂如盖，溪流九曲八弯，且多跌宕，沿途溪水"叮咚"不息，如拨琵琶，故名。景点有：夫妻岩、清风亭、钟馗岩、三姊妹峰、金鸡报晓、望郎峰、刺破青天、九重仙阁、雄狮回首、金凤展翅、龙凤庵、龙凤泉、朝天观等。

索溪峪 位于武陵源的东部，山、湖、洞景观别具特色。宝峰湖波光潋滟，波平如镜，湖内群峰倒映，白云飘飞；清清索溪像一条银色的绸带，穿来绕去，将千峰万壑紧紧缠绕在一起。

黄龙洞洞长15公里多，总面积达4公顷多。有龙王宫、仙山堂、石琴山、天仙水、水晶宫、响水河、迷离宫等七大景区。拿黄龙洞与外地的名洞大窟作比较，它有与众不同的地方。一是各观景区壮大雄伟，二是景物形态奇特，三是洞中藏河。黄龙洞中，石柱高近30米，粗达9米，雄壮无比。洞中的飞瀑高达60米。洞中的最长的河，长达二公里多，河面波光潋滟，两岸石景生辉，别有情趣。

黄龙洞四层洞府，水陆并进，时合时分，形成一库（黄龙水库）、两河（响水河、水晶河）、三瀑（黄龙瀑、天水瀑、天池瀑）、四潭（公里长潭、水晶潭、黄龙潭、浴龙潭）、十三宫厅（龙舞厅、聚会坪、黄龙宫、石琴山、天柱街、花果山、仙人堂、天仙水、天池山、水晶外宫、水晶内宫、大雄宝殿、迷人宫）、万方池（天池、明珠池、玉液池、金花池、银花池以及天池山上难以数计的大小水池），它就像一座地下龙宫，珍奇满目，美不胜收。

十里画廊山青水秀，繁花似锦，百鸟争鸣，景物造型奇特：若人，若神，若仙，似林，似禽，似兽的石英砂岩峰林在云雾中时隐时现，变化万千。早在明代就有人写下"人游山峡里，宛如画图中"等佳句。景观有：天门梯、十里画廊、山重水复、唐家山、仙棺岩、转阁楼、猛虎啸天、锦鼠观天、寿星迎宾、母子岩、海螺峰、夫妻岩、老人岩、众女拜观音、两面天神、天造宝刹、仙女洞、自生桥等。

百瀑溪原名矿洞溪，以瀑水为最佳景色。若遇雨季，千仞峭壁，万米长峡，到处都有数不清的瀑水垂挂。景点有：水绕四门、天子洲、万岁牌、笔架岩、龙椅岩、灯芯岩、金鸡报晓、鹰嘴岩、将军岩、轿顶山、"脚顶坛子"、升帜岩、万叠瀑、六月飘雪、南天飞雨、九天银河、百瀑溪等等。

小索溪幽静雅秀，芬芳清新，以奇峰、瀑布、森林和猕猴为主。

西海流水清溪，林木掩映，峰回路转，峡谷曲折幽深，以奇峰异石而闻名。神堂湾四周绝壁，深不可测，人莫能入，游人到此隐约可闻人喊马嘶。景点有：西海、回音壁、棒槌峰、南天门、三女峰、天台、卧龙岭、神堂湾等。

天子山 在武陵源区东北部，四周低，中间高，为峰林中心的高台地，总面积为9000余公顷。由于它地势高，东南西三面都可观景，透视线长，画面宽阔，景观层次多。烟云缭绕的奇石危峰，如柱、如塔、如笋，低者数十米，高者数百米，雕镂百态。有一扇长达20多公里、高约公里的巨大岩壁，将所有的景物拥抱在怀里。在山腰海拔900多米的岩檐上，有一条弯曲而又平坦的游览小道。小道长达20多公里，沿途有69道岩湾，84个观景台，一道弯一番景色，一个台一片风光。有云雾、云海、云涛、云瀑和云彩等景象。群峰在无边无际的云海中时隐时现，仿佛置身于蓬莱仙境之中。月夜，峰林被朦胧月色披上了一层"魔纱"，似一群群魔影耸立在幽谷之中。耳闻禽兽呖呖的叫声，使人产生一种神秘感。

杨家界 位于西部，与张家界接壤，由月亮垭、石河峪、石家峪等3个景区组成，总面积3400公顷。景区内奇峰异石，流泉飞瀑，猿声鹤唳，组成壮观、秀丽、神奇的风光，最奇绝的有白鹭聚会、龙泉瀑布和五色花。

岳阳楼—洞庭湖风景名胜区

岳阳楼—洞庭湖风景名胜区是国家重点风景名胜区，位于湖南省岳阳市，由5个景区两个景点组成，景区面积214.74平方公里，外围保护面积1460.93平方公里，总面积1675.67平方公里。

岳阳楼高踞岳阳古城西门之上，为我国江南三大名楼之一，历史悠久。东汉末年（219年），东吴孙权和刘备争夺荆州，在湖上操练水军，建造了阅军楼，这就是岳阳楼的前身，距今已有1700多年，多少才华横溢的风流名士登楼吟咏，孟浩然、李白、杜甫等均留下了许多名篇佳句。北宋范仲淹一篇《岳阳楼记》，有"先天下之忧而忧，后天下之乐而乐"的千古名句，名楼得名记，声名益彰。历宋、元、明、清，代有游人赋诗，不乏佳作。

岳阳风光之美，正如北宋范仲淹所描述的"在洞庭一湖，衔远山，吞长江，浩浩荡荡，横无际涯，朝晖夕阳，气象万千。"明代诗人魏允贞以"洞庭天下水，岳阳天下楼"之句大加赞誉，可谓灵心独绝。

洞庭湖是我国第二大淡水湖，南汇湘、资、沅、澧四水，北纳松滋、太平、藕池等水域，至城陵矶进入长江，东流大海。前人描述"潇湘八景"中的"洞庭秋月"、"远浦归帆"、"平沙落雁"、"渔村夕照"等都是洞庭湖的实景。早在两千多年前的战国时代，爱国诗人屈原在他的诗词中吟诵："袅袅兮秋风，洞庭波兮木叶下"。把洞庭湖描绘成神仙出没之所，用名花香草构造了一座五彩缤纷的水中宫殿，迎接一对年轻美貌的恋爱之神。屈原是来到洞庭湖的伟大诗人，开创了用诗词歌颂的先例。浩瀚洞庭，更加富有诗情画意。

岳阳楼景区 岳阳市洞庭路以西至沿湖岸线，是人文景观与自然景观融为一体的景区，面积7.63平方公里。

以楼为主体的岳阳楼景点，左有仙梅亭，右有三醉亭，临湖平台上有怀甫亭。主楼亭阁成"品"字形布局，花木环绕，衔山纳翠，水域倒影，上下掩映。楼雄亭美，绰然生辉。按照"整旧如旧"的原则，进行落架大修，1984年4月竣工。纯木结构，盔式楼顶。一眼望去，重檐鳌突，藻井锁窗，雕梁画栋，丹桂彩楹，金碧辉煌。工艺精巧，造型优美，结构严整，天然浑成。

1993年完成小乔墓迁建，同年8月至1996年9月楼基加固全面竣工。石碑刻字165方，嵌于新建的诗书碑廊之中，1995年1月开放。碑刻之精，内涵之深，实为罕见。

文庙在市二中校园内，宋庆历六年（1046年），滕子京创建。原有泮池、回廊、状元桥，现存大成殿，占地548平方米，殿高16米，重檐歇山顶，距今900多年。1991年大修，重现了昔日的庄重风采。

鲁肃墓在现三五一七工厂东侧，距岳阳楼1公里。鲁肃卒于建安二十二年（217年），葬于此。墓堆高大，呈圆状，周围建石栏，墓前竖石碑，上刻"吴大夫鲁公肃墓"。墓顶有小六方亭，供人小憩。

慈氏塔位于市洞庭南路西侧，洞庭湖畔，始建于唐开元年间（713~741年），现塔系北宋重建，为湖南现存最早的古塔建筑之一。塔高35米，占地46平方米，八角七级实心砖石结构。塔顶有铁刹相轮，每层塔檐为莲花瓣图案装饰，充分体现了唐代塔形建造风格。

君山景区 位于市区西南，东洞庭湖中，距岳阳市区水路15公里，所辖面积14.5平方公里。

君山岛面积0.96平方公里，其名源远流长，说法不一。《水经注》称"洞庭湖中有山，曰洞庭山"，"湘君之所游，故曰湘山"，二妃墓前引柱上刻着一副对联："君妃二魄芳千古，山竹诸斑泪一人"，所以又叫"君山"，乃神仙洞府之意。

君山岛以其得天独厚的地理环境而名贯古今。登临远眺，佳木葱茏，群峰斗艳。"置重湖之浪巅，吴楚平分，盘湖作镇"；"立九派之争涌，揽一湖浩气"。看骇浪惊涛，使人荡胸灵气，披暮烟霞，悦目爽心。历代有许多动人故事流传民间。舜帝南巡，引来了娥皇、女英攀竹洒泪，致使今日斑竹萋萋；秦始皇逞一怒之恶，赭树封山，令人唾其暴虐；汉武帝浦口射蛟，声名振威，香山求仙酒，啼笑皆非；吕仙挥两袖云，才有"三过岳阳人不识，朗吟飞过洞庭湖"的诗句传颂。历代名人逸士游踪于此，无不为其钟灵毓秀而陶醉倾倒。

君山上古迹众多，各具特色。据《巴陵县志》载，有48庙、36亭、5井、4台，清末和民国年间累遭兵燹，至建国时期仅存遗迹，从1979年建立公园时起陆续进行修复，柳毅井、传书亭、洒香亭、望湖亭、二妃墓、湘妃祠已是古貌新颜，新筑秋月桥、荷花池、侯园、龟园等。

封山印在龙口东侧石壁上。

据《洞庭湖志》载，秦始皇南巡至君山，遇大风浊浪，问侍臣，曰：尧帝二女娥皇、女英寻夫虞帝未着，忧疾而死，葬于此山，封为湘水神，故作此患。秦王闻之大怒，罚刑徒三千，将山上树木砍伐后，放火烧山，并令在石壁上阴刻四颗大印，后人称封山印，意指湘水神不再为患，有释为"永封者"，也有作"封山者"。

朗吟亭。耸立在君山东南端山顶上。吕洞宾因屡试不第，64岁时弃儒从道，漫游四方，浪迹四方，浪迹江湖，成为八仙之一。郎吟亭传为吕仙酾酒赋诗，醉卧酣眠之处。此亭建于北宋年间，累遭兵燹。1980年在原址新建，为36亭之魁。今日更是亭廊辉映，古香古色，引人入胜。

洞庭庙始建于唐，相传柳毅传书，救出龙女，龙王将三公主嫁柳，被婉言拒绝，龙女后巧扮渔家姑娘，终与柳喜结良缘，柳毅被封为洞庭龙王，建庙祀之。抗日战争期间被毁，民间草修，至20世纪50年代初倒塌殆尽。1995年4月，在云梦亭东侧原址上修复，庙为二进，占地3120平方米，建筑面积1200平方米。

君山还有奇竹、银针茶、全鱼席，亦久负盛名。

南湖景区　集自然、人文景观、体育、水上娱乐、度假于一体的多功能景区，面积28.27平方公里。

南湖在城区南面，西连洞庭湖，水面12平方公里，沿湖岸线长60公里，终年碧波荡漾，幽静雅洁，港湾曲折，群峦起伏。相传秦始皇赶山填海至此，山岿然不动，一怒之下猛抽一鞭，赶山东端留下一条鞭痕。有"一龙赶九龟"的奇特风貌。湖中有九座小山，形状如龟，亦称九龟山。南有赶山，北有天灯嘴、牛轭石、刘山庙，山势突兀，分别向湖中延伸，宛如青龙戏水，各具雄姿。

木梓港为龙舟赛场，新建南湖不夜城、南湖宾馆等旅游度假设施。

南湖公园在姜家嘴，新建现代化花圃基地，年生产花卉20万盆（株），后又建赊月亭、颐寿亭，屹立湖畔，风景优美。

金鹗山位于市南湖大道西侧，面积58公顷。相传古时有异鸟飞集其上，色黄若金而得名。群山起伏，秀峰高耸，为城池天然屏障，居高临下，可俯瞰全城风貌。今日金鹗山更为秀丽壮观，修建了望岳亭、玉兔亭、翠谷亭、荷香楼、孔子雕像，修复文昌阁、金鹗书院，面貌大为改观。

铁山景区　由铁山库区、大云山、相思山组成，面积140.31平方公里，是以人工湖泊为主体，山水相映增辉的景区。

铁山库区坝址铁山口，距岳阳市区58公里，水面41.6平方公里。在这个浩瀚的人工湖中有147个大小不等，形态各异的岛。山间有湖，湖中有山，幽深处有如森林峡谷，与飘动的流云交织在一起，在阳光的辉映下闪着夺目的银光，漫山遍野开放杜鹃花。

大云山盘旋72峰，有名胜景点59处，宫、观、殿、庙28座，近年修复祖殿、玉贞观、白云亭等景点。

汨罗江景区　位于汨罗市楚塘乡（屈子祠），距岳阳市区87公里，景区面积12.96平方公里。

屈子祠又称屈子庙，在汨罗江下游北岸玉笥山上。《拾遗记》载："楚人为之立祠，汉末犹在"。唐天宝七年（748年），唐玄宗置长沙郡，敕建三闾大夫屈原祠，岁时致祭。乾隆二十一年（1756年），知县陈钟理徙建玉笥山上，这就是现在的屈子祠，占地1354平方米，分前、中、后三进，前、中进分东、中、西三厅，两侧有丹池和花台，各有古银桂1株。厅、堂、池、廊、阁浑然一体，充分体现了清代建筑风格。附近有独星亭、离骚坛、濯缨桥、桃花洞、寿星台、剪刀池、绣花墩、望爷墩，谓之玉笥八景。

离骚阁为屈原碑林主体，高12米，占地100平方米。三重檐，飞椽翼角，三珠宝顶。阁中央竖牌，分段书写《离骚》全文。

天问坛为两级台阶式正方形建筑，坛中央耸立着屈原昂首天问塑像。

九章馆为仿古双层殿堂式，半台架，高10米，占地160平方米。

九歌台前为露天花岗石高台，后为厅堂，高5.5米，建筑面积70平方米。

招魂堂高7米，堂内四壁有《招魂》诗意浮雕，有独醒亭、思贤楼、仿古大门，有刻石300余方，较好地保存了原作风格。

屈原墓有12疑冢，面积1平方公里。

团湖景点位于岳阳市君山区广兴州镇，面积2.14平方公里，种植湘莲200公顷，定为外宾观荷区。

城陵矶景点，面积8.93平方公里。附近擂鼓台，传为楚庄王擂鼓督战之地，现仍可领略三江分流的壮丽景观。

韶山风景名胜区

韶山风景名胜区是国家重点风景名胜区，位于湖南省韶山市，包括故居景区、滴水洞景区、韶峰景区、清溪景区、黑石寨景区、狮子山景区、银河景区等7个景区，82个景点，其范围北至杨林乡黑石寨、红旗水库，南至天鹅山，东至银河渡槽、樟木山，西至大坪乡滴水洞、棠佳阁一带，面积70平方公里，外围保护地带约为42平方公里。

韶山，古属荆楚，相传舜帝南巡至此，奏韶乐，引凤来仪，百鸟合鸣。"箫韶九成，凤凰来仪"，舜帝安营奏乐之山，为韶乐之宗，合"音、召"凤凰之意，故称韶山。

韶山风景名胜区是以毛泽东同志故居、毛泽东同志纪念馆等珍贵的人文景物为主体，以韶峰、滴水洞等朴素的自然风景为基础，可供开展革命传统教育与爱国主义教育和旅游观光的国家重点风景名胜区。

1893年12月26日，毛泽东诞生于韶山冲上屋场，在韶山经历了中国农村的贫穷落后和中国农民的辛酸苦辣，于1910年闯出乡关求学，1911年参加反清的湖南新军，五四运动后接受马克思列宁主义，投身革命；1921年与其他革命者一道创建中国共产党；1925年回韶山领导农民运动；新中国成立后，两度回韶山视察。

韶山位于湖南省中部偏东的湘中丘陵区，地层发育较全，地质构造复杂，山峦起伏，以韶峰山脉和韶河、石狮江两水为骨架，构成西部隆起、往东及东南倾斜的地势，山、丘、岗、平原齐备。全区最高点韶峰（仙顶灵山），海拔518.5米，最低点六亩洲，海拔48米。

韶山钟灵毓秀，风光奇特，人文景观和自然景观交相辉映。这里群山青郁，古木参天。有古松200多亩，其间有800年以上树龄的古樟，500年以上树龄的古枫，还有银杏、花楸木、杜仲、楠木、水杉、山茶、皂荚、榆木等珍稀古树。森林覆盖率达90%以上。这里有新石器时代

留下的遗址——大坪乡新联村的雷祖寨；战国、东汉时期的古墓群；唐、宋、元时期的陶、瓷窑遗址。还有唐代建造的清溪山法海寺、宋代形成的五洋潭集市、明代建成的银田寺等。

故居景区　有故居等14个景点，每一景点都与毛泽东紧密相连。

毛泽东故居又名上屋场，毛泽东在此度过了童年和少年时代。1961年国务院公布为第一批国家重点文物保护单位。1982年，经中央批准，将"旧居"改为"故居"。故居前有二口水塘为毛泽东少年时经常游泳的地方。

南岸与故居毗邻，为毛泽东少年读私塾的地方。毛泽东八岁开始曾在此读书两年。

松山一号楼位于韶山宾馆松山内，毛泽东1959年6月第一次回故乡时在此居住，作《七律·到韶山》，并与当地干部、群众亲切交谈。现取名"故园"。

毛泽东父母合葬墓位于故居东面的一个山冲上部，毛泽东1959年回到韶山到此为父母扫墓。

铜像广场由毛泽东铜像和广场组成。铜像重3.7吨，高6米，底座高4.1米，通高10.1米。耸立于纪念馆前的广场上，面向东方，身后是韶峰。其造型选用毛泽东身着中山装，手持文稿，面带微笑，目视前方的开国大典时的形象。

毛泽东纪念馆陈列了毛泽东一生从事革命活动的史迹和遗物。

毛氏宗祠位于铜像广场西侧，清乾隆六年始建，乾隆二十八年建成，毛泽东于1925年在此举办农民运动讲习班。

毛鉴公祠与毛氏宗祠相邻，同为清初民居式样，1927年毛泽东考察农民运动后，在此召开过农民大会并作长时间讲话。

毛泽东纪念园位于故居以北500米内，是以毛泽东一生历史功绩为内涵，缩微景观建设与自然景色开发并重，集纪念、瞻仰、游憩于一体，是具多功能和地方特色的综合性景园。

毛泽东图书馆是全国也是全世界第一家专门收集馆藏毛泽东著作的图书馆，既是人物馆藏书目非常齐全集中的资料库，也是享誉中外的一个旅游景观。

滴水洞景区　有滴水洞一号楼、韶山水库、虎歇坪、毛泽东祖父墓、毛泽东曾祖母墓、观音石、映曦岩、滴水清音、虎亭、毛震公祠等景点。自然景观和人文景观丰富。入口的韶山水库始建于1956年，毛泽东1959年和1966年曾两度在此游泳。水库右边石壁碑廊，有毛泽东次子毛岸青及叶剑英等亲笔撰写的诗文。整个滴水洞被世人称为"神秘的西方山洞"。

韶峰景区　有韶峰耸翠、毛泽东诗词碑林、观日台、韶峰水库、石屋清风、石壁流泉、东罗石壁、六朝松、飞来船、顿石城门、十八罗汉山等景点。以韶峰为主，其峰奇丽险峻，自古有韶峰八景之说。毛泽东诗词碑林位于韶峰山腰，分四个展区，分别展现毛泽东各个时期的诗词，共收录52首。

清溪景区　以清溪镇为主，有青年水库、烈士陵园、毛泽东塑像台等景点。烈士陵园占地160多亩，主体项目有门标、门楼、泪飞泉、烈士塔、五杰亭、六位亲人铜像、烈士雕像等，是一个缅怀革命先烈丰功伟绩、对后人进行革命传统教育的基地。

黑石寨景区　有青沟里水库、红旗水库、韶山鹿场、杨林鹿场、黑石寨等景点。其特色是群山起伏，植被种类丰富，沟壑纵横。每到春季山花遍野，秋季则"层林尽染"，漫山秋色，迷人欲醉，一幅世外桃源之象。

狮子山景区　分狮子山景观小区和板凳岭景观小区，主要景点有如意亭、大塘湾、板凳岭、坪顶岭、燕子洞、四仙抬宝、雄狮吞日、乳桐庙等。其特色是自然景观与革命旧址相融合。

银田景区 有灌区陈列馆、樟木山、银田寺等景点。银田寺位于银田镇，明天顺三年（1459年）建，称静安寺。清道光年间改称银田寺，俗称白庙。院内有一棵高大的银杏树。民国14年（1925年）毛泽东曾在寺内召开秘密会议。现为银田镇学校。

岳麓山风景名胜区

岳麓山风景名胜区是国家重点风景名胜区，位于湖南省长沙市湘江西岸，总面积31平方公里。

岳麓山属南岳衡山山脉的一部分。南岳有72峰，以衡阳市回雁峰为首，长沙岳麓山为足，故名岳麓，主峰海拔297米。

岳麓山风景秀美，层峦耸翠，林壑优美，涧泉清幽，古木参天，浓荫匝地，保存有六朝松、千年银杏、元樟等古树名木12科20种348株，尤以枫香红叶闻名中外。岳麓山历史悠久，自晋武帝泰始四年（268年）法崇禅师建麓山寺，已有1700多年的开发史。到处遍布着名胜古迹，自西汉以来，历代都有遗迹可觅，著名的有"汉魏最初名胜，湖湘第一道场"的麓山寺，有创建于北宋开宝九年（976年）、为宋代四大书院之冠的岳麓书院，有道家二十洞真虚福地的云麓宫，有全国四大名亭之一的爱晚亭，还有禹王碑、飞来石、自来石、麓山寺"三绝碑"等文物古迹多处。苍松翠柏中安葬着黄兴、蔡锷、陈天华等近代革命家的忠骨。岳麓山又是湖南重要的文化教育区，集中了湖南大学、中南工业大学、湖南师范大学等著名学府。

岳麓书院 位于岳麓山东麓，是我国古代著名的"四大书院"之一，也是我国目前保存最完好的一座古代书院。它始建于宋太祖开宝九年（976年）。到清光绪二十九年（1903年）改为高等学堂，绵延927年，历宋、元、明、清四朝，原名不变，至今已越千载，真不愧为"千年学府"。书院建筑，曾历尽沧桑，现存建筑大部分为清代建筑。现存遗迹有：讲堂、文昌阁、六君子堂、崇道祠、濂溪祠、四箴言亭、湘水校经堂、十彝器堂、半字斋、教学斋、文庙、赫曦台等。

爱晚亭 位于岳麓书院后青枫峡的小山上，为一重檐八柱方亭。清乾隆五十七年（1792年）山长罗曲所建。原名"红叶亭"，又名"爱枫亭"。四周枫树成林，春时青翠，夏日清凉，深秋枫叶红艳。"爱晚亭"之名是取唐代诗人杜牧"停车坐爱枫林晚，霜叶红于二月花"诗意，亭内有一横匾，上刻毛泽东手迹《沁园春·长沙》

一词，亭额上"爱晚亭"三字是毛泽东题书。

麓山寺 在岳麓山半腰，系晋初古寺，是佛教入湘最早的一所大寺。存山门和观音阁，山门外古枫参天，浓荫覆盖，观音阁为砖木结构，前有两株罗汉松，左边一株是六朝遗迹，称"六朝松"，树龄在1700年以上。

麓山寺后，古树环抱，有泉从石罅中溢出，冬夏不涸，清冽甘甜，清澈透明。白鹤泉有"麓山第一芳润"之称。泉侧建有茶室，用清冽的白鹤泉水沏茶，供游客品尝。

《北海三绝碑》 保存在湖南大学。碑高2.72米，宽1.33米，是唐代大书法家李邕撰文并书，碑额篆书"麓山寺碑"四个大字，因其文采、书法、雕刻都极美，又李邕曾任北海太守，故此得名。该碑是我国著名的唐碑。

禹王碑 位于岳麓山巅的苍紫色石壁上，面东而立。碑文记述和歌颂大禹治水的丰功伟绩。碑高1.7米，其文字形如蝌蚪，很难辨认，很可能是道家的一种符。

桃花源风景名胜区

桃花源风景名胜区是国家重点风景名胜区，位于湖南省桃源县，沅水下游，包括桃花山、桃源山、秦人村、灵镜湖4个景区，69公里的沅江旅游线及独立景点，外围保护区，总面积157.55平方公里，核心主体景区8.12平方公里。

桃花源在桃源县城西南15公里处，相传为晋代诗人陶渊明著《桃花源记》之地。山坡溪边遍植桃树，沿山亭阁均按陶渊明文命名。有始建于唐代的"桃花观"、明代的"方竹亭"和"遇仙桥"等，并存有历代诗人石刻碑文100多块，木质楹联50多副。

桃花源始建于晋，初兴于唐，鼎盛于宋，自元代以后屡遭兵患，曾是我国古代4大道教圣地之一。

桃花源入口处，横跨国道线建有巨大的牌坊，高约17米，宽27米，中空净跨12米，坊内即是"桃源仙境"。坊内两边均是桃花林，春来桃花盛开，万紫千红，分外妖娆。

从明代修建的方竹亭，过遇仙桥，经桃花潭，便到秦人古洞。秦人古洞是石壁上的一个小洞，相传《桃花源记》中的渔人即从此洞进入桃花源的。过洞口，豁然开朗，一派宁静美丽的田园风光展现在眼前，这便是"世外桃源"了。

五柳湖，水面近100余亩，湖周桃红柳绿，湖水凝翠溢彩。

桃花观原是一座始建于唐代的古庙，清代改为道观，现存建筑为1914年重建。

桃川宫是桃花源最古老的建筑，分上、中、下三宫；"四十八层庵，走马观山门"，"千根柱头落脚"，描写的就是当年桃川宫的盛况。桃川宫上宫现已修复。

天宁碑院分三梯布局，占地10余亩，由碑石、碑屏、碑亭、碑坊、碑廊、碑室等组成仿古院式建筑群。

秦人古道相传为渔郎进入"世外桃源"的又一通道。蜿蜒近1000米，由古牌坊、古道、古堡、古点将台、古舍、古洞组成。

桃花山牌坊两侧建有八仙亭，每侧一组，每组四座，分别以民间传说中的八仙命名，占地1500平方米。八亭造型迥异，特色独具。

猛洞河风景名胜区

猛洞河风景名胜区是国家重点风景名胜区，位于湖南省西北部武陵山脉中段，总面积255平方公里。地质年代古老，地层单元多样，地貌景观多变，水系发育。风景区有猛洞河、王村、不二门、老司城等六大景区，40多个景点，重要景观、景物200多处，其中"武陵胜景"、"不二桥"、"自生桥"、"落水坑"、"王村古镇"等一级景点达26处。

猛洞河风景名胜区早在新石器时代就有古人类的活动，属"大溪文化"、"龙山文化"，现仍保存有商周人类活动遗址、汉代古墓群、土司王古墓群、西水崖墓葬等，是一处以山川、溶洞、飞瀑等自然景观为特色，渗透着湘西土家族悠久历史文化和独特民族风情的风景名胜区。

猛洞河风景名胜区还是一个天然动物园和植物园，金丝猴、林麝、飞鼠等一百九十多种珍禽异兽出没于溪涧洞谷，水杉、银杏、珙桐等五百多种奇花异木遍布于山峡峰岭，是一个鸟的世界，花的海洋。

猛洞河 全长二百多公里，已开辟旅游的主、支流水域航程就有170多公里，是猛洞河旅游的主体部分。上游河道狭窄，流急滩陡，可乘旅游船游览，穿峡谷，钻溶洞，观山景。游览猛洞河，要通过天门峡、百鸟峡、鸡笼峡、磨盘峡、猴儿跳峡等景色优美的峡关。既可停船靠岸，观赏小龙洞、大龙洞、鸳鸯洞、阴阳洞等及钟乳石林奇景，还可领略哈妮宫瀑布、捍土瀑布、落水坑瀑布的英姿。猛洞河，犹如一幅流动的画。猛洞河漂游出发点王村，一般在猴儿跳返程，为一日漂游。沿途观赏二个溶洞。因修建凤滩水库，造成猛洞河及其下游灵溪河地段的淹没，水库碧水如镜，倒影如画。

芙蓉镇 王村是一个具有两千年历史的湘西著名古镇，位于地势险要的酉水北岸，青石板嵌成的梯子街从河码头一直延伸到城顶，街道两边的吊脚楼鳞次栉比，古色古香。湘西民俗风光馆中的"溪州铜柱"为国家重点保护文物，长约5米，铜柱上的文字详细记载着一千多年前楚王土司征战夺地的历史。镇东侧悬崖上的王村瀑布高60米、宽40米，气势磅礴。因著名影片《芙蓉镇》曾在此拍摄，人们便誉王村为"芙蓉镇"。

不二门 位于永顺县城南门外的猛洞河畔，是一座奇特的石林公园。它劈谷千仞，一径中开，石裂双扉，古人摩崖诗刻遍布岩壁。公园内怪石嶙峋，古木参天，新建的土家族民俗博物馆里，展示了土家族悠久的历史和独特的民情风俗。这里优质的温泉既可沐浴又可饮用。

崀山风景名胜区

崀山风景名胜区是国家重点风景名胜区，位于湖南省邵阳市新宁县，含紫霞峒、骆驼峰、八角寨、扶夷江、牛鼻寨等五大景区，景点100多处，总面积75.28平方公里。

风景区属典型的丹霞峰林地貌，其地质基础为白垩系紫红色砾岩、砂砾岩和含砾砂岩，单斜构造使之成为以单面山为主的丹霞峰林地貌景区，由突出的石峰和凹下的谷地组合而成，石峰可分为方山、石柱、岩朽等类型，谷地分为裂隙、一线天、石巷、峡谷、河谷系列，更富有地方色彩的地貌景观为丹霞

—喀斯特地貌复合体，上面为丹霞峰林，下为喀斯特溶洞。奇峰异石、形态独特。天生桥、将军石、一线天、辣椒石、鲸鱼闹海、骆驼峰被誉为六绝。

风景区内气候温暖湿润，水热资源丰富，植被生长良好，森林覆盖率达56.2%。初步统计风景区内有高等植被184科、889属、2307种，其中珍稀植物371种，国家一、二、三级保护的植物184种，如世界珍稀植物银杉、珙桐、唇柱苣苔等。景区内还有粤松群落、万亩杜鹃花海和大面积原始次生林。森林中栖息着众

多的珍稀动物。

风景区历史悠久，4000多年前便有人类繁衍生息，保留有舜帝南巡狩猎遗址、白面寨和周家山新石器时代遗址、八角寨和牛鼻寨明清农民起义的战场、古堡及历代名人宗祠、墓葬。这里是宋代抗金名将杨再兴的出生地，又是太平天国石达开、李秀成曾经驻军营寨的场所，清末兵部尚书、督师甲午战争的刘坤一宗祠也保存在此。

风景区有瑶、侗、苗等少数民族居住，民俗风情异彩纷呈，如"打古堂"、"对歌"、"乌饭节"等等，不一而足。

扶夷江景区 位于风景区东北部。扶夷江穿越风景区，为汇入洞庭湖的资水的源头。扶夷江有十二滩，十二景，江水清澈见底，江中400平方米以上的沙滩有3处，上面芳草匝地，柳树成荫；江两岸丛丛翠竹，风生水起，竹涛江涌；江畔，丹山碧水，怪石翠竹相映成趣。泛舟江上，可观赏到笔架山、军舰石、将军石、长堤柳岸、绵绵沙滩等景观。

将军石耸立于扶夷江畔，高数十米，长42米，厚6米，为一砂砾岩岩墙，酷似头戴方中、身披铠甲、手持玉带、胡须飘拂的将军，俨然是美髯公关云长再世。

骆驼峰景区 位于风景区中西部。骆驼峰距县城14公里，是由四座石山组成，全长273米，高187.8米，酷似骆驼，头脊躯尾错落有致，惟妙惟肖。

蜡烛峰紧临骆驼峰，高达217.8米，如同一支直插云霄的蜡烛，气势雄伟，挺拔壮观。

辣椒峰高达180余米，头大脚小，恰似一只硕大无比的辣椒耸立于群峰之上，依天而立，四周都是绝壁深谷。

八角寨景区 位于风景区南部。八角寨位于窑市镇黄背村西南。它昂首挺立，高耸入云，山顶分八扇伸向各方，俗称八个龙头，因常年有云雾缭绕，唯有山顶平台没有云雾，故又名"云台山"。明代曾在山顶建云台寺。红军转战湘桂，曾借宿寺内。

舍身岩，形如刀削，俯视崖下群峰，波涛起伏，似惊涛骇浪。

天生桥在汤家坝，长64米，宽14米，高20米，桥面厚5米，全桥呈半圆拱形，似人工砌筑而成，气势磅礴，堪称"亚洲第一桥"。

白面寨是石田至八角寨的一大侧峰，山岩均呈银灰色，且植被多以开白花为主，远望如银涛白浪，山势险峻，石砌寨门仅容一人出入，大有"一夫当关，万夫莫开"之势。曾是杨再兴、石达开等历代名将的石城堡。

牛鼻寨景区 位于风景区中部，以牛鼻寨一线天最为奇绝。它长233.5米，高约60~100米，平均宽0.43米，最窄处0.27米，游人仅能侧身而过，有"天下第一巷"之称。

紫鹊界梯田—梅山龙宫风景名胜区

紫鹊界梯田—梅山龙宫风景名胜区是国家重点风景名胜区，位于湖南省新化县境内，面积约53.3平方公里。由紫鹊界梯田、梅山龙宫、油溪河漂流、资江风光带四大景区组成。无水库无山塘的自然灌溉系统，体现了天、地、人的巧妙结合；地下溶洞石钟乳发育良好，景象奇特。

紫鹊界 位于雪峰山中部的奉家山体系，该体系以最高峰海拔1585米的风车巷山为基点，向东北方向呈扇形展开，其间1000米以上山峰达30多座。紫鹊界原名止客界，海拔1236米，是从水车镇通往奉家镇到溆浦县必经的第一座山峰。有一条石板路以"之"字形拾级而上翻越此峰，垂直高程600余米。紫鹊界季风气候明显，雨水丰富，植被覆盖良好，森林面积大，蓄水性能好，形成丰富的地下水资源，开垦梯田水源充足。

紫鹊界梯田 已有2000余年历史，是苗、瑶、侗、汉等多民族的劳动结晶，总面积50多平方公里，集中于水车镇紫鹊界周边的梯田达13平方公里以上。梯田遍布于海拔500米至1000余米的十几个山头上，最大的不过1亩，可达500余级，蜿蜒曲折的梯田分布在重重叠叠的山梁沟壑之中，随山势起伏而直上云霄，规模恢宏，形态壮美。其中龙普梯田的博大、瑶冲梯田的伟岸、白水梯田的幽深、金龙梯田的壮阔、横南梯田的俊美、石娘梯田的神韵、楼下梯田的灵秀是紫鹊界梯田中的精品。紫鹊界的背面，有万亩金银花基地，还有48座瑶人寨遗址等。紫鹊界梯田的形成得益于优良的天然灌溉系统，属于基岩裂隙孔隙水的地下水随基岩裂隙而生，山越高，水越多，永不枯竭。村落中是一座座干栏式板屋和翠竹掩映，别具风情。紫鹊界一带的文化底蕴深厚，苗、瑶风俗盛行，山歌、民歌、情歌广泛流于民间，龙狮舞、草龙舞风格独特，民风淳古。

梅山龙宫 是一个地下溶洞群，共有九层洞穴，由上万个溶洞组成。洞府现已探明长度2876米，包括长466米的神秘地下河。大量姿态各异的流石景观，玲珑剔透的石笋、石钟乳景观，还有千变万化的断面形态和蚀余小形态景观。"洞府云天"，其上下高达80米的层楼空间结构，规模宏大、布局天成，各种石钟乳层次清晰。"哪吒出世"，由一个从中裂开的巨大的天然钟乳石莲、一叶剥落的花瓣以及带有红色钟乳石组成，形象逼真。形似"雾凇"的白色非重力水沉积物，由毛细管力作用形成，晶莹剔透、洁白无瑕，具有较高的科研价值。"水中金山"景点顶部有数百万根洁白无瑕的鹅管和姿态各异的钟乳石，底端是一巧妙天成的瑶池。水平如镜，鹅管和钟乳石倒映在水中，上下映照，浑然一体。

景区季风气候明显，雨水丰富，植被覆盖良好，森林面积大，蓄水性能好。境内往东南方向的山溪有20多条，汇成锡溪流入大洋江进资江；往西北的山溪9条，汇成渠江注入资江。山溪总长达120公里。资江风光带和油溪河漂流引人入胜。

德夯风景名胜区

德夯风景名胜区是国家重点风景名胜区，位于湖南省西部，吉首市郊区，地处云贵高原与武陵山脉相交所形成的武陵大峡谷中段，属中低山丘陵景观，景区总面积为108平方公里。

武陵大峡谷长约150公里，宽约1.5公里至3.5公里不等，海拔高度680米至900米之间，峡谷垂直高度在400米至600米之间。区内绝壁高耸，峰林重叠，溪河交错，平均气温在16~18℃之间，四季如春，气候宜人，动、植物资源非常丰富，自然风光十分秀丽。

景区是典型的高原台地边缘、喀斯特峡谷地貌，谷深幽长，大峡谷中有许多小峡谷，如大龙峡、小龙峡、高岩峡、大连峡、麻风用峡、玉泉峡、夯峡、九龙峡等。峡谷内溪流众多，绝壁高耸，古树倒挂，奇峰突起，峰林重叠。景区属寒武纪地质年代，古生物化石丰富。

景区谷顶是云贵高原台地边缘，峡谷山势跌差巨大。加之喀斯特地貌发育，地下溶洞甚多，地下河水系丰富，谷间溪水众多，形成许多壮观的瀑布和瀑布群。其中高达190米以上的瀑布有二十多个，水流终年不断，如大龙洞瀑布、夯峡瀑布群等。流沙瀑布落差达到216米。最壮观的瀑布是夯峡瀑布群，在一段高约300余米，长约200余米峡谷中，悬挂着7条一百八九十米高的瀑布，响声如雷，水雾漫漫，彩虹数道，十分壮观。

景区气温适宜，雨量充沛，动、植物资源非常丰富，是天然的动植物园。分布着原始森林，珍贵连片的野生腊梅林约900余亩，以及金桂林、银桂林、银杏树、珙桐、金钱树等稀有树种。花卉有灯笼花、龙虾花、石蒜花等。动物有猴群、野豹、野山羊、穿山甲、岩鹰、锦鸡、雉鸡、竹鸡等。

景区内有许多神秘的自然现象。如神奇观音，在景区的十里画廊一段绝壁上的一个自然山洞中，有一尊特定时间才显现，酷似观音人像。九龙峡谷中的九龙潭景点，流沙瀑布飞泻而下，阳光直射瀑布，形成八九条彩虹，令人称奇。雷公洞的雷电，雷公洞在一段不到两百米长，高约3百米的绝壁中间，水平排列有7个大小不等石洞，雷雨季节，天上打雷，7个洞口有闪电，声震峡谷。

景区民俗独有，世代居住此地的苗族，仍然保留着传统的民族习俗。讲苗语，着无领绣花衣，以歌为媒，自由恋爱。姑娘喜欢用银饰打扮自己，男人爱结绑腿，吹木叶，喜武术。人们自己种棉，养蚕，纺纱织布染布，用古老的方法榨油、造纸、碾米、织布，用筒车提水灌田。用厚重的木船摆渡，索索船随处可见。人们在集上进行交易，量具多使升、斗器具，买卖双方在衣角内摸手讲价。苗族建筑古老淳朴，苗寨依山而建，飞檐翘角，半遮半掩，封火墙、雕花窗，造型奇特，格调鲜明。

苏仙岭—万华岩风景名胜区

苏仙岭—万华岩风景名胜区是国家级风景名胜区，位于湖南郴州市，由苏仙岭、万华岩、东塔岭、仙岭湖4个景区组成，总面积65.13平方公里。景区融山、水、溶洞和历史文化于一体。

苏仙岭最高峰海拔526米，自唐宋以来为道教活动重要场所，被道教誉为洞天福地，号称"天下第十八福地"。从山麓到山顶有桃花居、白鹿洞、三绝碑、景星观、八字铭、沉香石、苏仙观等景点。桃花居面向桃花水溪，四周翠竹修茂，环境幽雅别致。白鹿洞在桃花居上方，传说白鹿在此哺乳。从白鹿洞拾级而上约100米处有护碑亭，亭内有一块高4米多的天然石壁上有"三绝碑"，"三绝"指的是秦观的词《踏莎行·郴州旅舍》、大文学家苏轼为该词写的跋和米芾的书法。苏仙观立于苏仙岭绝顶，是一座宋代建筑的庙宇，宏伟肃穆，是苏仙岭的主要景点，它东北角的两间偏殿为张学良将军当年被幽禁的地方，现称"屈将室"。从三绝碑到苏仙观，要攀登近2公里的登山小道，小道穿行在苍松翠柏之中，沿途景致优美。

万华岩溶洞是一千姿百态的石钟乳溶洞，洞穴系统主洞和支洞长度超过9000米，洞体空间变化多端，洞穴曲折幽深，钟乳累累，千姿百态，以壮丽的石笋、石钟乳、流石坝、"中国第一、世界第二"的岩溶沉积物珍品——水下晶锥、湍急的地下暗河和溶洞第一漂为特色的喀斯特博物馆。其中主洞长2000余米，洞内有溪，溪水贯穿全洞，有3个进出口，12个景观大厅和23个著名景点。洞内一般宽度在15~20米，最宽处110米，高度一般在10~20米左右，最高处30米，空气清新流畅，四季温度恒定。在主洞430米处有一个支洞，地下河总长8公里多，洞内石景别致，三大瀑布神秘莫测。洞中有洞，两壁钟乳石和石花、石钟、石幔、石田或晶莹剔透，或造型奇绝。岩溶精品当属仍在发育生长的水下钙膜晶锥，是国内外溶洞化学沉积物罕见的珍品。

南山风景名胜区

南山风景名胜区位于湖南省城步苗族自治县西南，处越城岭山脉与雪峰山脉交汇地带，总面积199平方公里，核心景区面积为152平方公里。景区主要分为南山牧场所在区域、五团镇区域、白云湖和白云洞等三个区域，由南山、两江峡谷、白云洞、沙角洞银杉公园、长安营和五团苗寨六大部分构成，主体为南山牧场。景区以中国南方高山台地草原风光为主，绵延80余里，人称八十里大南山。自然生态条件好，动植物资源丰实，集峡谷、峭壁、溶岩、怪石、原始植被、飞瀑流泉、人工湖泊为一体，100多平方公里的连片草场，构成雄浑壮阔的绿色海洋图。

南山景区绿色生态体育资源十分丰富，适合不同训练水平、不同训练年限的运动员进行高原训练。景区是湘西南苗族聚居地，至今保留着苗族语言、吊脚楼、民族服饰、油茶文化、宗教礼仪、民间歌舞等民族风情和传统文化，以及富有传奇色彩的人文历史，是苗族人民几千年的文化结晶。

南山地区草山连成一片，是典型的高山台地风光，并建有南国最大的现代化山地牧场。从山脚到山顶，植被分布呈明显带状特点，依次是竹海、原始森林、灌木、草山。景区平均海拔1760米，丘峦起伏，涧瀑流泉密布，点缀着48坪48溪，常年碧绿如茵、清流涓涓。尤以春夏，各色杜鹃竞相怒放，漫山遍野。

南山崎岖险峻，左右盘桓，其间有老山界，苍崖陡峭，路旁古树参天，树上镌刻的"红军万岁"的标语依稀可辨。青塘坳神雾区，云雾变化万千。绞子洞是一个大山谷，纵横数公里，谷深500余米，悬崖陡壁，每当久雨转晴，便出现许多神奇的雾柱，时上时下，变化万千。三十六度河，河流弯弯曲曲，流水潺潺，野生动物繁多。

两江峡谷由一条公路和水路贯穿，全长36公里，境内古木参天，林海茫茫，流水淙淙，禽飞兽走，四季花妍。森林郁闭度在0.95以上。现已发现银杉、榉木、红豆杉等20余种珍稀树种，110种野生动物和大量昆虫。被游客和专家誉为"东南亚第一峡谷"。峡谷内现分布着六个少数民族村落，保留着原始淳朴的民俗民风和悠久古老的民族文化。

沙角洞银杉森林公园位于城步苗族自治县东北，为针叶、阔叶混生原始次森林，森林覆盖率达90%，有国家重点保护的银杉、南方红豆杉、毛红椿、长苞铁杉、银杏等13种珍稀植物和果子狸、岩羊、穿山甲、大鲵、猴面鹰等11种珍贵动物。公园内涧瀑密布，最高峰58株古银杉与长苞铁杉密混而生，景色秀美。

长安营景区，南山脚下，地势险要，古为兵家必争之地。清朝政府为保长治久安，在此建署屯兵，取名长安营，俗称"宝庆二府"，史载最多驻兵达8000多人，曾盛极一时，至今尚存长安营古城、跑马场、校兵场遗址及古街道，长安营自此留住着满族。现主要包括大寨风情文化村、东晋人工古杉群、长坪红军纪念碑、岩寨延季蔬菜基地等景点。在大寨风情文化村，可以喝到侗族油茶，听到侗族山歌，看到侗族舞蹈，参与侗族体育节目，领受到浓郁多彩的民族风情。

万佛山—侗寨风景名胜区

万佛山—侗寨风景名胜区是国家级风景名胜区，位于湖南省怀化市通道县，总面积168平方公里。景区由万佛山丹霞地貌区、百里侗文化长廊和红军通道转兵会址三部分组成，以丹霞峰林、深邃峡谷和侗寨风情为主要特色，雄、奇、秀、幽，自然风光秀丽。

万佛山景区位于万佛山-侗寨风景名胜区的最北端，总面积10.8平方公里，以丹霞地貌最有特色，峰林密集，雄奇壮观，具有较高的景观价值。

万佛山海拔635.0m，相对高度90m，是风景区内第二高峰。万佛山东北至东南一带有着无数座山峰，这些大体量山块的聚集呈现出万马奔腾、气象万千的雄伟景象。登临万佛山顶，南可远眺将军山、大寨岩、神仙洞，北望炭山界，东可饱览万座丹峰叠秀。

万佛山峰林景区据传曾是一处修身养性的风水宝地，方圆建有七十二庵，每年阴历二十九观音菩萨生日时，法祖吹动螺号，各洞法师赶来聚会为观音祝寿，听法祖讲经，法祖清来者正为9999位，称万佛会，地域便名"万佛山"。在峰与峰之间形成深邃的峡谷成为三十六弯，其间生长着原始次生林及参天古树，峡谷、峰群、密林交相呼应。

炭山界峡谷景区为景区边缘及丹霞地貌和硅质岩地貌交接处。丹峰无边，气势磅礴。炭山界为梭形峰带，山脊线长约800m，该处既可饱览两种地貌的不同风光，还可沿山脊观看烈马峰"一山五变"的奇异景象。峡谷蜿蜒其间，原始次生林和古树名木广为分布。

侗寨风情以侗族民族服饰、歌舞、习俗以及独特的鼓楼、风雨桥建筑最有特色，其中的百灵寨和梅家寨是两处民族风情突出的小村寨，村寨完整民风醇厚，民族建筑保存完好，环境幽雅古朴，有较高的民族文化和美学价值。

虎形山—花瑶风景名胜区

虎形山—花瑶风景名胜区是国家级风景名胜区，位于湖南省邵阳市隆回县西北部，景区包括万贯冲梯田、大托石瀑、崇木凼古树林、旺溪瀑布群、花瑶古寨、虎形山大峡谷等六大景区，面积达118平方公里。景区集峡谷、古树、怪石、飞瀑、民俗于一体，自然、人文景观资源丰富。

虎形山十里大峡谷、大托2000米宽的石瀑、旺溪大峡谷瀑布群，自然景观多样奇特壮观。万贯冲万亩梯田巧夺天工、气势磅礴。花瑶独有的民俗文化和民族风情、风格迥异的花瑶服饰、建筑、手工业品、山歌及饮食习俗别具一格，极富文化底蕴，堪称我国民族艺术文化的瑰宝。花瑶挑花服饰在全世界独一无二，曾被我国著名文学家沈从文先生称誉为"世界第一流的挑花"。花瑶对歌定情、送伞订婚、打泥还家、成婚"打滔"、拦门酒歌等民俗怪诞而又极富情致。花瑶挑花、呜哇山歌是国家级非物质文化遗产。"中国花瑶第一村"崇木凼花瑶古寨、古瑶人街等数十处人文景观，赋有深厚的历史文化内涵。

景区自然植被茂盛，生态环境良好，拥有国家重点保护植物24种，国家重点保护动物16种，还是我国最大的金银花生产基地。

东江湖风景名胜区

东江湖风景名胜区是国家级风景名胜区，位于湖南省郴州资兴市境内，主要景区有东江湖、天鹅山和程江口，总面积280平方公里。景区以东江急流险滩、兜率灵岩神境、龙景峡谷奇景和岛屿群落景观为特色，融山的隽秀、水的神韵于一体。

东江湖水面烟波浩淼，湖水晶莹剔透，湖区岛屿星罗棋布、姿态各异，湖周峰峦起伏、群山叠翠，湖面波光潋滟，有湖心岛和半岛13个，其中最大的岛——兜率岩，岛上有兜率寺，寺中有幽深奇特的大溶洞，洞中景态万千。主要资源和景点有：

雾漫小东江 该景点位于风景区北面的主入口处，由上游的东江水电站和下游的东江水电站而成，为长约10公里的一条狭长平湖。这里长年两岸峰峦叠翠，湖面水汽蒸腾，云雾缭绕，神秘绮丽，其雾时移时凝，宛如仙舞"白练"。

东江水库大坝 坝高157米，坝体新颖奇特，雄伟壮观。春雨时节，湖水暴涨，坝闸双启泄洪之时，碧绿的湖水奔腾而下，直泻峡谷，飞散成万千水珠，形成一股巨大的雾汽扑向山谷，蔚为壮观。

东江湖 是国家"六五"重点能源工程——"东江水电站"的蓄水水库。东江湖水面宽160平方公里（24万亩），蓄水81.2亿立方米，是我国中南地区目前最大的人工湖泊，也是国家水上体育训练基地之一。碧波清粼的湖面星罗棋布地镶嵌着翠绿的岛屿，湖光山色展现出一派旖旎无比的山水风光。

猴古山瀑布 由相距近百米的两道瀑布而成，位于东江大坝附近西南的山弯中。这里青山环抱，古树参差，西面的大瀑宽近10米，高20多米，直泻湖面，激起碧波翻卷，浪花飞溅；南面的"百丈瀑"高200多米，从青山夹石中几经曲折，直抵东江湖面，宛若白色长袖，将蓝天与碧水穿连。两瀑相对，各自成趣，交相生辉。

兜率灵岩 掩藏于东江湖中心岛兜率岛南面峭壁下的兜率古庙内，古庙始建于清乾隆51年（1796年）。兜率灵岩溶洞内钟乳遍布、石柱高达擎天36米，洞深10余里，石花精美既高又大。

东江山庄 位于兜率岛东南面山腰树林中，建筑面积3300平方米，整个建筑依山就势，高低错落，色调明快。白粉墙、栗色柱、杉皮盖顶、楠竹封脊；吊脚楼台，雕木栏杆；庭院连天井，蔽梯接回廊；弯曲环绕，小径通幽，既具荆楚驿馆客栈之韵味，又兼湘南民宅农舍园林之风格。

东京寨 紧靠东江湖东岸环湖公路，小石林拔地而起，突兀奇特；山上天桥飞架南北，山下布田村为中国革命纪念地。1928年夏，朱德、陈毅等率部在此休整，并举行了"八一南昌起义周年庆祝大会"。

拥翠峡 长约20公里的平源峡谷，青山对峙，碧水宛转，水贯山行，山挟水转，松涛竹海，山翠欲滴，宛若是一处"世外桃源"。

东江漂流 位处东江湖上游黄草镇境内的浙水河上，全程26公里，上段从龙王庙至燕子排，长约12公里，落差75米，急滩108个，穿行于怪石清泉原始次生林之中；下段为燕子排至黄草镇，长约14公里，为东江平漂。东江漂流以其滩多浪急落差大、水碧石怪鱼奇两岸森林植被佳而闻名，融历险、探幽、猎奇、拾趣为一体的漂流去处。

天鹅山位处东江湖东北面，森林大山内，群峰竞秀、绿树如云、溪水潺潺、百鸟啼鸣。其间主要有世界第一的"银杉群落"、湖南最高的"天鹅山大桥"和下水堡瀑布等景点。

程江口地处耒水上游、东江下游的苏仙区、资兴市与永兴县三县市交汇区内。融桂林山水与丹霞地貌之精华而成，以竹翠、水清、山奇、石怪、树秀、草绿、沙滩平而见胜，具有园林与田园气息。

钟坡风景名胜区

钟坡风景名胜区为省级风景名胜区，位于湖南省怀化市，面积16平方公里，核心景区3.6平方公里。

钟坡位于怀化市城市规划区西北部，是怀化市区的一座绿色屏障，这一带自唐宋至清，山有古庙，当地人撞钟祭祀，声震四方，加上该地带最高山峰（海拔638.6米）形状似钟，故泛称钟坡，整个风景区因此山而得名。

景区有钟坡、扁坡等秀丽的峰峦，有浩瀚的原始森林，有珍稀的动植物物种，有清澈广阔的潭口水库，有幽深谧静的峡谷山冲，有古老神秘的盘瓠遗风，有风情独特的民俗民风，有数百年的古驿道和烽火连天的古战场。总之，这里山青、水秀、林深、谷幽、松奇、情胜，历史悠久，文化内涵丰富，民族风情独特，是旅游观光、森林探险、避暑度假的理想胜地。

钟坡风景名胜区以秀丽的丘陵地貌和典型的中亚热带植被为主要特色，以盘瓠文化为内涵，融原始次生林、民族风情、珍稀动植物为一体，以开展山地森林旅游观光、科研和科普教育为主要内容。区内群山起伏，沟谷纵横，树密林幽，古木参天，气候宜人，自然景观同人文景观交相辉映。

风景区内有大小山峰24个，其中钟坡、扁坡、牛头寨为其三个主要山峰，是理想的观景台，登顶远眺，全市尽在眼底，远达芷江，近收怀化，早观日出，晚看彩霞，气势恢弘，景色蔚为壮观。

风景区内有神秘的长达2.5公里的桐木冲峡谷，峡谷两侧险峰夹峙，谷底溪水蜿蜒，烟斜雾横，怪石嶙峋，深邃幽静，仰望古木参天，蓝天一线。峡谷的尽头有宛若"世外桃园"般的面积为3320～3330平方米不等的呈梯级分布的马家垅三级水面，水面四周群山环抱，茂林修竹，木楼人家，清如翠、美如画。

风景区的北缘有一面积达0.54平方公里的潭口水库，由多处山泉汇合而成，水面周围山峦环抱，村舍依稀，湖岸迂回，港汊幽深，湖水终年清澈，水面开阔，水质优良。

钟坡风景名胜区森林面积大，范围广，森林覆盖率达90%，保存完好的3.6平方公里原始次生阔叶混交林郁闭度高，众多的乔灌木树种、竹、藤本和地被植物，构成了天然的植物群落，木本树木老者古朴苍劲，老干虬枝；幼者生机勃勃，亭亭玉立；藤葛攀缘，寄生繁茂，青苔满树，盘根错节，春花、夏绿、秋彩、冬涛，变幻无穷，绚丽多彩，在原始次生林边缘有一片面积近2000亩的枫林，每到晚秋，霜打枫叶，满山红遍，景色蔚为壮观。据初步考察，区内各类野生乔灌木有298种，野生动物有100余种，是地区性重要的种质资源库。

钟坡历史悠久，人文景观众多，文化内涵丰富，民族风情独特。怀化境域的开发具有悠久的历史，怀化早在50万年至1万年前就是"怀化岩屋滩人"生息繁衍的集居地之一，他们不但参与了"舞水文化"的创造竞争，把"舞水类群文化"带到洞庭长江各地，而且还促其后代"高坎垅人"独创了延伸国际的盘瓠图腾文化活动，作为世界"盘瓠图腾"崇拜民族的发源地，当地仍有敬狗、崇拜狗的习俗及以狗命名的地名，怀化作为少数民族杂居的地方，至今全市仍居住着26个兄弟民族居民，经过长期的历史演变，各民族在建筑风格、语言文化、音乐舞蹈、服装服饰、礼仪习俗、风土人情、工艺美术、饮食习惯等方面均创造出了珍贵的物质和精神财富，民俗独特，民情浓郁，传说动人。同时风景名胜区内还有数百年的古驿道遗址，宋、元、明、清古战场遗址，苗疆万里长城遗址、古寺庙遗址，又是新中国成立初期湘西剿匪的重要战场和纪念地。

钟坡风景名胜区规划分为钟晖登顶眺望区、钟瓠民族风情区、钟毓科研科普区、钟泰农耕文化区、钟灵野生动物观赏区、钟秀野营垂钓区、钟韵体育活动区和钟情生活管理区。

八景洞风景名胜区

八景洞风景名胜区地处汨罗市东北部八景乡，总面积47.7平方公里。有山林6.9万亩，森林覆盖率95%。境内山峦起伏，连绵不绝，三座总蓄量1亿立方米的水库分布错落有致。重峦叠嶂，水碧山清，溪流湍急，湖光山色，相映成趣。乾隆年间以福果寺、八丈瀑、龙王潭、日月盆、三狮抱球、金蛙、观音试掌、迎客松八大景点而得名。境内古木参天，绿荫蔽日，花果遍野，林相整齐；有木本植物1100余种，其中珍稀树100余种，如天仙果、猕猴桃、罗浮柿、白花树、香果、珙桐等；有国家级保护动物30余种。明山秀水，奇木珍禽，同生共荣，浑然一体，是一个生态系统完整的天然野生动植物园。

全区共有旅游景点近30处。革命胜迹有烈士陵园、吴泳湘将军故居和湘阴县委机关故址；人文景观有位于智峰山顶，始建于唐僖宗文德元年（888年）的福果寺，位于八角尖的历史圌，清代所建的紫云山庙，宋代洞庭湖农民起义军驻扎的山阳寨遗址等。自然景观有蓝家洞水库、东方红水库、八景洞水库，蓝水碧螺岛、二龙戏珠岛（岛上有七仙女庙），风景瑰丽的智峰山，峻拔雄伟的八角尖，神韵天成的三狮抱球，壮观的八丈石瀑布，变幻莫测的龙王潭、七星映月潭、净潭，甘洌清爽的福果泉、碗泉，仙女沐浴的日月盆，幽深奇绝的水帘洞，巍然屹立的中柱石，神秘的观音试掌，虬曲古拙的迎客松等。

炎帝陵风景名胜区

炎帝陵风景名胜区位于湖南省株洲市炎陵县，包括炎帝陵和炎陵县城两大景区，有重要景点27处，总面积54平方公里。

炎帝陵是中华民族始祖炎帝神农氏的陵寝，具有独特的山川形态和古老的文化内涵。炎帝陵位于距炎陵县城15公里处的白鹿原上，规模宏大。

炎帝陵自宋太祖乾德五年（967年）建殿后，陵殿屡建屡毁、屡毁屡建。历代王朝和民国时期对陵殿都有修葺。整个陵殿庄严肃穆，古朴凝重。占地4000多平方米，从午门到墓尾围墙全长73.4米，宽40米。共分为五进，第一进为午门，内有丹墀。午门左右为乾门和半垂花式掖门。第二进为行礼亭，左右两廊为碑房；行礼亭小巧古朴，是庑殿式结构；碑房为卷棚式硬山建筑，树历代告祭文碑。第三进为主殿，采取重檐歇山式，内设宝龛，是炎帝神农氏金身塑像安放之地；整个大殿绘龙一万条，象征万龙奔腾，衬托炎帝的神威气势。第四进为新设置的墓碑亭，采用四角攒尖式结构；亭内正中树一块汉白玉墓碑，上书胡耀邦题写的"炎帝神农氏之墓"。第五进为陵寝，陵殿的四周为环长138.8米，宽0.16米，高2.3米的红色垣墙。

距县城西7公里的炎陵山，俗称"皇山"、"白鹿原"。相传是玉帝处罚金龙，将金龙身变成"白鹿原"，龙鳞、龙尾变成原上的树，日夜护卫炎帝陵墓。现陵区内仍保存九株古树。炎陵山经封山育林，森林覆盖率达95%，林木葱郁，风光秀丽。

炎陵县城四周群山环抱，洣水穿城而过，古称"湘赣要冲、吴粤孔道"，自南宋嘉定四年（1211年）置县以来，历经790多年兴衰变迁，留下了丰富的文物古迹和动人的神话传说。炎陵县自然景观、人文景观和革命纪念地较多，主要景点有湘山、涞泉书院、接龙桥、安济桥、笔架峰等。

广东省

肇庆星湖风景名胜区

肇庆星湖风景名胜区是国家重点风景名胜区，位于广东省肇庆市，包括七星岩和鼎湖山两部分，是岭南著名的旅游胜地。

鼎湖山 由十多座山峰组成，相传黄帝在此铸鼎而得名。山高谷深，林木茂盛，植物资源极为丰富，被纳入世界自然保护网，成为联合国"人与生物圈"生态系统研究站之一。山间多急湍清流，风景秀丽。也是著名佛教圣地，白云寺建于初唐，庆云寺规模宏大。

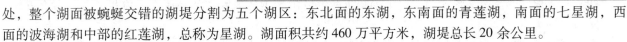

星湖 位于肇庆市北郊4公里处，整个湖面被蜿蜒交错的湖堤分割为五个湖区：东北面的东湖，东南面的青莲湖，南面的七星湖，西面的波海湖和中部的红莲湖，总称为星湖。湖面积共约460万平方米，湖堤总长20余公里。

星湖湖区错落着七座陡立峻峭的岩峰，因布列似北斗七星，因而得名七星岩。七岩自东迄西顺次为阆风岩、玉屏岩、石室岩、天柱岩、蟾蜍岩、仙掌岩、阿坡岩。排列紧凑，小巧玲珑，挺拔秀丽。

星湖的岩峰具有浓郁的南国韵味：岩壁葱翠，林密树茂，古榕树盘根穿石，攀崖悬壁，枝干横空，须根摇曳，量天尺、鸡蛋花、海红豆、假萍婆等各种热带、亚热带植物装点着山岩，湖堤上除杨柳外，还栽种着各种亚热带林木，如葵树、凤凰树、紫荆、扶桑花、夹竹桃等等。

阆风岩，旧名石角岩，是七星岩的最东峰。岩高耸如削，与玉屏岩之西峰对峙，气势雄伟。攀登峰顶，可东望羚羊峡、鼎湖山，俯瞰星湖全景。岩东南北三面临水，多溶洞。西麓有钟鼓洞，东有含珠洞，南面有无底洞。

玉屏岩与阆风岩对峙，四周陡峭。半岩有始建于明万历年间的三仙阁、玉皇殿等。有一大石半凌空中，以石击之，各处音响不同，名八音石，又称扶啸台。峻石夹立间，中通束狭小径，仅容一人往来。顶嵌大圆石，欲坠不坠，状如仰口含珠，故俗称含珠径。

天柱岩，是星湖最高峰，一峰峭立，犹如独柱擎天，意境高远。南坡建有天柱阁，峰顶有摘星亭。

七星岩岩岩有洞，开辟最早、最有价值的当推石室洞，洞在石室岩中。洞中有唐人李邕的《马蹄碑》等石刻珍品。因而石室洞有"千年诗廊"、"碑刻书法艺术博物馆"之誉。石室岩南麓洞口高仅2米多，但洞内豁然，穹顶高达30余米，有地下河和支洞。从地下河坐小艇入黑岩洞，内有钟乳石奇景多处。石室岩顶有揽月亭，东北麓有陈白沙碑亭，南麓有水月宫。水月宫是一组作放射状排列的水亭，中间一座八角重檐，四周各一座四角单檐，曲栏相连，玲珑剔透，又以一道长桥连接湖滨。在亭上观景，水、月、岩、云，浑然一体，一览尽收。水月宫已被作为星湖的标志。

蟾蜍岩多石沟、石笋，以顶上有形似蟾蜍的奇石而得名。

仙掌岩岩顶略平如掌腕，又耸峙有石笋，形如五指。此岩临星湖中心，三面环水，凭眺烟波浩渺的平湖。

阿坡岩别称辟支岩、禾婆岩，独处诸岩之外，雄踞一方，内有双源洞。

西樵山风景名胜区

西樵山风景名胜区是国家重点风景名胜区，位于广东省南海市，面积14平方公里，依山势走向分西部、中部和东部景区。

西樵山在南海市高山镇，是七八千万年前由海底火山喷发岩浆、岩块、火山灰后形成的死火山，形态万千。岩石节理发育，裂隙纵横，富有潜水，形成多处水景，有二百三十二口泉眼，二十八处瀑布，以风光绮丽著称，久负"岭南佳境"盛名。

早在新、旧石器时代，西樵山就有人类活动，留下历代地下采石场等许多历史遗迹，史学界称为"西樵山文化"。明代中叶成为南国理学名山，保存有"云泉仙馆"、"白云古寺"、大量摩崖石刻等文物古迹。

西部景区风景秀美，名胜密布，而中部和东部景区则是洞深坡陡，丛林茂密，流泉飞瀑，奇石异洞，雄奇险峻。

全山瀑布和清泉众多，又称"泉山"。泉水汇聚，积成天湖。湖水溢出，从山顶向下奔落，飞水激石，云雾迷蒙。这就是著名胜景"西樵云瀑"。

白云洞在西部景区，是全山景物最胜处，也是入山的门户。白云洞本身不是岩洞，而是由三面峭壁组成的马蹄形山谷，因明代学者何白云在这里结庐读书而得名。峭壁以上露出一角青天，前面一条瀑布直泻而下，在巨石上溅起一片水雾。壁上刻4个大字"飞流千尺"。瀑布之水沿山势流成3个小湖：应潮湖、鉴湖和会龙湖。白云洞兼有峭壁和飞瀑之美，"云门听泉"、"华盖观瀑"、"鉴湖印月"等为此地胜景。白云洞一带主要建筑有奎光楼、白云古寺、三湖书院、云泉仙馆、龙松阁、白塔等等。

奎光楼在白云洞口、湖边古道上，与白玉玲珑塔隔湖相望，白塔高7层，是由4块云石雕成。

云泉仙馆明代为玉楼书院，清代道光年间改建，现为博物馆，收藏有当地出土的文物。云泉仙馆建筑华丽，气派非凡。对面照壁上有"双凤朝阳"、"五马归巢"的石刻。门额上"云泉仙馆"几个大字是满族人耆英所题。三湖书院十分朴素，建于清乾隆五十四年（1789年），门额为林则徐手书。

西樵山中部和东部多清泉怪石和奇岩异洞，这一带是古代石匠采石的遗址，有吐明岩、波斯岩、天窗岩、九龙岩、石燕岩、冬菇石等。其中以石燕岩最奇特，是这一带最大的岩洞，长达百米，高数十米。洞中终年积水，幽深莫测，可以泛舟。有数不清的石燕栖息在洞中峭壁间，石燕岩也就由此得名。

丹霞山风景名胜区

丹霞山风景名胜区是国家重点风景名胜区，位于广东省韶关市的仁化县、曲江县，包括丹霞山、韶石山、大石山、阳元山、锦江五个景区，主峰巴寨海拔618米，总面积约215平方公里。

丹霞山风景区内红色砂砾岩层形成的独特地貌，到处悬崖峭壁，奇峰林立，区内有大小石峰、石柱、石堡、石墙500多处，丹崖赤壁，顶平、身陡、麓缓，岩石裸露的地形特点，成为地貌学专用名词"丹霞地貌"的命名地，又被称为中国的"红石公园"。丹霞山茂密的中亚热带常绿阔叶树林，红岩绿树，景色绚丽。区内锦江蜿蜒穿行于峰峦之间，岩穴古洞、流泉飞瀑时时可见，有岭南名刹别传寺、锦石岩庵堂及金龟岩、五仙岩、燕岩等多处寺庙古迹，还有舜帝南巡奏韶乐胜迹及丰富的摩崖石刻等人文景观。主要有北部丹霞山景区、阳元山景区、锦江游览线。

风景区外围有金鸡岭、九泷十八滩、南阜寺、古佛寺、马坝人出土遗址等自然历史遗迹。

丹霞山　在仁化县城南8公里处，山势绵延，峰林陡峭，红崖丹壁，"色渥如丹、灿若明霞"，色彩对比鲜明，以奇、险、美著称，为岭南第一奇山，居广东省四大名山之首。

丹霞山三峰耸立，似船似龙，居中的海螺峰最为雄峻，另两峰是长老峰和宝珠峰。山峰由三层绝壁和三级平坎组成，可分为上中下三层游览。

下层风景区以锦岩寺为主。锦石岩的锦岩寺，独具一格，寺在石岩间，自法云建庵聚僧始，历代均有重修。寺内设有佛像，五百罗汉，最盛时有僧人数百。新中国成立后，特别是近几年来，除修建僧舍外，对佛殿又大加修饰，焕然一新。四川名雕塑家王治平教授新塑的观音菩萨三十二应身，神态逼真，是国内寺庙中罕见的佳作，被誉为艺术珍品。锦石岩风景奇特而幽静，博得历代游客的赞誉。岩内的顶壁上有自然而成的龙鳞片甲，四时变色，宛如天龙横卧，这是丹霞旧十二景之一的"片鳞秋月"。还有崖顶飘洒而降的"马尾泉"，有险无阻的"一线天"，清澈甘冽的"喷玉泉"，富有趣味传说的"出米洞"，奇妙绝伦的"幽灵通天"等胜景，"群象"、"姐妹"、"玉女"等诸峰惟妙惟肖，朝云夕照，气象万千，锦江水色湛蓝，涛声悦耳，这就是丹霞山十二景之一的"锦水涛声"。

从下层风景区，拾级而上，过半山亭，便到了中层风景区的"石关厅"。此关门为丹霞开山祖李永茂用石砌建，关左侧峭壁上有"禅林第一"、"红尘不到"的盈丈石刻，门楣上书"丹霞山别传寺"。中层风景区以别传寺为主体，掩映在绿树翠竹中，清幽、和谐。有鸳鸯树、竹坡烟雨、双沼碧荷、松涧涛风等景点、景色。

上层风景区集丹霞奇、险、美的精华，使游客大开眼界，这里有两关，即"通天关"和"登天关"。"通天关"是通往峰顶唯一的通道。巨石雄峙，裂开一缝，高达数十米。左临深渊，绝壁上刻有清代"呼吸通天"、"百尺竿头"的题字，冰冷的铁链仿佛从天而降，供游客攀援登天之用。"登天关"下临峡谷深渊，上通摩天之巅。关门为岩石所砌，立于悬崖上，旁有"宜若登天"四个大字，又称为"霞关"。

丹霞山峰既多，景色也奇异。海螺峰顶有石塔，为"丹霞山塔"，因塔上刻有观音美人浮雕，故称"美人塔"，亦称"螺顶浮图"。宝珠峰是丹霞最高峰之一，"舵石朝曦"的胜景就在此峰顶上。丹霞的极顶是长老峰，晨可观日出，昼可赏百景。往东远眺，有人面石、蜡烛峰、朝天龙、童子拜观音等胜景；往南看有茶壶峰、晾伞石、姐妹峰，西边锦江边则有群象过河、玉女拦江等峰峦；再往北就是鲤鱼跳龙门的胜景。

丹霞山长老峰下龙坑，20世纪80年代初在此建水库后形成秀丽的人工湖，因湖面轮廓酷似飞龙而得名翔龙湖。湖长1300米，宽50～120米，水面10公顷。环湖有三岩、六洞、十八峰，有张天师施法镇白虎救龙太子的传说。

阳元山　与丹霞山隔锦江相对，面积9.8平方公里。阳元山具有丹霞山的全部特征，尤其以"奇"为上，最突出的特色是丰富多彩的山石造型。从丹霞山望去，阳元山八面石墙如群象出山，北部的坤元山是景区的最高处，山体如美女仰卧。阳元石为巨大的石柱，形如男性阳具，被称为"天下第一奇石"。景区有7座天生桥，最大的通泰桥长50余米，高20余米，如彩虹飞跨。还有十几座山寨，目前已修复细美寨等几处。

锦江　自北而南穿行于丹霞山，风景区内长38公里，目前已开发旅游的是阳元山与丹霞山之间的8公里河段。沿江竹树婆娑，田园锦绣，山石倒映，美不胜收。

金鸡岭　在乐昌市坪石火车站旁。金鸡岭高338米，危崖峭壁，垂直如同刀削一般，东西各有一条小路上山，路两边筑有城墙，森严壁垒，如同天然城堡。在西北峰顶上，有三块大石，高约6米，状如面向北方引颈欲啼的雄鸡，金鸡岭因此而得名。金鸡岭有洪秀全妹洪宣娇在此抗清的传说，现山上还有与此相关的众多遗址。

白云山风景名胜区

白云山风景名胜区是国家重点风景名胜区，位于广东省广州市，总面积20.97平方公里。

白云山在距广州市区6公里的北郊，因山上常年白云飘绕，故名。白云山由33峰组成，地处热带、亚热带交会处，有山峰30多个，自然景观奇特，山峦青翠、风景优美，有麓湖公园、山顶公园、山北公园等，还有天南第一峰、明珠楼、水月阁、滴水岩、云岩、白云松涛等众多名胜古迹。山林茂密，树种近千种，不乏珍稀古树名木，有多种动物栖息。

白云山历史悠久，人文景观丰富。自秦汉以来，著名人物安期生、葛洪、苏东坡、林则徐、孙中山等均留下了珍贵的文物古迹。蒲涧相传是秦代方士安期生筑室隐居之处。九龙泉相传发现于秦代。"虎"字刻石，原为清代黑旗军首领刘永福所书，1980年重刻。清代卢廉若墓规模为广东墓葬所罕见。民国期间，山上已有10大寺院和6大名泉。

摩星岭是白云山最高峰，海拔380米。登顶远望，可一览广州全景。摩星岭南、北两面辟建山顶公园和山北公园，在南麓辟建麓湖公园，有自然式鸟笼景区鸣春谷和聚芳园、鸿鹄楼、蟋崖亭等多所亭台楼阁，以及双溪别墅、松涛别院等馆舍。从山下可乘全长1672米的白云索道直达顶峰。

明珠楼曾是广东军阀陈济棠的别墅，楼下有小涧蓄水成湖，湖边有水月阁。附近有松风轩、凌香馆、乐静亭等馆舍和康宁桥，联成一体，各具风格，别有韵味。

星海园在白云山麓湖东侧的宝鸭池岗上。为纪念我国伟大的人民音乐家冼星海而建。园内遍植苍松、翠竹、台湾相思、天冬草等观赏植物，园内矗立着冼星海石像，有冼星海纪念馆。

惠州西湖风景名胜区

惠州西湖风景名胜区是国家重点风景名胜区，位于广东省惠州市区内，总面积19.6平方公里，属湖泊类型风景名胜区。

惠州西湖在惠州城西，包括丰湖、鳄湖、平湖、菱湖和南湖等五湖，南北长约6公里，东西宽约4公里。湖内洲渚交错，沿着竹岸杨堤，可见掩映着的红棉水树、百花洲、点翠洲、泗洲塔、九曲桥等景物。湖边山影，倒入水中，烟云聚散，深具曲折变幻之妙。

百花洲在西湖明月湾附近。明代在洲上建落霞榭，又名花墩。清光绪六年（1880年）重修，在旧址上建镜芙轩，称之为落霞旧址，后改名百花洲。落霞榭可尽览湖光山色。

点翠洲在平湖中。北宋洲上建有孤屿亭，明代建为点翠洲亭，即风亭，风景似杭州西湖"三潭印月"。1913年在此洲上建"留丹亭"，以纪念辛亥革命"马鞍之役"所牺牲烈士，现辟为文物陈列馆。

惠州西湖历史悠久，始建于五代，宋代已有"五湖六桥八景之说"，明清时得到更全面发展，与杭州西湖齐誉海内外。人文景观丰富，以苏东坡为代表的历代400多位文人墨客在此留下了大量的诗词碑刻和文物古迹。孙中山、廖仲恺、周恩来等一批革命志士曾在这里领导了著名的东征战役，为惠州西湖增添了更加光辉灿烂的历史文化内涵。

北宋绍圣元年（1094年）苏东坡携妾王朝云、子苏过，谪居惠州三年，留下朝云墓、六如亭以及苏轼助款修筑的苏堤、西新桥、东新桥等遗迹；还有苏轼手迹与宋、明、清名人题咏的摩崖石刻。

朝云墓在西湖孤山。朝云随苏东坡谪居惠州，葬于此。墓由僧人筑亭覆盖。清代道光名士林兆龙曾为之写联："不增、不减、不生、不灭、不垢、不净，如梦、如幻、如泡、如影、如露、如电。"故此亭称为六如亭。墓旁碑廊有苏东坡九方遗墨。

泗洲塔始建于唐代，为纪念泗洲大圣僧伽而筑，又名大圣塔，因苏东坡"玉塔卧微澜"的诗句而有"玉塔微澜"一景。塔为砖木结构，外面7层，内分13层。现存为明代重建。光绪初年，雷破塔顶一角，长了一株榕树。登临塔顶，可眺惠州全景。

飞鹅岭在南湖北部，山势如鹅张翼。有仙人乘木鹅至此而成岭的传说，惠州也因此有鹅城之称。孙中山、周恩来先后于1923年、1925年登临岭上指挥作战，现尚有战壕与机枪掩体等遗迹。

罗浮山风景名胜区

罗浮山是国家重点风景名胜区，我国道教十大名山之一。史学家司马迁把罗浮山比作"粤岳"，素有"岭南第一山"之称。它位于广东中部的东江之滨，在惠州市博罗县境内，总面积260多平方公里，景区大小山峰432座，飞瀑名泉980多处，洞天奇景18处，石室幽岩72个。罗浮山山势雄伟挺拔，风光清静幽秀，气候宜人，冬暖夏凉，是著名的避暑胜地。罗浮山又有神仙洞府的美誉，道教称它为第七洞天，第三十四福地。罗浮山与南海县境内的西樵山为姐妹山，故又名东樵山。

罗浮山主峰飞云顶海拔1296米，峰顶盘圆平坦，花草并茂，云雾缭绕，日出景观壮丽。奇峰怪石林立，400多个峰峦形状各异，千姿百态，像玉女，像罗汉，像狮子，像骆驼，真是"满山皆奇石"，"峰峰有灵境"。飞瀑名泉众多，罗浮山"满山皆甘泉"，"无泉不成瀑"，其中最著名的有白水滴、黄龙洞、白水门、流杯池等，瀑布泉水丰富，终年不竭，入口清凉甘甜。冲虚古观内的"长生井"泉水，宝积寺背后的"卓锡泉"，酥醪观旁"酿泉"为罗浮山三大名泉。冲虚观内的"长生井"泉水为"含锌的优质饮用天然矿泉水"。洞天奇景遍布，全山有大洞天18个，小洞天几百个，洞天是"洞中别有天地"之意。洞景最佳的有朱明、华首、白鹤、黄龙、酥醪等洞。

罗浮山山水绮丽，风光优美，古迹繁多。山上寺观遍立，强盛时期就曾有"九观十八寺二十二庵"之传。较为出名的五观五寺是：冲虚观、酥醪观、白鹤观、九天观、黄龙观；华首寺、宝积寺、延祥寺、明月寺、拔去寺。除冲虚观古观、延祥寺保存较为完整外，其余寺观已湮没，仅留遗址。罗浮山不仅是道家修炼的神仙洞府、佛家的胜地，也是群贤聚集之所。自古以来，文人墨客、英雄豪杰神游造访者络绎不绝，太史公司马迁、诗仙李白、诗圣杜甫和韩愈、苏轼、杨万里、刘禹锡、朱熹、屈大均、汤显祖等都有咏题罗浮山的名篇佳作和题刻。

罗浮山地理位置特殊，气候温暖，雨量充沛，适宜多科植物生长。尤其在峰峦峪地、洞溪山涧，生长着1200多种药用植物和四时佳果，有天然中草药库之说。粤东四市之一的药市就设在罗浮山冲虚古观的左侧，称洞天药市。主要特产有：罗浮山百草油、云雾甜茶、酥醪菜干、岭南佳果和矿泉水等。

冲虚古观 建于晋代，至今已有1600多年

的历史，是全国知名道教圣地，十大洞天之第七洞天。冲虚观有三奇：主殿三清殿周围大树环绕，屋顶却无落叶；观内无蜘蛛网；长生井井水能治病，昔日名曰"神仙水"，斗米才能换斗水，三奇至今仍难解全谜。后殿三清宝殿，供奉道教尊神玉清、上清、太清，殿内金碧辉煌，观宇屋顶双龙戏珠，屋檐雕梁画栋。

会仙桥 桥全长6米，宽2.9米，高3米，桥面为弯石条砌成，柱头均雕作细劲支承四方体，栏板高52厘米，桥板正中"会仙桥"三字，为台湾爱国诗人丘逢甲于清宣统三年所书。相传来源于宋学士苏东坡被贬惠州后巧遇八仙中的何仙姑、铁拐李的故事。

黄龙观 位于罗浮山西麓玉女峰下，是罗浮山著名的十八洞天之一。黄龙观是罗浮山道教圣地，终年香火鼎盛，游客不绝。站在"黄龙观口"石碑前仰望黄龙洞，但见青嶂如黛，玉女峰下有一翠球，状如龙珠，翠球两侧有一条白纱随风飘动。翠球就是黄龙洞胜境，纱带就是黄龙瀑布。

朱明洞、元帅楼 朱明洞，道教列为第七洞天。秦朝时安期生曾在此寻找长生不老药；汉朝朱真人在此建朱子庵设朝斗坛，修炼太清神丹；东晋葛洪在此炼成九转金丹成道；宋朝时，有人在朝斗坛挖得铜龙六条、铜鱼六条，置观内为镇山之宝；明朝增城人湛若水在此建精舍讲理学。新中国成立后，部队曾在此建起元帅楼，先后有林彪、叶剑英等七位元帅曾在此疗养。

华首寺 是罗浮山第一禅林寺庙，罗浮山佛道并存，和睦相处。兴盛时有九观十八寺，十八寺中以华首寺为第一禅林，建于唐开元二十六年（738年），距今1270余年。相传有500华首真人会集于此而得名。冲虚观、黄龙观、华首寺连成一线，作为道佛信徒、香客朝拜地，成为核心景区。

洗药池 是由青砖砌成，面积约15平方米，是葛洪和妻子鲍姑平时洗制采集中草药的地方，池旁有一苍劲巨石，呈椭圆形，宽4米，高3米，这是古钓鱼台，临池的巨石上有清末台湾爱国诗人丘逢甲的题咏："仙人洗药池，时闻药香发，洗药仙人去不返，古池冷浸梅花月"。葛洪自幼博览医学古籍，著有《时后备急方》二卷和《仙药篇》，书中详细介绍了各种中草药的知识。

九天观 原名明福观，距朱明洞冲虚观2公里处，南汉时期建，距今有七百余年历史。宋时由苏东坡书写观名（已佚）。明《一统志》载：其内有西华道院，乃张远庵退居之所，观在宋、元、明各代俱存。明末，邝露读书观中，自号明福洞主。清初观渐衰，西华道院亦废。乾隆年间重修建，名九天观。民国时期重修，建筑面积约1000平方米。正殿为金阙宝殿，下殿为王灵官殿，左殿为吕祖殿、地母殿，右为客堂。观前有放生池，池旁有七棵水梦松。旧志称："基奇古，殆千百年物。"

蝴蝶洞 全长300多米，每年夏秋季节，罗浮山蝴蝶漫山飞舞，以此洞为多，因此而得名蝴蝶洞，洞从山腰处穿插而过，当游客出来时，豁然开朗时已是身在另一天地。

飞来石 相传冲虚观有位道士值更打坐，忽风雨大作，雷电交加，有霹雳巨响，次日见此挺立一巨石，不知从何飞来。数旬后，自桂林来游僧说一夜风雨，雷神击穿山峰成了穿山，而巨石不知去向，因两者时日相近，便认此石是从桂林穿山飞来的，故称飞来石。

登山索道 全长1800米，往返3600米；高差500米；海拔高820米，运行速度每秒钟为1.25米；单程运行时间为21分钟。该索道循环式双人吊椅178个，每小时可乘游客500人。是岭南最长的一条索道。

东江纵队纪念馆 1938年10月21日，日军从大亚湾登陆向内地推进，中国共产党在广东的党组织，勇敢地挑起了领导人民群众开展抗日斗争的重担，保卫国土，抗击敌人。1943年12月2日，根据党的指示，广东人民抗日游击东江纵队（简称东江纵队）正式成立，东江地区人民的抗日武装发展进入一个新的阶段。

在抗战的艰苦岁月里，东江纵队远离党中央，孤悬敌后，处于敌伪军和国民党顽固派包围、夹击下，坚持抗日，逐步发展成为一支拥有 11000 多人的人民抗日武装，活动遍及东江、北江以及港九等广大地区，建立了 450 万以上人口的抗日根据地和游击区。东江纵队纪念馆 2002 年 12 月 1 日正式开馆。

湖光岩风景名胜区

湖光岩风景名胜区是国家重点风景名胜区，位于广东省湛江市，总面积 13.6 平方公里，主要由火山口湖与火山熔岩组成。1997 年，经中科院与联合国地球研究中心确定，湖光岩是世界罕见、中国惟一的玛珥湖。玛珥的英文"maar"来源于拉丁文"mare"，即海的意思，是一种封闭式特殊类型火山口形成的火山湖。湖光岩玛珥湖有别于一般的火山口湖，是距今 14～16 万年前由平地火山喷发后冷却下沉形成的 400 多米深坑，经地下水渗积成湖。环形火山丘呈封闭式围绕火山湖，海拔高度在 40 米到 90 米之间，主要由火山碎屑岩构成，环形火山丘在临湖一侧常形成悬崖陡壁，外侧则为平缓的山坡。湖水因受湖四周火山堆的保护，不受外界水系干扰，长期自然沉积形成的湖底沉积层，是一部十几万年地球演变留下的"天然年鉴"，它真实地记录了地球最近十几万年以来古气候、古环境的变化情况，喷发堆积物保存十分完整，喷发物的各种流动构造非常明显。湖光岩湖光山色，风景秀丽，四季如春，火山地貌独特，有着极高的旅游价值、科学价值、医疗保健价值。景区有狮子岭、镜湖、建于隋朝末年的楞严寺、白衣庵、火山科普馆、雷州古院、白牛仙女等众多的自然景观与人文景观。

景区内古树参天，古藤盘绕，有原始雨林区。湖滨有一片高密度空气负离子区，堪称"天然氧吧"；湖水含有很高的锶，可以促进血液循环，还有美白功效；火山泥资源与火山热矿泉资源对关节炎、皮肤病等都有一定的治疗作用。

湖光岩与外界地表水系不相通，但湖水旱不涸、涝不溢；湖水清澈见底，自净能力强，沿湖有茂盛的草木，但湖面几乎没有漂浮树叶等杂物。

梧桐山风景名胜区

梧桐山风景名胜区是国家级风景名胜区，位于深圳市中南部，面临南海大鹏湾，横跨罗湖、盐田、龙岗 3 个行政区，与香港新界山脉相连、溪水相通，面积为 31.82 平方公里，分为主入口景区、凤谷鸣琴景区、梧桐烟云景区、碧梧栖凤景区、生态保护区、封山育林区、东湖公园景区、仙湖植物园景区等八大景区，是以滨海、山地和自然植被为景观主体的城市郊野型自然风景区。

梧桐山主峰海拔 943.7 米，为深圳第一高峰，雄伟的山势与变幻莫测的云雾刚柔相济、与广瀚的大鹏湾山海辉映。山里溪涧幽邃、植物茂盛，是珠江三角洲地区珍稀动植物的庇护地和资源库之一，是天然常绿阔叶林的主要分布区，林地面积近 2000 公顷。梧桐山山高林密，主峰山泉汇入天池，天池水顺谷而下形成了壮观瀑布群，春雨时一泻百米，声如洪钟，激起千层浪。天池水注入龙潭底有一小洞，内藏珍贵的金尾娃娃鱼和山龟。龙潭水流至龙珠山汇集八条谷渠水而成深圳河，是深圳河的发祥地。梧桐山上有一块试剑石和磨剑石。其下一片情人树，由九棵古树古藤盘缠而成。

梧桐山自西南向东北渐次崛起，在其主要山脊线上，分布着小梧桐、豆腐头、大梧桐三大主峰，史称"三峰秀拔"。由此登高西可俯瞰深圳市区，南与香港大雾山对峙，向东南远眺，烟波浩淼的大鹏湾海面及美丽的大鹏半岛尽收眼底。

梧桐山集瀑布、奇石、古树、翠竹于一体，"稀"、"秀"、"幽"、"旷"，又毗邻市区，尤其适合周末闲暇度假。

广西壮族自治区

桂林漓江风景名胜区

桂林漓江风景名胜区是国家重点风景名胜区，位于广西壮族自治区东北部。景区以桂林市为中心，漓江为轴线，北至兴安，南到阳朔，东及灵川，西达龙胜，面积2064平方公里，分为龙胜、临桂、兴安、灵川、桂林、漓江、阳朔七个景区。

桂林漓江风景名胜区始于南朝，兴于唐代，盛于明清。桂林的无穷魅力，源于其拥有世界最典型的岩溶峰林地貌构成的奇特自然风光与悠久丰富的人文胜迹。素以"山青、水秀、洞奇、石美"称绝于世。

龙胜景区 该区以田园风光、温泉瀑布和珍稀植物为特点。在和平乡的龙村一带，层层梯田沿山坡筑就，田随山转，水顺田流，山有多高，水有多高。瀑布如天悬白练，落差达50多米，水流从一座酷似雄鹰展翅的石崖上飞泻，穿岩击石，银花四溅，亿万雾珠化成道道彩虹，艳丽夺目，美不胜收。矮岭温泉以优良的水质及周围茂密的森林而成为度假、旅游、疗养胜地。花坪自然保护区则是科学考察、探险旅游的好去处，共有动物115种，植物1300多种，竹有20多种，杜鹃花达30余种，其中尤以被称为"活化石"的银杉最为珍贵，被称为植物王国，动物乐园，竹的世界，花的海洋。

临桂景区 该区以风景名胜与人文荟萃而著名。境内地形复杂，山区、丘陵、平原、岩溶地貌兼而有之。自然景观有水仙岩、化岩、红滩瀑布和九华瀑布；文物古迹有古桂柳运河、陈氏宗祠、李宗仁故居等。临桂地杰人灵，人才荟萃，在清代的三朝科举中，临桂连出二位状元，八位进士，史称"三科两状元，一县八进士。"

筑于唐代的古桂柳运河，又名南陡河，上接漓江，达湖南、广东，下通柳江，达桂西以北以及云、贵，成为沟通西南各省的动脉，对唐代及历代边疆开发，经济发展，民族团结均有重要作用。有"北有灵渠，南有陡河"之誉。

兴安景区 该景区以历史遗址和山岳景观见长。

中国风景名胜区

灵渠建于公元前 214 年，和都江堰、郑国渠并列为秦代三大水利工程，是我国也是世界最古老的运河之一。灵渠的凿通，使海洋河三七分流，从而沟通了珠江与长江水系，保证了秦军的南粮北运和物质供应，完成了统一祖国的大业。迄今，该工程不仅完整地保存，而且至今仍灌溉着四万余亩农田，其建造技术堪称世上一绝。

猫儿山号称华南第一峰，海拔 2141.5 米，雄踞五岭之巅，是漓江、资江和浔江的发源地，山峦挺拔，河谷幽深，地势峭峻，风光绮丽，具有亚热带高海拔山地原始森林和独特的动植物群落。动物有 11 种，植物有 800 余种，其中铁杉是冰川时期幸存的活化石，享有植物界大熊猫之誉，在海拔 1700 米以上成片生长良好。高山森林蔚为大观，林海日出气势磅礴，云雾奇观勾人心魄，森林旅游别具一格。

灵川景区　该区以湖泊风光、银杏景观和流泉飞瀑为特色。青狮潭纳东江、西江、公平江三位于一体，水面比颐和园的昆明湖大 16 倍，蓄水量为昆明湖的 160 倍，有气吞云梦之感。银杏在欧洲大陆早已绝迹，被誉为植物活化石，在灵川却有大量分布。海洋山的银杏林，春时翠绿，秋则金黄，漫山遍野，雅致壮观。古东瀑布群位于漓江两岸，飞瀑高悬，流珠溅玉，大小十余处，景色各不同。

桂林景区　桂林不仅有举世闻名的风景胜地，而且还是一座历史悠久的文化古城。远在三万多年前，人类就在这里创造远古文明。早在汉武帝元鼎六年（公元前 111 年），就在这里设置安郡，历史上先后曾是始安郡、桂州、靖江府、桂林府、广南西路、广西布政使和广西省的首府所在地，曾是广西政治、经济、文化的中心和军事重镇，1940 年始设桂林市。

"江作青罗带，山如碧玉簪"是桂林山水的真实写照；"千峰环野立，一水抱城流"是桂林的城市格局。桂林的山，多从平地拔起，巍然矗立，形态万千。叠彩山峰壑险峻奇峭，四季林木葱郁，山石层层横断，半插江浒，孤峰如出深潭，拔地擎天，仙姿神态，了无半点尘俗气，被誉为桂林山水的缩影；而以神奇著称的当属象山，其形神酷似一头巨象伸长鼻子吸饮江水。象鼻与象腿之间有溜圆的大洞，构成临水皓月，形成象山水月奇景。象山为桂林山水的代表，桂林城徽由其与漓水、桂花组成。

桂林的山，不仅形象奇俏，而且山山有洞，洞洞奇特。洞内遍布各种形态的钟乳石，玲珑剔透，五彩缤纷，无数的奇峰异岩，与环城的碧流交相辉映，形成了山环水抱的绮丽景色。市中心有独秀峰、老人山、王城、榕杉湖；城北有叠彩山，伏波山；城西有隐山、西山和桃花江；西北面被誉为"大自然艺术宫殿"，有游人必至的芦笛岩；城东有七星岩、穿山、龙隐洞；城南有以南溪山为中心的南溪公园。

桂林不仅风景秀丽，而且历史文物很多，仅石刻就有两千多件。石刻内容丰富，有反映政治、历史的，有赞美桂林山水、题名纪游的，其中有许多为全国仅存的艺术珍品，具有很高的史料价值。在遍布全城的风景点中，以普陀山、月牙山、叠彩山的石刻为最。尤其是龙隐岩，洞内摩崖遍布，故有"桂海碑林"之称。加上历朝骚人墨客，巨子名流留下的鸿爪雁影，汇成浩如烟海的山水文化，让人"看山如观画，游山如读史"。

漓江景区　漓江是举世闻名的黄金水道，是中国锦绣河山的一颗明珠，是桂林山水的精华，是自然景观的代表。

漓江发源于兴安县境的猫儿山，流经兴安、灵川、桂林、阳朔等市县，在平乐汇恭城河入桂江，全长 214 公里，从桂林至阳朔 86 公里的水程，是世界峰林谷地的典型。沿江青峰夹岸，碧水萦回，流泉飞瀑，

烟雨光影，构成"百里漓江，百里画廊"的绚丽彩卷。这百里彩卷，依据景色的不同，大致可分为三个景区：

第一景区，桂林至古镇大圩，该处河谷开阔，水流平缓，伏波、净瓶、斗鸡、南溪皆拔地而起，奇峰罗列，气势万千，城镇、农村、田原错落分布，是观赏远山近水与人文民风的佳处。

第二景区，大圩至水落村，河流依山而转形成峡谷，两岸青峰连绵不断，飞泉溅玉，清流如带，奇峰簪立，削壁如画，是漓江风光的精彩华章。著名景点杨堤翠竹、浪石奇观、黄布倒影、九马画山、兴坪佳胜均分布在这一带。

第三景区，水落村至阳朔，两岸土岭青葱，绿草如茵，翠竹、茂林、田野、山花、渔村，构成"碧莲峰里住人家"的桃源意境，给画卷添上了幽美的田园色彩。

漓江的水，以清驰名于世，游鱼历历可数，卵石斑纹毕现，"分明看见青山顶，船在青山顶上行"构成漓江一大奇观。

桂林山处处奇绝，时时入画，其中又以"漓江烟雨"最为迷人。雨后初晴，云绕千峰，白雾锁江，淡者如轻烟氤氲，浓者似白絮翻滚。群峰亭阁于烟云中沉浮隐显，绿树田庄在雾霭中若隐若现，飘飘渺渺，朦朦胧胧，似真亦幻。加上四季景致，晨昏变化，桂林漓江素为中国丹青的亘古画题。

阳朔景区 阳朔岩溶地貌秀丽奇特，自然旅游资源十分丰富，挺拔峥嵘的奇峰达2万多座，蜿蜒于万山丛中的河流有17条，境内峰峦耸秀，怪石嵯峨，江流如带，稻田阡陌，庭院楼阁掩映错落，石板幽径静谧清洁，山川景色与田园风光交相辉映，形成了"山秀、水媚、峰巧、景奇"的碧莲玉簪世界，是桂林山水不可分割的重要组成部分，清人吴迈写诗赞道："桂林山水甲天下，阳朔堪称甲桂林，群峰倒影山浮水，无山无水不入神。"

阳朔可分为县城、磊榕树、兴坪、福利、杨堤、遇龙河、桂阳公路沿线七个景区，其中碧莲峰、月亮山、莲花岩、晋代大榕树为世界闻名的自然美景。

除此以外，在桂林漓江风景名胜区外围尚有以丹霞风光、宝鼎瀑布、资江漂流为特征的资江—八角寨景区；以湘山寺、历江古樟、炎井温泉、高峡平湖为特色的全州景区；以百寿岩刻、永宁州城、湖光山色为主的永福景区；以丰鱼奇岩、鹅翎寺观为代表的荔浦景区；以文庙武庙、龙虎酒泉见长的恭城景区。

桂平西山风景名胜区

桂平西山风景名胜区是国家重点风景名胜区，位于广西壮族自治区桂平市，以西山为中心，包括金田村、金田营盘、浔州古城、白石洞天、大藤峡、罗丛岩、紫荆山、大平山原始森林等，面积约2000平方公里。

桂平西山 在桂平市西北，又称思灵山，海拔678米，自502年南梁王朝建立桂平郡起，即渐成为游览胜地。山上古木参天，多奇岩和甘泉，"石奇、林秀、泉甘、茶香"称为西山"四绝"。峰峦嵯峨，数十乃至百余立方米的巨石叠垒，加之绿荫遍地，古树参天，景色壮丽。

西山历史悠久，保留有较为完整的广西佛教建筑、庙宇，历代文人墨客赞赏西山诗词对联四千余首。

桂平西山的西山八景为"官桥秋柳"、"云台曲水"、"忠勇松涛"、"碧云石径"、"乳泉琴韵"、"龙华晚眺"、"飞阁月明"、"古洞仙踪"等。现在的西山风景区又增添了新八景："山湖叠翠"、"险峰朝阳"、"虹桥鼎泉"、"长峡会仙"、"龙亭观日"、"栈道悬碧"、"松涛听轩"、"濂溪飞瀑"。

西山林木秀丽，古榕枝繁叶茂，古松参天屹立。相传乾隆皇帝下江南游桂平西山时，将龙袍挂在松树上，从此这些松树的树皮便长成了龙鳞状，西山拥有了独具一格的龙鳞松。

西山的地质结构为花岗岩地质，形成于1.8亿年前的中生代侏罗纪前期，山中怪石嶙峋，天然形成各种奇景。棋盘石，形似棋盘，高约6米，宽近4米，石上似有棋格。会仙峡也是自然形成的一线峡谷。峡长40米，两旁山壁平整如削，中间只可侧身而过。扬首看天，天如一线。

西山流泉众多，以乳泉最为有名。乳泉在龙华寺旁，以色白、味甘而得名。乳泉四季喷涌，并伴有叮咚之声，如琴声悠扬。

西山茶是全国名茶之一，在明代已享有盛誉，成片的茶树，成为西山的自然景观之一。

洗石庵是著名的佛教寺院，建于清顺治三年（1646年），占地面积1021平方米，共三进。首进是庵门，墙上嵌有清朝重修洗石庵的石碑两块，门两旁石柱上刻有对联一副。二进为三开间楼房，楼下塑有佛像，屋顶覆金色琉璃瓦，楼两旁左为半青阁，右是妙虚楼。三进为一层三开间大殿，威严壮观。洗石庵建筑面积不大，但紧凑别致，富有南方特色，是广西保留得最完整、最华美的庙宇建筑之一。

中山飞阁是民国时李宗仁为纪念孙中山先生而兴建的，位于西山半腰飞来石上。1921年10月，孙中山先生路过桂平，曾慕名游览西山，在飞来石上小憩。

桂平金田村 在桂平城北24公里，是清代太平天国革命的策源地。

太平天国的领袖洪秀全，原名洪仁坤，广东省花县人，是一个农民出身的贫苦知识分子。1840年鸦片战争以后，中国社会矛盾日益激化。1847年，洪秀全、冯云山等人在广西桂平的紫荆山，创建了拜上帝会，领导汉、壮、瑶各族人民与腐朽的封建势力作斗争。1851年1月11日，洪秀全发动农民和窑工在金田村举行武装起义，后来建立了太平天国，定都天京（南京）。这次起义是我国近代史上规模最大的农民起义，太平军席卷了半个中国，坚持了十三年的斗争，给清王朝以沉重打击，在中国近代史上写下了光辉的篇章。

现在这里建有太平天国金田起义陈列馆。附近犀牛岭的营盘，是当时起义军指挥部，这是一个长方形的土城，中央筑有高台，台前的一块大石叫旗杆石，当时太平军就在这里升旗誓师起义。营盘前方的一片平坡是当年太平军的练兵场。营盘北面山脚处的犀牛潭，传说是起义军藏匿武器的地方。金田村南四公里的新圩三界庙，是太平军的作战指挥所。

白石山 位于桂平东南35公里处，由雄伟峻险的东西两峰组成。山东独秀峰，又名公白石，孤峰插天，云崖如削，不可攀援。山西莲蕊峰，又名母白石，四周10余里，悬崖重重如硕大城堡高墙。上莲蕊峰的惟一通道洞门巷，又名"一线天"，是一道石隙长缝，宽约2米，内有500多级石阶，形似立梯。沿梯而上，穿过白云窝，绝壁间又有一条石阶险道，旁刻"云梯"两字，石阶宽仅容足，无所傍依，可通往会仙岩,传说这是神仙聚会的地方。岩内有炼丹灶、仙人棋、仙人脚印等。

寿圣寺在莲蕊峰下,坐南朝北,始建于宋熙宁元年(1068 年),寺前石坊巍峨,门内有三宝殿。寺后峭壁上有明代摩崖"白石洞天"四字,每字高 2 米。

三清观在寿圣寺右 200 多米处,是白石山最早的道教庙宇,观内有"乳窦滴臼"一景和神龟出米的传说。

大藤峡 位于桂平西北,黔江下游,武宣县勒马至桂平市弯滩之间。相传原有大藤横跨江面,夜浮昼沉,可攀附渡江,故名。两岸高山环绕,峰峦叠嶂,地势险峻,河道水急,风景壮丽。

花山风景名胜区

花山风景名胜区是国家重点风景名胜区,位于广西壮族自治区宁明、龙州、崇左、大新、凭祥五县市,面积约 3000 平方公里,是以岩溶地貌为基础,热带景观为特色,左江为纽带,古代岩画、大型瀑布、峰峦丛林、生物资源、田园风情相融合的国家重点风景名胜区。

左江和右江是广西的两条主要河流,"左江湾多,右江滩多。"在左江泛舟而下,时常看到江水尽头一座高耸的悬崖峭壁挡住去路,待到跟前,水流突然来一个 90 度甚至 180 度的急转弯,呈"S"形或"U"形走势,令人叹奇。登高鸟瞰,

左江在群山峰林之间回旋环绕,如绿绸飘舞;几缕炊烟,袅袅升腾;孩童牧牛,漫步田园,宛若桃源世界。

花山 又称画山,因悬崖峭壁上有岩画而得名。据文物工作者考证,始作于 2000 多年前的春秋时期,历代有增补。花山岩画作于上覆下收、陡立外倾的岩壁上。绝壁高 250 米、宽 230 米,岩画长 221 米、高 40 米,覆盖面 9240 平方米,计 1800 多个图像。古代文献中对此有记载,宋代李石《续博物志》记:"二广深溪石壁上有鬼影,如淡墨画。船人行,以为其祖考,祭之不敢慢。"岩画图像高 0.3～3 米不等,一般在 0.6～1.5 米之间。图像多为男子,也有女子。甚至有身怀六甲之妇,还有像狗一样的动物以及壮族特有的铜鼓等。作者以剪影的绘画手法,描绘人们两手上举、两冈下蹲,似蛙跳状。有的男子腰佩环柄大刀,可能是首领人物。妇女身姿婀娜,发型各异。手舞足蹈,动感极强。画面粗犷有力,线条简洁大方,以精练的笔墨反映了丰富的内涵,世所罕见。壮族先民因何要冒着攀登悬崖峭壁之危险,耗费巨大人力物力去创作岩画呢?现在还是未解之谜。有的说是欢庆丰收,有的说是庆祝胜利,

有的说是宗教祭祀，有的说是祖先崇拜，也有的说是兼而有之，正是这千古之谜吸引着人们去研究探索。

德天大瀑布 位于大新县硕龙乡沁天村炮台山脚下与越南接壤的归春河上。归春河发源于云南，流经越南，在这里又回到广西。大瀑布分为三级，总高度49米，弧形平面宽209米，纵深达60米，年平均流量为每秒62立方米。瀑布高度一般，但瀑布极宽，纵深可观，流量大，层次丰富，气魄宏伟，足以与我国各大名瀑相提并论。有人为瀑布气势所感，作诗咏之："奇峰万千似画图，幽谷深处藏飞瀑。气势如虹撼尔心，白浪激天荡尘浊。"硝烟散去，边境安宁，德天大瀑布亦将抖擞精神，向人们展示其勃勃英姿。

小石林 在崇左县，虽规模比不上云南石林，但小巧玲珑，另有一番情趣。徐霞客曾游历此景。小石林约3平方公里，石峰高10米，皆平地拔起。峰丛间有开阔的草地，蜿蜒于峰林间的小径，人仅能侧身而过。穿过低矮的山洞，不得不躬身而行。峰巧、石奇、山秀、洞幽、径曲、水清，这就是小石林的特点。

归龙塔 崇左县的另一奇观。归龙塔始建于明朝天启元年（1621年），初为3层，清康熙三十五年（1696年）加建两层，成为5层八面形砖塔，直径5米，高18米。归龙塔选址大胆。左江江水在该处有一90度急转弯，江心挺立一块巨石，名鳌头峰。秋冬水位低落时，石峰高出水面两丈；春夏江水高涨时，鳌头峰没于洪流之中。归龙塔就建在鳌头峰上。归龙塔奇就奇在它是一座斜塔，而且是一座人工建造中

有意倾斜的斜塔。而不像意大利比萨斜塔那样因地基沉陷所致，也不像有的斜塔是因地震造成结构破坏而使塔身倾斜。塔身西面为迎水面，底层西面砌砖43块，东面砌砖45块，相差两块砖，故而塔身斜向西面，即上游方向。水平偏位1.42米。归龙塔倾而不倒，斜而不危，结构稳固，抗洪冲击力强，历经380多个春秋仍巍然屹立，充分体现了我国古代劳动人民的才智，令人赞叹。

友谊关 原名镇南关，在凭祥市，是人们游览花山风景名胜区时必游的景点。友谊关地势险要，关右金鸡山上有镇中、镇南、镇北三座炮台，关左有伏波山炮台，关后有白云山炮台、青山炮台、凤尾山炮台。众炮台连环对峙，紧锁关口，守卫着南国咽喉之道。清光绪十一年间（1885年），中国军民同仇敌忾，在此浴血奋战，歼灭法军千余人，法军统帅尼格黑重伤毙命，法政府内阁因此倒台，这就是著名的镇南关大捷。

花山风景名胜区的岩溶景观极为丰富，有峰林谷地、岩溶盆地、岩溶平原、峰丛洼地、岩溶丘陵等；有岩溶河岸、溶丘、石林与孤峰；有岩溶花石、河湖礁溶石、石芽等；当然，还有各种岩溶洞穴。

金秀大瑶山风景名胜区

大瑶山风景名胜区是自治区级风景名胜区，位于广西壮族自治区金秀瑶族自治县，面积为500多平方公里。

金秀瑶族自治县位于广西中部偏东的大瑶山区。因为大瑶山主体部分在金秀瑶族自治县境内，故又称金秀大瑶山。瑶族人口占全县人口的48%。瑶族中因其源流、信仰、语言、习俗和服饰不同，分为盘瑶、茶山瑶、坳瑶、山子瑶、花蓝瑶五个支系，是全国瑶族支系最多的县份，亦是中国瑶族主要聚居地之一。

大瑶山风景名胜区，属泥盆系红色砾岩和砂石组成的"大瑶山丹霞式刚棱削面塔柱"地貌，到处可见嵯峨朱崖绝壁，流水潺潺，插云丹峰，飞瀑高悬，群峰千姿百态，幽静、神秘、峻险、绮丽、古野的自然景观。

金秀大瑶山风景名胜区面积广，不同的区域景观资源各异，既连成一片又独立成体，从北至南分为天堂岭、金秀老山、银杉公园、莲花山、罗汉山、圣堂山、五指山等小景区。目前已初具规模对游人开放的有金秀老山（即原始森林度假村）、银杉公园、莲花山、梦村（瑶俗风情旅游接待村）、圣堂山等景区。

原始森林度假村 位于金秀县城东北面16公里处金秀老山的山谷中，东南面是50多万亩的原始森林，北面毗邻银杉公园，四周群山环抱，树木葱茏。密林中有几人合抱的千年古树，令人眼花缭乱的奇花异草，有各色各样的飞禽走兽。春天，百花竞艳；秋天，山荔枝、山楂、猕猴桃、山枇杷、山菠萝等可食野食随处可捡，林中溪流密布，泉水潺潺，夏无涝，冬不涸，春意常在，林间曲径，幽谷宛转。生态环境得到较好保护，是不可多得的回归大自然旅游、度假、避暑理想处所。

目前，度假村提供上刀山、过火海、吞筷条、嚼碗（咬碗）、踏铧（赤足踩烧得通红的犁头）等瑶族绝技表演和丰富多彩的烧烤、篝火晚会活动。

银杉公园 位于金秀县城东北面15公里的林区中。在10多平方公里范围内，分布着11大群落银杉，并按发现顺序为1、2、3、……10、11号银杉基地，现对游人开放的是4号地。

银杉为松科常绿乔木，珍贵的孑遗树种，著名的植物"活化石"，国家一级保护珍贵树种。金秀银杉是1986年3月首次发现的。1986年夏全国银杉鉴定会在金秀县城召开，到会专家学者一致认为金秀银杉有五最：一是银杉纬度最低，在北纬23°至24°之间；二是最大，胸径86.6厘米；三是最高，树高27.3米；四是最老，最老树龄490多年；五是最多，已发现的共有219棵。几代同堂，生机勃勃，枝繁叶茂。

木莲、大明山松等稀有珍贵树种组成混交林，保持原始状态，形成中生代裸子植物群落，不但有很高的观赏价值，而且还为古植物、植物地理学、地质学、气象学等研究提供了重要基地。

莲花山景区 莲花山是位于金秀县城西北部14公里处的一座大山，面积约23平方公里。主峰海拔1350米。群峰环立的山体好像一朵含苞待放的莲花，因而得名。景区中心，以盘王升堂景观和石林仙都景观为绝景。盘王升堂形象逼真，令人肃然；石林仙都妙趣叠生，有的似仙女婷婷玉立，有的似热恋中的情人幽会于山谷，有的仿佛老人黄昏恋。但更多的则像盘王兵马俑。在石林仙都西面100多米的半山有座天然石门，此石门净空4米，宽1.5米，为砂岩风化而成。观者无不称绝。

圣堂山景区 金秀大瑶山主峰圣堂山，距离金秀县城45公里，面积约150平方公里，顶峰海拔1979米，是广西名山之一。

圣堂山是金秀大瑶山风景名胜区精华所在。山上群峰林立，直插云天，常云封雾锁，神秘莫测。远眺峰浮云海，气势磅礴，如同海市蜃楼；近看怪石凌空，塔林戟海，鬼斧神工，或绝壁高耸，或仙女下凡，恋人相会，怨女盼夫，顽猴戏月，寿龟赏花，大将点兵……形象逼真，栩栩如生，丹青难描。山谷间尚存古冰川时期遗迹石海石河。

圣堂山，古木参天，奇松怪树遍布，流水淙淙，为典型中亚热带森林风貌。山腰海拔1000米至1500米的针叶、阔叶混交林带，有名贵的观赏树种五针松、罗汉松，多生于崖壁间，青葱碧翠，刚健龙钟。1500米以上至山顶，有举世罕见的万亩变色杜鹃林，每年五月，变色杜鹃花竞放，树树繁花，红、黄、白相间，花香浓郁，令人陶醉不已。

圣堂山瀑布多达60多处，有的高达两百多米。方圆百里的圣堂山，沟壑纵横，森林茂密，生态环境得到很好保护，是珍禽异兽的乐园。世界动物活化石——瑶山鳄蜥就幸存在这里。

海拔1500米的圣堂山坳，有古石墙二处，相距约二华里。山坳处的石墙长170米，宽6米，高4~5米，依山势起伏用大块方石砌成将山坳切断，砌墙用的石块有的重达500公斤以上，干砌工整，墙中部开有门宽2.16米，两边对称成"凹"型。在这陡峭荒无人迹的高山坳，如此巨大的工程，为何时何人所建，又作何之用，至今还是个谜。

梦村瑶族风情旅游接待村 梦村位于海拔1335米的罗汉山东面山腰，距金秀县城8公里，通往山外的公路主干线从村前穿过。梦村环境幽雅，群山环抱，风景秀丽，村后是剑拔穿云的罗汉山奇峰，村旁有清澈如镜的"聪明泉"，村四周长着千年古树和茂密的树林，全村30多户茶山瑶族同胞，家家整洁、宽敞、明亮。

金秀大瑶山山高谷深，林木茂盛，流水潺潺，空气极为清新。

金秀大瑶山有以国宝、植物"活化石"银杉为代表的213科870属2335种野生植物，以国家一级保护的动物"活化石"瑶山鳄蜥为代表的31目69科281种野生动物，区系成分古老而复杂，种类繁多又珍稀，物产雄居广西各山之首，是天然动植物园，是建立物种形成与演变的科研和教学基地最佳场所。

红水河七百弄风景名胜区

红水河七百弄风景名胜区是自治区级风景名胜区，位于广西壮族自治区大化瑶族自治县，总面积1300平方公里，核心景区500平方公里。

风景区地处红水河中游，红水河贯穿整个景区，以喀斯特地貌发育最完善而闻名中外的七百弄景区紧邻，景区因此而得名。

风景区具有山奇、水秀、湖旷、峡险、洼深、洞秘的特点，人文景观丰富，有第四纪动物化石、新石器、宋代岩葬、助清寺庙、革命时期红军遗址。瑶族、壮族的民族风情奇特迷人，驰名国内外的世界长寿带覆盖整个景区。

根据景观组合特点和综合功能，红水河七百弄风景名胜区分为七百弄高峰丛深洼地科考、观光、民族风情旅游区，岩滩湖光山色观光度假旅游区，大化—古河红水河风景观光旅游区和大化城郊公园休闲观光旅游区等四个景区。

七百弄　位于大化县西北部，总面积250平方公里，耸立5000多个海拔800～1000米的高峰丘。进入景区，可仰视海拔300～700米的高峰丛，俯视深200～300米的深洼地，峰丛洼层层相套，洼上有洼，洞中套穴，规模宏大，千姿百态。名为"七百弄"，其实有1038个洼地，324个深深的洼地点缀着具有原始风貌的瑶族村寨，犹如"世外桃源"。它记录了桂西北岩溶山区和红水河流域演化变迁的史实，有自然美学观赏价值和极高的科学研究价值。

岩滩　岩滩水电站下闸蓄水后，形成了该景区56平方公里的湖面水库，浩渺烟波之中，一百多个孤岛和数不清的半岛错落有致，湖畔壮瑶移民新村星罗棋布，遍布湖区的养鱼网箱，组成"水上人家"，行舟其间，南国水乡新景令人陶醉。长16公里的板兰红水河三峡，峰险山峻，谷幽石奇，碧水青山连为一体，"舟行峰间，峰顶行舟"，更有那千米长的睡美人山、镇守水城的双狮和高出水面的300米的猫头鹰山栩栩如生，形态动人。

大化—古河　大化水电站的建成，形成了宽300～500米，长42公里的峡谷水库。大化—古河库段，人称"八十里画廊"，四季可泛舟观赏两岸奇山秀水，红花、翠竹、柑橘、龙眼园林成片展现，行舟其间，船移景换，使人赏心悦目。舍舟登岸，可游览古河仙女洞。

大化城郊公园　主要包括大化县城郊的乌龙岭地区。林木葱茏的乌龙岭与位于其间的大化水电站组成"双龙争珠"奇景，新兴的大化县城，群峰环绕，一水中分。金龟山、五龙仙山、卧佛山、观音山，情态奇特迷人。

龙潭—都乐风景名胜区

龙潭—都乐风景名胜区是自治区级风景名胜区，位于广西壮族自治区柳州市，包括龙潭、都乐、白莲洞、游山、洛维响水、鱼峰山、马鞍山、箭盘山、蟠龙山等柳州南部的石山风景区，总面积约28平方公里。以喀斯特自然山水为主要景观，兼具不同文化内涵的人文特色。

龙潭公园　位于柳州市城南三公里，面积约6平方公里。其山峰连绵，层峦叠嶂，山青水秀，林木苍翠。奇峰怪石随处可见，形神兼备，参差错落，形成"龙潭虎卧"、"美女照镜"、"狮子戏球"等绝佳景区。茂林修竹，郁郁葱葱，有700多种亚热带高等野生植物，竞相吐艳，青翠悦目。水从龙山绝壁涌出，冬暖夏凉，清澈如镜。壁上留有明代张中赞龙潭诗曰："山下清泉出，林间白发来。寒云如行卧，不必问蓬莱。""龙潭毓秀"为柳州新八景之一。唐代柳宗元曾在古称"雷塘"的龙河边为民祈雨，有《雷塘祷雨文》传世，碑文拓片收入中国历史博物馆珍藏。龙山悬崖上，有鲤鱼嘴贝丘遗址，出土了距今11000年至7000年的人骨化石。

丰富浓郁的民族风情是龙潭公园的一大特色。人们在侗、壮、瑶、苗和傣族村寨里同少数民族兄弟姐妹们载歌载舞，嬉戏游乐，可尽情领略南方各民族的人情风貌，品味风味小吃。

都乐岩　位于柳州东南郊12公里，整个景区由12座山峰、46个溶洞、3个人工湖和现代书法碑林等组成，方圆10多公里。目前开放的5个岩洞，洞景如画。各类钟乳石形态奇特，比人拟物，景象万千。独具特色的岩溶洞景有"南海风光"、"壮乡晨曦"、"三姐对歌"等53景。洞内道路曲折迂回，变幻莫测，胜景迭出，被誉为"大自然的奇异艺术之宫"。

都乐岩南侧还留存着距今5万年的"柳江人"和"白莲洞人"遗址，并建成了中国第一座洞穴博物馆——白莲洞洞穴科学博物馆。

游山湖和洛维响水　沿都乐清溪南下，便是湖光潋滟的游山湖景区和洛维响水景区。景区内有千亩湖水、大片石山景点群、洛维沙滩、响水河口等，集自然山、水、岛、瀑布、农业观光为一体的休闲度假胜地。

鱼峰山和马鞍山 地处市中心，两山之间有空中索道相连。登上山岭，可一览柳州全景。山下壮家歌仙刘三姐遗风尚存，每日各界群众山歌对唱，自娱自乐，为柳州独树一帜的地方景观。

箭盘山 有奇石园，以奇石文化闻名。那聚天地之灵气，采日月之精华的几千块奇石，是该园魅力所在。"柳州奇石甲天下"之说可窥见一斑。

蟠龙山 以再现塔文化历史为己任，文光塔、蟠龙塔双塔的重建，不仅为柳州的人文景观绘上了浓墨重彩的一笔，而且将作为柳州的镇山之宝、镇水之塔而名垂青史。

龙岩风景名胜区

龙岩风景名胜区是自治区级风景名胜区，位于广西壮族自治区陆川县。龙岩在陆川县珊罗镇田龙村，与玉林市、北流市毗邻，是一个山、洞、湖、寨连成一体的风景名胜区。

"石山森森，自北而南，如列旗整队，别成一界矣！"这是明代地理学家徐霞客游龙岩的游记记载。龙岩的山伟岸、豪迈、雄浑。它是北流勾漏山脉的分支。均属石龙岩地质地貌区（喀斯特地貌），方圆1500公顷。一座座石山拔地而起，在雾气中若隐若现，似群龙起舞，故称"龙岩"。

龙珠湖地处风景区的南面，也是石山群的南端，整个湖阔达20多公顷，湖区三面均为石山环绕，正南面是一望无际的田野。东面两座石山并列，中留一缺口，也就是龙珠湖的进出口处。龙珠湖水清见底，游鱼可数，岸柳垂吊，绿草如茵，石山倒影，如诗如画，波光粼粼，渺渺荡荡。

在龙珠湖的周围石山中有大小岩洞十二个。其中龙岩洞是龙岩风景区的主洞，位于龙珠湖的西面，洞内全长200多米，呈月亮弯形，内有一丫洞，向北延伸。洞的最高处10多米，最宽处20米左右，一条溪流从东到西穿流而过，低处成池，流水有声，灯光照映，景中有景。主洞、丫洞都是钟乳倒挂，千姿百态，栩栩如生。这边是乌龟爬山，顶上是鲤鱼滴水，边缘是梯田层层，那厢是瓜果满山，这里是活龙卧床，那里是宫闱帐幔，低处是凡人耕耘，高处是仙人聚会，令人幽乐并存，心旷神怡，流连忘返。

在巍峨的石山群中，形成了五大天然古寨。层层石山环抱，组成天然的屏障，拱围成五处低陷的洼地，形成盆地式的天然山寨。置身于其间，仿佛与世隔绝。偶尔听见一些雀儿吱唧声，其余概无他音。据说这些山寨，曾有人住过，目前除了大坑寨外，均无人居住。大坑寨是广西罕见的寨子，又叫石寨、石庄，寨门石壁上立有清代咸丰元年（1851年）所刻的"石庄"两个斗大的劲字。寨子的四周被那高耸入云的石峰团团围住，宛若一幅幅天然画屏。峰坳之间，围绕寨子高筑着一道牢固的石墙，远远望去，此起彼伏，若隐若现，活像银灰色的巨龙。进入山寨，景象更加壮观，四面石峰显得更峥嵘峻丽了。举目巡视，寨子方圆一里许，内有30多户人家，显得异常闲逸而幽静，山峻峰美，以盆地式隐藏在层峦叠峰中，俨然与世隔绝，确是当今的世外桃源。

谢鲁山庄风景名胜区

谢鲁山庄风景名胜区是自治区级风景名胜区，位于广西壮族自治区陆川县乌石镇谢鲁村寨子屯的山坡上，占地面积1000平方米。

谢鲁山庄原名树人书屋，因庄内除建筑物外，以种花果为主，所以又叫"谢鲁花园"。

山庄始建于1920年，1940年竣工，历时20年。它集苏州园林建筑的精华，在园内建筑中贯以"一至九"的数字。据说是取其"天长地久"之意而创设。山庄中的"一至九"分别指一个小门，二重围墙，三大主体建筑，四座园门，五处假山，六幢房屋，七口池塘，八座凉亭和九曲巷道。此外，它还有十二个游门，五千多米长廊曲径。

"一"即一个小门。是山庄的正门，古朴小巧，仿如农舍，然而越过此门一进庄园，则豁然开朗，另有一番世界。

"二"即两重围墙。园中有园，外园密种霸竹，豕犬难进；内园青砖砌成，宛若长城。

"三"即三大主体建筑。由低至高，依山建筑：一是琅环福地，为迎客之地；二是湖隐轩，为寝室、待宾、娱乐、用膳之所；三是树人堂，楼下为私塾学堂，楼上为藏书阁，名曰"万有文库"。

"四"即四座园门。各在园的东南西北，意在招徕四方贵客。

"五"即五处假山。假山用三合土粘砌嶙峋怪石而成，有的假山龟池相衬，有的既为石山又可作通道，各有特点。树人堂边的假山，不但在山下配一金鱼池，还在后山引来泉水，穿过假山，滴下鱼池，咚咚作响，与山上松涛声交织在一起，铿锵悦耳。湖隐轩门前的假山，山上有蝴蝶树和鸡爪兰的浓荫覆盖，山下有一洞口，曲折幽暗，可通树人堂。

"六"即六幢房屋。六处房屋分别是门楼、迎屐、湖隐轩、水抱山环处、树人堂、庄园工人宿舍。这六处房屋体现庄园的构架，成为庄园的主体，象征六亲常临，六畜兴旺之意。

"七"即七口池塘，都是人工挖造，池塘之设也是按原来的山沟，因势利导，加以改造，有沟必成池，有池必成景，雨天可防山洪暴发，晴天可储水防旱，既能养鱼，又可种荷，使整座山庄动静并存，山水相依。

"八"即八座凉亭，造型新颖，设置奇特，取八面玲珑之意。凉亭都是砖瓦结构，但它们的形式、坐向、规模都根据地形、设计需要的不同而各异。有的凉亭专为欣赏塘中荷花；有的凉亭为文人墨客云集吟诗作对，讲武论文，议政评道之所；有的专为文人留诗作画的地方；有的为休息时听涛之用。

"九"即九曲巷，是湖隐轩旁假山底部通过可达树人堂的一条曲折幽暗通道。走出洞口后，便可发现是一条逐级而上、几级一弯的梯级通道，需经九个折十个弯才能到达顶口，故又称为"九折十转弯"。设置这一构思独特的奇景，据说主要是让由此洞道上树人堂读书求学的书生，体味道路的曲折和探索的艰辛，以激发刻苦攻读，钻研学问的决心。

谢鲁花园的花草树木都是因地而种，因物而配，因意而设，品种之多，花色之众，确实令人难以胜数。整个园林的布局，既考虑了乔木与灌木的结合，又考虑到木本花卉与草本花卉的结合；既考虑了四季常青的园林特点，又运用了色、香、味、美互相配合的手法。充分体现了整座山庄的山与水，花草与树木既互相衬托，又互相制约的建筑艺术，确实是一处以景引人，以花取胜的游览胜地。

青秀山风景名胜区

青秀山风景名胜区位于广西南宁市东郊约5公里。景区由青秀山、凤凰岭、凤翼岭等十八座大小山峦组成总面积为4.2平方公里，海拔74～289米，整个景区山峰起伏，群峦叠翠，甘泉涌滴，山脚下邕江环绕，素有山不高而秀，水不深而清之称。

青秀山又称泰青峰，历史悠久，早在东晋时期已有道人罗秀在山上洞中炼丹。唐代时期筑有白云寺、万寿禅寺等寺庙。明代筑有龙象塔、白云精舍、云甫山房等八个景点。由于时代的变迁，几经兵灾战乱，寺庙多被毁和失修，景点荒废。

主要景点有龙象塔、云天阁、董泉亭、凤凰塔、聚仙亭、瑶池、三定堂寺庙等。登上凤凰塔远眺可以纵览南宁市全景。对林区内的松林进行林相改造，种植具有观赏价值的桃花、杜鹃花等植物，每当春暖花开季节，满山花红似火。

新建了棕榈园、香花园、泰国园三处具有时代特色的园林景点。其中棕榈园占地约二百亩，已种下狐尾椰子、三角椰子、加拿利海枣、酒瓶椰子等名贵棕榈科植物四十多个品种四千多株。香花园占地一百五十多亩，种植了各种香花植物十多个品种五千多株。整个风景区已铺种马尼拉草皮23万平方米，突出了南方亚热带风光特色。

勾漏洞风景名胜区

勾漏洞风景名胜区是自治区级风景名胜区，位于北流市，占地面积 2.0 平方公里。

勾漏洞具有悠久的历史，魏晋以来久负盛名。它是道书称中国道教 36 洞天的第 22 洞天，洞内勾、曲、穿、漏，奇景自然天成，千姿百态，绮丽梦幻，栩栩如生，组成 50 多个瑰丽的自然景点。

洞外项目的开发更是别有天地，供游客玩乐的项目就有 60 项之多，门楼花坛、广场喷泉、广场草坪、田园风情、观鱼池、瀑布、月湖、铁索桥、勾漏胜景门楼、山顶凉亭、勾漏寺、动物园、大佛、蛇园、三国城、幽乐城、恐怖城等，这是静景，供游客观赏的一面。激流涌进、全龙滑车、直升飞机、空中弹跳床、跑车、空中漫游列车、海洋球、海陆空、坦克、游船等，这是动景，供游客尽情玩乐的另一面，这是乐之所在。勾漏洞现在声誉与日俱增，八方游客络绎不绝。

资江—八角寨风景名胜区

资江—八角寨风景名胜区位于广西壮族自治区资源县，总面积 840 平方公里。

资江—八角寨风景名胜区以发育典型的丹霞地貌为基础，以曲折多姿、滩潭交替、碧水丹霞、四十里山水画廊的资江漂流景区，丹峰壁立、山势险峻、幽野秀雅的八角寨景区和一瀑九折、气势磅礴、绚丽多彩的宝鼎瀑布景区为主体，加上外围的花果山温泉、老山界原始森林公园、银竹老山动植物自然保护区和苗寨、瑶寨风情等景点，既具有丹霞山水景观的特点，又有丰富的民族文化色彩。

资江 沿岸为丹霞地貌，130 多处景点古朴、灵秀。风帆石、三娘石、一线天、神象饮水、神仙寨等具有很高的观赏价值。河道曲折蜿蜒，滩多流急，沿岸和崖顶、山坡树木葱茏，竹林成片，岩缝中青藤蔓延，凌空倒挂。由胜塘、浪田至胡家田沿岸树丛多画眉鸟，又称"画眉江"。

八角寨 主峰海拔 818 米，方圆约 80 平方公里，有景点 200 多处。"迷魂阵"、"神鹰石"、"眼睛石"、"螺丝峰"等形神逼真，山峦重叠并层层抬升。山崖多平地拔起，陡壁如斧劈刀削，高悬于数百米深的山谷之上，十分险峻。八个翘角造型奇特，直刺苍天，众多的奇峰怪石形象生动。由单斜红层构成的山脊，轮廓线曲折蜿蜒，高低起伏，峰回路转。峰顶发育着大小不等的平坦面，最大的长约 220 米，东西宽约 130 米，面积近 33 万平方米。其东、西、北三面均为悬崖绝壁，平台上长满茂密的灌木林和翠竹，始建于宋元时的"大空寺"即位于此。

宝鼎瀑布 宝鼎主峰海拔 1926.8 米，众多细流和由石缝渗出的清泉在山腰汇集成规模宏大的高山瀑布，注入宝鼎湖。整个瀑布落差近 700 米，由瀑顶至瀑底山势交错折为 9 级，最宽处长达 200 余米，最窄处约 20 余米。最壮观的第五级瀑布高约 180 余米，宽约 30 米，如银河倒悬。瀑床由中粗粒斑状花岗岩构成，颜色各异，经瀑流长期冲刷，显得五彩斑斓，瀑布也成了"彩瀑"。

老山界 位于资源、兴安两县交界处资源县一侧，距县城 50 公里。老山界山峦挺拔，林茂竹密，气候、植被呈垂直分布，差异明显。海拔 400～1200 米为常绿阔叶林和针叶林，1200～1800 米是落叶和常绿阔叶混交林，1800 米以上为针叶和阔叶混交林，是我国古老孑遗植物的王国，仍保存着原生植被类型。古老珍稀树种有银杉、铁杉、冷杉等十余种，是我国物种资源基因库之一。

花果山温泉 由资江—新宁断裂带旁侧裂隙上升而形成。水温 30～40℃，四周山高谷深，树多林茂。广泛分布的奥陶系和泥盆系石灰岩受到流水溶蚀，发育成岩溶景观，地下溶洞、地下河、落水洞及溶蚀石峰众多。

银竹老山 是动植物保护区，位于资源县与湖南省交界处，面积 21.36 平方公里，古树参天，珍禽异兽时有出没。保存完好的成片原始森林植被，由山麓至山顶植物群落垂直分布。珍贵树种有资源冷杉、银杉，竹类种类繁多，著名的有方竹、佛肚竹、银竹等。珍稀动物资源也十分丰富。

海南省

三亚海滨风景名胜区

三亚海滨风景名胜区是国家重点风景名胜区，位于海南省三亚市，面积212平方公里。由天涯海角、大小洞天、落笔洞、海棠湾、亚龙湾、榆林湾等景区组成。独具特色的热带景观和曲折多变的海岸线构成了典型的热带海滨风光。海滩浴场分布广、规模大、沙细潮平、海水清澈、风景绮丽。

天涯海角 位于三亚市以西24公里天涯镇。这里南临大海，北倚青山。海上帆影点点，岸边椰林雪浪，如诗如画，景色迷人。那刻有"天涯"、"海角"、"南天一柱"的巨石，雄峙海滩之上，甚为壮观。天涯海角不是地理位置的写照，却是历史悲剧的真实记录。古时候，这里交通闭塞，人迹罕至，与世隔绝，既是险关要隘，又为封建王朝流放"叛民"、"逆臣"之地。因被流放之人绝少生还，到了这里便生"世界之尽头"的感叹，故此得名。天涯海角游览区建有观海亭、海滨浴场及近1000米的海滨大道。

鹿回头 是该风景区内的一座天然公园。位于三亚市南5公里，岭高275米。在这礁石遍布的海滩上，有一座山岭拔地而起，山形貌似一只金鹿，这就是黎族民间传说的鹿回头。相传古时，五指山上有一位黎族青年猎手，持弓搭箭追杀一只金鹿，到海边时，金鹿无路可走，面临万顷碧波，猛一回首，化为一位美丽的黎族姑娘，两人结下百年之好，现在已成为游人必登之处。登上山巅，日观群山大海，夜赏万家灯火。

大小洞天 怪石嶙峋，岩洞幽深曲折，海岸花岗岩体海蚀地貌，景观奇特，过去不大为人所知，现已建设好游览步道，游人日增，别有一番情趣。岸边山腰塑有鉴真和尚东渡群雕，气势不凡。

落笔洞 为一石灰岩溶洞，洞口高阔均有3米多。洞内顶部石壁，一石悬垂如笔头，笔尖终年滴水不断，地上一平面石块，承接笔端滴水，状如端砚，有仙洞神笔之称，故名。

大东海 在鹿回头公园的南边，一个半月形海湾，海水清澈见底，海沙洁白如银，是优良的海滨浴场。这里风光秀丽，气候宜人，岸边遍布茂密翠绿的热带植物，同蔚蓝的大海相映生辉。

亚龙湾 也叫"牙龙湾",在三亚市东郊 20 多公里处的海坡村附近。这里是我国南方最大、条件最优越、风景最美的热带海滨,拥有阳光、海水、沙滩、山岭四大优势,将建成国际性避寒、冬泳、度假、疗养、观光旅游中心。

亚龙湾依山面海,坐北朝南,呈东西向,海湾口宽约 8 公里,湾内共有大小五个岛屿,海湾凹深约 6 公里,湾内海面面积约 50 平方公里,海水清澈见底,沙滩洁白细软,一般宽度可达 50 米左右。湾内海岸线总长约 20 公里,被礁石分隔成为几段,其沙滩最长的一处岸段达 7 公里左右,呈东西向延伸。亚龙湾每年有 300 天以上的日照,全年平均温度在 22℃ 以上,湾内波平浪静,海水清澈见底,海底平坦,无石头矿物质。湾内深处海底珊瑚礁、热带鱼、贝类等构成极富梦幻色彩的水底世界。

东山岭风景名胜区

东山岭风景名胜区是省级风景名胜区,位于海南省万宁市,方圆 10 公里。东山岭位于万宁城东 3 公里处,海拔 184 米,三峰耸翠,形如笔架,又名笔架山。岭上风景雄奇,怪石嶙峋,雄峙南天,奇岩异洞,濒临碧海,有大小胜景百余处,被誉为"海南第一山",引来无数文人墨客,留下遍山墨迹,石刻如林。人文天景,相映成趣,佛寺尼庵,对峙相彰。历代香烟缭绕,游人如织,素有"仙山佛国"之称。

东山岭林木茂盛,泉水淙淙,四季花香,尤以天然石景取胜。整座东山岭就像一块大石头,南北舒展。岭上近百处石景,处处神奇,石石灵动,洞洞莫测,各有神奇的由来故事。就连东山岭宾馆的花坛、花径,也是用质地坚实、颜色灰白的天然花岗岩蛋形石围砌,别具一格。

岭上有一奇石,好像"南天一柱",但比"天涯海角"的"南天一柱"还要高大、雄伟、苍劲。山后一块直径两三米的活石,人站在其上石头会微微摇动,人们就叫它"摇头石"。岭上"一线天"胜景之处,有一块凌空虚设、危危欲坠的巨大顽石,高 10 多米,有上百吨重,这就是电视连续剧《红楼梦》片头中出现的"飞来石"。

东山岭的山体是由花岗岩组成。它在地壳运动向上抬升中,使花岗岩产生许多裂隙,经长期风吹雨洗、海浪拍击破坏,形成各种形状的石块。东山岭胜景,就是由这些奇形异状的石块崩塌堆叠、悬架而成的。著名的"东山八景"为"七峡巢云"、"仙舟系缆"、"蓬莱香窟"、"海眼流丹"、"瑶台望海"、"冠盖飞霞"以及"碧海环龙"。

唐宋以来,东山岭留下颇多名胜古迹,有潮音寺、净土寺、真武殿、望海亭、偕乐亭、文宗堂、乡贤祠等等。现存的人文景观中最著名的是李纲祠。

海南省

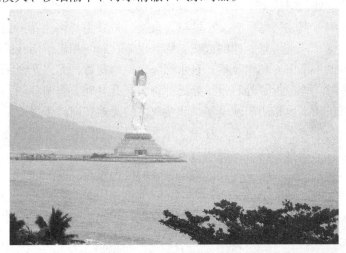

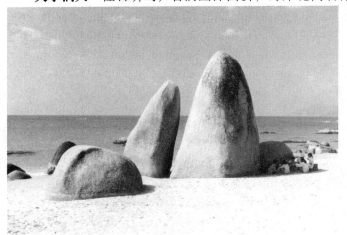

重庆市

长江三峡风景名胜区

长江三峡风景名胜区是国家重点风景名胜区，位于重庆市和湖北省。详细介绍见前文"长江三峡风景名胜区"。

重庆缙云山风景名胜区

缙云山风景名胜区是国家重点风景名胜区，位于重庆市北部，由缙云山、北温泉、合川钓鱼城以及北碚至钓鱼城间嘉陵江沿岸风景名胜组成。缙云山、北温泉的山岳江河、温泉峡谷、丛林古刹、溪流瀑布、奇葩异卉，展示了巴山蜀水幽、险、雄的特色。

北温泉公园　位于北碚区缙云山麓嘉陵江温塘峡边，公园依山傍水，岩壑幽深，林木翁郁，风景秀丽，建筑设计精巧，园林布局别致，园内设有温泉浴室和游泳池，是一处游览、避暑和疗养的胜地。

温泉寺创建于南朝刘宋景平元年（423年），明代宣德年间重建，清同治二年（1863年）又加修观音殿。现存建筑主要有关圣殿、接引殿、大佛殿、观音殿，通称四大殿。观音殿由石柱铁瓦建成，故亦称铁瓦殿，殿两侧有泉水涌出，流过庭院，注入接引殿后的戏鱼池内。池内水莲青翠，游鱼往来，池上横跨石桥。四大殿东边有古香园、石刻园、观鱼池、荷花池。古香园是温泉寺旧址，假山玲珑，古木参天。石刻园里的明代盘龙塔，高两米多，用整块青石雕成五层石塔，塔顶有一盘踞的飞龙，是一件珍贵的历史文物。四大殿西边，是一片翠绿的林地，浓荫覆盖，曲径清幽。

乳花洞位于四大殿北，洞深70多米，洞内迂回曲折，多钟乳石。洞的最深处可以听到地下流水声。自乳花洞崖壁上流下的泉水，跌入岩下的水潭之中，五个水池层叠相连。晴朗的月夜，池面上月影徘徊，银光闪烁，别有一种趣景，被称为"五潭映月"。飞泉出口处建有听泉亭。在此处可远眺嘉陵江，近观五潭水，水光山色，引人入胜。

缙云山　在重庆北碚，位于北温泉之上，九峰挺立，拔地而起，素有"川东小峨眉"之称。主峰狮子峰海拔980米，其右为聚云峰、猿啸峰、莲花峰、宝塔峰、玉尖峰和夕照峰，左边是香炉峰、日照峰。九峰之中，玉尖峰最高，海拔1030米；狮子峰最雄，如猛狮蹲伏于山巅。

缙云山山高林密，山间植物繁茂，多达一千七百余种，其中有许多是珍稀名贵树木，如北碚猴欢喜、无刺冠梨、缙云琼楠、红豆杉、飞蛾槭、水杉等，并盛产竹参、香菌等山珍及栀子、黄芪、苡仁等中药材。古木参天，翠竹成林，气温比市内低5~7℃，是重庆的避暑胜地。

缙云寺位于"狮子"和"聚云"二峰之前，始建于南朝刘宋景平元年（423年），唐代称相思寺，以后又有崇胜寺、崇教寺之称。现存建筑为清康熙二十二年（1683年）重修。殿内塑有高达丈余的佛像一尊。寺内存有宋代以来碑刻数通。山门外的石照壁上，有精美的石刻。

出缙云寺，过"缙云胜境"牌坊前行，可到洛阳桥和古寨门，传为明末农民避乱而修。洛阳桥上建古亭，下设石门，设计精巧，建筑坚固，至今仍完整无损。

香炉峰下的相思岩，距缙云寺不到百米。岩上有宋代元祐三年（1088年）的石刻人物造像。相传这里原有相思树和相思鸟，故取名相思岩。

嘉陵江小三峡 在重庆北碚，是沥鼻峡、温塘峡、观音峡的统称，为嘉陵江切穿山岭所形成的三道狭长的峡谷。峡谷两侧崖陡峰翠，谷中江流激荡，幽邃青翠，景物宜人。乘船游于峡谷之中，可尽览嘉陵江幽谷风光。峡谷岸边有传为三国时蜀将张飞率众所修之路，称为张飞大道。

北碚自然陈列馆 全称是重庆市博物馆北碚自然陈列馆，位于嘉陵江北岸的北碚文星湾，距重庆市中心45公里。陈列馆中主要有两部分内容：一是四川脊椎动物陈列，重点介绍了原四川珍稀鸟兽资源；一是四川恐龙陈列，陈列着1974年在自贡发掘的三具恐龙化石骨架标本和1977年在永川县发现的上游永川龙。其中永川恐龙化石的头部，保存十分完整。

合川钓鱼城 位于合川市区东北郊嘉陵江北岸的钓鱼山上，距市区约5公里。

钓鱼山是被嘉陵江、涪江、渠江包围的一个长形高地，海拔319.8米，三面环水，四周是断崖陡壁，有拔地倚天之险。传说古时有人在山岩石台上钓过鱼，今临江的石台仍刻有"古钓鱼台"的大字。南宋嘉熙四年（1240年），为避元军侵扰，在山上构筑了山寨。南宋淳祐二年（1242年），四川制置使兼知重庆府事余介，采纳贵州冉进、冉璞兄弟的意见，在钓鱼山构筑了坚固的城堡。四川抗元名将王坚、张珏任合州（今合川）知州时，又进行了大规模的修建。钓鱼城经过苦心建造经营，终于成了一个十分坚固完备的军事堡垒：城周围二十多公里，依山就势构筑两道城墙，开八道城门，并有南北两道横城伸入嘉陵江中，城下江边建有水军码头。城内建指挥台、练兵场及蓄水池，并修建了殿衙、房舍，水陆设防。

钓鱼城在抵抗元军数十万大军围城攻击中，巍然屹立了36年之久。1259年，曾追随成吉思汗征服40多个国家、被欧洲人称为"上帝之鞭"的元军主帅、元宪宗蒙哥，亲率十万大军攻打钓鱼城，守城军民固守力战，元军围城半年未能攻克。元军前锋汪德臣被击毙于阵前，蒙哥也身受重伤，后饮恨而亡。钓鱼城自此名扬中外，被欧洲人誉为"东方的麦加城"、"上帝折鞭处"。1279年，因守城主将王立叛降，元军始得入城，并纵火将城焚毁。钓鱼城在古代战争史上有特别重要的地位，引无数中外学者、专家前来考察、凭吊。

现在，钓鱼城还保留了许多古城遗迹，现存有内城、外城。其中有古城垣7公里多，原有9道石城门，现存7道，水军码头、一字墙俱在。练兵指挥台、阅武场、刑场、皇井、皇洞、午朝门、水阁凉亭、公馆、财库、牢房等依稀可辨。忠义祠和护国寺内，尚存有宋以后历代的石碑十六通。钓鱼城是国内仅存的一座完整的真正宋城。

金佛山风景名胜区

金佛山风景名胜区是国家重点风景名胜区，位于重庆东南的南川市，离南川市区约70公里，距重庆约177公里。山体海拔800~2200米，面积约260平方公里。

金佛山古称九递山，即九层、九折、九峰之意，属大娄山余脉，早年有人将之与峨眉山、青城山、缙云山并列"巴蜀四大名山"，古称"南方第一屏障"，以原始奇特的自然山峦、林壑为特色。其自然风光具有独特的魅力，集幽、秀、险、雄于一堂。植物群落随地势高差呈垂直带分布。奇特的方竹和实心竹漫山遍野。区内岗岭崖壁、沟涧洞石兼有，瀑、溪、泉众多。"三泉映辉"以在同一断面有三眼不同温度的热泉水而著名。还有一日三涨的潮水泉和常年恒量的一碗水泉等。因特定自然条件形成的气象景观有金佛晚霞、白云朝晖等。二百多处名刹寺院遗址和名胜古迹，更是先人们留给金佛山的珍贵遗产。

古佛洞是金佛山最著名的山洞景观之一，它处于海拔约2000米的高山区，深藏竹海之中，高踞悬崖之上，前通主峰清凉顶、狮子口，下至凤凰寺、牵牛坪。全洞长4公里，洞中石笋、石幔、石钟乳等，与一般溶洞略同，唯独出洞口高悬于离地千丈的崖壁间，险峻奇特，与众不同。这是一个上坡口，横宽50米，当到达距洞口百米处，先是一线天光微露，继次如一轮弯月，把清辉投向暗处的来人，有"重见光明"的快感。人们把它戏称："出天不出地"，即是说，脚下虽是村舍田园可见，鸡犬之声相闻，却无路可通，是一个奇特的神仙洞府。

水帘洞位于半山腰，深藏山间，走到近处才能发现，洞口宛如隧道，周围布满丛林。洞口有一瀑布，故而得名。此瀑布从外看在洞侧，入洞后则成了挂在洞口中间的一挂珠帘，奇妙无比。

金佛山的山势险要多姿，泉水则绝妙引人，著名的"三泉映辉"尤其独特。三泉在金佛山的北麓，距县城14公里，在龙岩江的同一断面上并列分布着三眼温度迥然不同的泉水，右岸为冷泉，水温15℃；左岸为温泉，水温为30℃；河中为汤泉，水温为40℃。三眼泉水自河底涌出，池面繁星点点。

金佛山还有数不清的瀑布，最大的当推马嘴岩瀑布，高数百米，四时如一。远看，悬河流水，白光闪耀，似彩虹倒挂；近看，瀑流咆哮，飞花碎玉，如万马奔腾。

金佛山的灵山秀水堪与峨眉媲美，山上的植物资源举世无双。金佛山属亚热带湿润季风气候，雨量充足，适于3000种植物生长。金佛山最具特色的还是各种珍稀动植物。被称为银杏皇后的一株银杏树，高达26米，树干需6人才能双手合围。此外还出产大蝴蝶，单边翅膀长达半米以上。最著名的有金佛山四绝：银杉、方竹、杜鹃和大叶茶。

银杉是一百多万年前冰川之后的一个幸存树种，被喻为植物界的"大熊猫"，既有较高的观赏价值，又是古生物、古地质的重要研究对象。

世界上的竹子有1200多种，其中最令人称奇的要数方竹和实心竹。而金佛山拥有0.6万公顷的5亿株方竹，成片成林。

金佛山是杜鹃的王国，有50多种乔木大叶杜鹃生长在这里，全山有大小杜鹃30多万株，每年春末夏初，满山遍野都是各色杜鹃，有白、黄、红、绿、紫、黑等各种颜色。最大的号称"杜鹃王"，树径1.2米，高12米。

四面山风景名胜区

四面山风景名胜区是国家重点风景名胜区，位于重庆市西南的江津市南部，与西南中心城市重庆和"天府之国"省会成都分别相距124公里和422公里，成渝、川黔两条铁路大动脉和成渝高速公路在境内交会。

四面山，翠绿绵延，碧水清波，飞瀑流泉，翠岩奇峰，集山、湖、瀑、石于一身，融幽、险、奇、雄为一体，幽静、秀丽蕴于内，原始、自然扬于外，包含了"有容乃大唯山水"的内涵和特色，让人感受到古老的奇迷和原始的韵致。

四面山属云贵高原大娄山余脉，海拔高度为425～1709.4米，相对高差1284.4米，是闻名中外的避暑胜地。

四面山是全球最珍贵的"天然物种基因库"，至今完好地保存着第三纪以来的植被，生长着距今3.5亿年前热带和亚热带植被。景区内林海苍茫，郁郁葱葱，2.24万公顷森林生长着1500多种植物和207种野生动物，森林覆盖率达95.41%，是地球同纬度少有的一片亚热带原始常绿阔叶林带，中华双扇蕨属史前植物，与恐龙同代。桫椤（又名树蕨）是地球上唯一幸存的木本树蕨之一，它还是最古老的"活化石"，被列为国家一级保护植物。在四面山的奇峰之巅，幽谷深处，珍稀动植物数不胜数，银杏、香果树、红豆杉、福建柏等稀有植物受到国家重点保护。云豹、林麝、毛冠鹿、猕猴、大小灵猫、弹琴蛙、红腹锦鸡等23种珍稀动物在国家严格保护下，自由地生活在四面山广阔的森林里，寻觅到了繁衍子孙的理想居所。

茶坝河长49公里，飞龙河长46公里，两大水系从海拔千米的源头飞流而下，它们在山涧迂回奔腾，由南向北，或倾泻飞舞，或积水成潭，40多条大小溪流如同一根根血管，滋养着四面山的生命，把她点缀得绚丽多彩，气象万千。在四面山翡翠的世界中，龙潭湖、林都湖、洪海湖等七泓晶莹剔透的湖泊像眼镜，似新月，又宛若纡折的玉带。龙潭湖纳九川清流，汇七壶玉液，黛峰倒映，碧水悠悠，蜿蜒五里，如屏如画。这儿的静湖与草甸、奇峰、白鹤，构成一幅典雅、静谧、流动的画卷，如同世外桃源。清澈幽雅的洪海湖分大、小洪海。大洪海修竹万竿，群鹤栖立，画眉、鹧鸪、白琵鹭、绿头鸭等飞禽横空而过。小洪海则湖平波静，纤尘不染，野趣天成。大自然在红色岩石上雕刻下"芝麻开门"、"顽童戏水"等中外童话故事的图案，让人神思遐想。林都湖半拥青山，状似天穹上高挂的上弦月。响水滩前流泉叮咚，飞珠溅玉，在山涧、静湖、夜空里奏起一支不眠的欢畅曲。

四面山飞瀑奇观甲天下。四面山最有特色的当属那100多挂银练飞舞的壮丽景象，它们形成雄奇、壮观、娇美的梦幻般组合，有的如宽厚的长者，浑然博大；有的像暴躁的武夫，气冲斗牛；有的似艳女含羞，楚楚温柔；有的仿若高雅贵妇，冰心脱俗。有"神州高瀑"美誉的望乡台瀑布，高达152米，宽40米，比闻名于世的贵州黄果树瀑布高出1倍多，是迄今全国最高的瀑布之一。望乡台之水凌空而下，浪溅百米，声入云霄，气浪推人，神为之摇。我国著名诗人、书法家柳倩先生曾赋诗赞美："不尽惊涛滚滚来，何能重上望乡台；相思日夜如流水，国土乡情解不开"。以水口寺瀑布为起点，在短短10公里内，竟有300多米的落差，溪水跌宕流淌，形成了三倒拐、三道河、小洪洞、小寨门、血千岩等多层瀑布。瞧着那一瀑叠一瀑，瀑上有瀑的景象，让人惊叹大自然鬼斧神工的奇妙和伟大。在水口寺西部，有两挂南、西相对而语的鸳鸯瀑布，此景以双瀑齐飞得名，南瀑高110米，雄奇、伟岸，透出阳刚之气，飞得苍劲有力，人称雄瀑。西瀑高90米，秀媚、温柔，露出娇艳之色，飞得轻盈娟秀，人称雌瀑。亿万年来，它们穿行于古树苍崖间，比翼齐飞，共欢齐流，互相倾诉着缠绵的柔情、耳鬓厮磨的甜蜜。据查，四面山有上百挂飞瀑，100米以上高度的有5挂，80米以上高度的有8挂，30米以上高度的有23挂。因此，四面山有"瀑布之乡"的美誉。

峭壁奇岩画千卷。山之骨在于石，石之美在于奇。四面山中满山怪石奇岩皆呈红色，是典型的丹霞地貌。从绛红、紫红到浅红，各种红色岩石在蓝天、碧水、绿树的衬托下，呈现出碧水映丹的独特美，游人身临其境，便幻化出千卷图画，犹如神话一般的梦境。这些具有人物化、艺术化、个性化的精灵峰岩，仿佛感知亿万年岩溶的层层积淀，造就了一个个形态逼真的天然雕塑群：水口寺的"天下第一美女图"出神入化，龙潭湖的"猴王观海"惟妙惟肖、土地岩的"济公石"滑稽幽默，卧龙沟的"云龙壁"蟠身昂首，梦笔峰孤耸无情，恋人岩相拥而立，大佛岩神态庄重。

岁月苍桑怀远古。在四面山幽幽的密林深处，隐藏着先人们和原始巴人创造出的灿烂文化，"天下第一奇联"、灰千岩摩崖壁画为人类留下了极其珍贵的文化瑰宝。

千年古观朝源观，始建于北宋建隆年间（960年），是一座融儒、释、道三教合一的以道家为主的大型道观。它坐落在海拔1382米的山顶古林深处，依7个小山峦呈"七星点斗"布局，设计奇奥，堪称一绝。观内诡异字体艰深难识，颇费理解。"天下第一奇联"令天下多少文人墨客和宗教界人士抱憾而归。两副楹联分别凿刻在进观的左右山门上，寥寥40字，却包含着三教广博的内容，道家诵来蕴玄机，佛家念来含祥意，儒家咏来藏文理，其中玄奥丰富的内涵远非三言两语能解释清楚。

在四面山的飞龙庙景区，一幅神秘莫测的摩崖壁画——灰千岩闻名天下。灰千岩摩崖壁画在一列长163米，高9米的巨型红岩上，凿刻着10多种形态各异、栩栩如生的飞禽走兽，组成了一幅原始巴人劳动生活的壮丽画卷。据文物专家考证，此画形成于四五千年前的钻木取火年代，把巴蜀文化和重庆原始巴人的历史提前了1000多年。

高山奇景四季美。四面山每个季节都有不同的特点：春夏，凉风习习，神舒肤爽，不潮不燥的气候甚是宜人。秋天，层林尽染，云雾变幻曼妙。冬天，黛山绿水银装素裹，广袤的森林像新娘顶戴婚纱，拥抱着欲醒似睡的大山。

天坑地缝风景名胜区

　　天坑地缝风景名胜区是国家重点风景名胜区，位于重庆市奉节县城南岸70多公里处，北靠闻名世界的长江三峡，与瞿塘峡紧密相连，与驰名中外的大宁河、小三峡隔江相望，南依恩施土家族苗族自治州，与国家著名风景名胜区张家界相通，东接巫山大庙龙坪古人类文化遗址，整个风景名胜区处在由九盘河和迷宫河相会形成的"Y"字形流域里。东西长约24.25公里，南北宽约14公里，辖桃源河、九盘河景区，天坑、地缝景区，茅草坝景区，龙桥景区，幅员面积约340平方公里，共由七十多个大小景点构成。

　　风景区自然景观各具特色，小寨天坑气势恢宏，天井峡地缝狭长幽深，迷宫河雄奇险峻，神仙洞神奇瑰丽，龙桥河山青水秀，黑湾古木参天、瀑高水清，风景区内迷宫寨遗址、峭壁悬棺、高桥古庙、夔东十三家抗清遗址和白莲教义军遇难处，小寨电站登云梯和观音盛会等人文景观各领风骚。

　　整个风景区共有自然景观和人文景观70多个，自然景观中尤以小寨天坑、天井峡地缝、迷宫河、神仙洞、龙桥河、茅草坝、向阳湖、黑湾风光、石乳峰、牛鼻洞、金凤观云海、三眼神泉最为奇特，人文景观中以迷宫寨遗址和岩棺、小寨电站登云梯、高桥古庙、虾子洞、白莲教义军遇难处、夔东十三家抗清遗址、石观音和古朴的民风民俗最引人注目。其中，小寨天坑和天井峡地缝为世界之最。

　　小寨天坑位于兴隆区荆竹乡小寨村，距县城70公里，它是一个巨大无比的溶岩漏斗，上部为椭圆形大坑，最大直径为626米，深320米，下部为略呈矩形的竖井，其口径南北向为357米，东西向为208米，深342米；坑底最大直径522米，平均直径302米，天坑总容积为11934.8万立方米，总深度平均垂直高666.2米。

　　天井峡地缝距兴隆镇1.5公里，由上游宽岩，中游峡谷、消水洞和地缝，下游地下河和天窗大漏斗构成，全长37公里，成东向开口的"V"字形，峡缝中有众多的奇特景观。

　　风景区处于中亚热带暖湿东南季风气候区，气候垂直变化大，山地气候明显，地质、地貌复杂，石灰岩遍布全境，岩溶发育，形成多种奇特的喀斯特地貌景观。风景区内溶石、谷地、洼地、漏斗溶洞、落水洞等星罗棋布，地下水非常丰富，已知的大泉有20余眼，暗河有15处，国家已在茅草坝探测规划建设一个面积为3000亩、蓄水量5000万立方米的水库，建成后既为茅草坝风景增添新的色彩，又为风景区提供用水。

　　风景区林木覆盖率达80%以上，植被保护良好，山青水秀，生态环境质量较高。

　　风景区地形复杂，气候多样，立体气候明显，适宜各种动植物生长繁衍，蕴藏着许多动植物资源，植物分244科1285种。珍稀植物有国家一级重点保护植物水杉1种，二级重点保护植物连香树、银杏、香椿木、胡桃、杜仲等13种，三级重点保护植物8种。这些植物有的不仅具有生态环境价值、观赏价值，而且还有药用、科研和经济价值，如党参的主要产区就在龙桥、茅草坝一带，年产量可达150吨。天麻、川贝、黄连、云木香、当归、杜仲、银杏等中药材的产量也非常可观。珍稀动物有国家一级保护动物金丝猴一种；二级保护动物大鲵、水獭、大灵猫、云豹、金鸡、穿山甲、林鹿等15种；三级保护动物14种。迷宫河中有从阴河游出的洋鱼、玻璃鱼、娃娃鱼，还有少见的长约5厘米的白色蝌蚪和白色洞穴蟋蟀。

芙蓉江风景名胜区

　　芙蓉江风景名胜区是国家重点风景名胜区，位于重庆市武隆县，面积108平方公里。芙蓉江是乌江的一条支流，发源于贵州省绥阳县，在武隆县境内35公里长的绿色玉带上，旅游资源丰富，江峡、峰岩、滩溪、瀑潭神奇独特，自然天成，集山、水、洞、泉、林、峡为一体，集雄、奇、险、秀、幽、绝于一身，景点有"天下第一洞"——芙蓉洞，"人生第一漂"——芙蓉江漂流，以及芙蓉温泉、珠子溪峡景、龙孔飞瀑、鲤鱼跳龙门、伟人峰、一线天、长孙无忌墓、摩崖石刻、古汉墓、苗家民俗风情等等。

芙蓉洞位于芙蓉江右岸，因依芙蓉江而得名。芙蓉洞是个大型石灰岩洞穴，现探明开发长度1846.8米，宽高多在30~50米。洞内景观辉煌壮丽，各种次生化学沉积形态，琳琅满目，其中大多数种类分布之广泛，质地之纯净，形态之完美，更是国内外稀有。洞穴沉积类型齐全，正在形成中的珊瑚状和犬牙状方解石晶花，洞壁卷曲石、方解石和文石晶花，洞穴毛发、石花等具有较高的观赏、科考价值。"珊瑚瑶池"、"巨幕飞瀑"、"石头开花"、"生命之源"被游客誉为"芙蓉洞四绝"。其中"珊瑚瑶池"是一池清水中生长着状若珊瑚和犬牙的晶花。"巨幕飞瀑"是一处巨大而壮观的石瀑石幕，也是全国唯一的最完整、最高大、观赏价值最高的石幕。"生命之源"则是一天然巨大的石柱，状如男性生殖器，维妙维肖。

芙蓉江全长243公里，在武隆县江口汇入乌江。景区内江段雄、险、秀、幽，风光如诗如画。千姿百态的群峰，奇妙绝伦的溶洞，雄伟险峻的峡谷，碧绿常青的江水，丰富多彩的珍稀动植物，是芙蓉江自然景观的特色。芙蓉江两岸从江边直上山顶，处处林森木秀，植被覆盖率60%以上，有数十种国家一、二类保护动物。芙蓉江春季芳草连天，猴群出没；夏季树木葱茏，林荫蔽日；秋季枫香叶红，红果满枝；冬季枝根裸露，攀崖附壁古朴苍劲。清代福州进士翁若梅在此曾赞叹："蜀中山水奇，应推此第一"。

芙蓉江峡谷地段分为朱子溪、百汊河段、磨子潭。三处峡谷风光景色各异。

朱子溪江段自老浩口红军渡至乾隆渡，长约6公里，水面宽80~110米，箱形峡谷的两岸危崖如削，高高耸立，气势不凡，层层碳酸岩叠置，又名城墙峰。崖顶距江面450~600米，绝壁上林森木秀，呈原始状态，到处是郁郁葱葱，野生动物时有出没。玛瑙飞瀑从悬崖上飞泻直下，在江面上激起层层水雾，飞珠溅玉，阳光照耀下，如玛瑙般斑斓多姿。"一线泉"高差200余米，水流细若油丝，移船将近，触手可得。仰望不见源头，轻风吹来，缥渺虚幻，让人疑是九天落水。据说无论天晴下雨，终年不竭。城墙峰下的"烟囱泉"从石灰华沉积形成的三截水管中流出，画就一幅断壁残垣图。"三叠泉"、"珍珠泉"、"乳泉"形态各异，点缀山谷。

百汊河段自乾隆渡至跳鱼滩，长约4.4公里，水面宽40~50米。河流两岸岩石崩塌强烈，巨大的岩石堵塞河道，江水奔腾咆哮，股股汊流时分时合，势不可挡。每年4~6月，河水上涨，回游的鱼儿逆水而上，到此处因浪急滩险，行程受阻，只能以跳跃的方式越过激流险滩，故成为跳鱼奇观。跳鱼滩至三河口，长约13公里，深潭与险滩相间，江面时而开阔平缓，时而狭窄湍急。磨子潭为江水绕过一伸入江中的山嘴，冲向河岸回流形成巨大的漩涡。流水似旋转的磨盘，水转山动，深不可测，令人望而却步。龙孔飞瀑从芙蓉江右岸半山腰飞泻而下，高差约30米。强烈的冲击侵蚀，形成巨大的竖直凹槽，绿树掩映，将瀑布严严密密地遮盖，只闻其声，不见其踪。这一段江面多为漂流勇士探险的地带，一般游客大多没有问津的勇气。

三河口至浩口，长约8公里。咆哮的江水似乎耗尽了能量，变得舒缓起来，江水环绕山地而行，虽有平潭险滩交错分布，流水时急时缓，但多是有惊无险，是放舟漂流的好地方。

芙蓉江漂流可一览沿江美景。芙蓉江漂流现已开发10公里，共经大小滩口10余处，其中长滩滩长浪缓，发财滩白浪连绵，人随皮筏时沉时浮，或缓或急，漂然下滩，有惊无险，极富刺激性。游人在橡皮筏中，江面开阔处两岸绿荫丛丛，石藤倒挂，江面碧波荡漾，清澈见底，犹如置身天然画廊；险峻时只见两岸峭壁凌空，峰顶谷底高差千米以上，江中惊涛拍岸，吼声如狮，让游人真正感受到芙蓉江的狂放野性。

位于芙蓉江与乌江汇合处的江口古镇历史悠久，文物古迹众多。温暖多雨的气候，茂密的原始森林，丰富多彩的野生生物，这里早在新石器时代就有了人类的繁衍生息。得天独厚的地理位置，深得乌江航运之便利，使其成为重要的通商口岸和物资集散中心，是时店铺满街，商贾云集，市场繁荣，好一处闹市景象。

江口镇对面乌江边有唐初著名太傅长孙无忌的衣冠墓，历代对其褒功颂德的石碑伫立墓前。镇上的

"李进士故里"石刻之巨可称天下一绝。

芙蓉温泉距江口镇4公里，距芙蓉洞1.5公里。温泉常年保持水温40℃，其水质含有40多种对人体有益的微量成分及矿物质。

仙女山位于武隆县南部，有面积达十多万亩的南国高山草原，风光秀丽。

长寿湖风景名胜区

长寿湖风景名胜区是重庆市级风景名胜区，位于重庆市长寿县和垫江县。

龙溪河发源于梁平县，呈东北—西南流向，全长266公里，经垫江县，在长寿城附近注入长江。龙溪河因其流向与长江各支流的流向相反，别称倒流三县，是我国第一条梯级开发的河流。从"一五"计划时开始，国家在龙溪河上进行了梯级开发，建成了狮子滩、上洞、下洞、回龙寨等水电站。长寿湖即狮子滩水库，是为建狮子滩电站而拦截龙溪河形成的人工湖。始建于20世纪50年代，位于长寿县城东北面，距城28公里。长寿湖湖面呈鹿角形，由南向北延伸，全长25公里，湖水面积65平方公里。

大坝坝址在长寿县狮子滩镇，大坝坝体气势宏伟，泄洪时飞流直下，颇为壮观。大坝旁建有六角亭，亭内有朱德、周恩来等党和国家领导人视察狮子滩水库时的题词。

长寿湖湖面宽阔，水体清澈，湖水碧绿，湖面上白天渔帆点点，入夜渔灯盏盏。湖区气候凉爽。湖中岛屿众多，岛上多种柑橘，周围青山耸翠。

湖区东北部的万寿场，有保存较为完好的清代民居。附近山峦起伏，风光优美，有合掌寨、万马归槽、天佑寨等景点。

湖北岸的鹤游坪，有清代农民起义军利用独特地形建筑的我国现存较长的城墙和108座城门（现存一部分），城中心的保鹤城（即涪州分州城）保存完好，构成国内罕见的双重城垣结构。

黑石山—滚子坪风景名胜区

黑石山—滚子坪风景名胜区是重庆市级风景名胜区，位于重庆市江津市西南部，总面积125平方公里，由黑石山、大圆洞、滚子坪、塘河水系等四个分景区组成。风景区集自然山势、森林、瀑布、湖泊、山石、洞穴、文物古迹于一体，资源丰富，景观集中，游览方便。

风景区属云贵高原娄山山脉向北延伸的余脉，由四周河谷（西部、南部为塘河河谷，北部、东部为驴溪河河谷及其支流鹅公河、毗罗河河谷），经二台过渡后突兀拔起，形成中山高台—深丘—方丘自然山地丘陵风景，幽、险、雄、秀，自然成趣。断石龙、灵猴山、青龙山、五指山、象鼻子、蛤蟆石、打锣岩、耗子石、月亮岩、二佛念经、二龙抢宝、群仙聚会，以及深远莫测的仙女洞、九龙洞等，都是古老的地质运动所留下的痕迹和大自然的杰出造化。

风景区以长江的支流驴溪河、塘河两大水系为骨架，毗罗河、鹅公河、凡江河、脱家溪、苦竹溪、王大田溪、合江桥溪、八字桥溪等大小溪河呈网状派生。峭壁沟壑间，悬挂着倒流水、观音岩、水口庙、高洞、蟾鱼洞、狗跳洞、大圆洞、金扁担等35处瀑布，镶嵌着高洞湖、太平湖、鸳鸯湖、天堂湖、天鹅湖等19个天然湖泊。

风景区植被以人工林为主，有少量原始次生林分布，林地总面积162554亩，森林覆盖率达到86.7%。森林内既生长着桫椤、鹅掌楸等国家一、二级保护植物，更有金钱豹、林麝等国家一、二级保护动物在林中出没。其中蕨类、竹类植物最为繁茂，白鹤、猕猴种群最大，数量最多。

黑石山 因山上多裸露巨型黑石得名。巨石、香樟、白鹤号称三绝。现代著名诗人吴芳吉先生描述道："山多黑石，石畔挺生古樟乔松……。登楼四眺，苍苍莽莽，朝拱于山下者，江山尽百里也。山麓有小川环之，曰驴溪，北流汇大江。近山有瀑布三重：曰高洞，曰蟾鱼洞，曰狗跳洞……。"据载，山上原有巨石540余墩，现尚余200余墩，集于山巅。石上多有亭榭，也多名人题刻，石间多桥、池、小径。现存陈独秀所题"大德必寿"、于右任所题"鹤年堂"、冯玉祥悼吴芳吉诗《黑石山》石刻、吴芳吉墓葬，以及川主庙等遗迹。

黑石山古树名木甚多，尤以樟树为最，间杂松、柏、楠、榕、红豆等，亭亭如盖。树龄在三百年至五百年之间的樟树、罗汉松、楠木近千株。

黑石山鸟类繁盛，最突出的是白鹤，飘飘舞舞上千只，在古木高枝上度过漫长的夏季，繁育着后代。其次是斑鸠，三五成群地蹦跶于树梢。

滚子坪 由驴溪河支流鹅公河谷和滚子坪组成，是以湖泊、瀑布、溪涧为主要观赏内容的景区。这里森林覆盖率达85%以上，观赏性极强、极为罕见的名树有：水口庙红豆树，树龄千年，径围5.8米；九龙溪夫妻树，树高50米，径围3.8米；鹅公场黄桷树，径围13米，高45米，冠幅800平方米。

在丰富的水景资源中，九龙溪因溪畔有九龙洞得名，位于滚子坪南部，涓涓碧水，由西向东从滩上流过，穿行于深谷密林中。溪畔有白云寺、九龙洞、烧香岩、古庙、猫石、蛤蟆石、虎口石等；水口庙至狮子岩段，长1755米，底面全为石滩，共九层，人称九龙滩，滩上布满大小圆洞，水注其中，汩汩腾跃，奇特可爱。倒流水瀑布，位于滚子坪东北部，宽10米，垂直落差120米，加上第二级，则高达156米，因岩口风上拂，瀑水常被吹散成雾上扬卷起，故名。九重天瀑布，宽15米，高85米，分九级奔泻入潭，像九天仙女揉弄的银色轻纱。太平、鸳鸯、天堂三湖，青山环抱，湖平如镜，鹤舞鱼跃。

滚子坪人文景观有古寨门七处，庙一处，汉崖墓群一处，杜氏祠堂（为杜甫第二十五嗣孙迁此而建）一座。

大圆洞 因景区内大圆洞瀑布而得名，面积45平方公里，四周为斧劈刀削般的白垩纪红色砂岩绝壁，山景最为佳绝处为朝天马，人誉小华山，道险峰高，摄人心魄。登顶而望，山峦如聚，林涛如吼。山间有大圆洞、小圆洞、天心窝、金扁担、柳家岩、大寨门、四道拐、擦耳岩、寨子山等17条瀑布。有天池、凡江、天鹅等10个湖泊。有古寨子、古栈道、古石刻等人文景观。区内有中华双扇蕨、中华猕猴等国家保护的珍稀动植物。

塘河 以塘河河谷自然风光为主。主要观赏内容有河谷风光、古镇风情和石龙门。河谷风光以两岸荔枝、龙眼和竹林为主，河水清冽，或缓或急，或直或曲；河岸葱郁，或红或绿，或疏或密。

塘河场较好地保存了清末民初的建筑风貌，街道为石阶，呈梯级，已有两千年的历史。在弯弯塘河的半拥之中，格外古朴宁静，为蜀中保存最好的古建筑群。

石龙门系清末民国时地主庄园，占地面积13200平方米，建筑以中式风格为主，部分建筑吸取了西式建筑的特点，既气派又典雅，迄今保存基本完好。

碑槽山溶洞群风景名胜区

碑槽山溶洞群位于重庆西南江津市西北部碑槽镇，面积4平方公里，距重庆市中区99公里，距江津市城区43公里，距永川市城区28公里。

溶洞群由十余个天然溶洞组成，现已开放三个供游人游览，游览线路约长3公里。溶洞中山环水绕，别有天地，奇石万象，险绝雄奇，沟谷纵横，千回百折，九曲盘陀，如进迷宫。溶洞内洞接洞、洞套洞，人之越深，所见越奇，溶洞内现已发现大小景点100余处。溶洞中各类钟乳石短则厘寸，长则数米，小若笋尖，大如宏钟，构成形象逼真的石人、石佛、石猴、石马、石象、石狮、石虎、石龙、石龟、石蛇、石羊、石狗、石莲、石云、石城、石池、石林等大千万象，人游其中，如置身童话世界。

一号洞又名简家洞，洞中景观雄伟、壮观、高大、险峻，洞中已开辟出游览线路 1400 余米，全洞分为龙宫、人间、太虚、天堂四部分。洞中的大佛殿长达 100 余米，宽、高各 40 余米，白玉般明亮的钟乳石大佛身高 5 米，似天造神设，栩栩如生；"一夫关"、"一线天"扼守殿口；数十米大的"巨龟"、"巨狮"拱卫左右；高耸云天的"长城城墙"和"天山塔"前后相护；幻波池波光粼粼；舍身岩深不见底。攀上数十米高曲折险峻的通天路，穿越太虚幻境和九龙迎宾厅，进入南天门即达"玉皇殿"。在这里，玉皇、老君、王母、天女、神猴和镇殿将军会聚一堂，五根晶莹剔透的钟乳石柱顶天立地，璎珞相连，构成"五柱擎天"的绝景，人们游览到此仿佛到了天的尽头。

洞中阴河深入地底，宽 10 余米，高 2 米到数十米不等，河顶天悬奇石，河心地涌莲花，河岸参差错落，万象纷呈。游人荡舟阴河之中，别具一番情趣。

二、三号洞俊秀神奇，钟乳石保存完好，洞中至今存有元、明以来的古战场遗迹——石垛、寨墙、藏兵洞等，二号洞（观音洞）内的世外洞还发现存世绝少的宋代铁币和十万年前已绝迹的东方剑齿象牙化石。

碑槽山方圆近百里，以溶洞群为中心，周围十公里范围内分布有"石笋凌云"、"宝峰烟雨"、"香炉倒影"、"天鹅抱蛋"、"云坪绿涛"、"茶山情韵"、"磨峡泛舟"、"星岛戏猴"、"二郎操舟"等景观。溶洞周边九景与主景"溶洞奇观"配套呼应，组成碑槽山旅游山十大景观。

青溪沟风景名胜区

青溪沟风景名胜区位于重庆市江津市域南部东侧，东与綦江县接壤，南与贵州习水县相通。距重庆市中区 91 公里，距江津市城区 72 公里。景区幅员 52 平方公里，其中森林面积 44.2 平方公里，景区森林覆盖率高达 85%。

青溪沟风景区集幽林、深谷、平湖于一地，奇石崔嵬，秀瀑高悬；深山藏古刹，云岫起烟岚；清溪人工湖犹如一块镶嵌在幽谷中的碧玉，缠山蜿蜒总长 52 公里的北、西、南三条干渠如玉龙半绕云山。景区内有大小溪流 15 条，瀑布 10 挂，湖泊 4 个，是度假、休闲的理想之地。

大坝瀑布 高 45 米，宽 40 米，系人工筑坝拦河而成，大坝总长 118 米，坝顶海拔高程 622 米。瀑布迎面呈"N"型，每逢涨潮，湖水翻坝溢出，顺坡下泻时，先翻卷上扬数米，方弧形冲入河床，溅起亿万银珠，蒙蒙水雾，斜阳照射，映出五彩烟霞，蔚为奇观。

长流水瀑布 高 72 米，宽 3 米，犹如一线白练，悬挂山前，深山秀瀑，别有一番情趣。

佛光瀑布 位于石笋沟，源出普陀山脉，每逢雨后天晴，都会出现七色光环，且有许多白鹤飞翔于光环之中，故又名白鹤浴佛光。

清溪湖 长 5.2 公里，宽 200~400 米不等，水源可向南上溯到百里外的贵州省习水县娄山北坡余脉。集水面积 70 平方公里，库容 1638 万立方米。湖面开阔，湖水澄澈，两岸峰峦对峙，草木葱茏，四周有桃花岛、阴阳洞、石笋沟、小洞天、千佛座、手爬岩等景点，是荡舟览胜，休闲垂钓的首选之地。

石林 由九根拔地而起、形如竹笋的天然石柱组成，最大一根高约 90 米，底部直径约 5 米，中段径 8 米，顶端径 4 米，通柱均呈紫红色，顶上灌木丛生，杜鹃花、兰花争奇斗艳，石柱笋峰顶上并无水源厚土，而树木花草却四时不枯。

达摩造像 高 70 余米，径 52 米，被风霜雨雪雕刻出天然"五官"，当地百姓称其为"达摩和尚"，视为吉祥而对它顶礼膜拜。

风景区内著名景点还有明代万历年间所建的金仙洞古刹、天子岗汉代岩墓群、天潭瀑布、黑龙潭瀑布、狮子岛索桥、对吟泉瀑布、骑龙寺遗址、黄连大佛等数十处。

骆崃山风景名胜区

骆崃山风景名胜区位于重庆市西南的江津市,总面积8平方公里,距重庆市区78公里,距江津市区68公里。

骆崃山属云贵高原娄山山脉向北延伸的余脉,整座山体从海拔700米兀然隆起,最高海拔1032米。骆崃山西面绝壁断崖,山上矗立着九十九座山峰。据释,马白毛黑鬃为骆,马高七尺为崃,可见此山如神骏扬蹄、昂首欲奔的雄俊之气。

骆崃山保留了一些原始古老的地质运动痕迹,形成了一座座神奇的山峰和恢宏壮观、栩栩如生的天然石像,鸡公岭,貌若雄鸡挺立,头入云天。两侧深谷,几不见底。登此而望,田畴千里,江河逶迤。石老妈,紧依骆崃山东侧山腰,高20余米,形若老妈负重;石老爹,依西山腰而立,传说是山里的一对勤劳夫妻,死后仙化为山神。红岩子,是山南峭壁上的一块长700米,高200米的天然石像群,似佛、像妖,近人、类兽,是一幅任人想象的巨幅画卷。在骆崃山山脊上,一块两米见方的红石,终年散发出幽幽的热量。冬天,满山皆雪,惟此石微雪不积;夏日雨后,此石热气轻腾,形成奇妙的地热景观。

骆崃山还可以让人观赏到许多动植物景观。满山的茶树覆盖着骆崃山九十九座半球状山峰,梯次延伸的茶垄像跌宕的翠带,柔嫩的芽片,幽淡的清香,三两穿红着绿的茶姑,营造出一种田园情趣;樟树、柏树、松树、杉树,点缀在茶垄空处;山脚和山腰,是飞机播撒的棕林,蓬勃成片,婆娑秀雅;五倍角、卜荷、兜零、壁蟹、葛藤、棕子、桐子、蕨类、银洋霍、青杠子,杂错山间;"喜鹊叫猴子跳,雀鹰成群山羊跑",形容出骆崃山上丰富的动物资源。

骆崃山常有奔涌浩阔的云海和柔媚轻灵的雾霭,使人不觉想到它是一匹腾跃云端的骏马,一座漂浮九霄的仙山。

骆崃山曾有名寺华丈寺。现有主要人文景观是:骆崃寺、莲花寺、白鹊寺,和尚洞、仙姑洞、猪嘴洞以及东保、西卫、南宁、北固四座寨门和大小营盘。其中猪嘴洞高3米,深10米,洞口上沿层岩叠压,像上翘之猪嘴,故名。

青龙瀑风景名胜区

青龙瀑风景名胜区为重庆市级风景名胜区,位于重庆市万州区,距万州26公里,距达万铁路18公里,交通便利,地理位置优越,有得天独厚的自然景观和人文景观。集山、水、洞、瀑、潭、古寺、古墓于一体,融奇、险、幽、绝于一身,以瀑壮、水秀、山奇、洞异闻名遐迩。

青龙瀑风景名胜区由一个沿河景观带和五个景区(青龙瀑景区、甘宁墓景区、白云洞景区、仰佛山景区和高洞滩景区)、50多个大小景点组成,分布在青龙河两岸约12平方公里范围内,总面积35平方公里。

地处三峡区的万州,有一条流经柱山乡、甘宁乡、凉风镇、襄渡镇,最后注入长江的小河,全长70公里,形如栩栩如生的蛟龙,故名青龙河。青龙瀑即在青龙河上紧靠万(州)忠(县)公路的龙洞口断层处,瀑宽105米,高64.5米,瀑下潭深25米,面积1500平方米,其雄伟壮观之势可与贵州黄果树瀑布相媲美。

青龙瀑四季飞流直下,瀑声如雷,十里相闻。潭中水雾弥漫,遮天蔽日。飞瀑腾起的水珠、水岚、水花、水雾,在阳光照耀下,幻成十分优美迷人的彩虹,从潭底直连苍穹,令人眼花缭乱。

瀑后水帘洞,面积约1500平方米。瀑右青龙洞,面积4000多平方米,冬温夏凉。在洞内观青龙瀑,天外天的美景尽收眼底。洞内有明清以来名人题诗10幅，并有莲台观音、摩崖石刻、古城断垣、寨楼栈道、龙王菩萨、涓涓龙泉，汇成许许多多悠远的神话。

青龙瀑四周植被保持良好。山石嶙峋，林泉秀丽，山光水色，美不胜收；镇水宝塔、小龙洞、神仙画壁、"老人"观瀑、桑堤春晓、柳浪鹤鸣、甘宁大桥、48道门、48道卡，如群星拱月，相映生辉。

青龙河在景区内长20公里，可行船段8公里，是放舟的乐园，竞桨的赛场。泛舟十里平川，极目远眺：岸边竹木葱翠，耐人寻味；河面微波荡漾，惹人遐想。闲暇时撑一叶竹排，划着橡皮艇，踏上水上自行车；垂竹映绿水，双桨划清波，畅游青龙河，别有一番闲情逸趣。从甘宁墓至高洞滩，山溪湍急，峡幽洞深，流碧滴翠。游人们在急滩上放舟冲浪，多一些惊心动魄的壮举，添一份回归大自然的乐趣。

高洞滩位于青龙河上段，有细如银练的高洞滩瀑布，陡壁悬岩上的奇险栈道，山重水复的羊肠小径，郁郁葱葱的芭茅，还有石龟戏水、横空索桥、碧潭喷雪等景观。两崖山势奇险、岩壁如削、怪石峥嵘、青藤缠绕，满目青松翠柏；苍鹰击于长空，鱼鳖游于深渊；兔獾出没，鸟语花香，渔樵唱晚，是野炊、探险、漂流、狩猎的佳地。

青龙河岸的丛丛茨竹，舞影婆娑，婀娜多姿；根根楠竹，似一把把系满翠绫的长矛，直插云天。

青龙河畔的山山水水，经历大自然数千万年的洗礼，似鬼斧神工雕塑的工艺品，千姿百态。勾勒一幕幕真幻交织的世外桃源，描绘一幅幅诗情画廊般的自然景观："观瀑老人"须带飘冉，神情悠然；仰佛山犹如一尊慈祥的大佛，长眠在连绵峻岭之巅。道姑山在夜幕下袒露她圣洁闺秀的胸怀。悬崖上的大象、山间的骆驼、黑马村的野马，匆匆集合于青龙河边，畅饮清泉。白云洞终日云蒸霞蔚，雾霭溟蒙；山中树木若隐若现，青龙瀑景区有大小瀑布20余处。仙女滩、黑龙滩、磨滩、鲸鱼滩……她们以少女般的柔情，投入大山的怀抱，像织娘纺车上的缕缕金丝银线，抛撒在千沟万壑之中；宛如龙女臂上的飘纱，浮来漾去，令人叹为观止。

青龙河畔风景名胜很多。明代天宫堂、永胜寺，清代永王寺、溪光寺等佛道遗址依稀可见；战国时期乐器"享于"、"包锣"，在这里被发掘；三国西陵太守、折冲将军甘宁安息在这片土地上，我国著名现代文学家何其芳纪念馆将在这里落成。

百里竹海风景名胜区

百里竹海风景名胜区是重庆市级风景名胜区，位于重庆市梁平县，面积110平方公里，以独特的地理位置和自然条件，形成了百多平方公里的竹类植被群落，兼有天然溶洞和丰富古老的历史文化、瀑布、湖泊、庙宇，以及革命圣地等自然、人文景观。整个景区以其雄、奇、秀的山形；新、奇、妙的竹色；纯、奇、灵的山水令游人驻足观叹，流连忘返。

百里竹海位于梁平县城西北方向，景区中心文家坝距县城47公里，景区内山岭逶迤、沟壑纵横，东起上安乡的巍巍云雾山，西至"群山锁钥"的"明月湖"，东西两山对峙，中间夹着延绵约百里呈"V"形的地槽，被竹类覆盖，形成了一个苍郁的竹海，故命名为百里竹海。竹海如海翻浪，极为壮观，竹林面积71.8平方公里，占全县竹林的91%，有30多种竹类，是川东最大的竹类资源宝库区。古树名木、珍稀动物属国家、省重点保护的有17科29种，有1平方公里以上的人工湖两处，大小溪流10条，山峰12个，溶洞5个，形态迥异的山形5处，远近期修复寺庙7个，革命历史纪念地3处。整个景区有40多个大小景点、景观。

景区内雄峰峻岭，参差起伏，步移山变，山姿万千，有似"狐狸嘴"，有似"五狮朝圣"，有似"恐龙戏珠"，有似"蝴蝶"，有似"二龙抢宝"。南边有"群山锁钥"的人造湖——"明月湖"，距县城28公里，建有"吟诗亭"、"梁祝亭"，雕梁画栋依稀可见，北边清幽寂静、四面环山的"竹丰湖"与之遥遥相对，距县城61公里。波光粼粼的湖面，湛蓝幽绿的深潭，叮咚清脆的清泉，飞珠溅玉的瀑布，竹影山形倒映水中，形成碧连天、天连水的壮美秀丽景角。光怪陆离的溶洞，洞形洞门似龙似虎，洞中奇石似神似兽，洞内含洞，洞中有潭，迂回路转，深妙莫测。景区内竹林茂盛随山姿地势构成奇特的竹海、竹蝶、竹龙、竹狮等竹色景观。

百里竹海不仅有奇特的自然景观，而且还有丰富的人文景观。山龙旱洞一带留下了四川工农红军作战的痕迹，在这里取得了革命武装斗争的连连胜利，记录着工农红军可歌可泣的英雄事迹。修复的寺庙香火不断，朝拜的人们络绎不绝。

竹海里的竹子坚韧致密，是上等的竹器造纸材料，取之为材的梁平竹帘在20世纪30年代就远销东南亚及欧美，新中国成立后仍是我国出口的畅销品之一。梁平年画与绵竹年画、夹江年画齐名，称为四川历史上著名的三大年画。

景区内陆生野生动物，属国家、省重点保护的兽类6科6种（如豹、獐子、水獭等）；鸟类11科23种（如红腹锦鸡、竹鸡、董鸡、水白鹭等），还有大量蝴蝶等森林昆虫，以及爬行类10余种。游人漫步林中，蝴蝶翻飞，百鸟争鸣。

景区中山体森林覆盖率98%。森林植物有135科、363属、492种（如蕨类植物、棵子植物、被子植物等）；珍稀树种6科、6属、6种（如水杉、银杏、红豆木等）；名木古树35科、48属、58种（如香叶子树、多花含笑树、阔叶樟、紫薇等）。

红池坝风景名胜区

红池坝风景名胜区为重庆市级风景名胜区，位于重庆市巫溪县，大巴山东段南麓，紧连世界闻名的长江三峡风景名胜区。东西长42.3公里，南北宽12.5公里，幅员面积357.8平方公里。海拔1700～2500米，属亚热带暖湿季风气候区的中温带，林木覆盖率高达8%以上。

红池坝古为湖泊，古称万顷池，四周为万顷山。后因岩溶发育，湖底出现漏孔，湖水潜流消逝，形成高山淤积平原，故称洪池坝。相传万顷池旁为战国末期楚相春申君故居（明《一统志》）。20世纪30年代红军途经此地，而称红池坝。建国以后，政府辟为农场。今有中国科学院在此建立的亚高山草地畜牧优化模式试验研究基地，并建立了长期的试验研究站。

红池坝风景名胜区历史悠久，孕育着瑰丽多彩的自然风光和神秘古朴的人文景观，既有北国风光之气势，又有独特的地方风格，尤以天然草场和夏冰洞著称，是一座蕴藏着丰富旅游资源的宝库。

红池坝风景名胜区有山地草场面积94.7平方公里，其中平坝草场50.6平方公里，属亚热带高山山地草场，是我国南方罕见的红三叶牧草高产区。山地草场延绵数十公里，浩瀚辽阔，五彩斑斓。隆冬，银装素裹，茫茫冰川，一派北国风光；盛夏，百里草原，绿草如茵，野花摇曳，姹紫嫣红；深秋，座座山峰红叶艳丽。

夏冰洞，被誉为"巴山明珠"。仰视洞口，奇石嶙峋，绿树成荫。酷暑季节，洞里却是冰的世界，银光闪烁，一片冰封，从洞底冲出股股寒气。洞顶倒冰柱上游龙盘缠，仪态万端，晶莹的水滴顺柱下滑，瞬即凝固，洞四壁冰瀑，有如银河决堤，急流汹涌，流溪垂帘，清滑过洞……。冰洞的穹形顶部，悬吊着一簇簇、一丛丛的冰花，晶莹澈亮，参差凝形，交相辉映。酷热的夏季，洞内结冰堪称为奇；而隆冬时节，洞外寒风凛冽，洞内却温暖如春，又是一绝。有关专家实地考察确认，此洞"春冬冰融，盛夏结冰"属国内首次发现。至于形成这一天然绝景的原因尚无定论。

此外，红池坝"三池"（即红池、黑池、青池）、扎鹿盘、石林、西流溪、牛毛浪、团城峡谷风光、高楼原始林区等自然景观，以及云海、日出、雪景等气象景观俱佳。

红池坝风景名胜区旅游资源丰富，类型多样，原始古朴，景点组合较好，分布相对集中，容量大，知名度较高，具有多重性，开发潜力大。

温泉风景名胜区

温泉风景名胜区是重庆市级风景名胜区，位于重庆市开县温泉镇，东至清坪村，南至白木沟，西至县坝2社，北至顺利村，距县城27公里，面积约5.2平方公里。区内交通便畅，省干道"渝巫路"、"万城公路"穿境而过。景区有着悠久的历史，神奇的自然风光，绚丽多彩的人文景观。以仙女洞为代表的溶洞群在1984年就被列为国家级长江三峡风景名胜区旅游景点。众多的泉水分布在清江河两岸，经四川省地质矿产局严格检测后授予"四川十大名泉"称号。

风景区自然景观分布较为集中。清江河由北向南穿流其间，将风景区分为河东、河西两部分。风景区内植被良好，古木参天，溶洞成群，清江两岸悬崖壁立，陡峭奇绝。那独特的喀斯特溶洞群分布在石壁或山坡之上，素有"九井十八洞，洞洞出神仙"之说，溶洞各具特色，之奇、之怪、之险令古今游人惊叹不已。已跻身于四川十大名泉的臭泉、热泉具有强身健体、延年益寿、对皮肤病、冠心病、风湿病有独特的疗效。主要景观及景区有两个方面，一是自然景观绚丽多彩，包括功效奇特的九井热泉、神奇各异的溶洞群、交相辉映的奇山异石，二是人文景观源远流长，包括古镇古寨等古建筑群落和七里潭廊桥。

九井热泉 景区内清江两岸泉眼密布，其泉水受压榨性断层影响，呈上升泉群。在约一公里之内沿河有热泉、臭泉、盐泉、淡水泉等近百个泉眼。热泉水花翻涌，热气蒸腾、四季不断。水量水温不受外界影响，常年恒温、恒量，最主要的九井为"老井"、"横井"、"铁号井"、"野猫井"、"杉木井"、"玉泉井"、"膏谷井"、"靖江会井"、"岩凼井"等。"九井"原是制卤盐的窑井。其中数"玉泉井"流量最大。可达20~30立方米/小时。水温常年保持在40~45℃。

溶洞群 温泉风景区东西诸山均为石灰岩层，溶洞发达，怪石嶙峋。在方圆2平方公里的范围内，可供观赏的大小溶洞有数十个之多。溶洞冬暖夏凉，人居其中，舒适之极，夏日避暑者络绎不绝，其中仙女洞、总兵洞、罗汉洞、老龙洞、观音洞、祖师洞、福地洞久负盛名。最著名的"仙女洞"始发现于唐代，因洞内一钟乳石酷似仙女而得名。由此而衍生出许多离奇优美的神话故事，素以幽深神奇、迷离奇巧、移步异景而闻名于世。

奇山异石 风景区内山青水碧，富有诗情画意，有的还鲜为人知。如象狮锁清江：风景区四面环山，清江穿境而过，河东枕狮岭，河西倚象山。象山形象逼真，整座山如一头大象长鼻浸江，正在抽吸那清澈甘甜的清江之水。对面狮山张开巨口，面容威严，似怒吼，似狂啸，似无可奈何。狮山、象山浑然成一景，动中生静，静中有动，人们有称之为"象狮镇清江"的，有谑之为"青狮戏白象"的。

古镇、古貌、古建筑群落 温泉镇有记载初建于唐。由于此地盛产盐卤，便有居民来此居住，取卤煮盐盛极一时，古镇是典型的江城，石板街、古梯路、青瓦屋面，顺山势而建筑，依山傍水，百余条大街小巷，具有典型的地方特色。

古寨连云、硝烟犹存 新中国成立前富户们为躲避"棒老二"（土匪）的劫夺、烧杀，筑起了周围的全心、高峰、云盘、三清等寨。其中云盘寨规模大，地势险要，视线开阔，既可俯瞰全镇镇情，又可监视全镇东西南北进出要道。

七里潭廊桥 位于景区东北部，廊桥造型古朴大方，气势恢宏，如长虹卧波，于檀溪之上，与绿树佳山相映成画，风光旖旎。

凤凰山风景名胜区

凤凰山风景名胜区位于重庆市开县。风景区紧靠县城汉丰镇以北，北接世界闻名的长江三峡风景区的旅游景点"仙女洞"，与驰名中外的大宁河小三峡相通，南至长江北岸著名的港口城市万州。周围还与川东各旅游景点相互贯通，如云阳张飞庙、奉节白帝城、忠县石宝寨、万州青龙瀑布风景区。风景区由盛山园艺场、盛山公园、松树林地、迎仙山四部分组成，总面积4.06平方公里，因景区所在山脉顶部轮廓似凤凰凌飞而得名。

凤凰山风景名胜区环境优美，风格各异。盛山园艺场橘林蔽日，瀑高水清，深幽静谧。这里有蜚声全国的柑橘物产"五月红"和万寿泉度假村，是旅游、避暑、娱乐、疗养的好地方。盛山公园竹崖横翠，石径蜿蜒，鸟语花香，有众多的自然景观和人文景观。著名的有唐开州刺史韦处厚、白居易、张籍、韩愈等文人墨客吟颂的"盛山十二景"，刘伯承元帅纪念馆、千年古刹大觉寺、仿古艺术长廊……，松树林茂密阴翳，原始旷远，给人以返璞归真的感觉。迎仙山山势巍峨，隽秀奇异，传说美妙动人，是一块不可多得的风水宝地。随着三峡工程的竣工，未来的凤凰山风景名胜区将三面环水，碧波荡漾，届时又是另外一种动人的景象。

县城汉丰镇是一个具有1600多年历史的古老小城，具有"小成都"之称。

开县的名特产较多，著名的有柑橘特产"锦橙72-1"和"五月红"，畅销东南亚的"仙女"牌香绸扇，唐时贡品"龙珠茶"，出口国外的水竹凉席等。

大巴山神田风景名胜区

大巴山神田风景名胜区，位于重庆市城口县北部的大巴山南坡，距县城47公里，在四川、陕西两省和重庆市交界的大巴山上，海拔2348～2520米。东西长15公里，南北宽4公里，幅员面积64平方公里，其中，草地面积11.5平方公里，森林面积52.5平方公里，景区内有景点15处，分别为：神田、腰子田、花田、天坑、漩洞、红水池、黑水池、三条石、雷轰狮。景区特点为集原始森林、草原、高山天池于一体的带状形自然景观。

神田 面积约为0.4公顷，终年积水。在神田的东南角，百步远处，有一狐狸洞。传说洞内有仙狐，修炼成仙女，以水代镜，浣理秀发，常于池内沐浴，故又名"仙女池"，从而有了"灵气"。旧时天旱，人们上山求雨，将石投水，激起涟漪，霎时池中升起一缕云雾，绕池旋转一周后，顿时电闪雷鸣，骤降暴雨，故名"神田"，是景区内著名景点之一。

天坑漩洞 共有6处，洞坑口面积有的3~4平方米，有的10余平方米，有的深不见底，深邃莫测。

红水池、黑水池 两池水面面积近80平方米，水的颜色分别为红色和黑色，故名红水池和黑水池。

三条石 石长10余米，像一条巨蟒横卧于山，似刀砍成三段。传说是"神田"狐仙女将其砍死后呈现的"化石"。

雷轰狮 高近2米，原是一尊石狮，坐于山上，头部被雷击掉，故名"雷轰狮"。

景区大部为原始森林，山顶为草原，天池四周是森林，森林与草原界线明显，层次分明，将所有景点围入其中，林内有高大挺拔的银杉，红、白桦树，华山松等。山上生长有名的药材党参、天麻、川贝、当归。林内有珍稀动物獐、兔、鹿、野猪、熊、锦鸡等，草鹿较多，特别是野猪经常出没神田戏水滚泥。

腰子田 积水面积近0.3公顷，形似腰子，故名"腰子田"。特别是在池边有一自然形成的田埂，方正形，笔直一线，近100米长，酷似人工修筑，让人费解。

花田 共有三处，每处积水面积近 35 平方米，呈圆形，好像圆规画成。

崩溪河风景名胜区

崩溪河风景名胜区位于重庆市城口县罗江乡，包括崩溪河和樱桃溪两个峡谷片区，南北长 13 公里，东西宽 5.9 公里，总面积 35 平方公里。海拔高度平均为 805 米，最高为 1643 米，最低为 659 米，相对高度为 984 米。

崩溪河风景区是以小尺度的峡谷自然景观为主体，兼有溶洞、飞瀑、山水自然景观，动植物丰富，可以说是"清、秀、幽、奇、险"五大特色。

景区内以九龙山（九重山）为中心，西起梆梆梁山东北麓，东至罗江河，南起深家河，北至龙王庙，崩溪河、樱桃溪分布在九龙山的两翼，形成带状型峡谷景观。境内峰峦叠嶂，林木茂盛，奇峰异石，绝岩飞瀑，清溪常流，峡谷幽深，山青水秀，景色十分迷人。景区内景点主要有：峡谷景观有长滩峡谷、摩岩峭壁、龙洞峡、香树峡、龙泉峡、石门峡、马鞍峡、老房子峡、九龙峡、庙子峡等；水瀑景观有龙景瀑布、马鞍峡瀑布群；溶洞景观有黄泥洞、玉花洞、老鹰洞、仙女洞、白鹤洞和公母龙洞等。境内野生动、植物十分丰富。

崩溪峡门奇窄，宽约 3 米。峡门前有古木参天，如守门之卫士。河南岸远处山顶有一大奇石，似卫士之巡出牧犬，作半蹲姿态，奇门、奇石、奇树三处景点远近结合，相映成趣。进入峡内，向上看为一线天。峡的南边岩石裸露，下半段约 30 米，绝壁垂直；上段 20 余米，呈陡状凸三级台阶，最上一层台阶上有一岩洞，流水从洞顶岩隙中飞泻而下，罩挂洞门，当地人谓之"水帘洞"，水帘宽从上至下 2~9 米，飞流在三级台阶上逐级撞击，碎裂成飞溅水花，形成团团水雾，银白色飞瀑直泻对岸，气势恢宏。每当天晴日出，缕缕阳光从一线天透入，水雾形成色彩斑斓的彩虹画面，飞瀑则成瞬现瞬变的"彩龙"，煞是可观。正对飞瀑，河的北岸岩壁上，山崖凸出，酷似巨鹰之嘴，直衔对岸，欲饮飞泉。鹰嘴下段岩壁凹入，壁上草木倒挂，郁郁葱葱，有藤蔓缠绕，随峡内河风摇曳，难分难解，飒飒作响。由河口进入峡中，温差较大，一步之内，即可感节气之变化。

崩溪河中，有一段当地人戏称"狗钻洞"的河道，十分有趣。此段河流清澈，由于长年水流冲击，原有横截河道的岩石垣被冲撞形成天然河水隧洞，此洞长 10 余米，高 3 米，宽 6 米，河水从洞中流出，人可攀洞壁蹚水而过。每每行至洞中的中间地段，便有蝙蝠从洞里"叽叽"飞叫。

景区内人文景观有 1935 年红军作战后的遗址和龙王庙、观音庙、祖师洞等遗址。

境内野生动、植物十分丰富。景区内植被覆盖率达 90%，木本、藤本、草本植物十分丰富，主要有青冈树、桦树、黄杨木、银杉、刺柏、漆树、核桃树、柿子树，常青树与落叶树相间，兰草花、杜鹃花、刺玫瑰、鸡蛋黄、芍药、金银花等等。还有细辛、山田七、杜仲、黄柏、厚朴、黄芩、黄连、党参、川牛夕、云木香等名贵药材。景区四季常青，春季繁花似锦，秋季红叶满山。常见野生动物有：野猪、白唇鹿、獐子、麂子、猴子、山羊、岩羊、狗熊、斑羚、狼、狐狸、水獭、大鲵、水蜥、老鹰、铁麟甲、娃娃鸡、辫子鸡、锦鸡、猫头鹰等，蛇类很多。

青龙峡风景名胜区

青龙峡风景名胜区位于重庆市城口县任河上游，景区面积 45 平方公里，境内森林茂密，岩溶地貌秀丽，峡谷幽邃神秘，溪洞碧水蜿蜒，怪石林立。著名景点有：白袍将军、老虎看猪、鸡公石、石锅、石筷子，还有猴子洞、天生桥、悬崖鱼泉、两扇门等景观。景区特色是集山水、石林、峡谷于一体的自然景观。

天生桥 两山之间天生一石桥，人称天生桥，境内有五座天生桥，其中以望乡坝一座天生桥为最大，高约 200 余米，桥面最宽处约 8 米，最窄处 3 米多，跨度长约 100 米，气势雄伟，颇为壮观。

悬崖鱼泉 境内有鱼泉 6 处，即使寒冬也能看到鱼出洞，但最为奇特的莫过于悬崖鱼泉，每逢春夏涨水季节，常有鱼从悬崖跳下来，千姿百态，真是一大奇观，因而又称"飞鱼泉"。

石林景观 境内有一小河称亢河，两岸风光秀丽，苍松挺拔，林木密布，奇峰怪石林立，有形如白袍将军、老虎看猪、鸡公石、石锅、石筷子等石林景观，形象逼真，耐人寻味。

两扇门 景区处于河鱼乡境内，是古代通向陕西省的必经之道，两扇门雄踞古镇，鱼度河街的下端，是任河西源上游鱼度河的主要峡口，整个峡谷连绵约二十余公里，沿途有九个峡口，俗称九道门，尤以两扇门最为壮观。门高 50 余米，宽约 15 米，真像一道巨门立于峡口之首。

沿河而上，首先到隔人潭，是峡谷的第一道门户，左边一道石岩横卧山梁上，犹如一条巨蟒，张着血盆大口，守卫进峡大门，称蛇口石。雨季山洪暴发，山洪从蛇口飞流直下，好似巨龙喷泉，隔岸观看，实为壮观。蛇口石对面有一独顶山峰，高耸入云，人称"仙人指路"。

过古栈道，独木桥，便是梯子岩，在云雾萦绕群山中，可以清楚地看到骑士峰，活像勇士骑着骏马在云雾中奔驰的雄姿。三星拜寿与骑士峰遥遥相望，不远处有一鸭正伸长颈埋头啄食潭中鱼。

继续顺其而上便是羊子岩，羊子岩开阔处是两溪源头的汇合处，名双溪口。从双溪口遥望，在那猴坐狮啸岩上，雄狮咆哮，神猴迎宾，一前一后，栩栩如生。羊子岩下是万丈深渊，"一线天"峡口，从谷底向上望，子夜不见月，午时不见日，真是名不虚传的"一线天"。

再往上行，穿数门，过数桥，两扇门便矗立在眼前，雄踞溪口的两座石岩像两扇石门，两门相隔百来米，中间矗立两座像蜡烛一样的巨石，门和蜡石都长着青翠的岩松，气势雄伟，为扼守川陕要道之咽喉，可谓一夫当关，万夫莫开。

境内有双人环抱的高二十余丈的双心千年古树，有以"鸡公"命名的山梁，深潭、石窟。其间有一大溶洞，里面双洞分枝，一名神仙洞可通巫溪县，一名黄龙洞可达陕西。洞内孔穴交错，阴河密布，石钟乳姿态各异。雨季山洪暴发，鸡公石经水冲击，发出清脆的响声，如鸡啼鸣，四声震荡，犹如鼓锣齐鸣。

山梁上，清代年间曾修一座八角庙，可鸟瞰两扇门全景，现只留下遗址。

景区内有清光绪年间重修的龙门桥，至今仍留有石碑。

四川省

峨眉山风景名胜区

峨眉山是国家重点风景名胜区，位于四川省峨眉山市，一级风景区面积154平方公里，最高峰万佛顶海拔3099米，是著名的旅游胜地和佛教名山，一个集自然风光与佛教文化为一体的山岳型风景名胜区。1996年12月6日列入《世界自然和文化遗产名录》。峨眉山下辖报国寺景区、清音阁景区、九老洞景区、金顶景区和万年寺景区。

峨眉山平畴突起，巍峨、秀丽、古老、神奇。它以其优美的自然风光、悠久的佛教文化、丰富的动植物资源、独特的地质地貌而著称于世。被人们称之为"仙山佛国"、"植物王国"、"动物乐园"、"地质博物馆"等，素有"峨眉天下秀"之美誉。唐代诗人李白诗曰："蜀国多仙山、峨眉邈难匹"；明代诗人周洪谟则赞道："三峨之秀甲天下，何须涉海寻蓬莱"。当代文豪郭沫若誉峨眉山为"天下名山"。古往今来，峨眉山就是人们朝山拜佛、游览观光、科学考察和休闲疗养的胜地。峨眉山千百年来香火旺盛，游人不绝，永葆魅力。其主要特色为：

绚丽的自然风光 峨眉山高出五岳，秀甲天下，山势雄伟，景色秀丽，气象万千，素有"一山有四季，十里不同天"之妙喻。清代诗人谭钟岳将峨眉山佳景概括为十景："金顶祥光"、"象池月夜"、"九老仙府"、"洪椿晓雨"、"白水秋风"、"双桥清音"、"大坪霁雪"、"灵岩叠翠"、"罗峰晴云"、"圣积晚钟"。现在人们又不断地发现和创造许多新景观，如红珠拥翠、虎溪听泉、龙江栈道、龙门飞瀑、雷洞烟云、接引飞虹、卧云浮舟、冷杉幽林等，无不引人入胜。进入山中，重峦叠嶂，峰回路转，桥断云连，涧深谷幽，天光一线，别有洞天，古木参天，百花争艳，仙雀鸣啼，灵猴嬉戏，万壑飞流，清泉潺潺……。春季万物萌动，郁郁葱葱；夏季百花争艳，姹紫嫣红；秋季红叶满山，五彩缤纷；冬季银装素裹，白雪皑皑，一派银色世界。登临金顶极目远望，视野宽阔无比，景色十分壮丽，观日出、云海、佛光、晚霞奇景，令你心旷神怡；西眺皑皑雪峰，贡嘎山、瓦屋山尽收眼底；南望万佛顶云涛滚滚，气势恢宏。展望百里平川、千层峰峦、万顷云空，令人有"置身峨眉巅，一览众山小"之感慨。

悠久的佛教文化 峨眉山与山西的五台山、安徽的九华山和浙江的普陀山共誉为我国佛教四大圣地，峨眉山为普贤道场。相传佛教于1世纪传入峨眉山。近2000年的佛教发展历程，给峨眉山留下了丰富的佛教文化遗产，造就了许多大德高僧，使峨眉山逐步成为中国乃至世界影响甚深的佛教圣地。目前，全山共有僧尼约300人，寺庙近30座。其中著名的有：

报国寺，为峨眉山的门户，是峨眉山佛教协会所在地和峨眉山佛事活动的主要场所，寺内有著名的七佛造像，寺前有巴蜀钟王"圣积晚钟"。

伏虎寺，为全山最大的尼姑寺院，寺周楠木参天，幽静清凉，寺内有珍贵文物"华严铜塔"。

清音阁，寺庙小巧玲珑，寺周风景别致，寺前有著名景观"双桥清音"。

洪椿坪，中山区一大古刹，寺内有千佛莲灯、百字长联等文物，"洪椿晓雨"为峨眉山十景之一。

仙峰寺，依仙峰崖，藏有舍利铜塔和清戒和尚自尼泊尔取回的白色舍利，离寺约1里处有神秘的九老洞，洞中地形复杂迷奇，相传有九位老人在此栖息，故名"九老仙府"。

洗象池，四周冷杉笔立，皓月当空，格外皎洁，"象池月夜"即对此景的描绘。

万年寺，是一座历史悠久，建筑风格独特的寺庙，寺内供奉的宋代普贤骑象铜像，重62吨，高7.85米，为中国重点文物，还有佛门三宝佛牙、贝叶经、御印也珍藏于此。

华藏寺，是峨眉山海拔最高的寺庙，重建于1989年，雄伟庄严，金碧辉煌。

这些寺庙建筑或隐没于苍翠之中，或飞架于幽壑之上，或屹立于高峰之巅，与雄秀的峨眉山水融为一体。峨眉山僧人经常举行各种形式的佛事活动，进行多方面的佛教文化交往。峨眉山迄今较好地保持了佛教的传统礼仪和清规戒律。佛事活动活跃，佛教香火旺盛。

峨眉山不仅积累了丰富的佛教文化瑰宝，也遗存了大量珍贵的文物。全山现有文物7000多件（处），其中列为国家重点保护单位的有2处，国家标准一、二、三级藏品有700余件。普贤铜像、飞来殿、华严铜塔、圣积晚钟、千佛莲灯、明代瓷佛、金顶铜碑、数珠观音、舍利铜塔等都是珍贵的稀世之物。古今的书画名家，如元代的马文璧、明代的文征明、清代的何绍基、近现代的徐悲鸿、张大千、齐白石、黄君璧、吴作人等二百多位书画名家的墨迹，也为峨眉山各寺珍藏。历代著名诗人、词客，如宋代的陆游、黄庭坚、范成大，元代的黄镇成，明代的海瑞、方孝孺、杨升庵等对峨眉山均著有诗文，予以热情赞颂。

自五代以来的二千年间，峨眉山的僧尼在佛事之余练拳习武，形成了自成体系的峨眉派武术，与少林派、武当派合称为中国武术的三大流派。

丰富的动植物资源 秀甲天下的峨眉山，终年常绿，素有"古老的植物王国"之美称。由于特殊的地形，充沛的雨量，多样的气候和复杂的土壤结构，为各类生物物种的生长繁衍创造了绝好的生态环境，因此在方圆150多平方公里范围内生长着高等植物3200多种，在峨眉山生长的植物中，有被称之为植物活化石的珙桐、桫椤，有著名的峨眉冷杉、桢楠、洪椿，有品种繁多的兰花、杜鹃花等，还有许多名贵的药材和成片的竹林。这些植物为峨眉山披上了秀色，还给各类动物创造了一个天然的乐园。峨眉山有2300多种野生动物，其中有珍稀的大熊猫、黑鹳、小熊猫、短尾猴、白鹇、枯叶蝶、弹琴蛙、环毛大蚯蚓等。特别是见人不惊，与人同乐的峨眉山猴群，已成为峨眉山中独具一格的"活景观"而闻名中外。

神奇的地质博物馆 中国地质史上中生代末期的燕山运动奠定了峨眉山地质构造的轮廓，新构造期的喜马拉雅运动及其伴随的青藏高原的强烈抬升，造就了雄秀壮丽的峨眉山。峨眉山的地层从前寒武纪以来，除缺失中、晚奥陶纪、志留纪、泥盆纪、石炭纪沉积外，其余各时代地层均有沉积。其中保留了典型的沉积相标志和大量的生物化石，为研究沉积相、复原古环境、进行全球生物地层学及生物地理学研究提供了重要地史资料。碳酸盐台地沉积相的研究；中、下三叠统龙门洞剖面对潮坪沉积相的研究；晚二叠世基性岩浆喷溢的峨眉山率玄武岩对大陆裂谷作用，上地幔深部过程，岩石圈演化等方面的研究都具有极其重要的价值，已成中外学者进行地学科研基地。峨眉山独特的地质特征，为多种生物的滋生繁衍和雄、秀的地貌自然景观的形成创造了先决条件。

报国寺景区 为低山景区，是进山的起点，景区内有天下名山牌坊、报国寺寺庙、凤凰钟亭、伏虎寺等景观。在此可感受到浓郁的佛教文化氛围，可观赏到著名的中华凤蝶和枯叶蝶等蝴蝶。还可参观"蒋介石官邸"，峨眉山十景之一的"罗峰晴云"也在景区之内。

清音阁、九老洞景区 是峨眉山的腹地，景区内有著名寺庙清音阁、洪椿坪、九老洞和洗象池，著名景观有双桥清音、洪椿晓雨、九老仙府、象池月夜，以及良宽诗碑亭、龙江栈道、一线天、龙桥飞瀑等。珙桐、杜鹃等著名珍稀植物就生长在这一带，著名的峨眉山猴群常在这里与人同乐。

万年寺景区 主要是以万年寺寺庙为主体，附近有白龙洞、灵官楼、初殿等寺庙和景观。参观万年寺普贤铜像的同时，可品尝僧人自做的"太白豆花"素餐和"峨眉竹叶青"茗香，可感受"白水秋风"，聆听"仙姑弹琴"（峨眉山弹琴蛙富有音乐节奏的叫声）。

金顶景区 是峨眉山的高山景区，金顶海拔3077米，与最高峰万佛顶遥相呼应。有著名寺庙华藏寺，有著名奇观日出、云海、佛光、晚霞等。

乐 山 大 佛

乐山大佛位于四川省乐山市，也称凌云大佛，是一尊巨大的石刻弥勒佛坐像，为世界上最大的大佛，四周景色优美，为全国重点文物保护单位，被列入《世界文化遗产名录》，1982年和峨眉山一起被列为首批全国重点风景名胜区。

乐山大佛 在凌云山栖鸾峰，也称凌云大佛，是依山凿石而成的一尊巨大弥勒佛坐像。佛像背靠山崖，面对岷江、青衣江、大渡河的汇流处，山是一尊佛，佛即一座山，魁伟壮观。

乐山大佛始凿于唐代开元初年（713年），相传当时凌云寺的海通和尚见江水汹涌，常常覆舟溺人，就募集人力物力发起修造这尊大佛，想借助神佛的力量确保船只航行安全。修建过程历尽艰难，海通和尚也献出了双眼，直到贞元十九年（803年）才完工，历时九十年。

大佛依岩端坐，雍容大度，气魄雄伟。大佛通高71米，头高14.7米，头宽10米，耳长7米，眼长3.3米，鼻长5.6米，嘴长3.3米，颈长3米，肩宽28米，指长8.3米，小腿高28米。头顶发髻1021个。佛像的耳内可并立二人，脚上能容百人席坐。这尊石刻佛像是我国最大的佛像，也是世界上最大的大佛。大佛两侧岩壁上有路可下至江边。

凌云山 即大佛所在的山，共有九峰。山上除大佛外，尚有凌云寺、凌云塔、东坡读书楼等胜迹，景物秀丽，向有"天下山水之胜在蜀，蜀之山水在嘉，嘉之山水在凌云"之说。

凌云寺在大佛旁边，故又称大佛寺，始建于唐代，有天王殿、大雄宝殿、东坡亭、竞秀亭等建筑，布局严谨，宏伟壮观。

从大佛背后山径石磴上行，可至山顶的东坡读书楼，传说苏东坡曾在此读书，故后人建楼纪念。楼内有苏东坡石刻像及诗画石刻，楼前有传为东坡涮墨处的洗墨池。

凌云塔在凌云山灵宝峰，又名灵宝塔，为方形砖塔。塔外形为十三层，高29.27米，状如西安小雁塔；内实为五层，每层有佛室，可登塔顶远眺。

乌尤山 即古离堆，与凌云山并列。史载，从前乌尤、凌云、马鞍同属青衣山，因山下为三江汇流处，水流急湍，舟船至此常常覆没。秦蜀郡太守李冰就在青衣山的乌尤、凌云之间凿一水道，使一部分江水绕乌尤山而下，减弱水势以利航行，乌尤山就成了水中孤岛，称离堆山或青衣别岛。又因四周环水，孤峰卓立，如黑色水牛伏于江中，故称乌牛山。宋代改名乌尤山。乌尤山景色清幽，寺宇辉煌，自古就是一处游览胜地。

乌尤山中林木翁郁，殿阁雅致。山上的乌尤寺，创建于唐代，原名正觉寺，北宋时改为乌尤寺，现存建筑多为清代重修或新建，寺中有大雄殿、如来殿、弥勒殿、天王殿及钟亭、鼓亭等殿宇。大雄殿中的释迦牟尼、文殊、普贤像由香樟木雕成，全身镀金，高三米许。

乌尤寺西有尔雅台，传为汉代郭舍人注释《尔雅》的地方，后人筑台纪念。

乌尤山顶建有山水清音亭，站在亭上可以鸟瞰乐山街市景色，俯视岷江滚滚激流。

乐山岩墓 岩墓也称崖墓，是依岩开凿的洞室，是古代东汉至南北朝期间四川流行的一种墓葬，以乐山最多。高低参错，大小不等，有的岩墓中还保留有石刻题字。墓内外有内容丰富的石刻浮雕。乐山市郊的麻浩、萧坝、柿子湾、蕴真洞、车子等地，均有这种岩墓。

凌云寺西麻浩湾的岩墓，是一处东汉岩墓，深30米，最宽处近11米，最高处2.8米。墓内石刻图像，内容丰富，雕刻精美，并有陶俑、陶器等珍贵历史文物。

乐山巨型睡佛 1989年5月，在"乐山大佛"外围发现了另一座"巨型睡佛"，在市区迎春门码头沿岸一带望去，巨佛仰面朝天，头南足北，身长1400多米。隔江望去，巨佛体态匀称，眉目传神，慈祥凝重，安闲地睡在岷江之上。乐山大佛恰位于巨佛的心胸部位，印证了佛教所谓"心即是佛"、"心中有佛"的古老圣喻。这是大自然和人类共同创造的绝妙结合，是乐山又一令人称绝的奇特景观。

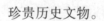

黄龙寺—九寨沟风景名胜区

黄龙寺—九寨沟风景名胜区是国家重点风景名胜区，位于四川省松潘县、九寨沟县，是以众多的高原湖泊、瀑布和植物景观为主的自然风景区。黄龙面对白雪皑皑之玉翠山，沟内彩池密布，遍地奇花异草；九寨沟内有成百个阶梯彩色湖泊，无数飞瀑流泉奔腾倾泻，串连其间，景色秀丽奇绝，世所罕见。黄龙、九寨沟二者毗连，但又被高山阻隔为各自独立、各具特点的两大景区。黄龙、九寨沟均被联合国教科文组织列入世界自然遗产名录。

黄龙风景名胜区

黄龙风景名胜区位于四川省阿坝藏族羌族自治州松潘县，由黄龙景区和牟尼沟景区两部分组成，总面积约700平方公里。

黄龙景区为主景区，在松潘县东北部的黄龙乡，和九寨沟分别在岷山雪山南北。海拔约3000多米，为一宽30～170米、长达3.6公里的山谷，两侧山上林木苍翠，峰巅白雪皑皑，谷内布满金色钙华。有副对联对此作了精妙的总结："玉嶂参天一径苍松迎白雪；金沙铺地千尺碧水走黄龙"。

黄龙以石灰华（又称钙华）所形成的五彩池为特色。黄龙的五彩池计有3400多个，全是"袖珍海子"、"珠儿池"，包括迎宾彩池、盆景池、明镜倒映、杜鹃映彩、彩池争艳、琪树流芳、石塔镇海和转花池等彩池群。每个池子从底到埂，都由乳黄色的石灰华构成，如璞玉，似牙雕，像玉盘，其状千姿百态。池水澄清无尘，水色则因沉积物不同，人站的位置不同而呈现出不同的颜色。远深近浅，浓淡分层，池与池间，虽堤岸连接，活水同源，但泾渭分明，水色各异。碳酸钙灰华淀积物本应为银白色，但在流动过程中，因夹杂其他矿物质而使颜色发生变化：若掺杂了黄泥，则变成乳黄色；若带有铁质，则成褐红色；若带铜或二价铁，其色深蓝；若夹带多种杂质或腐殖土，则为黑色，等等。由于池堤颜色、水的深浅、水底沉积物和周围树木、山色的千变万化，池水就呈现黄、白、褐、灰、绿、粉绿、浅蓝、蔚蓝以及似蓝非蓝、似白非白等诸种难

以描述的颜色。

涪源桥 在风景区的入口处，横跨长江支流的涪江。因附近的岷山弓嘎岭即为涪江发源地，故名。

迎宾彩池 又名彩池迎宾、洗花池。这片彩池大小不一，玲珑剔透，在青松翠柏、红花绿柳的掩映下，层层叠叠列成梯队，艳美无比。

盆景池 彩池约百余个，池形多变，交错相连，池中有池，池外有池。很多池中生长着小而苍老的古树，高者三五米，低者不足1米。还有杜鹃及各种野花、芳草，池水花草互映，彩上叠彩。有的如盆栽插花点缀于潭埂池间，有的就亭亭玉立于池水之中，那些水中的树根和枯枝，因石灰华沉积速度惊人，形成玉黄色珊瑚般的琼枝玉根。

明镜倒映 有彩池80余个，以湖蓝色为基调，水色湛清，静如明镜。山色、树影、白云、蓝天倒映池中，妙趣天成。

杜鹃映彩 又名娑萝映彩。娑萝即杜鹃花。这片娑萝花，有16个品种。每年5～7月，娑萝遍野，如斑斓夺目的彩云。

争艳彩池 海拔3400～3431米。这片彩池大小500余个，面积最大，水色也最富丽，或蔚蓝，或深绿，或鹅黄，或粉白，或黄中泛紫，或绿中漾红……

池形也极富变化，有的形若荷花，有的状如藕叶，有的像罗汉重叠，有的似龙嘴含珠。池水个个饱满，水一溢出，即在下一梯的池中激起一种龙鳞般的波纹，在阳光下，500多个彩池就像变幻莫测的万花筒。

琪树流芳 位于争艳彩池左侧，池有200余个，藏于茂密的树林中。池中池堤均长有古木，绿水潺潺，依次跌宕，溢流漱玉而去。

石塔镇海 有彩池400余个，高低错落，连环相缀。池中有石塔、石庙。池堤的颜色分呈乳白、银灰、浅黄、金黄、青紫、绛紫、朱红、浅蓝、宝蓝、浅绿、浓绿等等。这片彩池既不像洗花池那样恬澹，也不像争艳彩池那样娇丽，它自有一种端庄大方、温柔妩媚的独特风韵。它集中了黄龙五彩池的特点，是黄龙五彩池的精华所在。生长着许多洁白如玉的石花、石笋，璀璨晶莹。

转花池 又名转花漱玉，是黄龙沟的顶端。一片清泉从玉翠峰下杜鹃林中流出，从海绵般的青苔上淌溢而过。一小圆池初看水平如镜，细看则泉水上涌，形成漩涡。满坡的杜鹃花落花浮水，慢慢旋转数圈方沉入碧澄的水底，故称"转花池"。

黄龙寺 始建于明代，因祭祀为大禹治水负舟导江的黄龙而立庙，又名雪山寺，共分前中后三寺。首尾相距7公里，现存中、后两寺。后寺有黄龙洞，内有三尊石佛。

牟尼沟 位于松潘县西南牟尼乡，

景区内山、林、洞、海，争奇斗艳。林木遍野，满目生辉，大小海子可与九寨彩池比美，钙华池瀑可与黄龙"瑶池"争辉。此外沟内还有溶洞群可供探奇，有珍珠温泉可供沐浴，还有古化石。

扎嘎瀑布高104米，号称华夏第一钙华瀑布。瀑布一瀑三叠，瀑中有湖、有池，大小不等，水中多枯树，树旁边又有新生的幼枝，一派生机。

二道海有翡翠湖、天鹅湖、头道海、二道海、明镜湖、宁静湖、素花海等五彩湖泊，类似黄龙瑶池。

每年农历6月16日，黄龙都要举行盛大的庙会。届时，方圆数百里（有的甚至来自甘肃、青海）的藏、汉、羌、回等各族群众纷纷前来朝拜黄龙真人。漫山遍野，人流涌动，歌之、颂之、舞之、蹈之，热闹非凡。入夜，千顶帐篷，万点灯火，更将黄龙装扮得美丽多姿。

九寨沟风景名胜区

九寨沟风景名胜区位于四川省阿坝藏族羌族自治州九寨沟县（原南坪县），东西宽19公里，南北长59公里，总面积为620平方公里。

九寨沟原名中羊峒，《南坪县志》记载，"羊峒番部内，海峡长数里，水光浮翠，倒映林岚"，故又称"翠海"，后因沿沟分布有9个藏族村寨而名九寨沟。这九个村寨是盘信寨、彭布寨、尖盘寨、故洼寨、盘亚那寨、荷叶寨、树正寨、黑果寨和则查洼寨。

九寨沟美在原始，妙在自然，贵在古朴。九寨沟以雪山、森林、湖泊、瀑布四大景观著称，共有湖泊114处、瀑布17个、泉水47处、滩流5处、雪峰10余座。

九寨沟在岷山深处，境内山脉、山沟纵横交错，其中树正、日则（也称日寨）、则查洼三条主沟总长60多公里，沟口海拔2040米。四周群山如拱如揖，从山间至河谷，遍布茂密的原始森林。十数座积雪终年不化的皑皑银峰，高插云霄。

众多的海子（湖泊）和连接这些海子的瀑布群，是九寨沟风景中最富有魅力的奇丽景观。从海拔1800米的沟口到海拔3000米左右的沟顶，阶梯般地分布着100多个美妙绝伦的湖泊，当地人又称之为"海子"。由于河谷地形呈台阶式，湖与湖之间形成许多瀑布。海子晶莹剔透，色彩斑斓，飞瀑多姿多彩，被称之为"天下第一水"。九寨沟的海子各具个性，它们偎依山岩，环绕森林，各显秀姿风韵。九寨沟里的"海"都不很大，水也不很深，在号称108个海子中，小者数平方米，最大者长达7公里。与普通的湖泊不同，九寨沟的湖水含有大量的碳酸钙质，湖底、湖堤均系乳白色的碳酸钙形成的结晶体，来自雪山融水、森林流泉的湖水异常洁净，再加之梯湖的层层过滤，其水至清，透出翡翠般的光泽，水色清

澈如镜，蓝碧晶莹。湖泊能见度达一二十米深。湖中水藻繁生，湖底色彩斑斓的沉积石在阳光照射下，呈现出蓝、黄橙、绿等色彩，绚丽夺目。湛蓝的天空，银白的雪峰，翠绿的森林，一齐倒映湖水之中，美丽如画，给人一种仙境般恬静的美，令人叹为观止，可说是天底下最美的水体。

九寨沟瀑布群与国内大多数瀑布不同，多从长满树木的悬崖或滩上悄悄流出，瀑布往往被分成无数股细小的水流，或轻盈缓慢，或急流直泻，千姿百态，妙不可言，加上四周群山叠翠，满目青翠，至金秋时节，层林尽染，瀑布之景就更为神奇秀丽了。

九寨沟瀑布群，主要由诺日朗瀑布、树正瀑布和珍珠滩瀑布组成，此外还有树正群海间的梯瀑群等无数小瀑布。

九寨沟的色彩是一种美到极点的美，是一种无法比拟的纯净的色彩，黄的就是纯粹的黄，红的就是纯粹的红，绿的就是纯粹的绿，绝无半点杂色。九寨沟的色彩以金秋季节最为丰富。山上湖畔，林间枝头，五彩斑斓。浅黄的椴叶，深橙的黄栌，绛红的山槐，朱紫的山杏，紫红的波斯菊，殷红的野果，杂糅在黛绿的林丛中，倒映在碧蓝的湖水上。

九寨沟动植物资源丰富，处处可见的稀有植物，常出没于林间湖畔的大、小熊猫、金丝猴等珍奇动物，使人疑惑是否来到了天然动物园。

好客的山民们还会在古朴奇特的小木屋同旅游者拉家常、跳锅庄，还可走栈桥、观水磨，体味那浓浓的藏乡情。栈桥全用原木制成，曲曲折折穿行于海子和密林之中，长达十多公里。

九寨沟一年四季景色各异：春天山花烂漫一派生机；夏日飞瀑高挂如帘似练；秋季层林尽染滴翠溢金；隆冬银装素裹俨如北国。现四季均可游览，天高云淡气候凉爽宜人的秋季最佳，特别是9月上旬至10月初更是游九寨沟的黄金季节。这时秋霜已过，阳光明媚，万山红遍，层林尽染，红枫绿叶，滴翠溢金，飞瀑依然多姿多彩，海子更加秀丽可人。

九寨沟海拔约3000米，属高原湿润气候，山顶终年积雪。春天气温较低，变化较大，平均气温多在9℃至18℃之间，4月前有冻土及残雪；夏天气温回升较快且稳定，平均气温在19℃至22℃，夜晚较凉宜备薄毛衣；秋天天高气爽气候宜人，气温多在7℃至18℃，昼夜温差较大，特别是10月后的深秋，白天可穿两件衣服甚至单衣，到了夜晚就得穿毛衣甚至防寒服了。10月下旬后有冻土出现；冬季较寒冷，有冻土（最深达50厘米）、积雪（最深达15厘米），气温多在0℃以下。九寨沟降雨少（年降雨量不足600毫米）而集中，7月、8月是典型的雨季。

树正群海 在树正沟，这里集中着40多个大小海子，大的数平方公里，小的半米见方，首尾相连，逶迤10多里。其中的卧龙湖，又称藏龙湖，湖心有一条乳黄色的碳酸钙质堤埂，好像长龙横卧湖底。在许多钙质堤埂上，苔草和杂树丛生，流水穿行其中，舞动着杂树长长的红色根须。

树正瀑布 在树正寨以上，瀑宽50来米，高20余米。瀑布出没于悬崖树林之中，从树丛中奔腾而出。瀑面之上，又有不少树木阻挡分流，独具特色。许多树木是深深扎根于崖间岩缝之中，有的甚至一条支根被瀑布冲刷出来后又拼命地扎入另一处岩缝之中，顶着浪花翻滚的瀑布，顽强地拼搏着。有些树木，经不住瀑布的冲刷，而被冲出带走。天工造化，鬼斧神工，树正瀑布，可谓奇瀑了。瀑布之上，不仅水石相激，浪花飞溅，更有水木相搏，堆雪碎冰。只见枝叶葱绿的古木群弯曲着的躯干半浸在瀑布中，任凭白花花的瀑布冲刷着，宛若一个个头披秀发裸露玉体的仙女，

在圣水中尽情地沐浴嬉戏。那翻着雪浪的瀑布，与苍劲古老的树木一动一静，形成了强烈的对比，然而又组合成一幅和谐的天然图画。九寨沟瀑布群景观之美，由此可窥一斑。

诺日朗瀑布 诺日朗在三条沟交叉处，瀑布在公路边，落差并不很大，大约为30～40米，而瀑面十分宽阔，达140余米，在我国瀑布中，大概可以算作第一阔瀑了。诺日朗瀑布景色，四季变换，昼夜迥异。春天的诺日朗瀑布，宛若一个刚刚苏醒的孩子，欢呼雀跃地奔流在苍翠欲滴的山谷崖壁上，一派空灵翠绿、生机勃勃的景象；而夏季则水花万朵，如银珠万斛，四处抛洒；金秋季节，山谷坡地，万紫千红，若一幅浓重的油画，诺日朗瀑布在一片片红叶、黄叶之中，分成无数股细流，飘然而下，景色最为迷人；若至隆冬时节，瀑布则从流动状态转变成固体状态，诺日朗瀑布成了一幅千姿百态的冰瀑画卷。白天阳光下的诺日朗瀑布，多姿多彩，景色迷人。而当夜幕降临，皓月当空，清辉如练，诺日朗瀑布更有一番令人沉醉的诗情画意了。

珍珠滩瀑布 四周长满松、杉等树木，从公路上下去，须穿越过一道密密的绿色走廊，方可来到瀑布旁边。珍珠滩瀑布，不完全是一个翻崖落下的跌水，而是上有一个约二十几度倾角的滩面，瀑布先在滩面上缓缓流淌。由于滩面由钙华组成，钙华表面又有鳞片般的微小起伏，当薄薄的水层从滩面上淌过，在阳光照射下，若万颗

明珠，闪着银光，故得名珍珠滩。珍珠滩上由于水流较缓，滩面较平坦，故游人可脱靴赤足在滩上行走。但由于瀑水由雪山上融雪之水汇流而成，故水温较低，即使盛夏时节，漫步在珍珠滩上，亦觉得寒气逼人，令人发抖。珍珠滩下，水流开始从一高40余米的悬崖上跌落下去，形成著名的珍珠滩瀑布。珍珠滩瀑布在平面上呈一个弧形，向上游凹进。

五彩池和五花海 则查洼沟的五彩池和日则沟的五花海，是九寨沟海子中的精粹。海子中生长着水绵、轮藻、水蕨等水生植物群落；同时还生长着芦苇、节节草、水灯芯等草本植物组成的另一种水生群落。由于这些水生群落所含叶绿素深浅不同，在含碳酸钙质的湖水里，呈现出不同的颜色，同一海子中，有的地方水色蔚蓝，有的地方水色浅绿，有的地方水色绛黄，有的地方水色浅红。当阳光直射、山风吹拂或以石击水时，海子中泛起阵阵金红、碧澄、翠绿、孔雀蓝、淡紫、青黑的涟漪，仿佛大自然的所有绚丽之色都融于一湖之中。当地藏民传说，赤桦、冷杉环抱的五彩池，是玉女的胭脂池，并把它呼之为"神海"，它的水洒到哪里，哪里便开放出永不枯竭的五彩花来。

镜海 以恬静著称，湖面水波不兴，清澈如镜。蓝天白云，远山近树，倒映湖中。湖岸松萝绕树，苔藓铺地，古态盎然。晨昏漫步海边，可领略"四顾皆仙境，一步一徘徊"的诗意。几株倒伏在水中的古树，或半浮半沉，或只露出一段梢头，那冒出水面的部分，上面多有茸茸青草或几株嫩黄的水柳，成为海子中天然的盆景、小岛、浮桥。

熊猫海与箭竹海 是一对姊妹海，海水澄明，岸上箭竹吐翠，偶有熊猫到海边饮水，在竹丛嬉戏觅食。海边的浑圆大白石上，有几圈天然的黑色斑纹，就像憨态可掬的熊猫。藏胞说这是熊猫常到海边饮水印下的痕迹。

天鹅海 藏名各依措，海面上长满湖草和野花，宛如巨型的天鹅绒绿毯，幽邃的湖中天鹅时来时去，成群结队游弋穿梭。湖边峭壁耸立处有一孤峰直冲云霄，如利剑指向青天，高500多米，有山泉分六股从上飞出，极为壮观。传说悬泉从宝箱流出，世代养育着九寨藏民，剑岩是藏族英雄格萨尔为保卫神泉，降伏盗宝妖魔后倒插在地上的宝剑。

长海 是九寨沟最大、海拔最高的海子。它长7公里，宽约1公里，海拔3000多米。四周的山峰终年披着银装，原始森林从雪山一直伸展到湖畔，使湖水显得格外深碧。风烟雨雪，奇幻百出；朝辉夕阴，气象万千。春秋季节，绿绒般的湖面倒映出百花簇拥着雪山，雪山映衬着火红的枫叶，难辨究竟是冬日春景，还是秋景冬日。隆冬的长海冰冻厚达60厘米，四围琼花玉树，山水一色。长海岸上有一株巨大的老人柏，左侧无枝无叶，右侧枝挺叶茂。传说它是为救少妇而被恶龙抓掉左臂的猎人扎依的化身。

青城山—都江堰风景名胜区

青城山—都江堰风景名胜区是国家重点风景名胜区，被联合国教科文组织列入世界遗产名录，位于四川省都江堰市，由都江堰和青城山两部分组成。

青城山位于都江堰市西南部，离成都66公里，主峰大面山海拔1300米。相传轩辕黄帝遍历五岳，封青城山为"五岳丈人"，因此又名丈人山。周围125公里，林木青翠，终年常绿，群峰环拱，状若城郭，因而在唐代开元十八年（730年）更名为青城山。以幽古著名，自古有"青城天下幽"之称。

东汉末年，道教创始人张陵（又名张道陵、后人称张天师）来青城山设坛传教，称为"天师道"。青城山也因此成为我国道教的发祥地之一，是道教的"洞天福地"。

建福宫 是青城山的大门，是游览青城山的起点，坐落在"悬崖峭壁高万丈"的丈人峰下，面临清溪，周围古木成荫。建福宫始建于唐代，宫内有木假山、委心亭、王妃梳妆台等古迹以及壁画、长联等文物。

天然图画 离建福宫一公里许。这里苍崖壁立，绿树交映，巍峨的朱色牌阁，矗立绿荫浓翠之中，举目眺望，犹如置身画图之中。牌楼的后面是"驻鹤庄"，右面对峙的两山之间，一片横石插于悬崖峭壁之上，称天仙桥。从建福宫到天然图画，均是条石铺成的盘山小道，一路松杉夹道，林荫蔽日，迎面青山如屏，耳边频传泉声，每隔不远，即有一小亭，或矗立山巅，或镶衔幽穴，或设于曲径通幽之处，或修置碧潭飞瀑之前，亭身以木干树枝支撑，不雕不凿，古朴秀雅，饶富野趣，与周围自然景色浑然一体。

天师洞 离天然图画三里许，是青城山的主庙。庙宇始建于隋代，结构宏伟，雕塑精工，彩绘辉煌。自山门层叠而上，崇楼峻阁，古树奇花，木雕石刻，令人目不暇接。道观左右银杏树，高六七丈，已有近二千年历史。道观后，双干并立的古岐棕，已历千余年。庙内还有明代浮雕木刻花屏，唐玄宗的诏敕碑。天师洞，据传道教第一代天师张道陵就在这里传教。此

处三面环山，一面临涧，观宇建筑雄伟，重楼叠阁，加上山门石级陡峻，更显得十分庄严。主殿三皇殿内有轩辕、伏羲、神农三帝塑像，均为唐代遗物，十分珍贵。三清殿内供奉太清、上清、玉清的泥塑彩像，神情肃然。殿后的天师洞内，有张天师和第三十代天师的石像，洞周围还有许多摩崖石刻，其中有不少书法珍品。天师洞的左侧有"降魔石"，由三座互相依偎的巨石构成，故又称"三岛石"。上刻有"降魔"两字，传说张天师降魔时用利剑将此石一劈为三。

游人可沿石缝中的石梯而下到海棠溪，深溪峭壁，藤萝垂挂，景色尤为幽静。过天师洞到古龙桥，可见对面山壁上有一狭深的山谷，称为"掷笔槽"，传说是张天师以笔划山而成。

上清宫 自天师洞而上可到朝阳洞，每当旭日东升，阳光能射入洞内。朝阳洞以上，山道陡峻，经过三弯、九倒拐，即到上清宫，宫前有"天下第五名山"、"青城第一峰"等石刻。宫左有一方一圆的鸳鸯井，宫右有半月形的麻姑池。从上清宫直攀主峰大面峰，海拔约1300米，距青城山山麓的建福宫高差约700米。峰顶上有一座"登高一呼，众山毕应"的呼应亭。

青城后山 和青城山一江之隔，有不少道观庙宇，自然景色古朴野趣。上下两条登山小道沿狭窄山谷曲径通幽，沿途可见不少流泉飞瀑，如白龙吐水、三潭雾泉、幽谷飞泉和双泉水濂洞等等。满山古树、苍藤、苔蔓丛生，浓荫蔽日。后山的山麓还有北宋农民起义领袖王小波的纪念馆和宋明古墓等遗迹。

都江堰位于岷江中游，都江堰市城西玉垒山下，距成都57公里，是我国两千多年来一直发挥效益的一项著名古老水利工程。都江堰主体工程包括三个部分：鱼嘴、飞沙堰和宝瓶口。鱼嘴，是在岷江江心修筑的分水堤坝，形状很像一条大鱼卧伏江心。顶端分水处，像鱼的嘴巴，故称分水鱼嘴。它把岷江分为内江和外江，外江排洪，内江用于灌溉。飞沙堰，是在分水堤坝中段修建的泄洪坝，而且利用特殊的水流条件，把流入内江的大部分沙石也排入外江。宝瓶口起着调节内外江水流量的作用。玉垒山被凿离的大石堡，称为离堆。从而构成了完整的排洪泄沙、引水工程体系，既避免了洪水灾害，又保证了农田灌溉。在今天看来，古代劳动人民修建的这项水利工程是很符合科学原理的。

伏龙观 建筑在离堆上面，因传说李冰治水时在此降伏孽龙而得名。离堆的顶端，有观澜亭，八角两重，朱栏绚丽，上有"观澜亭"三个大字。

二王庙 古名崇德祠，为纪念李冰父子治水功绩而修建的庙宇。宋代以后，李冰父子相继被敕封为王，因此称"二王庙"。庙宇位于玉垒山麓，背山临江，掩映在古柏、香楠、银杏的郁郁密林之中。

安澜桥 横跨内外两江，离鱼嘴分水口不远，古名"珠浦桥"、"平事桥"，为索桥。

剑门蜀道风景名胜区

剑门蜀道风景名胜区是国家重点风景名胜区，在四川省北部，是在连绵不断的秦岭、巴山、岷山之间，以"蜀道"为纽带的风景名胜区。剑门蜀道又称金牛道、石牛道，是古代联系陕西汉中和四川成都的交通要道。蜀道沿途峰高谷深，崖陡路险，雄奇险峻，壮丽多姿，崖岭谷壑间，森林茂密青翠，名胜古迹众多，构成了一条雄奇幽美、引人入胜的千里风景游览线。

四川盆地（古代的蜀国和巴国）和关中平原之间是险峻连绵的秦岭和大巴山区，成为两地交通的巨大障碍，李白名诗《蜀道难》中感慨万千地写道："蜀道之难，难于上青天！"。蜀道就是古代人民为解此难题而创造的交通奇迹。相传此道为战国时所开，当时秦惠文王苦于攻蜀无路，便设一计，造五石牛置路旁，后撒金豆，谎称石牛能屙金子。蜀王贪财中计，命五丁力士开山辟路引石牛入蜀，秦兵即循此路入川。《战国策》中就有"栈道千里，通于蜀汉"的记载。三国时诸葛亮对栈道进行了大规模整修扩建。

从汉中盆地进四川，古代有三条通道。一条是从陕西宁强五丁关到四川广元，再经昭化，穿剑门关，过剑阁，通往成都，称为剑阁道。一条是自嘉陵江支流巴江西源，北越米仓山，到南郑，称米仓道。再一条是自巴江东源的万源越大巴山，经镇巴到汉中盆地的西乡，称为洋巴道。这三条道中，以剑阁道最重要。

千佛崖 在广元市区北4公里的嘉陵江边，有14层共400多个龛窟，全崖佛像7000多尊，窟龛密布，绵延二百余米，最高40米，规模宏大，气势雄伟。现存造像有南北朝、隋、唐、宋、元、明历代的石刻造像，主要洞龛有大佛洞、藏佛洞、毗卢佛龛、释迦坐像龛等，雕技精湛，形态逼真，并有精美的浮雕多处，以镂空雕刻最有名。

皇泽寺 在广元市区西郊的嘉陵江边，约建于五代，现存为清代建筑，以唐代武则天（曾代唐称帝建立周代，是中国著名的女皇帝）出生于广元得名。有大佛楼、则天殿、吕祖阁等。寺后有摩崖造像1000多尊。寺侧有红军石刻标语陈列馆。

明月峡和清风峡 均在广元市朝天区嘉陵江东，亦称龙门阁。这里原无道路，绝壁临渊，后建成栈道，方可通人。栈道是在山崖上凿洞、洞中插入木柱、在木柱上铺木板连成为悬于崖壁上的通道，倚崖临壑，极其险陡。因其凿石架木，形同楼

阁，故又称阁道。现在尚可看到阁道遗迹。

剑门关 位于剑阁县北 25 公里处的剑门山。剑门七十二峰，蜿蜒起伏，峻岭摩天。关城所在处，为大剑山的唯一隘口，山如利剑，相峙如门，因此得名，为古蜀道上的险关，曾有三层关楼。关侧奇岩壁立，只有一路相通，为古蜀道的要隘关口，有"一夫当关，万夫莫开"之势，"剑门天下险"为蜀中四绝之一。杜甫在《剑门》诗中写道："惟天有设险，剑门天下壮。"山顶的营盘嘴，古称姜维城，是三国时蜀汉将军姜维屯兵之处。

剑门一带有不少当年红军的遗迹，有石刻标语三十余处。

翠云廊 古蜀道的一部分。从剑门关到西南方的梓潼和东南方的阆中，长约 300 里，行道两旁，古柏参天，浓荫蔽日，夏日行于道中无炎热之感，这条古柏夹道、浓荫蔽空的林荫大道就是翠云廊。古柏传为三国时张飞所植，故又称张飞柏。实际上是明代剑州知州李璧发动人民所种。清代雍正年间，剑州知州乔钵称赞这里"无石不可眠，处处堪留句"，并称其为翠云廊，其名即由此始。现在翠云廊已被列为重点保护文物，剑阁境内的八千多株古柏，均编号挂牌，加以保护。

江油李白故居 在江油市以南 15 公里处的青莲镇，是我国唐代最伟大的浪漫主义诗人李白的故居。李白字太白，号青莲居士，在此度过了童年和青年时代。与李白有关的纪念性建筑有陇西院、太白祠、衣冠墓、太白洞、粉竹楼等。陇西院原为李白故居，院东不远有李白之妹月园的坟墓。名贤祠内的李白衣冠墓，建于清代同治年间。太白祠在青莲场外田畴中，现存三殿两院，为清代建筑。祠内有太白故里碑。太华山麓的粉竹楼是李白之妹月园的旧居。

江油市西郊风景秀丽的涪江侧畔，新建李白纪念馆，占地三十余亩，建筑面积 3500 多平方米。周围山环水绕、茂林修竹、环境清幽。主要建筑有太白堂、太白书屋、陈列室、珍藏室等。主体建筑太白堂，仿照唐代古典风格，飞檐翘角，是一座宏阔的两层殿堂。环绕纪念馆，修建了具有民族特色的太白公园，占地一百五十多亩。

七曲山大庙 位于梓潼城北七曲山上，通称梓潼大庙，又名文昌宫、亚子祠。现存建筑为明清以来陆续修建，有桂香殿、天尊殿、文昌殿、大悲楼等十多处。建筑依山取势，错落有致，建于山顶的

天尊殿更是宏伟壮观。庙中存有明代铁铸造像，造型精美。庙中有明末起义军领袖张献忠像。

富乐山 位于绵阳市区东面，面积三千余亩，是以东汉、三国古迹与园林风光相结合的旅游区。公园依富乐山，傍芙蓉溪。由汉平阳府君阙、豫州园、昭烈阁、李杜祠、宋哲元墓、富乐园、汉皇园、桃园、绵州碑林、富乐阁等40余处景点组成，亭台楼阁、殿堂池榭错落有致，营造精雕细刻，巧夺天工。松柏茂密，篁秀花明。

平阳府君阙 位于绵阳东北郊的芙蓉溪畔，是保存较为完整的东汉墓阙。阙是古代宫殿、祠庙或陵墓前面的一种古老建筑物，通常是左右各有一座，两阙之间有一定的空地，一般用石雕堆砌而成。平阳府君阙建造于东汉末年，遇到过若干次地震，仍然没有变形，阙上雕凿的飞禽、走兽以及各种人物，至今轮廓清楚。

此阙为双阙，即分正阙和副阙，或称母阙和子阙，全用巨石和板石相互重叠堆砌而成，严密坚固，整齐美观，上大下小，犹如盛开的一朵玉兰花。北阙高4.35米，南阙高3.5米，每座阙又皆有子阙。平阳府君阙由阙基、阙身、介石和阙顶组成，是以6层条石组成的仿木结构建筑。主体结构气魄雄伟，房顶鎏金放光。子阙与母阙的形制大体相同。

墓阙身上有许多汉代石雕，每尊石雕、每个图案都具有汉代的造像风格：大刀阔斧，重在神情表现。墓阙的所有

构图，都是以动为主，动中传神，善于夸张，给人以力量、气势、勇猛的感觉。这些雕刻，记录了汉代雕塑艺术的历史。我国母子阙同时并存的汉阙只有绵阳的平阳府君阙一处，可算是我国独一无二的珍宝。

绵阳西山 位于绵阳市区西面，总面积400余亩，是以西蜀子云亭为中心的文物古迹与园林风光融为一体的风景名胜区。子云亭是为纪念西汉大文学家扬雄（字子云）寓涪读书而建。清代重建。因唐代诗人刘禹锡"南阳诸葛庐，西蜀子云亭"的佳句而名扬天下。玉女泉为天然矿泉，泉边有隋、唐摩崖造像，为四川道教造像中年代最早、雕刻精美的一处。泉池周环围廊，竹木扶疏，环境清幽。泉下玉女湖备有轻舟，供游人荡漾。蒋琬祠墓为著名的三国遗迹。蜀汉大司马蒋琬曾镇守涪城三年之久，死后葬于西山。墓侧有蒋恭侯祠、蒋琬铜像及安阳亭。

碧水寺 位于绵阳涪江东岸，绵山脚下，面积50余亩，为带状摩崖公园。以保存唐代以来的各种观音造像而独具特色。主要景观有越王台、碧水寺、望涪亭、碧波轩、凌云阁、北亭、子安居和环秀楼等。

贡嘎山风景名胜区

贡嘎山风景名胜区是国家重点风景名胜区，位于四川省甘孜藏族自治州，以贡嘎山为中心，包括泸定县海螺沟、九龙县伍须海和康定县木格错，面积一万余平方公里。贡嘎山海拔7556米，为四川省第一高峰，号称"蜀山之王"，主峰周围6000米以上的高峰45座，现代冰川159条。海螺沟内有高大的冰瀑布及冰川弧、冰川断层、冰川消融等景观。贡嘎山除海螺沟冰川公园外，东坡还有燕子沟、南门关沟冰川—原始森林景观区、湾东河森林—温泉景观区，南坡有田湾河森林—湖泊—温泉景观区，西坡有贡嘎寺、子梅冰川森林景观区。九龙伍须海和康定木格错以高山湖泊、原始森林、草原、瀑布、温泉为景观特色。区内高原植物野生动物种类丰富。

海螺沟 位于贡嘎山东坡，在四川省甘孜藏族自治州泸定县磨西，距成都319公里，离泸定县城52公里。

海螺沟冰川是贡嘎山上百条冰川中海拔最低、最大、最壮丽的一条。它的主要特色在于现代冰川与原始森林交融一体，近期冰川与古冰川相映重叠，雪峰、冰川、森林、湖泊、温泉、珍稀动植物荟萃，生态环境原始，形成了一个多姿多彩的旅游、科学考察、高山探险的景观宝库。

海螺沟冰川，有众多的冰川石蘑菇、砂帽冰丘、冰面湖、冰洞、冰桥、冰人、冰兽，晶莹璀璨，千姿百态。其中又以我国最大的冰瀑布、有"年轮"含义的冰川弧拱、移动的冰川"城门洞"形成了它独特的三大奇观。大冰瀑布如巨大银屏凌空飞挂，晶莹璀璨，高1080米、宽1100米。冰川弧拱是冰川层理的弯曲现象，一条黑白相间的冰川带代表一年，因而它具有"年轮"意义。冰川城门洞是冰川前端冰崖下的穿形水洞。

海螺沟自然景色也极富特色，如水海子、日照金山、相思岩等处。水海子为冰碛湖，湖周为珍贵的红豆杉和大叶杜鹃环绕，生态原始，环境幽雅宁静。日照金山为冰山晨曦之时日光照射形成的美景，以在长草坝等地观赏最佳。相思岩为原始森林线上高200米的悬崖，顶端立一巨大石芽，是观赏茫茫林海、云海的好去处。

海螺沟又是一座天然的珍稀动植物大观园，从沟口到冰川舌遍布茂密的原始森林，珍稀植物、观赏植物多姿多彩。由于沟内高差大，寒带、温带和亚热带植物集于一个景区内，游人"走一日历四时景，行十里观数重天。"植物景观有木兰林、棕榈林、桂花林、斑竹林、杜鹃林等，尤其是高大乔木附生15属植物，构成海螺沟的第四大奇观，使海螺沟成为群芳集萃的森林植物园。原始森林里栖息有野生动物400余种，珍贵动物有牛羚、野驴、猕猴、小熊猫、林麝、岩羊、血雉等。

海螺沟内虽以冰川为主，却有众多的飞瀑温泉。沟内冷泉随处可见；热泉有5处，沸泉有一处，出口水温90℃，冲食、泡茶、淋浴皆可。温泉中最奇特的要算热水沟温泉，涌出处水温可达80℃，泉水顺崖流淌，形成高10米、宽8米的温泉瀑布，流量达103升/秒，冰与火、冷与热奇妙地结合在一起。

海螺沟冰川海拔较低，人走在这条巨大冰龙的身上，并没有寒冷的感觉。两边山上，依然是杂花生树、莺飞草长。

海螺沟现已建成为一座冰川公园，有食宿营地三处：一号营地位于达干烟沟口，距离磨西乡约11公里；二号营地位于热水沟瀑布附近，距一号营地6公里，周围景点较多，是游览森林、温泉的主要基地；三号营地位于冰川河源头，距2号营地5公里，到冰川观景台约2公里。

康定跑马山 位于康定县城东郊。康定是甘孜藏族自治州首府，历史上曾是西康省的省会，是川藏间的咽喉，相传诸葛亮曾命大将郭达在此安炉打箭，故旧名打箭炉。康定四面环山，折多河穿城而过，山水俱佳，小城有众多的桥梁，由于地处地震断裂带，全城有众多的温泉。

跑马山位于城东，藏语为拉姆则，意为神女山。山上青松苍郁，山花缤纷，有白塔、寺庙、咏雪楼、浴佛池等建筑，风光秀美。每年农历四月八为浴佛节时，这里举行盛大的转山会，人们在此唱歌跳舞，跑马竞技，热闹异常。著名的《康定情歌》，歌咏的就是康定跑马山。

泸定铁索桥 位于泸定县城西，横跨大渡河。河东西两岸，大雪山与二郎山相对而立，山势险峻，河水湍急，正如桥头石碑上所刻的"泸定桥边万重山，高峰入云千里长。"桥为铁索桥，长100米，宽3米，由13根重达5000斤的铁索

组成，以9根铁链作底索，桥面铺以木板，桥两旁各用2.5吨重的一根铁链作扶栏，桥两端各有一座20米高的桥台。此桥为清代康熙四十五年（1706年）所建，"泸定桥"为康熙皇帝命名。桥东有康熙年间的《御制泸定桥碑记》。

1935年5月29日，红军长征经过这里，以22位勇士为先导的突击队，冒着枪林弹雨，从没有桥面的铁索上冲破敌人的重兵把守，勇夺泸定桥，从此泸定桥载入史册，名扬中外。

伍须海 位于贡嘎山西南部，九龙县境内。伍须海藏语意为"发光的湖泊"。景区面积约300平方公里。周围有镇海石、天生桥、藏寨遗址、冰川、塔峰、瀑布等19处景点。湖水清澈，湖面波平浪静，一平如镜。周围青山环抱，幽静神奇，完全保持着原始生态。高数十米的云杉、松树，灌木丛中火红的杜鹃，阔达千亩的草地及鲜花，白云衬托的蓝天，映在湖面上，构成了一幅五彩缤纷的画卷。

伍须海还是一个天然的动植物园，湖水中有各种水生植物群落，岸上林间有各种飞禽走兽，为景区增色不少。

蜀南竹海风景名胜区

蜀南竹海风景名胜区是国家重点风景名胜区，位于四川省长宁、江安两县，面积约120平方公里，以竹林景观为主要特色，兼有许多文物古迹，以雄险幽秀的自然景观、沧桑变幻的人文内涵蜚声海内外。

蜀南竹海景区内峰峦起伏，山山皆竹，郁郁葱葱，以楠竹为主，有人面竹、花竹、算盘竹、绵竹、黄竹、罗汉竹、香妃竹等三十余种，竹林面积近七万亩。景区四季旅游俱佳。春天雨后春笋，生机盎然；炎夏绿竹清泉，蛙声鸟鸣，形成生动的清凉世界；秋高气爽，林间清幽绝尘；隆冬竹枝结满晶莹瑞雪，满目冰清玉洁。

万岭箐在长宁县城南20公里。在二十余座山峦和三百多个山丘上，楠竹如海，四季葱绿，风景秀丽，为国内外罕见。相传北宋诗人黄庭坚谪居戎州（今宜宾）时，曾慕名而至，赞叹"壮哉，竹波万里，峨眉姊妹耳！"他要来竹帚当笔，在一块巨石上写下了"万岭箐"三个巨字，随即把笔丢在小溪里，染黑了溪水，这便是流淌至今的墨溪。现石壁上"万岭箐"三字为集黄庭坚手迹刻成。

竹海中心景区是一台地地貌，从海拔不到300米的田园中凸起，从近600米到1000多米，台地边缘丹岩峭壁，与翠竹碧海相映成趣。

竹海风景区内有数十条飞瀑流泉，四季不竭。三叠飞瀑高约200米，宽约15米，十分壮观。

观云亭在万岭以东4公里处，在此可观

竹海的茫茫云海、晚霞、佛光和田园风光。

观云亭以东3公里是翡翠长廊。这是由绿如翡翠的竹子所组成的一道长廊，走在其中，炎炎烈日不热，狂风大作无风。登上42米高的观海楼，可一览竹海秀色。这里还建有"竹海明珠"翡翠度假村。

翠门关是蜀南竹海的两大入口之一，位于江安县城东30余公里处，悬崖陡径上，古关门楼壁立，气势恢宏。凌空建有一亭，名忘言亭，取"此中有真意，欲辩已忘言"之意。从翠门关进山至竹海腹地万里镇5公里路上，依次就有青龙湖、茶花山、古战场、落魂台七彩飞瀑等景点。

青龙湖是竹海最大湖泊，青山环绕，翠竹掩映，湖光山色，美不胜收。

茶花山在江安竹海东部，有茶花树3000多株，高峻挺拔，比楠竹高数米，在茫茫竹海中如碧海扬帆。花开时节，绿叶中托出数不清的重瓣大花，白茫茫如下大雪。附近有银山、五马驮银、断鞭山、落魂台、星火石等景点，并有许多神奇的传说。落魂台七彩飞瀑如一条白练挂于悬崖，气势恢宏，阳光照射下七彩纷呈。一块形如乌龟的巨石伏在瀑布旁，或曰"神龟问佛"，或曰"金龟下海"。瀑布右边有一石洞，叫"浩然洞"。

天皇寺位于万里镇南3公里处，为蜀南竹海最高处。该寺始建于南宋，毁于清，尚有遗迹。天皇寺顶，海拔1000.2米，是眺望竹海全景的最佳处。

花溪十三桥位于万里镇西1公里处，是一条以山居风光为特色的步行游览线。一条石板路沿山溪铺设，与自然环境浑然一体。4公里行程，一半为穿越田园的村路，一半为幽壑中的竹径。大约1公里的溪流上，除竹桥木桥而外，有各式石桥13座，其中八座为明清古桥。最后一座桥叫古溪桥，是座天生桥。附近有蛾蛾坟、龙潭照影等景观。

竹海共有洞穴二十余处，以位于万里镇西南5公里处的仙寓洞和天宝洞著名。仙寓洞长500米，半面敞亮，洞内是佛教和道教圣地，有大佛殿、二佛殿、老君殿，雕像石刻神态逼真。天宝洞长1500米，高20米，为半边山洞，上为形似刀削的红色石壁，下面深谷万丈，春夏红岩绿树，繁花似锦。

竹海有众多的古墓、石棺和岩画，其中汉代延光元年（122年）的7个溶洞最著名。

西岭雪山风景名胜区

西岭雪山风景名胜区为国家重点风景名胜区，位于四川省大邑县，总面积482.8平方公里。

西岭雪山地势高差大，植物垂直带谱十分明显。低山区为阔叶林带，高山区为针叶林带，生长着水杉、云杉和冷杉。在海拔1800米以上，树上挂满、地上铺满苔藓植物，原始气息极为浓厚。春夏季节，在海拔1300~2100米的低山区和中山区，青山叠翠、繁花似锦，而在海拔3200米的高山区，则是白雪皑皑，银光眩目，形成同一时期在不同的高差地带，可览四季风光的特殊景区。

由于景区内雨量充沛，气候湿润，植物生长繁茂，据初步调查，原始森林面积40余万亩，植物品种在3000种以上。珍稀植物有百亩成片的珙桐林，花开似鸽子飞翔；有上千亩夏初开花的原始桂花树，香气弥漫山野，令人陶醉；有品种多样、从低山到高山绵延数十里的杜鹃花，花色黄如金，白如银，红如火，璀璨悦目，每年4~8月随高差不同而先后开放，花期持续时间长达三个月之久，漫山遍野，形成花的海洋，十分绚丽。

覆盖景区内的原始密林，是野生动物的栖息之地，约有300余种，其中珍稀动物40余种，有大小熊猫、金丝猴、扭角羚、红腹角雉等。

景区红石尖、日月坪、白沙岗、鹿角崩山一带，是佛光、华光、云海不时出现的地方，尤以往来穿飞林间的"森林佛光"为神奇。在海拔3270米的日月坪看日出，十分壮观。

大雪山 俗称大雪塘，在大邑县西岭镇，海拔5364米，终年积雪不化，每当晴空万里，成都市区内即可看到矗立天际的大雪山雄姿，在蓝色的天宇下，更显得洁白晶莹，十分壮观。唐代大诗人杜甫寓居成都时，看到了这个景色，诗兴勃发，写下了"窗含西岭千秋雪，门泊东吴万里船"的千古名句。

日照金山 登上高山区海拔3310米的红石尖，恰似天然的观景台，向西眺望大雪山，银光灿烂，气势磅礴，在浩瀚的蓝天衬托下，犹如玉龙横亘天际。当旭日东升，朝阳把洁白的雪山染成金黄色，形成"日照金山"的奇观，是为景区一绝。向东俯瞰，一望无边的成都平原，隐现于轻烟薄雾之中，似一幅幅泼墨山水画，令人心旷神怡。

阴阳界 为景区又一绝。白沙岗山脊，既是分水岭，又是两种不同气候交汇处，西部为青藏高原气候，寒冷干燥，东部为盆地气候，温暖湿润，这两种不同的气流，由于受日照时间的长短不同，以山脊为界，形成了奇特的气象景观：一边是晴空万里，湛湛蓝天，一边是云蒸雾涌，朦胧世界，阴阳两界分明，世所罕见。

雾中山 因山常孕云雾，故名，山形奇特，有72峰、108盘、24洞，是县中古八景之一。雾中山是佛教早期传播地之一，山中开化寺建于东汉永平十六年（公元73年），仅比中国第一座佛庙洛阳白马寺晚6年。

鹤鸣山 三面环水，双涧合流，古柏葱茏，参天蔽日，鸟鸣啁啾，极有仙山风光。汉代张道陵曾在此修炼，创立道教，是中国道教的发源地。

静惠山 三国蜀汉名将赵子龙戍边遗址，筑有土城、望羌台、望军楼，以及安营扎寨的寨子山、演兵场。赵云病故，敕葬于此。1983年辟为静惠山公园，面临西河，左绕斜江，碧水悠悠，花木繁茂。山上有北宋范镇讲学所建的平云亭，历代文人墨客多有题咏。重建的高秋亭、花碑和新修的"翠谷飞虹"大桥，更为公园增辉添彩。

高堂山 大邑名山之一，山上高堂寺，始建于东晋太元年间（376～396年），四周有明清两代所植古柏、桢楠、红豆杉，郁郁葱葱，遮天蔽日，山峦耸翠，石径盘桓，八重殿宇，依山修建，自低而高，直至山顶。

烟霞湖 位于大邑县青霞乡，水面198亩，深30米左右，环绕10个山峰，满眼翠绿，景色清幽，湖中可以划船、垂钓和游泳，是消闲避暑的胜地。

地主庄园陈列馆 位于大邑县安仁镇，原是大地主刘文彩及其五个兄弟的住宅，是目前全国保存最完好的地主庄园之一。庄园先后建成于清末民初，总面积5万多平方米，建筑为高墙深院封闭式，融住宅和园林为一体，木质结构，造型复杂，重门叠巷，形若迷宫。馆内"收租院"泥塑群雕，工艺精湛，再现了旧中国地主阶级剥削压迫农民并激起反抗的社会真实。陈列馆还收藏文物2700多件，中有明代宣德铜炉和八仙屏、太平天国南京天王府使用过的一套紫檀木桌椅、孙中山先生赠川军将领的象牙球、宋代青瓷大花瓶、日本鸣壶及古今名人字画等。

川西民俗博物馆 位于大邑安仁镇地主庄园陈列馆北面300米处，搜集实物1900余件，文字资料30余万字，开辟了引人入胜的婚俗展厅、原始古朴的生产生活展厅、异彩纷呈的民间工艺展厅，以文物、实物、雕塑、图画、照片、音乐、灯光布景相结合，生动、形象地再现了川西地区的风土人情。

白岩 位于大邑县金星乡。一块巨大的悬岩，雪白耀眼，故称白岩。岩下建有庙宇，名白岩寺，始建于明代万历年间（1573～1619年），境内山峦耸翠，古树参天，历史上曾有"小武当"之称。山间古老银杏数百株，葱郁成林，最大的一株银杏，围径约500多厘米，周围生长子树9株，每株围径达200厘米以上，堪称世上珍稀。

花水湾温泉 水温达66℃，日出水量8000～10000立方米，总储量2亿立方米。水里含有大量对人体有益的矿物质，是属于"硫化氢泉"和"氯化钠泉"的复合泉。经规划建为疗养旅游度假区。

西岭雪山风景名胜区以古老而浩瀚的原始森林为依托，以奇特而多变的山景、水景、石景、花景、气景、天景为主体，赢得人们的好评。景区面积广，潜力大，目前开发的面积仅有102平方公里，只占总面积的四分之一，还有许多自然景点如"鸳鸯池"、"高飞水"、"大蒜坪"等，至今仍封闭在深山峻岭之中，未与世人见面。

西岭雪山风景名胜区距大邑县城50公里，距成都市区45公里，俱是柏油公路，从成都乘汽车到景区，只需2小时即可到达。景区北邻相距45公里的都江堰市，南接相距25公里的邛崃市，与都江堰市"青城山"、邛崃市"天台山"、蒲江县"朝阳湖"等风景旅游区，连成一条完整的旅游环路，内外交通，非常便利。

四姑娘山风景名胜区

四姑娘山风景名胜区是国家重点风景名胜区，位于四川省阿坝藏族羌族自治州小金县，由四姑娘山、长坪沟、双桥沟和海子沟等一山三沟组成，面积约450平方公里。景区雪山、森林、冰川、溪流，原始、古朴、神秘、幽静，从这里可以追寻到藏汉文化融合的历史轨迹，民情风俗古朴淳厚。

四姑娘山是横断山脉东部边缘邛崃山系的最高峰。从北到南，在35公里的距离内，屹立着四座连绵的山峰，即大姑娘、二姑娘、三姑娘和四姑娘，通称四姑娘山，高度分别为：5355米、5664米、5454米、6250米。她们如同头披白纱、英姿俊俏的四位少女，依次耸立在长坪沟和海子沟两道银河之上。四位姑娘中，6250米的幺妹最高，身材苗条，体态婀娜，四姑娘山指的就是这座最高最美的雪峰，其山峰尖削陡峭，直插云天，被称为"蜀山王后"、"东方阿尔卑斯山"。山周围还有五色山、猎人峰、阿姚山、老鹰岩等 20 多座被冰雪覆盖的雪峰。

从成都乘车出发，经都江堰市，穿过熊猫出没的卧龙自然保护区，再翻过 4487 米高的巴郎山口，到达小金县的日隆，然后沿着长坪沟或海子沟可到达四姑娘身边。沿途景色秀丽，可饱览大自然的美丽风光，可远望近观四位仙女的千姿百态。

四姑娘山东有奔腾急泻的岷江纵贯，西有有"天险"之称的大渡河流经，虽地处高原，却气候温和，雨水充沛。山上地形险峻，白雪皑皑；山谷溪流清澈，山花遍野；山下农牧业发达，牛羊成群。到了盛夏，金黄色的油菜花遍布河谷，蝶群飞舞，十里飘香。这里被称为"油菜之乡"。四姑娘山一带森林茂密，气候宜人，为丰富多彩的动植物提供了良好条件。在海拔 2500 米以上还有原始森林分布，以高山针叶林、针阔叶混交林为主体。海拔 3700 米以上还有高山草甸分布。每当春夏之交，绿草如茵，繁花似锦，牛羊成群，是良好的夏季牧场。山里还盛产天麻、贝母、虫草等名贵药材。兽类不下五六十种，而鸟类多达二三百种。

区内居住着藏、羌、回、汉、彝等民族，以藏族为主，在这里可以领略到古朴淳厚的民族风情。

长坪沟 全长 29 公里，峡谷长天，平缓悠长。在沟内 16 公里处，即主峰四姑娘山。沟内村落点点，溪流清澈，遍野油菜花开，飞瀑流泉在山间哗哗作响，古代驿路在林中延伸，一派和谐宁静气氛。

海子沟 沟内有50余个高山湖泊，当地称为海子，最大最美的是五花海和大海子。海水清冷，平静无波，如同明镜倒映着雪山森林。当地习俗，小孩生下来后，要到沟内沐浴，寄望四姑娘山女神保佑。

双桥沟 全长35公里，沟谷开阔，平坦舒缓，溪水潺潺，森林密布，五色山、猎人峰、阿比（婆婆）山、牛心山等数十座山峰，形状各异，多姿多彩。沟内绵延数里的柏杨林地，几千株柏杨挺拔秀丽，林中是平坦的草地。

石海洞乡风景名胜区

石海洞乡风景名胜区是国家重点风景名胜区，位于云贵川三省交界处，四川盆地与云贵高原过渡段，川南兴文县，是一个以喀斯特地貌为主要特点，兼有人文景观的风景区。总面积121平方公里。自然地形地貌，形成了一个完整的喀斯特流域，漏斗、石海、溶洞三绝共生并存，"石海洞乡"以其规模宏大、类型齐全、奇特秀丽的喀斯特景观闻名中外。这里还是古南方丝绸之路，古人的生息地，红军川滇黔的游击纵队活动地，苗族聚居地。

兴文石林在四川兴文县城南30公里处，这里方圆数十公里，地上地下均系由石灰岩构成，地表石林森森，石浪滚滚；地下溶洞幽幽，阴河潺潺。人称"石的海洋，洞的故乡"，可分为石海、石林、溶洞三部分，有大小景点100多个。

天泉洞 位于景区中心，因洞中主要大厅有天窗透光，并有悬挂飞泉，极为罕见，故名。古代曾有袁姓家族长期栖居此洞，故俗称"袁家洞"。该洞由四层水平溶洞组成，目前开放为洞穴旅游仅为最上面的三、四层，即上层和中层洞穴。游程全长达3000米。进口和出口相对高差达90米。总面积8万多平方米，洞中有洞，洞洞相连，遍生着似像人类，或像乌兽，或像奇花异卉的石钟乳，千姿百态，美不胜收。主要大厅有：宽80米、长约150米、高达40余米的"穹庐广厦"；宽约20米、长达340米，以石奇、形美著称的地下长廊"长廊石秀"；长500米、面积13000平方米，以千姿百态的石林著名的"石林仙姿"；宽近100米、长约200米、面积22000平方米，在60米高处有一面积约38平方米的天窗，从中透进自然光束，飞泉从天而降，精美绝伦，名为"泻玉流光"；宽400米、长约200米的"天泉明宫"。天泉洞出口在大漏斗的半山腰。二厅暗河里生长着玻璃鱼，通体透明，肝胆具现，长几分至一两寸，性倔强，被捉即抑郁而死。

兴文大漏斗 又称天盆，是一个特大的溶岩盆地。大漏斗的长径为650米，短径为490米，深度为208米。漏斗周围还有"滴

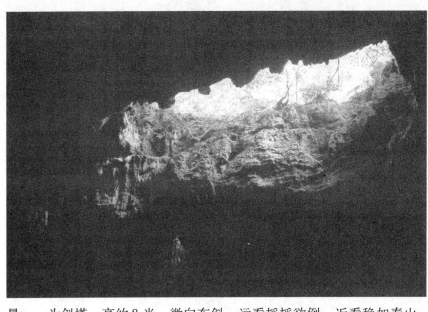

水成仙"、"红军岩"、"岩鹰群"等景观。奇妙的是，无论是暴雨倾盆，还是山水骤至，大漏斗底部终不积水，这是因为斗底下面通天泉洞底层的阴河，使地下水汇入了长江。

卧虎岭 从县城溯宋江河上行约30里，绕过一个山嘴，出现一座烟笼雾绕的悬崖，其断裂的剖面似刀砍斧劈，横亘天际，气势威猛，宛如一只伏卧的猛虎。

天涯望归人 在风景区管理处以北，是两根石柱构成的一景：一为斜塔，高约8米，微向东斜，远看摇摇欲倒，近看稳如泰山；另一座高30米，椭圆形，长期沐雨栉风，宛如一位罗裙飘洒的美人，那双带着期盼的眼睛凝视东方，仿佛盼望远在天涯的亲人归来。

夫妻峰 是石林深处两座40米高的石柱，如同一对夫妻相互偎依，情深意长，形神兼备。

七女峰 七尊石柱高低参差，如形态各异的七个仙女，有的临风轻舞，有的相顾欲言，有的凝眸沉思，情态楚楚动人。

石林翠竹 在七女峰南，起伏的山峦，成片的绿竹，碧浪翻卷，苍翠欲滴。石屏、石峰、石柱插其间，翠竹丛中遍生茸茸野草，宛若天鹅绒地毯，一派山乡风韵。

龙牙观瀑 溪水从断崖上飞泻而下，形成高达37米的石林瀑布，声势惊人。瀑布对面的石长廊上，几十条石钟乳参差错落，状如龙牙，二景相融，合称龙牙观瀑。

光雾山—诺水河风景名胜区

光雾山—诺水河风景名胜区是国家重点风景名胜区，分为光雾山景区和诺水河景区。

光雾山景区位于四川省南江县，面积250平方公里，景点360余处，主要景点有焦家河、燕子岩、韩溪河、普陀山、万字格等。

焦家河在桃园乡到槐树乡的一段，开阔处不足10米，狭隘处仅3米，河水明净，清澈见底，河水随山势而变，湍急处喷珠溅玉，平缓处波平浪静。两岸林木葱茏，山花烂漫。此处溶洞甚多，河水时为明河，时为暗河，变幻不定。

光雾山地处川陕边界大巴山南麓，原始森林保存完好，植被覆盖率91.3%，植物300多种，野生药材1700余种，野生动物26目、61科、195种。桃园乡一带，漫山遍野都是中华猕猴桃。林中还有麂子、山鸡等动物栖息。

光雾山不仅山水奇秀，而且人文历史遗迹众多。相传韩信夜走韩溪河，汉张鲁屯兵，诸葛亮、张飞、"川西民军"曾在此活动，米仓古道遗迹尚存。

南江县城有明代始建的川东北地区最古老的城墙城门建筑之一的红四门。1933年初，红四方面军占领南江县城，当时红军部队即从此门入城，并改称红四门。红四门洞外城墙顶距地面约5米，内拱高3.8米、宽3.6米、深9米余，全用青石条砌成，其两侧城墙向南北延伸，整体建筑和红军标语均保存完好。

诺水河景区位于四川省通江县,大巴山南麓,海拔511~1722米。风景区范围170多平方公里,包括诺水河风景和红军革命遗址、文物。

通江诺水河全长30公里,有上百余个大小溶洞,石奇、石美、山青、水秀。主要景点有美女梳头、莲花潭、天然画屏、金童山、阎王扁、狮子洞、楼洞房、牛峰洞、高峰洞、吊沸洞等。

通江古为米仓古道门户,又是雄踞川陕边境的军事重地。土地革命时期,通江是中国革命圣地之一,1932年红军在这里创建了全国第二大苏区,曾为川陕根据地首府。红军革命遗址、文物分布广,数量多,内容丰富,价值珍贵。有红军洞、空山坝"空山战役遗址"、川陕革命根据地军事陈列馆、大型红军石刻。

红四方面军总指挥部旧址在通江县城北隅文庙。通江文庙,创建于明代,已有500多年历史,是川东北大巴山腹心地区规模较大、保存较好的文庙建筑。1932年底至1935年初,红军在川陕革命根据地期间,总指挥部较长时间驻此。

红云崖在通江县沙溪,崖高2000多米,上有红军石刻标语"赤化全川"四个大字,每字高5米,数十里外均可见到。沙溪还有红四方面军烈士墓。

龙门山风景名胜区

龙门山风景名胜区是国家重点风景名胜区,位于四川省彭州市、什邡市,四川盆地向青藏高原过渡的龙门山脉中段,由九峰山、蓥华山两部分组成,距成都49公里,规划面积309.3平方公里。

龙门山最高峰太子城海拔4812米,为典型的高山峡谷流水地貌。区内有大熊猫、小熊猫、金丝猴、红腹角雉等,仅脊椎动物就有147种,鸟类190余种。龙门山有原始森林风貌,呈明显的垂直带谱分布,有亚热带常绿阔叶林、针阔混交林、亚高山针叶林。属国家一、二、三级稀有保护植物的有珙桐、光叶珙桐、连香树、水青树、领春木、延龄草和千年银杏。

九峰山在彭州市大宝镇九峰村,游览区海拔大部在1200~3000米之间,少数峰顶可达4000米,从山麓的海汇堂至山顶的雷音寺约8公里,山势盘旋,林海苍茫,祖师殿一带是杜鹃花区,每春末夏初,花开漫野,异彩纷呈,令人心旷神怡。罗汉洞以上为奇石景区,各种怪石奇形怪状,突兀峥嵘。登临山顶,一览众山小,可观日出、云海和佛光。

银厂沟在九峰山麓,峡谷从大龙潭至龙口绵延约10余公里,沟内主要景点有大龙潭、百丈瀑布、联珠潭、长河栈道、龙口等。由于地处龙门山断裂带,峡谷深切作用明显,山势险峻,峰丛林立,飞瀑高悬,流泉四溢,是典型的高山峡谷流水地貌。银厂沟大峡谷是九峰山的精华。穿行于崇山峻岭的峡谷,由于强烈的地质构造运动形成山如刀削,相对落差数百米。谷深林茂,流水湍急,飞泻的瀑布与幽深的潭渊彼此呼应,仰望四周奇峰插天,老树古藤攀缘其上,云雾飘渺的深处隐藏着古代人们的杰作——绵延8公里的古栈道历经风雪沧桑依旧坚实、粗犷,还在默默地背负着重压。一股溪流从山上跌落,越三级陡崖形成70余米的三叠飞瀑,呼

啸而下，水击石穿，其下成潭，这里便是小龙潭了。奔涌的急流与巨石相撞，弥漫起厚厚的绿苔把山崖密密地遮盖住，串串水珠飘然而下，瀑布被凸凹不平的崖壁分割成一道道的细流，透明晶莹铺展开来，形成高19米、宽5米的珠帘，正可谓"细看水点崖上滴，疑是珍珠倒卷帘"。沿途还有"老鹰岩瀑布"、"落虹瀑布"，但最为壮观的首推"百丈瀑布"。"百丈瀑布"位于银厂沟支流长河出口，因瀑高百丈而得名，一瀑三折，直泻谷底，最后一级落差高达70米，瀑坠深潭，草木皆惊；水声轰鸣，幽谷回荡。

龙门山古代已成为川西著名游览胜地，唐代著名诗人高适为彭州刺史，曾写诗咏赞。龙门山明代是川西佛教名山。山顶的雷音寺，传系明代晚期兴建。

这里还是我国天彭牡丹的发祥地。自唐金头陀禅师在山上广植牡丹以来，这里就已成为我国西部最大的牡丹观赏中心。牡丹植株高大，花形丰盈，色泽艳丽，其中的丹景红、彭州紫、玉重头、双头红、刘师哥白为牡丹王国的花中极品。据称有一株唐代的白牡丹至今尚存，堪称是镇园之宝。

蓥华山在《山海经》中称为"女儿山"，素以奇、怪、神、丽著称于天府之国。它的神怪之处，一是与众不同的佛光，二是罕见的山市蜃楼。此外还有云海日出、奇峰异洞和珍禽佳木。

佛光在明代《蜀中名胜记》中就有记载："蓥华山，朝云初起，日射圆光于山顶，光晕数重，大径百丈，青黄红绿，中有黑影，仿佛佛像。"佛光分为"天佛光"、"地佛光"和"月亮佛光"。"天佛光"是蓥华山的主要佛光，有时每天可见一至三次，确是"径大百丈"、"光晕数重"、"云呈五彩现奇光，人人影在个中藏"。偶尔还会出现"全天佛光"，全天光华灿烂，光晕千条，简直是天下绝观。"地佛光"一般出现在山间。当一边多云多雾而一边晴的特定时刻，远远望去，佛光环隐挂在山峰，光晕接地，云蒸雾隐，日影如盘，神秘诱人。最奇特的莫过于难得一见的"月亮佛光"，月挂东山，绕月现出了黄晶晶、光灿灿巨大光环。

蓥华山的"山市蜃楼"，西北高峰太子庙地带老药农讲曾多年一现，至今代代相传，说先见一抹微云，光带忽然加厚，呈现出古代城墙、城门、宫殿、楼阁。两千四百年前的古蜀王开明十二世太子死于秦兵吞蜀之役，此处相传蜀太子成了仙了，每过百年复归一次看望祖国。蓥华山后山太子庙景区，海拔3320米，附近有杜鹃林、松杉林、骆驼峰、舍身崖、灵芝峰等景点。

白龙湖风景名胜区

白龙湖风景名胜区是国家重点风景名胜区，位于四川省广元市，是宝珠寺水电站建成后形成的湖泊，库容量26.7亿立方米。白龙湖地处岷山山脉和大邑山脉交汇处，龙门山系与摩天岭山系的交汇使其山势雄奇嵯峨，形成了一个水域广阔、环境优美，集湖泊、岛屿山峦、溶洞等自然景观和丰富的历史文化遗迹为一体的风景区。景区总面积350平方公里，其中湖泊水面75平方公里，白龙湖以3.5平方公里的阴平岛为中心，分为湖心、湖东、湖南、湖西、湖北五个景区、十大景观和初步规划的52个景点。湖区以阳平半岛为中心，湖心区面积14平方公里，群山环抱，水面开阔。峡谷和溶洞景观别具特色。黄毛峡两岸奇峰突兀，赤壁摩天，飞瀑流泉，蔚为壮观，峡长2000多米。有千龙洞等大小溶洞30余处，洞内钟乳石千姿百态，景相丰富。

白龙湖主体为白龙江，是嘉陵江的重要支流，宝珠寺水电站建成后，高山出平湖，群峰成岛屿。泛舟湖山，远处群山巍峨，近处峡谷幽深，岸上林木苍翠，野花处处，林中时闻鸟啼，三三两两农舍，炊烟点点，风光清丽。

白龙湖风景名胜区历史悠久，是古代交通要冲，秦汉时期入蜀古道，闻名于世的"马鸣阁道"、景谷道、"阴平道"交会于此，入蜀三关之一"白水关"就在景区内。《三国演义》中邓艾伐蜀，即靠偷渡阴平成功。景区内古道、关隘、历史遗址众多、历史文化和文物古迹较完整。

白龙湖风景名胜区生物资源丰富，林木茂盛，景区内有珍稀动植物50余种。

邛海—螺髻山风景名胜区

邛海—螺髻山风景名胜区是国家重点风景名胜区，位于四川省西昌市，面积1200平方公里，以螺髻山、邛海、泸山为主体，包括布什瓦黑岩画、大曹沟温泉瀑布和土林等景区和景点。

螺髻山海拔4358米，有72奇峰，36天池，水色红黄蓝各异，为古冰川侵蚀而成。山上原始森林密布，红乌鸦、贝母鸡、羚羊、野牛以及大、小熊猫均有发现。杜鹃种类有三十余种。山下有约0.5平方公里的土林形态逼真。

邛海位于西昌城东，海拔1510米，湖面31平方公里，形成于史前，是一处高原淡水湖泊。邛海风平浪静时，宛如秀丽的江南风光，而风雨之时则白浪滔天，显示出海的气势。而邛海最迷人的，则是其月景。由于独特的地理条件，每当月圆之时，天高云淡，能见度大，月亮显得又大又圆，清辉洒满海面，形成了无与伦比的月景，西昌也就成为著名的"月城"。

泸山位于邛海南岸，主峰2317米，拔地而起，山势雄奇，状如昂首向天的青蛙，又似勇悍的猛士，护卫着秀丽的邛海。从唐代开始，就在泸山上建寺，历代兴废不定，现尚存十余座清代殿宇，唐柏数株。光福寺又名大寺，是其中最大的一座，始建于唐代贞观十五年（641年），现寺匾额为明宪宗御题，依山建有千佛殿、文武宫、望海楼、大雄宝殿等。寺右侧的蒙段地震碑林，具有很高的科研和史料价值。

天台山风景名胜区

天台山风景名胜区是国家重点风景名胜区，位于四川省邛崃市，面积147平方公里。

天台山距邛崃城区42公里，属于"九十里长河八百川，九千颗怪石两千峰"的丹霞地貌，相传大禹治水在此登高祭天。这里地貌奇特，以国内罕见的向斜山地造就了独特的奇观。山区植被良好，茫茫林海中到处是参天古树和奇花异卉，林间栖息着大熊猫、锦鸡、苏门羚等珍稀动物。这里气候温和，冬无严寒，夏无酷暑，有云海、佛光奇景。山、水、石、林、洞、气象景观、人文古迹，构成独具一格的自然风光，被誉为"四川盆地难得的绿色明珠"。

天台山山体奇特，远处眺望，大山飘浮在白云上，山峰孤耸，峰间略平，如天上高台，又似巍峨的城郭。四周河流环绕，高山深谷相连。上山的两条路分别称为南天梯、北天梯，如云梯悬挂在白云峰峦之间，真所谓"天台天台，登天之台"。

天台山主峰玉霄峰，海拔1800多米。在玉霄峰上，可一览天台山云海、日出和佛光。

天台山奇石甚多，著名的有天梭石、断剑石、回音岩、熊猫石、海螺石、单峰骆驼等，特别是峡谷中的一块红砂岩巨石，高达200米，形如一只倒放的长靴，形神兼备，令人叹为观止。

天台山雨量充沛，地势独特，形成许多神秘的河流、长滩、海子、叠溪、飞瀑。金龙河发源于玉霄峰下，流淌在1400米以上的高台地上，许多段河床均是整块的大石板，平坦如砥，水清如镜，水浅处是长滩，水深处成平湖，风光诱人。凤凰飞泉从高达150米处崖上飞流而下，如凤凰飞舞，优美动人；响水滩瀑布瀑水奔流，声如雷鸣，惊心动魄，气势雄壮；蟠龙岩瀑和月洞飞水形态奇特。

天台山还是有名的佛教名山，始建于南北朝，盛于南宋，毁于明末兵燹。古刹遗迹尚存。

中岩风景名胜区

中岩风景名胜区是省级风景名胜区，位于四川省青神县，由中岩上、中、下三岩（寺）为主景区及相距1公里的德云寺和5公里外的瑞峰镇大营坳东汉岩墓群组成，面积为26平方公里。

主景区中岩又名慈姥山，位于四川省西南部青神县城南9公里的瑞峰镇岷江东岸，属四川龙泉山脉尾端，地貌为浅丘、深丘混合地形。景区内最高峰海拔650米，相对高度为100米，景区全山上、中、下三岩（寺）回转游程5公里。区内青峰冥壑、峻壁回流、景点紧连、景色各异，常年林荫蔽日，鸟语花香，适于终年旅游。

中岩，相传于佛家十六罗汉之第五罗汉诺巨那尊者所辟道场，始建于东晋，显盛于唐、宋，为蜀中名胜、佛教圣地之一，历史上以其"岩壑胜景、不减峨山"而"先游中岩，后游峨山"得名。历来文人骚客、僧侣居士不绝于路，享有"川南第一山"、"西川林泉最佳处"美誉。中岩自明、清以后，屡遭损坏，至1980年已是山光庙毁，黯然无泽。

1984年9月始，青神县分别对中岩风景名胜区的主要景点瑞峰镇大营坳东汉岩墓群考古旅游项目和中岩主景区内观光旅游项目予以恢复建设。二十多年来，在中岩主景区内恢复建设的景点达20余处，由岷江弃舟登岸后依次有：傍山临江的下寺"慈姥庙"；花竹如绣、澄浑一泓，苏轼早年投学中岩在此与王弗联姻，在峭壁上手书题名的"唤鱼池"；中、下寺交界处，北宋时期，由于两寺僧人争香火而械斗残留下的"猫猫石"；诺巨那尊者与八百里之外三台县牛头禅师携手初辟中岩道场相互往来通行的神秘通道"牛头洞"；唐代形容为"峼岩百千万亿佛，如恒河砂数"的"千佛长廊"和"卧佛窟"；山岩绝壁上一巨石平台，上有人身压凹之迹和佛窟相围的"仙人床"；一巨大石窟内泉出东西两侧，北宋黄庭坚在此取泉水煮中岩茶品茗三月而不舍，古迹聚集之地的"玉泉岩"；青峰叠翠，中岩景德禅院址地的"慈姥峰"；唐代无尽禅师伏虎的"伏虎台"；当年诺巨那赠牛头禅师木钥将"一石击碎成三峰"，历代文人墨客在峭壁摩崖题刻众多而号称"文峰鼎峙"的"石笋峰"；上寺"垂拱庙"后有青螺耸露的"翠微顶"；有诺巨那同牛头禅师坐化葬身之处"尊者石窟"；有苏轼年轻时代求学的"东坡读书台"；有巨石危立，天工留下悟空头的"猴头石"和形如观音菩萨玉净瓶的"宝瓶峰"以及"三块石"、"一线天"、"东坡试剑石"、"丹梯"、"古漳道"等名胜古迹景点。

中岩景区内的众多名胜古迹自唐开始,李白、黄庭坚、苏轼、范成大、陆游、杨慎、余介、余子俊、余置、余承勋等历代名家在此揽胜舒怀,吟诗勒石,至今仍留下有摩崖题刻119则,佛教造像2600余尊,使中岩形成了集人文、自然为一体,融山、水、林、泉成一色的四川著名风景旅游胜地。

朝阳湖风景名胜区

朝阳湖风景名胜区是省级风景名胜区,位于四川省蒲江县,由朝阳湖、长滩湖、石象湖和飞仙阁四个景区组成,以秀美的湖光山色为特色。

朝阳湖 位于蒲江县霖雨乡,为1976年建成的人工湖(朝阳水库),大坝长117米,库容760万立方米,长7.5公里。

朝阳湖由人工建成,湖中支汊纵横,大小岛屿星罗棋布,湖岸和岛屿皆为森林覆盖,以秀美著称,被称为"翡翠湖"、"大家闺秀"。湖中有许多奇石,如形如金龟在水中张口呼唤的金龟石,传为女娲补石剩下的风动石等,维妙维肖。

长滩湖 位于蒲江县霖雨乡,紧邻朝阳湖,为1984年建成的人工湖,大坝长157米,库容2500万立方米,长7.5公里。

长滩湖以水面开阔、气势宏伟著称,湖面烟波浩渺,远处群山巍峨,被誉为"世外桃源"。现在湖上开展了许多水上运动项目,尤其是高速运动项目,如高速摩托艇、水上跳伞等,紧张刺激,有惊无险。

在长滩湖的衬腰岩,有古西南丝绸之路的古驿道,为明代修建,清代重修,驿道和重修驿道碑均保留完好。

石象湖 位于蒲江县霖雨乡,邻近长滩湖,因湖中石象寺而得名。石象湖面积不大,小巧玲珑,湖中湾汊迂回多变,当地人称它"九沟十八岔,岔岔十八沟",再加上岛屿星罗棋布,湖岸上的树木紧迫湖水,每个沟岔的宽度均很小,船行湖上,处处有"山穷水尽疑无路"之感,移步换景,则又"柳暗花明又一村",被称为"水上迷宫"、"小家碧玉"。湖中心的石象寺,相传是三国蜀汉名将严颜退隐地,严颜命工匠雕凿石象以壮大观,后终乘石象飞升,后人在此建庙纪念。现有严颜殿和严颜像。

卡龙风景名胜区

卡龙风景名胜区位于四川省阿坝藏族羌族自治州黑水县,面积400平方公里,由卡龙沟、四十里彩林、热水沟、打古雪山、"奥太基、奥太美、奥太娜"雪山和亚克夏山等部分组成,面积403平方公里,是以高寒喀斯特地貌景观、原始森林、雪山冰川和红军长征史迹为特征的风景名胜区。

卡龙沟(包括曹季劳沟)是主景区,整个景区奇峰耸峙,怪石林立,雪山纵横,森林密布,瀑布飞泻,彩池争艳,温泉蒸腾。秋天红叶彩林斑斓壮观。本区风光奇特、生态良好,充满原始气息。

卡龙沟位于我国青藏高原东缘，岷山山脉与邛崃山脉交会处，自然风光瑰丽动人。卡龙沟藏语为"花之沟"，海拔从 2900 米至 3700 米，露天钙华景观最具特色，钙华彩池、飞瀑流泉、钙华滩流、高山石林等露天钙华景观发育完好，类型多样，形态多样，尤以钙华长坡最具特色。踏上木板镶嵌、凌驾于钙华之上的栈道，脚下是奔涌的泉流，湿漉漉的森林气息扑面而来。终年不息的流水在这块狭长的、约 5 公里的谷坡中四处横流，滋润万物。

卡龙沟内若干群、千百块的钙华彩池呈台阶状，高约一米，似层层梯田，天然盆景。池内波光粼粼，池壁青苔繁茂。钙华瀑布落差大、坡度陡，成群连续地出现在山谷旷地之间。色彩斑斓的苔藓覆盖在金色的长坡上，壮观而别具特色。"迎宾飞瀑"、"珍珠飞瀑"、"彩池金瀑"、"苔藓彩毡坡"、"翡翠金坡"等在阳光下熠熠生辉，变幻莫测，美不胜收。

卡龙沟有完好的原始森林，以各种杉木、落叶松、桦树为主，树生树、连理树、寄生树随处可见。有的主干横生，有的盘根错节，酷似老人须的松萝在林中随意高悬。

金秋的卡龙有着梦的色彩和诗的意境。由云杉、铁杉、红桦、黄栌、槭树、落叶松等构成的六十里彩林画廊，每日一色，如巨大的画笔在山原峡谷中随意涂抹，分外妖娆，是我国目前发现并开放的面积最大、景观最壮丽的红叶景区之一。林中山峦连绵，林海浩瀚，急流溅玉，阵阵轰鸣。针、阔叶林层次分明，色泽或浓或淡，或明或暗，如霞似锦。

黑水县历史悠久，吐蕃文化和羌文化、汉文化相互渗透、兼收并蓄，形成了独具特色的风俗民情。由于生活在高寒地区，环境恶劣，藏民居多注重防风和避寒，墙壁厚实，窗小而且开得较高，或几户、或数十家自然集成一寨，位于农地边缘，依山势而高低错落，称为碉楼，可分为二层、三层、四层不等。底层为牲畜圈、草料房；二层为居室、厨房；三层置阳台，半边为房设置经堂，阳台上晾衣、晒粮。每逢贵客来临或喜庆节日，藏民喜着藏袍。藏袍腰肥、袖长、襟大，其用料、工艺、样式颇为讲究，并有一系列附加装束，以及镶着珠宝金银的腰佩，价格不菲。藏民族能歌善舞，尤以跳锅庄最为著名。入夜，明月朗照，松涛阵阵，寨中最德高望重的老者邀贵客共同点燃火把，举行青稞酒开坛仪式。在"扎西德勒"（吉祥如意）的祝福声中，由领舞者起调，随者应和，围绕着熊熊篝火跳起锅庄。新开坛的青稞酒芬芳浓郁，舞者随饮随跳，酣畅淋漓。至兴浓时常自唱，但闻男声低吭，女声激越，此起彼伏，声震峡谷。

卡龙风景名胜区是红军长征经过的重要地区，芦花会议在此召开，并由此进入毛尔盖。1935 年，中国工农红军长征翻越过县境内的垭口夏山、昌德、打古三座大雪山，中央政治局在县城附近召开了著名的芦花会议，会上解决了张国焘提出的所谓"组织问题"，并对他作了批评。在毛尔盖召开了毛尔盖会议。县城里留下大量的革命史迹，是进行革命传统教育和爱国主义教育的基地。黑水人民为红军长征翻雪山过草地筹粮捐物作出了重大贡献。

蒙山—碧峰峡风景名胜区

蒙山—碧峰峡风景名胜区位于四川省雅安地区名山县、雅安市，面积 238.6 平方公里。山景、水景、

中国风景名胜区

森林植被和历史文化古迹多姿多彩，内涵丰富。风景区以山水、峡谷、名胜古迹为主要景观，茶文化为主要特色，有较高的美学、文化和科学价值。

蒙山海拔1400米，玉女、灵泉、甘露、菱角、上清五峰峙立，高耸入云。

蒙山茶历史悠久，素以"扬子江中水，蒙山顶上茶"而饮誉古今。其源远流长的茶文化，形成厚重的人文景观。天盖寺位于蒙山五峰之下，因名山多雨俗称漏天，故以"漏天之盖"而名，宋淳熙年间重建，寺风格独特，所撰诗文格调高，形成一个典雅的茶诗书法长廊。蓬莱阁屹立于灵泉峰上，可晨看日出，夜观圣灯。每当金乌西坠，时有佛光闪现。蒙泉相传为西汉吴理真种茶汲水处，又称"甘露井"，民间传说羌江河神之女蒙茶仙姑亦从此井出入，故又名"龙井"。沿蒙泉左侧石级而上玉女峰，蒙茶仙姑雕像亭亭玉立，相传她是羌江河神的女儿，化为玉女峰。

百丈湖位于蒙山东麓，面积750万平方米，湖形蜿蜒曲折，水碧如蓝，宛若平镜，山岛坐落其间，山光水色，淡雅宁静。

碧峰峡海拔700～1250米，峰峦叠嶂，林木茂盛，峡幽谷深，以其险、奇、秀、幽的原始自然风貌，形成古朴的自然景观。主要景点有黄龙巨佛、老鹰峰、和尚壁峡谷、千层岩瀑布、金龙潭瀑布、石龟戏水、白龙潭大瀑布、留乃寺等。

景区还有古寺和红军遗迹，附近的高颐阙是汉代建筑，是汉代益州太守高颐及弟高实的墓阙，墓、阙及石兽均体现了汉代文化和建筑的丰富内涵，集建筑、雕刻、书法艺术于一体，是全国汉墓阙中保存完整精美的珍品。

佛宝风景名胜区

佛宝风景名胜区位于四川省合江县，面积380平方公里，分为天堂坝、玉阑山、自怀等景区，142个景点。

佛宝在合江县境东南部，四川、重庆、贵州三省（市）交界处，北临四川盆地，南依云贵高原，属大娄山脉，和赤水、四面山两处国家级重点风景名胜区毗邻，地势南高北低。本区为丹霞地貌，山雄、水秀、石奇、林茂，各景区各具风采，由林海、竹海、峰峦、飞瀑、古寨、原始风情等组成一处极富旅游和科学价值的风景区。

佛宝风景名胜区植被保存完好，是世界上同纬度地区中罕见的常绿阔叶林区。60余万亩原始林物种丰富，门类繁多。森林覆盖率达88%，还有古老的孑遗植物，曾为恐龙主要食物来源的桫椤林成片分布。

天堂坝以丹岩、瀑布、溪流、古道为主，属典型的丹霞地貌，碧水丹山，美如图画。景区的精粹是一片翠谷中开阔的红色砂岩河床，滩岸有慈竹、斑柱石竹、金竹、方竹、黑竹、罗汉竹等品种，赤红色的岩壁上布满由风化形成的多层球状石弹与蜂窝状洞穴。天竺沟瀑布群在2.5公里的峡谷中，河床呈阶梯状分布13级瀑布，最大落差70米。黑龙潭、天堂瀑布等各具特色。

玉阑山以楠竹林海为主，竹海辽阔，碧波起伏，修竹幽篁，美在自然。拥有10万亩的楠竹林，以及中华双扇蕨、鹅掌楸、三尖杉等珍稀物种。

自怀景区以古寨风情、原始林、人工湖为主，林海苍茫，奇花异草，美在原始。景区边缘的承露沟长2000米，由悬崖峭壁、老树青藤组成一个闭合的空间。入口处有一幅酷似"乾坤八卦图"的红色岩石，谷内水杪椤、凤尾蕨遍地，春兰、寒兰等10多种兰花竞开，还有上百种的中药材。密林深处的乾坤洞更是神秘莫测。

二滩风景名胜区

二滩风景名胜区位于四川省攀枝花市，规划为高坝平湖、湖岛风光、菩萨岩、菁河仙人洞、老君庙、马鹿寨、白坡山、团山岛、桐子林等12个景区，面积362.4平方公里，其中水域面积63.4平方公里。

二滩湖面辽阔，水体清澈，湖岸森林密布，空气清新。这里多民族杂居，风情万种。旅游资源丰富多样，特色突出。

二滩风景名胜区因二滩水电站而兴起。这个目前亚洲最大的二滩电站，有宏大的地下厂房洞室群，有堪称"世界第一洞"的左右两岸导流洞，断面高23米，宽17.5米，长1100米左右，充分体现当代科技的巨大成就。

二滩水电站大坝为中国第一高坝。240米的溢式双曲拱坝，阻挡汹涌澎湃的雅砻江及其支流干色河和响水河三条江河，在海拔1200米处形成一个宏伟的"丫"字形浩森的高峡平湖。湖长145公里，平均宽700余米，总面积101平方公里。湖中错落有序地分布5个小岛和十多个半岛。广阔的湖面、美丽的小岛与沿岸群山构成了气势磅礴的壮丽景观。泛舟湖上，听两岸松涛，看群山倒影，使人心旷神怡，流连忘返。

二滩双曲拦河坝下，泄洪时巨瀑飞流直下200余米，飞瀑似雪，瀑声如雷，水气遮天蔽日，如彩虹飞架，极为壮观。

风景区有众多丰富多姿的自然瀑布，其中仙人洞泉水涌流奔泻而成的菁河瀑布最为壮观，飞流直下80米，宽60米，似一白练悬空，潇洒飘逸。

风景区的陆地全为山地地貌，崇山峻岭，层峦叠嶂。沿湖有主要山峰50余座。其中最著名的有白坡山、阿不郎当山、霸王山、马鹿寨等。白坡山海拔3447米，地势险峻，气势雄伟，是风景区最高峰。登临俯瞰，渺渺长湖，茫茫林海，尽收眼底。阿不郎当山和马鹿寨四周岩壁雄险，如天柱屹立，是登山探险旅游的上佳之地。

风景区内山峰陡岩比比皆是，有多处状如佛像，或坐或躺，风情万种。如菩萨岩，山顶处一巨石突出，高百余米，毕肖菩萨颔首普度众生之状。岩体三面壁立，仅一路可通，山顶郁郁葱葱。

攀枝花市为多民族地区，有少数民族34个，浓郁的民族风情与宏伟的二滩电站，是景区极佳的人文景观资源。

贵州省

黄果树风景名胜区

黄果树风景名胜区位于贵州省镇宁、关岭布依族苗族自治县，是以黄果树大瀑布为中心的国家重点风景名胜区。瀑布周围景色瑰丽，河流曲折，地形起伏，有许多激流险滩和瀑布群，还有石林、溶洞和布依族、苗族村寨以及红岩碑、关索庙、天龙庙等古迹。

黄果树瀑布群位于镇宁县黄果树镇，距贵阳市约130公里。它是由20多个风韵各异的大小瀑布组成。瀑布不仅风韵各具特色，造型十分优美，堪称世界上最典型、最壮观的喀斯特瀑布群，在其周围还发育着许多喀斯特溶洞，洞内发育各种喀斯特洞穴地貌，形成著名的贵州地下世界。最具特色的几个瀑布是：黄果树瀑布、陡坡塘瀑布、螺蛳滩瀑布、银链坠潭瀑布、关岭大瀑布、蜘蛛洞瀑布、绿湄潭瀑布、天生桥瀑布、关脚瀑布和典型的洞穴暗瀑龙门飞瀑。

黄果树瀑布 在镇宁县白水河上，高为66.8米，宽达81.2米，瀑下为深达17米的犀牛潭，是我国最著名、最大的瀑布，在高、宽、流量三方面都达到相当的程度，并且使得三者十分谐调地组合在一起，瀑布整体造型和瀑水的流动姿态，均达到尽善尽美的程度，被誉为"世界上最壮观最优美的喀斯特瀑布"。

黄果树瀑布上游白水河平均流量为16立方米/秒，因此瀑布水量充沛，气势雄壮。漫天倾泻的瀑布，发出轰轰的如雷巨响，震得地颤谷摇，展示出大自然一种无敌的力量与气势。巨量的水体倾覆直下，又形成了大量的水烟云雾，显示了黄果树瀑布一种神秘的景色。黄果树瀑布平水时，一般分成四支，自左至右，第一支水势最小，下部散开，颇有秀美之感；第二支水量最大，更具豪壮之势；第三支水流略小，上大下小，显出雄奇之美；最右一支水量居中，上窄下宽，洋洋洒洒，最具潇洒风采。

黄果树瀑布四季美景不同。秋夏之际，洪水较多，水量最丰，瀑布水层变厚，水中因含大量泥沙而显得黄浊，此时瀑布翻崖直下，捣金碎玉，气势最为雄壮。瀑布跌入潭后，涌起水柱数丈，忽高忽低，激起水花万朵，四处抛洒，卷起漩涡无数，上下翻奔，观之不禁令人心悸魄荡，产生一种壮怀激烈的豪情。春冬季节，瀑布消瘦，水流清澈。遥望瀑布，"若冰绡之被玉肌，烟毂之笼皎魄"，别有一翻轻流曼舞的婀娜风姿。

黄果树瀑布一日之内四时美景也不相同。每当丽日当空，阳光灿烂，黄果树瀑布宛若一条溢彩溅金的银龙，喷吐着浓浓的迷雾，在阳光的照射下，虹霓隐现，景色神奇美妙。升腾的水雾继续上升，笼罩着瀑布西侧的黄果树寨子，给寨子带来了独特的景色，每当日出东山，或日暮黄昏，阳光将袅袅娜娜的水雾染上一层神奇的金色,因此黄果树寨子有了"水云山庄"的美名,寨子上那条唯一的小街亦有了"银雨洒金街"的美名。而当夜色降临,皓月千里,星辰稀疏。伫立观瀑亭前,举头望月,吟诵着"年年今夜,月华如练"诗句,再观赏面前夜色之中的黄果树瀑布,宛若银河从九天而落,从潭中升腾起来的层层水雾直扑面门,仿佛是一幅神秘幽美的世外图画。此时,远眺贵州高原上,峰峦叠影,不知其数;近观身边四周,花草树木,不知其名。清风徐徐拂来,送来缕缕醉人之清香,俯身侧耳细聆听,隆隆水声之中还夹杂着蛙声和蟋蟀声,组成一曲旋律奇特的交响乐。此时此刻,不禁飘飘然若置身世外仙境之中。

水帘洞,高出瀑下的犀牛潭约40余米,其左侧洞腔较宽大清晰,并有三道窗孔可观黄果树瀑布;右侧因石灰华坍塌,洞体残存一半,形成一个近20米高的岩腔。水帘洞不仅本身位置险要,且洞内之景色颇有特色。水帘洞由6个洞窗、5个洞厅、3股洞泉和6个通道线组成,全长134米。6个洞窗均被稀疏不同、厚薄不一的水帘所遮挡。从幽黑昏暗的水帘洞内,透过水帘向外看去,瀑布巨大的水流轰然从面前跌下,落入瀑下深达17.7米的犀牛潭中,激起的水珠扩散抛洒,阳光下虹霓若隐若现,此时从洞中眺望峡谷对岸的街上小摊、行人、车辆,缥缥缈缈,一片迷雾,似实如虚,真如幻景一般。洞内景观主要有:倒挂仙人掌,其实为洞顶悬挂的形似仙人掌的钟乳石;在出口与入口处的古榕悬根奇景;以及抬头见花(在第一洞赏花台)、听涛试风(第二洞听涛洞和试风口)、晶宫亮泉、观瀑触瀑(第三洞摸瀑台)、霓虹双舞(第四、第五洞窗含虹口以及出、入口处)等。尤其是第二窗孔,瀑布悬帘,轻纱曼舞,夕阳中映出道道神秘的光环,宛若峨眉山金顶之佛光,令人赞叹不已。第三窗孔外侧长着一些小树、藤本、蕨类植物,蔓绕窗壁,把窗孔装饰成绿色花边的彩门,由此窗观瀑,别有一番情趣。

瀑布正对岸,在观赏瀑布的最佳位置处,建有观瀑亭。亭中有一副对联:"白水如棉不用弓弹花自散,红霞似锦何须梭织天生成",简洁而又形象地写出了黄果树瀑布的雄奇景色。

黄果树瀑布主瀑之上有一高约4.5米的小瀑布,其下还有一个深达11.1米的深潭,即是瀑上瀑。瀑上瀑造型极其优美,与其下的黄果树主瀑形成十分协调的瀑布组合景观。

陡坡塘瀑布 位于黄果树瀑布上游一公里处。瀑布高虽只有21米,可瀑面宽达105米,平均水流量约为每秒16立方米,瀑布在平面略呈半月拱形,其上有一个面积达1.5万平方米的巨大溶潭。平水时,陡坡塘瀑布显得十分清秀妩媚。有人戏称为"新娘面纱"。当洪水季节来临时,黄浊的河水翻坝跌落,摧玉捣冰,像一匹脱缰的野马,且瀑布左侧的钙华堆积布成的洞穴,在巨量洪水经过时会产生奇特的汽笛效应,发出低沉浑厚的吼叫声,故陡坡塘瀑布又称为"吼瀑"。

瀑布发育很宽阔平坦的滩面,滩面

上遍布数十个大小不同的小碧潭。能卷裤赤脚尽情地在瀑上瀑下玩耍的乐趣,是游陡坡塘瀑布的一种享受。

天星桥 在黄果树下游6公里处,天星桥为一宽达1公里的天生桥,横跨在暗河上。附近为一面积不到1平方公里的石林。石林一部分在陆上,一部分却在水中,这些水上石林最为迷人。

石林中小径蜿蜒伸展,路旁草木深秀,溪水流淌,有时候溪水聚积成潭,将石林下部淹没了,于是形成了一个天然的山水盆景;有时溪水化为无数股细小的水流,在石林之间的裂隙中到处流淌。游人只闻潺潺的水流声,又看得见缝隙中的水流,但因为溪水一会儿出露地面,一会儿又跌入溶洞之中,化成一股暗流,不知流向何方,流了一段路程,水流又会冒出来,但却无法寻溯或追踪这些水流的来源去处。溪旁、石林边,处处生长着一棵棵古老巨大的榕树,那榕树的根部有时毕露在外面,形成各种优美的造型;有时从石缝中挤出来,似在石壁上攀爬一段,转而又伸进别的缝隙中去了。榕树树冠较大,枝叶十分茂密,走在古榕蔽日的石径上,清凉幽深,水流哗哗地从脚下流过,知了在榕树上歌唱,形成了一个让人感到十分惬意幽静的环境。

银链坠潭瀑布 位于黄果树瀑布下游。银链坠潭瀑布的上游河滩上,散布着无数的乱石,乱石将溪流分割成无数股细流,经过一段百余米的流程,便有一堵叠嶂分溪水为两支。左支从南、西两面潜入石林基部,成一碧潭;右支则从北面汇入碧潭。由于坎壁上布满了石灰华,水层极薄,加上石灰华表面有鱼鳞状的细小起伏,故水流流在石灰华上,似轻纱曼舞,十分优雅,阳光照射下来,瀑面上道道银光,闪闪发亮,似无数条银色的珠链缓缓翻落而下,故得名银链坠潭瀑布。银链坠潭瀑布最奇之处,还在于石灰华组成的瀑滩,造型十分奇特,它宛若一把张开的扇子,呈锥状舒展着;又如一只只开屏的孔雀,争奇斗艳,各显神采。

龙门激水 溪水跌入银链坠潭瀑布之下的深潭中后,便消失在石林之下成为暗流。暗流经过一段短短的路程,又冒出地面,形成与雅静清秀的银链坠潭瀑布相对的另一景色——龙门激水。只见跌水切过龙门,如玉龙狂舞,飞花碎玉;由于石灰华坝的层层阻挡,激起无数水花,如珍珠凌空飘洒,阳光一映,现出彩虹横空、盘龙戏珠等瑰丽景色。龙门两岸,芭蕉翠绿,叶上悬挂着颗颗水珠。瀑下深潭,浪群兜着圈子,你推我拥地向下奔去,涌向弯弯曲曲的打帮河。龙门之上,现筑有吊桥一座,游人从桥上行走,俯视滔滔龙门之水,耳闻轰轰水流之声,不禁会感到有点头晕目眩了。

天星洞 位于银链坠潭瀑布稍上游,是黄果树瀑布群风景区中较为壮观的一个洞穴。

关岭大瀑布 由七级瀑布组成的多级瀑布,在总长数公里的河段上,形成一个总落差为410米的大瀑布。沿着滴水滩瀑布上行,便可依次观赏到关岭大瀑布其余6个瀑布各自的景色。

红岩碑 在关岭县城南10公里处的晒甲山上,山顶上有红色峭壁,在高6米、宽10米的范围内,有40余个字。字为青色,大的一个字1米多,小的0.2~0.3米,仿佛天然形成,字形非篆非籀,人莫能识。最早在明代嘉靖年间(16世纪中叶)就有关于此碑的记载,直至今日仍未有定论。

关索岭 在关岭县城东22公里处。山顶有关索庙和御书楼。关索庙供奉传说中的关羽第三子关索。传说中,关索忠勇爱民,有其父遗风,诸葛亮南征,关索为先锋,路经此岭,饥渴无水,关索以乘马刨地出水成泉。现此岭半山有马刨泉。御书楼有康熙皇帝御书"滇黔锁钥"匾额。

织金洞风景名胜区

织金洞风景名胜区是国家重点风景名胜区，位于贵州省织金县，面积约 450 平方公里。分为织金古城、织金洞、裸结河峡谷（即东风湖）、洪家渡等四大景区。

织金县有彝、布依、苗等少数民族，民间集会、蜡染、刺绣等民族风情颇受人们喜爱。

织金城 古城为省级历史文化名城。织金城始建于 1382 年，历代文风昌盛，留下文物古迹 20 余处，其中又以财神庙最著名。财神庙以结构奇特著称，它位于县城正中，始建于清代初年，1783 年重建。该庙为木结构四重檐悬山顶式建筑，共有 4 层，内供财神和魁星。保安寺则以与山洞地势巧妙结合闻名。

织金古城位于 S 形槽谷中，三面环山，一水贯城，城内外有数十座独秀山峰，城内有清泉 70 余处，风光绮丽，气候宜人。

织金洞 原名打鸡洞，在织金县城东北 23 公里处，离贵阳 152 公里，安顺 122 公里。织金洞属高位旱溶洞，是我国大型溶洞之一，全长 12.1 公里，面积 70 多万平方米，两壁最宽处 175 米，垂直高度大多为 50～60 米，最高达 150 米。洞内空间开阔，岩质复杂，渗漏多变，分为 12 个景点，拥有四十多种岩溶堆积形态，类型之多，在全国名列前茅，被称为"岩溶博物馆"。洞外有地面岩溶、峡谷、溪流、瀑布等自然景观。

洞口在半山腰，很像一个虎口，高约 15 米。进洞第一厅为迎宾厅，遍地花草，犹如花园，有双狮迎宾、玉蟾望月等景点。洞顶有一天窗，阳光顶射形成彩色圆环，洞内水汽上浮时有"落钱洞"奇观。厅内还有圆形水塘名"影泉"。侧壁有蘑菇厅。

讲经堂中有水潭名曰月潭，夏天到此顿觉寒风刺骨。潭中沉积物高二十多米，形如三层宝塔，塔顶一"佛"讲经，东侧半圆形石台上众多"罗汉"在听讲，姿态各异。洞壁七彩如壁画，潭北陡坡叫摩天岭，厅侧九根石柱形如蟠龙，人称九龙撑天。

塔林洞有钙华塔山百余座，最高可达三十多米，塔呈金黄色，又叫金塔城，又像一座大森林，"雪压青松"非常壮观。还有蘑菇潭、石鼓、塔松厅等。

万寿宫宽大宏伟，飞石堆积如山，上有"穴罐"，有三座"寿星"，洞顶和洞壁为彩色。

望山湖长 170 米，宽 40 多米，是一处地下湖，有铁树银花等景点。这里是洞中枢纽，从湖东北岸分岔，一条路进灵霄殿，一条路入广寒宫。上南天门，游灵霄殿、广寒宫，是大循环线；在望山湖折回为小循环。

由此登 18 盘，绕 27 拐，到水晶宫。宫内堆积物如茫茫雪原，冰柱高挂，有数十面透明的红色钟乳旗，数十小潭，还有针田、珍珠田和梅花田20多块，因此又称为雪香宫。侧边有"竹苑"。卷曲洞中的众多卷曲石似乎不受地心引力作用，自由地向任何空间卷曲发展，最为奇特。

灵霄殿两壁悬垂百尺石帘，钟乳石洁白无瑕，形如华表、玉塔等，一柱直抵顶棚，称为擎天柱，柱后有"瑶池"，池旁有"神女和蛇"。

出灵霄殿右转即为北天门，进入广寒宫，宫内群山耸立，两山间为开阔地，有60多米高的"桫椤树"、17米高的"霸王盔"、50米高的"石佛"等。

银雨树为开花状的透明结晶体，位于广寒宫深处，它因树身银光闪亮、晶莹剔透而得名。银雨树呈塔树形状，自下而上逐步缩小，中部直径0.7米，高达17米，身披50多层花瓣，绮丽纤秀，在国内洞穴中极为罕见，被誉为洞府极品、宝中之宝，成为织金洞的象征。综合比较国内著名溶洞，有人称其为"织金洞外无洞天"。

裸结河峡谷 织金河出城北为裸结河，流水洞穿群山，时隐时现，沿岸峭壁染翠，洞穴高悬。

洪家渡 以高原平湖为特色。裸结河峡谷下游因东风电站大坝拦河而形成长达37公里的高峡平湖，又称为东风湖。其湖山景色兼有三峡的雄奇和桂林的秀丽，尤其是岸上的崖壁，高多在三五十米之间，造型丰富，色彩纷呈，有青、黛、白、红等各种对比强烈的色彩，远处青山衬托，如同一幅幅展开的天然画卷，美丽壮观。东风湖有大小11道湾，每道湾狭窄处就形成峡谷景色。最佳处有大河边、小三峡、点葫芦、甲卧、三叉河等处。

潕阳河风景名胜区

潕阳河风景名胜区是国家重点风景名胜区，位于贵州省镇远、施秉、黄平三县境内，面积400平方公里。包括西峡、龙王峡、诸葛峡（以上合称三峡）、高碑湖、云台山、铁溪等自然景观和青龙洞、中元洞、飞云崖等人文景观。

诸葛峡 长约7公里，相传为诸葛亮南征转运兵饷所凿通。河床极为狭窄，险滩重重，尤其是河中有卧石，向以凶险著称，游人乘小舟过此，惊险万分。峡谷两岸，崖上怪石嶙峋，蔚然大观。南岸山巅的间歇泉，最为奇特，每天定时出水，响声隆隆，初如暴雨骤至，继则分出瀑布三道，并流而下，飞泻江中。

高碑湖 在诸葛峡下游，因高碑寨而得名，水域宽广，湖水清澈，岸边古树参天，翠竹婆娑，风光秀美。

龙王峡 为三峡的出口，长约16公里，最窄处仅30米左右，岩岸如削，只剩一线天光。山上石笋林立，形态各异。崖岸多瀑布，有的如水帘高挂，有的如轻纱飘洒，秀美多姿。

西峡 在涌溪寨以下，峰回路转，柳暗花明。沿江可观人面石、卧虎崖及蛤蟆朝天诸景，且瀑布特多，轰雷喷雪，云水交织，烟雾腾空，蔚为壮观。

云台山 在施秉县，包括外营台、紫荆关、三洞、吊塘河等，东西宽约10公里，南北长约20公里，众多孤峰突起，千山竞秀，万壑争奇，是一处集奇、险、幽、绝于一体的"苗乡桃源"胜地。这里历史上是黔东南的佛教圣地，曾盛极一时。山区植被良好，有丰富的动植物资源。

铁溪 两岸原生植被丰富，石柱峰等奇峰异石耸立于河谷之中，风光优美。

青龙洞 位于镇远县城东河东岸的中和山上。中和山为一座长约300米、高80米的小石山，明代建有全长135米的7孔拱形石桥祝圣桥跨河与镇远城区相连接。中和山临河一侧为陡峭的石崖，崖上洞穴纵横，钟乳丛生。从明弘治三年（1489年）起，陆续建起规模宏大的建筑群，其中较大的有青龙洞（又称太和洞或南洞）、中元洞（又称中和洞或北洞）和位于两洞之间的紫阳洞，以及万寿宫、香炉崖等，合称青龙洞。这些建筑除部分位于缓坡上外，多数均矗立在悬崖上，从江岸仰望，如悬空殿宇，重重叠叠，壮丽异常，历来被称为"入黔第一洞天"。

青龙洞（太和洞）在中河山南段，洞口在悬崖绝壁上，洞深6米。主要建筑有灵官殿、玉皇阁、望江楼等，形成洞中有楼、楼中藏洞的奇特风格。

中元洞在中河山北段，有大佛殿、六角亭、望星楼等建筑，其中望星楼建在一块巨大的石头上。

紫阳洞又称紫阳书院，明代为纪念朱熹而建筑，有考祠、老君殿、圣人殿等，是黔东文化传播基地之一，现存有清代石刻多处。

青龙洞侧有两道瀑布自山巅直泻。山顶平宽，元代曾置总督府于此。

飞云崖 在黄平县城东10公里的东坡山上，是一个石灰岩溶洞，洞口约可两人通行，里面很敞亮，洞口顶部巨石外伸，悬挂着各种形态的钟乳石，从洞口往下看，峡谷深邃，下有深潭名澄潭，崖侧有瀑布飞泻潭中。明代以来，陆续在飞云崖前后修建了众多的楼台亭阁，自然风光与人工建筑相互映衬，更为壮丽，成为著名的"黔南第一胜景"。

红枫湖风景名胜区

红枫湖风景名胜区是国家重点风景名胜区，位于贵州省清镇、平坝，集山、水、洞、历史文化和人文景观为一体，以岩溶地貌和湖光山色为特色，面积250平方公里。

红枫湖距贵阳市33公里，是贵州高原上最大的人工湖，长20公里，水域面积57平方公里，集水面积1400平方公里，库容量6亿立方米，湖面海拔1240米，深达数十米至百米以上。

红枫湖湖东尽头建电站大坝，两边是高耸天际的石山。湖面碧波荡漾，四周青山隐隐。湖周围将军山、大扁山海拔在1500米左右，可登顶一览湖景和远眺贵阳，莲花山、观景山、小钟山、盆景山亭亭玉立，令人神往。湖中分布着178个拖岚带翠的大小岛屿。湖区分为北湖、中湖、南湖和后湖。北湖碧波万顷，多小岛，有民族旅游村寨。中湖水狭山奇，南湖山重水复，后湖群峰环水。现已开发的有滴澄关、侗苗冲、观景山、花鱼洞、高二田、南湖、将军湾等7个景区25处景点。

南湖将军湾，山青水秀，是红枫湖最幽深、最具神韵的一个景区。它集山

水洞林于一体，尤其以岩溶洞穴最吸引游人，形成"山外青山湖外湖，岛中藏洞洞中奇"的奇景。

溶洞群由将军洞、打鱼洞、观音洞等洞穴组成。其中将军洞由于湖水进入而形成洞中湖奇观。将军洞洞长达600多米，有三个洞中湖，白而透明的各种钟乳石倒映水面，似水晶宫殿，形成山里有湖、湖里有岛、岛上有洞、洞中有湖、洞湖相通的奇特景色。可泛艇漫游于危崖幽谷、群凫乱飞的汊湾之间；或换乘小橡皮船驶入湖区的各洞穴（有"宰相洞"、"水下洞"、"黄硫洞"等十数处）寻幽探奇。山、林、水、洞，交相辉映。

红枫湖的民俗风情也别有特色。贵州是多民族省份，苗族、布依族、侗族均是我国人数较多的少数民族，也是贵州的主要少数民族。在红枫湖里，依山傍水建有苗族、布依族、侗族等民族村寨，侗族鼓楼高耸挺拔，风雨桥（花桥）雄奇雅致，苗王台雄壮威严，布依寨石头砌成别具一格。民族村寨里可领略侗族大歌、过三关、"三月三"等各民族风情。在民族村寨举行的民族风情狂欢夜，点燃熊熊篝火，围着篝火唱歌跳舞，表演各种民族风俗活动。

龙宫风景名胜区

龙宫风景名胜区是国家重点风景名胜区，位于贵州省安顺市，面积24平方公里，以壮观瑰丽的水溶洞、洞穴瀑布和旱溶洞独特的岩溶地貌为特色，并有田园山寨、山野峰峦、石林及丰富多彩的民族风情作衬托。地下暗河全长15公里，穿越大小二十多座山，串连九十余个洞穴。

龙宫洞在安顺市西南27公里处，安顺马头乡龙潭村，与黄果树大瀑布相距约30公里，彼此间均有专线公路相通。它实为龙潭地下河的出口河段，主要由龙门（龙门瀑布）、天池、龙宫三部分组成。

龙门 为一天生桥，宽18～22米，高52米，其下为瀑布，水声隆隆，飞珠溅玉，登其上可感脚下颤动，为其他天生桥所不及。龙门瀑布高34米，上宽9米，下宽25米，水从30多米高的半山腰天生桥下喷吐而下，像一条愤怒的蛟龙钻山劈石，一跃而出，气势磅礴。瀑布的水量在洪峰时每秒可达48立方米，为枯季流量的70倍。雨季，从天池中喧啸而下的瀑布，吼声如雷，水雾漫天。晴天水雾可成彩虹，五光十色，极为美观。站在龙门西侧天台观景台上向下俯视龙门，当有阳光直射瀑布下泻的天窗口时，如果有风从山脚的龙门向上吹进，可映成为一条七彩水虹从洞中探出天窗，成为有名的"虹霓出幽洞"奇观。

天池 由天台过瀑布小桥经天梯洞，步步登高至天池。天池昔称龙潭，长达140米，宽50米左右，水面面积7000平方米。龙门天生桥位于其西南，西北部为一进龙宫的出口。天池四周峭壁矗立，藤蔓如织，虬树挂荫，池水静如秋月，碧如翡翠，是消夏泛舟的好去处。

龙宫 位于天池与蚌壳岩之间，由天池乘船，划过碧水如镜树影婆娑的水域，就到达低矮的半月形洞口，为龙宫宫门。宫门两侧下垂着不同形状、大小不等的钟乳石，称为群龙戏水。这里与其他地方垂直下挂的钟乳石不同，它们的端点均向洞外仰翘。

进洞门后,就是一片水域,小舟在黑暗中行驶,经过"浮雕壁画"、"五龙护宝"、"水晶宫殿"等五个大厅。洞内景点众多,其中以"群龙戏水"、"百鸟朝凤"、"灰熊出洞"、"孤鹜斜飞"、"金鸡独立"、"狮子戏球"、"双龙下水"、"少女苦读"等景象最佳。

风景区是少数民族聚居地,每逢农历大节,青年男女皆聚集于此,称为"赶傣"。届时女青年头戴银饰,身穿百褶裙,腰系围兜,手撑彩伞;男女分立两行,以对歌、扔花包等表达内心喜悦和相互爱慕之情。这里苗族的盛装美在高雅华贵,多红、黄暖色;布依族的服装清爽典雅,反映民族性温意善,富有朴素、清新、明快、典雅的审美情趣;而仡佬族的服饰则以清秀、明快的裙装为主,它吸取了汉族妇女旗袍服饰的某些特点,但仍保留着仡佬族自身朴素大方的自然美。

荔波樟江风景名胜区

荔波樟江风景名胜区是国家重点风景名胜区,位于贵州省荔波县,总面积为426平方公里,由小七孔—鸳鸯湖、大七孔—地峨宫、水春河峡谷、独山草种场—神仙洞等四个景区组成。

荔波距省城贵阳320公里,到黔南布依族苗族自治州州府都匀市150公里,是一个以布依族、水族为主的多民族聚居地区,有浓郁的少数民族风情。风景区属喀斯特地貌,樟江西侧支流小七孔地下河,从黄板塘至小七孔两地水平距离10余公里,垂直高差竟达294米,出现数十级跌水瀑布群,山、水、林、湖、洞、瀑、石、峡谷融为一体,峰峦叠嶂,溪流纵横,原生森林茂密,呈现出岩溶生态环境的完美统一和神奇的特色。独山草种场是我国南方罕见的草场。

小七孔桥 位于小七孔地下河注入樟江的出口处,建于清代,为一座七孔古桥,长30余米,为风景区的大门。

响水河瀑布 小七孔地下河下游出口段称响水,地下河出口河水下切坚硬的岩石斜倾而下,在长约2公里的河段上就出现70群瀑布,总落差120多米。碎银滩一段,河面宽展,水流散乱,沿河床钙华堤级级而下,景

色奇特,上游河道狭窄,水流湍急。河水穿行于丛林岩隙之中,出现"树抱石"景观,充满着原始山野的情趣。

水上森林 沿响水河而上,谷地渐渐开阔,季节性地表河水四处漫流,形成一片长约200米,宽6～10米不等的水上森林。林中丛生的树群浸泡在清澈的水中,有的纠集成林,有的无所依靠,如同盆景。游人进入林中,可进行一次别开生面的涉水旅行。

龟背山 在响水河西南,连绵起伏,山中是成片的原始森林,林下生长一种珍稀的观赏植物龟背竹(裂叶尾),与其相连的是一大片喀斯特漏斗森林,人迹罕至,称野猪林。石树相互纠缠,形成石抱树、树抱石的奇观。

天钟洞 小七孔有大小溶洞10多个,天钟洞位于拉贯寨后半山腰,是海拔720米的一个高位水平洞,主洞长700多米,最宽处50米,有5个洞厅,各个洞穴沉积形态十分完美,最壮观的是一座高6米,直径约3米的钟状石笋,即"天钟"。

鸳鸯湖 原名黄板塘,位于海拔700多米的喀斯特群峰上,是两个天然相通的喀斯特潭,一大一小,相依相偎。两湖加上串连两湖的迂回纵横的卧龙河,总水域面积200多亩,游程3000多米。湖水最深处达40米。湖水清澈平静,不时有鸳鸯鸟在水中嬉戏。四周绿树簇拥,有奇特的鸳鸯树,成双成对。湖周巍巍群山衬托,湖光山色,被称为世外桃源。

大七孔—地峨宫 以其壮观和险峻著称。恐怖峡紧锁江面,水流湍急,危崖层叠,峭壁峰立。一座规模宏大的天生桥,高80余米,宽40米。地峨宫为一巨大岩溶洞穴,洞中有河、湖、瀑,还有洞中洞,原始幽深,浑然天成,构成了一幅神秘奇绝的地下溶洞画卷。

瑶寨风情 景区内散居着布依、苗、瑶等少数民族,都各自有着悠久的历史和灿烂的文化。少数民族格调古朴、异彩纷呈的风情,意境清新,韵味隽永。距小七孔大约6公里的樟江东岸是荔波瑶山瑶族自治乡,这里的瑶族称"白裤瑶",民族风情独特、浓郁。

布依山村风俗更为独特,犁田、插秧、打谷等重活几乎都是由女人来承担,俨然一派"女耕女织"的异乡情调。

赤水风景名胜区

赤水风景名胜区是国家重点风景名胜区，位于贵州省赤水市，面积300平方公里，和国家级赤水桫椤自然保护区和国家级森林竹海公园共处一地。风景区集瀑布、森林、桫椤、红岩地貌为一体，以自然纯净、原始古朴见长，有"千瀑竞秀、楠竹林海、桫椤王国、丹霞映日"之誉。

赤水地处贵州西北隅，以流经境内的赤水河而得名。长480余公里的赤水河西起云南镇雄，在云贵川三省之间兜了个S形后在距赤水市50多公里处的四川合江汇入长江。赤水地处云贵高原向四川盆地过渡的斜坡地带，海拔高差悬殊（最高1700米，最低200余米），沟谷纵横，水系发育，有大小河溪352条，湖塘水库790多处，形成了众多的瀑布。每到雨季，几乎溪溪飞泉，沟沟挂瀑，瀑布总数超过3000条，有"千瀑之乡"之誉称。景区内大瀑套小瀑，明瀑含暗瀑，沿着古木参天的游径逆香溪而上，溪回路转，移步换景，异彩纷呈。当地称瀑为洞。其中最著名的要数十丈洞瀑布和四洞沟瀑布。还有中洞瀑布、蟠龙瀑布群、鸡飞岩瀑布群、蜿蜒曲折达27级的甘沟瀑布群等，各有特色。

十丈洞位于复兴镇，瀑布高76.2米，宽80米，以其水势浩大著称，常年水雾蒸腾，声吼如雷，极为壮观，可与黄果树大瀑布相媲美。

洞沟瀑布位于大同镇上的四洞沟河谷，在十余里长的河谷上，河水陡降数十米，形成了4个形态各异的梯级大瀑布。谷底茂林修竹，周围山梁上尚有叫不出名的若干细瀑清流。

元厚大白岩瀑布，宽50余米，水流从长达1000余米的红色环形山梁上飞流直下，跌落到400米深的谷内，气势恢宏。刀削斧劈般的山梁石壁上布满天然石纹，如同一幅神秘古朴的岩画。

赤水风景名胜区属于丹霞地貌，碧水丹山，相映生辉。有一处"转石奇观"，由丹岩崩塌风化形成，极为壮观。遍地屹立着奇形怪状的岩石，有将军石、点将台、仙人洞、一线天、罗汉石、飞来石、石山盆景等奇观。还有一座由丹霞节理风化形成的伞形巨石"万年石伞"，高62米，周长17米。"天生桥"景观有若干处，大同天生桥下还居住着两户农家。

赤水风景名胜区森林覆盖率48%，有原始森林40多万亩，毛竹27万亩，尤其是古老的2亿年前的孑遗植物桫椤，被国家列为一级珍稀植物，赤水就有13万株以上，国家级桫椤自然保护区设立于此，被

誉为"桫椤王国",是赤水最令人称奇的一绝。

桫椤又名树蕨,树形优美,是冰川前子遗植物,有很高的科研、观赏和药用价值。它在距今约1.8亿年前非常繁盛,和同时的大型爬行动物恐龙同生共荣,成为地球生物界在那个远古时代的重要标志。桫椤目前在地球上只在很少地区有零星发现。而在赤水一带,却发现了130余平方公里桫椤集中生长区,专家们称赤水为"桫椤避难所"。这里桫椤生长茂盛,树高5~8米,双株并生亦不鲜见。

赤水另一大奇观是"楠竹林海",有27万余亩竹林,主要分布在葫市一带的野竹坪及赤水河两岸的丘陵、河谷间。登上野竹坪上的至高点——望海楼,满目苍翠,连天际峰。以竹为原料的特产品也很丰富,有竹笋、竹扇、竹椅、竹本地板等等。

红军长征时四渡赤水河,一渡的元厚渡口即在赤水境内,有多处革命遗迹。

马岭河峡谷风景名胜区

马岭河峡谷风景名胜区是国家重点风景名胜区,位于贵州省兴义市,面积1200平方公里,由车榔温泉、五彩长廊、天星画廊、万峰林、泥凼石林等景区和猫儿洞古人类遗址、"贵州龙"化石景点、万屯汉古墓群及多处美丽山寨等共同构成。

马岭河又称马别河,发源于黔西南乌蒙山脉,向南流入南盘江,长百余公里。风景区内峡谷段长74.8公里,上至车榔温泉,海拔1500米;下至南盘江,海拔630米,自然落差达870米。由于"万峰环绕,千泉归壑,溪水溯蚀,江流击山"的作用,给这条峡谷赋予了"雄奇、险峻、秀美、幽静、奥妙、旷野"兼备的景观,有瀑布上百条。约200平方公里的奇峰异石集成的东西峰林,是云贵高原喀斯特地貌的天然佳作。马岭河流域的地貌结构非常特殊,实际上是一条地缝,被称为"地球的一条美丽伤疤"。

马岭河峡谷风景名胜区地处少数民族地区,人文景观丰富多彩,民族风情古朴浓郁,有猫儿洞古人类遗址、万屯汉墓群,以及马别布依寨、那叠红苗山寨的民族风情博物馆等。

马岭河峡谷 位于兴义城东7公里,峡谷全长75公里。谷内山青水秀,谷深幽静,两边山岩钙华壁画千姿百态,马岭河犹如一条银线，把众多的景点串起来，如同一串瑰丽的珍宝。每逢雨季，两边山岩横生上百条瀑布，银帘直下，云雾蒸腾，最高落差达160米。

从马岭古桥到天星桥，是最深最长的大裂缝地谷段，长9.7公里，宽80～150米，深120～200米，顺谷而下有彩岩峡、三古峡、天赐石窟、五星幽谷、彩水河、古驿道、天星画廊等景观。其特点是"天造裂谷，雄奇险幽，壁立千仞，一水中流，群瀑飞舞，虹霞映崖，天琢琼楼，人进画游"。其悬崖峭壁上花草丛生，翠竹摇曳，藤木披挂，水流溪洒，构成了一幅幅景致万千、形态各异的立体壁画。这一段峡谷中有大小瀑布57条，其中终年泻瀑的达36条。瀑布最集中的是1.7公里的天星画廊段，有万马咆哮瀑、珍珠瀑等13条。其中"珍珠瀑"由12条洁白轻盈的小瀑构成，瀑布从100多米高的悬崖顶端跌落下来，在层层叠叠的岩层壁上时而跃起，时而再跌，撞出千千万万颗珍珠般的水珠。

"彩虹瀑"是集中在一起的8条瀑布同时从百米多高的崖顶倾流而下所成，在阳光的照射下，水雾幻化出道道美丽的彩虹，满谷披彩，万物生辉。

龙荫至马岭镇20公里长的峡谷段，人烟稀少，山草植被保持着原始风貌，大面积的悬崖堆积岩和彩色崖壁比比皆是，花草枫叶繁多，野生动物成群，构成"五彩长廊"。

万峰林 距兴义市3~15公里，由一系列喀斯特山峰构成，面积200多平方公里，以气势宏伟，整体造型优美，山峰密集奇特而受到人们的瞩目，人称三万六千峰，与马岭河同称双绝。早在300多年前，我国著名地理学家徐霞客曾这样称赞过这片万峰林奇观：天下名山何其多，唯有此处成峰林。峰内有谷，谷内有峰；峰中有洞，洞中有峰；峰里有田，田里有峰；峰下有寨，寨下有峰。峰林中奇峰异洞比比皆是，将军峰、天神峰、仙女峰、五子峰等，个个形态逼真；飞龙洞、观音洞、白龙洞、白马洞、水晶宫等，洞洞有灵。峰林之间，有一条明净小河蜿蜒，河岸布依族村寨星罗棋布，与万亩良田交相辉映，和谐地构成一幅绝妙的风韵独具的田园诗画。峰林深处人烟稀少，还保留着上千亩的原始森林和珍贵的野生动物。

泥凼石林 位于兴义城南42公里的泥凼乡，在何应钦先生故居以西2公里处，壮丽多姿，奇峰异石既可独立成景，又可相映成趣。石林密布在山坡上，远看像一片林子，人行走间，从不同角度观看，有数不清的画面，像看万花筒一样，千姿百态。

车榔温泉 车榔是一个布依族古寨，马岭河峡谷从寨前穿过。寨左右两边各有一条温凉泉，左称"姑娘泉"，右称"儿子泉"，水温分别为40℃和38℃，泉水四季清澈。当地男女对河而浴，充满情趣。这两泉在当地称为"神水"。两水各流成一条自然石渠，中间另有一条石渠将两水沟通成一条"夫妻腰带"。

黎平侗乡风景名胜区

黎平侗乡风景名胜区是国家重点风景名胜区，位于贵州省东南部的黎平县，分为县城古迹文物区、八舟河自然风光区、肇兴民族风情区三部分。

黎平县 是全国侗族人口最多的一个县，具有浓郁淳朴的侗族风情和丰富多彩的侗族历史文化。鼓楼和风雨桥是侗乡的标志，其造型美观、工艺精湛且风格迥异。全国最大的侗族居住地肇兴的侗寨鼓楼群、地坪风雨桥以及侗戏鼻祖吴文彩墓，具有极高的历史价值。侗乡节日活动较为频繁，如斗牛、摔跤、踩歌堂、吹芦笙、抬官人和祭萨等等，侗家大歌更是名扬海内外。此外，还有长征文化——长征途中的中共中央黎平会议会址，以及古朴典雅的侗族生态博物馆——堂安侗寨。

德凤镇 侗、汉、苗、瑶等民族聚居，历经上千年的颠沛沧桑，历史厚重悠远，景观古色古香。德凤镇二郎坡及东门街，两头高中间低，形如扁担，俗称"翘街"。这里保存有明清时期古建筑群。一座座四合院，一排排封火墙，鳞次栉比。城内72口古井星罗棋布，给古城以灵气。

八舟河 景区位于黎平县东北部高屯镇境内，距县城16公里，以高屯镇为中心，景区内河水碧澄清莹，两岸奇峰峻石，断壁仁立，林木苍郁。主要景观为喀斯特地貌，景点有仙人岩、少寨溶洞群、桂花台、鸬鹚架、江心岛等。沿岸村庄、田畴、水车串成一幅优美清新的田园风光画卷。

天生桥　位于高屯镇东南2公里处，桥身为一巨大的石崖，平地拱起，飞架河谷之上，状如一个巨大的S形。桥拱跨度103米，桥宽118米，拱高至河水面33米，拱顶岩层厚约40米，堪称世界之最。天生桥融奇、险、秀为一体，鬼斧神工，巍峨壮观。

仙人岩　位于景区西部，距高屯镇约3公里的八舟河岸，顶端有四石并立，岩脚有一洞，洞厅约800平方米。

石龙山　位于八舟河旁，距县城15公里，方圆几十公里均为原始森林。山上"森林密箐，诸峰罗列，烟郎山椒俨然像伏狮。"相传山中古时建有寺（庵），为八舟一带佛教圣地，历代香客络绎不绝，现只有遗址留存。

桂花台位于八舟河东岸，有40米高，台上有自然生长的数百株桂花树。

九龙洞风景名胜区

九龙洞风景名胜区是国家重点风景名胜区，位于贵州省铜仁市东部武陵山脉北缘，由九龙洞、漾头电站库区、锦江、大江、小江口等五个景区组成，48个景物景观，总面积245平方公里。风景区自然景观有岩溶洞穴、古树名木、库区湖泊、峡谷风光、山水田园、森林等，人文景观有古文化遗址、摩崖石刻、贺龙和周逸群革命旧址、东山寺、明清民居等，具有较高的观赏、科研、科普价值。

铜仁有"桥城"的美誉。顺江而下，仅在市区14平方公里范围内就有九座颇具气势、风格迥异的大桥，有长度201米、主拱净跨度100米的大江坪桥，悬臂式铁索桥下南门吊桥，大坡度园林式、由一道拱及10道腹孔构成的人行拱桥兴市桥，单孔净跨110米、下部构造为V型桥台的中承式拱桥锦江大桥等，是名副其实的现代桥梁博览。

九龙洞位于铜仁市城东17公里处的马岩乡观音山山腰上，背依六龙山，面临锦江河，因相传六龙山上六条黄龙和锦江三条青龙于此洞相会而得名。此洞为一大型喀斯特溶洞，洞体宽阔，宽约70～100米，高约30～70米，分为上下两层，有7个大厅，1个竖井状的天厅和1条地下河，已探明部分长2200多米，总面积约7万平方米。洞洞相通，厅厅相连，景色各异。洞内堆积特丰富、集中，高20米以上的钟乳石柱10根之多，最高的39.98米，周长16.4米，十分罕见。中厅暗河中有一石柱与洞顶渗下的脉流形成的悬挂滴石缀联，宛如九龙盘绕其上，栩栩如生，故名九龙盘柱。还有因局部滴水移位形成的孪生、分离、重逢的"双子滴石"。洞洞有奇景，异石造型从不重复。

九龙洞在元明之际已有和尚在此从佛，历代塑有佛像和神像50余座。

九龙洞外侧有两个小洞，一洞夏天出冷风，一洞冬日冒热气，故名"冷热二风洞"。

莲台峰离九龙洞约1公里，面积2平方公里，四周悬崖绝壁，飞瀑流泉点缀林间，景色壮丽。峰顶上建有莲花寺、玉皇阁、观音阁等建筑。登顶四望，锦江秀色，百里群山，尽收眼底。

锦江有十二景，首推位于市中心的半岛东山。东山依城临江，山势奇绝，大、小二江在此处浩奔横流，临江绝壁气势巍峨，四面峦峰拱列。山上古木参天，名胜众多，明清两代的亭、楼、阁保存完好，从明代起即为黔东名山。东山寺建在东山上，已有三百余年历史，历代朝山拜佛者络绎不绝，现在寺内建有"贵州铜仁博物馆"，收藏着有"戏剧活化石"之称的傩戏的历代面具、中外研究资料，还有傩戏班子惊险奇的现场绝技表演。傩，即为人祈祥免灾、求神逐魔的活动，傩文化即原始的鬼神宗教祭祀文化。始建于明清的古民居，面积4万平方米，封火墙、小青瓦、青石板路、飞山庙、古城门、吊脚楼、古码头，古风犹存。江中另一小岛付家山，面积仅6万平方米，却保留着古树蓊郁的原始森林，并有新石器时代的化石、遗迹。此外，还有"水皇阁"、"石笋朝天"、"铜岩"、"三江春色"、"渔梁夜月"等景点。

九洞天风景名胜区

九洞天风景名胜区是国家重点风景名胜区，位于贵州省纳雍县、大方县，含六冲河、九洞天两部分，由总溪河峡谷风光、九洞河伏流洞穴风光组成，总面积150平方公里，集伏流水蚀溶洞、旱溶洞、箱型峡谷、峰林、瀑布、涌泉于一体。

六冲河在纳雍县、大方县结合部，有以峡谷风光为主的总溪河段，和以伏流地下河景观为特色的瓜仲河段，汇成涛涛乌江的干流——六冲河。沿途既有巨型的箱型峡谷，又有溶蚀旱洞、伏流洞穴、岩溶崩塌等地貌现象，是一处典型的喀斯特地质地貌博物馆。

万寿桥在纳雍县，始建于清道光十九年（1839年），为石砌尖券拱，凌驾于两岸危崖峭壁之上，自桥下渡口乘船，可顺势而下，漂流13公里的总溪河。

整个河谷为岩溶箱型深切峡谷，岩壁接近90度，势如刀削，其上绿叶枝垂水面，有众多季节性和常年性瀑布、冒泉分布。船行突见两岸悬崖急收，仿佛天劈石门，名"一线天峡"。陡崖上怪石嶙峋，石纹斑驳，古木参天，绿苔苍碧。

总溪河在达那渡口下游一公里处潜入地下形成伏流，后又被数百米深的深切峡谷将其暴露地面，箱型切割顶板多处塌陷，留下九处形态各异的天窗洞，名为"九洞天"。伏流时而出露时而隐藏，明暗交替，洞洞相连，天、水、洞不觉浑然一体。一、二洞天为旱洞，执火把进入洞内，沿栈道可穿行于形形色色的钟乳石林间。三、四、五洞天为水洞，既可攀缘栈道也可乘坐舟船，置身其间，只见洞接洞、水连水，有通天洞与外界相通。六洞天，洞形状若象立水中，一侧洞口高大开阔，有90米高，110米宽，另一侧与五洞天两洞口相连。每逢端阳节前后，五颜六色蝴蝶群聚附于石壁之上，好似石头开花。七、八洞天由于陷洞口巨大，洞内洞外已浑然一体，顶板犹如两个巨大的穹隆扣在河上，水洞、旱洞、伏流、明流相间。至九洞天尚有数百米伏流，因洞口石壁低垂水面，无法通行。出八洞天步行数百米，有一座巨大的岩溶天生桥飞架于两侧悬崖峭壁之间，桥面可容千人，在此极目远眺，流云飞渡，峰岭透迤，天苍地茫。透过桥洞，远方的褐色绝壁，恰如一幅中国地图镶嵌其中，名为"神州赤壁"。桥洞下凉风习习，峡谷间堆石成海，大小洞穴藏而不露，伏流深潜地下，只留下一森森洞口，不知几阔，不知几深。

都匀斗篷山—剑江风景名胜区

都匀斗篷山—剑江风景名胜区是国家重点风景名胜区，位于贵州省都匀市西北，苗岭山脉中段，总面积61.8平方公里，由斗篷山、剑江、螺丝壳、凤啭河、都柳江五个景区组成。景区内山峦与峡谷、森林与草场、飞瀑与河流广为分布，物种群繁茂，民族风情浓郁。

景区内的山间林地蓄水丰盈，共有大小溪流100余条，其中茶园河、谷江河和马腰河较为著名。动植物资源十分丰富，有鹅掌楸、红豆杉、银杏、马尾树、十齿花、香树等国家级保护植物以及野猪、锦鸡、猴等动物，还有小红栲群落、密林古遗址、高山古栈道等景观。

斗篷山 以山形如斗篷而得名，山上有峰峦、峡谷、溶洞、溪流及瀑布等景观，主峰海拔1961米，森林覆盖率近90%，其中海拔1800米的高山台地上，有原始古林近百公顷，林木根部全部长在岩石缝隙之中，随处可见树抱石、石抱树、树搭桥的奇异景观。斗篷山主峰绝顶有面积约2000平方米的山巅天池，池水清澈澄明，雨季不溢，旱季不减。在斗篷山上有一块长约4米、宽约1米的大石头，人推可以45度角前后转动，被人称为"仙人磨"。

螺丝壳 与斗篷山景区毗邻，包括高原草场和杨家冲峡谷景区。

剑江 主源谷江河段长10公里，位于斗篷山景区内，以原始森林、珍稀动植物、溪流峡谷、泉池瀑布为主。剑江下游景区以古朴多姿的民族村寨和浓郁的少数民族风情为主。景区山川秀丽，建筑典雅，有绝顶天地、九天落水、犀牛戏瀑、九门迷宫、石滩古林、万亩猎场、五百里观音洞等自然景观近40个；以及文峰古塔、石板石古街、明永历皇帝陵、张羽中摩崖等历史人文景观30余个。

紫云格凸河穿洞风景名胜区

紫云格凸河穿洞风景名胜区是国家重点风景名胜区。地处贵州省西南部，总面积70余平方公里。包括大穿洞景区、大河景区、小穿洞景区、妖岩景区及多处独立景点。它集岩溶、山、水、洞、石、林于一体，是喀斯特景象集中的自然公园。"格凸"一词为苗语，意译为跳花圣地。

大穿洞景区 大穿洞又名燕子洞，位于下格井村东南约1公里处，是格凸河伏流的入口，海拔930米，泛舟进洞是270米长的河湾。大穿洞口高达116米，宽约25米，呈拱门形。洞口两侧展布白岩绝壁，洞壁陡峭，从农历清明到九月重阳，洞内有数十万只燕子翻飞其间，筑巢栖息，因称"燕王宫"。在大穿洞内河湾的尽头，有一个穿过碳酸盐岩地的大竖井，深370米，宽200米，称为望天洞，又名"通天洞"。洞内似打开了一道天窗，一缕缕阳光倾泻下来，与洞顶滴下的状如银丝的岩浆水交织在一起，形成道道七色彩虹。从大穿洞外沿陡峭小道或从通天洞壁攀岩而上可达穿上洞。此洞高50米，宽70米，长137米，洞若天桥，洞内顶壁景观奇特，洞外的坡谷上长满了亚热带植物，其中有一片野芭蕉和方竹林。在穿洞的侧面又是一个巨大岩洞，由此出口上至山顶。距穿上洞北边约500米，有因古地下河发育变迁后，遗址形成的盲谷，四周皆山石壁合围，方圆十多平方公里，平均谷深约300米。谷内人迹罕至，成了天然植物王国，长满了木本植物和草本植物，共拥有植物近2000种。

小穿洞景区 从小穿洞口往里走约500米处，有"苗厅"，洞长约700米，宽215米，平均高70米，面积达12万平方米，容积在700万立方米以上。洞内石笋、石柱、石幔等琳琅满目，在大厅的西北部有高达38米的巨大石笋。在洪水季节，洪水将穿越大厅，从岩石上倾泻而下，形成多级暗河瀑布群，颇为壮观。

格凸河景区 位于格凸河逆流10公里处有天星洞，星星峡之水进入伏流后从天星洞流出。洞高约110米，宽40米，洞口呈长方形，洞口巨大横跨，洞壁石幔悬挂，洞内有古代棺木高悬，成了千古之谜。位于大穿洞与小穿洞中间有响水洞，是格凸河伏流系统的枢纽，是一个大的竖井，井口直径约150米，人在上面能听到水流声响，却见不到底，竖井底部是溶洼。沿东边顶端的中壁往下可到达暗河边，垂直到河边的突状岩壁有270米高，竖井至少有210米深。河流在竖井底部的岩块中开出一条水道后，形成地下巨大的环流景观。格凸峡谷分为两段，一段位于燕王宫和天星洞之间，全长10公里。经格凸河逆流而上，沿路绝壁，孤峰、嶂谷、碧水、轻舟、绿林、翠竹，苗屋，巧妙组景。峡谷上方的天穹渐渐变成了一条天缝。另一段，经过12公里的暗河后，从小穿洞汹涌而出，在千山万壑中穿行。

苗寨风情 在小穿洞出口的上方之山顶发育的喀斯特洞穴中，居住着"日出而作，日落而息"的穴居部落，称作洞中苗寨。在格凸河中段居住着大河苗寨，寨子以南约500米是神秘的喀斯特变色湖，水色一月多变。位于格凸河伏流中段的山上建有竹林寨，苗族的吊角楼，四柱落脚的"斗笠"粮仓如蘑菇一样散落在林中。紫云是苗族三大文化的集成地，居住有三大方言，八个土语，十五个支系的苗族，其风俗、服饰、节日都各有特色。苗族的"跳花"，布依族的"六月六"歌会、"秋坡赶表"；汉族的地方戏、玩花灯；还有穿花舞、木鼓舞、板凳舞，舞姿古朴，别具特色。

平塘风景名胜区

平塘风景名胜区是国家级风景名胜区，位于贵州省黔南州平塘县境内，贵州高原向广西丘陵下降的倾斜面上，属中亚热带岩溶喀斯特地区，总面积为110平方公里。景区包括平舟河、甲茶、西凉拉安河和龙塘四大片区，以罕见的生物化石似像汉字图案地质奇观为主要景观特征，喀斯特地貌十分发育，锥峰尖削而密集，峡谷深邃而陡峭，河流出现伏流或穿过峡谷，覆盖着保存完好的原始森林，集山、水、林、洞、峡谷、瀑布、奇石、田园风光于一体。

平舟河片区 包括京舟、玉水金盆（县城）、六硐峡谷、打密河峡谷、甲青天生桥等景观，京舟风光位于平舟河上游，两岸古树和布依村寨错落有致，水车悠悠旋转。县城东依山坡，南、西、北三面临水，宛如盆景。六硐峡谷"十里画廊"，峡谷幽深，重峦叠嶂，峭壁上分布着奇木异树和钟乳怪石。

甲茶片区 包括有甲茶瀑布、阴阳洞、九曲十八湾、十里竹溪和拉七峡谷等。甲茶瀑布宽40米，高37米，水流跌宕向下交叉流淌，宛若素练。九曲十八湾中十八个河湾圈抱着十八个沙滩，出水口"阴阳洞"栖息着成千上万的燕子。竹溪两岸刺竹如兵如林，小河如诗如画，游鱼可数，翠鸟婉鸣。拉七峡谷长狭窄幽长，水流平缓，崖壁上怪石突兀，溶洞竹树交织。

西凉拉安河片区 包括拉安河峡谷、十六道浪偏坡天生桥、岜令河谷等，以滩多湍急的峡谷、保持完美的原始森林以及幽深神奇的溶洞为主要特色，景区民俗民情古朴独特，沿岸仍有转动的水车、石碾、石磨、石碓，以及古老的手工造纸作坊。

龙塘片区 包括龙塘湖、青龙洞、青龙峡、卧龙洞、松茶瀑布群、炼石峡、红岩河谷、摆浪河峡谷和黄土坝布依族民族村寨等，以山、水、峡谷、洞、林、湖、瀑、石集于一身融为一体。

景区的自然山水与田园风光、民族村寨交相呼应，具有较高的游览、观光、文化和科学价值。

榕江苗山侗水风景名胜区

榕江苗山侗水风景名胜区是国家级风景名胜区，位于贵州省黔东南自治州榕江县，景区面积174平方公里，以丰富奇异的百年古榕群和贵州侗苗文化组源地为主要特征，包括三宝千户侗寨、宰荡侗族大歌、"七十二寨"侗乡、都榕、龙塘奇观、十里百瀑六大景区以及晚寨琵琶歌、苗族百鸟衣之乡摆贝苗寨等39个独立景点。古朴的侗寨，宏伟的鼓楼，耐人寻味的"不落夫家"婚俗，流传了千百年的、带有侗族母系氏族时期印记的"祭萨"节，农历六月六的侗族人民答谢耕牛的"洗牛节"，构成浓郁古朴的侗家风情，侗族文化底蕴深厚。

三宝千户侗寨景区位于寨蒿河畔，昔时洪水泛滥冲击河岸，该地侗族人民为抵御河水对沿岸的冲刷侵蚀，于河沿岸边遍植榕树作河堤抵御洪水，经过数百年的精心培植，形成绿色护河长堤，百年左右树龄的榕树有190多株。侗寨中建有三宝鼓楼，为目前世界最高、楼层最多的鼓楼。侗族祭萨仪式"萨玛节"神秘古朴，是南部侗族现在最古老而盛大的传统节日，侗族琵琶歌和侗族民间故事《珠郎娘美》也具有极高的历史文化价值。

宰荡侗寨周围古枫挺立，山清水秀，在服饰和房屋建筑上保持着传统侗族特色。侗族大歌被誉为"歌的海洋"，歌词主要以歌唱爱情、歌颂本民族的英雄人物、再现现实生活和历史，歌唱美好的大自然为主。演唱时，多是每段先由领唱者唱，而后人人随声合唱，节奏自由，缓急在序，高低协调，和声完善。侗寨内的巷道用青石板拼嵌，侗族传统建筑"干栏"式楼房随处可见，为本质结构，高约二丈，深两丈，多是三间相连，每间宽约丈余，两端有偏厦。盖青瓦，呈四面流水。屋顶垒一瓦堆。或砌成"金钱"形状。一楼多为柴棚或牲口圈，二楼住人。宰荡侗寨鼓楼建于清朝乾隆年间，外观雄伟，造型独特，为单檐歇山顶民居式木瓦结构建筑，楼高12米。鼓楼底层中央有圆形的火塘，直径1.8米，四周均置有长凳；楼顶为八角攒尖，葫芦宝顶上雕有鸬鹚1只，造型别致，风檐板上绘有双龙抢宝、人物故事、牛马虫鱼等彩色图案。鼓楼底层周围建有花窗，窗格上雕刻和各种花鸟，形态各异，栩栩如生。宰荡风雨桥始建于清乾隆年间，为亭廊式七开间，桥长17.4米，宽3米，上建桥廊，悬山顶，上覆青瓦，廊沿置板桥栏，栏内置长凳，长廊正顶上置二重檐桥楼，小巧玲珑。

"七十二寨"侗乡原始植被密布，花桥、吊脚木楼隐约可见，侗家的雕房刻有人物花卉、飞禽走兽等，工艺精湛，其中一幢三层吊脚楼式雕房保存完好，人字型房顶，青瓦盖顶，瓦檐呈六角形，飞阁重檐，所有图案用红、绿、白等几种颜色点缀，瓦檐六个角雕刻有龙图，房屋四角都雕刻有龙凤等精美图案。寨门口有热情好客的侗家人唱起的"拦路歌"和姑娘们的"迎宾曲"，侗族女性服饰雅致清秀，穿大袖右衽宽衣，衣襟袖口镶宽边大滚，每逢节庆，全身上下佩戴银饰。远古至今，侗乡七十二寨男女青年是通过窗上恋歌的方式来完成美好姻缘。侗歌有《爬窗孔情歌》、《行歌坐夜歌》、《酒歌》和《拦路歌》等，青年求爱方式十分奇特，男方去爬女方的窗孔，经过每晚爬窗孔同姑娘对歌谈情说爱，双方建立了深厚的感情后，男方就请媒人去求婚，然后带着礼钱和礼物去女方家"垒娜"（订婚）。经过办正婚酒，双方就正式成婚。

龙塘湖水面积约140亩，水最深处24米，四周山形奇特，松竹桃李掩映。每年立秋之后，塘水三色，或绿、或黄、或为乌黑色，三色互变，奇幻异常。龙塘有一座高约40来米高的小山，山上的龙王庙旁有一棵百年大树，每当炎炎盛夏烈日当空时，这株老鼠杉便飞下毛毛细雨，很是奇特。龙塘上的猪槽船当地人用一段笔直的杉木挖空中部，做成猪槽状而成，船身长约4米，船宽仅40厘米，有独木的，也有双木的，阳春三月，住在塘边寨子的苗家姑娘和小伙，撑着猪槽船在塘中漫游，谈情说爱。每年4月，龙塘映山兰盛开，千树万树，形成紫蓝色的花海。

榕江月亮山苗族的历史文化是世界苗族中最古老、最原始的，兴华摆贝苗寨是月亮山中最古老的苗寨之一。民族村寨历史悠久，民族风情原始神秘古朴，民族文化底蕴丰厚。其百鸟羽毛服饰，蜡染堪称一绝。古老庄重肃穆的鼓藏节、古瓢舞等民族风情具有独特价值。

石阡温泉群风景名胜区

石阡温泉群风景名胜区是国家级风景名胜区，位于贵州省石阡县城区和县城东北部和南部，总面积54平方公里。景区由石阡温泉与古建筑片区（县城）、地下热河凯峡河片区、楼上古村落片区和鸳鸯湖独立景区四个部分组成，主要景点有石阡温泉群、佛顶山、鸳鸯湖、民族古村落、明清古建筑以及红"二六"军团司令部旧址。景区内自然环境和生态环境良好，景区内森林覆盖率达65%以上。

石阡温泉群　石阡县地热资源十分丰富，迄今已知地热矿泉有20处，30个出露点。典型的有城南温泉、万安温泉、凯峡河地下热水河和施场温泉等，终年暖气沸腾，恒温为45℃。含有适量硫化氢，可疗痫患、愈风湿，故有"灵泉"之誉。最具历史代表性的是石阡城南温泉，又称"石阡温泉"，始建于明万历三十四年，依山傍水，筑池盖房，后又续建太白楼及聚景亭，历经改修，日臻完备，留下长廊、民塘、官塘、女塘、聚景亭、武侯祠、太白楼、斗姆阁、茶楼、写塔、碑林等遗址。水从石隙中冒出，泡涌若喷珠，水滚若沸汤，清澈若明镜，倾泻若帘垂，久晴不涸，久雨不涨，四时如一。地热矿泉含有氡、锶、硒、锂、硅酸等微量元素，品质优良并具有医疗保健作用。

佛顶山　位于石阡县境南端，最高峰1869.3米，原始风貌保存完好，有众多的名贵林木和珍稀野生动植物，还盛产中草药。景点有金顶云海、垂帘飞瀑、飞凤朝阳、叮咚坡、九大金盘、古藤岭、古树群、尧上民族村寨等。

鸳鸯湖　位于石阡县城东南面10公里左右，是修建山坪水库形成的人工湖泊，因有成千上万的野生鸳鸯栖息于此而闻名于世，这些成千上万的鸳鸯或浮于湖面或振翅于空，景象极为壮观。整个湖区自然生态环境质量优良，绿树葱荣。

楼上古寨　位于石阡县城西南10公里左右，现遗存有梓潼阁、明代马桑木民居建筑等历史文物古迹，还有民间布绣、丝绣、木石雕刻、寨内及四周有楠桂桥、十子九秀才墓、天福井、千年紫荆等历史人文景观。

石阡温泉点多、面广、出水量大，且大都位于林木葱郁、风光旖旎的河流两岸，空气清新，适宜休闲、旅游、探险和度假。

沿河乌江山峡风景名胜区

沿河乌江山峡风景名胜区是国家级风景名胜区，位于贵州省唯一的土家族自治县沿河县境内，总面积102.2平方公里。风景区以雄奇险峻和壮观秀美的乌江山峡风光及浓郁纯朴的土家民族文化为特色，集山水景观和人文景观为一体。

千里乌江在沿河境内132公里，形成89公里峡谷，乌江山峡由从南至北由夹石峡、黎芝峡、银童峡、土坨峡、王坨峡五个峡段组成。

乌江山峡奇峰对峙、岩壑幽深、纤道绝壁，怪石嵯峨，银泉飞瀑，古树多姿，惊涛拍岸，滩险浪急。

山重水复，犹如画屏展示，故乌江山峡亦称"乌江画廊"和"乌江百里画廊"。乌江画廊，风光旖旎，雄奇峻秀。

夹石峡为新滩到淇滩峡段，全长43公里，两岸山高齐云，多为绝壁，蓝天一线。峡首东岸石壁，有一棵五百年之古树，树根沿壁下延，至半壁处穿破巨石缝隙，内外几条树根将四吨重巨石裹夹，上下皆空，左右虚悬，视之若坠，谓之夹石，堪为奇观。峡内水急滩多，有七里、扶搭、三堆子、老窍子、三颗桩、鸭滩子、野猪子、七夹子、丛滩、雷洞子险滩，洪水激荡、风呼涛吼。峡中还有"木鱼洞"、"燕子岩"、"马尾瀑"、"游龙瀑"等景点奇观。峡尾为淇滩古镇，曾是通往德江、思南、秀山等县的咽喉要道，多为兵家争占之地。小镇依山傍水，多明清建筑"四合天井"和青石板街和黔东特区第四区革命委员会旧址、红军烈士墓等革命文物。

黎芝峡为黑獭至思渠峡段，全长13.3公里，是乌江山峡最为美丽的一段，据明嘉靖《思南府志》载："滩右有黎芝光焉，故名"。"黎芝光"指晴天右岸飞瀑高挂，从峡顶透过树枝漏下来的束束阳光在水雾中折射出的五彩光环。峡中滩多弯急，白浪滔滔。峡岸奇峰突起，巨石壁立，怪石嶙峋。有乌杨树、三星洞、剑劈岩、古纤道、牛肝、马肺、天鱼池、人字瀑、佛指山、上天石、仙女望夫、阴阳泉、天门石、香炉石、灵牌石、草帽石、一匣书、飞龙过江等景点。三星洞由大、小穿洞和珍珠洞组成，皆面临乌江，背倚绝壁，每个洞内钟乳石千姿百态，奇异绝妙，各具特色，堪称洞之明星，故名三星洞。剑劈岩，两岸相对像刀削一样光滑的绝壁。天门石，一石破裂欲崩，状似天门欲开。草帽石，顶灰沿黄，形如草帽。蛮王祭江，传说蛮王为感恩上苍赐予的乌江对土家人民的哺育和祭奠在乌江上死去的船工亡魂进行的祭祀。佛指山，在绝壁顶伸出五根巨石，有长有短，极似如来佛手掌上的五根手指。仙女望夫，犹如一土家妇女站在山崖凝视江面期盼远航的丈夫回归。上天石，险峻的山峰中托起一石墩，好像人工修饰过的四方巨石，直插云霄。人字瀑，从半山岩壁夹缝中喷射出一股清澈如玉的泉水顺地流入乌江，形成一巨大"人"字形瀑布，早年不干。飞龙过江，乌江岩壁上一石穴涌水飞流，形成瀑布，长年不息。暴雨后大水喷射而出，白雾直达乌江对岸，景色壮观。亦称"白龙过江"。

银童峡为思渠至毛渡峡段，全长8.26公里，峡内有银童子和张公子两座险滩。银童子滩，江面窄狭，滩流较长，惊涛拍岸，声若雷鸣；张公子滩，江面宽阔，江流曲折如弓，峰回岸转，奇绝壮观。峡中还有睡美人、一挑石、唐代务州故城遗址等景点。睡美人，由几座秀美的山峰组合而成，犹如一个美丽的女子美美地沉睡在绿色的地毯上，久久不愿离去；一挑石，为两巨石并排立于江岸，石高约5米，似一挑担子，俗称一挑石。唐代务州故城遗址，沿张公子滩西岸一山洞进入，为唐代务州治所，城分东西两门，现遗址犹存。

土坨峡为土坨子至洪渡峡段，长16.75公里，两岸峻峰绝壁对峙、山高水深、谷幽景美石奇。峡首西岸鲤鱼池有一土家古寨，土家吊脚楼建筑工艺极为精湛，民族风情浓郁。船行峡中，水复山重，时隐时现，如行迷宫之中。峡中有土坨子，鸡头子，龚滩，大银滩，小银滩等险滩。龚滩，巨石横卧江心，阻流成坎，浪高数米，水吼如雷，西岸是刀削石壁，形成长3000米的天然壁画，壁上无数青峰直插云天，山青水秀如画屏。石壁距江面约50米处有"蛮王洞"，传说蛮王孟获结诸夷反汉，集蛮兵于此，凭险抗拒蜀兵。峡内有土坨子滩和老龚滩两大险滩。由于滩多浪急，两岸礁石经过成千上万年的冲刷，就像经过雕啄过的一样，似莲花、似海花、似蜂窝。

王坨峡为洪渡温泉至小旁滩峡段，在洪渡镇境内，长7.6公里。江面时宽时窄，水流时急时缓，两岸林木葱郁，山环若屏，绚丽多姿。西岸，洪渡温泉自岩间涌出，清澈如玉，曲折流入江中。在其经过的地方，白雾袅袅升起，随风飘散。数里处可见白雾腾腾，茫茫一片，极为壮观。

乌江山峡的雄奇峻秀与沿河土家族的民俗风情交相辉映。土家族传统着滚边开襟的花边服饰，居依山傍水的干阑式住房，信奉土老司、祭祀土王，在崇拜祖先、饮食、婚嫁、丧葬、节庆和禁忌等方面具有独特的民俗习惯。手工艺作品精良，浮雕和镂空雕木石雕刻、土家银饰的制作、红白青颜色搭配的挑花刺绣及竹藤编织等工艺堪称一绝。民族歌舞特色鲜明，摆手舞、肉莲花、傩堂戏、情歌山歌、哭嫁歌、打闹歌、犁唱、乌江船工号子等自成体系。其中尤以土家傩堂戏和肉莲花最具特色。土家傩堂戏是土老司为人冲傩、还愿时演出的脸壳戏，一般剧情简单，角色不多，形式活泼，演唱生动，它既是一种古老的宗教活动，又是一种集文学、舞蹈、音乐、雕刻、绘画、戏剧于一体的古文艺活动，被誉为戏剧活化石。肉莲花，又名"莲花十八响"，起源于清光绪年间的沿河沙子一带，是沿河土家族独有的一种传统体育舞蹈。

沿河乌江山峡景区自然风光与土家族民族风情交相辉映，独具特色。

瓮安江界河风景名胜区

瓮安江界河风景名胜区是国家级风景名胜区，位于贵州省瓮安县，总面积138.57平方公里。景区由江界河景区、猴场会议会址景区、穿洞河景区三个部分及8个独立景点组成，以红军突破乌江及江界河峡谷风光为特色，有距今5.8亿年的动物群化石景观，还有著名的猴场会议会址，集原始生态、峡谷风光、石林景观、长征革命文化、民俗风情于一体。

江界河景区位于乌江中游河段两岸，属典型的高原峡谷风光，水流湍急，两岸绝壁千仞，绵延数十公里，惊涛拍岸，峡谷轰鸣，蔚为壮观。震天动峡谷，位于江界河渡口上游3公里处，江面宽仅50米，两岸绝壁却高达300余米，在150米长的河道间，江面落差达10余米，以3米一级，三级跌落而下，跌落江水猛击江中丛立的巨石，发出震天动地的轰鸣。江天文笔，又名十八学士峰，位于江界河渡口北岸，在约3公里长的山岭上，18座山峰直刺天穹，如一排书画巨笔，"巨笔"倒影在宽阔的江面，形若笔入墨池。花龙口瀑布，位于江天文笔对面，瀑布高100余米，宽约20米，瀑上多树，依石而长。

江界河大桥，为世界第一跨度钢筋混凝土桁式组合拱公路大桥。大桥雄跨峡谷悬崖绝壁之上。桥长461米（主孔跨径330米），宽13.4米，高263米。是重庆、四川经贵州入海通道的捷径。

猴场会议会址景区位于县境内的草塘镇周边地区，是以红军长征的重要史迹为主的人文景观。

穿洞河景区位于瓮安河中段，其下游汇入乌江，属于河谷风光带。穿洞河水帘洞，其瀑布高6-8米，瀑布宽50米，景观蔚为壮丽。水帘洞长50米，恰似一座天然的隧道式桥梁，自古以来就是商旅交通的重要通道。

遵义娄山关风景名胜区

遵义娄山关风景名胜区位于贵州省遵义市和桐梓县，由乌江、播雅天池、禹门、遵义历史文化名胜、金鼎山、海龙囤、娄山关、小西湖、夜郎等九个片区组成，有73个景物景观，8个独立景点，总面积269平方公里。遵义为著名"遵义会议"会址所在地，其他革命历史遗迹众多。娄山关雄、奇、险、峻，是红军长征取得第一次重大胜利的遗址所在。有国家级文物保护单位杨粲墓和茅台酒为代表的酒文化。由峡谷、湖泊、溶洞、森林、气象景观、生物化石等组成的自然资源品位较高。

遵义会议会址　位于遵义老城琵琶桥，是一座坐北朝南的两层楼房，青砖红瓦，中西合璧，包括主楼和跨院两部分。它原是贵州军阀柏辉章的公馆，建于20世纪30年代初，是当时遵义最宏伟的建筑。1935年1月，中国工农红军长征占领了遵义，这里成为当时红军总司令部的驻地，中共中央在这里举行了具有重大历史意义的政治局扩大会议，成为中国革命生死攸关的转折点，即著名的"遵义会议"。20世纪50年代进行了会址复原，建立了遵义会议纪念馆，毛泽东题写的"遵义会议会址"6个大字悬挂于门楣上，主楼楼上右侧一间房即当年的会址，现按原样陈列。在遵义市区，还有红军总政治部旧址、遵义会议期间毛泽东等领导人的旧居、迎红桥、红军之友社旧址、红军地方工作部旧址、遵义赤色工会旧址等革命遗址。

娄山关　又称娄关、太平关，在遵义县大娄山中，群峰之中的唯一通道，是由川入黔的交通要道，现川黔公路和铁路经此。娄山关地势极为险要，历来是兵家必争之地，明清两代在此曾多次发生激烈战斗。1935年2月25日至26日，中国工农红军第一方面军与黔军大战娄山关前，经过反复争夺，歼灭黔军两个团，揭开了遵义战役的序幕。毛泽东填有《忆秦娥·娄山关》词一首，描写红军指战员英勇奋战的壮烈情景。现娄山关上有大理石碑，上面镌刻毛泽东手书《忆秦娥·娄山关》词。

海龙囤　又称龙岩囤，在遵义县太平乡龙岩山东，居群山之巅，四面陡绝，左右环溪，仅山后一条小道可以攀登。现尚存建筑物基础及完整的围墙、敌楼、卡门和碑刻。囤上有杨应龙于明代万历二十四年立的示禁碑。

禹门山　在遵义县东禹门乡。山上林木茂密，地势平坦，风景秀丽。明代这里建有沙滩寺，清初改称龙兴禅院，顺治年间易名禹门寺，广建禅院及藏经楼，后重修，建筑宏伟，巍峨壮观。乐安江流经山下，江边古树参天，洞壑幽深，有摩崖石刻，书法雄浑苍劲。平远桥位于山前，结构宏伟。桥头大悲阁，建于明代，供奉蜀汉名将关羽。

梵净山太平河风景名胜区

梵净山太平河风景名胜区位于贵州省铜仁地区，武陵山脉中段，总面积160平方公里，有太平河漂流、鱼良溪、龙阳仙人桥溶洞群、黄郜山景区及白水洞、王家山、肖溪习峡谷、双江等景点。森林资源丰富，生态极佳，野生动植物众多。万卷书、蘑菇石、金顶、金刀峡等地质地貌景观观赏、科考价值较大。太平河景区以山、水、古树林木及田园风光为主；鱼良溪以屏、崖、障、壁为特色，有100多个景点；龙阳仙人桥溶洞群以喀斯特地貌断层、褶皱、裂隙发育为主；黄郜山景区有黄郜山、地落水库、何家坝等景点。

梵净山历史上被称之为三悟山、三山谷、九龙山，到明代万历年间改为今名，它以其独特的地质地貌景观观赏、生物资源著称。梵净山最高峰凤凰山海拔2570.5米，次高峰老金顶海拔2493.4米，烂茶顶海拔2412米，与四周低山、河谷盆地相对高差达2000米以上。梵净山在地质构造上位于穹状背斜轴部，山体抬升后，节理发育的水平状板岩在寒冻风化作用下雕塑成嶙峋怪石，故而山中奇峰突兀，怪石林立，著名的有万卷书、磨菇石、擎天柱、老鹰石、锯齿石、太子石、老金顶等。

万卷书即新金顶，和老金顶同处山巅，百峰雄峙，高出四周百米左右。万卷书由层理十分清晰的水平状板岩组成，从侧面眺望，高约80~90米的大屋，层层板岩恰似一册册巨大的线装书堆成的万卷书库，故名。

老金顶是一挺拔峻峭的独立石峰，相对高差约90米，四周全是悬崖绝壁，难以攀登。石峰顶面积约30平方米，有一条40米深、2米宽的裂缝一分为二，有一条石拱桥相连，名为"天仙桥"。

舍身岩在金顶上，是一块长约1.5米的石头，悬空伸出，下临万丈深渊，脚踏上时，微微晃动，是金顶最险要之处。

九龙壁横宽约2000多米，垂直高差1100多米，每当晴雨变换之际，云雾中仿佛九龙舞动其中，向人间显示仙境的梦幻，极其雄伟壮观。

梵净山河谷幽深，流水湍急，断崖遍布，水随山势，山随水转，山水交融，气象万千，飞瀑流泉十分普遍，较大的飞瀑如鬼门关瀑布、青龙洞飞瀑、滴水崖瀑布、黑湾瀑布、铜厂沟瀑布等，落差在15米以上的就达23处之多。其中鬼门关瀑布在盘溪河上，河水一泻而下，突然跌入40～60米的深谷，仅五六米宽的花岗岩河床被水冲刷得明亮光滑，两边高峰耸立，一线天光，幽谷森森，故名鬼门关。青龙洞飞瀑汹涌澎湃的河水从岩壁上直泻而下，落差高达80米，激起数丈白雪，气势雄伟。滴水崖则以纤丽秀美著称，涓涓细流，从50多米高的断崖上飘洒而下，似仙女舞袖长空飞洒。

梵净山地处中亚热带，古老的地质基础、复杂的地形和温暖多雨的山地气候，十分有利于动植物的生息繁衍，物种类型极为丰富，天然植物和林场保存比较完好，是我国重要的天然基因库。梵净山森林覆盖率在76%以上，木本植物有406种之多，特有物种有贵州紫薇、贵州杜鹃、梵净山冷杉、黔蜡瓣花等，珍稀物种有银杏、连香树，以及铁杉、冷杉、长苞铁杉、南方红豆杉、穗花杉等，尤其是珙桐林总面积达80多公顷。

梵净山已发现陆栖脊椎动物304种，珍稀保护动物有黔金丝猴、华南虎、熊猴、红面猴、林麝、毛冠鹿、苏门羚、穿山甲、禽鸟鸳鸯、红腹角雉、白冠长尾雉、红腹锦鸡、大鲵、大绿蛙等。其中最珍贵的动物是黔金丝猴，梵净山为其在世界上唯一分布区，是世界濒危物种之一。

梵净山还曾是佛教名山，有许多人文景观和故址，如明代重建梵净山金顶序碑、清道光年间禁砍山林碑、金顶摩崖石刻等。其中清禁砍山林碑记述："照得铜仁府属之梵净山，层峦耸翠，林木翳荟，为大小两江发源，铜思数郡保障。"表明历史上对梵净山的环境保护已为人们所认识。

百里杜鹃风景名胜区

百里杜鹃风景名胜区位于贵州省毕节地区大方、黔西两县交界处，分为大方、黔西两大片区，由普底、百纳、大水、嘎木、金坡、仁和、红林等7个景区组成，总面积106.66平方公里。

风景区内山峦波状起伏，谷地宽阔平坦，发育有千姿百态的岩溶形态、凹地漏斗和落水洞。

百里杜鹃风景名胜区地处我国杜鹃花分布中心边缘，和该中心向周围扩展的过渡地带，有杜鹃混交林疏林79.73平方公里，整个杜鹃林带宽1～5公里，长50公里。我国是杜鹃花的发祥地，百里杜鹃初步查明有23个种类，占世界杜鹃花五个亚属中的四个亚属，资源价值较高。主要有马缨杜鹃、水红杜鹃、映山红、树形杜鹃、狭叶马缨杜鹃、团花杜鹃等类型。

普底景区堪称百里杜鹃的缩影和精华，可观赏到纯白、银粉、水红、大红、乳白、橘红、紫色等色彩丰富、种类繁多的杜鹃；百纳景区多泉源瀑布，高山杜鹃的背后是原始森林、沼泽和草场；嘎木景区有保存完好的原生马缨杜鹃林带；金坡景区山岭起伏，花林延绵，树型多变，有集中成片的马缨杜鹃；仁和有杜鹃鸟的动人传说，相传为古蜀帝杜宇之魂魄所化，又称杜宇、子规，有以深红、水红色为主的原始状态的杜鹃林。

百里杜鹃风景名胜区世代居住的彝、苗、布依、仡佬等二十多个少数民族，占当地人口一半以上，民族风情古朴多彩。每年4～5月份各色杜鹃递次开放，花如海，人如潮，时值彝、苗族为主体的插花节、火把节、彝族年期间，尤其苗族人民的"跳花坡"引人入胜：成百上千的苗族青年绕着花树，翩翩起舞，如醉如痴。

百里杜鹃风景名胜区内名胜古迹众多，有国家级文物保护单位奢香夫人墓和奢香博物馆，有观音洞、武庙、千岁街碑、阁雅古驿道、九层衙门遗址，有红军长征烈士纪念碑，"黄家坝阻击战"也在此。

花溪风景名胜区

花溪风景名胜区位于贵州省贵阳市，离市区17公里，面积55公顷。

花溪原名花仡佬，是一个汉、苗、布依、仡佬等民族杂居的地方，20世纪30年代改为今名。抗日战争时期，花溪始辟为公园。新中国成立后又大加扩建，新建了楼台亭阁、步蹬飞桥、茶座花圃。如今，村寨、碾房、稻田、菜园、樵唱、渔歌相交织，使花溪更显得山青水秀，风景如画。南明河纵贯花溪地区，又名花溪河。沿溪两岸，秀峰林立，溪中礁石累累，水浅处可以涉足，水深处可泛舟。山水交融，田畴交错，花溪的山与水都各具特色。

花溪的山小而玲珑，秀丽而多姿。景区内有著名的以麟、凤、龟、蛇命名的四山，虽不算高，却充满灵气。麟山上有曲径可攀登，攀上麟山顶点，有一楼阁名"飞云阁"，登阁放眼眺望，花溪风光尽收眼底。凤山苍松翠柏，竹影繁茂，附近有一花圃，四时名花常开不败，花圃旁有玉棋亭。龟山在花溪山水中心，高旷宏阔，山上有一楼阁，与麟山的"飞云阁"相对，名为"中山堂"。站在中山堂俯瞰花溪，流水淙淙，瀑布和山石相间，使整个山区都活灵灵的。蛇山与龟山对峙，中隔一水，蜿蜒起伏，形如巨蟒。山上建有观瀑亭、蛇山亭等。

花溪的水，清澈碧绿，一眼可见底，水中游鱼可数。从花溪桥到碧云窝，河水出入两山对峙之中。溪边的芙蓉洲宛如翡翠铺就，桃花滩似飞起的银练。龟山山麓有坝上桥，桥下河水奔流，瀑布直泻。坝上桥不远即是碧云窝，这里水平如镜，四面突而中间洼，半壁林木参天，浓荫蔽日，古藤蔓萝，掩映阳光，一碧无缝，故名碧云。花溪在百步桥又独具特色，有石磴百具，弯弯曲曲置于河坝上，站在桥上，脚下河水奔流不停，有声有势，飞溅的水花如飞珠泄玉。

花溪是花的世界，除人工栽培的花卉外，更多的是漫山遍岭的野花。一年四季，百花争妍，空气飘香，不愧"花溪"之名。

云南省

路南石林风景名胜区

路南石林风景名胜区是国家重点风景名胜区，位于昆明市东南约126公里的石林彝族自治县（原名路南彝族自治县），包括大小石林、乃古石林、芝云洞、奇风洞、大叠水、长湖、月湖等7个景区，154处景点，总面积350平方公里。

风景区内石灰岩长期侵蚀风化形成大片石柱、石芽，远远望去，宛如林海，人们称之为石林。这些石柱高度在20～40米之间，成形于200万年前，常见的有单、双体造型，还有罕见的群体造型和动态造型，或如母子偕游，或如爷孙闲坐，或如灵芝，或如利剑，奇峰异石，千姿百态。石林分布面积和岩柱高度在世界石林中均属遥遥领先。

当地撒尼族（彝族的一个分支）人民的歌舞、风情，更使风景名胜区增添色彩。

石林 原名李子箐，由大石林、小石林和外石林三部分组成，面积1200亩。

石林湖湖中伫立一组石峰，湖光峰影，像一个巨大的盆景。其中名为"出水观音"的石柱，形态奇异，引人入胜。

大石林峰高林密，曲径穿行在石林的缝隙之中，宛如迷宫，狭窄之处则在石缝中通行。进入石林，如入迷宫，峰回路转，别有洞天，景点众多，美不胜收。

登上望峰亭，居高临下，只见这是一片莽莽苍苍的石峰海洋。下望峰亭，进入林海深处，可以见到"凤凰梳翅"、"双鸟戏游"、"少女骆驼"、"书生赶考"等岩石造型。

剑池是一泓碧波深潭，石路成桥，在水中曲折行进。潭中有一长石如剑，笔立水中，称为剑峰。剑峰池附近有惊险万分的石门"千钧一发"和"且住为佳"的石洞。剑峰以北，有一孤峰的顶端酷似一朵莲花，顶端可容人站立于上观景。

小石林紧邻大石林，林中石峰较为疏朗，绿草如茵。林中的草坪是当地撒尼族人民每逢农历六月十四日欢度火把节的场所。

小石林中最著名的石峰是阿诗玛。在一个清潭边，耸立一座石峰，酷似一个身材高挑、风姿绰约的撒尼族少女，背着四方箩，缓缓走来，这就是阿诗玛的造型。阿诗玛在撒尼族传说中是不畏权贵、不贪钱财、历经磨难、执着追求爱情并为此而献身的少女，电影《阿诗玛》又使她名扬中外，如今阿诗玛已成为撒尼姑娘的代表和通称。

外石林是石林的外围景区，方圆数十里，林外有林，峰外有峰，有"母子偕游"、"迈步从容"、"苏武牧羊"、"骆驼骑象"、"天鹅远瞻"、"五老峰"以及"万年灵芝"等景点。

乃古石林 位于大石林东北10公里处，乃古为撒尼语，意为古老、黑色，因岩石呈黑色得名。乃古石林面积近8平方公里，由四片石林组成，景象奇幻，具有雄伟、粗犷、古朴、神奇、开阔等特色，有"古城堡"、"龙吟虎啸"、"老象出山"、"骏马飞奔"等96个景点。

乃古石林附近还有水库、地下河和溶洞。其中白云洞景美形奇，有18个有神奇传说的景点。站屯村的幽谷仙瀑落差57米，美丽壮观。

芝云洞 在距石林5公里处。大芝云洞深370米，钟乳石奇形怪状，有景点20多处，有许多神话传说，明代起即列为路南八景中的"石洞仙踪"。小芝云洞又名叠云岩，洞中有莲花仙境、青蛙王子、莲花公主、大青树、火把山、叠云峰、蚌壳花等23个主要景观，构成一个以景叙事的撒尼爱情神话故事长廊，比大芝云洞更胜一筹。附近还有天生桥等景点。

奇风洞 在石林西北5公里，由奇风洞、洞口石林、十余米长的小溪和虹吸泉组成。奇风洞洞口直径仅1米，却以其会"呼吸"而出名：每年雨季（6～10月），奇风洞会时而吹风，使人如置身风中，可将洞外火苗冲起两三米高；时而吸风，可将洞外火烟吸入洞中。虹吸泉也相应地涨落。

大叠水 在距石林县城23公里处的陷塘村，是巴江形成的两处较大的落差，包括大叠水和小叠水两处瀑布。

大叠水宽30多米，落差87.8米，流量雨季达每秒150立方米，瀑流飞腾，如万道玉龙直坠深潭，惊险壮观。晴天阳光照射水珠，形成"倒撒金钱"奇观。冬春季瀑布流量较小，水流清澈，如三条玉龙飘摇而下，云雾迷茫，昔称"叠水蒸云"。最奇特的是瀑布喷水奇观：瀑布半中间会突然"哗啦"一声，一股气流从瀑后洞中冲出，将瀑布水流冲出老远，数日一次。

小叠水瀑布高约20米，瀑下深潭中有巨大的礁石，形如鲤鱼，名鱼巨石，有观音作法化鱼为石的传说。

长湖 在石林城东15公里处的维则村旁，长3000米，宽300米，形如东西横卧的春蚕。湖水由地下水补给。湖周林木掩映，山石错落。湖中有两座小岛，岛上有松林草坪，绿水青山，风景优美，如世外蓬莱。每年撒尼人在长湖举行隆重的火把节。

月湖 在石林东15公里处，由一组大小湖群和岩岛组成，各个湖泊相互毗连，一湖一景，景景诱人。月湖是其中最大的一个，也是石林县最大的湖泊，面积3平方公里，湖周长12.6公里，形如一弯新月。月湖西南岸群石林立；东南岸山峦起伏，林木葱郁；北岸绿草如茵。湖边苇草丛丛，野花点点；湖中有三个岩石组成的小岛，如明珠镶嵌在翡翠之上。

大理风景名胜区

大理风景名胜区是国家重点风景名胜区，位于云南省大理白族自治州，是以苍山洱海为中心的湖泊山岳型风景名胜区，包括剑川县石宝山景区和宾川县鸡足山景区。苍山挺拔秀丽，洱海碧水清波，银苍玉洱，交相辉映，明媚秀丽，形成大理的"风花雪月"四大奇景：下关风、上关花、苍山雪、洱海月。这四景盛名远扬，有人将它编成小诗："下关风，上关花，下关风吹上关花；苍山雪，洱海月，洱海月照苍山雪。"

大理是白族等少数民族的聚居地，是"五朵金花"的故乡，有丰富多彩的民居、民俗和许多优美的民间故事、神话传说。

大理市在滇西，是大理白族自治州首府，是洱海之滨的国家历史文化名城，由大理老城和下关（市区）两部分组成。汉属益州，唐宋为南诏、大理的国都，元为大理路治，明清为大理府治。旧城三月街又名观音街，是白族三月集市古街。街旁有记述元忽必烈平大理国并建云南行省史实的世祖皇帝平云南碑。旧城南的感通寺，为南诏、大理国时期的名刹。下关附近有南诏时期的蛇骨塔和佛舍利塔，塔北有南诏国早期都城太和城遗址，遗址上有著名的南诏德化碑，记述着南诏初期历史及与唐王朝的关系。下关东北的团山是一览市区和苍山洱海风光的佳地，建有洱海公园。

点苍山 又名灵鹫山、苍山，位于大理市西北，是横断山脉中段的一座名山。云、雪、峰、溪为苍山的四大奇观。

苍山由北向南，绵延约50公里，屏列着雄峻的苍山十九峰。主峰马龙峰，海拔4112米。苍山群峰嵯峨壁立，挺立云端，峰顶萦云载雪，银光闪烁。十九峰间清泉奔泻，形成苍山十八溪。山中碧溪飞瀑，古树参天，风景别有洞天。苍山的飞云变幻多姿，时而淡如轻烟横拖，时而浓似泼墨凝聚，变幻莫测，尤其以"玉带云"和"望夫云"最著名。在夏秋之交，常有一条乳白色的"玉带云"横束在苍翠的山腰。有时，碧空中会突然出现一团灰白色的云，宛如一位白族少女探身眺望着洱海，这就是"望夫云"。

苍山有3000多种植物，是我国植物资源宝库。

蝴蝶泉 在苍山云弄峰，原名无底泉，有许多动人的传说，相传古代一对情人在此投潭殉情化为一对蝴蝶，故名蝴蝶泉，是大理著名景点。电影《五朵金花》中"蝴蝶泉边找金花"描写的就是这里。

蝴蝶泉深约4米，水面20平方米，围有大理石栏杆。泉旁边有一棵古老的合欢树，枝干覆盖泉上，每年春夏之时，繁花满树，无数蝴蝶汇集于此，上下翻飞，当地称为蝴蝶会。现蝴蝶泉周围配建有许多建筑，形成面积达百亩的蝴蝶泉公园。

洱海 在大理城北、苍山脚下，长42公里，宽25公里，形如人耳，方圆百余公里，湖面海拔1966米，为著名的高原淡水湖泊。

洱海湖水清澈，常有风浪，天光水色，变幻莫测。湖周田野阡陌纵横，渔村错落有致，颇有世外桃源之意。湖中有岛，湖岸有很多沙洲和崖壁，形成"三岛"、"四洲"、"五湖"、"九曲"等自然风景，可乘船周游。

金梭岛是洱海三岛中最大的一岛，有南诏避暑宫遗址，文笔山下建有罗荃寺。玉几岛又名小普陀，高出湖面仅4米，岛上建有两层方形小楼观音阁，四季香火不断。赤文岛是洱海中唯一的半岛，形如长柄巨勺，林木葱茏，渔村掩映。

洱海最美的时刻是月夜。月色下的湖面显得朦胧而缥缈，风来波动，水波载着月光，犹如万点繁星。水涵月影，迷茫而空灵，月夜的洱海别有一种梦幻般的秀雅风姿。"洱海夜月"遂成著名的一景。

洱海公园 位于下关城东北郊团山，面积110多公顷，建有供观赏洱海风光的望海楼，在楼上极目远眺，苍山巍峨而粗犷，洱海则绮丽而柔美。苍山银峰，一一倒插湖中，银苍玉洱交相辉映，各呈其异。园内遍种花木，四季奇花不断，尤其是山茶花品种繁多。

大理三塔 位于古崇圣寺旧址，也叫做崇圣寺三塔。三塔是规模宏伟的崇圣寺的一部分。雪峦万仞的点苍山峙其后，碧波森森的洱海横于前，三塔像巨鼎的三足拔地而起。气势雄伟壮观。三塔的主塔名千寻塔，高69.13米，为方形16层密檐式，是我国古塔中偶数层数最多者。千寻塔建于唐代南诏，塔心中空，塔形与西安小雁塔相似，是唐代中原汉族与大理白族人民文化交流的结晶。千寻塔西，等距约70米处，是南北两座小塔，各高42.19米，为八角形10层砖塔，塔身有佛像、莲花等浮雕。三塔布局统一，造型和谐，浑然一体。

石宝山 在剑川县城西南25公里处，有石钟寺、宝相寺、宝顶寺和海云居等古寺院，其中宝相寺以建造于悬崖绝壁上而著名，其支峰石钟山有宏伟的石窟群。每年农历正月和八月，有两次传统的对歌会。

石钟山石窟群分为石钟寺、狮子关和沙登菁三区，共17窟，133尊造像。石窟建于南诏和大理时期，历时300余年。其中石钟寺区第一、二窟雕有南诏王像，场面恢宏，富丽堂皇；第三至第七窟主要是佛像和婆罗门教神像，造型生动，各显妙相。

鸡足山 在宾川县城西北约40公里处，佛教名山之一。主峰天柱峰，又称金顶，海拔3200多米，登临其上可东观日出，西望祥云，南眺苍山洱海，北望玉龙雪山，峰顶有高42米的13层方形空心砖塔楞严塔。山上金顶寺，是全山最著名的胜地，寺内有西藏送来的铜佛，还有乌铜铸成的2米多高的大香炉等宗教文物。寺下的华首门，是天然石门。对面有铜铸太子阁，略小于金顶寺。还有巍峨宏伟的祝圣寺，寺内有鸡足山历史图书文物及形态各异的五百罗汉。此外供奉8米多长卧佛的睡佛寺也很著名。

西双版纳风景名胜区

西双版纳风景名胜区是国家重点风景名胜区，位于云南最南端，以景洪市为中心，包括西双版纳傣族自治州景洪、勐海、勐腊三市（县）地域。景区划分为景洪、勐海、勐腊三大风景片区，19个景区，800多个景点，总面积1202平方公里。

西双版纳是傣、汉、哈尼等多民族聚居地区，自然风光十分诱人，尤以美丽的热带风光和原始森林著称，在热带雨林中有大象、犀牛、长臂猿、孔雀等珍奇动物，名胜古迹有景洪曼飞龙塔、勐海景真八角亭、勐腊葫芦岛热带植物园等。土特产有勐海普洱茶，名食风味佳肴有各种民族风味，还有西双版纳香蕉、芒果，勐海天然樟脑，版纳地毯，傣族、哈尼族织锦刺绣品，孔雀翎等也很有名。

景洪 又名允景洪，傣族地名，意为黎明之城。景洪是西双版纳州首府，也是西双版纳风景名胜区的中心。景洪是傣族聚居区，民族风情浓郁，热带风光非常迷人，旅游景点多。

孔雀湖公园位于景洪城中心，孔雀湖碧水清波，可荡舟游玩。园内饲养着孔雀、巨蟒等野生动物。

春欢公园也位于景洪城区，面积350亩，是一个天然森林公园，建有曼飞龙白塔和景真八角亭的复制品。园旁是曼听寨和曼听佛寺，形成公园、村寨和佛寺三位一体的旅游点。

民族风情园位于景洪南郊，包括南园和北园，面积1000亩。南园有热带水果、植物标本、人工沙滩等三个游览区，是西双版纳自然景观的缩影。北园有由傣族、哈尼族、瑶族、基诺族等民族小楼组成的民族风情展览，还有定期的民族游乐活动。

澜沧江在景洪穿城而过。傣族有"一日三浴"的习惯，澜沧江是他们的沐浴之处。在城中心，建有澜沧江大桥。在大桥附近，可看到一幅幅独特的傣乡风情画。

曼飞龙白塔 位于景洪市西南70公里的大勐龙的曼飞龙山顶，始建于1204年，由大小9座塔组成。砖石结构，主塔高16米居中，小塔分立八角，秀丽挺拔，新颖别致。

热带植物园 位于勐腊县西96公里的葫芦岛上。始建于1958年，占地2000多亩。有珍贵植物千余种。

野象谷 在三岔河森林公园内，这里是热带森林，栖息着许多野生大象，如同大象王国。在谷内，到处可看到大象的足迹，听到大象的声音，有机会直接接触到野生的大象。而最为刺激的，则是晚上到林间"探险"，到树上旅馆过夜。这里是野象经常出现的地方，人工建有一水塘，水里放上野象等动物爱吃的盐巴，只要耐心守候，就可观察到野象等动物来此饮水、滚泥和玩耍。

景真八角亭 在勐海县城西14公里处的景真山上。亭子始建于1701年，高20余米，亭子平面为别致的八角状。建筑造型独特，工艺精湛。

橄榄坝 在从景洪沿澜沧江而下约40公里处，这里江水清清，林木葱绿，孔雀飞舞，群莺鸣唱，一派热带风光。傣族佛寺和竹楼相映衬，为一处秀色别具的天然公园。

每年清明节后公历4月13～15日为傣族新年，通称泼水节，附近村寨群众多汇集于此，互相泼水，浴佛，划龙舟，跳象脚鼓舞，共祝人寿年丰。

三江并流风景名胜区

三江并流风景名胜区是国家重点风景名胜区，被联合国教科文组织列入世界遗产名录，位于云南省西北横断山脉纵谷地区，金沙江、澜沧江、怒江三条大江在云南省境内平行奔流400多公里，最近处直线距离仅66公里，这种景象世所罕见，加之无际山野峡谷，形成地貌奇观。风景区分金沙江、澜沧江和怒江、独龙江三个片区，8个景区，60多个景点，面积3500多平方公里，被联合国教科文组织列为世界遗产。

三江并流风景名胜区内高山雪峰横亘，梅里雪山连绵数百里，太子雪山海拔6740米，是云南第一高峰。有澜沧江石登至中排峡谷、怒江双腊瓦底峡谷等高山峡谷相间并行的大峡谷，在澜沧江沿途有欧亚板块和印度板块碰撞的地质现象。中甸县大小雪山丫口有秀丽的林海雪原景观。该风景区藏、纳西、傈僳族等少数民族聚居地民风民俗丰富多姿。

中甸县城中心镇，是迪庆藏族自治州首府，是本区的旅游基地，有归化寺、中心镇公堂等旅游点。中甸是云南著名的牧区，草原面积达百万余亩，夏季到处鲜花开放，碧草如茵，远处雪山皑皑，森林茂密，近处牛羊成群，组成一幅幅天然图画。

归化寺 在中甸县城北4公里处的佛屏山麓，是一处规模宏大的藏传佛教寺庙，藏名噶丹松赞林寺。始建于清康熙十八年（1679年），仿西藏布达拉宫依山而建，风格独特，面积达500亩。寺内文物众多，铜殿高大雄伟，一派金碧辉煌。

碧塔海 在中甸县城东南22公里处，面积约3平方公里，四面群山环抱，湖水主要依靠雪山冰雪融化汇积而成，清澈碧蓝，倒映着雪山白云和湖岸的森林，景色秀丽旖旎。

纳帕海 距中甸县城6公里，高原时令湖泊，每年7～9月的雨季，雨水汇积成湖，其余时间为陆地，是绿色的草地或沼泽。这里水鸟众多，有黑颈鹤、斑头雁、野鸭等。

白水台 在中甸县城东南103公里处的三坝乡白地村山坡上，是钙华地貌形成的一处台地。这里晶莹的白色碳酸钙泉水从坡上流下，水底是洁白的钙华，如同一层层的梯田布满山坡，天工巧成，蔚为奇观。白水台是东巴文化的发祥地，每年农历二月初八，附近群众都到这里朝拜，并举行盛大的歌舞活动，俗称"朝白水"。

梅里雪山 在德钦县城升平镇西，澜沧江西岸。梅里雪山连绵数百公里，雪峰相连，海拔6000米以上的雪峰有13座，称为"太子十三峰"，均被藏传佛教的信徒们尊奉为神。其中最高峰卡博格峰海拔6740米，是云南第一高峰，也是至今无人攀登上顶峰的处女峰。卡博格俗称"雪山之神"，是藏区八大神山之首，是藏传佛教信徒的朝觐圣地。

在距升平镇10公里的飞来寺，建有望峰亭，可一览雪山雄姿。亭边有纪念1991年17名登山健儿在卡博格峰失踪的纪念碑。路旁的碑刻和佛塔系为纪念1989年十世班禅大师在此祭山而建。

白茫雪山 在德钦县，山峰均在 4000 米以上，超过 5000 米的有 20 座，一片白雪皑皑，是横断山脉最巍峨壮观的一段。白茫雪山是金沙江与澜沧江的分水岭，从金沙江河谷到白茫雪山山顶高差达 3400 多米，两岸陡壁如削，具有从热带河谷到永久性冰雪带的完整气候类型。

白茫雪山是国家自然保护区，保护面积约 19 万公顷，区内有大面积的原始森林，其中有冷杉林和云南八大名花，这里生活着珍贵的滇金丝猴等珍稀动物，有"寒温带高山动植物王国"之称，为人类提供了动植物、水文、地理、土壤、气象等珍贵的自然自态原始底本。

沿滇藏公路北行，从中甸出发，过奔子栏，在大小雪山丫口，可眺望白茫雪山主峰。主峰高 5430 米，终年积雪不化，如同一根玉柱直插蓝天，雄伟壮丽，附近有茫茫林海，在白雪映衬下，十分壮观。

怒江峡谷 在怒江傈僳族自治州，是怒江与高黎贡山、怒山构成的大峡谷，南北走向，长达 310 公里，平均深度约 2000 米，山高谷深，水流湍急，两岸有众多的飞瀑流泉和许多奇特的地质地貌，险峻壮丽。

高黎贡山是国家自然保护区，有大面积的原始阔叶林区，森林覆盖率达 85%，有众多的珍稀动植物。

昆明滇池风景名胜区

昆明滇池风景名胜区是国家重点风景名胜区，位于云南省昆明市。

昆明位于云贵高原中部，平均海拔 1800 多米，三面环山，南临滇池，最冷月平均气温 7.8℃，最热月平均气温 19.8℃，年平均气温 14.8℃，因而四季气候温暖如春，夏可避暑，冬可避寒，被誉为春城。昆明常年百花盛开，春看樱花，夏观杜鹃，秋览名菊，冬赏山茶、玉兰、报春花，也是花的世界。

滇池为滇中高原的陷落湖，水面海拔 1800 多米，面积约 300 平方公里。西山为滇中名山，有"睡美人"之称誉，登山览湖，"五百里滇池，奔来眼底"，令人心旷神怡；山上林木苍翠，有元代华亭、太华西佛寺建筑群，有嵌缀峭壁之上的三清阁建筑群。西岸片区有大观楼、海埂、西园、曹溪寺以及城西北筇竹寺等重点景区、景点。东岸片区为滇文化发祥地，有呈贡龙潭山旧石器时代遗址、石寨山新石器时代遗址、天子庙、战国"滇墓"、晋城古镇等。

西山 耸立于昆明滇池西岸，距市区 15 公里。由罗汉岩、美女峰、太华山群组成的风景区，峰峦连绵 40 多公里，海拔约 2000 多米，又名碧鸡山。公园遍山林木葱郁，是著名的森林公园。从昆明东南远眺，西山如一位仰面向上睡卧的美人，头、胸、腹、腿历历在目，妩媚动人，故有"睡美人"之称。

华亭寺 又名云栖禅寺，位于西山腹地，始建于宋代，有大雄宝殿、天王殿、观音楼、撞钟楼、放生池等古建筑，以殿宇规模宏大壮丽著称。

太华寺 位于西山太华山的山腰，创建于元代，有大雄宝殿、天王殿、一碧万顷阁、缥缈楼等建筑。寺内花木繁盛，名花荟萃，幽香袭人，尤其以山茶、玉兰著名。寺周古杉成林，寺门口的银杏树传说为明初建文皇帝手植。

龙门 从殿阁层叠的三清阁至龙门一带，从石壁中人工开凿而成的石栈道及石室、石窟，崖壁上多摩崖石刻，称为"龙门胜景"，以奇、绝、险、幽为特色，是西山风景区的精华所在。龙门石雕的石道、石室、石窟等工程，为清代贫寒道士吴来清等人历时72载陆续开凿而成。

龙门在西山西端绝壁之上，下临滇池，为人工在绝壁中开凿而成。入口处有一圆柱石坊，上书"龙门"二字。入门处有一石栏围护的小月台。月台上可看远处白云悠悠，五百里滇池烟波浩渺，近处青山绿树，悬崖峭壁中掩映着石室石径。月台后石室正门刻有"达天阁"，阁内雕有魁星、文昌帝君、关帝等。整个工程均为在一天然岩石上精雕细刻而成。

聂耳墓 在西山上，为国歌作曲者聂耳之墓。聂耳（1912～1935年），云南昆明人，著名音乐家。此墓呈钢琴形，庄严大方，构思精巧，寓意深刻。

大观楼 位于昆明城西大观公园内，隔水西望太华山，始建于明代，清康熙年间，楚僧乾印在此讲经并建观音寺，后又扩建严华阁、涌月亭、澄碧堂，并建湖畔大观楼。乾隆时孙髯翁撰大观楼180字长联故而声名远扬。后又接纳李园、庚园、鲁园等，辟为大观公园。

公园位于城西南二公里的滇池岸边，是昆明重要的风景区之一。因园内有"大观楼"而得名。大观楼建于清初，濒临滇池，隔海与西山相望。古往今来，文人名士在这里留下了许多题咏名句。近年来新修建"楼外楼"，增辟鲁园等游览区。

筇竹寺 位于城西北10余公里处的玉案山。它是中原佛教入云南的第一寺，寺内有造型优美、驰誉中外的五百罗汉彩塑，被称为东方雕塑艺术明珠，由清代雕塑艺术家黎广修及艺徒历时七载塑成。

黑龙潭 位于市北郊12公里处五老山麓。这里有一潭碧水自地下涌出，景色幽雅。建筑群分上下两观，上观称龙泉观，下观称黑龙宫。观内有唐梅、宋柏、明山茶，虽年代久远，至今仍梅开柏茂。园内辟有"百亩梅园"。

翠湖 位于市区五华山西麓。清初吴三桂据云南时在此建王府花园。民国初年，辟为公园，改称翠湖。后仿杭州西湖筑两道长堤，相互绵亘，分湖为四。新中国成立后经多次修缮、扩建，开辟了竹林岛、金鱼岛，修建了九曲桥、观鱼楼、儿童乐园等。近年来红嘴鸥在此越冬，上下翻飞，盛况喜人。

金殿 在昆明市东北7公里的鸣凤山上，系青铜铸造，光彩夺目，故名，又名铜瓦寺，为明万历年间仿湖北武当山金殿式样铸造。周围建有城楼、宫门等建筑，称太和宫。金殿在明末时移到鸡足山，清初重铸的金殿成方形，殿内有铜佛，旁有铜亭。

金殿在茂密苍松翠柏中，金殿后有明代山茶花，初春花红似火。茶花园内，每逢春节前后，千朵茶花竞相吐艳，真如灿烂红云。

丽江玉龙雪山风景名胜区

玉龙雪山风景名胜区是国家重点风景名胜区，位于云南省丽江、宁蒗、中甸三县，由玉龙雪山、丽江古城、虎跳峡、泸沽湖等四个景区组成，总面积770多平方公里。虎跳峡，峡谷迂回约20公里，江面最窄处仅30米，江滩至两岸峰顶高差约3900米，为世界最深峡谷。长江第一湾，历来兵家必争之地，以山峦、奇岩、溶洞为特色。泸沽湖景区内森林幽湖与少数民族古风民俗融为一体。丽江古城民居独具风格，在我国建筑史上占有重要地位，1997年12月被联合国教科文组织列入世界文化遗产名录。风景区内纳西族千余年前创造的东巴文、纳西古乐、白砂壁画等有较高历史文化价值。

丽江古城　位于云南省西北部，历史文化名城，丽江地区和丽江纳西族自治县驻地。丽江历史悠久，始建于南宋，元以后为丽江路、府治，是古代茶马古道上的交通要冲，滇西北重镇，被联合国教科文组织列为世界遗产。

丽江县城大研镇，位于滇西北高原丽江坝子上，因城池形如一方巨大的砚台，故得名（研即砚）。丽江坝子平坦肥沃，周围为雪山大江环绕，徐霞客形容它"背倚（玉龙）雪山，前拱文笔（峰）"，夏季南风可进，冬日北风难入，四季温暖湿润，雪山融水充足纯净，自然环境得天独厚。

大研自古无城垣，相传因丽江世袭土司木氏忌讳筑城使"木"字成"困"字。古城平面为不规则形，古城区以著名的四方街为中心，向周围放射延伸，街道随形就势，建筑高低起伏，错落有致。街道路面铺设五花石板，历经数百年磨砺，石纹毕露。

古城用水别具特色。从雪山下来的雪水，从城区最高处的象山脚下引入，主干道名为玉河，在城头双石桥下分为三股回旋穿流，再分为若干条小支流，流经古城每条大街小巷，家家临水，处处石桥，加上户户花木繁茂，座座纳西族民居，宛如江南水乡，被称为"高原姑苏城"。更奇特的是古城的清扫。每天傍晚，将玉河下游关闸，河水漫过街面，以自然流水进行清洁，再开闸放水即可。

黑龙潭　即玉泉公园，位于大研镇。黑龙潭水面近百亩，形如一弯新月，潭水澄碧如镜，湖畔杨柳依依，风光秀丽。湖心有亭，从岸到亭建有白色大理石的"玉带拱桥玉泉龙神"。

潭北有20世纪70年代从芝山福国寺迁来的五凤楼，为明代纳西、藏、汉等族工匠所建，楼高20米，三重檐木结构建筑，飞檐八角共二十角，从任一方向都能看到五个角，如同五只凤凰展翅欲飞。现在楼内设有县博物馆。

黑龙潭中央，建有得月楼，取"近水楼台先得月"之意，造型舒展，是观赏潭影月色的佳处。

玉龙雪山　位于丽江古城西北约10公里处。全山12峰如擎天玉柱纵列于金沙江东侧，主峰扇子陡海拔5596米，山顶终年积雪，如横卧山巅的玉龙一般，故称。纳西族称吉乌鲁，为"银峰"之意，山体南北长达35公里，是横断山脉的一部分。不同高度上的峰峦、盆地、深谷、沙滩交错分布，并有数百种木本植物，400多种药用植物。这里又是花卉的世界，仅杜鹃花就有300多种。雪山北边有虎跳峡大峡谷。

玉峰寺在丽江县城北13公里处，建于清代，以寺内山茶王著名。山茶王原为两棵并立的山茶，后主茎合二为一，树高仅3米多，却有一人合抱般粗，枝干被人为编织成盘纽错综的三坊花墙、一顶花盖。每年开花二十余批，每批千朵以上，共计二万余朵，故称为万朵山茶王。

虎跳峡 金沙江是长江上游，源远流长，水深流急，从丽江西北塔城奔流而下，到万鼓江水急转北去，形成万里长江第一湾。到三江口金沙江又再急转弯向南流去。这一段金沙江弯大流急，江景极为壮观。金沙江在玉龙雪山和哈巴雪山之间形成深达三千多米的大峡谷，这就是虎跳峡，以峡深而窄、相传有虎跳过而得名。

虎跳峡峡区分上虎跳、中虎跳和下虎跳三段，峡内江流汹涌，白浪滔滔，礁石林立，落差达300米，共有险滩18处。可从龙蟠桥头进上虎跳峡口，从下虎跳出峡；也可从大具下虎跳进峡，从上虎跳出峡。峡壁地势陡峭，道路多为羊肠小道。

泸沽湖 位于云南宁蒗县与四川盐源县，充满野趣的自然风光和母系氏族社会的民族风情，使它变得既古老而又神秘。

沪沽湖是自断层陷落而形成的，海拔2585米，湖面积51.8平方公里，平均水深40米，最深93.5米。湖水水质清澈明净。当晨光初露时，湖水金红如染；旭日升起后，湖水变得一片翠绿；待到夕阳西下，湖水又成了诱人的墨绿色。湖面三三两两用大树雕凿成的古拙原始的"猪槽船"在湖中荡漾。湖中有5个小岛和2个半岛。湖周围群山环抱，东北面是峭拔壁立的肖家火山，西北面是状若雄狮的戛姆山，东面又有一条山梁直插湖心，形成一个美丽的半岛。戛姆山海拔3755米，像一头雄狮蹲在湖边，狮头面湖，又叫狮子山。在当地人心目中，它还是座神圣的山。据说山中有位戛姆女神，保护着山下的人民平安幸福。每年阴历七月二十五日，人们都要穿上盛装，带上食品去朝拜他们心中至高无上的女神。密林幽湖，风景诱人。

当地少数民族为摩梭人，由于长期与世隔绝，还保留了母系氏族社会的遗风，家庭是由血缘为纽带的母系家属所组成的，财产由母系血统的成员继承，子女留在母家，随母亲姓，男子的身份只是舅父，而不是父亲。家庭的一家之主是母亲，她是家庭生产和生活的组织者和管理者，享有着很高的威望。这里仍实行"阿注"婚姻，多为由男方到女方住宿的走婚形式。这种古老的风情，会使你仿佛走进了远古。

腾冲地热火山风景名胜区

腾冲地热火山风景名胜区是国家重点风景名胜区，位于云南省西部边陲，西北与缅甸接壤，面积129.9平方公里。风景区内分布着热泉、汽泉、矿泉80余处及90多座火山锥，尤其是硫磺塘的"大滚锅"、澡塘河、美女池、怀胎井和形似富士山的打鹰山、大小空山、黑空山闻名。大面积的热海热田景观奇特，类型多样，热泉对多种疾病有效。火山群规模大，保存完好，形态各异，怪石林立，浮石、火山蛋、火山熔洞典型，被誉为"天然的地质博物馆"。风景区有种类繁多的动植物，其中大树杜鹃和云南山茶花闻名中外。人文景观有民居特殊的侨乡和哲学家艾思奇故居、李根源故居、国殇墓园等。

腾冲热海 腾冲的热海热田总面积约6000平方公里。其中最集中、最著名的是位于县城西南20公里处的腾冲热海。腾冲热海面积约9平方公里，有泉群约80处，每个泉群有若干个热水（汽）露头，热泉水温在50℃以上的占65%，水温在90℃以上的有14处，最高达98.7℃，超过当地水的沸点。在星罗棋布的腾冲热泉中，沸泉、汽泉、喷泉和毒泉最具风采。

最为壮观的是硫磺塘的"大滚锅"，谷底一个直径约3米的盆形热水池，中洼如釜，乳白色的热水止及池半，诸多喷水孔中，有3个大的，喷出的热水滚涌翻腾，终日不止。据测定，水温达90℃。

澡塘河、硫磺塘等是汽泉的主要分布地。凡是喷气孔较大的地方，蒸汽冲出地面形成强大的汽柱，像一根根玉柱屹立于荒山旷野，在日光照射下呈现银白色晕彩。更有趣的是，这种汽泉伴随流水溢出，还能形成一种天然汽水——低温碳酸泉，含有大量二氧化碳等气体和微量元素，饮之神清气爽，妙不可言。

澡塘河瀑布有两股热水，从相距10多厘米的石缝中喷出，恰似青蛙在昂首吐水，人称"蛤蟆嘴"，水温高达95℃，昼夜涌量上百吨。整个澡塘河地热显示强烈，远远望去，云蒸霞蔚，一派苍茫，水、汽喧啸，山鸣谷应。

腾冲热田还有两处十分独特的自然现象——毒气孔。一处叫扯雀塘，是一个一米见方的无水浅塘，散发着浓烈的硫化氢味，辛辣刺鼻，人在此稍久即感头晕目眩，心跳加速。此泉据说是因能将天空中的飞鸟"扯"下来毒死而得名。经分析，这里露出的气体确含有二氧化碳、硫化氢等气体。

腾冲热海还有许多奇妙的温泉。美女池泉水清澈透碧，水底细沙摇曳，如同一位温柔美丽的少女。眼镜泉则二泉并列，晶莹透明，形如眼镜。鼓鸣泉咚咚作响，声如擂鼓。

腾冲火山 在腾冲县城周围100多平方公里范围内，分布着大大小小形态各异的70多座火山，形成规模宏大的火山群。有的火山，300多年前还曾喷发。

打鹰山位于县城北10公里处，海拔2614米，相对高差640多米，火山口直径300多米，深100多米，称为"火山之冠"。

大小空山、黑空山火山群均在县城西北10多公里的马站村附近，自北向南一字排开，相互间距离约1公里左右。

马鞍山在城西6公里，由三个葫芦状的火山口组成。

火山蛇在城南10公里的左所营，是由火山喷发的熔岩顺澡塘河谷奔流而下，再冷凝形成的，蜿蜒起伏，如同一条黑色长蛇。

来凤公园 在腾冲县城西南有来凤山，是一座死火山，县城即位于其流出的火山熔岩上。现在山上建有来凤公园，公园大门即用火山岩雕砌成。园内有明清时期的来凤寺。抗日战争时期这里为重要战场，中国军队伤亡数万人。现山北小团坡上建有国殇墓园。

叠水河瀑布 在腾冲县城南1公里处，高46米，瀑布三面环壁直泻而下，跌下深潭，再继续流淌，如同被叠为二折，故得名叠水河瀑布，又称为大叠水瀑布。

和顺侨乡 位于腾冲县城南4公里的和顺乡，是我国著名的侨乡。这里民居皆环山而建，街道均为石砌，粉墙黛瓦，别具一格。村中有全国最大的乡村图书馆，于1924年由华侨集资兴建，馆前有一花园。村南有龙潭，方圆数百平方米。潭一侧有元龙阁，建于1762年，建筑精巧。潭傍蕉溪村，有哲学家艾思奇故居。

瑞丽江—大盈江风景名胜区

瑞丽江—大盈江风景名胜区是国家重点风景名胜区，位于云南省德宏傣族景颇族自治州，由潞西、瑞丽江、大盈江三个片区组成，共61个景点，总面积659平方公里，其中潞西片区131平方公里，瑞丽江片区247平方公里，大盈江片区281平方公里。

瑞丽江—大盈江风景名胜区是傣族、景颇族等少数民族居住的中心区，有着悠久的历史和浓郁的地方民族风情。热带和亚热带雨林风光绮丽，景观丰富。

瑞丽江—大盈江秀色 瑞丽江江水荡漾，波光粼粼，江面水鸟群起群落；两岸石灰岩岩壁陡峻，溶岩千姿百态；树林竹林胶林常年葱绿，灰猴等小动物不时活动其间；江对岸为异国风光，引人入胜。大盈江江流蜿蜒，碧波荡漾，像一条银色飘带，撒落在盈江坝子，两岸青翠欲滴，艳丽光彩。

古寺、古塔 瑞丽江—大盈江风景区古寺、古塔众多，历史久远。著名的有芒市树包塔、瑞丽姐勒佛塔、陇川景罕佛塔、盈江允燕山曼勐町佛塔以及芒市菩提寺、喊萨奘寺等。古塔建筑雄浑壮观，古寺建筑别具一格。

苍郁挺拔的古树名木 景区内以榕树、冷杉和龙脑香为主的古树名树以千计。无论平坝高山，随处可见树冠形似巨伞、气根发达、枝繁叶茂、盖地数亩、百年以上的大榕树。有的独占一地，有的三五成丛，有的数十株连为一片，占地几十亩，苍郁多姿。著名的有盈江铜壁关榕树王、瑞丽芒令独树成林、潞西洞上允榕树林等。

天然的农村公园和独特的民族风情 瑞丽江—大盈江风景名胜区内数以千计的傣家村寨，沿江岸错落分布。村村寨寨溪水流淌，翠竹环绕，榕树垂髯，花果飘香，不是公园，胜似公园。傣族、景颇族、德昂族、阿昌族、傈僳族的民族节日特色浓郁，民族服饰，五彩缤纷。

壮观的峡谷、瀑布和温泉 由于横断山脉南延切割，形成了众多峡谷、断层，造就了不少壮观的大瀑布。盈江"虎跳石"，两岸峰峦耸峙，石壁险峭，巨石嶙峋，江水急湍，咆哮如雷，惊心动魄。盈江卡场拱捞河瀑布，由四级组成，全长170米，其中最长的一级为75米，宽40米，飞瀑轰鸣，气势磅礴。瑞丽扎朵河瀑布，飞流直下，壮观秀丽。此外，这里还有众多的温泉地热资源，已开发利用的有50多处，有的水温高达100℃。

九乡风景名胜区

九乡风景名胜区是国家重点风景名胜区，位于宜良县，以地下岩溶景观和高原湖泊为主体，融山水风光、民族风情为一体，以险秀奇幽为特色，由叠虹桥、三脚洞、大沙坝、阿路龙、明月湖、万家花园、阳宗海等七个景区组成，总面积175平方公里。

九乡溶洞群位于宜良县九乡彝族回族乡，处于昆明至石林黄金旅游线的中段，距昆明约90公里，离石林30公里。九乡洞群拥有上百座洞穴，拥有总长度为13公里的四条地下河系统，10余处洞内洞外叠置的天生桥，集中分布于叠虹桥、三脚洞、大沙坝和上大洞等景区内，为国内规模最大、数量最多、溶洞景观最为奇特的洞穴群之一。洞内的钙化沉积物色彩斑斓，除一般常见的黄、白两色之外，还有红、绿、紫、蓝、青等，七色俱全，美不胜收。溶洞内大多有暗河，总计长达数十公里。最大的暗河有4条，即三脚洞暗河、天生桥暗河、盲鱼洞暗河和叠虹桥暗河。暗河内有奇鱼。暗河河床落差起伏悬殊，形成大小瀑布和深潭，令人叹为观止。九乡溶洞群落的另一特点是洞内天生桥随处可见，有的地方还桥上生桥，形成双层立体交叉桥。其中三脚洞口一座巨型的天然立交桥，横跨于麦田河与比柯河上，蔚为壮观。九乡洞群类型和风格之多，堪称溶洞博物馆，具有游览观赏、科学考察、洞穴探险、洞穴考古等多种综合性功能和价值。

主景区叠虹桥景区，洞穴垂直分布，可分为五层，由卧龙洞、白象洞、神女宫和荫翠峡地面风光等四部分组成。卧龙洞实为一地下河系统，全长2000米。白象洞高出卧龙洞约80米，因洞口形如巨象，石体纯白而得名。从宏观的地表看，它是一座横跨地面河的巨型天生桥，桥面宽约300米左右。从桥下向洞内看，地下河又深潜白象洞下，形成桥叠桥、桥下桥的双层天生桥的独特景观。双层天生桥凌然在空，悠悠的地下河水喷涌其下，形成虹影桥姿叠映水面，故命名为"叠虹桥"。现已建成开发的有十大景域，即：荫翠峡、地下大峡谷、古河穿洞、雄狮大厅、神女宫、雌雄双瀑、神田、彝家寨、地下倒石林和旅游索道。

荫翠峡 全长1公里，可游览的峡谷长700余米，整条溪流浓荫凝翠，故名荫翠峡。峡内一线碧水，蜿蜒曲折，掩映于东西两壁悬崖间，水面宽5米左右，水深10余米，水清波平，可泛舟游览。两岸为高达40余米壁立陡峭的绝壁，怪石峥嵘，两壁相距最窄处不足10米，崖顶绿树披荫，遮天蔽日。峡壁上钟乳石高悬，有的如莲花盛开，有的似山鹰展翅，千姿百态。两壁崖石凹凸嵯峨，造型怪异，碧苔覆盖，古藤缠绕，更显苍老久远。崖壁巨石贴水处奇景迭出，有的如蛟龙出水，有的如笨熊饮涧，有的如虎豹临溪。峡中行舟的尽头为一溪中小渚，江石杂陈，两岸野花飘香，藤木扶疏。

地下大峡谷 上接荫翠峡，下连卧龙洞，本为地下河，因地面塌陷开裂而成。从入口处沿悬空钢梯盘旋而下，下峡谷如入地宫。下到深达百米的谷底，谷底为奔腾咆哮的地下河，只见两壁如削，宽仅四五米，仰视地面天空只余一线，尚有岩石和树枝相连。游路全为悬空栈道，令人惊心动魄，故又名惊魂峡。

雄狮大厅 是白象洞的主体，整个大厅长宽均在200米以上，面积达15000平方米，气势磅礴，宏伟壮观。大厅左侧有一巨石犹如一头雄狮昂首远视，换一个角度则又如同一位老人的头像。

神女宫 是一个支洞，洞体不大，却景色十分迷人，通道扑朔迷离。有"玉树琼花"、"鹊桥会"、"仙娥迎宾"、"神女出浴"、"妖泉"、"瑶泉"、"仰仙岩"、"龙凤双烛"等景点。

雌雄双瀑 在卧龙洞内，地下河奔流至此，突遇河床下陷，汹涌的河水从30米高处分为两股倾泻直下，称"雌雄双瀑"。雄瀑瀑面宽阔，水流量大，如黄河倒泻，气势恢宏；雌瀑瀑面细长，飘逸而下，如美女折腰，婀娜多姿。瀑布右侧和上面均有栈道，正对面河中建有观瀑亭，可从不同方位和不同高度观赏这一罕见的洞中巨瀑。

神田 在卧龙洞洞内，实为巨大而集中的边石坝，宛如云南山区的层层梯田，形态逼真，奇伟壮丽，世所罕见。

三脚洞 在九乡街北面约5公里的麦田河上游。三脚洞实为一座被流水溶蚀中空的山丘——金鼎山，由三根粗壮的鼎足支托着，拔地矗立，气势非凡，鼎腹之下成为空旷的大厅，大厅的跨度达100多米，高为30米。景观有"青龙盘鼎"、"丝泉胜游"、"冲霄遗豁"、"断槐掩穴"、"银塔锁浪"、"牧鹭岭"、"喷霓岩"。

大沙坝 在九乡街东北面约6公里处。大沙坝溶洞最为壮丽的是"石化的地下热带雨林"。洞中石笋秀立拔地，耸擎昂霄，百镂千刻，成簇成丛，银砌金镶，可称为"雨林馆"。

阿路龙 在九乡街西6公里处，包括阿路龙和大比者两个彝村，是古崖刻画产地，共有80多方，创作年代约在秦汉时期。这里彝族风情浓郁多姿，彝家村寨田园风光别具一格。

明月湖 在九乡以南，现为南盘江峡谷，国家计划在此建筑水坝，形成面积达百余平方公里的云南最大的水库，千岛百洞，高原平湖。

万家花园 在宜良城南1公里处，共有花园10余处，现已连片开发，是云南省最大的人工花园，有数百年的古梅、百年山茶、桂花及各种名贵花木。

阳宗海 在昆明至石林的公路中段，距昆明36公里。阳宗海是著名的高原淡水湖泊，面积32平方公里，水清如镜，空气清新，常年水温20℃，有丰富的温泉资源。

建水风景名胜区

建水风景名胜区是国家重点风景名胜区，位于云南省建水县，由古城景区、燕子洞地下岩溶景区和焕文山红河民族风情景区组成，总面积170.5平方公里。

建水古城 建水是国家历史文化名城，历史文化悠久，建水古称临安，元代以来长期为州府治地，滇南地区政治、文化中心。建水元代就建庙学，境内人才辈出，清代临安府中举人数占全省半数以上，号称"临半榜"，被誉为"滇南邹鲁"、"文化名邦"。城内有以文庙、东门楼、双龙桥、文笔塔为代表的元、明、清历代古建筑，还有以朱家花园、哈尼草房、彝族土掌房为代表的特色鲜明的各民族民居，以及以朱德故居为代表的革命遗址纪念地。

建水文庙位于建水县城内西北隅，始建于1285年，历代又增修扩建，现占地114亩，为全国第二大文庙（仅次于孔子故乡的曲阜孔庙）。整个文庙规模宏大，建筑古色古香，优雅宜人。大成殿壮丽精美，气势非凡。参天古树甚多，万年青与柏树共生的古木已有六七百年历史。院内池塘达20多亩，名为学海，风光秀丽。

燕子洞 位于建水县城东20公里群山环抱的山谷间，北距昆明市250公里，南离县城30公里。开发于清乾隆年间。洞内分两处，一明一暗，一高一低，上旱下水，有谷流相隔，总游览面积约10万多平方米。

明洞宽敞宏大，半依山势，自成一组石殿、石台。石殿中钟乳石幔低垂，石帘相掩，供有铜铸观音等。石台上筑有楼阁亭廊。暗洞在悬岩峭壁的峡谷底，洞口高大，深不可测，泸江河奔腾入洞。登楼阁隔谷流相望，群燕争舞，激流湍急，悬岩峥嵘。洞内秋去春来，巢居百万只燕子，每年春夏之间，群燕飞舞盘旋，剪翠裁雪，是绝无仅有的洞穴生态景观。每年立秋时节（8月8、9、10日）为"燕窝节"，洞内举行"采燕窝"活动，高空作业，惊险绝伦。

旱洞为一巨大穿洞，洞厅高40多米，十分宽敞，可容千人。数十块摩崖石刻及各类碑刻遍布洞壁四周，与水洞口钟乳石悬匾遥相呼应，相映成趣。旱洞边一小洞，小洞口的悬崖上有一石殿，殿内有石帘、石幔、石台，殿前有凌空栈道，与岩间石壁上的楼阁紧紧相连。栈道高10丈，下临滔滔泸江河，中间独有一根木柱支撑，两头跨在高山岩石上，犹如云雾山中建楼阁，风来云荡，摇摇晃晃。

水洞为珠江水系泸江河上流的伏流河段，伏流段长约5000米。洞口高50米，宽30多米，雄伟壮观，洞中悬岩嵯峨，气势磅礴；钟乳石悬垂，千姿百态，探索其间，如仙府神游，又似龙宫探幽，蔚为奇观。整个水洞有大小厅堂数十处、景点数百个，分为"龙泉探幽"、"天街撷美"和"梦幻世界"三组巨大的岩溶景观。尤其是"梦幻世界"空阔壮观，气势磅礴，可同时容纳5000游客。

燕子洞地面景区是3万多平方米的自然林地，山顶有三清阁、升仙坊等建筑，引人入胜。

焕文山红河民族风情景区 红河峡谷，山水奇伟，气势磅礴。民族风情，别具特色。

阿庐风景名胜区

阿庐风景名胜区是国家重点风景名胜区，位于云南省红河哈尼族彝族自治州泸西县，由阿庐古洞、阿拉湖、歹鲁瀑布、白勺地下瀑布、吾者温泉五个片区组成，共50个景点，总面积53.5平方公里。该景区以喀斯特地下岩溶和江、湖、瀑、泉自然景观为主体，又有古老的民族文化，独特的民族风情，融自然景观为一体。景区植被较好，景观丰富，内容多样，功能齐全。

阿庐古洞位于泸西县城近郊西北约3公里处，正当泸西通往昆明的公路的西侧，是一组规模宏大、结构奇特的溶洞群。目前风景区范围内已探明的有18个落水洞、竖井，9处洞穴、暗河，已开放的有3个旱洞（泸源洞、玉柱洞、碧玉洞）、1个水洞（玉笋河）、10个厅堂，上下三层贯通，共3000多米长。

阿庐古洞入口处为泸源洞，洞口直径三米余，从此蜿蜒而入，有时弯腰才能通过，有时则豁然开朗，有如厅堂，可容千人。两旁岩壁上，钟乳石千姿百态，玲珑奇巧。主要景点有彩云迎宾、爬爬洞、泸源汇景、礼貌洞等。

玉柱洞以钟乳石和石笋为主，其中特别引人注目而神驰的是那拔地而起、直达洞顶、高约8米、直径0.3米的擎天玉柱，还有壁画大厅、阿细跳月、九龙送客等景点。

碧玉洞是三洞中最美丽的一个洞，到处是玲珑剔透洁白如玉的碳酸镁结晶石，尤其是洞中心的玉府龙宫，如同一个美丽神奇的玉晶宫殿。

玉笋河是一条深不可测、令人望而生畏的地下暗河。水中有通身透明如玻璃的透明鱼。

普者黑风景名胜区

普者黑风景名胜区是国家重点风景名胜区，位于云南省文山壮族苗族自治州丘北县，总面积121平方公里，由 4 个片区、3 个点的 109 个景点组成。即普者黑、猴爬岩、革雷、六郎洞片区和牙马瀑布、摆落湖、东门湖 3 个点。

普者黑 以普者黑湖、落水洞湖、仙人洞湖相连贯通而成的长 21 公里的水巷，五千余亩竞相争艳的荷花点缀其间。湖泊群、孤峰群、溶洞群"三群"密集。孤峰甚为密集，据统计有 300 座之多，高低错落，形态各异。其上灌丛覆盖，秀翠丰满。由于湖群受地下水补给，四周无任何工业设施及污染源，所以水清质纯。湖岸和盆地中心地带多为孤峰，较为低缓，以圆锥状、馒头状为主，高约 50～100 米，密度 2～3 座/平方公里。峰体相间有致，与水体构成绚丽的山水美景，形态丰富，姿态万千。盆地边缘地带以塔状、锥状、马鞍状的峰林为主，高约 150～210 米，密度 3～5 座/平方公里，排列有序，俊秀挺拔。境内广布有泥盆系—三叠系碳酸盐岩，经过日复一日流水的溶蚀，形成"无山不洞"的近百处溶洞。

猴爬岩峡谷 奔腾的清水江横贯南北，峡谷系流水侵蚀、溶蚀深切而形成，以雄幽险峻著称。全长约 9 公里，顶宽 500～800 米，底宽 30～100 米，相对高差 400～500 米。两岸陡崖林立，十分险峻，是开展攀岩、探险的理想场所。其内多级叠瀑、险滩、暗河、溶洞众多。谷底海拔较低，气候炎热，湿度大，亚热带—热带植物生长十分茂盛，主要有榕树、刺黄栎、羊蹄甲、滇木荷等，藤类和苔藓类植物构成绿色的山，与清水江构成了沿河面积达 45 万平方米的峡谷壁天然植物园，名"十八里绿色长廊"。据说密林深处常有猴子、蛇、蟒、岩羊、红腹锦鸡、野猪、狐狸等出没，是野生动物的王国，尤其是常可见成群的猴子在绝壁上嬉戏、在江边飞梭过河，情趣横生，故得名猴爬岩。

革雷 江面上横亘着两座天生岩桥，颇具气势。天生桥为伏流顶部碳酸盐岩崩塌后形成的拱形残留体，连通南北两岸，彼此相距约 30 米。桥体呈斜坡形，高出江面 20 米，宽 30 米，江水顺大桥拱洞跌落十多米后缓缓从小桥下流过。再下行约 2 公里，发育于河流转弯处碳酸岩与碎屑岩分界处的革雷瀑布，轰鸣而下。革雷瀑布分两级瀑布，总落差 46 米，宽 10 余米。过了革雷瀑布，江水变得平缓，江面开阔起来，岸边梯田层层，革雷村便近在眼前。革雷，壮语，革：脚；雷：大河，意为寨脚有大河的意思。革雷村是典型的壮族村寨，聚居了 130 余户 700 余人。住房为楼房，木板作料，四垂檐瓦，一般楼上住人，楼下养牲口，具干阑住宅风格，是典型的壮族民居。

珠江源风景名胜区

珠江源风景名胜区位于云南省曲靖市，由珠江源、花山湖和曲靖城区等景区组成，总面积 50 平方公里。

珠江源位于曲靖市区以北 47 公里处马雄山，是珠江的发源地。珠江是我国南方大河，全长 856 公里。在此发源后，在云南省境内称南盘江，与北盘江汇合后流入广西，以下相继称为红水河、黔江、浔江、西江，汇合北江、东江在澳门附近从珠江口注入南海。1985 年珠江水利委员会考察后认定珠江发源于马雄山，并和曲靖地区行政公署联合在源头竖了一块石碑，碑文为："珠流南国，得天独厚，沃水千里，源出马雄。"源头是一个深邃的溶洞，洞口岩石上刻有"珠江源"三字，岩洞常年流水潺潺，成为大河之源。附近还有"饮水思源"等题刻。马雄山山大林茂，杜鹃、趴地松遍布山间，风景秀丽。

曲靖城区位于曲靖坝子，自古有"入滇锁钥"之称。曲靖城区有全国重点文物保护单位爨宝子碑和段氏与三十七部会盟碑，还有麒麟公园、寥廓山森林公园等旅游点，郊区有天生洞、翠峰山等景点。

爨宝子碑现存曲靖一中碑亭中，立于东晋，碑高 1.83 米，宽 0.68 米，碑文记叙了爨部首领爨宝子的生平内容，碑文共 400 字，字体为从隶书向楷书过渡文体，在书法艺术史上有重要地位，被誉为"正书古石第一"。

段氏与三十七部会盟碑现存曲靖一中碑亭中，原立于大理，碑高 1.25 米，宽 0.58 米，碑文记叙了大理国主段素顺联合滇东三十七部会盟立誓的史实，有重要历史价值。

大黑山风景名胜区

大黑山风景名胜区位于云南省孟连傣族拉祜族自治县，与缅甸接壤，总面积174.5平方公里，由"三片二线"131个景点组成，即腊福大黑山、娜允、富岩大黑山景区，景信—芒信、勐马—勐阿游览线。景区以热带原始常绿阔叶林及珍稀动植物景观为主体，以民族文化、民族风情及边贸口岸风貌为衬托。

腊福大黑山具有原始、稳定的生物多样性系统。有面积40多平方公里的原始森林，山体海拔变化大，山林呈明显的山地植被垂直带谱。杜鹃、山茶、含笑等高山花卉茂盛。峰峦起伏、沟深壁陡、溪瀑众多。景区内的山是我国首次发现龙血树的地方，以及孑遗植物——桫椤，分布集中，科学考察和观赏价值较高。

大黑山风景名胜区名胜古迹众多，最有代表性的有佛塔和保存完好的十八土司衙门之一的宣抚司署。

宣抚司署俗称孟连土司府，位于孟连县城西门外山坡上，始建于明代永乐四年（1406年），是傣族土司刀氏的衙署，1709年，刀氏被封为孟连宣抚司，从明清直到民国，共有28代世袭土司在此行使统治权。现存建筑为1879年重建的，是一座傣汉合璧的古代建筑群，占地面积12000多平方米，包括正厅、议事厅、后厅、厢房及其他附属建筑，是云南边境地区十八座土司衙门中保存较完整的一座，具有很高的历史价值和艺术价值。

大黑山风景名胜区景区内居住着傣族、拉祜族、佤族、景颇族、傈僳族等世居民族，民俗风情浓郁古朴。

楚雄紫溪山—禄丰恐龙山风景名胜区

楚雄紫溪山—禄丰恐龙山风景名胜区位于云南省楚雄彝族自治州，总面积449.1平方公里，包括9个景区，492个景点。景区具有禄丰恐龙动物群化石、石灰坝腊玛古猿遗址、苍岭恐龙足印化石等闻名国内外的古生物化石遗存；有瀑布、奇石、峭壁、溪流等山水景观和呈多样性的珍稀动植物景观；有着独特的少数民族文化及民俗风情。

紫溪山位于楚雄市区西南20多公里处，规划面积60平方公里，是云南省最大的天然森林公园。紫溪山峰峦起伏，森林茂密，以万松岭为中心，有紫顶寺、响鼓地、和尚棋盘、观景台、仙人谷、万松林、德运碑等景点，其中观景台是观赏日出和全山景色的理想之地。紫溪茶花举世闻名，其母树多、树龄老、分布广，是云南山茶的种源地之一。利用丰富的植物资源，建有规模很大的茶花园和杜鹃园。

万家坝在楚雄市城南3公里处的青龙河畔，有春秋战国时期的古墓群，现已发掘79座，出土了1000多件珍贵文物，其中最为珍贵的是5件铜鼓，经测定距今已2600年左右，是已知世界上最古老的铜鼓，被命名为"万家坝铜鼓"，因此本区被公认为世界上铜鼓的发源地。

禄丰县是国际知名的恐龙和腊玛古猿之乡。从20世纪30年代到80年代，先后在宋家坡发掘出6条恐龙化石，据研究其所属时代较早，代表性强，是阐明恐龙起源、演化和发展的珍贵化石证据。从1975年起，在石灰坝发现了大量腊玛古猿的化石，其中腊玛古猿的头骨是世界上唯一的，在世界上引起了震动。遗址以红土地貌、珍稀植物和民族风情为衬托，更加吸引游人。

这里是我国彝族的主要聚居地之一，民族风情独具特色。既有多彩的民族服饰，又有"火把节"、"马樱花节"、"杨梅节"、"二月八花会"等奇特的民族节日。而彝族的审美和崇拜更是十分有趣，独特尚黑美学，黑彝服饰以黑色为基调，新房建成后也要用烟熏黑才搬入，用的是黑羊，祭皿要涂成黑色等等。作为古羌戎遗裔之一，源出于古虎伏羲氏族部落，彝族保留有虎图腾崇拜与虎宇宙观的特征，即虎文化。他们的"四方八虎"服饰图是具体表现。他们视虎为祖先和保护神，自己是虎族人，男人称"罗罗颇"即雄虎，女人称"罗罗摩"即雌虎。随处可见以虎为题材的祭祀以求驱邪恶、保佑赐福。虎宇宙观解释宇宙万物皆由虎演变而来，彝历也为《母虎历书》。

彝族"火把节"，热情好客的彝族兄弟点燃了映红夜空的篝火。融歌、唱、念于一体的原汁原味的彝剧，内容多以彝族古老的祭祀活动为主题，表达了人们祈福消灾的愿望。客人们无论男女老幼，都被邀请加入"三弦歌"的表演，围绕着熊熊的篝火，在三弦、竹笛的伴奏下，歌之舞之，说之笑之。

楚雄市是风景区的依托，是楚雄彝族自治州首府，历史上有金鹿相助建城的神奇传说，别名鹿城。市区有文庙、雁塔、龙江公园、西山公园等多处游览点。楚雄州博物馆也在市区，展出禄丰恐龙化石、腊玛古猿化石、元谋猿人化石和万家坝铜鼓等珍贵文物，还有民族文化及民俗展览。

武定狮子山风景名胜区

武定狮子山风景名胜区位于云南省楚雄彝族自治州武定县，总面积166平方公里，由狮子山、新村湖、香水箐、凤氏土司遗迹等片区组成，共119处景点。

主景区狮子山位于武定县城以西10公里处，因山形酷似一头伏卧的雄狮而得名，向为西南名山之一，有"西南第一山"之称。

狮子山山势雄伟壮观，山间云雾缥缈，幽谷流泉回响，气候温润清凉，有著名的万壑烟霞、危岩接日、曲水流觞等三十六景。狮子山植物品种丰富，林木茂盛，正续禅寺内的一棵大牡丹，百年盛开不败，称为"牡丹王"。区内有亚热带常绿阔叶林和针阔混交林的原始群落，野生动物繁多。有地质自然历史遗迹，如反映鱼类早期演化历史的中泥盆纪鱼类化石产地、中下寒武纪三叶虫化石产地和狮子山、蛇岩、峭壁等造型地貌。

狮子山文化沉积丰厚，有正续禅寺、惠帝祠阁、南诏石画、指空佛塔、彝文碑刻、塔林及众多的碑文石刻和匾额楹联。正续禅寺在狮子山山腰，始建于13世纪，为一金碧辉煌的宫殿式建筑，相传为明建文皇帝出家处。传说朱元璋的第四子燕王朱棣发动靖难之役中，被推翻的建文皇帝在南京城破时化装成和尚出逃，来到云南，改名文和尚，隐居在此为僧，一住七年，以后云游江湖，浪迹天涯，至英宗正统六年（1441年）去世。现尚存多处相传为建文皇帝的遗迹。正续禅寺和惠帝祠阁等均因此名闻四方。现寺门对联即咏此事，寺内有建文皇帝及诸大臣的塑像，翠柏亭内有一首建文皇帝写的诗，亭内龙凤柏及大雄宝殿前的孔雀杉传为建文皇帝手植。

狮子山风景区是彝族聚居区，彝族风情浓郁，彝族十八月历的发现对研究中国历法具有重要意义。

沧源佤山风景名胜区

沧源佤山风景名胜区位于云南省沧源佤族自治县，与缅甸接壤。总面积147.34公里，由5个片区、1条游览线组成，即勐来、南滚河、勐董、拉勐河、班列景区和勐省—芒卡坝游览线，共有景点约200个。

阿佤山以独特的热带亚热带自然景观为特色，这里自然环境非常优美，佤山遍布原始森林，一年四季碧绿苍翠，陡岩如刀砍斧削而成，成群的溶洞如同迷宫，南滚河则是一片热带雨林景观。这里有许多珍稀生物，如罕见的亚洲象，上百年的桫椤等。

沧源佤山有神奇的沧源崖画、艺术价值较高的广允缅寺及众多的文物古迹，悠久的佤族文化艺术、民族歌舞、奇特繁多的民族节目、服饰和民居建筑、手工艺品等，形成了丰富的人文景观。

沧源崖画分布于沧源县勐省、勐来两个乡东西长约20公里范围内，较集中的有10处，总面积400多平方米。崖画多在壁直的石灰岩上，大的长达27米、高约3米，距地面2~8米，现可辨认的图像1000多个，内容有人物、动物、房屋道路等，具有较高的艺术价值。据考证，所用的绘画颜料是赤铁矿粉与动物血调合而成，距今已有3000年，为原始社会晚期遗物。

广允缅寺俗称学堂缅寺，在沧源县城勐董镇，相传建于清代道光年间，面积2200平方米，包括山门、大殿等建筑，系三重檐和四方阁的组合，均为傣族传统工艺。大殿门庭前柱上倒悬着两条木雕巨龙，气势雄壮。大殿内的墙壁上，有十幅精美的壁画，内容包括佛教故事和风景画等，艺术价值很高。

景东漫湾—哀牢山风景名胜区

景东漫湾—哀牢山风景名胜区位于云南省滇西南中部哀牢山、无量山中段的景东彝族自治县，总面积190.5平方公里，由"六片一线"102个景点组成，即哀牢山杜鹃湖、漫湾、锦屏、无量山黄草岭、仙人寨、大朝山片区和安定—漫湾—大朝山游览线组成。

漫湾—哀牢山风景名胜区风景资源特点突出，分布集中，景观以物种多样性、原始森林植被、珍禽异兽、大型水电站和造型地貌为主，辅以民族文化、彝乡风情和人文景观。哀牢山、无量山地理位置独特，林海苍茫，杜鹃满山，木棉似锦，原始生态系统保存完好，有重要的科研价值。

漫湾、大朝山是澜沧江上的两座大型水电站，两座大坝把滔滔澜沧江拦腰锁住，江水回流形成长达144公里的"百里长湖"，湖上峡谷、峭壁、密林、山花、湖湾交相辉映，风光优美。其中漫湾水电站位于景东县和云县交界处，装机150万千瓦，是目前云南省最大的水电站，也是全国为数不多的大型水电站。

哀牢山 主峰大雪锅山海拔达3137.6米，山体两侧对称呈锥形，犹如一座巨大的金字塔高耸入云，气势磅礴。区域内梯田景观独特。因处于南北地质地理的主要分界线上，具有保存完好的原始生态和自然风光。

景东历史悠久，已发掘整理的民间舞蹈达40多种。彝族风情浓郁古朴，独具特色。

景东文庙在景东县城西玉屏山下，始建于清初，道光年间重建，有泮池、棂星门、大成殿等建筑，庄严雄伟，为滇南地区保存较好的古建筑之一。

多依河—鲁布革风景名胜区

多依河—鲁布革风景名胜区位于云南省罗平县，总面积144.7平方公里，由九龙河、鲁布革峡湖、多依河和三江口四个片区组成，有重要景点23个，岩溶地貌分布广泛，发育典型。

九龙河、多依河片区分布着亚热带河谷钙华瀑布群，瀑群密布，景观壮丽。九龙河瀑布群位于罗平县城北18公里处，俗称罗平大叠水，共有上下五级，上面四级落差8~15米。最下一级落差最大，称九龙大瀑布，瀑面曲折呈弧形，达50米，宽约60米，上部瀑帘呈扇形撒开，帘后有一直径10米的水帘洞。银练从天飞降，直泻潭底，吼声如雷，瀑水飞溅，云雾迷茫，也把洞体严严密密地遮挡住。只是水小的时候，瀑布分成数股，似玉带般扬扬洒洒，露出森然幽深的洞来。钙华台阶台高数米到十米左右，宽数十米到一百多米，最下一级灌木丛生，绿草如茵，数十股溪流从平缓的滩面哗哗流过，水光莹莹，银花缤纷。两岸茂林修竹。圆弧台阶内深陷一潭幽幽的碧水，映照着远方蓝蓝的天穹和山坡上的浓浓的绿色。风光与众不同。

鲁布革水电站峡湖水面宽阔，峭壁悬崖，峡谷幽深，湖水清澈，湖光山色十分秀丽。鲁布革水电站还以在国内大型水电站建设中率先推行一系列改革而闻名。

罗平有古朴浓郁的布依族等民族风情和众多的文物古迹，又是云南现代革命纪念地。境内的布依族喜欢逐水而居，村落附近均有大大小小的水坝子，农作物以水稻为主。早在明清时代，他们就自制水车提水灌田。如今那咿咿呀呀的水车推波涌浪，两岸油菜吐艳，稻花飘香，构成一组温馨美丽的田园风光。居住在多依河畔的布依族因气候炎热，住房为竹木结构的干阑式建筑，即"人栖其上，牛羊犬豕栖其下"。布依族服饰简洁朴素，多为蓝、黑、青三色，妇女穿蓝黑色百褶长裙，身穿无领右襟短衣，盘肩镶绣花边，袖口处绣有各色图案，包头和胸前佩戴银饰，男子多以一条黑色包头，穿双襟"四块瓦"短衣长裤。罗平布依族多有敬奉山神、水神、寨神、树神的习惯，以图风调雨顺。而他们的一些民族节日如过祭老人房、三月三、五月节、尝新年等是独具特色引人入胜的。比如布依族最隆重的歌节三月三，布依语"根三碗"，成群结队的姑娘们早早地便起了床，在山林间采摘各色树叶或花瓣，用它来漂染糯米，做成五颜六色、清香可口的花饭，身着盛装来到河畔与小伙子们对歌谈情、游戏泼水。没有父母之命，没有媒妁之言，只要是情投意合，便可结百年之好。儿童们带上红鸡蛋手拿小水车到河里冲转玩耍。第二天还要杀鸡宰羊祭山神、水神，修理水井以求来年的好收成。

西藏自治区

雅砻河风景名胜区

雅砻河风景名胜区是国家重点风景名胜区，位于西藏自治区山南地区南部，距拉萨约100公里。这里是藏民族发祥地，有历代吐蕃赞普的墓葬群，通称藏王墓。墓区内保存有石碑、石狮等雕刻，极为珍贵。人文景观有西藏最早的宫殿雍布拉康、西藏第一座寺庙桑鸢寺及昌珠寺等。河两岸自然风景也很优美。植物种类丰富，植被随海拔变化呈垂直带分布。保留着中世纪建筑特色的民居以及民风习俗、宗教活动等，都具有鲜明的地区特色。雪山冰川、田园牧场、河滩谷地、古老文化遗址和民风民俗构成一幅幅神秘、古朴而又壮丽的画面。

雅砻河意为"从上游下来的天河"，发源于西藏的山南地区措美县，流经琼结县，向东北流经乃东县，再转北在泽当镇附近注入雅鲁藏布江，全长68公里。在雅砻河两岸的河谷地带，散布着许许多多古老的藏族村镇，保存着众多的名胜古迹及丰富多彩的传说。

藏王墓 在琼结县城对面的木惹山上，方圆达3公里，为7～9世纪历代吐蕃赞普的墓葬群，据传松赞干布和文成公主及前后几代赞普均葬于此，故又称吐蕃历代赞普墓。原有墓坟13座，现存9座，墓地大小不一，排列也没条理，多数墓陵高耸，酷似小山，被誉为"世界屋脊"上的"金字塔"。整个墓地尚未发掘。除个别墓外，大部墓的墓主已不可考。

第一代藏王叫聂赤赞普，相传他是从天梯下凡的。相传拉萨与泽当之间的冈底斯山，是一架上天下地的天梯，泽当的贡布山就是天梯的下端。聂赤赞普原是天神的儿子，一天他沿天梯下到贡布山上，12个牧童发现了他，就把他放在木头座位上将他抬下来，雅砻河流域的人们见他仪表非凡，就推举他做了雅砻部落的首领。

藏王墓每座墓葬的形制大致相同，多为方形平顶，有的因长期风雨剥蚀，形成圆形平顶，大小不一，排列也不整齐，多数高达数十米，酷似山峰。墓葬均以土石夯结而成，每层厚度15～20厘米。在附近山峰下一大墓前台有石狮一对，高1.55米，面向墓封，形象生动，刀法舒畅。毗邻的赤德松赞（赛那累）墓，旁有方柱形石碑座，下宽上收，上覆石珠顶盖，盖下浮雕流云，四角有飞天，线条优美细腻。碑侧刻有龙纹，碑身正面有古藏文文字，歌颂赤德松赞赞普一生的功德业绩。

昌珠寺 在乃东县南，雅砻河东岸。相传7世纪时由吐蕃赞普松赞干布主持建造。昌珠在藏语中，"昌"意为"鸟"，"珠"意为"龙"，"昌珠"即"鹏与龙"之意。相传古代昌珠这个地方原为湖泊，内藏凶恶的毒龙，藏王松赞干布请法师引鹏鸟斗毒龙，降龙后湖水干涸，遂由文成公主用占卜的办法确定在此填湖建庙。文成公主入藏后曾在此居住过，并留有遗物。

昌珠寺虽处在民居中，但建筑规模宏伟壮丽。主要建筑有大门、乃定学、措钦大殿、南北两塔等。措钦大殿是寺内主体建筑，由殿前廊院、大殿和围廊三部分组成，其底层布局和形式与拉萨大昭寺大殿相仿，宽三间，深三间，中间为经堂，设有60根立柱，沿大殿有12座拉康。各殿均供有佛像，其中三世佛为全铜铸成。曲吉拉康供奉松赞干布、文成公主和尺尊公主（尼泊尔）塑像，造型古朴生动，颇有唐代风范。寺内保存有大量古代壁画，还珍藏珍珠串成的唐卡卷轴画佛像。

比乌扎普 在乃东县泽当镇贡布山上，又名猴子洞。山洞方圆约3米，岩洞深处的壁上雕有猴子像（传为自显像），形态活泼，亲切可爱。泽当，藏语意为"游戏的平坝"，泽当镇是山南地区驻地。

在西藏神话传说中，猴子洞是观世音菩萨点化的猕猴和岩洞女妖结合、繁衍后代的地方，西藏宗教徒视为圣地。传说以前贡布山上有一只猕猴，有一天一位女妖发现了它，就和它成了亲，生育了6只猕猴。猕猴父亲就把它们送到树林中去。三年后，老猕猴发现它的后代已有了500多个，可树林中的果实不够吃，于是老猕猴就把它们领到一个长满谷物的山坡，告诉它们可以吃这些谷物。从此猕猴们就有了充足的食物。以后这些猕猴身上的毛渐渐变短、尾巴也慢慢消失了，又会说话了，变成了人。

在距泽当不远的撒拉村，有相传为猕猴祖先种过的第一块青稞地。每年播种时节，人们就要到这里抓一把神土撒到地里，以祈求祖先保佑获得丰收。

雍布拉康 在乃东县东南雅砻河东岸的一个山头上，距泽当约30公里。雍布拉康，藏语意为"母子宫"。因那里盛产红柳和莎草，又称"红柳香莎宫"。相传建于公元前1世纪聂赤赞普时代，是当时为聂赤赞普修建的王宫，也是西藏第一座宫殿建筑。

雍布拉康建筑分为前后两个部分，均是以石块砌成，巍峨挺拔，气势雄伟。前部为一幢三层建筑，殿堂内供奉三世佛和历代赞普塑像，还有文成公主、尼泊尔尺尊公主及吐蕃两位著名大臣吞米桑布扎和禄东赞的塑像，造型精美。后部是一座方形高层碉堡望楼，楼中空，有木梯三折通往楼顶，与前部相连。

纳木措—念青唐古拉山风景名胜区

纳木措—念青唐古拉山风景名胜区是国家级风景名胜区，规划总面积8941平方公里，景区拥有世界上海拔最高的高原咸水湖、念青唐古拉雪山和现代冰川遗迹，以及独特的高原生态系统下大量的野生动植物资源。具有完整而特殊的地质构造和生态系统，全球稀有的高原代表性气候。独特的地理位置和自然风貌也孕育出藏民族独特神秘的传统文化和民俗文化。

念青唐古拉山位于中国西藏自治区，属断块山。西接岗库卡耻山脉，东南延伸与横断山脉伯舒拉岭相接，中部略为向北凸出，同时将西藏划分成藏北、藏南、藏东南三大区域。东西长约600公里，终年白雪皑皑，云雾缭绕。西北侧为藏北大湖区，其中最大的是纳木措湖。拉萨市位于山脉东南侧。在拉萨市与纳木措之间，有三峰并峙，主峰念青唐古拉峰海拔7162米，山岭陡峻。东段波密县、察隅县一带的河谷下降到海拔2000~3000米，形成高山深谷。降水量大，有利于冰川发育，为海洋性季风冰川区。察隅县北部的阿扎冰川源出海拔6610米的若尼峰，峰上雪线不过4600米，冰川延伸20公里，末端下降到2500米，穿行于森林带中，形成蓝白两水相互交融的雪域奇观。是雅鲁藏布江与怒江的分水岭。

纳木措是在距今200万年以前地壳构造运动陷落的基础上，加上冰川活动的影响形成的，是世界上海拔最高、且面积超过1000平方公里的湖泊，是中国第二大的咸水湖。位于拉萨以北当雄县和榜额县之间，在念青唐古拉山主峰以北，湖面海拔4718米，湖的形状近似长方形，面积1920多平方公里，湖水最大深度125米。纳木措是西藏三大神湖之一，也是藏传佛教的著名圣地，"纳木措"一词为藏语，而这个湖的蒙古语名称为"腾格里海"，两种名称都是"天湖"之意。纳木措东南部是直插云霄，终年积雪的念青唐古拉山的主峰，北侧是和缓连绵的高原丘陵，广阔的草原绕湖四周。靠念青唐古拉山的冰雪融化后补给，沿湖有不少大小溪流注入，湖水清澈透明，水天相融，天湖像一面巨大宝镜，镶嵌在藏北的草原上。湛蓝的天、碧蓝色的湖、白雪、绿草、牧民的牛毛帐篷及五颜六色的山花，交相辉映浑然一体，组成一幅大自然美丽、动人的画面。纳木措的湖水含盐量高，流域范围内野生动物资源丰富，湖滨平原牧草良好，是天然的牧场。

每到藏历羊年，僧人信徒还有环绕纳木灵湖朝拜，转湖念经的风俗。纳木措的形状像静卧的金刚度母，湖的南面有乌龟梁、孔雀梁等18道梁，湖的北面有黄鸭岛、鹏鸟岛等18个岛，湖的四面建有4座寺庙，即东有扎西多波切寺，南有古尔琼白玛寺，西有多加寺，北有恰妥寺，象征着佛教上所说的愠、怒、权、势。湖中五个岛屿兀立于万顷碧波之中，佛教徒们传说他们是五方佛的化身。此外还有五个半岛从不同的方位凸入水域，岛上纷杂林立着无数石柱、奇异的石峰和幽静的岩洞。

唐古拉山—怒江源风景名胜区

唐古拉山—怒江源风景名胜区是国家级风景名胜区，位于安多县境内，总面积约为8598平方公里。由于地理位置和独特的自然条件，景区包括了羌塘草原、大陆性冰川、著名雪山、大河源头、高原地热等自然景观，和一批体现高原民族与恶劣气候抗争并和谐共处的人文景观。景区峰险谷深、水流湍急、雄奇壮观，动植物资源丰富珍稀。

"唐古喇"为藏语，意为"高原上的山"，是在5000米的高原上耸起来的山脉，东段为西藏与青海的界山，东南与横断山脉相接。唐古拉山山脉高度在6000米左右，最高峰各拉丹冬海拔6621米，唐古喇山（峰名）6099米，它与喀喇昆仑山脉相连，在蒙语中意为"雄鹰飞不过去的高山"。山体宽150公里以上，主峰格拉丹冬是长江正源沱沱河和通天河的发源地。现在还有小规模更新世冰川残留，刃脊、角峰、冰川地形普遍，中更世形成的冰川比今天的大约28倍，准平原面上可成小片冰盖，它的两坡冰川堆积物厚达800米以上。冰川消融后，山地就急速上升。两侧则承受更多的泥沙石砾，发生地层下陷，形成近东西走向的湖区和喷出温泉。山坡上形成喀斯特地形。南坡比北坡的冰川少，但冰川地形以南坡发育。唐古拉山是怒江和长江的发源地。气温低，有多年冻土分布，青藏公路经此。植被以高寒草原为主，混生有垫状植物。

怒江源出青藏高原的唐古拉山南麓，上游叫黑水河，藏名叫"那曲"。怒江两岸，东边是怒山（又名碧罗雪山），西边是高黎贡山，许多山峰海拔超过4000米，峰顶积雪皑皑，而怒江河床海拔仅800米左右，河谷与山巅高差3000～4000米，山高、谷深，水流声如怒吼，故名怒江。怒江大峡谷不仅可以漂流探险，两岸还有许多飞瀑流泉，蕴藏着丰富的动植物资源，景色雄奇壮观。

风景区是珍稀动植物的家园，有着国家一级保护动物藏羚羊、野驴、野牦牛、黑颈鹤等，以及雪莲花、虫草等具有很高药用价值的植物。

风景区内羌塘草原上的藏族一直保持着古代羌族的游牧传统，逐水草而居，保持着游牧民族的观念、信仰、风俗、习惯，以及游牧族群的社会结构、等级制度和价值体系等。

陕西省

华山风景名胜区

华山风景名胜区是国家重点风景名胜区，位于陕西省华阴市。

华山是五岳中的西岳，又名太华山，位于关中东部，华阴市南，北临"八百里秦川"，南倚山势雄伟的秦岭山脉，是一座以"险"著称的名山。它的主体山峰就像一块直刺苍穹的巨石，四面如削，拔地通天。主峰海拔2160米。郦道元在《水经注·渭水》中描述华山："其高五千仞，削成而四方。远而望之，又若华状。"古代花、华音义相通，这两句话既点出了华山的险峻外貌，也说明了"华山"名称的由来，精练而形象地勾画出华山"如削若华"的轮廓特征。

"自古华山一条路"，全程约10公里的登山路，壁立千仞，险关重重，其攀登之艰险，景色之峻秀，确为神州名山之冠。在青柯坪以下的山路，基本上是沿着流水下蚀形成深切山涧的华山峪谷底上的砾石堆积层和岩坎开辟出来的；从青柯坪开始离开峪谷，沿陡峭的山坡凿石为级、架设天桥，打通了登上北峰的险道；由北峰往南则是利用与主峰相连的分水岭脊，开辟出登上峰顶的"天梯"。

玉泉院 在华山峪口，陇海铁路孟塬站和华山站之间，是登山的起点。

玉泉院相传为五代时陈抟所建，清代重修。院内有一股清泉名玉泉，清洌甘美。院内建筑宏伟，亭台楼阁掩映在绿树丛中，景色如画。院内还有众多碑石。

青柯坪 在西峰脚下，是一个"四望群峰绕，千盘一路通"的山间盆地，景色分外宜人，因而历代建筑萃集于此，是华山自然风光与人文景观水乳交融、相得益彰的一处胜地。

百尺峡 峡中有一巨石夹在两壁之间，状如龟脊，三面临空，无依无靠，别具险情。这就是一千四百多年前人们"扳绳挽葛而行"的"百丈崖"（今称百尺峡），今天峡上已凿有石级，旁安铁索，虽然不需"扳绳挽葛"而过，但仍不失其雄险之姿。游人攀挽铁索而上，两壁更狭，似欲合拢，幸有一块巨石撑开，此情此景不由人不惊心动魄。过峡不远，两崖中断，下临深谷，古代人们为接通登山的路径，凌空架起了宽不盈尺的栈道，度者屏息瞑视，踏板而过，人称"二仙桥"。

北峰 又名云台峰，海拔1615米，三面悬绝，只有南面与苍龙岭、五云峰、玉女峰等联成一条崎岖的长岭，它既是一道分水岭，也是通向天外三峰的唯一通道和"天梯"。由北峰向东望去，只见峭壁深壑，雾气弥漫，相传当年"智取华山"的解放军勇士们撇开登顶必经的"太华咽喉"通道而另辟蹊径，就是由这个"野鹿也不上去的地方"登上了北峰，从而打破了几千年来"自古华山一条路"的传说。

擦耳崖 因为岭高峪深、坡陡脊窄，为了通行安全，筑路人在岭脊旁边的陡坡上开凿了一条宽不盈尺的半隧洞式小道，由于长期的风雨剥蚀，临空的路边已圆滑无棱，险状纷呈。登山者时时有坠入深渊之虞，只好贴身内侧，面壁擦耳而行，故有"擦耳崖"之称。走到擦耳崖的尽处，转身就崖，攀铁链登石锁而上，共十三级，名"上天梯"。登至其巅，便进入了攀登苍龙岭的道口。

苍龙岭 是一道南北长约0.5公里、宽约一米左右的通往天外三峰的唯一通道。这条坡度达45°以上的刀刃形岭脊把人们引向了华山登险的高潮。后人因其体青背黑，耸入云天，势如苍龙腾空而改称"苍龙岭"。传说唐代大文豪韩愈登上苍龙岭，回首一看那光滑无依的陡脊和岭下的万丈深渊，生返无望，随手写了遗书投到崖下，今苍龙岭端逸神岩上还刻有"韩愈投书处"。今天苍龙岭险道上已加强保护措施，石级平稳，石桩为栏，铁索可依，万无一失。但攀援至此，山风劲吹，烟云缭绕，峰环松秀，渊深无底，在心荡神驰之余依然有惊心动魄之感。攀上苍龙岭，便进入金锁关。这里又名"通天门"。

中峰 又名玉女峰，海拔2042米。从中峰抬头仰望，由三峰构成的华山峰顶庄重秀丽、气象万千，的确像出污泥而不染的莲花蕊一样脱颖而出，直插霄汉。山间洼地的地形使三峰口与玉女峰具有许多独特的名胜，如玉井、二十八宿潭、莲花坪、水帘洞等，它们往往与优美生动的神话传说连在一起，构成了风光旖旎的人间"仙境"。

玉井是镇岳宫前一口水井，直径不满一米，水深约10米，韩愈有诗称它："太华峰头玉井莲，开花十丈大如船"。

二十八宿潭是洼地上的二十八条石沟，形状奇特，口小腹大，"自南而北，形如贯珠"。由于正好二十八个，上应星宿，故称"二十八宿潭"。潭水清澈，犹如一颗颗晶莹剔透的宝石镶嵌在松桧云崖之间。

在雅静别致的玉女寺前，有五个号称"玉女洗头盆"的石臼，臼水清澈碧绿，"大雨不溢，久旱不损"。

东峰 又名朝阳峰，海拔2090米，峰顶有朝阳台，是观日出的好地方。在东峰东南方略矮一点的一座小孤峰上，有著名的下棋台，又名博台。下棋台峰顶平坦如台，上有一寸多厚的大铁棋盘。关于这个下棋台，流传过不少动人的传说。

到下棋台去揽胜，要穿越与"长空栈道"并列为华山最著名的两大绝险之一的"鹞子翻身"险径。所谓"鹞子翻身"险径，修在上部凸向空中，下部凹向石壁的倾斜山岗上。人行其上，状如悬空，必须双手紧握铁索，脚踏人工凿出的逼仄石窝，小心翼翼地面壁挪步。到石崖尽头，两处互不相连的石罅断了去路，一根横木插在石缝之中，游人踏着悬空的横木要像鹞子翻身一样来个90°的大转身，才能迈上侧旁的峭壁，到达下棋台。

东峰悬崖上有"华岳仙掌"，是一条长七米左右的天然岩痕，遥看酷似巨掌，五指参差，中指直贯峰顶，在阳光照耀下，闪现五彩，犹如指骨，被誉为"关中八景之一"。它和西峰"巨灵足"同属于我国民间流传很广的一个古老神话传说。传说古代华山和中条山连在一起，挡住了黄河的去路，河神巨灵左手托起华山，右足蹬开中条，给黄河开出一条入海通道，从而在华山和中条山分别留下河神巨灵手足的"印记"。

南峰 又名落雁峰，海拔2160米，是华山的最高峰。南峰不仅以绝险著称，而且还兼有诸峰之秀。南峰一峰二顶，由东西两峰顶相接而成。东为落雁峰，西为松桧峰。西顶之上有仰天池，又名太上泉；东顶之上有三个神秘的黑龙潭，像三颗明珠，在华山之巅闪闪发光。高山池潭，别有神韵。峰上有松林，迤逦数里，间以桧柏，四季苍翠，山色诱人。

华山南峰上建有金天宫，又名白帝祠。由南天门西行，在悬崖绝壁中凿有小道，旁有木栏，下临深壑，形成险绝的"长空栈道"，就是在悬崖上凿了一排石穴，以木橼插入穴中，上铺木板，形成宽不盈尺、长约三四米的悬空栈道。由于下临深渊、栈道摇晃，游人需要有极大勇气才敢通行其上。目前木橼已换成铁棒，上面铺了青石板，并有铁索攀扶，比过去安全多了。

栈道尽处有一石室名"贺老洞"，前倚绝壁，下临深渊，洞旁有崖，高约十余米，上镌"全真岩"三字，每字大二米余，笔法苍劲、刻工高超。

长空栈道、贺老洞和全真岩是华山顶峰的三大奇迹，以惊心动魄的人工险景，显示了我国劳动人民的创造才能。

西峰 又名莲花峰、芙蓉峰，海拔2082米。西峰浑然一体，峰顶形似含苞待放的青莲花蕾，"入望似芙蓉"，从而得名，为华山五峰中最秀丽的一座山峰。它既有陡峭壁立、青翠可爱的秀丽风光，更具有美丽浪漫、数量众多的神话传说和鬼斧神工般的奇石"神迹"，如莲瓣石、摘星石、巨灵石、西元洞和斧劈石，以奇秀名冠群峰。

在保存较为完整的翠灵殿西门，有一块断成三截的巨石，石面圆浑平滑，裂缝大而整齐，很像巨斧劈开似的。从石缝钻进去，只见下面的石面上隐约有一道状如人体仰卧的石痕，传说它就是三圣母被压在这块大石下所遗留的痕迹。相传三圣母是天上玉帝的女儿，与一个穷书生结为夫妻，并生下一子取名沉香。她的哥哥二郎神杨戬将她压在西峰顶上的这块巨石之下。后来沉香经仙人传授武艺，赐给神斧，终于打败了凶恶的二郎神，力劈华山，救出母亲，这就是我国流传很广的民间故事"沉香劈山救母"的主要情节。这块被劈成三截的"斧劈石"就成了当年沉香救母的所谓"物证"。至今那把劈开巨石的大铁斧还"留"在斧劈石旁，上面铸有"仙家宝斧，七尺有五，赐予沉香，劈山救母"等字。其实这种巨石的开裂是华山花岗岩构造受风化崩解而造成的一种自然现象。

西峰上另一处"怪石"是巨灵足，这是一个长约一米、深约三厘米的足迹，旁有石刻"巨灵足"三个大字。

临潼骊山风景名胜区

临潼骊山风景名胜区是国家重点风景名胜区，位于陕西省西安市，包括骊山、秦始皇陵及兵马俑丛葬坑、华清池三个景区，附近有鸿门宴遗址、秦始皇坑儒谷遗址等，总面积60多平方公里。

骊山 是秦岭的一个支脉，东西绵亘20余公里，南北宽约13.7公里，海拔1302米。骊山林木青翠，东绣岭和西绣岭双峰并峙，远处望去，形如一匹青苍的骏马，故名骊山。山上花草繁茂，如锦似绣，故又名绣岭。主峰位于临潼南郊，故又名临潼山。每当夕阳西下时，骊山在晚霞映照下，分外美丽，"骊山夕映"是著名的关中八景之一。

西绣岭有老君殿，东侧之下是长生殿的遗址，传说唐玄宗和杨贵妃在七月七日之夜观看牛郎织女星，发誓"在天愿作比翼鸟，在地愿作连理枝"。老君殿之上有老母殿，供奉骊山老母。

东绣岭上有西周烽火台遗址。相传周幽王为了博得宠妃褒姒一笑，在此燃起烽火，戏弄诸侯，结果"一笑失天下"。

秦始皇陵 在西安市临潼区东5公里的下河村附近，是秦始皇嬴政的陵墓。冢高55.05米，周长2000米。经1974～1978年调查钻探，陵园有内外两城，内城周长2525.4米，外城周长6264米，在东侧1500米处，发现三个兵马俑坑。在陵西约500米处，发现大量胥役墓坑，每坑二至四人，大都屈肢埋葬。《史记·秦始皇本纪》载："始皇初即位，穿治骊山，及并天下，天下徒送诣七十余万人，穿三泉，下铜而致椁，宫观百官奇器珍怪徙臧满之。令匠作机弩矢，有所穿近者辄射之，以水银为百川江河大海，机相灌输，上具天文，下具地理，以人鱼膏为烛，度不灭者久之。"说明陵内建筑非常宏伟。不过在相当长一个时期内，秦陵不会发掘。

秦始皇陵兵马俑丛葬坑 在秦始皇陵东侧，是一组陶塑艺术作品，仿秦宿卫军制作。丛葬坑有三个，以1974年发现的一号坑最大，东西长230米，南北宽62米，深5米左右，中置有与真人马大小相同的武士俑和拖战车的陶马六千多个，排成方阵。二号坑是由四个兵种混编的阵列。三号坑则属于指挥位置所在的小坑。现已在一号坑上建起长200多米，跨度70多米的拱形展览厅。已出土的俑像形象生动，姿态各异，雄伟出奇，技艺惊人。1979年建立秦始皇陵兵马俑博物馆，被国际友人誉为"20世纪最壮观的考古发现"、"世界第八大奇迹"。现在一、三号坑均已发掘并对外开放,二号坑正一边发掘一边开放。

一号坑八千余件陶制兵马俑,组成一个由战车、步兵骑车相间编列,"有锋有后,有侧翼,有后卫"的严整的方形军阵。这种模拟三军的宏大、磅礴阵势,在布局上独创一格,生动地再现了"秦王扫六合,虎视何雄哉",及秦始皇"带甲百万,车千乘,骑万匹"的"兵强马壮"的威武场面,数千名披坚执锐的武士肃然伫立,斗志昂扬,战车被四匹攒蹄欲行的战马拉着,牵马的武士紧握马缰,目视前方,凝神听令。骑兵的坐下马奋鬃扬尾,骑士牵缰提弓立于马前,跃跃欲战。

二号坑以弩兵、轻车兵、车兵、骑兵四个不同兵种组成的大型军阵。俑坑东北突出的大斗子部分,面积约1050平方米,放置有172件立射武士俑,过洞内放置有160件跪射武士俑。俑坑的南半部,平面近似方形,面积约2548平方米,是个长方形车阵。俑坑的中部,平面呈长方形,面积约1132平方米,为战车、步兵、骑兵混合编组的长方形军阵。俑坑的北半部,面积约1100平方米,排列的是长方形骑兵阵。这四个小阵有机结合,组成一个大型曲尺形军阵。这是一幅古代军阵的生动图谱。

为保护二号俑坑遗址,国家在遗址上修建保护大厅。大厅平面略呈曲尺形,东西全长134.2米,南北全长106.25米,是一座现代化设施的遗址型博物馆大厅。

秦俑的艺术特色最重要的是它的高度的写实法,严格地模拟实物,陶俑、陶马的形体高大,和真人、真马大小相等,数量众多,数千兵马俑是许多具有鲜明个性的秦国战士形象的真实纪录,极为逼真、生动,就连一些细微末节,也达到了惊人的酷似。秦俑的形象塑造手法洗练,不作繁琐的雕饰,而是力求表现人物的精神、气质,从整体上形成深沉雄大的艺术效果,并作了必要的艺术夸张和重点刻画。秦俑在技法上把圆雕、浮雕、线刻有机结合,体现了"形具而神生"的中国传统的审美要求。二号俑坑内的陶俑、陶马形象更为精彩,神态各异,更趋成熟,几乎完全不像泥水混合经火煅烧的陶俑、陶马,简直是有血有肉的活人活马,其细腻之处,纤及毫发。

华清池 位于骊山山麓,是历史上著名的沐浴和游览胜地。骊山温泉发现于西周,现有四个泉眼,水温常年为43℃。

进入题有郭沫若手书"华清池"的大门,即感受到富有宫庭园林的气息。在碧波涟漪的九龙池畔的绿荫丛中,散落着金碧辉煌的殿宇、牌楼、亭榭、石舫。池东岸是宜春阁,池西岸是九曲回廊。池北的飞霜殿红柱挺立、雕梁画栋,门前有石狮、石牛各一对,相传为唐玄宗和杨贵妃的寝宫。池西南新建了"唐华清宫御汤遗址博物馆",四座仿唐的宫殿式建筑于1990年9月落成。殿内保留有唐玄宗时代所建御汤的遗迹,供游人一睹千年前皇家浴池的风貌。这一遗址发现于1982年,经过数年细心挖掘,先后清理出五个石砌的汤池,其中最大的"莲花汤",也称"御汤九龙殿",是专供唐玄宗李隆基沐浴使用,浴池为两层台式,上层为长方形,下层为八边形,若放满泉水,则近100立方米,俨然是一个室内游泳池。"海棠汤"亦名"贵妃汤"、"芙蓉汤",池形如一朵盛开的海棠花,正中有一个石刻的莲花状进水口,清澈的泉水从"花芯"中喷涌而出。亲睹此景,不禁使人想起白居易诗曰:"春寒赐浴华清池,温泉水滑洗凝脂。侍儿扶起娇无力,始是新承恩泽时。"其余三池为"星辰汤"、"尚食汤"和"太子汤",均为皇族和侍臣所用。

五间厅和兵谏亭 经九龙池往东南过望湖楼三门洞,从左边踏上山坡,建有碑亭、棋亭、飞虹桥、望河亭等,参差错落。右边的飞霞阁,传说当年杨贵妃每次浴后,都要登亭观景晾发,故又叫"晾发台"。中间有一平台,上有五间厅,是唐华清宫玉女殿旧址。清代康熙皇帝西巡和慈禧避难西安时,曾进行过两次修缮。1936年"西安事变"时,蒋介石就住在这里。

1936年12月12日深夜,张学良、杨虎城两将军联合发动兵谏,在此与蒋介石的卫兵发生枪击,弹洞至今尚清晰可见。蒋介石从后山攀道而上至山腰,躲藏在石缝里,到天色微亮时才被发现。在全国人民的共同努力下,实行国共合作的抗日政策,全国形成了抗日民族统一战线的局面,并和平解决了"西安事变"。五间厅内保留了当年蒋介石居住时的原状。山腰上的"兵谏亭"附近是当时蒋介石的藏身之处。登亭俯视,华清池全景尽收眼底,只见龙池如镜,殿宇起伏,花木繁茂,美不胜收。

宝鸡天台山风景名胜区

宝鸡天台山风景名胜区是国家重点风景名胜区，位于陕西省宝鸡市，秦岭山脉北麓。

天台山展现了秦岭雄伟博大的气魄。最高峰天柱峰海拔2198米。天台山树木覆盖率在90%以上，莽莽林海，绿波荡漾，林木蔽日，"偶闻松涛声，却是万籁静"，奥秘莫测。天台山的千余种植物汇成茫茫林海，群峰巨石隐现于苍松翠柏之中，组成一幅幅图画：春季山明水秀，野花烂漫；夏日风云变幻，绿涛奔涌；秋天万紫千红，硕果累累；冬时连绵群山，银装素裹。

天台山风景名胜区分为五个景区。濠峪沟景区：以濠峪沟炎帝出生地为中心，辅以神农泉、姜炎圣母庙和茹家庄古遗址等，展现久远的古代文明。烧香台景区：以烧香台为中心，包括伯阳山、猴娃石、玄关和十二湾等景点。杨家滩景区：以杨家滩缓坡谷地为中心，包括白马关、千尺崖、跃马涧、东西湖及荞麦山。莲花顶景区：包括天台山庙区、老君顶、观景点、莲花顶、天柱峰、系马桩、人头峰等景点。鸡峰山景区：有宝鸡祠、庙王崖、老母顶、灵官池和燃灯寺等景点。以上各景区面积总计124平方公里，位于海拔798米至2198米的秦岭褶皱山系，气势博大，山体雄伟、陡峻、山脊突兀、延绵，多嵯峨山峰；水系丰富，河流湍急，多溪泉瀑布；四季分明，光照充足；森林密布，物种丰富，自然地理景观独具特色。

尤其可贵的是，天台山地灵人杰，是中华民族始祖炎帝神农氏的出生地，有七千年前的仰韶文化遗址；享誉海内外的"青铜器之乡"；中国最早的刻石"石鼓文"；道家始祖老子的讲经台；以及"明修栈道，暗度陈仓"的古栈道，壁立千仞，架空飞阁。孕育着天台山的神秘感和多彩性。

黄帝陵风景名胜区

黄帝陵风景名胜区是国家重点风景名胜区，位于陕西省黄陵县，由黄帝陵、子午岭、黄土风貌三个景区组成。

黄帝陵简称黄陵，是中华民族的人文始祖——黄帝的陵墓，是国务院公布的重点保护第一号古墓葬，世称"天下第一陵"。子午岭有秦朝修建的秦直道和北宋修建的石空寺、紫娥寺及阎庄水库等景观，独特的侯庄渊、郑家庄水库等黄土高原湖泊和淳朴的陕北民俗风情构成了别具一格陵园、柏林和黄土风貌景区。

桥山因山形像桥，故以得名，山上古柏参天，碧水环绕，景色宜人。桥山有古柏八万余株，其中千年以上古柏三万余株，是当今全国最大的古柏群。黄帝陵寝就处在这满山古柏包围之中，登临台顶可远眺四周山水。

黄陵坐北面南，冢高3.6米，周长48米，冢前立一石碑，上书"桥山龙驭"。陵前有一祭亭，亭中石碑上镌郭沫若题"黄帝陵"三字。陵前数十米路边立一石碑，上刻"文武百官到此下马"，西侧有一高台，旁有石碑书"汉武仙台"，相传为汉武帝征朔归来，在此祭祀黄帝、祈求升天所修筑。

桥山东南山麓有始建于汉代的祭祀轩辕黄帝的轩辕庙，宋太祖开宝五年（972年）移至今址，明清各代都有重修。庙呈四方形，庙门朝南，门额上大书"轩辕庙"三字。跨进庙门，左边有一棵巨大古柏，树高19米，树围10米，有群柏之冠之称，据说此柏为黄帝亲手所植，外国学者称其为"世界柏树之父"，距今已有5000余年的历史。穿过庙门北边的过厅，是一座长方形碑亭，东西两边共立有47通石碑，其中有蒋介石手书"黄帝陵"石碑。最北端为大殿，殿额上悬挂"人文之初"大匾。殿门外西侧有一大古柏，名曰"挂甲柏"，树干斑痕密布，像有断钉在内，相传这是汉武帝征朔方还驻跸挂金甲印烙所致。进殿门，立有巨幅石刻黄帝像，下立黄帝牌位，供桌上摆放着各种供品。大殿两侧还辟有出土文物展厅。

几千年来，每逢清明时节，不少历代帝王官吏都曾亲自来这里祭奠。现在每年清明，海内外炎黄子孙也都在此祭奠黄帝。

合阳洽川风景名胜区

合阳洽川风景名胜区是国家重点风景名胜区，位于陕西省合阳县，面积110平方公里。

洽川古为"有莘氏国"，人文景观为帝喾陵、伊尹耕莘处、四圣母庙、子夏石室、木罂古渡等遗址，我国现存汉碑中最负盛名的《合阳令曹全碑》即出土于此。

洽川风景名胜区在合阳县东部的黄河西岸，景区西部有福山、明山、金凤山、莲花山、秦驿山相绕，中间河谷地带平坦，湿地约占景区总面积的一半，沙洲星罗棋布，芦苇、莎蓬、杂草丛生，三十多种珍稀鸟类（如丹顶鹤、黑鹤、大鸨、大小天鹅、灰鹤、鸳鸯等）在此繁衍生息，属生物多样性地区。

洽川有温泉多处，自涌而出，常年流淌，水温在30℃左右，称"瀵"。"瀵"字为新华字典专用名词。"瀵"有五处，相距不远，分别是王村瀵、渤池瀵、两鲤瀵、熨斗瀵、小瀵。其中，王村瀵最大，水面约20亩。五瀵周围均建筑有围堤，共灌溉田地20多万平方米。堤上绿柳依依，风景优美。

凤翔东湖风景名胜区

凤翔东湖风景名胜区是省级风景名胜区，位于陕西省凤翔县。

凤翔是先秦古都雍城所在地，历史上曾经长期作为道、府、州、郡驻地，为关中西部重镇。城东东湖湖水从城外凤头泉引来，东西分流，如凤凰展翅飞翔，城因此得名。

凤翔东湖在凤翔县城东门外，分内外二湖，面积14公顷。内湖是宋代著名文学家苏轼任凤翔府判官时重疏，已有九百多年历史；外湖是清光绪年间凤翔知府开凿，统称东湖。自宋代以来历代兴建有许多园林建筑，湖光亭台，交相辉映，为关中著名的湖山园林，也是北方园林的优秀代表。

现在的东湖，湖水碧绿，柳树苍翠，亭台楼阁星罗棋布，石桥萦回多姿。湖内有游艇，可供游人乘坐，饱览湖光山色。沿芳草萋萋的小路，见上写"古饮凤池"大字的墙壁，踏着迂回的石桥，便依次可以游览断桥亭、君子亭、小娇亭、春风亭、鸳鸯亭、惠景堂等。湖西南角有两层古式高峻建筑望苏亭。湖东还有洗砚亭、一览亭和来雨轩。

喜雨亭在东湖北岸，小巧玲珑，四角微翘，亭亭玉立，富有诗意。此亭落成之时，正巧凤翔久旱遇三场雨，丰收有望，于是苏轼命名喜雨亭，并写了《喜雨亭记》以作纪念。此文淋漓尽致地描写了雨后人们喜悦之情，亭子也随之而出名。

凤翔博物馆在内湖，原为三公祠（周公、召公和太公）和苏公祠旧址，陈列有大量的诗文石刻和其他历史文物，其中尤以苏轼自赞刻石最著名。

龙门—司马迁祠风景名胜区

龙门—司马迁祠风景名胜区为省级风景名胜区，位于陕西省韩城市，由黄河龙门、司马迁祠墓等景点组成。

龙门 在黄河中游，韩城城北约30公里处，跨黄河东西两岸，形势如门阙，故名龙门。龙门山和黄龙山东西对峙，黄河奔流其间，水流湍急，波涛汹涌。在龙门尽头，河水先急转弯冲向悬崖，被迫掉头又碰到对岸的巨石上，卷起千堆雪浪，才奔泻而出。

龙门有一个"鲤鱼登龙门"之说，并被传为吉利佳话：传说每年3月，无数鲤鱼从下游来此，争先跃登龙门，能跃上龙门的，就会变化成龙；跃不上去的，多被摔到滩上晒死。一年之中能登龙门不过72尾。实际上，河水出龙门后，水面突然展宽，缓缓南流，与龙门之上水流迅急、浊浪排空之势迥然不同，因而给游鱼上行造成不可逾越的障碍，故有此说。

《禹贡》有导河积石，至于龙门的记载。相传从壶口到龙门之间的河道，皆为大禹所凿，故在龙门山上建有大禹庙。庙中明德殿中供有大禹像。大禹庙在抗战期间曾被日军轰炸。

司马迁祠 位于韩城南的芝川镇，为关中的重要名胜之一。司马迁（公元前145～前87年），韩城人，撰写了不朽巨著《史记》，是我国历史上最著名的史学家，世界文化名人之一。

司马迁祠始建于西晋，建在依山势而筑的三个砖石高台上，东临黄河，西枕梁山，芝水环绕而过，屹立于悬崖峭壁之上，气势雄伟壮观。整个祠院围有20多米高的围墙，远望犹如古堡。芝水上有石桥，名芝阳桥。过桥后的路面用条石铺砌，依山势坡度逐级上升，称司马坡。坡脚东北向有一木牌坊，额书"汉太史司马祠"。穿过牌坊，缓坡上行，朝东南又有一座木牌坊，上书"高山仰止"字，这是借用《诗经·小雅·车辖》中的一句话，来比喻司马迁德高如山，世人仰慕之情。过山门，是青砖牌坊，题额"河山之阳"，引自《太史公自序》中"耕牧河山之阳"一语。再上99级台级，便到达祠院。祠院由祠门、献殿和寝宫组成，院门额上书"太史祠"三个大字。祠院中，古柏参天。献殿为敞厅，是祭祀时供祭品、致礼仪的地方。寝宫正中的砖龛上，塑有高4米的司马迁全身彩色坐像。62块碑碣遍布献殿内外。

祠后高处就是砖砌的司马迁墓，高约3米，围周7米左右，用青砖裹砌成圆形，上面嵌有八卦砖雕。墓前一石碑，上书"汉太史司马公墓"，为清乾隆年间毕沅题。墓上古柏五株，蟠若蛟龙。

韩城文庙 位于县城中的东学巷，传为元代所建。现在建筑是明初重建。庙内建筑，保存完整，是关中现存文庙建筑之冠。文庙建筑一共四进，布局严谨，呼应对称，殿宇建筑，气魄宏伟。牌坊全用木建，雕花华丽，上施琉璃。月牙桥的栏杆全用汉白玉雕刻，纹饰图案的浮雕，艺术水平很高。亭子的四角柱不落地，廊柱上的雀替与枋连接成整体。

楼观台—太白山风景名胜区

楼观台—太白山风景名胜区位于陕西省周至县、眉县、太白县，包括楼观台、太白山、仙游寺和骆峪等景区，面积1230平方公里。

太白山 以峰峦叠嶂、悬崖峭壁、峡谷激流、泉瀑幽潭、云海佛光、名贵动植物、第四纪冰川遗迹、高山湖泊等构成自然景观，有植物种类1850余种，昆虫动物种类1690余种，被誉为"亚洲植物园"和自然生物宝库。

楼观台 位于陕西省周至县东南15公里处的楼观乡，地处终南山北麓，北临渭水，林木茂盛，向称"洞天福地"。楼观台是道教先祖老子李耳传经

授道著书立说之地，现存人文景点老子墓、大奉寺塔、说经台、炼丹炉、吕公洞、化女泉、上善池以及历代碑碣石刻多通。相传公元前10世纪，周朝大夫函谷令尹喜在此结草为楼，观测天象，故名。老子西游至此，受尹喜之邀在此讲述并著述了《道德五千言》，因此楼观台成为最早的道教圣地，"天下第一福地"。老子墓呈椭圆形，高4米，占地约20米，传说是老子的墓地。说经台是楼观台的中心，位于海拔560米高的一座秀丽山峰上，相传是老子当年讲经的地方。遥相对应的山上有炼丹炉，由砖砌成，长3.6米，宽2.7米。说经台向西1公里处有化女泉，是一个清澈见底的水池，有老子以杖化美女的传说。楼观台有许多古树名木，如传说当年老子系牛的古柏"系牛柏"、传说汉代所植状如雄鹰的"三鹰柏"等。

仙游寺 位于周至县城南17公里处的黑水峪口，原为隋代仙游宫遗址，唐代改为三寺，现存黑水两岸的南北二寺。寺内有我国仅存隋代砖塔，为全国文物重点保护单位。仙游寺也是《长恨歌》诞生的地方。两寺之间有黑水潭，宽约两丈多，潭上石壁峭绝，形如"龙潭虎穴"。

骆峪 古栈道开通于西汉初期，是古代由秦入蜀的重要通道，其古栈道被誉为同万里长城、大运河并列的中国古代工程。

药王山风景名胜区

药王山风景名胜区位于陕西省耀县，是省级风景名胜区。

药王山在耀县城东，距西安约100公里，唐代称磬玉山，后因大医学家孙思邈曾在此隐居，为了纪念他，便称此山为药王山，宋至清，有时也称五台山。

药王山是由瑞应、起云、升仙、显化、齐天等五个山峰组成的山岭，五山对峙，顶如平台，与长安县的南五台遥遥相对，所以又称北五台。最高峰海拔812米，山上古柏葱茏，庙宇层层，是关中渭北的名胜之一。

孙思邈（581～682年），耀县人，是唐代杰出的医学家，他少时因病学医，博涉经史百家著作，总结了唐以前临床经验和医学理论，著有《千金要方》和《千金翼方》等医学名著，因其医术高超、医德高尚、以医济人、不慕名利，被人民群众尊为"药王"。自唐代以来，宋元明清历代都为孙思邈修建庙宇，现存金元明清建筑近200间。

药王大殿位于药王山显化台上，建于明代。整个建筑群依山而建，亭台楼阁如在空中，雕梁画栋，碑石林立，树木丛荫，环境古雅。穿过几道石牌坊，登石阶172级，进入大殿。大殿坐北向南，高22米，长57米，宽24米，规模宏大，巍峨壮观。殿当中有孙思邈彩色泥塑巨像一尊，为明代巧匠塑制，高约3米，相貌温和端庄。像的背后有石洞名药王洞，相传孙思邈曾隐居于此。大殿的配殿内有我国古代扁鹊、张仲景、华佗等十大名医的塑像。正殿前东边有碑亭一座，亭中树立碑石多通。碑上刻有大量药方和保健知识，长期来不断为人们拓印和传抄。碑亭东是孙思邈医学著作陈列室。药王大殿外，有两个大石坑，深约两米，人称"洗药池"，相传是孙思邈当年洗药用的池子。池水清绿凉爽，民间认为可以治病。洗药池西边，就是著名的耀县碑林，有许多珍稀的南北朝石碑。

大殿东边200余米处，有药王山摩崖造像，其中有隋唐石窟7龛，北魏至唐代造像多通。

升仙台在大殿以南，台上有"静应庙"，也叫"静明宫"、"南庵"，是渭北闻名的道教宫观。明代以前，这里也朝拜药王。相传这里还有孙思邈亲手所植的五棵古柏。

甘肃省

麦积山风景名胜区

麦积山风景名胜区是国家重点风景名胜区，位于甘肃省天水市，包括麦积山、仙人崖、石门、曲溪四大景区和街亭温泉，35个旅游小区，180个景点，总面积215平方公里。由于麦积山石窟闻名中外，故全景区以"麦积山"命名。

麦积山景区 麦积山，又名麦积崖，因其形"如农家积麦之状"而得名。它位于秦岭西段的北麓，北跨渭水，南携嘉陵，周围群峰环抱，麦积一秀崛起，高142米，距天水市30公里。区内松竹丛生，山峦叠翠，古称"秦地林泉之冠"。

麦积山景区春来一片苍翠，夏日山花烂漫，秋季白云红叶，冬天玉树琼枝，颇有四季皆景的南国景色。"麦积烟雨"为秦州八景之一，那如仙如幻的美景，使游人为之陶醉。清翰林邑人吴西川在《麦积烟雨》诗中赞曰"最宜秋雨后，兼爱暮时烟"，可见烟雨之撩人。登上麦积岩的"散花楼"俯瞰，林海茫茫，气势磅礴。如将色彩缤纷的花瓣腾空撒下，随着气流缭绕而上，可出现"天女散花"般的神话境界，使人顿生飘飘欲仙的情趣。

麦积山石窟开凿在悬崖绝壁上，洞窟"密如蜂房"，栈道"凌空穿云"，其惊险陡峻为世所罕见。杜甫有诗赞曰："野寺残僧少，山圆细路高。麝香眠石竹，鹦鹉啄金桃。乱水通人过，悬崖置屋牢。上方重阁晚，百里见秋毫。"

麦积山石窟历史，颇为久远，是随着丝绸之路的开通，从十六国后秦（384～417年）时期开始营造的。据《梁高僧传》载，南朝宋永初年间，高僧昙弘禅居麦积山，不久名僧玄高继至，二人共住持寺院，常有学徒三百余人，可见当时佛事之盛。西魏刚刚立帝时，在这里"再修崖阁，重兴寺宇"，魏文帝原配皇后乙弗氏在此死后，还"凿麦积崖为龛而葬"，北周保定、天和年间，秦州大都智李允信为其亡父造七佛阁，有名的作家庾信曾为他写了一篇《秦州天水郡麦积崖龛铭》。隋文帝仁寿二年，杨坚在全国范围内敕葬"神尼舍利"时，秦州使将舍利葬在麦积山顶上，现在山顶还有高9.4米的舍利塔巍然屹立。唐、五代、宋、元、明、清都曾不断开凿或重修。历史上虽遭多次地震、火灾的破坏，仍保存窟龛 194 个，泥塑、石刻 7800 多件，壁画千余平方米，北朝崖阁座，素有"东方雕塑陈列馆"之称，是我国四大石窟之一。

由于多雨潮湿，壁画大多脱落，但泥塑基本完好，有的泥质如新，坚如烧陶。在艺术造型和特点上，泥塑生动优美，石雕技艺精湛，壁画古朴典雅。不论是北朝的"秀骨清像"，还是隋唐的"丰满圆润"，都刻画得栩栩如生，温婉可亲，极富生活气息，与中原文化一脉相承。这种"形神兼备"的传统技法，充分体现了我国古代雕塑、绘画艺术的独特风格。

为了更好地保护这座瑰丽的艺术宝窟，国家拨巨款，历时八年，对山体进行了维修加固，使麦积山面貌焕然一新，吸引着更多的海内外游客。

在我国四大石窟景区中，麦积山石窟景区的自然景观和人文景观结合完美。近年来，又相继开发了香积山、豆积寺、交龙寺等景点，使景区的内涵更为丰富。

距麦积山石窟二公里处，有一座满目奇花异卉、处处绿意清心、幽景天成的植物王国，这就是闻名遐迩的麦积山植物园。植物园占地 5500 多亩，荟萃了 1800 多种植物，大面积青翠碧绿的落叶、阔叶、针叶混交林，形成了生机勃勃、绚丽多彩的天然美景。植物园西侧，是东汉初陇上割据者隗嚣的避暑宫遗址，使人顿生凭吊幽思之感。

仙人崖景区 距麦积山景区 15 公里，系北魏晚期所建。传说，在很久以前是仙人上香朝供的圣地，后得名仙人崖。又因深夜常常有灯火自崖石上喷出，故有"仙人送灯"之誉。

仙人崖由三崖（又称三庵）、六寺、五莲山所组成，翠峰林立，寺观修建于峰顶或飞崖之下，融汇了儒释道三教合一的宗教文化。人们常把六寺中的灵应寺作为仙人崖的统称，这里保存有明清殿宇 27 座，房屋 54 间，北朝及宋、明、清各类塑像 197 尊，壁画 83 平方米。

石莲谷总长 4 公里，谷中石似白莲，浸映水中，千姿百态，晶莹如玉。两岸壁立千仞，怪石戾下，纵横蜿蜒。溪中清流较大，时如匹练，静静流淌；时如脱马，奔腾而下；平缓处珠溅落盘，声如金石；湍急处顿成飞瀑，声似雷鸣。

净土寺一进三禅院，松柏森森，古寺幽道，为天水有名的佛教净土宗寺院。四围群峰环抱，秀丽多姿，山风吹来，松涛作响，名曰"净土松涛"，为秦州八景之一。

此外，还有峰影倩立的"仙水湖光"、群峰竞秀的"十八罗汉朝玉帝"等景观，仙境意趣，景景相连，美不胜收。

石门景区 距仙人崖景区 15 公里。石门山因南北峰对峙，中间有一深不可测的缺口，望之如门，且南北峰之间的聚仙桥下石壁上，有一大方形黑圆圈，状若门楣，因而得名。正如清人费道珍在石门记中所述："其山壁立千仞，苍翠欲滴，四围峭崖无径，凡十八盘而上，约十里，始臻其岭，无限松簧，辉映殿阁，为秦州洞天福地。"

人们用"一楼、二禽、三奇、四杉、五兽、六珍、七花、八景"来赞美石门山。一楼系北峰的钟楼，站在钟楼上，可见香烟袅袅的大殿，可聆参禅诵经的梵音，木鱼笃笃，钟磬铮铮，清心静耳；二禽指石门山上的锦鸡、鹦鹉；三奇指峰奇、松奇、石奇，故石门山又被人们誉为甘肃的"小黄山"；四杉为山上的四种杉树，即云杉、水杉、冷杉、红豆杉；五兽乃绶带、麂、麝、鹿、兔；六珍即祖师麻、木通、颉草、凉菌、松子、花椒；七花为琼花、玉兰、杜鹃、丁香、箭竹、珍珠梅、绣线菊；八景为石门夜月、翠凝仙桥、量天插云、鹫岭卧虎、白鹿映门、盘古洞悬、龙腾峰顶、天门观云。

游人八月十五中秋夜登聚仙桥远眺，可见皓月从桥亭冉冉升起，似玉盘腾空，皎洁雅秀，这便是素有盛名的"石门夜月"。前清进士邑人张世英曾在聚仙桥题有匾额"陇月先得"，品之余味悠长。

石门兼有泰山之深厚，华山之奇险，黄山之雄幽，峨嵋之秀丽，花终年不谢，草四季常青，自然美景冠绝陇上。离石门山不远，有一块地势开阔，依山傍水，土沃草茂的富饶之地，这就是有名的秦人"牧马滩"。秦人大骆的儿子非子，在此地为周孝王牧马有功，于是孝王宣布恢复舜时封秦人先祖伯翳为嬴的姓氏，并"封土为附庸，邑之秦"，号称秦嬴，此事见于《史记·秦本纪》。20世纪80年代以来，这里多有考古发现，发掘出的考古实物有秦简、木板地图、纸张等，极为珍贵，为这块钟灵宝地增添了丰富的人文气息。牧马滩现辟为森林公园，是石门景区的又一旅游胜地。

曲溪景区　曲溪是麦积山风景名胜区的一处绝妙佳景。它隐藏在天水市北道区东南50多公里的陇右山脉中。这里曲水波光粼粼，林木葱葱郁郁，峻岭巍然耸立，奇石千姿百态，山峡陡峭险要，游人至此仿佛进入一幅长长的山水画卷。

沿这条长10多公里、宽2公里的曲水漫游，青山、绿水、河石、草坪、山花、沙滩、湖光、修篁交相辉映，令人目不暇接。河中巨石形态各异，使自然美景平添无限生趣。有的如水牛卧潭，有的似游龙过江，有的像青蛙出水，有的如水貂窜来……在清澈如镜的浅滩石缝捞虾摸蟹，或观色彩斑斓绚丽夺目奇形怪状的水中卵石，也是别有一番乐趣在心头。曲溪揽胜，仿佛置身于"童话世界"般的九寨沟，也好像来到山环水绕的武夷山。

街亭温泉　距天水市32公里，位于麦积山风景名胜区街亭古镇4公里的温泉峡口。该泉水温40℃左右，日出水量3600立方米，水质富含19种微量元素，不但具有极好的医疗保健作用，而且是优质的矿泉水。温泉浴庄采用古典式园林建筑风格，曲水回廊，优雅安静。畅游麦积山风景名胜区之后，来温泉洗浴，疲劳消除。该温泉水洗浴后皮肤光滑细嫩，对神经衰弱、高血压、心脏病、关节炎、皮肤病等都有独特疗效。

崆峒山风景名胜区

崆峒山风景名胜区是国家重点风景名胜区，位于甘肃省平凉市，规划面积83.6平方公里，已建成游览区14平方公里。

崆峒山在平凉市西13公里，西接六盘山，东望秦川，南依关山，北峙古萧关，古有西镇奇观之称。崆峒山海拔1485~2123米，年平均气温6.5℃，年降雨量700毫米左右。山上苍松古柏，浓荫蔽日，有植物千余种，林木覆盖率达75%，花香飘溢，珍禽异兽出没。

史书古籍有将崆峒山记作笄头山、鸡头山和空同、空桐。前者以其山形高昂挺立形似而名，丝绸古道"鸡头道"即指沿山去天水之路段。对后者有两种说法：一说得名于道家空洞无为思想，一说源于《史记》殷本记和赵世家中"空桐氏与其后娶空同氏"的记载。也有人认为，崆峒地貌奇特多洞穴，许多洞穴悬于峭壁间可望而不可即，是得名由来，古代同字通洞借用，也是空同氏得名的由来，其后用于专指山名才成今名通用。

崆峒山是由上三叠系紫红色坚硬砾岩构成的丹霞地貌，历经地壳升降和侵蚀切割，形成许多沟谷，进而发育产生许多顶平身陡，麓缓谷深，间以石洞石墙，形成丰富多彩，奇特秀丽的自然景观，独具"北雄南秀"之姿。"崆峒一何高，崛起乾坤辟，峻极倚杳冥，峥嵘亘今昔"是北宋学士状元游师雄对她的赞颂，"斗星高被众峰吞，莽荡山河剑气昏"是谭嗣同为其写照。她挺立于泾河与后峡胭脂川水之间，层峦叠嶂，幽径崎岖。1981年截前峡泾河水建成库容2970万立方米的崆峒水库，湖光山色，游艇穿梭，为游览提供方便。驱车后峡公路至沟口有简易攀山公路，行3公里可抵中台停车场。

主峰马鬃山又称绝顶、皇城，海拔2025米。西有笄头山、翠屏山、香山、垂珠峰、侧屏峰、狮子岭、天台山，以香山最高；东有海拔1926米的望驾山屏前嶂；东南雷声峰宛如舒出之右臂，壁立千仞，顶如鱼背，凿石建殿数重于其巅；北有天仙宫、舍身崖，如主峰垂出之左臂。主峰顶唐代已有建筑，宋代建真武殿，明代劈山扩建称金城，主祀无量祖师，又有太上楼、太白楼、三仙殿、官厅、道院等，历经补葺，为全山保存最完整的建筑群。面东建有钟、鼓楼和"峻极于天"木坊门，其下为679级"上天梯"石阶登道，依次有十二帅殿、老子孔子释迦合祀一龛的三教洞、磨针观、飞仙楼、灵官洞、南崖宫、黄帝问道阁、遇真宫、药王洞、朝天门和古碑碣。其下有东、西、南、北、中五台罗列，唐代均已修建，多为佛教寺庵，又有插香台、八仙台、灵龟台、棋盘岭、凤凰岭、蜡烛峰、转轮岗、大崾岘、月石峡、龙须沟、老虎沟、猴子沟、桃花坪、迎宾峰、放羊滩、黄龙泉、黑龙泉、大象山、玄鹤洞、玉女洞、钻羊洞、青龙洞、归云洞、朝阳洞、广成洞、广成子丹穴等近百个洞穴。明代已集有香峰斗连、笄头叠翠、玄武针崖、天门铁柱、凤山彩雾、中台宝塔、鹤洞元云、广成丹穴、春融蜡烛、仙桥虹跨、月石含珠、玉喷琉璃十二胜景。

天下名山属道僧，崆峒名山更不例外，且千百年来佛、道同处一山，建有九宫八台十二院，实属罕见。

《庄子·在宥》记中华始祖轩辕黄帝至崆峒问道一事，继有周穆王、秦始皇、汉武帝登临造访。唐代之前山麓已建问道宫，宋代辟为道教大什方，经历代补葺扩建占地数十亩，古树参天，且多碑碣，后没于崆峒水库中，今在东台玄鹤洞下辟址重建。唐代在山中建轩辕宫。宋代建真武殿。元代奉元丹阳宫法师姜公前来住持重修问道宫。明代兴建许多宫观，将皇城真武大殿覆以铁瓦，望之如金台玉阙。清康熙年间全真龙门道士苗清阳住持整修皇城，其后徒众几遍全山，将崆峒列为全国道教十二大常住之一。今由道士管理宗教事务。崆峒山道教宫观管理委员会设在天仙宫。道教发展攀附老庄，在元代问道宫碑文中将崆峒称为"道教之源"，近年又有"天下道教第一山"之称，据古籍记载，活动于崆峒的神仙与名道有广成子、赤松子、容成公、韦震，唐宋有伍符、白兔老人、朱友、赵法师、宋披云，明清有张三丰、王全真、许半仙、苗清阳、李信和、杨永龄等。

崆峒地处"丝绸之路"，是佛教传入必经之地。唐初太宗帝赐田亩给中台明慧禅院，可知已具规模。时任住持仁智禅师被后世奉为开山祖师。后周世宗给明慧禅院赐紫。北宋时山僧保卫国土与西夏兵大战。元初安西王出资命王相商挺督工、帝师八士巴叔父棨里吉察思揭兀住持创建东台宝庆寺，赐三品印统领陕西、四川、西夏诸路佛教。明成祖敕碑保护全山寺刹，万历年间慧舟湛兴受诏赴京，遂得赐三藏经两万余册，可叹这批经书毁于1964年前后。清末佛教稍襄，民国年间郑俊在时任专员刘兴沛的支持下有所振兴。1982年成立崆峒山佛教管理委员会，1984年改称平凉市崆峒山佛教协会，址在中台法轮寺。唐宋名僧有仁智、令远、梦云、智曾、德均、重仪、法浮、法涣、法深、法漫、法汾、行者云来。元代有槊里吉察思揭兀等，明代有慧舟、湛兴等。清至民国年间有补岩、亮旭、石珂、彻空、怀睿、道成、青莲等。

《尔雅》载："崆峒之人武"，郭璞注："地气使然"。《陕西通志》记："平凉地接边荒，多尚武节者"。李白曰："世传崆峒勇，气激金风壮"。杜甫曰："防身一长剑，将欲倚崆峒"。宋郑文宣称："高岭崆峒，山川险阻，雄视山关，控制五原。"明傅振商曰："更谁倚剑向崆峒"。林则徐被流放经平凉过嘉峪关有诗句曰："楼头倚剑接崆峒"。清末陇上铁汉安维俊曰："长剑倚天磨，隐寓崆峒志"，"倚剑说平生，斯游心已遂"。长期战火和秀美河山激发造就了周边人民习武练拳、保国卫民之习俗。北宋时僧人法淳率众与西夏入侵兵大战，受朝庭褒奖。明代张三丰隐居传授技艺。清初飞虹子再创崆峒武术，其第十代传人燕飞霞于1956年参加全国武术比赛，以此派落花峰拳获冠军。

自轩辕黄帝登山访道后，崆峒成为人们向往之地，每逢农历四月初，陕、甘、宁、青群众纷纷登山，或游览，或进香，络绎不绝。清安碑载：庙会数日之间，登山者"无虑万计"。除上文举出名人登览外，尚有司马迁曰："余尝西至崆峒"。1986年胡耀邦视察平凉时，题书"崆峒山"。

崆峒山有历代建筑及遗址60余处，新石器时代遗址3处，现存碑碣百余通。其中重要的有宋代镌刻石经幢、明代修筑的凌空塔等。

鸣沙山—月牙泉风景名胜区

鸣沙山—月牙泉风景名胜区是国家重点风景名胜区，位于甘肃省河西走廊西端的敦煌市。

敦煌是古代"丝绸之路"上的名城重镇。自汉武帝元鼎六年（公元前111年）建县以来，这里不仅是开拓疆土、经营西域的前哨阵地，而且是通向中亚、西亚乃至欧洲的国际交通枢纽。在中西交流的悠久历史长河中，中国古老的传统文化和印度、波斯、希腊等外来文化，在敦煌这块特殊的地理环境中彼此交流，互相融和，创造了世界瞩目的"敦煌文化"，为人类留下了众多的文化遗产。它不仅有震惊世界的人类文化瑰宝莫高窟，还有大漠孤烟、海市蜃楼、雅丹地貌、边塞亭障、古道驼铃、清泉绿洲等多姿多彩的自然风貌和人文景观中的佼佼者。古往今来，以"沙漠奇观"著称于世，被誉为"塞外风光之一绝"。它和鸣沙山东麓的莫高窟艺术景观融为一体，是敦煌城南一脉相连的"二绝"。

敦煌是座"大漠万物聚珍区"。这里地貌奇特，景观万千，形成了幅员广大、内涵丰富的大漠旅游区。以市区为中心辐射为三条旅游线，即莫高窟石窟艺术东线游；鸣沙山月牙泉风景名胜南线游；阳关、玉门关古战场西线游。这些人文景观与自然风光融为一体，从而形成了风靡世界的"敦煌热"。

鸣沙山 鸣沙山位距城南五公里，因沙动有声而得名。山为流沙积成，沙分红、黄、绿、白、黑五色，故称"五色沙"。见于史书记载的历史已近两千年。汉代称沙角山，又名神沙山，东晋始称鸣沙山。其山西起党河峡谷隐形卧佛山，东止莫高窟，东西绵亘40余公里，南北宽约20余公里，主峰海拔1715

米。沙垄相衔，盘桓回环。"峰峦陡峭、山脊如刃；马践人驰、殷殷有声；轻若丝竹、重如雷鸣"。人登山顶向下滑，沙随足落，经宿复初，此种景观实属世界所罕见。早在唐代就有诗赞咏："传道神沙异，寒喧也自鸣，势拟天鼓动，殷似地雷惊。风削棱还峻，人跻刃不平，更寻梓井处，时见白龙行"。其沙响之谜至今依然神秘莫测。

月牙泉 处于鸣沙环抱之中，因其形酷似一弯新月而得名。古称沙井，又名药泉。一度讹传渥洼池，清代正名月牙泉。面积13.2亩，平均水深4.2米。水质甘洌，澄清如镜，铁鱼鼓浪，星草含芒。千百年来沙山环泉，泉映沙山，犹如一块光洁晶莹的翡翠，镶嵌在沙山深谷中，"风挟沙而飞响，泉映月而无尘"。流沙与泉水之间仅十数米，但虽遇烈风而泉不被流沙所掩埋，地处戈壁沙漠而泉水不浊不涸，这种山泉共处、沙水共生的独特地貌，确为"天下奇观"。历代文人赞誉说："晴空万里蔚蓝天，美绝人寰月牙泉，银山四面山环抱，一池清水绿漪涟"。"灵泉一泓号月牙，碧流琉净无纤瑕，半轮水镜随地涌，蟾宫直可通天槎，林木倒影碧波尽，恍似彤桂枝横斜"。

鸣沙山和月牙泉是大漠戈壁中一对孪生姐妹，"山以灵而故鸣，水以神而益秀"。确有"鸣沙山怡性，月牙泉洗心"之感。

莫高窟 俗称千佛洞，开凿在敦煌城东南25公里的鸣沙山东麓的砾岩上。洞窟之排列，犹如蜂巢镶嵌在蜿蜒的悬崖上。栈道曲折，楼台高耸，显示出佛教圣地的威严和肃穆。据唐代碑文记载，它始建于前秦建元二年（336年），历代修建不绝，到唐武则天时代，洞窟已近一千余龛。这些石窟在漫长的岁月中，虽然受到大自然的侵蚀和人为的破坏，但至今仍保存较为完整的洞窟494个。里面珍藏着历代壁画45000多平方米，彩塑2400多身，还有唐、宋木构建筑5座。莫高窟的艺术是融建筑、彩塑、壁画为一体的综合艺术。它是我国也是世界上现在规模宏大、保存最完整的佛教艺术宝库。1991年被联合国教科文组织授予"世界文化遗产"证书。

莫高窟的塑像均为泥质彩塑。有单身像和群像，少则3身，多则11身，最大者33米，小者10厘米。佛像中心两侧侍立弟子、菩萨、天王、力士等。这些栩栩如生的塑像，凝结着古代劳动人民的血汗和智慧，展示了古代优秀艺术匠师惊人的创造力。

莫高窟的壁画，按它自身的长度展开排列，可组成一个高1米、长25公里的艺术长廊。壁画按内容大致可分为：经变画、故事画、尊像画、供养人画像、装饰图案等。这些规模宏大数量惊人的宗教艺术画，为我们研究古代社会，弘扬民族文化提供了重要依据。

20世纪初，在莫高窟17号洞窟中发现的敦煌遗书，更是震惊世界的重大发现。洞窟藏有从4世纪到10世纪近十个朝代的各种历史文书、文物五万多件。内容除大量佛、道、儒家经典外，还有史籍、医药、历法、契据、信札以及雕版印本、绢画、刺绣等等。这些珍贵的文物不仅对我国古代文化的补遗、校勘有很高的价值，而且为研究了解我国古代政治、经济、军事、文化、艺术、宗教、科学、民族历史以及中外友好往来等情况都具有重要的价值。近几十年来，国内外学者对这批历史文物和敦煌艺术进行不断研究，形成了一门专门学科"敦煌学"。

两关遗址 两关指阳关和玉门关。阳关位于敦煌城西南70公里；玉门关位于敦煌城西90公里。两关南北相距60余公里，成犄角之势。两关是汉武帝为抗击匈奴，联络西域，加强对河西走廊的控制而设立的，是古代"丝绸之路"的咽喉要地，汉代曾设都尉驻守。

阳关因距玉门关之南而得名。关城遗址现已荡然无存，目前仅剩一座被称为"阳关耳目"的汉代烽火台。登台远望关外，茫茫的阳关大道上，使人浮想"劝君更尽一杯酒，西出阳关无故人"的唐诗名句，更增添了阳关的魅力。玉门关，相传古代西域的和田美玉经此输入中原，故名。关城遗址至今保存基本完整。城堡东西长24米，南北宽26.4米，残高9.7米，面积633平方米，全为黄胶土版筑而成，开西、北二门。登城北眺，汉长城自东逶迤向西，横亘于平沙莽野之中，犹如龙游瀚海。长城内侧高峻处，座座烽火台遥相呼应，使人顿增古道肃穆之感。

两关自汉魏迄唐代，犹如西域交通线上的一对雄狮，扼踞要塞，虎视丝路，迎来送往一批又一批的使者、商旅和僧俗人等，曾经为中西文化的交流和中华民族的繁荣，建立过不朽的功勋。

史书古籍有将崆峒山记作笄头山、鸡头山和空同、空桐。前者以其山形高昂挺立形似而名，丝绸古道"鸡头道"即指沿山去天水之路段。对后者有两种说法：一说得名于道家空洞无为思想，一说源于《史记》殷本纪和赵世家中"空桐氏与其后娶空同氏"的记载。也有人认为，崆峒地貌奇特多洞穴，许多洞穴悬于峭壁间可望而不可即，是得名由来，古代同字通洞借用，也是空同氏得名的由来，其后用于专指山名才成今名通用。

崆峒山是由上三叠系紫红色坚硬砾岩构成的丹霞地貌，历经地壳升降和侵蚀切割，形成许多沟谷，进而发育产生许多顶平身陡，麓缓谷深，间以石洞石墙，形成丰富多彩，奇特秀丽的自然景观，独具"北雄南秀"之姿。"崆峒一何高，崛起乾坤辟，峻极倚杳冥，峥嵘亘今昔"是北宋学士状元游师雄对她的赞颂，"斗星高被众峰吞，莽荡山河剑气昏"是谭嗣同为其写照。她挺立于泾河与后峡胭脂川水之间，层峦叠嶂，幽径崎岖。1981年截前峡泾河水建成库容2970万立方米的崆峒水库，湖光山色，游艇穿梭，为游览提供方便。驱车后峡公路至沟口有简易攀山公路，行3公里可抵中台停车场。

主峰马鬃山又称绝顶、皇城，海拔2025米。西有笄头山、翠屏山、香山、垂珠峰、侧屏峰、狮子岭、天台山，以香山最高；东有海拔1926米的望驾山屏前幛；东南雷声峰宛如舒出之右臂，壁立千仞，顶如鱼背，凿石建殿数重于其巅；北有天仙宫、舍身崖，如主峰垂出之左臂。主峰顶唐代已有建筑，宋代建真武殿，明代劈山扩建称金城，主祀无量祖师，又有太上楼、太白楼、三仙殿、官厅、道院等，历经补葺，为全山保存最完整的建筑群。面东建有钟、鼓楼和"峻极于天"木坊门，其下为679级"上天梯"石阶登道，依次有十二帅殿、老子孔子释迦合祀一龛的三教洞、磨针观、飞仙楼、灵官洞、南崖宫、黄帝问道阁、遇真宫、药王洞、朝天门和古碑碣。其下有东、西、南、北、中五台罗列，唐代均已修建，多为佛教寺庵，又有插香台、八仙台、灵龟台、棋盘岭、凤凰岭、蜡烛峰、转轮岗、大崾岘、月石峡、龙须沟、老虎沟、猴子沟、桃花坪、迎宾峰、放羊滩、黄龙泉、黑龙泉、大象山、玄鹤洞、玉女洞、钻羊洞、青龙洞、归云洞、朝阳洞、广成洞、广成子丹穴等近百个洞穴。明代已集有香峰斗连、笄头叠翠、玄武针崖、天门铁柱、凤山彩雾、中台宝塔、鹤洞元云、广成丹穴、春融蜡烛、仙桥虹跨、月石含珠、玉喷琉璃十二胜景。

天下名山属道僧，崆峒名山更不例外，且千百年来佛、道同处一山，建有九宫八台十二院，实属罕见。

《庄子·在宥》记中华始祖轩辕黄帝至崆峒问道一事，继有周穆王、秦始皇、汉武帝登临造访。唐代之前山麓已建问道宫，宋代辟为道教大什方，经历代补葺扩建占地数十亩，古树参天，且多碑碣，后没于崆峒水库中，今在东台玄鹤洞下辟址重建。唐代在山中建轩辕宫。宋代建真武殿。元代奉元丹阳宫法师姜公前来住持重修问道宫。明代兴建许多宫观，将皇城真武大殿覆以铁瓦，望之如金台玉阙。清康熙年间全真龙门道士苗清阳住持整修皇城，其后徒众几遍全山，将崆峒列为全国道教十二大常住之一。今由道士管理宗教事务。崆峒山道教观管理委员会设在天仙宫。道教发展攀附老庄，在元代问道宫碑文中将崆峒称为"道教之源"，近年又有"天下道教第一山"之称，据古籍记载，活动于崆峒的神仙与名道有广成子、赤松子、容成公、韦震、唐宋有伍符、白兔老人、朱友、赵法师、宋披云，明清有张三丰、王全真、许半仙、苗清阳、李信和、杨永龄等。

崆峒地处"丝绸之路"，是佛教传入必经之地。唐初太宗帝赐田亩给中台明慧禅院，可知已具规模。时任住持仁智禅师被后世奉为开山祖师。后周世宗给明慧禅院赐紫。北宋时山僧保卫国土与西夏兵大战。元初安西王出资命王相商挺督工、帝师八士巴叔父梨里吉察思揭兀住持创建东台宝庆寺，赐三品印统领陕西、四川、西夏诸路佛教。明成祖敕碑保护全山寺刹，万历年间慧舟湛兴受诏赴京，遂得赐三藏经两万余册，可叹这批经书毁于1964年前后。清末佛教稍衰，民国年间郑俊在时任专员刘兴沛的支持下有所振兴。1982年成立崆峒山佛教管理委员会，1984年改称平凉市崆峒山佛教协会，址在中台法轮寺。唐宋名僧有仁智、令远、梦云、智曾、德均、重仪、法浮、法涣、法深、法漫、法汾、行者云来。元代有槊里吉察思揭兀等，明代有慧舟、湛兴等。清至民国年间有补岩、亮旭、石珂、彻空、怀睿、道成、青莲等。

《尔雅》载："崆峒之人武"，郭璞注："地气使然"。《陕西通志》记："平凉地接边荒，多尚武节者"。李白曰："世传崆峒勇，气激金风壮"。杜甫曰："防身一长剑，将欲倚崆峒"。宋郑文宣称："高岭崆峒，山川险阻，雄视山关，控制五原。"明傅振商曰："更谁倚剑向崆峒"。林则徐被流放经平凉过嘉峪关有诗句曰："楼头倚剑接崆峒"。清末陇上铁汉安维俊曰："长剑倚天磨，隐寓崆峒志"，"倚剑说平生，斯游心已遂"。长期战火和秀美河山激发造就了周边人民习武练拳、保国卫民之习俗。北宋时僧人法淳率众与西夏入侵兵大战，受朝庭褒奖。明代张三丰隐居传授技艺。清初飞虹子再创崆峒武术，其第十代传人燕飞霞于1956年参加全国武术比赛，以此派落花峰拳获冠军。

自轩辕黄帝登山访道后，崆峒成为人们向往之地，每逢农历四月初，陕、甘、宁、青群众纷纷登山，或游览，或进香，络绎不绝。清安碑载：庙会数日之间，登山者"无虑万计"。除上文举出名人登览外，尚有司马迁曰："余尝西至崆峒"。1986年胡耀邦视察平凉时，题书"崆峒山"。

崆峒山有历代建筑及遗址60余处，新石器时代遗址3处，现存碑碣百余通。其中重要的有宋代镌刻石经幢、明代修筑的凌空塔等。

鸣沙山—月牙泉风景名胜区

鸣沙山—月牙泉风景名胜区是国家重点风景名胜区，位于甘肃省河西走廊西端的敦煌市。

敦煌是古代"丝绸之路"上的名城重镇。自汉武帝元鼎六年（公元前111年）建县以来，这里不仅是开拓疆土、经营西域的前哨阵地，而且是通向中亚、西亚乃至欧洲的国际交通枢纽。在中西交流的悠久历史长河中，中国古老的传统文化和印度、波斯、希腊等外来文化，在敦煌这块特殊的地理环境中彼此交流，互相融和，创造了世界瞩目的"敦煌文化"，为人类留下了众多的文化遗产。它不仅有震惊世界的人类文化瑰宝莫高窟，还有大漠孤烟、海市蜃楼、雅丹地貌、边塞亭障、古道驼铃、清泉绿洲等多姿多彩的自然风貌和人文景观中的佼佼者。古往今来，以"沙漠奇观"著称于世，被誉为"塞外风光之一绝"。它和鸣沙山东麓的莫高窟艺术景观融为一体，是敦煌城南一脉相连的"二绝"。

敦煌是座"大漠万物聚珍区"。这里地貌奇特，景观万千，形成了幅员广大、内涵丰富的大漠旅游区。以市区为中心辐射为三条旅游线，即莫高窟石窟艺术东线游；鸣沙山月牙泉风景名胜南线游；阳关、玉门关古战场西线游。这些人文景观与自然风光融为一体，从而形成了风靡世界的"敦煌热"。

鸣沙山 鸣沙山位距城南五公里，因沙动有声而得名。山为流沙积成，沙分红、黄、绿、白、黑五色，故称"五色沙"。见于史书记载的历史已近两千年。汉代称沙角山，又名神沙山，东晋始称鸣沙山。其山西起党河峡谷隐形卧佛山，东止莫高窟，东西绵亘40余公里，南北宽约20余公里，主峰海拔1715

宁夏回族自治区

西夏王陵风景名胜区

西夏王陵风景名胜区是国家重点风景名胜区，位于宁夏回族自治区银川平原西部。风景区由滚钟口、西夏王陵、拜寺口和三关古长城四个景区组成。

西夏王朝建都银川，贺兰山当时即被当作皇家林苑。山上建有"离宫"、"避暑宫"等皇家宫殿和皇家寺院。贺兰山绝壁千仞，松林如海，极目东望，银川平原黄河如带，阡陌纵横，沟渠如网，稻谷飘香，一派"塞上江南"景色。以规模宏伟的西夏王陵古墓群为代表的西夏文物古迹，是研究西夏文化历史的宝贵资源。

西夏王陵　西夏王陵在银川西约30公里处的贺兰山东麓的三关口，分布于沿山南北约十公里，东西约四公里的缓坡地带，方圆40平方公里。

西夏自李元昊称帝（1038年）至1227年被成吉思汗灭亡，共传十世，前后190年。若连同李元昊的祖父和父亲，则共为十二世，凡250余年。这里有西夏王陵九座（现存八座），陪葬墓七十余座。因最后三王正当败亡之际，故未能建造陵墓。每座陵占地10万平方米以上，自成一体。每个陵园都是一个单独的完整建筑群体，形制大体相同，由地上陵园和地下墓室两部分组成。陵墓形式古朴而又充满了神秘感。

所有王墓皆平地营建，坐北向南。陵园四角建有角楼，标志陵园界至。由南向北依次是门阙、碑亭、外城、内城、献殿、灵台，四周有城墙围绕，内城四面开门。每个陵园占地面积均在10万平方米以上。其外形虽和中原的方形王陵不同，但墓外建筑的格式和墓内的布局却很类似。它有我国古代西部民族的特点，也和中原文化有直接关系。

1972年至1975年发掘其中的一座,编号为八号王墓。墓道长49米,为斜坡台阶式,前狭后宽的方形墓室,两侧各有一配室。墓室深达25米多,墓未用砖砌,属土洞墓形式。墓室由于多次被盗,随葬品遗留甚少。仅从一些金饰、镏金银饰、竹雕、铜甲片、珍珠、瓷器碎片等看来,随葬品当十分丰富。

已发掘的三座陪葬墓,有阶梯或斜坡墓道,墓室为方形土洞,普遍以铁牛、石马殉葬。

西夏陵园在明代以前被掘被毁,地面建筑只剩遗址,但仍保存着大量的建筑材料和西夏文、汉文残碎碑刻。西夏陵园仿唐代陵,特别是北宋诸陵的形制,对研究西夏文化和汉文化的关系有重大价值。

小滚钟口 俗称小口子,位于银川西35公里的贺兰山东麓。口内三面环山,面东开口,形如大钟。钟铃山位于景区中央,似钟之铃锤,故此得名滚钟口。这里早在西夏时期就是有名的避暑胜地。明清以来,景区内大兴土木,修建寺庙。清光绪年间,曾在主沟内兴建了以贺兰庙为主体的庙宇寺院,以及庙院楼阁寺塔数十处。

滚钟口内山峦起伏,岩峻石峭,巍峨壮丽。有名的笔架山三峰矗立,形似笔架。山巅建有望海亭,可西望绿色林海,东眺银川平原。景区北部的大寺沟蜿蜒曲折,树木葱茏,怪石奇特,泉水清澈。大寺沟尽头有许多寺庙遗址。现存寺庙分布在主沟,多为清代所建。这些寺庙依山而建,高低错落,布局得体。

拜寺口双塔 位于银川西北45公里的贺兰山拜寺口内。因沟口曾建有寺院而得名。建有双塔,东西对峙,相距仅百米。相传是为了尊仰释迦牟尼和多宝如来而建的。两塔结构大致相同,塔身砖砌,八角十三层密檐式,均高四十多米。塔身各层壁龛中塑有佛像,装饰华丽。尤其是砖雕造型奇特,为古塔中所少见。两塔之间,原有佛寺,都已废圮。在双塔西边的山坡上,还有大片的佛寺遗址,据考证应是西夏贺兰山的佛教寺院遗址,规模比较宏大。塔和寺可能始建于西夏。

距沟口2.5公里处有一山峰名"殿台子",其东西各有一处平地,俗称东、西花园,相传为西夏国开国皇帝李元昊时的游玩之地。

拜寺沟方塔 在拜寺沟,离沟口约10公里。塔被绿树簇拥,雄伟挺拔。方塔是一座密檐实心砖塔,由十一个逐渐缩小的正方形塔层组成塔体,层次分明协调。塔顶残毁,通高约30米。塔西原有寺庙建筑。方塔的建筑年代不详,但从所用砖来看,具有明代青砖的特征,估计塔当修于明代。拜寺沟内奇峰异石,林木葱郁，山泉潺潺，风光旖旎。

大水口西夏遗址 位于银川市西北约70公里的贺兰山东麓。在沟口两岸的贺兰山东麓，有依山势用石块垒砌建筑台地数十处，南北绵延，长达五公里。沟口北岸有三组建筑台地。这些台地每层台前均以块石砌成直壁，两侧或正中有石砌踏步登临，并有沿山曲径相通。沟口南岸有建筑台地十余处，高出山下地面五至十余米。这些台地，南北联属，大小不一。沟南、沟北山脚下的平地上，又有以双行块石垒砌成排列有序的房基数十处，平面呈长方形。

三关 位于风景区最南部与内蒙古自治区交界处，原为明代所建西长城最北端一处著名关口。西长城从甘肃靖远进入宁夏中卫县，逾河东北上贺兰山，长约200～250公里。沿线有胜金关、赤木关等几处重要关隘。

泾河源风景名胜区

泾河源风景名胜区位于宁夏回族自治区六盘山麓泾源县，是集风景游览、疗养避暑、科普科考为一体的风景名胜区。风景区主要由荷花苑、老龙潭、凉殿峡、鬼门关、沙南峡五个景区和秋千架、延龄寺石窟、堡子山公园、六盘山自然资源馆、城关清真寺五个独立景点组成，总面积44.90平方公里。具有独特的自然山水、森林景观和回乡风情，主要风景资源可分为中山峡谷景源、泉系瀑布景源、生物景源、气候天象景源、历史文化景源、回族风情景源等六大类。

六盘山又名陇山，历史上陇西道等行政区划都是因在此山而得名，甘肃省简称陇即源于此。山体呈南北走向，长约240公里，跨宁夏、甘肃、陕西三省区，主峰海拔2928米。六盘山山势险峻，历史上曾在此发生多次大规模战争，为兵家重地。1935年毛泽东率领中国工农红军长征，经过六盘山，写下了著名的《清平乐·六盘山》，"不到长城非好汉"也成为不朽名句，而六盘山从此扬名中外。

六盘山共有高等植物113科，328属，788种，陆栖脊椎动物207种，其中被列为国家一、二类保护动物17种。在泾河源风景名胜区内，六盘山更是群峰竞秀、山峦起伏，风光独特。

老龙潭位于六盘山东南麓，泾源县城南20多公里处。老龙潭不仅山险崖危、潭深水急，而且历史上孕育了诸如唐代魏征梦斩泾河老龙等许多古老的神话传说，被写入了《西游记》中，为世人所熟知。老龙潭共分上中下三潭，面积约500平方米，潭水深洌，清澈碧绿，四面群峰高耸，悬崖万仞，景色胜绝，被称为"六盘胜迹"。

老龙潭是泾河之源，历史上泾河和渭河一清一浊，著名的成语"泾渭分明"即来源于此。清代乾隆皇帝曾命人探寻泾河之源是清是浊，胡纪模奉诏溯源而上，来到老龙潭，撰成《泾水真源记》，认为是由于泾河源头和上游水土流失少、河水中泥沙少而决定了泾河水清。

泾源县是回族最集中的地方之一，回族人口占全县总人口的97%，回乡风情浓郁。

沙湖风景名胜区

沙湖风景名胜区位于宁夏回族自治区平罗县，分沙山和芦湖两部分，面积45.1平方公里，其中湖面8.2平方公里，流动沙丘12.7平方公里。

沙湖风景名胜区位于宁夏银川平原上，距银川市56公里，集湖泊、沙漠、芦苇、候鸟为一体，有荷花园、芦苇迷津、湖中观鸟、西部大漠等景区景点。湖泊、沙漠是核心，芦苇荡为湖面的三分之一。鱼类、鸟类众多，其中有国家二级保护的大鲵和天鹅。湖畔沙丘是沙上运动、探险、沙疗的理想场所。加之独特的天象、气候、使其品位较高。

芦湖湖面开阔，港汊纵横，湖水倒映着近处的沙丘和远处的贺兰山影，湖中有大片的人工栽植的莲花，更多的是无边无际的天然芦苇林，轻风吹过，飒飒作响，绿影摇曳，婀娜多姿。每到夏日，莲花绽放，艳丽动人。金秋时节，芦花纷飞，绿波白雪，极为壮观。

沙湖有多种鸟类与鱼类，在沙湖的西南部有一个6平方公里的珍稀鱼类、鸟类资源保护区。保护区内，水湾港汊，扑朔迷离，鱼翔浅底，鸟宿苇中。有白鹤、灰天鹅、黑鹳、鱼鹰、野鸭子等40余种水鸟，有鲢、鲤、鳡、鳝、武昌、罗非等20多种鱼类，还有北方罕见的娃娃鱼和体围一米多的大鳖。

沿湖有沙山起伏，沙质纯净细柔，沙漠与湖泊共存共荣，相映成趣。沙湖南岸3万多亩的大沙丘，成为临湖的游览区。游人既可在碧波荡漾的湖面上乘快艇游览、观鱼觅鸟，在清澈的湖中游泳戏水，又可以在沙滩上围坐歌唱，在野地里架火跳舞，在沙丘中骑着骆驼奔驰，在沙山上滑翔，晚上可在蒙古包内住宿。

青海省

青海湖风景名胜区

青海湖风景名胜区是国家重点风景名胜区，位于青海省东北部，以湖泊为主体，兼有草原、雪山、沙漠等景观的高原湖泊风景区。著名的唐蕃古道（唐代长安至吐蕃逻些城）以及丝路辅道在此留存许多历史文化遗址。

青海湖位于青海省东北部，因湖水蔚蓝而得名，面积达4635平方公里，是我国最大的咸水湖，也是青海省名称的由来和象征。历史上，青海湖曾有鲜水、西海、羌海、青海之名。1929年青海省成立后，才由青海定名为青海湖。

青海湖湖面略呈椭圆形，环湖周长360公里。青海地处青海高原，湖面海拔3196米，平均水深19米，含盐度为千分之六。这里地域辽阔，草原广袤，河流众多，水草丰美。湖的四周被大通山、日月山、青海南山、橡皮山等四座高山所环拥。从山下到湖畔则是苍茫无际的千里草原。青海湖正是具有高原湖泊那种空阔、粗犷、质朴、沉静的特征。青海湖的美是原始的不事雕琢的自然之美。夏秋之际，湖畔山青草绿，水秀云高，景色十分绮丽。水天一色的青海湖蔚蓝似海洋，它蓝得纯净、深湛、温柔、典雅。冬季，牧草一片金黄，浩渺的湖面冰封玉砌。

青海湖有两个子湖，即东南岸的耳海和东北岸的尕海。湖中分布着五个美丽的小岛：海心山、鸟岛、沙岛、蛋岛和石岛，其中海心山和鸟岛都是著名的游览胜地。

海心山 在青海湖中心偏南，故名"海心"。高出湖面约76米，面积约1平方公里。四望湖水茫茫，岛上由花岗岩、片麻岩等形成，上覆红色黏土，林木葱茏，风光旖旎，恍若仙境。

海心山有许多传说典故。历史上海心山被称为龙驹岛，是北朝时吐谷浑放养"日行千里"的"龙驹"的地方。传说海心山还是神佛移来压泉眼的石山。

鸟岛 位于青海湖的西北部布哈河三角洲上,面积0.8平方公里,状似蝌蚪,因多鸟而得名,是青海湖最著名的景点。

鸟岛是群鸟聚会之所,数以十万计的各种候鸟一年一度来此欢度盛夏,成为青海湖的一大奇观绝景。春天,斑头雁、鱼鸥、棕头鸥、鸬鹚等成群结队从南方飞来,鸟群此起彼落,把整个小岛遮盖得严严实实。到了产卵季节,群鸟筑巢垒窝,全岛铺满了密密麻麻的鸟蛋,俯拾即是。经过20多个昼夜的孵化,雏鸟相继出壳,叽叽喳喳,全岛一片生气。当雏鸟羽毛渐丰,双亲带着它们到处去游荡、觅食。到九、十月间,群鸟纷纷向南飞迁。

日月山 在青海湖东湟源县,海拔3489米。因土色发红,古称赤岭。相传唐代为了与吐蕃和亲,文成公主进藏,经过此地时,将日月宝镜置于此地,故名。

日月山是一条重要的地理分界线,山东西景象完全不同:以东为农业区,阡陌纵横,河湟谷地是全省的产粮地区;以西为牧业区,草原辽阔,干旱少雨。

历史上,这里也是汉族政权和少数民族政权的分界线。日月山在唐代,是大唐与吐蕃交往的"唐蕃古道"的要地。现代进入西藏的青藏公路也从此经过。1984年在青藏公路日月山口修建了日月亭,陈列唐蕃分界碑等文物和青藏公路修路纪念碑。

新疆维吾尔自治区

天山天池风景名胜区

天山天池风景名胜区是国家重点风景名胜区，位于新疆维吾尔自治区阜康市，是个以高山湖泊、雪岭杉林、冰山雪峰为景观的天然风景区，总面积30平方公里，其中游览区15平方公里。

天池在乌鲁木齐以东115公里处的博格达冰峰的半山腰。博格达冰峰海拔高达5445米，为天山第二高峰，冰雪终年不化。博格达雪峰主峰的左右又有两峰毗连，三峰并起，突兀高耸，直插云霄。峰顶的冰川积雪，终年闪烁着皑皑银光。银峰与白云一起倒映于天池晶蓝澄碧的湖水之中，构成了绰约多姿的高山平湖景观。

天池海拔1980米，面积5平方公里，水深105米，湖水晶莹，周围雪峰环绕，满山松杉，风景如画，古称"瑶池"。中国古代神话传说中，瑶池是西王母娘娘居住的地方，她曾在此宴请诸天神仙，举行"蟠桃大会"，许多古籍中均有描述，尤其是《西游记》中写孙悟空扰乱"蟠桃大会"的故事更是脍炙人口。传说周天子曾骑着日行三万里的八骏马西游来此，西王母宴请了他，并作歌赠别。

天池历史上除称瑶池外，还曾叫过"海子"、"龙潭"、"神池"，现天池渠口竖一石碑，上书清乾隆四十八年乌鲁木齐都统明亮题《灵山天池疏凿水渠碑记》："……始臻绝顶，见神池浩淼，如天镜浮空，……"。"天池"之名，是"天镜"、"神池"二词分别取头留尾组合而成。

天池是一座天然的高山冰蚀—冰碛湖，是古代冰川泥石流堵塞河谷后，四周雪峰上消融的雪水源源不断地汇入其中而成。天池湖面，长3500米，最宽处1500米，状若葫芦，又似半月，天池南面，连绵的群山突然中断，形成一个缺口，湖水由此沿着峡谷，随山势延伸，蜿蜒曲折，似乎一直伸到了天山腹地深处。湖周围，层峦叠翠，云杉如海。湖滨绿草如茵，凉亭、水榭、巨石、别墅，错落有致。翘首望南山，博格达峰横空出世，高耸入云，山头白雪皑皑，峰间冰川晶莹，一派银装素裹。湖水没有污染，纯净清澈碧透，宛如一面巨大明镜，倒映出天光、冰峰、云影，色彩鲜明，对比强烈，形成一幅赏心悦目的高山平湖图。

天池湖水来自博格达冰峰，清冽纯净。湖中生长着冷水性无鳞鱼，黑脊白肚，肉极鲜嫩。夏天的天池，是著名的避暑胜地、美丽的"山岳公园"。这里气候凉爽，清风拂面，群山峻岭之中天池如镜，流光溢彩。冬天的天池，是世界一流的高山冰场。因湖水来自天山融雪，极少受污染，所以冰质纯，滑度好，加上气候、地理条件十分理想，景色诱人，吸引着无数冰上体育健儿。

离天池约 2 公里的盘山路西侧，有座圆形碧绿的水潭，清澈透底，潭径约 30 余米。这是西小天池，相传是西王母洗脚的地方，当夜暮降临，皓月当空时，山峰、树影倒映潭中，倍觉幽深，形成了"龙潭碧月"胜景。

天池东北坝外半山坳里有一直径约 150 米的碧水潭，潭边有一岩石平面势如刀削，出水口水流悬崖跃落直垂谷底，飞瀑垂帘。此处人称"东小天池"，亦曰"悬泉飞瀑"，环境更为幽秘。

在天池附近的山林里还生长着许多奇特耐寒的动植物。天山羚羊、马鹿、棕熊、野猪出没林间，成群的雪鸡飞鸣而过，黄嘴白肚花翅膀的水鸭掠水漫游。松林里遍地生长着鲜美的蘑菇，还有党参、黄芪、贝母等名贵药材。人称天池是"聚宝盆"，实在当之无愧。

赛里木湖风景名胜区

赛里木湖风景名胜区是国家重点风景名胜区，位于新疆维吾尔自治区博乐市，面积 1333 平方公里。

赛里木湖风景名胜区在古丝绸北道上，是一个以湖泊风景为主，湖泊与山岳相结合的湖山型风景名胜区。以赛里木湖为中心，环湖一周，形成一个环形分布的格局。整个风景名胜区的风景名胜资源共性特征明显，旅游功能也基本一致，是一个以湖光山色，结合蒙古、哈萨克等民族特点，具有浓郁的草原民族风情的旅游区，并提供水上游乐、避暑疗养、科考活动等综合性的旅游胜地。

赛里木湖，古称"天池"、"西方净海"，蒙古语称"赛里木淖尔"，意为"山脊梁上的湖"。它位于博乐市西南93公里处，湖面呈椭圆形，湖水面积458平方公里，最大水深92米，湖面海拔2073米，是新疆海拔最高，面积最大的高山湖泊。冬季，这里雪涌水凝，湖面晶莹剔透，宛如一块巨大的翡翠镶嵌在冰山雪原之中。夏季，微风徐来，湛蓝的湖面上碧波荡漾，水天共色，风起云涌时，白浪滔滔，惊涛拍岸，浪花飞溅。岸边草原上牛羊如云，牧歌悠悠。湖滨群山环抱，峰峦叠嶂，山腰云雾缭绕，山脚松柏参天，构成了一幅绚丽缤纷的立体风光画卷，充满了诗情画意。传说每当夏日酷暑时，王母娘娘都要带七仙女到这里戏水。

赛里木湖这颗异彩纷呈的璀璨天山风景明珠，自古以来就令许多文人雅士仰慕和倾倒，清朝著名方志学家、大学士洪亮吉被贬伊犁，途经赛里木湖写下《净海赞》曰："因历数宇内灵山秀壑，笠履所至者，或同兹幽奇，实逊此邃洁，诚西来之异境，世外之灵壤矣。"据记载，清乾隆二十八年（1763年）清政府曾将赛里木湖列入每年祭祀的名山大川之一。

赛里木湖水上游乐区 包括整个赛里木湖水域和湖心岛。以湖东南岸边的博乐市旅行社草原宾馆为基地的水上乐园，结合赛里木湖十景中的"赛湖跃金"、"松头雾瀑"、"湖心情侣"等景点，使此景区成为赛里木湖风景区的核心景区。

海南幽林秀草度假疗养区　位于赛里木湖西南部，整个景区呈东西延伸的狭长条，绿色的大地毯，青翠的绿草从远处山脚倾泻下至蓝湖碧波之中，在平坦微倾开阔的草原上，羊群如朵朵白云悠悠移动。在林草交接的山麓地带，一顶顶毡房炊烟袅袅。草地向上连接着峰岭，连峰续岭的云杉林茂密高大而且层层叠叠，密密匝匝，上至蓝天白云，下至湖滨秀草，风起处松涛阵阵，俨然森林的海洋。蓝天白云拥着青山峻岭，青青秀草泻入蓝湖碧波，湖光山色充满诗情画意。

海东湖光山色旅游区　位于湖东南部，以湖滨的草原为前景，以浩盈的赛里木湖水面为主景，以辽阔的群山雪峰为背景，以湖心岛为衬托，湖光山色相互掩映，美不胜收。春季来时，金花撒满绿毡，诚不负"西来之异境，世外之灵壤"的美誉。此区是观赏"金缎镶边"、"湖心情侣"、"净海七彩"、"赛湖跃金"等景点的理想场所。

海西草原风情游览区　位于赛里木湖西部，三面环山，一面向湖，地势起伏剧烈，草原民俗风情浓郁。山中密林深处不时有野兔和黄羊等动物出没，深山野谷中还珍藏着马鹿、雪豹、棕熊、雪鸡、山鸡等珍禽异兽。雪山之巅，白云深处，随时有成群的雄鹰盘旋翱翔，是开展登山游猎的理想地区。具有浓郁民族文化特色的蒙古族那达慕草原盛会每年夏季在此区举行。"那达慕"，蒙语为"娱乐"、"游戏"之意。经过700余年的演变，现今的"那达慕"大会融民俗、文体、经贸、旅游为一体，由蒙古、哈萨克、汉、维吾尔各族群众共同参加，除有赛马、摔跤、叼羊、姑娘追、民族歌舞、江格尔弹唱外，还有斗牛、马术、射箭、赛骆驼等表演。

海北名胜古迹科考旅游区　赛里木湖湖北岸的草原上，共有10余座乌孙古墓，是进行科考和游览的最佳区域。

库木塔格沙漠风景名胜区

库木塔格沙漠风景名胜区是国家重点风景名胜区，位于新疆维吾尔自治区吐鲁番地区鄯善县，面积1880平方公里。

库木塔格沙漠是吐鲁番断陷盆地中心的一个断块隆起，由于所处特殊地理位置，受周围地形、环境和局部气流的影响，形成了类型丰富的风沙地貌。以大漠自然风光为主，风沙地貌类型齐全，有沙窝地、蜂窝沙地、平沙地、波状沙丘地、多小丘沙地和戈壁滩等多种类型的沙漠景观。景区内沙丘轮廓清晰、层次分明、丘脊线平滑流畅。红柳、骆驼刺、芦苇等沙生植物点缀其间。沙漠的日出、日落十分壮观。沙漠北缘的沙河是绿洲与沙漠也是城市与沙漠的分界线。由于主景区地处古丝绸之路要道和古鄯国的边缘，在其周边地区分布着众多的历史文化遗迹。当地的民族风情也十分浓郁。

在鄯善，与万里长城、南北大运河一起被誉为我国古代三大工程的坎儿井，是各民族人民的伟大创造，是绿洲的生命之源。为防止干旱地区地表水分的过分蒸发，先辈们想出一个聪明的办法，即从雪山引来融化雪水，再从地下深处挖井，让其顺山坡走势从地下流过，到低洼处自然涌出，以此方式来实施灌

溉。这样的坎儿井在鄯善县共有418条，它们仍然为饮水、浇灌发挥着巨大的作用。

东大寺位于鄯善县东巴扎乡，是当地回民做礼拜的场所，享有极高的声誉。东大寺始建于本世纪初，占地一万多平方米，院内几株老榆树依然是枝繁叶茂。寺分敞廊、大厅、通道和后堂几部分，建筑于高出地面一米的"凸"型夯土台基上，各部分主次分明、错落有致、浑然一体。具有中国古代传统建筑形式，粉墙青瓦，其上雕梁画栋，飞檐斗栱。大厅长、宽各为12米，高9.5米。厅里光线幽暗，两侧山墙上各有花棂格木圆窗两个，泻漏着斑驳的日影。地上铺满了信徒们进献的做工极其精美的刺绣地毯，森严气氛弥漫在四周。

千佛洞位于鄯善县山峪沟，极具考察和观赏价值。它始凿于晋代，延续于唐代，是吐鲁番地区现存的高昌时期最早、最大、最有代表性的石窟群。洞窟密度大、种类较多，有礼拜寺、僧房、讲经堂和禅房等。千佛洞在20世纪初遭到严重破坏，仅从现存的洞窟中隐约可见壁画、佛像和一些植物图案。其中壁画的题材多为因缘佛传图、立佛、千佛、七佛、禅僧和佛本生故事等，五官轮廓、裙裾飘带无不唯妙唯肖，呼之欲出，且较明显地具有中原北方地区石窟的某些作法。

博斯腾湖风景名胜区

博斯腾湖风景名胜区是国家重点风景名胜区，位于新疆维吾尔自治区巴音郭楞蒙古自治州，面积3550平方公里，主要由湖泊、沙漠、荒原、古丝路遗迹和野生动植物景观组成。

博斯腾湖位于新疆维吾尔自治区和硕、博湖两县，古称西海，在维吾尔语中意为"绿洲"，有水草丰美之意，面积1715平方公里，湖面海拔1048米，最深约16米，是我国最大的内陆淡水湖泊，也是我国内陆惟一的构造断陷大型淡水湖。

博斯腾湖北倚峰峦起伏的天山支脉库鲁克山，面向浩瀚无际的我国最大的沙漠塔克拉玛干沙漠，从天山流出的开都河从西北注入湖中，带来充沛的淡水，河口形成三角洲。湖的北面是洪积平原，湖水从西南流出，名叫孔雀河，为塔克拉玛干沙漠带去生机；湖的东面与塔克拉玛干沙漠相连，红柳葱郁，自然风貌保存完好。由于淡水充足，湖的四面是沼泽低地，河汊纵横，苇塘棋布，芦苇、香蒲等各种水生植物茂盛，湖岸碧绿茂密的芦苇构成"绿色苇墙"，野生睡莲一望无际，白鹭、麻雁、黄鸭等水禽栖息，形成在西北内陆极为罕见的江南水乡景色，因此素有瀚海明珠的美称。

博斯腾湖北面的洪积平原是古丝路中道、北道的重要部分，有千佛洞、烽火台、古城等古迹十余处。

南山风景名胜区

南山风景名胜区位于新疆维吾尔自治区乌鲁木齐市，面积约为119平方公里。

南山指位于乌鲁木齐以南、北天山喀拉乌成山山脊线以北、乌鲁木齐境内的广大山区，属温带大陆性干旱气候，年平均温度5.1℃，南山北坡海拔1900～2800米的中部山区地带降水较多，平均每年可达500～

700毫米，无霜期约150天，冬暖夏凉，大西沟路纵贯风景区，将风景区分为东西两区。东区为板房沟乡、水西沟乡；西区为甘沟乡、永丰乡、后峡。较著名的有南山菊花台、西白杨沟、水西沟、照壁山、庙儿沟等，是一个多民族聚居区。

南山风景区以秀丽、雄奇的天然美景为主体，以连峰续岭的森林草原、冰川溪瀑，突兀峥嵘的奇峰异石，浓郁的哈萨克民族风情为特色，是开展观光游览、避暑度假、休闲运动、科学考察的山地森林型风景名胜区，根据各景区的特点可分为三大类。观光游览区有西白杨沟、菊花台、照壁山等，自然景观奇特，现有旅游线路较通畅。庙儿沟、水西沟等处以避暑、度假、休闲运动为主，气候宜人。阴沟、东白杨沟、亚洲中心可开展科学考察，学习、认识、了解自然界。

西白杨沟 景区内雪峰点点，群山峻峭，云杉茂密，绿草如茵。高达40余米、宽约2米的瀑布如白练悬空，一泻而下，似银龙飞舞，轰鸣如鼓。浓荫掩映下的一幢幢白色毡房、精致的小别墅、雅静的疗养院、白杨山庄等建筑，使这深山峡谷更添生气。游人来此，可在哈萨克牧民的毡房做客，喝上醇香的奶茶、马奶，品尝烤羊肉、手抓羊肉、奶酪等美味佳肴，欣赏传统的"赛马"、"叼羊"、"姑娘追"等精彩节目。

菊花台 台面平坦宽广，菊花金黄，毡房星点，马羊满坡，可使游览者领略典型天山草原风光，而属亚洲之最的天文台位于菊花台东侧，是一个综合性游览胜地。

照壁山 山体成东北—西南走向，三面环水，侧面成一高达400米的等腰三角形。照壁山山势陡峭，犹如巨屏直插云天，矗立于群山之中，山下流水潺潺，真可称"天门悬断山河开，万壑千峰绿满坡"。

庙儿沟 以山林、草原、涌泉、瀑布和凉爽宜人的气候吸引游人。瀑布两边顺石隙有细水下滴，如垂珠帘。这里冬暖夏凉，夏季避暑、度假、开展森林浴，冬季开展冰雪运动，冬夏结合，使风景区常年开放。

1996年天山生物资源展示中心在此建成，现已初具规模，它集观赏、娱乐、动植物保护及科普教育于一体。

水西沟 位于乌鲁木齐南郊天山北麓，为山前冲积倾斜平原，自然环境幽雅，基础设施较完善。目前已建有银都度假村、屯河度假村、皇潮度假村、鸿领山庄等。

阴沟 又名"鹰沟"，满山遍野到处可见猎鹰、野鸽。进入沟内开阔的草坪，西侧阴坡云杉茂密，在东侧坡顶可略见东白杨沟及大雾笼罩的南侧山顶，壮观气魄，是领略山林野趣、开展生物考察的好去处。

东白杨沟 为古冰川U型谷遗存，沟内经常云雾缭绕，奇石布列，充满野趣，是古冰川考察的最佳地点。

亚洲中心 位于永丰包家槽子村以南100米处，东经87°19′52″，北纬43°40′37″，海拔1275米，是亚洲大陆地理中心，地形为冲积、洪积扇由南向北微倾。

怪石峪风景名胜区

怪石峪风景名胜区位于新疆维吾尔自治区博乐市，东西延伸18公里，南北宽约13公里，最大宽度22公里，总面积230平方公里，划分为主要景区和外围景区两部分。

怪石峪位于博乐市东北约48公里处的卡浦特尕依沟中，海拔高度在780~1350米之间，堪称我国西北最大的怪石群落之一。风景区紧傍亚欧金桥第一关阿拉山口口岸，与准噶尔盆地名湖艾比湖相邻，距阿拉山口口岸26公里，距艾比湖西岸约30公里。

怪石峪风景区分布在哈萨克语称之为"阔依塔斯"，汉语意为"遍地像羊的石头"的阿拉套山的低山丘陵地带，景区被十数条南北和东西走向的山泉溪流切割，以一条东西走向的溪流为主游览线路。整个景区岩石裸露，坚石嶙峋，大自然杰出的创造力造就了独具魅力的神奇世界，吸引了大批的中外游客前来饱览奇景。

主要景区面积为142平方公里，景区的所有景点几乎都集中在主要景区内。从怪石峪入口处怪石山下一条东西流向的蜿蜒小溪沿公路逆流而上，在东西长约15公里、南北宽约3公里的范围内，游客可以尽情地驰骋思绪，发挥丰富的想象力去欣赏大自然鬼斧神工造就的千姿百态、巧夺天工的奇石。代表性的景点有大象取食、天狗望月、骆驼阔步、石猴母子、狮身人面岩、孔雀开屏等，还有的宛如古堡、石亭、佛洞等等。

在距景区入口约7公里的北侧悬崖峭壁上，有一条银练高悬山巅，一条银色的瀑布自40多米高的崖顶奔腾而下，散成4~5米的水帘，水珠飞溅，幻成道道彩虹，景色十分壮观。

风景区内目前已发现了十数个岩画点，统称为阔依塔什岩画。岩画以狩猎和动物岩刻画为主，记录了远古游牧民族的原始文化。

在距景区入口处500米的公路西侧，开阔的缓坡碎石地面上，分布着八个突厥人石墩墓，据考古人员科考查明，属隋唐时期的突厥族人墓地。

附录一：中国风景名胜区事业发展历程大事记

1978年3月6日，国务院召开的第三次城市工作会议指出，要加强风景名胜区和文物古迹的管理。之后，国家建委提出了建立全国风景名胜区的设想。

1979年，国务院明确风景名胜区的保护和建设由城市建设部门归口管理。同年，国家建委在杭州召开了风景区工作座谈会，研究了风景区的保护和规划工作。

1980年，国家建委、国家计委、国家城建总局、国家文物局、国家旅游局等部门讨论研究了有关风景名胜区的方针政策。

1981年3月17日，国务院批转国家城建总局、国务院环境保护领导小组、国家文物局、国家旅游局《关于加强风景名胜保护管理工作的报告》。

1982年11月8日，国务院批转城乡建设环境保护部、文化部和国家旅游局《关于审定第一批国家重点风景名胜区的请示》，审定公布了第一批44处国家重点风景名胜区。

1985年6月7日，国务院发布《风景名胜区管理暂行条例》，为风景名胜区工作制订了第一部行政法规。

1987年6月10日，城乡建设环境保护部发布《风景名胜区管理暂行条例实施办法》。

1987年，泰山、长城、故宫、莫高窟、秦始皇陵及兵马俑、周口店"北京人"遗址被联合国教科文组织列为世界遗产。

1988年3月25日，中国风景名胜区协会成立。

1988年8月1日，国务院批转建设部《关于审定第二批国家重点风景名胜区的请示》，审定公布了第二批40处国家重点风景名胜区。

1988年12月31日，中国风景园林学会成立。

1990年9月3日，建设部发布中国国家风景名胜区徽志。

1990年，黄山被联合国教科文组织列为世界遗产。

1992年4月22日至25日，建设部在山东省泰安市召开第一次全国风景名胜区工作会议。第一次表彰了全国风景名胜区系统先进集体59个，先进工作者184名。

1992年9月3日，国务院办公厅转发建设部《关于加强风景名胜区工作的报告》。

1992年11月16日，建设部发布《风景名胜区环境卫生管理标准》。

1992年，九寨沟、黄龙、武陵源被联合国教科文组织列为世界遗产。

1993年12月20日，建设部印发《风景名胜区建设管理规定》。

1994年1月10日，国务院审定公布第三批35处国家重点风景名胜区。

1994年3月4日，建设部发布《中国风景名胜区形势与展望》绿皮书。

1994年11月14日，建设部发布《风景名胜区管理处罚规定》。

1994年，承德避暑山庄及周围寺庙，拉萨布达拉宫，曲阜孔庙、孔府及孔林。武当山古建筑群被联合国教科文组织列为世界遗产。

1995年3月2日，建设部发布《风景名胜区安全管理标准》。

1995年3月30日，国务院办公厅印发《关于加强风景名胜区保护管理工作的通知》。

1996年11月29日，建设部发布《文明风景名胜区标准》。

1996年，庐山、峨眉山—乐山大佛被联合国教科文组织列为世界遗产。

1997年，平遥古城、丽江古城、苏州古典园林被联合国教科文组织列为世界遗产。

1998 年，颐和园、天坛被联合国教科文组织列为世界遗产。

1998 年 5 月 8 日，中美双方在北京签署《中华人民共和国建设部风景名胜区管理办公室与美利坚合众国内政部国家公园管理局就国家公园及其他自然文化遗产保护地的管理与保护的合作达成的谅解备忘录》。

1999 年，重庆大足石刻、武夷山被联合国教科文组织列为世界遗产。

2000 年，青城山—都江堰、洛阳龙门石窟、皖南古村落、明清皇家陵寝、被联合国教科文组织列为世界遗产。

2001 年，大同云冈石窟被联合国教科文组织列为世界遗产。

2002 年 5 月 17 日，国务院审定发布第四批国家重点风景名胜区名单，共 32 处。

2003 年，三江并流被联合国教科文组织列为世界遗产。

2004 年 1 月 13 日，国务院审定公布第五批国家重点风景名胜区名单，共 26 处。

2004 年，中国高句丽王城、王陵及贵族墓葬被联合国教科文组织列为世界遗产。

2005 年，澳门历史城区被联合国教科文组织列为世界遗产。

2005 年 12 月 31 日，国务院审定公布第六批国家重点风景名胜区名单，共 10 处。

2006 年 9 月，国务院发布《风景名胜区条例》。

2006 年，四川大熊猫栖息地、安阳殷墟被联合国教科文组织列为世界遗产。

2007 年，中国南方喀斯特、开平碉楼与古村落被联合国教科文组织列为世界遗产。

2008 年，福建土楼，江西三清山被联合国教科文组织列为世界遗产。

2009 年，山西五台山被联合国教科文组织列为世界遗产。

2009 年 12 月 28 日，国务院审定公布第七批国家级风景名胜区名单，共 21 处。

附录二：工作研究

必须加强风景名胜区开发建设管理

我国历史悠久，有着丰富的风景名胜资源，自古以来就在世界上享有崇高声誉，吸引了众多的海内外人士。建设部主管风景名胜区工作以来，在党中央、国务院和各级政府的关心支持下，风景名胜区事业发展迅速，已建立起风景名胜区体系。全国现有风景名胜区512处，其中国家级119处，县（市）级137处，面积9.6万平方公里，占国土比例为1%。泰山、黄山、武陵源、九寨沟、黄龙五处国家级风景名胜区先后被联合国教科文组织列为世界自然与文化遗产。现在，全国风景名胜区每年接待游人约3亿人次，回笼货币200多亿元人民币。

一、当前面临的形势和主要问题

改革开放的形势给我国各项事业带来生机，风景名胜区事业也不例外。人们不再把风景名胜区当作吟诵"风花雪月"和排遣"闲情逸致"的场所，初步认识到这一具有特殊价值的自然与文化资源的重要性。有的地区以风景区"搭台"，旅游"牵线"，经贸"唱戏"，把风景区作为推动地方经济发展的突破口；有的把风景区作为帮助群众脱贫致富的一条新途径；有的把风景区作为一个对外宣传的窗口，以提高本地区的知名度；也有的把风景区作为改善当地投资环境、吸引外资的条件。随着国力增强，人民生活水平提高，以及消费观念的变化，国内旅游观光的人数剧增。因此，作为重要第三产业的旅游业不再是仅仅面向海外市场，国内旅游市场火爆，从而带动了商业、饮食服务业、建筑业、运输业、房地产等相关产业的发展。在这种情况下，作为旅游业重要基础即主要旅游场所的风景名胜区，受到各级领导高度重视，加快了开发建设速度，以便更好地为国家和地方的社会经济发展服务，这也是完全可以理解的。但是，结合历史上的某些经验教训，我们发现在大发展的形势下，在风景名胜区的开发建设活动中，存在一些值得重视的问题，不容回避。归纳起来，表现在以下几方面：

1. 把风景名胜区当作开发区来对待，导致开发建设指导方针失误。风景区是多种自然资源与文化资源的综合体，具有社会、经济和文化功能，体现社会、经济和环境效益。但是，从总体上看，风景区是具有社会公益性质的资源事业，把这种特殊的资源事业当作经济属性的开发区来对待，则将产生指导方针上的失误，贻害不浅。

2. 在风景区设立开发区、度假区失控。国家对设立开发区、度假区有一系列条件、标准和审批程序，在风景区设立开发区、度假区则更应慎重，以免造成资源破坏和环境污染。而现在，除了国家和省政府批准设立的开发区、度假区以外，市、县也都批了不少，这就必然造成布局不当，总体失衡，一哄而上，也难以实现加快开发建设步伐的初衷。

3. 规划管理和项目建设失控。有的同志片面理解改革开放和放开搞活，甚至认为"改革开放等于权力下放"，特别是涉及风景区全局战略的规划管理权层层下放，致使滥上项目，"先斩后奏"或者"斩而不奏"，破坏性建设屡见不鲜，令人堪忧。

4. 把风景区当作"唐僧肉"，都要啃一口。由于历史原因，许多风景区内都有一些部门、单位和居民，他们除进行正常的工作、生产、生活活动外，认识到风景资源是生财之本，因而都来插一手，这就给风景区的开发建设带来更大的混乱。有的地方还出现越俎代庖的情况，一些部门和企、事业单位向当地风景名胜区管理部门提出"接管"风景区管理职权，以便全面开发。

5. 出卖风景名胜资源的苗头不容忽视。一些地方为了聚财敛资，竟然出卖国家和人民所有的风景名胜资源。这虽属个别现象，但影响和后果极其严重。在此原文摘录民国8年8月30日陕西省长委派测勘委员和宜川县知事仝勒《壶口瀑布收归国有碑》："此地南长十二里，北长十二里，东至于河，西至各山头各沟岔，陕西省奉中央内务部咨开收归国有，不许民人私相买卖。此布。"不知今日那些热心于出卖国家风景名胜资源者，目睹此文当作何感想？

6. 盲动、盲从，违反经济规律。有的地方缺乏调查研究和科学论证，为开发而开发，为引资而引资，为上项目而上项目，用大哄大嗡搞运动的方法来开展经济工作，违反经济规律行事，似乎唯有如此才能体现改革精神，这实在是对改革开放方针的曲解。

二、正本清源，认清风景名胜区性质，确定其地位，发挥其功能

在风景区之所以出现上述问题，原因就在于一些同志、尤其是领导同志对风景名胜区性质认识模糊，从而导致工作中的失误。也许人们要问：风景区事业发展到今天，难道连风景区的性质还搞不清吗？毋庸讳言，现实情况正是如此。在新形势下必须补上这一课，大力宣传，正本清源，以便进一步弄清风景名胜区究竟是什么东西，这是摆在我们面前的一个最重要和最基本的课题。

联合国教科文组织（UNESCO）《世界自然和文化遗产保护公约》对文化遗产的定义是"古迹、建筑群、遗址"。对自然遗产的定义是："从审美科学角度看具有突出的普遍价值的由物质和生物结构或者这类结构群组成的自然景观；从科学或保护角度看具有突出的普遍价值的地质和地文结构以及明确划为受到威胁的动植物生境区；从科学、保存或自然美角度看具有突出的普遍价值的天然名胜或明确划分的自然区域"。

国际自然与自然资源保护联盟（IUCN）对国家公园的定义为："国家公园是具有相对大面积的区域，包括当地一种或几种生态系统。动植物代表种类、地理位置、栖息地都具有特殊科学教育意义，并包括可观赏的自然景观"。

《中国大百科全书》对国家公园阐释为："一国政府对某些在天然状态下具有独特代表性的自然环境区划出一定范围而建立的公园，属国家所有并由国家直接管辖，旨在保护自然生态系统和自然地貌的原始状态，同时又作为科学研究、科学普及教育和供公众旅游娱乐、了解和欣赏大自然神奇景观的场所。"

我国的国家级风景名胜区（NATIONAL PARK OF CHINA）与国际上的国家公园相类似，国务院发布的《风景名胜区管理暂行条例》对风景名胜区的定义是："具有观赏、文化或科学价值，自然景物、人文景物比较集中，环境优美，具有一定规模和范围，可供人们游览、休息或进行科学、文化活动的地区"。如果说自然保护区主要是为保护动植物物种与自然生态而建立，那么，风景名胜区则主要是为保护自然景物与人文景物而建立。换句话说，风景名胜区是一种特殊的保护区，即自然与人文资源保护区。国家建立风景名胜区的主要目的，是为人类社会保留一批具有特殊价值的自然本底，防止人为破坏，避免自然损害。美国国会1916年的一项法令就是如此明确规定："要把国家公园内的天然风景、自然变迁遗迹、野生动物和历史古迹，按原有景观，世代保护，不受破坏"。从这个意义上说，我国的风景名胜区事业从其发展之日起就已经与国际上的国家公园事业接轨，这是应该充分肯定的。

我们要正确认识风景名胜区的性质，并在思想上牢固地树立风景名胜区事业是一项国家重要资源事业的观念。在任何情况下，都应该保持清醒的头脑，切忌人云亦云，摇摆不定，从而迷失方向。风景名胜资源极其珍贵，又很脆弱，往往是一旦破坏，不可再生，因此，保护工作是风景名胜区各项工作的出发点和落脚点。风景名胜区具有多种功能，有的属于精神文化方面，有的属于社会公益方面，有的属于经济效益方面。所有这些功能，应该统筹考虑，尽可能全面充分予以发挥，为社会贡献，为人类造福。但是，应该时时把握住"源"与"流"、"标"与"本"的主从关系。在这里，风景名胜资源是"源"，其功能是"流"；风景名胜资源是"本"，其效益是"标"。美国在距今121年前的1872年设立世界上第一个国家公园——黄石国家公园时，并非出于经济上的功利动机。假如有那么一天我们进入共产主义社会，物质财富极大丰富，人们不再企望风景区的经济功能，但风景区作为宝贵的世界遗产，仍然有存在的理由和广阔的发展前景，并且地位将日益提高，作用越来越大，其生命是永恒的。

三、制定正确的开发建设指导方针和原则

鉴于风景名胜资源的特殊性、珍贵性及不可再生性，国家对风景名胜区实行"严格保护，科学管理，合理利用"的方针，由此而决定了在风景名胜区进行开发建设活动时，应遵循下列原则：

1. 处理好开发与保护的关系。开发与保护是风景区工作中的一对突出矛盾，而且无法回避。在理论上谁都不反对保护第一，但遇到具体问题则大打折扣。因此，有必要强调在原则问题上不能退让。开发应服从于保护，在保护的前提下进行开发。资源得到妥善保护，开发才能得到收益；开发取得收益，反过来可用于保护工作。但是，一旦开发与保护确实出现矛盾时，保护对开发拥有绝对否决权。切不可急功近利，搞短期行为。

2. 在风景名胜区规划指导下进行合理开发。合理开发是利用风景名胜资源的必不可少的手段，也是科学配置风景资源的方式和途径。但这种开发不应当是把整个风景区都当作经济性开发区的掠夺性开发，而应当是在风景区规划指导下进行的合理开发。不能在风景区内设开发区、度假区。开发区、度假区的设立和开发项目的确定都应与风景区规划相协调，不能抛开规划，另搞一套，形成两张皮。在规划指导下的开发活动，才有可能收到较好的效果。

3. 开发建设要按照客观规律进行。风景区的开发建设工作既有很强的政策性，又有很强的技术性和专业性，有其客观规律。在这个问题上，正如毛泽东同志指出："来不得半点的虚伪和骄傲"。但是有些地方却有一种反常现象，无知者无畏，愈外行愈大胆，结果是用人民的血汗钱交了不少不必交的"学费"，令人痛心。这就警示我们的一些同志、特别是领导同志要虚心学习，多方请教、科学论证，尤其要多听专家的不同意见。《史记》云："千人之诺诺，不如一士之谔谔"，至今仍有深刻的现实意义。如何在社会主义市场经济条件下开发风景区，尚有许多需要探索的课题，既要大胆开拓，更应缜密周全。"人有多大胆，地有多大产"的苦头，我们在历史上已吃了不少。

4. 全面科学考核风景区工作实绩，防止以偏概全。由于风景名胜区性质决定了其功能的多样性，所以不能片面地以开发活动产生的经济收益来衡量风景区的工作实绩，更不要不切实际地对风景名胜区提出过高的经济指标，以致置资源保护于不顾，甚至出卖资源，杀鸡取卵。风景名胜区本身亦能创造经济价值，直接产生经济效益，但风景名胜区的贡献更主要体现在社会效益和环境效益，以及由此转化而来的全社会的间接经济效益上，即风景名胜区创名，相关各行业得利，从而带动地方社会经济的发展。因此，各地在指导风景区的开发工作时应有全局观念，并探索在风景资源保护与地方经济发展两者之间建立起一种互相依托、互相促进的良性循环机制，如推行风景资源有偿使用政策等。

5. 确定重点，基础先行。风景名胜区的开发首先要注重基础设施，如交通、通讯、供水、供电、造林绿化、环境保护、安全设施等。逐步完善游览接待设施，有计划地开发新的景区、景点，增加环境容量，提高整体水平。然而，基础设施通常是只有投入，没有产出或很少产出。在市场经济条件下，各级政府要适当干预，宏观调控，把资金投入引导到基础设施的开发建设方面。在这方面不能完全寄希望于"市场调节"，发达的资本主义国家也是如此。

四、强化开发建设的管理工作

针对风景名胜区开发建设中出现的问题，当前亟需在以下几个方面强化管理工作：

1. 加强法规建设。要按照国务院《风景名胜区管理暂行条例》和国家有关法规，指导并规范风景名胜区的开发工作，敢于依法进行管理。同时，要努力争取把条例上升为《风景名胜区法》，提高法律的管理权威。各地也可结合当地实际，制定本地区或本风景名胜区的管理法规，报经当地人大、政府批准后实施。

2. 加强规划管理。风景名胜区的开发建设要符合规划。开发区、度假区和拟开发的建设项目应安排在风景名胜区规划中划定的旅游接待基地和副业生产基地范围，不宜搞全面开发。在这个范围内，可引入市场机制，外引内联，吸引投资。也可遵照国家有关土地管理的法规，依法出让、转让土地使用权。此外，开发项目的性质、内容、规模等，也应符合规划要求，不得影响景观，污染环境。

3. 理顺管理体制。风景区管理体制尚需进一步理顺，以便有效地领导组织风景区各项工作。各地要

按照《风景名胜区管理暂行条例》的规定，依法设立人民政府或有权威的管理机构，全面负责风景区的管理工作。设在风景区内的所有单位，除各自业务受上级主管部门领导外，都必须服从管理机构对风景名胜区的统一规划和管理。风景名胜区管理机构的主要职责是对风景名胜区的保护、规划、建设和管理工作。同时，还应具备土地、林业、环保、文物、旅游、宗教、公安、工商、交通、卫生、水利等行政管理职能，并接受有关部门的业务指导和检查。管理机构的设置要与工作相适应，能够在风景名胜区这一特定的区域内实行有权威的统一管理，权力与责任相一致，有效地开展各项工作。设在风景区的开发区、度假区同样要受管理机构的领导，不得各自为政，各行其是。

4. 严格审批制度。风景区的建设项目越来越多，建立严格的审批制度刻不容缓。风景区的开发建设审批权不能层层下放。对影响重大的项目，要报上级建设主管部门批准。对国家级、省级、县（市）级风景名胜区的建设项目，根据建设项目的性质、规模、内容、选址的不同，分别报建设部、省建委或者其委托的部门审批。各风景名胜区管理机构要严把建设项目审批关，同时自身要模范遵守有关审批规定。

5. 重申禁止出卖风景名胜资源。为维护风景名胜资源的社会公益性质，应重申禁止出卖或变相出卖风景名胜资源，包括景区、景点、溶洞、文物保护单位、寺庙、古树名木、名贵山石等。风景名胜区管理机构代表国家有责任管理好风景名胜资源，任何企业、事业单位和个人都无权据为己有，或者自行开发，谋取利益。

上述观点，谬误之处，愿请教于有识之士，共同努力，发展我国的风景名胜区事业。

（王早生写于1993年，时任建设部城市建设司风景名胜区管理处副处长）

保护遗产　刻不容缓

遗产者，祖先留下来的财产也，除了败家子，无论是谁，都会珍惜她。

遗产，可分为两大类，一类是自然遗产，如山林、原野、湖泊、峡谷，黄山的迎客松，桂林的芦笛岩，这是大自然钟灵毓秀的典型代表，是大自然留给我们的遗产。另一类是文化遗产，如万里长城，敦煌石窟，历史建筑，文物古迹，这是前辈们勤劳智慧的结晶，是老祖宗留存至今的财富。

中国历史悠久，文化灿烂，文物古迹极其丰富，其中，民居建筑就是文化宝库中的一支奇葩。古民居与其他文物一样，具有文物的基本属性和特征，宝贵，稀有，具有时代特点，反映文化内涵，从严格意义上说，具有不可再生性。因为你仿造得再高明，也是假古董。古民居与其他文物不同，更具有实用性，它与人们的生活息息相关，紧密相连。中国有56个民族，他们繁衍生息在960万平方公里的神州大地上，在长期的劳动生活中，创造了不同类型的民居建筑，全国到底有多少类，恐怕专家也说不清。别说少数民族的民居建筑因地制宜，各具特色，自成体系，就是同属汉族的人民，其民居建筑形式也千姿百态，令人目不暇接。

也许因为古民居建筑离我们太近了，近得使我们看不清它的珍贵价值；也许因为古民居建筑太普通了，普通得使我们甚至不把它当回事。今天，谁要是去拆一块长城上的砖，谁要是去掘一座地下古墓，谁要是毁坏了一个明清的瓷瓶，都会受到指责或法律制裁。然而，如果有人拆了座古民居建筑，而这座民居又是他家自己的财产，那恐怕谁也管不着。又比如，某地方长官，决心在任内创一项政绩，拆一片古旧民居建筑群，开发出一片商品房，让"旧貌换新颜"，那不仅不会受到批评，赞美之词恐怕都会不绝于耳。从这个意义上说，人们对文物的认识还较狭窄。保护古民居建筑，最重要的是要提高人们的保护意识。而要提高人们的保护意识，首先要让人们了解其价值，做好宣传普及古民居建筑的历史价值、文化价值和科学价值的工作。

古民居建筑，点多面广，不可能都像故宫那样成立专门机构来保护。古民居建筑，还有使用价值，不可能封闭保存。这就给我们的保护工作增加了难度。这就要研究制定适合国情、民情的保护制度和措施。群众的生活水平提高了，原有住宅要适当改造，如何引导群众，既改善使用功能，又保持原有历史风貌，值得下一番功夫去研究。有些民居建筑年久失修，存在着各种隐患，雷电、火灾、暴雨都有可能带来破坏，甚至顷刻之间化为灰烬，造成不可挽回的损失。天灾固须防，人祸不可轻。当前尤其需要警惕的是各种人为的破坏。各级政府要加强法制，采取有效措施，从思想上真正重视民居建筑保护。能如是，则上无愧于祖先，下对得起子孙。

（王早生写于1995年，时任建设部城市建设司风景名胜区管理处处长）

慎称"天下第一"

中国历史悠久，地大物博，拥有许多举世闻名的发现与发明，为人类社会从蒙昧走向文明作出了重要贡献，如火药、造纸、指南针、活字印刷四大发明也。

也许是悠久的历史给国人带来的过于自信，也许是灿烂的文明给国人带来目眩之感，也许是胸怀"中央之国"之非凡气度，有不少地方的不少人士，惯以"天下第一"来宣传夸耀当地的风景名胜。有的称我这瀑布是"天下第一瀑"，有的称我这溶洞是"天下第一洞"，有的称我这峡谷是"天下第一峡"……，倘若光是口头说说倒也罢了，然而大多见诸报端，白纸黑字，严肃得很。近些年，有些地方为争夺"天下第一"之桂冠，互不相让，各执己见，竟然打起了笔墨官司，煞是热闹，把人们给弄糊涂了，唯一的"积极"意义是双方都因官司而提高了"知名度"。

古人有语："学然后知不足"，民间亦传："初学三年，天下无敌；再学三年，寸步难行"，讲的都是一个道理。此理，当奉与惯称"天下第一"者相习，以免成井底之蛙，夜郎自大，以讹传讹，贻笑大方，授人以柄。笔者此番议论并非空穴来风，就以溶洞而论，笔者就亲遇几处溶洞洞主宣称其洞为"天下第一洞"。当时也相信，但大家都这么说，倒不由得生了疑心，毕竟"第一"只能有一，不能有二，更不可能有三。最近，见一资料介绍美国肯塔基州的大钟乳洞长350英里，合563公里；美国新墨西哥州的莱丘圭拉洞长60多英里，合96.5公里。现在，我们的风景名胜区，包括溶洞在内，既对内开放，又对外开放，国内外游人日益增多，宣传上一定要科学准确，做到"童叟无欺"才好。一时弄不清楚的问题，多向专家请教；实在有困难，难以澄清的，也不要把话说绝了。

中国历史上曾流传有所谓："五岳归来不看山，黄山归来不看岳"一说。如果从赞美五岳、赞美黄山的角度看，此说尚可理解，因为黄山和五岳之首的泰山都被列为联合国教科文组织的世界自然与文化遗产，的确身价不凡。但这种说法毕竟带有艺术性渲染，假如从科学求实的角度来"抠"，这种说法亦难以成立。难道除五岳及黄山之外，中华神州大地上的其他山岳就不屑一顾么？显然不能这样认为，我们国家还有不少独具特色的奇山胜水，神奇的武陵源，秀美的三清山、如簪似玉的桂林山水，幽深莫测的九寨黄龙……

令人崇敬的明代地理学家、旅行家徐霞客，游览了许多名山大川，够得上是"超一流"的旅行家，他曾三上天台山，三游雁荡山。但地处天台山和雁荡山之间的仙居风景名胜区，徐霞客老先生却与之失之交臂，不能不让人替他惋惜。而仙居风景名胜区是在公元1995年3月20日方被浙江省人民政府增补为第三批省级风景名胜区。仙居风景区，莫说全国，即使在浙江省，又有多少人听说过？对于仙居风景名胜资源的价值，参与纂修明史的清康熙翰林检讨潘耒的评价是："天台幽深，雁荡奇崛，仙居兼而有之"。并感慨万千："余始见石梁、琼台，不谓复有灵峰、灵岩。见灵峰、灵岩，不谓复有玉甑。见玉甑，不谓复有景星、方岩。信造物者之无尽藏也。余亦不敢轻量天下山水矣。"（注：石梁、琼台为天台山景点，灵峰、灵岩为雁荡山景点，玉甑、景星、方岩为仙居景点）

综上所述，地球如此之大，我国幅员如此辽阔，人们对大自然的了解还很不够，因此，依愚之见，号称"天下第一"，当慎也！

（王早生写于1996年，时任建设部城市建设司风景名胜区管理处处长）

当代建筑学的职责与文化遗产保护

日前参加了一次由中国和意大利共同举办的建筑学研讨会。中、意双方都有知名专家作专题发言。听了来自文明古国、也是建筑古国的意大利专家的发言，不由得在心中产生几分感想。因为他们谈到的一些问题也正在困扰着我们。

什么是现代建筑学？换句话说，当代建筑师的责任是什么？这是一个众说纷纭的话题。不少人认为，建筑师只是建筑物本身的设计者。至于建筑物所处的环境设计、小区设计、街道设计、城市设计等等，都属于其他专业或学科的范畴。甚至在建筑物本身，建筑师也被框在一个很小的空间内，其作用的发挥受到诸多限制，还美其名曰："专业化"。对此，威尼斯大学教授维托利奥·格莱高蒂认为：意大利的疆土特点是变化万千，多少个世纪以来不断发生版图变更。在这块版图上，城市网络具有特别的稳定性。在意大利，每隔一定距离就有一个或大或小的城市，它们通常都建立在古代历史遗迹上，都有广场、街道、大大小小的建筑、教堂、纪念碑，结构明了。而勾画并记录这些的，就是意大利的现代建筑学。他们反对那种把建筑学切割得过于分散的过分专门化的弊端。由于建筑师的责任重大，现代建筑学的领域宽广，而且随着时代的发展又不断增添新的内涵，因此，建筑师是一种需要丰富经历的职业。知识的丰富与更新对建筑师来说显得极其重要。

一个城市的面貌在很大程度上是决定于一个城市的建筑物的面貌。许多古城都有其独特的风格与面貌，现代城市如何保持和发展其风格与面貌，这亦是困扰人们的课题。一位意大利专家说："很遗憾，我们注意到许多国家在发展的过程中，在错误的'国际建筑设计'的名义之下扰乱了自己的城市面貌，使之成为世界上其他丑陋城市的翻版"。他的这段话，对我们来说是不幸言中。在前些年大规模的建设中，许多城市都提出要建设"国际大都市"。远的要学纽约、芝加哥，近的则要学香港，以为高楼林立就是现代化的标志。有的四五十万人口的城市，交通流量并不很大，也要在市中心建几座高架路和立交桥，以展示所谓国际化、现代化，实在是步入误区。

作为世界闻名古国，中国有许多古建筑，有众多的历史文化名城，在现代化的进程中，如何处理好保护与发展之间的关系是一个无法回避的问题。笔者认为，我们的城市建设在这方面的成功范例不多，失败的教训不少。一般而言，假如对某些古建筑或者历史文化遗产采取完全保护的方式，效果还是不错的。就像对待故宫、颐和园、天坛及大多数列为国家和地方保护的文物保护单位那样，原样保护，只作研究和观赏之用。假如对某些古建筑或者历史文化遗产采取既保护、又改造、又供人们使用的方式，我们则往往很难把握分寸。虽然我们今天不会再去做那种拆除古城墙建道路的蠢事，但是，在古城改建中弄巧成拙的事却仍然屡见不鲜。还有不少在短期利益和局部利益驱动下，打着"保护性开发"的旗号，置历史风貌于不顾，使得城市与建筑毫无特色可言，造成千古遗憾。

对于古迹的改造，"要尽量使人的介入降低到最低水平，使历史文物尽可能更长久地为人们使用和欣赏。不要抹掉历史的见证。还要保持特色和差异，不要让城市的一个时代抹杀另外一些时代，要与之对话而不是完全搞出一个崭新的形象。"意大利国家城市规划研究所前所长奥古斯托·卡尼亚迪在谈到城市改造时说的这段话，对于我们今天大规模的城市建设和改造不无裨益。

（王早生写于1999年，时任建设部勘察设计司技术质量处处长）

当代霞客——谢凝高

中国风景园林界活跃着一批泰斗级专家，我所熟知的就有汪菊渊、郑孝燮、罗哲文、陈俊愉、陈从周、朱畅中、孙筱祥、孟兆祯、周维权等老先生，他们不仅学术造诣深，而且品德高尚，为人师表，我从内心对他们景仰有加。但我今天要谈的是另外一位专家，他就是北京大学的谢凝高教授。

我国明代有位驰名中外的旅行家和地理学家徐宏祖，字振之，号霞客，世人通称其为徐霞客。在神州大地的崇山峻岭、急流险滩之中，其足迹遍布华东、华北、华南、东南沿海和云贵高原。他以真挚的情感和科学的态度，描绘记载了名山大川的地质、地貌、水文、生物和风情。《徐霞客游记》问世之后，为文人学者奉若经典。至今，在风景界、地理界、旅游界甚至文学界，提起徐霞客，人们莫不肃然起敬。而谢凝高教授就是有着当代徐霞客之誉的风景学家和地理学家。

我最早知道谢凝高教授大名还是在我读大学的时候。我们这些"文革"后恢复高考的首批大学生，在校如饥似渴地学习，但在拨乱反正之初的80年代初期，风景园林专业竟连一册铅字印刷的教科书都少有，课外参考书和学术论文更是难得一见。一天，《建筑学报》发表了谢凝高教授的一篇文章《关于风景美的探讨》。他把风景美分为自然景观美和人文景观美两大类型。自然景观美的形象特征分为雄伟、奇特、险峻、秀丽、幽深、畅旷，并论述了风景的色彩美、动态美和听觉美。人文景观美包括文化景观（文化遗迹），民族、风俗和宗教，神话和民间传说三个方面。文章层次分明，解析透彻，文风清新，并附有谢教授17幅写生插图，可谓图文并茂。一见此文，同学们如获至宝，争相传阅，我工工整整地把这篇一万多字的文章抄录在笔记本上，插图也描下来。因为在十几年前，我们还不知道什么复印机，只能下笔苦抄了。不过我们的苦没有白吃，今天把这篇文章找出来阅读，仍然颇有启迪。

谢教授"读万卷书，行万里路"的钻研精神令人佩服。他干起事来，大有不达目的誓不罢休的劲头。他究竟走了多少地方，到过多少风景区，恐怕他自己也说不清。他虽已年近花甲，但却总是跑在最前头，攀登在险峻的山峰之巅，连许多年轻人都跑不过他。这也难怪，谢教授出身于浙江省温岭县的一个山村，家境不好，小时候奔波数十里山路上学，还舍不得穿鞋，赤脚步行，到了学校才穿上鞋。现在的年轻人，缺少这种逆境磨练的机会，难怪要甘拜下风！

谢教授跑的地方之多可与徐霞客相比，可他并非走马观花，浅尝辄止，而是不畏劳累，冒着危险，孜孜以求。在承接泰山风景区总体规划编制任务之后，他除了查阅地方志等文献资料以外，还踏遍了泰山的每一寸土地。泰山的历史沿革、掌故典籍、一草一木，他都非常熟悉。仅步行登山考察，谢教授就跑了二十三次，如此敬业，精神可嘉。他主持的研究课题《泰山风景名胜资源综合考察评价及其保护利用的研究》，以其层面之广泛、力度之深刻、视野之独到、学术之价值，荣获1988年度建设部科学技术进步一等奖。这都是谢教授心血与汗水的结晶。

谢教授学术造诣很深，著述颇丰。但这样一位享誉甚高的学者，却非常谦虚，没有令人敬而远之的架子。比方说，他在北京大学地理系教过美术，书画水平都属较高层次，可一到题词签名的场合，他却总是谦让。然而，一遇到原则问题，谢教授却极顽强，绝不退让。例如，某出版社在出版他的一部专著时，要他删去一部分不符合某些人胃口的文字。谢教授认为自己写的是事实，观点也是正确的，绝不同意删除。经过据理力争，谢教授终于成功了。当他了解某名山违反规划，不恰当地进行索道建设时，他就到处呼吁，上书领导，投稿报刊，动之以情，晓之以理。虽然谢教授的这番心意，有时不被人理解，甚至遭到误解。不过，我们从中不是正可以看到一位中国知识分子"位卑未敢忘忧国"的赤诚之心么？

（王早生写于1994年，时任建设部城市建设司风景名胜区管理处副处长）

美国国家公园管理局局长罗伯特·斯坦顿的致信

尊敬的王早生先生：

  美国国家公园管理局期待着来自中华人民共和国国家公园管理部门代表团的到访。在过去几年里，我们相互之间的合作与协作令人兴奋而富有意义。我确信，你们对莫哈韦沙漠国家保护地（Mojave National Preserve），死亡谷国家公园（Death Valley National Park）以及大峡谷国家公园（Grand Canyon National Park）的访问，以及对华盛顿和旧金山的访问都将是有趣而富有价值的。国家公园管理局的外事办公室正在为确保你们访问成功而努力工作。

  我很遗憾不能像最初计划的那样在华盛顿或者是旧金山见到你们。按照我的行程表安排，当你们在华盛顿时我将外出去参加国家领导委员会（National Leadership Council）会议，而在接下来的一周则在西海岸，又与你们的行程相冲突。我已获知外事办主任 Ms. Sharon Cleary 将于12月3日至5日在华盛顿会见你们。

  美国国家公园管理局相信，通过在保护区域系统方面长时间的合作，我们之间将会相互获益。您对于合作方面的建议是富有价值的，我提出以下领域供您参考：
1）规划：公园政策和规划；系统规划，一般管理规划，实施性和概念性规划，资源管理规划。
2）自然资源：规划和管理，可接受的环境容量研究，生态系统管理，原野管理，空气质量和水质管理。
3）解说：解说培训，解说规划，解说说明设计，志愿者项目，游客管理，生态旅游。
4）文化资源管理。
5）公园管理。

  我们的合作将由信息提供和交流组成；参加培训课程，会议和座谈会；在相互感兴趣的领域进行专业交流，以及其他双方都认可的活动形式。然而，在讨论期间我将不能到场，请接受我对未来合作方面的交流取得丰硕成果和显著成效的期待。

  感谢您邀请我在明年春季访问中国。如果我的日程允许，我很乐意考虑这次机会。如果我不能到访，我们也将派出一个合适的代表团。

  请允许我再次奉上对你们在国家公园进行成功而富有成效访问的诚挚祝福。期待我们再次会面的机会。

美国国家公园管理局局长
罗伯特·斯坦顿
Robert Stanton
1997年11月24日

美国佛罗里达州州长杰布·布什的致信

尊敬的王早生先生：

  在您考察我们州的建设管理和保护项目之时，请允许我为您和来自中华人民共和国建设部的代表团奉上我最热烈的祝福。我很高兴你们选择佛罗里达州作为你们访问美国的一个州。

  佛罗里达州以建设、工业发展和高标准为骄傲，而这些是通过私人部门和政府之间的合作方式建立的。我很自豪最近签署了一项法案，这项法案建立了佛罗里达全州的建设规范，其中包含了一些全美所有建设中的最高安全标准。

  我希望您在我们美妙的佛州访问愉快。再次欢迎您来到佛罗里达州，并且为您接下来在美国的旅行送上最美好的祝福。

佛罗里达州州长
杰布·布什
Jeb Bush
2000年6月13日

人民的骄傲 美国的贡献
——美国国家公园考察

1995年9月,应美国中华环境基金会的邀请,建设部派遣我率领一行10人赴美考察国家公园。通过20天的考察与会谈,每个人都觉得收获颇丰,不虚此行。我原以为自己对美国的国家公园有所了解,但通过实地考察和亲身体验,才意识到自己原来的认识尚浅,这正应了宋代大文豪陆游的名言:"纸上得来终觉浅,绝知此事要躬行"。

在言论自由的美国,政府的许多政策都会在社会上引起争论,甚至受到激烈批评。但对于创立国家公园这一举措,全民却异口同声,赞誉不已。无论是"驴"是"象",即无论是共和党还是民主党,都一代接一代地秉承前任衣钵,使美国的国家公园事业不断发展壮大。NPS(National Park Service,美国国家公园管理局)的工作人员以自己从事这样一项伟大的事业而感到自豪,在社会上颇受尊重。广大的美国人民,更为美利坚拥有如此类型丰富的国家公园而流露出骄傲之情。爱国,不是一个空洞的口号,它有着丰富的内涵和实质。热爱国家公园,是美国人民热爱自己国家的具体表现。从这个意义上看,林肯总统不仅是一位伟大的政治家,而且是一位卓有远见的生态学家和环境保护主义者。因为正是他,在南北战争打得不可开交的1864年签署法案,将处于开发破坏威胁的约瑟米提山谷划为公共土地,交予加利福尼亚州作为州公园管理。这是国家公园的雏形和前身。

然而,真正的国家公园是1872年成立的黄石公园。1870年,美国的一个探险队发现了黄石地区壮观的喷泉与奇异的景观,按当时的法律,他们可以把黄石据为己有。但他们不谋私利,而是从公众及后人角度考虑,主张把这块宝地交给政府来管理,据称,19名探险队员当中只有1人不赞成。100多年来,世界上已有124个国家建立了2600多个国家公园,其总面积约占地球陆地的2.6%。这不能不说是美国人民对当代文明的一大贡献。他们开创了世界国家公园事业之先河。中国的风景名胜区事业虽然起步较晚,但也是以国家公园事业为接轨目标,英文名称为"National Park of China",台湾省也称国家公园,香港地区称郊野公园,可见其影响之广泛与深远。

美国是资本主义国家,土地所有者多元化。在美国全国土地中,62%为私人所有;8%为州政府所有;30%为联邦政府所有。联邦政府土地管理部门和管辖的土地面积分别是:

(1)国家公园管理局:3300万公顷;
(2)国家土地管理局:11000万公顷;
(3)国家森林管理局:6500万公顷;
(4)渔业和野生资源管理局:3600万公顷;
(5)军队:1000万公顷。

需要说明的是,国家公园管理局管理的土地面积数量在逐年增加,而且土地的价值高,属于全国的精华地区,也是人们最为向往的名胜之地。

美国国家公园是一个完整的系统(表1)。1982年,美国国家公园系统有333个单位,总面积约为3200万公顷,占国土面积的3.4%。而到1994年底,美国国家公园系统有375个单位,总面积约为3300万公顷,占国土面积的3.5%。

美国国家公园系统一览表（1994年）　　　　　　　　表1

类　别	个　数	面　积（公顷）	类　别	个　数	面　积（公顷）
国家公园	51	19352391	国家公园路	4	69072
国家历史公园	36	64650	国家湖泊	4	92642
国家纪念地	76	1939063	国家河流	15	232808
国家军事公园	9	15342	国家首都公园	1	2643
国家战场	11	5323	白宫	7	
国家战场公园	3	3535	国家娱乐区	18	1486168
国家战场纪念地	1	0.4	公园（其他）	11	16248
国家历史古迹	72	8042	国家林荫道	1	59
国家纪念物	26	3220	国家风景路	3	71423
国家禁猎区	16	9053871	国际历史古迹（与加拿大共管）		
国家海滨区	10	239975	合计	375	32656475

从表1可以看出，国家公园系统的类别很多，有些分类显得过细，过于繁杂。不仅对一般群众，即使是专业人员也感到不好理解。比如，国家军事公园、国家战场、国家战场纪念地之间的区别就不大，完全可以归为一类。对此，美方官员解释说，这种人为的分类只是反映当初它们是以什么名义纳入国家公园系统的，不必过于深究。与我国风景名胜区较为对应的主要是第一类，其面积占国家公园系统总面积的59％。各种不同类别的国家公园面积相差极其悬殊，如，Wrangell-St. Elias 国家公园和禁猎区面积近535万公顷，而 Thaddeus Kosciuszko 国家纪念物面积只有81平方米。

据1993年的统计资料，到国家公园游览的人数当年超过2.73亿。即相当于每一个美国公民每年去一次国家公园。接待游人最多的10个国家公园依次为：

（1）大雾山国家公园930万；
（2）大峡谷国家公园460万；
（3）约瑟米提国家公园380万；
（4）黄石国家公园290万；
（5）落基山国家公园280万；
（6）奥林匹克国家公园270万；
（7）阿卡迪亚国家公园270万；
（8）大狄顿国家公园260万；
（9）猛犸洞穴国家公园240万；
（10）锡安山国家公园240万。

此外，金门国家娱乐区的游人在1994年竟达2200万，这与它紧邻旧金山等大城市有关，是个特例。许多市民把它作为锻炼和游憩场所，游人利用率很高，也不收门票。顺便提一下，美国的国家公园大多免费开放，375个国家公园中有136个公园收取入门费。入门费定价很低，约瑟米提国家公园每辆车收入门费5美元，黄石则每辆车收入门费10美元，而且可以游览5~7天有效，比许多停车场的收费还便宜。再看这么一个数字也很有意思，全美国国家公园游人每年多达2.7亿，但一年的入门费总计为7000万美元，也就是说每人每年平均才花0.25美元的入门费。这个消费标准，即使以中国的消费水平来衡量也是非常非常低的，充分体现了国家公园事业的社会公益性。

美国国家公园管理体制效率高，管理工作卓有成效。1872年3月1日，格兰特总统签署法令，建立了世界上第一个国家公园——黄石公园。1916年8月25日，伍德罗·威尔逊总统批准了国会立法，成立国家公园管理局，揭开了美国国家公园发展史新的一页。国家公园管理局隶属联邦政府内政部领导。

1995年，克林顿政府对政府机构进行全面改革，新的国家公园管理体系如下图所示：

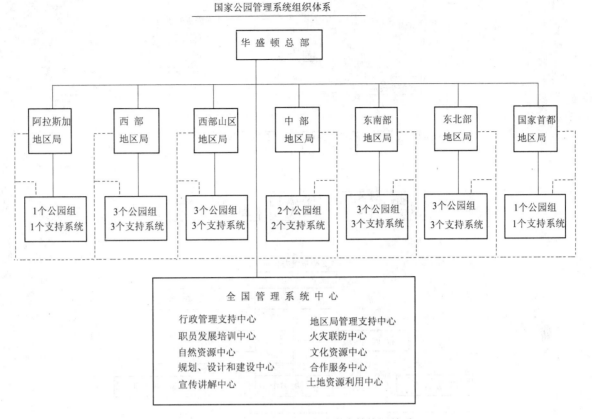

图中的实线为领导关系；虚线为支持协调关系

在华盛顿总部领导下，全国分设7个地区局。地区局下设16个公园组与16个支持系统。每个地区局管理1个、2个或3个公园组与支持系统。每个公园组中有10~35个公园不等。一般是将生态环境和文化资源相类似的公园组成一个公园组，以便按其资源类型和特色开展相应的管理工作。而由总部直接领导的全国管理系统中心集中了全国各方面的专家和设备，随时为地区局、公园组和各个公园提供必要的支持与服务，整个管理体系科学合理，层次清晰，网络健全。

国家公园管理局华盛顿总部的机构设置简明，工作效率高，既有负责国会和社会公众事务的部门，也有直接管理国家公园各项内部事务的部门。国家公园管理局设一名局长，一名副局长。下设对外事务部和国际事务部。对外事务部下设立法与国会事务处、公众事务与旅游事务处。另外有5名局长助理，分别负责以下5方面业务：

（1）行政管理处：负责财务、职员培训与发展、人力资源管理、购置土地、产权管理、信息通讯等。

（2）专业服务处：负责战略规划、土地、长期规划、设计和建设、政策等。

（3）公园管理和教育处：负责宣传讲解和教育、特许经营、工程与维修、安全、外勤人员活动、环境卫生、自然原野管理、危险物资管理、培训青少年等。

（4）自然资源管理和科研处：负责自然资源管理、水资源、大气质量、地球科学、矿业、环境保护等。

（5）文化资源管理与合作处：负责许可证管理、考古、土著人语言研究、美国战场保护、公园文化资源保护等。

华盛顿总部通过7个地区局来管理16个公园组，同时还管理相应的16个支持系统。这种支持系统是如何组成的？它具有哪些功能？下面是一个典型的支持系统办公室组织结构：

通过这个支持系统办公室的工作，为本组的若干个国家公园提供各种服务，使各项工作科学化、合理化、制度化，避免主观随意性，非常严谨。

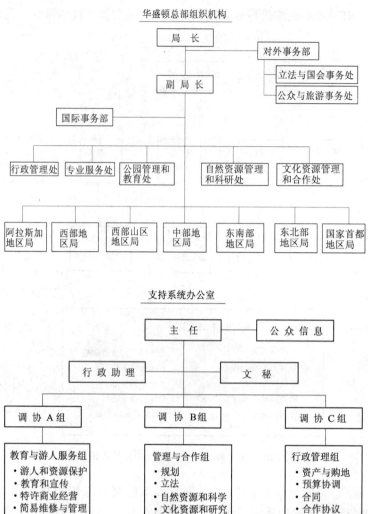

那么具体到一个国家公园，它的组织结构是如何运转的呢？美国国家公园实行园长负责制，每个公园设一名园长，一名副园长，均由国家公园管理局任命。园长主要是对上级负责，副园长负责公园内部管理。以黄石公园为例，它共有350多名管理人员，分设6个处。

园长、副园长：

(1) 管理处：30人，负责人事、文秘、内务。

(2) 资源处：30人，负责资源管理与保护。

(3) 外勤处：120人，负责安全、救援、防火。

(4) 宣传讲解处：20人，负责宣传、导游、培训青少年。

(5) 维护处：150人，负责公园设施的维护。

(6) 特许商业经营处：5人，负责特许商业经营管理。

一般，各公园都设6个处，有些小公园设的处少些。

美国国家公园的规划设计事务由国家公园管理局下设的丹佛规划中心负责，这在自由市场体制的美国显得有点"计划"经济的味道。但是实践证明，这种体制行之有效。一方面保证了规划设计的高质量，另一方面又防止了违反规划的事件发生。丹佛规划中心有员工665人，有风景园林规划师，还有生物、生态、地质、水文、气象等方面的专家，还有经济学、社会学、人类学的人才。承担一个公园的规划项目后，由风景园林师牵头，组成一个小组，到公园去收集资料，提出构想方案，与公园管理人员讨论，修改后提出几个方案，征求各部门、各团体及民众的意见，最后报国家公园管理局批准。他们做的总体规划比较原则概括。像著名的黄石公园的总体规划只有300页，图纸也不多，多半是示意性的。而一些专项规划倒是比较细。

公园的规划完成以后，单体设计由丹佛规划中心负责，甚至一块景点指示牌也是由他们设计，这就保证了总体规划—专项规划—详细规划—单体设计的连续性。施工监理工作，也由规划中心负责。因此，在美国的国家公园内，几乎不可能发生违章建设。公园的任何建设都要纳入预算，随项目逐级上报，随项目下达资金。公园本身运转也是靠预算拨款，收支两条线，只管理，不经营，真正做到政企分开。

国家公园管理局紧紧围绕两方面开展工作：一方面是切实保护好国家公园的自然资源与人文资源；一方面是向公众提供宣传、讲解、培训、科学知识等方面的服务，把国家公园当作一个大自然博物馆来利用。套用国人的话说，就是非常注重环境效益和社会效益。那么所谓的经济效益呢？无论是从法律、政策，还是从规划原则，或者是具体管理工作当中，都没有什么具体要求。上级更不会对下级下达经济创收的指标。国家公园内部必要的某些商业服务设施，由特许商业经营处向社会招标，由私人公司承担。经济上与公园无关。公园管理机构是纯政府职能。这在商品经济高度发育、甚至可以说是无孔不入的美国，有这样一片供人民享用的净土，令人感慨不已。这种体制，有效地避免了重经济收入、轻环境资源管理的弊端，值得我们思考。

美国国家公园为保护自然环境，人工设施比较少，但道路比较多，这大概是适应美国人开车旅游的需要。国家公园内很少有豪华宾馆，大量的是小木屋、帐篷和宿营地，让游人最大限度地接近大自然。人工设施朴素大方，新建筑也设计成仿古建筑，不像我们有些风景区琉璃瓦、玻璃幕墙、铝合金门窗、贴面瓷砖，比比皆是，专家戏称，都快成现代建材展销场了。

美国国家公园的工作是以保持自然环境为最高目标，科学性很强。对游人在公园内的活动限制较严，而对野生动物则是宠爱有加。即使对那些可能伤人的动物，如熊、野牛、狼等，人们对它们也只能敬而远之，不允许伤害它们。从这一点看，美国的国家公园与自然保护区的性质功能是一致的。国家公园为公众提供的服务是多方面的。其中最根本的服务是为人们创造一个融于自然的优美园地，这也是任何其他场所无法替代的。他们追求一种"游人感受"，这是一个只能定性、无法定量的目标，即国家公园要创造宁静的氛围，使人们在这里得到身心愉悦，远离尘嚣。如果人们从闹市来到国家公园，仍然处于一片喧哗中，那么这个国家公园就是不成功的。实际上，中国人自古以来也对大自然怀有这种追求和向往，像"江流天地外，山色有无中"，"明月松间照，清泉石上流"，"蝉噪林愈静，鸟鸣山更幽"，"出入唯山鸟，幽深无世人"，"野旷天低树，江清月近人"……遗憾的是，在我们国家的许多热点风景名胜区已经很难找到这种境界，这不能不引起我们的警觉。当我们询问在美国的国家公园内为什么没有夜总会、舞厅、卡拉OK、赌博等活动时，回答是："连想都没想过要在公园内搞这些与自然不相协调的东西。"这在标榜自由与人权神圣不可侵犯的美国，不知是不是一个特例。他们的这种指导思想，对我们不无启迪。我们现在有一种不正常的做法，姑且称之为"风景名胜区是个筐，什么东西都往里装"。给风景名胜区超负荷的压力以及超出其目标的任务，只能把风景名胜区搞成一个毫无风格与特色的大杂烩，结果是带来风景名胜区性质的异化。一些风景名胜区出现的城市化、商业化、人工化以及"鬼文化"现象，难道不值得我们反思吗？

美国国家公园系统有1.5万人，夏季另雇请9000人，还有8万名志愿者。每年国会拨款15亿美元，其中很少一部分来自各公园上交的入门费（7000万美元）。国会拨款总额的2/3即10亿美元为工资开支，用于建设和维修的费用只有5亿美元。如果光靠政府预算内拨款，国家公园能维持正常运转，但要开展社会活动就面临资金困难。如何解决这个问题呢？他们依靠两条腿走路，一方面靠政府，一方面靠非政府组织（NGO）。与国家公园相关的NGO数以千百计，每个国家公园都有一些非政府组织帮助工作。如出版书刊、举办培训班、开展宣传教育、筹集资金、帮助公园购买土地、到议会开展游说活动等。非政府组织的这些活动，不仅为公园提供了直接帮助，更重要的是发动了群众，提高人们的环境意识，从而更加自觉、主动地为国家公园事业作出贡献。"众人拾柴火焰高"，难怪美国的国家公园能够持续稳步地向前发展。

也许人们要问，中国与美国国家公园最大的差距何在？我认为，最大的差距不在资金上，我们中国的某些风景名胜区收入很可观，况且从总体上看，中国目前的经济水平绝不会低于一百多年前美国国家公园起步阶段。差距也不在资源价值上，中美两国的自然资源、景观资源都很丰富，各有特色。最大的差距在于人的素质、人的思想、人的观念。在美国，无论是政府机关，还是社会团体，无论是专业人员，还是普通百姓，都有较强的环境意识，对国家公园的认识清楚，宗旨明确。相比之下，在我们国家，许多人士包括一些领导同志在内，一提起风景名胜区就认为是旅游，考察工作时也只是问问游人多少，收入多少。至于风景名胜资源的价值、保护工作的进展、如何才能做到永续利用、研究工作如何深入，则不甚了了。美国政府的旅游局隶属商业部，国家公园管理局隶属内政部，一个是属于经济流通领域，一个是属于资源与环境领域，分工是明确的。前几年，在一些风景名胜区争相开辟经济开发区、旅游度假区，出让、转让、出租风景名胜区土地，就是认识模糊、指导思想偏差的典型反映。以国际标准来衡量，这种做法别说与国家公园事业接轨，完全是南辕北辙。令人欣慰的是，这股风气逐渐被煞住，再发展下去，不知道还要造成多大的损失。这，也可以说是一个历史的教训吧。

以上，诸多杂感，若有一、二于人有益，幸甚也！

（王早生写于1995年，时任建设部城市建设司风景名胜区管理处处长）

国家公园的价值何在?

1995年底,美国的国家公园和联邦政府的其他机构因国会争议延迟拨款而被关闭达三周以上时间。在此期间,由于联邦政府的关闭而引发的经济困难导致一些社区和企业发出抱怨和悲泣。国家公园附近的社区在税收和利润方面损失了数以百万计的美元,较小规模的特许经营商则濒临破产。公园管理人员的工资被拖欠。由于国家公园管理局没有了门票收入导致美国财政部损失了两百万美元。

据美国内政部计算,在公园关闭期间,公园所在地区和周边地区每天损失旅游收入一千四百万美元。把公园当作主要收入来源的许多城镇遭受财政实难。约瑟米提国家公园附近的马里婆沙县报告说每天损失1万美元的税收,失去了1600个工作岗位,旅馆和餐馆实际上空空如也。同样令人不快的事件不断地在全国各地公园再现。许多游客——包括海外游客的好感被破坏,他们失去了亲身体验美国最美丽奇妙之地的机会。内政部估算,在国家公园25天关闭期间,每天有383000人转而他去。

在公园关闭期间,国家公园还失去了许许多多其他东西,这些东西不是简单地来自于国家公园管理局、公园社区或者是特许商业经营企业的经济损失,不能用数字等硬指标衡量。

首先是受人敬重的那一部分美国文化失去了其应有的重要地位。传统认为,美国创建的国家公园作为一种"最佳理念"一直受世人敬仰,把它们关闭哪怕只一天也是不可想象和难以置信的。当国家公园在1995年果真被关之际,抗议之声四起。尔后,国会紧急拨款重新使公园开放。许多公园拥护者认为这促使公园的政策不得随意更改。

但是,最近有关国家公园的错误论调屡屡出现。许多人,尤其是某些国会议员,希望开放公园的出发点仅仅是因为公园能挣钱。比如,据作为"摇钱树"的国家公园管理局计算,公园每年为地方经济创造100亿美元的收入。

但是,把这样的金钱信息作为保持公园开放的首要理由既是违反原则的,也是危险的。即使国家公园不能产生任何金钱,我们也将为它们的存在而倍感欣慰,并且,我们要尽可能为它们做好每一件事情以便使它们全方位、科学合理地向公众开放。金钱并不是那么重要,它甚至比不上国家公园系统中那些并不那么知名的、具有非市场性价值的公园那样重要。

此外,在公园关闭期间还失去了另外一些东西——这些东西不像税收那样容易得到恢复,这就是失去了国家公园管理局的男士和女士们——公园的"管家们"——对公园的关心和保护。

正如托马斯·杰费逊所说,拥有自由的代价是永恒的警觉,那么拥有国家公园的代价则是永恒的义务。国家公园管理局的男士和女士们比任何人都更懂得这一点。我们知道,他们住着简陋的房屋,领取较低的工资,在困难的情况下保护资源。假如说公园关闭教给了我们什么,那就是自满和自负是危险的。国家公园管理局的管理员、生物学家、讲解员和历史专家处在防御的第一线,他们的天职就是将这些公园保存给未来后代。由于停止了国家公园管理局职员的工作,国会很不公正地削弱了他们的作用,并使整个国家公园系统处于危险的境地。

我们常说,国家公园是我们拥有的自然和文化财富。但是,我们选举的现任官员们做了些什么呢?他们是否珍惜公园呢?当公园远离我们而失去的时候,他们的反应和回答是"不"。他们认为公园具有价值,但并不十分珍惜它们。我也认为许多东西之所以有价值,仅仅是因为它们能为我所用——即具有实用功能。比方,我并不考虑我的计算机有什么需要,每天都拼命使用它,但当它不能用时我就换一台新的计算机。

与此相对应的是,我非常珍惜我女儿朱丽叶小学一年级时画的一幅画,以及父亲给我的一枚旧币。它们的价值是物质和金钱所不能替代的。我们对那些自己非常珍惜的事物花费了大量的时间,给予了极细心的关心和保护,这远远超出了所谓经济分析所建议的"合理性"。因为世界上有一些事物对我们比美元和金钱还要重要，扪心自问：我们为国家公园做了些什么？

现在成为国家公园的那些地方使我们形成了对美利坚合众国的基本印象。有时，它们是我们的心声共鸣：在福特·麦克亨利国家纪念地和历史圣地，弗兰西斯·斯克物·奇正在撰写我们的国歌——那是在1814年。有时，它们使我们的心灵哭泣：在曼扎纳尔国家文物区，数以千计的日裔美国人在二次大战期间并未犯罪而被作为敌国公民被拘留。

看看国家公园系统的万千景象，我们在冥思苦想这些星球是如何形成的。在一个大风之天你站在基尔德维尔山顶上时，你仿佛听到人们正在嘲笑莱特兄弟试图使一架简陋的飞行器飞离地面的努力。把你的目光转向1500英里以外的西部，你仿佛听见1869年在犹他州的普洛芒托利·苏密特横贯大陆的铁路线接轨时的铁锤之声。

作为一个工程师，我被告知事物都能被精确地计数和测量，但通过对政府公园被关闭之事的辩论，我注意到公园的价值无法用计算器来计算。许多非经济层面的价值通过国家公园而体现——保持我们的历史传统，保护野生动物和自然界奇观，捍卫我们的文化偶像——我们需要有一个新的尺码来衡量它们的价值。幸运的是，国家公园管理局已经通过开展一系列社会科学——包括在公园开展"绿色"经济——活动而朝这个方向迈开了第一步。在我们这个利润盛行的社会，给那些非商业性质的资源贴上价格的标签实际上是贬低其价值。我们务必不使这种现象在我们的公园里面发生。

继之而来的问题是在100年内我们的子孙后代是否还将珍惜或爱护共黄石等国家公园。答案取决于今天我们的行动。如果我们今天因为国家公园能赚钱而不恰当地开发它们，我们的后代也仅仅会为赚取更多的利润才保护公园。但是，如果我们承认国家公园的意义和价值来自其他方面，如果我们因为国家公园教会我们许多东西而强调其重要性，那么，也许我们的孩子们将会珍惜它们。当初建立国家公园管理局的法律中有一句至理名言："保护美景，保护自然界，保护历史文物，保护野生动物……并且使它们不受损害地留给我们的子孙后代享用。"

（王早生译于1996年，原载美国《国家公园》杂志）

美国国家公园志愿者

自从1872年世界上第一个国家公园——黄石公园创建以来，许许多多的美国人倾注了对国家公园的热爱之情。今天，国家公园管理局是官方负责保护全美350多个国家公园的机构。但是，成千上万的公民——这些公民希望确保美国大地得到最好的保护，通过志愿奉献他们的时间和才能来帮助国家公园管理局。

这些与国家公园管理局职员一同工作的人们被称为"国家公园志愿者"，即VIP（Volunteers in Parks）。事实上，他们的确是"非常重要的人们"（注：VIP有二层涵义，一为"国家公园志愿者"，一为"非常重要的人物"）。并且，你也可以加入到他们的队伍中去。国家公园志愿者关心公园，关心公园的过去、现在和未来，他们还关心那些来到公园的游人。

国家公园志愿者在国家公园系统里的几乎每一个公园工作——从迈恩到夏威夷，从阿拉斯加到佛罗里达，有在大城市的，有在小镇上的，还有在遥远的原野地区。无论他们在哪儿工作，也无论他们做哪项工作，他们都是为了帮助国家公园管理局实现其天职：保护国家公园无价的自然和历史资源，供人们享用并且不遭破坏地留给子孙后代。

假如你愿意为保证国家公园继续供子孙后代享用而作出自己的贡献，那么，请考虑使自己成为一名服务于国家公园管理局的国家公园志愿者吧。作为一名志愿者，你能使自己的生活变得与众不同，通过这种方式，国家公园将得到更好的管理和保护。

一、国家公园志愿者是些什么人？

作为国家公园志愿者而服务于国家公园管理局的人们，是由完全不同的个人所组成的——有公园的邻居，有大学生，退休者，企业经理，农民、工程师、科学家、教师、律师、建筑师、医生、艺术家……他们的共同之处是每一个人都有一种所服务的公园所需要的才干或技能。虽然大部分国家公园志愿者是作为个人为公园服务的，但也有些是组织起来的团体。得到父母或者监护人同意的18岁以下者，可以成为他们所在社区的公园志愿者。未成年人只有在他们随同家人或者监管团体管理下才能成为志愿者。

二、国家公园志愿者做些什么？

国家公园志愿者充当各种各样的角色，你也许会对他们所做的工作范围之广感到惊讶：

a. 在问询处工作，回答游人的问题，分发资料；
b. 整理照片和幻灯片图册；
c. 编写游客手册；
d. 负责管理野营地；
e. 驾驶公共汽车；
f. 修筑栅栏，粉刷建筑物，制作家具；
g. 在公园图书馆服务；
h. 摄影或在暗室工作；
i. 回复信件；
j. 为远足和晚间篝火项目作指导；
k. 协助馆藏艺术品的保存和修复；
l. 修筑道路；
m. 为公园设计计算机程序；
n. 回答电话询问；

o. 对孩子们进行环境教育；
p. 步行或骑马巡逻；
q. 组织和联络公园的专项活动；
r. 清扫整理道路、游览路、海滨和河畔；
s. 潜水打捞失事船只及其财物；
t. 协助资源管理者和研究人员作调查记录、种树和参加其他项目；
u. 收集整理采访史料；
v. 布置不同历史人文展览；
w. 展示艺术品和手工艺技艺。

以上所列只是一个概要的内容，实际上公园里需要具有极其广泛的技能和工艺的人们从事各项工作。一旦确定入选国家公园志愿者，将受到专门培训以履行其职责，并且了解熟悉其服务的公园。

国家公园志愿者必须健康良好，以便能成功地履行他们的职责和义务。从事某些工作的志愿者将由联邦政府付费进行药物检查。鼓励残疾人从事志愿工作。

三、国家公园志愿者如何工作？

国家公园是一个特殊的工作场所。许多国家公园职员认为他们自己能在这样的环境里得到有报酬的工作是非常的幸运。

而作为一名志愿者，将不会从联邦政府得到工资。但在国家公园工作也会有一些利益以及其他回报。你可以见到来自全美各地或者国外的人们。你能够展示你所具有的才能。并且，还可以学习一些新技术或者取得一些经验以丰富你的生活，有助于你目前的或者是未来的职业。

有些公园给志愿者一些额外的补偿，如当地的旅行费用，食物和制服，但不是所有的公园都给志愿者支付这些费用。这些费用与其他费用的支付与否跟志愿者的工作岗位有关。如果由志愿者自行支付，也许可以免交个人所得税。

你可以一周工作若干小时，一月工作若干小时，做季节工，或做全日制工作。你可以在工作日工作，也可以在周末工作，可以当日班，也可以值夜班。当然，工作之前，志愿工作的时数应得到你或者你的监护人的同意。作为公园志愿者工作的时间将不被计入"联邦公民服务"时间内，即使你日后成为一名联邦雇员。

作为一名志愿者，虽然不被认为是联邦雇员，但假如在履行义务职责时受伤的话，将得到适当的补偿金和医疗费。另外，如果在履行职责时受到财产损失和人身伤害时，联邦政府将提供法律援助。

公园极少为志愿者提供住房，虽然一些较大的公园也许有一些住房提供给志愿者，但这只是特例而非常例。

公园也许为你发制服，但不管你穿没穿制服，作为一名公园志愿者，你就是国家公园管理局的一名代表。你的经历将成为自己和公园管理部门的骄傲。

四、如何申请当一名国家公园志愿者？

1. 与你打算服务的国家公园联系，向国家公园志愿者联络人索取一份志愿者申请表。当然，也可以同时向几个公园申请。为了得到这些公园的地址，可以与相应的国家公园管理局地区办公室联系，地区办公室的地址列于国家公园系统地图上。

2. 填写申请表并寄回给国家公园。特别需要说明自己的技艺、才能和感兴趣的工作。每一个国家公园都有其自身需求并为此而寻找那些具有特殊技艺和才能的志愿者以完成某些任务。你所掌握的技艺越多，那么越有助于国家公园志愿者联络人判断该公园是否有适合于你作为志愿者所做的工作。如果认为申请表写不下关于你自身的情况，或者你还有一些关于国家公园志愿者计划的问题，那么还可以随表格附上一封信件。一定要说明你是否需要公园的住房，请切记，公园住房是极其有限的。即使你住在自己的汽车房或拖车内，也将要使用公园的某些公用设施，这些都要事先说明。

3. 国家公园志愿者联络人将审核你的申请表，假如你的特殊技艺和才能与公园所需要工种相同，将会得到联络以便商讨下一步的细节。有时公园发现申请人的才能与公园的需要之间不能吻合，将会告知申请人。

4. 如果确认你将加入国家公园志愿者的行列，你将和国家公园管理局志愿者联络人联络，他将要求你签订一份合同。合同要注明你的职责，大致的工作日程，工作安排的其他情况等细节。再经过适当的训练和指导后，你将作为国家公园管理局的一名最新的志愿者而开始工作，你将成为成千上万"国家公园志愿者"（Volunteers in Parks）之一———一名VIP。的确，你是一名"非常重要的人物"（Very Important Person）。

以下是一些国家公园志愿者的内心自白：

"我已经完全退休了。我想给养育了我的美国一些回报，她曾经给予我那么多美好的东西。如果我不热爱她的话，我就不会成为一名志愿者"。

"公园里的每一个游人都受到热诚欢迎。我感觉到他们真诚地感谢我所做的一切"。

"每一天我都能学到很多经验，我从来没有过浑浑噩噩混日子的一天"。

"公园是我的邻居。我希望她得到保护，受到关注。我愿意为她做任何事情，参与帮助国家公园管理局。我正在为她服务"。

"作为一名志愿者，你将会遇见来自全国各地的人们，有时还会见到世界各地的人们"。

"在公园里有大量需要做而没有做的工作。作为一名志愿者，我能够帮助做其中的一部分"。

〔译后记〕：

这是一份非常美国化的资料，是由美国联邦政府内政部国家公园管理局编印的。它向美国公众介绍国家公园的重要意义，从而激发起人们报名充当一名国家公园志愿者的愿望，并详细地说明怎样成为志愿者。

我们常常挂在嘴边的一句话是："时间就是金钱"。可是扪心自问，我们真是那么珍惜和利用时间吗？尽管中华民族是一个历史悠久的民族，有所谓："一寸光阴一寸金，寸金难买寸光阴"的古训。但那更多的只是反映了文人们的一种感慨，而并没有化为人们的行为指南。美国人对时间非常珍惜，街上人们行匆匆，午间快餐几分钟。如果没有预约，你是不能随意造访的。全社会就好比是一架高速运转的机器，个人就像是组成这架机器的零部件，在自己的岗位上各司其职，各尽其能。高速运转的机器是不会随意停止运行的，作为"零部件"的个人如果跟不上这个速度，就将被无情地淘汰出局。从根本意义上说，美国的财富，美国人民的富裕生活，美国强大的国力，是辛勤工作的美国人创造出来的。当然，我们并不否认美国利用其高压强权与他国进行不公平竞争而获得利益，那属于另一个范畴的议题。

视时间如生命和个人主义思想盛行的美国人都同时表现出他们的另一面，那就是他们非常热心于公益事业，乐于无偿地奉献出本属于自己的宝贵时间。毛泽东同志的"矛盾论"看来是放之四海而皆准的正确理论，在美国人身上也得到了应验，自私的美国佬变成了可爱的美国佬。国家公园事业是一项资源与环境事业，是一项没有多少直接经济利益但又是非常重要的事业。要搞好这项事业，首先是要靠政府的重视和支持，如果轻率地把它推向商品经济的市场，必然会产生短期行为，急功近利，东方西方，皆是如此。但是，光靠政府也不行，要用"两条腿走路"，即使是美国这样让人看上去富得流油的发达资本主义国家也概莫能外。来自民间的志愿者为保护美国的国家公园作出了不可磨灭的贡献。美国国家公园管理局约有两万名职工，包括正式职员、临时雇员和季节性雇员。在2004年度大约有14万名志愿者贡献了约500万小时来协助工作，工作量相当于增加了2403个雇员，创造的价值在8590万美元左右。

国家公园志愿者通过他们的无私奉献和勤劳工作来帮助国家公园，从而为政府节约了一笔不小的开支。但是我认为，其意义远不止于此。至少还有以下两方面积极意义：一是增加了人们对国家公园事业的理解。这种理解也许会在某一时刻化为人们在其工作岗位上对国家公园事业的直接支持或道义声援。二是通过从事公益事业有助于提高人们的道德修养和文明素质，提高人们的环境意识。记得在近一年来的美国预算案之争中，国会要政府削减包括国家公园预算在内的环境预算支出，克林顿则宁愿政府部门关门也不退让。政府在这场论争中获得多数民众的同情和支持。

这份资料无疑给我们有益的启示：任何事业的发展都离不开群众的参与，否则，它就没有生命力。因此，我们需要通过细致深入的工作，向广大人民群众、向广大青少年宣传风景名胜区事业的重要性，让他们到风景区游览之后有所收获，而不仅仅是留下几张照片。也许我们今天还做不到像美国国家公园管理局那样大量招收志愿者，但我们还是可以做一些事情的，千里之行，始于足下，莫以善小而不为。愿通过我们的工作，让更多的国人理解和支持风景名胜区事业。这就是我不揣浅薄，向大家翻译这篇资料的本意。

（王早生写于1996年，时任建设部城市建设司风景名胜区管理处处长）

中美国家公园在线访谈录

1997年12月3日晚8时，美国国家公园保护协会主席 Paul Pritchard 接待王早生率领的赴美国国家公园考察团，并在 American On Line 举办专题论坛，中美双方的专业人士在线交流讨论了感兴趣的话题。摘要如下：

Q：中国代表团什么时候到达美国？来这里做什么？

A：中国代表团昨天晚上到达华盛顿，将访问 Mojave，Mesa Verde，Grand Canyon，National Capital 国家公园和其他一些地方。

Q：中国的风景名胜区是最近才设立的么？

A：中国的第一批风景名胜区共44个，设立于1982年。

Q：是不是很多中国人也会去游览风景名胜区呢？

A：我们的风景名胜区每年有2亿游客，其中外国游客超过5%。

Q：你们的风景名胜区是不是也像我们的许多国家公园一样，有着游人过多的问题呢？

A：是的，我们也存在这样的问题。在很多美国公园中，汽车太多了；也没有足够的中文信息。

Q：中国最大的风景名胜区有多大面积，在哪呢？还有一个问题，中国的风景名胜区都是"自然公园"么，还是也有像我们 Gettysburg 一样的历史性公园呢？

A：我们有119个风景名胜区，可能在明年能达到150个。这些风景区中很多都是自然的。他们中最大的能达到10000平方公里，在四川省境内。

Q：在风景区内中国人是否考虑公共交通呢？

A：在中国许多风景名胜区中公共交通已经变得非常重要，特别是公交车。

Q：请原谅我再次询问关于公园游人过多方面的问题。你们的风景名胜区确实有过度拥挤的问题么？车辆污染，大量的人群，扰乱了生态系统。

A：是的，我们的一些风景区也存在游客过多的问题，过度拥挤是一个问题。许多风景区都有很多游客。公交车比小汽车要好一些。我也想请教一下，如何解决过多游人的问题。

Q：也许可以通过收门票或者是在一定时期内发放通行证的方式。但是不能因此排除收入低一些的居民，他们也需要在一个自然的区域中休息，减轻压力。一些研究表明低犯罪率和自然空间的增加之间存在着直接联系。国家公园属于全体人民，而不是仅属于富人。不仅应该了解我们是如何管理公园的，也要从我们的错误中获得教训。

A：我们走访了美国的一些国家公园，我们还很关心的是公园内要安排很多小汽车停放和过多的露营场地问题。公园中允许生火做饭并不好。

Q：有官方交流项目么？

A：我们有可能将组织双方自然资源管理人员的交流项目。

Q：王先生，你们与美国国家公园管理局之间的互动怎么样。

A：我们今天还在研究合作协议。将覆盖交流人员，分享信息等方面内容，我们能互相学到更多东西。

Q：中国最高的山是什么？

A：珠穆朗玛峰是最高的山脉，海拔8882米（2005年重测高度为8844米）。

Q：有人问美国最高的山脉是什么？我也回答一下，是麦金利山。中国代表团的所有成员都说他们的风景名胜区是最好的。而美国所有的公园都说自己的国家公园才是最好的！其实我认为，每一个公园都是独特的。

A：我非常同意这句话。希望大家都成为中国风景名胜区的朋友。

Q：王先生，中国风景名胜区面临的最重要问题是什么？如果您只能挑选一个的话。

A：我认为是人们对环境危机和保护环境重要性的意识。

Q：好了，时间快到了。感谢大家加入AOL"美国公园论坛"。感谢代表团王早生先生一行。为你们的风景名胜区系统送上最美好的祝愿。也希望我们有机会能游览中国的风景名胜区。

A：谢谢。

附录三：国家级风景名胜区名单

国家级风景名胜区 1982 年公布第一批 44 处，1988 年公布第二批 40 处，1994 年公布第三批 35 处，2002 年公布第四批 32 处，2004 年公布第五批 26 处，2005 年公布第六批 10 处，2009 年公布第七批 21 处。国家级风景名胜区共计有 208 处。

第一批国家级风景名胜区名单（44 处）
1. 八达岭—十三陵风景名胜区〔北京〕
2. 承德避暑山庄—外八庙风景名胜区〔河北〕
3. 秦皇岛北戴河风景名胜区〔河北〕
4. 五台山风景名胜区〔山西〕
5. 恒山风景名胜区〔山西〕
6. 鞍山千山风景名胜区〔辽宁〕
7. 镜泊湖风景名胜区〔黑龙江〕
8. 五大连池风景名胜区〔黑龙江〕
9. 太湖风景名胜区〔江苏〕
10. 南京钟山风景名胜区〔江苏〕
11. 杭州西湖风景名胜区〔浙江〕
12. 富春江—新安江风景名胜区〔浙江〕
13. 雁荡山风景名胜区〔浙江〕
14. 普陀山风景名胜区〔浙江〕
15. 黄山风景名胜区〔安徽〕
16. 九华山风景名胜区〔安徽〕
17. 天柱山风景名胜区〔安徽〕
18. 武夷山风景名胜区〔福建〕
19. 庐山风景名胜区〔江西〕
20. 井冈山风景名胜区〔江西〕
21. 泰山风景名胜区〔山东〕
22. 青岛崂山风景名胜区〔山东〕
23. 鸡公山风景名胜区〔河南〕
24. 洛阳龙门风景名胜区〔河南〕
25. 嵩山风景名胜区〔河南〕
26. 东湖风景名胜区〔湖北〕
27. 武当山风景名胜区〔湖北〕
28. 衡山风景名胜区〔湖南〕
29. 肇庆星湖风景名胜区〔广东〕
30. 桂林漓江风景名胜区〔广西〕
31. 长江三峡风景名胜区〔重庆、湖北〕
32. 重庆缙云山风景名胜区〔重庆〕

33　峨眉山风景名胜区〔四川〕
34　黄龙寺—九寨沟风景名胜区〔四川〕
35　青城山—都江堰风景名胜区〔四川〕
36　剑门蜀道风景名胜区〔四川〕
37　黄果树风景名胜区〔贵州〕
38　路南石林风景名胜区〔云南〕
39　大理风景名胜区〔云南〕
40　西双版纳风景名胜区〔云南〕
41　华山风景名胜区〔陕西〕
42　临潼骊山风景名胜区〔陕西〕
43　麦积山风景名胜区〔甘肃〕
44　天山天池风景名胜区〔新疆〕

第二批国家级风景名胜区名单（40处）
1　野三坡风景名胜区〔河北〕
2　苍岩山风景名胜区〔河北〕
3　黄河壶口瀑布风景名胜区〔山西、陕西〕
4　鸭绿江风景名胜区〔辽宁〕
5　金石滩风景名胜区〔辽宁〕
6　兴城海滨风景名胜区〔辽宁〕
7　大连海滨—旅顺口风景名胜区〔辽宁〕
8　松花湖风景名胜区〔吉林〕
9　"八大部"—净月潭风景名胜区〔吉林〕
10　云台山风景名胜区〔江苏〕
11　蜀岗瘦西湖风景名胜区〔江苏〕
12　天台山风景名胜区〔浙江〕
13　嵊泗列岛风景名胜区〔浙江〕
14　楠溪江风景名胜区〔浙江〕
15　琅琊山风景名胜区〔安徽〕
16　清源山风景名胜区〔福建〕
17　鼓浪屿—万石山风景名胜区〔福建〕
18　太姥山风景名胜区〔福建〕
19　三清山风景名胜区〔江西〕
20　龙虎山风景名胜区〔江西〕
21　胶东半岛海滨风景名胜区〔山东〕
22　大洪山风景名胜区〔湖北〕
23　武陵源风景名胜区〔湖南〕
24　岳阳楼—洞庭湖风景名胜区〔湖南〕
25　西樵山风景名胜区〔广东〕
26　丹霞山风景名胜区〔广东〕
27　桂平西山风景名胜区〔广西〕
28　花山风景名胜区〔广西〕
29　金佛山风景名胜区〔重庆〕

30 贡嘎山风景名胜区〔四川〕
31 蜀南竹海风景名胜区〔四川〕
32 织金洞风景名胜区〔贵州〕
33 潕阳河风景名胜区〔贵州〕
34 红枫湖风景名胜区〔贵州〕
35 龙宫风景名胜区〔贵州〕
36 三江并流风景名胜区〔云南〕
37 昆明滇池风景名胜区〔云南〕
38 丽江玉龙雪山风景名胜区〔云南〕
39 雅砻河风景名胜区〔西藏〕
40 西夏王陵风景名胜区〔宁夏〕

第三批国家级风景名胜区名单（35处）
1 盘山风景名胜区〔天津〕
2 嶂石岩风景名胜区〔河北〕
3 北武当山风景名胜区〔山西〕
4 五老峰风景名胜区〔山西〕
5 凤凰山风景名胜区〔辽宁〕
6 本溪水洞风景名胜区〔辽宁〕
7 莫干山风景名胜区〔浙江〕
8 雪窦山风景名胜区〔浙江〕
9 双龙风景名胜区〔浙江〕
10 仙都风景名胜区〔浙江〕
11 齐云山风景名胜区〔安徽〕
12 桃源洞—鳞隐石林风景名胜区〔福建〕
13 金湖风景名胜区〔福建〕
14 鸳鸯溪风景名胜区〔福建〕
15 海坛风景名胜区〔福建〕
16 冠豸山风景名胜区〔福建〕
17 王屋山—云台山风景名胜区〔河南〕
18 隆中风景名胜区〔湖北〕
19 九宫山风景名胜区〔湖北〕
20 韶山风景名胜区〔湖南〕
21 三亚海滨风景名胜区〔海南〕
22 四面山风景名胜区〔重庆〕
23 西岭雪山风景名胜区〔四川〕
24 四姑娘山风景名胜区〔四川〕
25 荔波樟江风景名胜区〔贵州〕
26 赤水风景名胜区〔贵州〕
27 马岭河峡谷风景名胜区〔贵州〕
28 腾冲地热火山风景名胜区〔云南〕
29 瑞丽江—大盈江风景名胜区〔云南〕
30 九乡风景名胜区〔云南〕

31　建水风景名胜区〔云南〕
32　宝鸡天台山风景名胜区〔陕西〕
33　崆峒山风景名胜区〔甘肃〕
34　鸣沙山—月牙泉风景名胜区〔甘肃〕
35　青海湖风景名胜区〔青海〕

第四批国家级风景名胜区名单（32处）
1　石花洞风景名胜区〔北京〕
2　西柏坡—天桂山风景名胜区〔河北〕
3　崆山白云洞风景名胜区〔河北〕
4　扎兰屯风景名胜区〔内蒙古〕
5　青山沟风景名胜区〔辽宁〕
6　医巫闾山风景名胜区〔辽宁〕
7　仙景台风景名胜区〔吉林〕
8　防川风景名胜区〔吉林〕
9　江郎山风景名胜区〔浙江〕
10　仙居风景名胜区〔浙江〕
11　浣江—五泄风景名胜区〔浙江〕
12　采石矶风景名胜区〔安徽〕
13　巢湖风景名胜区〔安徽〕
14　花山谜窟—渐江风景名胜区〔安徽〕
15　鼓山风景名胜区〔福建〕
16　玉华洞风景名胜区〔福建〕
17　仙女湖风景名胜区〔江西〕
18　东江源—三百山风景名胜区〔江西〕
19　博山风景名胜区〔山东〕
20　青州风景名胜区〔山东〕
21　石人山风景名胜区〔河南〕
22　陆水风景名胜区〔湖北〕
23　岳麓山风景名胜区〔湖南〕
24　崀山风景名胜区〔湖南〕
25　白云山风景名胜区〔广东〕
26　惠州西湖风景名胜区〔广东〕
27　芙蓉江风景名胜区〔重庆〕
28　石海洞乡风景名胜区〔四川〕
29　邛海—螺髻山风景名胜区〔四川〕
30　黄帝陵风景名胜区〔陕西〕
31　库木塔格沙漠风景名胜区〔新疆〕
32　博斯腾湖风景名胜区〔新疆〕

第五批国家级风景名胜区名单（26处）
1　三山风景名胜区〔江苏〕
2　方岩风景名胜区〔浙江〕

3　百丈漈—飞云湖风景名胜区〔浙江〕
4　太极洞风景名胜区〔安徽〕
5　十八重溪风景名胜区〔福建〕
6　青云山风景名胜区〔福建〕
7　梅岭—滕王阁风景名胜区〔江西〕
8　龟峰风景名胜区〔江西〕
9　林虑山风景名胜区〔河南〕
10　猛洞河风景名胜区〔湖南〕
11　桃花源风景名胜区〔湖南〕
12　罗浮山风景名胜区〔广东〕
13　湖光岩风景名胜区〔广东〕
14　天坑地缝风景名胜区〔重庆〕
15　白龙湖风景名胜区〔四川〕
16　光雾山—诺水河风景名胜区〔四川〕
17　天台山风景名胜区〔四川〕
18　龙门山风景名胜区〔四川〕
19　都匀斗篷山—剑江风景名胜区〔贵州〕
20　九洞天风景名胜区〔贵州〕
21　九龙洞风景名胜区〔贵州〕
22　黎平侗乡风景名胜区〔贵州〕
23　普者黑风景名胜区〔云南〕
24　阿庐风景名胜区〔云南〕
25　合阳洽川风景名胜区〔陕西〕
26　赛里木湖风景名胜区〔新疆〕

第六批国家级风景名胜区名单（10处）
1　方山—长屿硐天风景名胜区〔浙江〕
2　花亭湖风景名胜区〔安徽〕
3　高岭—瑶里风景名胜区〔江西〕
4　武功山风景名胜区〔江西〕
5　云居山—拓林湖风景名胜区〔江西〕
6　青天河风景名胜区〔河南〕
7　神农山风景名胜区〔河南〕
8　紫鹊界梯田—梅山龙宫风景名胜区〔湖南〕
9　德夯风景名胜区〔湖南〕
10　紫云格凸河穿洞风景名胜区〔贵州〕

第七批国家级风景名胜区名单（21处）
1　太阳岛风景名胜区〔黑龙江〕
2　天姥山风景名胜区〔浙江〕
3　佛子山风景名胜区〔福建〕
4　宝山风景名胜区〔福建〕
5　福安白云山风景名胜区〔福建〕

6　灵山风景名胜区〔江西〕
7　桐柏山—淮源风景名胜区〔河南〕
8　郑州黄河风景名胜区〔河南〕
9　苏仙岭—万华岩风景名胜区〔湖南〕
10　南山风景名胜区〔湖南〕
11　万佛山—侗寨风景名胜区〔湖南〕
12　虎形山—花瑶风景名胜区〔湖南〕
13　东江湖风景名胜区〔湖南〕
14　梧桐山风景名胜区〔广东〕
15　平塘风景名胜区〔贵州〕
16　榕江苗山侗水风景名胜区〔贵州〕
17　石阡温泉群风景名胜区〔贵州〕
18　沿河乌江山峡风景名胜区〔贵州〕
19　瓮安江界河风景名胜区〔贵州〕
20　纳木措—念青唐古拉山风景名胜区〔西藏〕
21　唐古拉山—怒江源风景名胜区〔西藏〕

注：第一批至第六批公布时原称"国家重点风景名胜区"，自第七批开始统一改称"国家级风景名胜区"。

《中国风景名胜区》再版后记

张红梅

久居闹市的人们距离大自然是越来越远了，孩子们也只能从书本里看到"天苍苍，野茫茫，风吹草低见牛羊"的景象，这是怎样的一种遗憾啊。自然界千古不懈的造化，文明史日积月累的沉淀，使得泱泱中华大地上，既有鬼斧神工的地质地貌和浩淼如烟的原始森林，又有神秘莫测的传说典故和博大精深的历史文化，这些都是我们生命中不可或缺的成分，而风景名胜区正是其中的精华所在。走进风景名胜区，触摸那些生命中最本质的东西，人们的灵魂将得到启迪和震撼。

大西南，一块未被污染的净土。偏僻的位置、闭塞的交通，多变的地形和暖湿的气候，孕育了一望无际的原始森林。这里是地球的天然氧吧，动植物种群极其繁茂。恐龙时代的桫椤林和孑遗植物龙血树充斥幽谷密林，演绎着生命的亘古不息。日复一日的流水融蚀着发育广泛的碳酸盐地层，塑造了峰丛林立、无山不洞的喀斯特地貌。借宿简朴的竹楼，聆听雨打芭蕉的声音，你才知道什么是真正的原生态。这里有着绚烂多彩的民族建筑、民族习俗、民族歌舞和民族服饰，构成了民族艺术花的海洋。

如果说西南风情是原始而多姿，那么北国风光则是广袤而壮美。无论是天似穹庐，笼盖四野的呼伦贝尔，还是千里冰封万里雪飘的昆仑山脉，无论是天山南北好风光的新疆，还是高高的大兴安岭，勇敢的鄂伦春……这里的一草一木都会打开你的心扉，袒露在天地之间。千年冰川昭示着圣洁的土地，冰雪消融浇灌着辽阔的牧场。尽管阿拉山口的风暴从没有停止过肆虐，但坎儿井的甘露依然滋润出天底下最香甜的瓜果。即使置身于人迹罕至的沙漠戈壁，却依然孕育出万亩莲花的"西海"。胡杨的苍劲虬曲，生生死死地傲然于大地之上，岂不正是北方硬汉的铮铮铁骨。

这是一片让人热血沸腾的黑土地，这里有"万古为幽镇，千秋溯舜封"的北岳名山医巫闾山，这里记载着大辽民族的兴衰峥嵘。幽幽千苍谷，独隐青山中，金达莱的花海淹没了渤海古国的遗址。突兀嶙峋的玄武岩揭示了地质时期火山喷发的撼天动地，出入唯山鸟，山深无世人的原始针叶林涵养着弥足珍贵的江河水源，灿若星辰的五花草海编织了一幅美妙绝伦的大地写意。奔涌的江水，挡不住异国风情的随风飘至，深情地抚摸着中国界碑，祖国在我心中更显得无比神圣。

徜徉在厚厚的黄土地上，那沉甸甸的文脉一层一层地淹没上来。中华民族悠远的历史发祥于此，人之始祖轩辕黄帝铸鼎升天的传说根源于此，还有那盘古开天辟地、大禹降伏洪荒和老子著书传道的典故，都与这里息息相关。斗转星移默默地记录着沧海桑田的变迁，秦砖汉瓦无言地诉说着人间世事的更迭。这里山川秀美，这里人杰地灵，这里是中华民族的根，是每一位炎黄子孙梦牵魂绕的地方。

泱泱中华大国，山川雄浑，文化厚重，风景名胜区正是镶嵌在960万平方公里土地上最璀璨的明珠。她不仅仅是属于当代人，她更是属于子孙万代，她不仅仅是属于中国人，她也是全人类共有的遗产。让我们倍加珍爱吧，因为这是我们共有的、惟一的家园。

二〇一〇年六月于北京

主编自述

王早生

王早生,男,1957年出生于江西省吉安市。1977年参加"文革"后恢复的首届高考,茫然中竟不知该报哪个学校、学什么专业。后见报载有一云南林学院园林专业,遂与家父商议:觉得学校偏安西域,录取概率较高。同时,与园艺大师米丘林同行搞果树蔬菜也不错。如遇饥荒,果蔬亦能果腹,聊补无米之炊。俗人之

谋,竟然如愿。接到录取通知方知园林与园艺是两码事。后来学校迁回北京,因此毕业于北京林业大学。遥想当年,可称"误"入正途也。无独有偶,近日读到北京林业大学孟兆祯院士的文章,孟教授称:"我当时报考的叫造园专业,我不知道什么叫造园。因为我在重庆长大,比较喜欢吃柑橘,我以为造园就是种柑橘之园。"没想到我与孟大师竟有相似的经历。

1982年毕业分配至中华人民共和国建设部。长期从事风景园林管理工作。为向世人宣传中国风景名胜区,遂与全国各地同仁积累资料,编成此书。既可供专业人士案头查阅,又可为广大读者提供全面完整的信息。一册在手,尽览神州。

作者还著有《神州山水行》和《山野留痕——海外国家公园鉴赏》(中国建筑工业出版社)。

承蒙叶如棠先生赐墨题写书名,谨此致谢。同时,感谢编辑王磊、郑淮兵的辛勤劳作。

主编自述

朱家骥

朱家骥，1951年7月出生，浙江省杭州市人。大学文化，编审职称。当过"知青"、工人、生产调度、杂志社副社长、副总编、中国茶叶博物馆副馆长等职。爱好登山、摄影与茶。

张红梅

张红梅，女，汉族，安徽省宿州市人，1966年出生。1992年毕业于北京师范大学环境学院，研究景观生态学，理学硕士。从事过旅游地学、景观生态学和城市园林规划等工作。现就职于住房和城乡建设部，从事过风景名胜资源的调研、保护、规划和管理工作。曾在国内（外）各类刊物、杂志上发表论文、文学散文、风光游记约40余篇，编著有风景名胜区专著《情洒山水间》。